登自己的山

All This Wild Hope

革命

斯图亚特王朝三部曲 2

1688 王朝的危机与变革 1720

[英]蒂姆·哈里斯 著

Tim Harris

张珉璐 译

GUANGXI NORMAL UNIVERSITY PRESS
广西师范大学出版社

· 桂林 ·

图书在版编目(CIP)数据

　　革命：王朝的危机与变革：1685—1720 / (英) 蒂
姆·哈里斯 (Tim Harris) 著；张珉璐译. -- 桂林：
广西师范大学出版社, 2024.6
　　（斯图亚特王朝三部曲；2）
　　书名原文：Revolution：The Great Crisis of the
British Monarchy, 1685-1720
　　ISBN 978-7-5598-6117-7

　　Ⅰ.①革… Ⅱ.①蒂… ②张… Ⅲ.①斯图亚特王朝
－研究－1685-1720 Ⅳ.①K561.33

　　中国国家版本馆CIP数据核字(2023)第107756号

REVOLUTION: The Great Crisis of the British Monarchy 1685-1720
First published 2006
Copyright © Tim Harris, 2006
Simplified Chinese edition copyright © 2024 by Folio (Beijing) Culture & Media Co., Ltd.
All Rights Reserved.

著作权合同登记号桂图登字：20-2022-255号

GE MING: WANGCHAO DE WEIJI YU BIANGE: 1685-1720
革命：王朝的危机与变革：1685—1720

作　　者：（英）蒂姆·哈里斯
责任编辑：谭宇墨凡　李　珂
封面设计：WSCgraphic.com
内文制作：燕　红

广西师范大学出版社出版发行

　　广西桂林市五里店路9号　邮政编码：541004
　　网址：www.bbtpress.com

出 版 人：黄轩庄

全国新华书店经销

发行热线：010-64284815

河北鑫玉鸿程印刷有限公司印刷

开本：635mm×965mm　1/16

印张：36.5　　字数：540千

2024年6月第1版　2024年6月第1次印刷

定价：168.00元

如发现印装质量问题，影响阅读，请与出版社发行部门联系调换。

目　录

序　言 001

导　论 005

第一部　詹姆斯二世／七世的统治（1685—1688）

第一章　法定继承人继位 041

第二章　遭遇激烈挑战 066

第三章　"不幸的爱尔兰岛" 098

第四章　詹姆斯七世治下的苏格兰 138

第五章　英格兰的天主教绝对主义 172

第二部　三个王国中的革命（1688—1691）

第六章　只能根据法律积极服从 227

第七章　逃亡 258

第八章　史上最伟大的革命 290

第九章　苏格兰的光荣革命 340

第十章　爱尔兰的"悲惨革命" 392

结　论　革命、后果和不列颠的重建 443

注　释 495

序　言

　　本书是我的《复辟：查理二世和他的王国，1660—1685》（2005年）的续篇，但它是先写的。我本来准备用一本书的篇幅来呈现我对光荣革命时期三个王国的研究，所以我最初在电脑键盘上敲出来的，是此书的第一章。我按着时间顺序推进论述，然后才回过头去写了前面的部分。后来，我发现这项研究内容复杂，一本书容纳不下，便决定分成两本独立的书。着眼于这个目标，我重写了革命的研究。阅读本书，并不需要理解或享有《复辟》一书中的知识，我已竭尽所能确保本书是完全独立的。但是，这两项研究仍然是互补的，那些对这一话题既感兴趣，又能投入时间的人，若能两本书一起阅读，定可以获益更多。

　　本书的一些想法和论点，其实在我早先的论文《苏格兰和英格兰的人民、法律和宪制：光荣革命的比较方法》[1]、《不情愿的革命？苏格兰人和1688—1689年革命》[2]，以及《迫不得已的革命？　国教和爱尔兰、英格兰、苏格兰的1688—1689年革命》[3]中已经提到过。所有以前发表的材料都经过重新编写后才被纳入本书。虽然如此，我依然要感谢芝加哥大学出版社（拥有我发表在《英格兰研究》上的文章的版权）、罗切斯特大学出版社、四法院（Four Courts）出版社以及这两本书的编辑们，他们允许我重复使用论文中的一些材料。

在写作这两本书的这些年里，我自然是得到了不少良师益友的帮助。与莱昂内尔·格拉西讨论苏格兰《权利宣言书》的重要性，使我受益匪浅。艾伦·麦金尼斯和简·奥尔迈尔在有关苏格兰和爱尔兰材料方面都给了我宝贵的反馈。史蒂夫·平卡斯一直在研究光荣革命（欧洲范围内的），他始终是我灵感的源泉：我们说好了，我把欧洲范围留给史蒂夫，而他将苏格兰和爱尔兰留给我。对我来说，如果我能从詹姆斯二世的一生中学到什么，那就是不背叛自己的朋友，并且尊重约定。我的两个研究生利·耶特和马特·卡丹给了我他们在某些特定问题上的专业知识。多年来，我所有的学生（包括研究生和本科生）都在课堂上与我一起学习了这些材料，他们的投入和见解，也启发了我的研究。

我还要感谢查尔斯·卡尔顿、汤姆·科格斯韦尔、布莱恩·考恩、亚当·福克斯、马克·戈尔迪、马克·基什兰斯基、彼得·莱克、杰森·麦克利戈特、约翰·莫里尔、卡列夫·皮克纳、露易丝·施沃勒、伊森·沙根、比尔·斯佩克、斯蒂芬·泰勒和大卫·昂德当，在这些年里，他们有的为我提供了相关资料，有的与我讨论了解释和获取资料的方法。在过去的十年中，我在英格兰和北美的会议和座谈会上分别介绍了我的研究工作，我要感谢参会的诸位所提出的宝贵意见，他们对本书的最终成形影响深远。我要特别致谢爱丁堡和都柏林的新朋友们，我虽然只是在该项目进行到后期阶段时才与他们相识，但他们对我的工作给予了极大的支持。我只希望本书对爱尔兰和苏格兰的历史做出了无愧于他们的公道论述。与《复辟》一样，我要对企鹅出版团队表示由衷的感谢，特别是我的编辑西蒙·温德。西蒙是完美的编辑：他对我多有支持、鼓励，但又给出了足够的建议。是他让本书有了质的飞跃，让我也从中获益良多。如果西蒙能够与詹姆斯二世合作，那历史的进程可能会大不同！但是，如果西蒙事先洞察了查理二世或劳德代尔公爵的观点（请参见导论），我怀疑他永远不会与詹姆斯达成合作。我不能保证我的经纪人克莱尔·亚历山大会和我得出同样的论断，但我很高兴她接受了我，我只能希望最终的结果能对得起她为我的付出。

我的妻子贝丝和我的孩子维多利亚、詹姆斯多年来对我的巨大支持——在我花费大量时间研究和编写本书（这两本书）的过程中，时不时地将我拖出工作的狂热，让我保持理智。我的父母在我去英格兰旅行期间为我提供了一个离家在外的住所，从而使许多研究成为可能。在"古老的国家"（非本地人说我住的地方）我曾寄宿过不少亲朋好友家，在此一并向他们谢过。

如果没有一些机构的资金支持，本项目的研究就无法进行。我要特别感谢国家人文基金会、亨廷顿图书馆和约翰·西蒙·古根海姆纪念基金会的研究资助，以及布朗大学的支持。

我将本书献给两位谆谆的学者和导师。第一位是马克·戈尔迪，1970年代末我读本科时他教过我，1980年代初他指导过我的博士论文，此后一直是我宝贵的朋友和合作者。我一直打算将我对1680年代以及光荣革命的研究献给他，以感谢他多年来为我所做的一切。第二位是约翰·莫里尔，在我读本科或研究生时，他实际上从未教过我，但他是我博士论文的校内考官，一直对我的专业和知识努力给予大力支持。当我决定深入研究光荣革命时，是约翰首先鼓励我从三个王国的维度进行探索，而我对爱尔兰和苏格兰历史的浓厚兴趣也主要得益于他。我明白，一个无神论的新教徒把一本关于光荣革命的书献给两位天主教徒（尽管其中一位已经放弃信仰），颇具讽刺意味。如果我生活在17世纪末期，我怀疑我会倾向于激进的新教不从国教者，甚至可能会参加蒙茅斯叛乱（但是我挚爱的亲友们很快指出了我的胆小，以及不擅长反对权威）。确实有一位家族历史学家声称我的一些远祖曾参与蒙茅斯叛乱（如果谁有兴趣追溯的话，据说是塞尔伍德家族的分支）。但随后，即使蒙茅斯公爵也准备宽容天主教徒，只要他们"未被发现犯有密谋破坏我们的罪行"。

在引用原始资料时，我使用了当代的缩写方式，并且偶尔会提供现代的标点符号以提高可读性，但在其他方面则坚持原始的拼写和大写字母。日期是旧式的，不过新年是从 1 月 1 日开始的，而不是像当时那样，始于 3 月 25 日。

导　论

对一个人来说，孩子的出生这样的喜事理应庆祝。詹姆斯二世也不例外。当他的第二任妻子玛丽亚·比阿特丽斯·安娜·玛格丽塔·伊莎贝拉·德埃斯特（摩德纳公爵的女儿）于 1688 年 6 月 10 日诞下一子时，詹姆斯立即在英格兰、苏格兰和爱尔兰三个王国发布公告，宣布小王子的诞生，并敦促地方官鼓励民众在官方指定的感恩日举办篝火庆祝活动。[1] 7 月 17 日，白厅对面的泰晤士河畔举行了让人叹为观止的烟火表演，其中有许多先进的装置是当时的匠心之作。数以千计的火焰弹发射到泰晤士河上空，它们在回落时神奇地幻化成各种形象。十二发迫击炮弹向空中发射烟火弹，爆炸时与烟火交织出彩，其中酒神巴克斯的形象代表了富足，从它的"肚子"里翻涌出八九束烟火。还有两个巨大的女性形象代表"生育能力和忠诚品格"——在我们现在看来这有点讽刺，因为事实很快表明，不管是王后的生育能力还是人民的忠诚度，都是詹姆斯所愿却不可得的。这场烟火秀耗费了王室 2.5 万英镑的巨资[2]，令人咂舌。

詹姆斯本人的兴奋有其特别的理由。他与摩德纳的玛丽 1673 年就已有婚姻之实，生育男性继承人的努力也一直没有间断。玛丽肯定是能生的。在这段婚姻的前十一年中，她数次怀孕，但都以流产或孩子夭折而告终。1677 年 11 月 7 日出生的王子查理被授予剑桥公爵爵位，却在同年 12 月 12 日就离世了。1676 年 8 月出生的女儿是到这时为止玛丽的孩子中活得最久的，但也只是活到 1681 年，1685 年 2 月成为王后时，玛丽仍然没有子嗣，并在前一年的 5 月又遭遇了一次流产。虽然还只有二十六岁，按照斯图亚特时代的生育标准尚属适龄，但鉴于她过往的历史，情况不容乐观。像许多没有孩子的夫妇一样，任何可能增加受孕机会的方式国王和王后都愿意尝试。1687 年夏天，詹姆斯前往霍利韦尔朝圣，同时让妻子求取了巴斯的圣水。这样的做法似乎奏了效，王后怀孕的消息在 11 月下旬就已传开，官方的公告于次月正式宣布。[3]

更为重要的是，这对夫妇得到了他们梦寐以求的儿子。婴儿的教名是詹姆斯·弗朗西斯·爱德华，相较于詹姆斯在头婚中的两个女儿玛丽和安妮，这个男婴拥有王位的优先继承权。尽管在英格兰，早有女性继承王位的先例，但在君主制时代，男性统治者仍然更受欢迎。然而，此次王子诞生的重要性不止于此。作为英格兰自玛丽女王（1553—1558 年在位）以来的第一位天主教统治者，自 1685 年 2 月登基以来，詹姆斯一直奉行一项雄心勃勃的政策，试图让他的三个王国中的天主教徒获得更多的宗教和公民自由。1687 年以前，詹姆斯就已开始利用他的君主特权，让天主教徒特免各种旨在维护国教会对公职、教育和礼仪的垄断的法律，而到 1687 年，詹姆斯颁布《信教自由令》，决定中止这些对天主教徒不利的法律。然而，他多次想要说服议会永久废除针对天主教徒的刑事立法，却从未成功，无论在哪个王国都是这样。因此，无论天主教徒当时享受了什么好处，都只是蒙了国王个人的恩典。詹姆斯的两个女儿（在他自己皈依天主教之前出生）是新教徒；他的大女儿玛丽嫁给了欧洲新教领袖、荷兰执政奥兰治—拿骚的威廉。这意味着，詹姆斯为天主教徒取得的一切，都有可能在玛丽继位时被撤销。1688 年 6 月威尔士亲王的出生完全改变了国家宗教的走向。王子将会被培养成一名天主教徒，在他最终登上王位时，可以预想他会延续父亲的政策。詹姆斯一直以来所努力的一切，现在都有可能取得持久的成功。

詹姆斯·弗朗西斯·爱德华永远无法继承王位。恰恰是他的出生，标志着詹姆斯二世结局的开始。这位天主教国王的政策一直备受争议，因为这些政策不仅对英格兰国教会在英格兰（以及主教制派在苏格兰、爱尔兰教会在爱尔兰）的优势地位构成威胁，甚至对法治也构成威胁。如果在位的君主可以随意决定废除或中止议会通过的法律，那臣民的法律自由将如何得到保障？新教不从国教者与天主教徒一样能够从詹姆斯倡导的宗教自由中受益，但与此同时，他们都对君主特权凌驾于法律之上的企图深感不安。这就不难解释在詹姆斯统治的领土上，英格兰和苏格兰人口中约有 98% 的新教臣民，对一个天主教男性继承人的诞生反应冷淡；只有在爱尔兰这个天主教徒占人口四分之三的地方，才有真正的欢呼声。正如詹姆斯党人后来根据詹姆斯的回忆录和文件写作的回顾性著作《詹姆斯二世传》所说的，"王子的诞生"，给"国王、王后以及那些希望国王和王后顺利的人带来了喜悦"，却同时"给王国的广大人民带来了难以想象的巨大痛苦"。[4]

威尔士亲王出生二十天后，德文郡伯爵、丹比伯爵、什鲁斯伯里伯爵、伦敦主教亨利·康普顿、拉姆利勋爵、爱德华·拉塞尔和亨利·西德尼等七人，代表英格兰土地贵族、教会、陆军和海军中的不满分子联名致信奥兰治的威廉，解释说绝大多数人"对詹姆斯二世统治下的政府深感不满"，如果威廉有足够的军事力量进军英格兰，他们会加入威廉的阵营。[5] 这是一封令人难以置信的信：这个王国中最为尊贵的政治和宗教领袖邀请外国势力入侵自己的国家。它将引发一系列令人瞠目结舌的事件，最终导致一场革命，这场革命在英格兰历史上被称为"光荣革命"而非"荷兰征服"，乃因为它从一个教皇党暴君手中拯救了英格兰，并通过《权利宣言》（1689年2月）确保了新教自由，随后又颁布《权利法案》（1689年12月）以确保宣言的落实。这场革命对苏格兰和爱尔兰也产生了深远的影响，虽然在这两个王国，革命很难说有多"光荣"。

那年秋天，威廉率领一支约1.5万人的职业军队入侵英格兰。在秋季末发起攻势意味着巨大的风险。每年的这个时候，由于风向的关系，从荷兰到英格兰的海上旅程会变得格外艰难，登岸后还得直面陆地上的艰难条件。这无疑是一次"前所未有的冒险"，威廉已经做好了最坏的打算：在出发之前，他拟定了"遗嘱"，并告知他的妻子，如果他在行动中不幸去世，她应该再婚。[6]威廉的舰队于10月19日首次尝试起航，却被一场风暴驱回到了荷兰港口；受到西风的影响，舰队一直停滞在港口，直到11月1日才终于重新扬帆。最初的计划是前往英格兰的东北海岸，加入由德文郡伯爵和丹比伯爵领导的反对詹姆斯的北方抵抗运动，但在2日下午，一阵猛烈的东风将舰队吹向西南方向，甚至能隐约看到泰晤士河的河口。因此，匆忙召开的军事会议决定放弃东海岸，直接穿过多佛尔海峡进入英吉利海峡。这一阵迫使威廉改变舰队航向的"新教之风"，也阻止了英格兰舰队出航去拦截荷兰人。11月4日是一个星期日，为了遵守安息日，也因为这天是威廉的三十八岁生日，荷兰舰队放缓航速，直到第二天下午5点左右才抵达托贝（德文郡南海岸附近），而这一天是1605年"火药阴谋"的周年纪念日。随着荷兰舰队接近陆地，钟声响起，威廉的手下"认为这是个好兆头"；德文郡的人们"成群结队地来到山侧，甚至站到山头远眺船只，起初还怀疑是法国人入侵，直到看到"这位以'为了新教与自由'为口号的亲王的旗帜，才反应过来"。[7]在布里克瑟姆（位于海湾西侧，与佩恩顿、托基这两座城镇共同构成了现在的托贝地区）登陆后，威廉连忙前往西南部"首都"埃克塞特，沿途几乎没有遇到抵抗，并于 9 日抵达。12 月 18 日，威廉到达伦敦，有效地控制了政府。1689 年 2 月 13 日，随着詹姆斯逃离英格兰，威廉和他的妻子玛丽被宣布为英格兰的国王与女王。

就政权更迭而言，这场革命速度惊人，至少在英格兰，几乎没有流血事件发生。詹姆斯本来已经在索尔兹伯里平原集结军队以阻止威廉的前进，但在英格兰北部叛乱和自己军队叛逃的双重打击下，詹姆斯惊慌失措。他于 11 月 23 日下令从索尔兹伯里撤退，又于 26 日返回伦敦。就连威廉也一定会对胜利来得如此容易感到吃惊，尤其是考虑到詹姆斯在任约克公爵时曾有勇猛军事指挥官的声誉。"然而"，正如一位讽刺作家在诗中所写：

> 将战勇敢的拿骚之际，
>
> 调兵于索尔兹伯里，
>
> 发誓不能凯旋便战死：
>
> 结果敌人还未靠近便逃命。[8]

随着威廉继续向东进军，詹姆斯开始计划逃离英格兰。12 月 10 日，他将妻儿送往法国，并决定于 11 日凌晨也跟着去。但就连这最后的懦弱，詹姆斯也未能成功。当他的船在肯特郡的法弗沙姆装载压舱物准备跨海峡航行时，海员们拦住了他，他们倒是没有认出国王本人，但认出了和他在一起的那个人。由于不知道自己抓到的是谁，他们开始对国王进行脱衣搜查，看他是否藏了什么值钱的东西。直到后来，他们才发现了俘虏的真实身份。第一次逃跑尝试失败后，詹姆斯于 12 月 16 日被带回伦敦，却被人故意放走。12 月 23 日，他再次逃往法国，这次总算成功了。

这次经历于詹姆斯而言，无疑是奇耻大辱。他先是不战而降，接着又逃跑失败，甚至被那些有眼无珠的臣民拦了去路。他被自己的大女婿从王位上拽了下来，而这个女婿甚至还是他的外甥：威廉是詹姆斯的姐姐玛丽的儿子。由此看来，詹姆斯已经被自己的孩子抛弃了，她们对老父亲的窘境毫不关心。日记作者约翰·伊夫林告诉我们，人们普遍以为玛丽"在继承父亲王位这件事上，至少会表现出一些（哪怕是表面上的）不情愿，并做出道歉，澄清她的遗憾，说是因为父亲的统治不当，她才不得不出此下策"。但与此相反，当公主最终于 2 月 12 日从荷兰抵达英格兰时，"她像参加婚礼一样，笑容满面地进入白厅"。当威廉的牧师吉尔伯特·伯内特问她"在如此悲伤的革命中，目睹人们对她父亲的所作所为，为何还能这么无动于衷"，她解释说，她深受丈夫的影响，"看上去要高兴，这样就没有人会因为她的难过而气馁，或者担心她会因为发生这样的事情而有什么不安"。然而，就连此时已是威廉首席拥趸的伯内特也承认，"当她来到父亲的宫殿时，神情再严肃一些会更合乎人情"。至于詹姆斯的小女儿安妮，她实际在 11 月下旬就已经逃离伦敦，加入英格兰北部的叛军。在 1689 年头几个月反复上演的宪制危机中，人们看到的安妮只是靠打牌打发时间，"和以前一样快乐"。当第二代克拉伦登伯爵——詹姆斯第一任妻子安妮·海德的兄弟，后来成了一名詹姆斯党人——告诉她，人们"发现她似乎对父亲的不幸毫不在意，而因此感到非常不安"，安妮回答说，"她从不喜欢受束缚"。当被问及"她认为她的父亲应否被废黜"时，她说"她很遗憾国王把事情搞成这个样子，但她担心他再回来的话可能会有性命之虞"。[9]

　　詹姆斯在 1688 年的凄凉窘境与四年前他登基时受到的热情欢迎形成了鲜明对比。诚然，在哥哥查理二世统治期间（1660—1685），詹姆斯从来不是民众的宠儿，但在 1685 年 2 月继位时，他一度幸运地得到了大家的欢迎。詹姆斯原本是约克公爵，只是由于查理未能诞下合法的后代，才成了王位继承人，很多人反对詹姆斯继位，因为他信仰天主教。在 1679—1681 年的王位排斥危机期间，辉格党议会反对派——有限君主制和新教不从国教者权利的拥护者——曾启动立法程序，想要将继承权转移给新教继承人，声称人民的安宁（salus populi）必须是第一位的，一个天主教统治者不仅可能将教皇控制的阴霾重新带回英格兰，还意味着暴政和专制政府的回归。至少在一开始，这一立场在广大民众中得到了相当大的支持。然而，查理和他的托利党盟友成功地击败了辉格党的挑战，并在其统治的最后几年，为这位天主教继承人笼络了众多的支持——主要是利用人们对重新爆发内战（如同英格兰在 1640 年代经历的那种）的恐惧，来让大家接受无论如何不能篡改世袭继承的观念。当詹姆斯于 1685 年 2 月被宣布为国王时，英格兰、威尔士、苏格兰和爱尔兰的许多地方都为之欢呼雀跃，大批民众聚集在篝火旁庆祝这个消息。在接下来的几周里，来自詹姆斯所有领地的数百名居民呈递了效忠献词，承诺支持新君主。那年春天，詹姆斯在英格兰和苏格兰召开议会，议会明确表示了对詹姆斯的忠诚，似乎愿意让国王予取予求以巩固他的王位。尽管阿盖尔伯爵和蒙茅斯公爵（后者是查理二世的长子，是一名新教徒）在 1685 年的春末和夏初分别在苏格兰和英格兰发动叛乱，企图推翻新政权，但这些叛乱得到的支持有限，这进一步证实了詹姆斯及其跟随者在 1685 年已经成功遏制了激进的辉格党挑战。

简而言之，詹姆斯在登基时顺风顺水。哥哥查理二世在当政后期，为他树立了君主制的权威：利用法律打击王权的政治和宗教敌人，通过一系列清洗加强王室对司法和地方政府的控制，通过改善王室财政以及获得法王路易十四的补贴，来减少国王对议会的财政依赖。人们似乎更愿意拥有强大的君主制，即使君主是天主教徒，也不愿对继承权动手脚，以免重蹈 17 世纪中叶的覆辙。更重要的是，人们似乎已经接受了托利党–国教会的观点，即英格兰的君主制是神圣而绝对的，也就是说，国王不与议会分享他的主权，也不应被他的臣民反抗。这意味着，詹姆斯不仅继承了一个强大的王位，还从他统治的居民那里继承了对国王的爱戴。然而，在不到四年的时间里，他的地位就彻底崩塌，以至于在外敌入侵时，他连与敌人正面一战都不能完成，就要溃逃，这急转直下的局势实在令人吃惊。

那么，为什么詹姆斯会如此迅速地倒台呢？这是本书首先想要回答的问题。詹姆斯是一个无能到无可救药的统治者，推行了让人厌恶又不切实际的政策吗？他真正想实现的是什么，天主教式的专制或仅仅是宗教少数群体的信仰自由？他的地位是否真的岌岌可危，以至于只要一丁点儿外来的协助，臣民就可以推翻他，还是说，他作为绝对君主的地位强大到真的需要来自国外的军队入侵才能推翻他的政权？本书想要探索的第二个问题是光荣革命的性质和意义，以及詹姆斯垮台后的解决方案。这是一场真正的革命，从根本上改变了君主制的性质，还是说，这是一个保守的事件，只是想把宪制恢复到詹姆斯二世试图扩大君主特权和推翻法治之前的状态？它是否建立了现代自由，并催生了我们目前的君主立宪制，还是说，它什么也没做？它是否标志着某个特定政治利益集团的胜利，如果是的话，又是哪个——辉格党还是托利党——还是说，两党都参与了，整个国家联合起来推翻天主教和专制政府？如果我们不仅关注英格兰，还考虑苏格兰和爱尔兰的情况，我们对这些问题的回答会有什么不同？

不得不承认，詹姆斯二世肯定不是英格兰（或苏格兰或爱尔兰）王位上最聪明的人。同时代的人当然认识到他有智力上的缺陷。在查理二世统治期间，白金汉公爵曾对伯内特说："国王只要愿意，就能看清一切；约克公爵〔后来的詹姆斯二世〕想看清一切，却没有能力。"——伯内特报告说，这个评价"很残酷，因为这是事实"，他自己也同意詹姆斯"没有判断力"。[10] 詹姆斯的一位情妇凯瑟琳·塞德利很困惑詹姆斯从与他有性关系的女性身上究竟看到了什么，她的打趣广为人知："我们长得都不好看，如果我们有智慧，他也没有足够的智慧发现。"[11] 不聪明这件事本身并不会直接导致统治的垮台；无论是在世袭君主制国家还是在现代民主国家，历史都为我们提供了大量的反例。然而，詹姆斯的智力缺陷，他对天主教信仰的顽固依恋，以及不惜一切代价也要帮助同教中人的愿望——这三者本身并不能带来什么恶果，但如果一个君主治下的人民绝大多数都是积极反对天主教、期待国王保护新教宗教建制的新教徒，这三者的结合会让他倒大霉。1679 年春，主要是为了让詹姆斯在英格兰继位危机开始时避风头，查理二世将他派往布鲁塞尔，詹姆斯写道：如果时机成熟，他希望上帝赐予他"恩典，为真正的大公宗教而受死，以及被放逐"。[12] 这句话暴露了詹姆斯的心态，1688 年最为危急的时候，他选择了逃跑，而不是冒着死亡的危险奋战沙场，也正是践行了这一理想。

虽然查理二世竭力保护弟弟的王位继承权，但他本人对詹姆斯是否具备成为好国王的品格并不抱有幻想，据说他曾这样预言弟弟的未来："我的弟弟会因为他的偏见以及他对那群丑陋的恶魔的袒护，而失去他的王国。"[13] 劳德代尔公爵是查理二世统治时期的苏格兰国务大臣（Secretary of State），他在 1670 年代后期评论到，詹姆斯"有父亲［查理一世］全部的坏毛病，但没有他的力量"（鉴于查理一世在 1642 年不仅让自己深陷内战，而且在 1649 年 1 月被议会激进分子处决，人们可能想知道他作为国王的优点是什么）。劳德代尔继续说，詹姆斯喜欢"以他自己的方式处事"，并且"是一个俨然以教皇自居的教皇党人"。这位苏格兰公爵毫不怀疑这将是詹姆斯的致命弱点，并预言，即便詹姆斯"拥有全世界，他也会拿它去冒险，因为他渴望的是百年后，在天主教的神殿中，自己的名字能闪耀着红光［封圣的标志］"。[14]

　　毫不奇怪，对詹姆斯的负面评论持续了好几个世代。支持光荣革命成就的早期辉格史学家将詹姆斯视为邪恶的天主教暴君。因此，19世纪中叶伟大的历史学家托马斯·巴宾顿·麦考莱谴责詹姆斯是一个"暴君"，追求"疯狂的政治"，即"通过违反王国的基本法律来促进天主教会的利益"。[15]类似地，麦考莱的甥孙屈勒味林在"二战"前夕写道——"为了在英格兰恢复天主教"，詹姆斯"发现有必要像欧洲其他君王一样成为绝对的君主"；他建立了"一支庞大的军队，无论都铎王朝还是他的父兄在和平时期都没有指挥过这样规模的军队"；而且他还"持续挑战法律的权威"。[16]詹姆斯的政策似乎不可理喻，以至于那些不愿意看到他的行为背后有邪恶动机的历史学家认为他可能患有某种精神疾病。F. C. 特纳在他1948年出版的经典传记中便暗示，詹姆斯继位时"患有过早的智力衰退"，这可能是"他年轻时性行为过度而引起的感染……导致了一种相当普遍的精神疾病"。[17]

　　现代学者试图给这位国王一份更为中肯的评价。1972年出版的一项关于光荣革命的重要研究认为，詹姆斯推行的是一项本可以成功的务实政策：他并非癫狂。詹姆斯可能在一直试图"效仿大多数的欧洲君主，使用的是当时颇为主流且行之有效的绝对主义统治方式"，但鉴于复辟时期的政治运作方式，他在英格兰的对手几乎无法阻止他；"因而需要威廉的入侵来破坏"詹姆斯的政策。[18]现代最完整、最具学术性的詹姆斯二世传记，自1978年首次出版以来已经多次重印，坚持"詹姆斯不是一个坏人"，并不希望在英格兰"建立像路易十四那样的绝对主义"。詹姆斯并没有"打算破坏英格兰宪制"、"破坏法律"或"将他的宗教观点强加于人"；相反，他的目标仅仅是"让天主教徒与新教徒处于平等地位，允许他们自由礼拜并担任公职"。[19]然而，有迹象表明历史学家开始反对这种过于为詹姆斯平反的观点。虽然詹姆斯可能不是辉格党渲染的那种教皇式暴君，但他的同时代人肯定将他视为"顽固的教皇党人"，而且最近的一项研究也提醒我们，詹姆斯"确实强化了王权，却没有用它们来促进宗教宽容"。[20]

无论詹姆斯个人作为国王的素质如何，大多数学者似乎都同意，如果不是奥兰治的威廉进行干预，詹姆斯很可能已经达成他的政治目标了。正如屈勒味林多年前一直坚持的，詹姆斯是如此强大，"他的臣民只能召集外国军队来对付他"。[21] 一位现代历史学家从荷兰的角度考察了光荣革命，他声称，"如果没有奥兰治亲王的武装干预，就不可能发生一场革命，或任何类似的革命。正是亲王……粉碎了詹姆斯的权力，摧毁了他曾经拥有的强大军事力量"。[22] 的确，历史学家已经认识到，威廉的成功仰赖的是对詹姆斯幻想破灭的那一小部分臣民，尤其是上层阶级的支持。然而，学者们普遍认为 1688 年革命（即推翻詹姆斯二世，有别于后来达成的解决方案）本质上是由外部力量引起的，而不是由内部力量造成的。引用一位研究这一时期英格兰外交关系的现代主要学者的话来说，"詹姆斯的倒台是外部力量入侵英格兰的结果"。它不应被视为反对查理一世的那种"国内政治动荡"，而是更类似于"一个世纪前的 1588 年西班牙无敌舰队最后一次尝试攻打英格兰"。[23] 正如最近一本有影响力的教科书作者指出的，是奥兰治的威廉"凭一己之力使 17 世纪和 20 世纪之间为数不多的一场大革命成为可能，这次革命的本质首先是入侵，然后才是叛乱"。[24] 如果威廉个人的能力就足以使革命成为可能，如果革命不是国内政治动荡的产物，那么结论显而易见：在解释革命发生的原因时，我们几乎没有必要去审视国内政治，无论詹姆斯的王国是否处于动荡之中。

如果说我们在如何理解詹姆斯的问题上存在分歧，那么关于光荣革命意义的争议就更多了。当时有人将其描述为"有史以来最伟大的革命"。[25] 今天自然不会有多少人同意这一观点。毕竟，这是一场由反天主教的偏见助长的事件，它将爱尔兰卷入了一场血腥的战争，对大多数天主教徒制定了严厉的刑罚法（其伤痕至今仍未痊愈），最重要的是，它让苏格兰失去了政治主权。对现代学者来说，这根本不像一场真正的革命，当然也不像在过去几十年里更受历史学界关注的英格兰 17 世纪内战。可能仍有一些人认为，光荣革命为不列颠的现代议会民主和君主立宪制，也为不列颠在 18 世纪及以后的最终崛起奠定了基础。[26] 但在许多人看来，它远远没有实现任何有意义的政治改革，也没有推动英格兰的现代化，反而使得英格兰在 18 世纪（甚至可能在 19 世纪早期）仍然奉行着旧制度（ancien régime）。[27]

　　几代历史学家倾向于将 1689 年革命的解决方案看成是保守的妥协。例如，麦考莱和屈勒味林都认为这次革命是"防御性的"，是一种试图维护"古老权利"的"保守革命"，其"精神"是"革命的对立面"。[28] 尽管这两人始终坚持 1689 年革命的解决方案证明了辉格党的有限政府原则，但在现代学者看来，这一结果，尤其是《权利宣言》，更多是两党之间的妥协，旨在安抚托利党和威廉派辉格党人，未能解决更激进的辉格党人的关切，后者希望进行更深远的宪制改革。[29] 的确，已经有了一些声音质疑革命的保守性这一看法，一些学者试图重新赋予《权利宣言》更多的激进性，或者至少将其视为辉格党原则胜利的一个标志。[30] 人们虽然还没有达成一致意见，但是光荣革命作为历史上最不革命的革命之一的形象仍然深入人心。

　　有人可能会认为，如果将苏格兰和爱尔兰囊括进革命研究，结论将会有所不同。问题是，研究 17 世纪晚期的现代学者在研究三个王国时一般都是分开来研究的，而光荣革命长期被历史学家视为英格兰历史上的一个事件。很少有研究关注苏格兰革命——例如，我们没有详细研究 1689 年在苏格兰颁布的、相当于《权利宣言》的《权利宣言书》，也几乎没有研究詹姆斯七世（詹姆斯二世在苏格兰

的称谓）在苏格兰的统治情况。在缺乏深入研究的情况下，苏格兰
历史学家倾向于认为苏格兰并没有主动参与革命，而只是从英格兰
引进了一场现成的革命，即使最终形成的明显是一个带辉格党和长
老会立场的解决方案。[31]詹姆斯二世在爱尔兰的统治以及之后的爱
尔兰革命得到了更为充分的研究，但有一种可以理解的倾向，即历
史学家的研究集中在已经丢掉英格兰王位的詹姆斯和威廉这两个国
王的战争上。[32]可以说，我们对光荣革命的史学研究过于关注英格
兰，忽视了在另外两个王国发生的更为激进和暴力的冲突，也正因
为此，光荣革命温和的美名才得以深入人心，而历史学家认为17世
纪四五十年代的事件（包括内战、弑君和建立共和国）才是英格兰
历史上唯一真正的革命，也就不足为奇了。[33]

　　本书将要挑战我们关于詹姆斯下台的原因和随后发生的革命的
性质的一些基本假设。我将证明，仅凭外部因素，我们无法解释詹
姆斯政权的倒台，恰恰相反，国内的政治动荡才是主要原因。我
还将指出：光荣革命无论在精神上还是在结果上都具有革命性。
本书是作为《复辟》的续篇而写的，《复辟》一书探讨了查理二世
和他的王国，也就是1660—1685年英格兰、苏格兰和爱尔兰的
政治发展。[34]虽然这两本书是独立的，但它们也互为补充，共同讲
述了斯图亚特王朝从复辟到光荣革命的故事。两本书的宗旨也是一
致的，那就是纠正现有史学中的某些局限性，让我们对1688—1689
年事件的原因、性质和意义有新的认识与思考。

　　既有的关于詹姆斯二世统治和光荣革命的历史著作，在以下三
方面仍然存在不足。第一，大多数研究都是自上而下的，关注的是
政治精英，聚焦的场所不是宫廷就是威斯敏斯特。虽然历史学家们
一直都知道，在光荣革命时期，英格兰有不少民众的政治骚动，但
他们仍然不知道如何在自己的论述中同时顾及精英与平民。在大多
数历史叙述中，主要的政治权力掌握在贵族和乡绅手中；如果说光

荣革命不仅仅是外国入侵，那它最多也只是贵族的反抗。[35] 本书认为需要将政治置于更广阔的社会背景下研究：要构建政治发展的社会维度，留意地方治理的性质，关注公众舆论的重要性，认识到传统统治阶级下的那些角色的能动性。《复辟》一书表明，迎合这些"议会外"（out-of-doors）的人是查理二世成功击败辉格党，并在其最后几年巩固王权的一个关键因素；自然而然地，我们也有必要反过来研究一下：詹姆斯左右公众舆论的能力在多大程度上决定了他政治目标的成败。

第二，现代关于詹姆斯二世统治和光荣革命时期的重要研究，缺乏对三个王国进展的综合分析。然而，詹姆斯二世从英格兰王位上被推翻，也就意味着他同时丧失了在苏格兰和爱尔兰的统治地位。事实上，奥兰治的威廉在入侵时打出的口号，明确指向拯救英格兰，以及苏格兰和爱尔兰的新教自由。光荣革命显然是一个三王国事件，综合的研究是必要的；正如我们将看到的，将苏格兰和爱尔兰纳入讨论后，我们考察革命意义的视角，与我们只关注英格兰时明显不同。此外，《复辟》一书也展示了政府的行为和公众对政治发展的反应是如何受到这一认识的形塑，即斯图亚特国王事实上统治着三个王国，而不仅仅是一个王国。因此，我们需要探讨詹姆斯的政治目标、他实现目标的方式以及人们的反应，在多大程度上受到国王不只是为英格兰，同时也为苏格兰和爱尔兰制定政策这个事实的制约。

第三，学者们之所以基本上没有意识到 1688—1689 年的革命意义，在很大程度上是因为他们没有从更广泛的社会背景和三个王国的视角来看待当时的政治进展。而本书将证明，无论就其过程还是结果而言，光荣革命都具有真正的革命性。

不过，在叙述詹姆斯二世的统治以及这一场致使他下台的革命之前，让我们先详细谈谈本书采用的具体方法，也提供一点额外的背景，以准确了解詹姆斯二世继承的遗产的性质。

一部政治的社会史

让我们先回答一个问题：为什么我们需要一部关于政治的社会史？乍一看，我们似乎可以合乎逻辑地假定，在一个君主制时代，统治者声称拥有绝对权力，而且议会选举仅限于有产者，关注高阶政治（high politics）是恰当的。因此，我们的研究聚焦于国王及其亲信、议会两院的议员，以及在地方上拥有影响力的地主和商业精英，难道有什么问题吗？最多，我们也许可以扩大一下研究范围，将那些在议会选举中有投票权的人包括进来：根据自治市特许权的不同，可能是那些在郡中拥有超过 40 先令财产的自由地产保有人，或者是生活在城镇的更富裕的人们。[36] 难道不正是这些人构成了这个国家的政治民族（political nation），而其他的人，即占人口的大多数，被排除在了政治之外吗？

然而，一旦我们仔细观察近代早期政治的运作方式，这种看似合理的逻辑很快就站不住脚了。首先，很显然的一点，政治不仅关乎那些拥有最大政治权力的人如何决策，也涉及那些负责决策的人如何设法使他们的倡议在地方层面得到执行。在 17 世纪的背景下，这意味着在地方上要依赖广泛的无薪中间人，上至担任郡最高军事长官及其助理、大陪审团成员、治安法官、市长和市议员的贵族、乡绅和富商，下至小陪审员、民兵、税务员、堂区俗人执事、济贫官、堂区委员会委员、治安官员，以及其他堂区或选区的官员。大多数在这些低阶职位上工作的人都属于中间阶层。然而，中间阶层通常不想承担声望一般，责任却很重的地方职位，比如堂区治安官员，因此，其中一些职务可能会由出身草根的人担任。最近的研究得出结论："在近代早期，人们参与公职的比例高得惊人。"17 世纪中期，在管理严明的伦敦，每年都有十分之一的户主担任公职。在整个英格兰和威尔士，每年大约有二十分之一的成年男性可能担任堂区的职位。鉴于许多堂区的职位实行轮换制，官员任期为一到两年，以十年计的话，担任公职的人口比例还要更高。[37]

我们应该想想这些发现是否会影响我们对近代早期政治性质的认识。以复辟时期政府政策中备受争议的一点为例，如果政府想对新教不从国教者执法，它需要与政治精英以下的人合作，才能逮捕罪犯并将其定罪。而 1670 年代末和 1680 年代初的英格兰，由于没有堂区治安官员和陪审员的支持，政府针对不从国教者的政策很难生效。[38]

此外，政策制定者永远不是在凭空造法，他们要处理的是他们负责管理的社会中出现的问题。说白了，统治者要解决的是受他们统治的人制造的问题。所有的社会都需要监管。在内战和十多年的共和政治试验后，如何监管这么一个容易发生叛乱、同时出现政治和宗教异见者的社会，自然是刚刚复辟的君主要重点关心的。如果这个社会需要耳目，谁能胜任：是传统的无薪公职人员，还是专业团队，比如军队？ 如果是后者，那么军费从何处出？要提高税收吗？军队如何管理自身，驻扎在哪里？然后，我们还得考虑人们对政府的举措会有何反应。他们会接受甚至表示欢迎，进而与政府积极合作，还是会反感，并试图通过不服从或公开抵抗来进行或被动或主动的阻挠？ 换句话说，政府试图解决如何监管社会的问题，会不会适得其反地制造出更多的问题？这个问题听起来很抽象。然而，对于查理二世（如《复辟》所表明的）和詹姆斯二世（如本书将阐明的）来说，这是他们的政府需要解决的实际问题。

这样一来，我们可以看到，被卷入政治进程的人比最初设想的要多得多。普通人的想法也比人们通常以为的要重要得多，统治者除非想冒险才会对其视而不见。这不仅仅是因为，如果人们对政府的政策感到不安，他们可能会奋起反抗。当然，在 17 世纪，尤其是在詹姆斯二世的统治时期，英格兰、苏格兰和爱尔兰的不满民众确实多次这样做了（或者威胁要这样做）。同时也因为，如果政府不能得到足够多的支持——特别是那些负责地方治理的人的支持——其统治就难以维系。所以，为了充分了解 17 世纪晚期英格兰、苏格兰和爱尔兰的政治运作方式，我们需要关注的不仅仅是小部分政治精英的活动和计划，还需要去了解统治者所继承的遗产的性质，以及他所统治的人民向他提出的治理难题。我们必须去探讨统治者在多大程度上依赖地方上普通人的积极合作或默许才能落实政策，以及他在多大程度上容易受到或者能够免于公共舆论的影响。我们还需要去分析他为了落实政策而选择的策略，无论是高压手段（像严厉的治安管制，或在官员拒绝合作时就强行清洗），还是意识形态控制（例如用宣传来说服当地官员支持和执法）。

政治遗产

如果要想弄清楚詹姆斯二世迅速陷入困境的原因，我们就要去探究他所继承的政治遗产的性质。这反过来又要求我们去想一想查理二世面对的特殊问题，以及他选择的处理方式，这样我们才可以理解查理遗赠给詹姆斯的到底是什么，以及他如果要遏制那些曾经威胁到他哥哥的统治稳定的问题时，可能会采取的策略。要理清复辟时期的政治继承绝非易事。尽管在 1660 年代，整个不列颠群岛的绝大多数人都欢迎君主制的回归，但毕竟 17 世纪四五十年代的内战以及克伦威尔的统治给三个王国留下了痛苦的伤痕，事实证明，共识很难重建。在英国，政治与宗教的争论互相交织。在政治方面，一些人认为国王与议会共享主权（因此英格兰是一个混合君主制，查理二世由议会召回这个事实似乎证明了这一点），而另一些人则认为国王并没有与议会分享权力，在某种意义上，国王甚至拥有绝对权力（这种观点需要将复辟归功于上帝的旨意）。两派都同意，在正常情况下，国王应该根据法律来统治国家（尽管后者倾向于给予国王更多的权力，以便在必要时废除某些法律）；他们的分歧在于国王违法时可以被追责的程度。对于绝对权力的支持者来说，国王只对上帝负责。在宗教方面，有三个主要的利益集团：一个是分离主义者（少数派），反对由主教管理的教会，反对国教会崇拜的许多方面，认为唯一真正的教会是由真正的信徒组成的教会，因此他们自然支持信仰自由；一个是长老会教徒或老式清教徒（一个更大的群体），他们已经做好准备接受一个由主教管理的复辟教会，如果能就某些可欲的改革（尤其是在共同祈祷书上）达成协议，使他们可以被一个更广义的英格兰国教会接受的话（但他们并不想去宽容分离主义者）；第三类是强硬的英格兰国教徒，他们严格遵从主教教会和祈祷书，不愿向分离派或长老会教徒让步。他们也多是君主特权最坚定的拥护者，而长老会和分离派提倡各种形式的有限君主制。

在宗教问题上，强硬的英格兰国教徒在 1662 年通过了《礼拜仪式统一法》，并制定了严苛的刑罚法，旨在惩罚那些在复辟后的英格兰国教会之外做礼拜的人，阻止非英格兰国教徒担任公职。因此，教会开始分裂，那些被迫离开并容易受到迫害的人形成了一个重要的少数群体——人数远远超过 1676 年官方统计的 5%，在一些社区甚至高达 20%、33% 或 40%。（相比之下，自英格兰宗教改革以来，罗马天主教徒仍容易受到刑罚法的影响，人数约占总人口的 1.2%。）[39] 政治方面的情况就不那么明朗了。查理二世当然不会如一些人所愿，成为有限的君主；相反，英格兰在 1660 年取消了对君主的限制，从这个意义上说，复辟是无条件的。然而，在实际情况中，查理的权力受到了现实和法律上的限制，当他想要突破界限时——例如，他在 1662 年和 1672 年颁布《信教自由令》，用他的君主特权赋予新教不从国教者和天主教徒以信仰自由时——他总是不得不让步，尤其是因为他需要安抚议会，以获得税收补助。只有到了1680年代，当国王发现自己摆脱了对议会的财政依赖后，查理二世的统治才开始接近托利党－国教会所拥护的王权绝对主义。可即使在这时，查理仍然声称要践行法治之路，要确保法治的运行。不过，复辟后的君主制至少在理论上是绝对的。复辟初期，国王通过各种法令，要求教会和国家的官员不仅要进行传统的效忠宣誓和最高权威宣誓，还要宣誓放弃对国王或国王代理人的武装抵抗（苏格兰和爱尔兰的官员也要进行类似的不抵抗宣誓）。[40]

　　苏格兰长期受困于长老会教徒（他们在苏格兰南部和西部特别强大）和主教制派教徒（他们的大本营是东北低地）之间激烈的宗教、政治分歧。1630年代末和1640年代初的苏格兰革命见证了边境以北的教会和政治建制的彻底重组，由主教管理的教会被推翻，国王被剥夺了许多特权。1638年的《民族圣约》和1643年的《神圣盟约》（后者差点让苏格兰革命之火烧到英格兰）进一步强化了这种分裂，虽然当时大多数苏格兰人不希望完全推翻查理一世，也退出了1649年的弑君行动：他们想要的只是一个接受圣约的国王。然而，苏格兰也有许多王室的拥护者——尤其是查理二世本人——指责苏格兰长老会引发了危机，进而导致1642年内战爆发，推翻了主教制在三个王国中的主导地位，最终让共和国得以建立。对他们来说，最好的解决办法是恢复主教制，因为由主教（他们是国王任命的）管理的教会似乎是确保国王在其北方王国的权威的唯一途径。问题是，边境以北的人民并不像英格兰那样支持主教制。苏格兰的复辟几乎没有对过去做出什么妥协，而是彻底推翻了《民族圣约》和《神圣盟约》，废除了1630年代末到1640年代初所有的宗教和政治改革，一下子回到1633年查理一世来苏格兰加冕时的样子。主教制的恢复——首先是通过1661年的皇家法令，随后通过1662年的议会立法——以及后来在1669年通过的《君主至上法》，确认苏格兰国王为教会领袖（根据长老会的说法，查理·斯图亚特由此取代了基督的地位）。与此同时，国王还颁布了一项特别残酷的刑罚法，用以压制长老会不从国教者带来的威胁，造成了比在英格兰更严重的宗教迫害。当我们意识到苏格兰长老会教徒的人口比要比英格兰不从国教者的人口比高得多时（据他们自己估计，其人数甚至超过了苏格兰的主教制派教徒），其影响就更深远了。因此，在苏格兰，不仅长老会教徒面临因为参加非法宗教集会而罚款的威胁，而且根据1670年《秘密集会法》的条款，那些在野外集会上布道的人甚至可能被判处死刑。此外，长老会在西南地区受到严厉的治安管制——包括部署军队来罚款，使用酷刑（通常未经官方批准），征收保证金，让地主和主人对其佃户和工人的宗教行为负责，以及（最臭名昭著的）1678年部署了一支"高地大军"（约八千人，主要是高地人），试图用武装恐吓（从抢占民宅免费驻扎到盗窃、身体暴力，甚至还有更恶劣的手段）来强制人们服从复辟教会，这些都埋下了痛苦且不断发酵的怨恨。1666年和1679年，西南地区的长老会曾两度起义。在这后一次起义之前，圣安德鲁斯大主教在自己的教区被长老会极端分子残忍杀害。政府有理由认为自己是在对国家的敌人开战，因此采取了严厉的措施。有些极端分子确实从未承认复辟后所达成的政治宗教安排的合法性，毕竟这一安排会导致长老会被推翻、圣约被废除。1680年代初，长老会中激进的圣约派，也就是卡梅伦派或所谓的"会社分子"（Society People）开始向查理二世宣战，并采取了危害国家安全的恐怖主义行动。然而，大多数苏格兰长老会成员，即使在西南地区，都不是顽固的政治煽动者，他们认为自己只是在面对压迫时进行自卫，是被政府和以政府之名的暴行推向了极端。相比之下，苏格兰天主教徒——1681年占苏格兰人口的不到2%，绝大多数集中在高地和岛屿——在查理二世的统治下，生活相对轻松。[41]

在爱尔兰，政治、宗教和经济方面存在广泛的紧张因素。根据复辟后达成的安排，只有国教会新教徒才被赋予充分的政治和经济权利，尽管这些人只占总人口的约 10%。在爱尔兰，大约四分之三的人是天主教徒；其余的是某种类型的新教不从国教者（主要是长老会教徒，虽然也有一些公谊会教徒和其他独立派教徒）。由于种族问题，宗教上的分歧进一步复杂化。天主教群体由当地人或盖尔人（爱尔兰原始居民）和老英格兰人（早期爱尔兰征服者的后代，但在宗教改革中没有改变他们的信仰）组成，他们世代通婚，文化早已融合，再加上对英格兰国教会新教徒统治的共同不满，于是更加紧密地团结在一起。国教会新教徒主要是新英格兰人，他们是宗教改革以来，经过各种浪潮从英格兰来到爱尔兰的英格兰人的后代。南方的新教不从国教者主要是英格兰长老会教徒；相比之下，阿尔斯特集中了大量的苏格兰长老会教徒，他们继续与苏格兰的同教中人保持着密切的联系。然而，爱尔兰的宗教分歧并没有像英格兰和苏格兰那样，因宗教迫害而加剧，主要是因为英格兰国教会新教徒虽属于优势阶层，但不可能迫害 90% 的人口。因此，针对天主教徒和新教不从国教者的法律并没有得到严格执行，而在 1672 年确立的"国王捐赠"（regium donum）制度下，长老会牧师甚至每年都能从王室那里获得 600 英镑的补助金——虽然新教建制之外的人肯定会对他们在政治、经济和宗教上的边缘地位心怀怨恨。

在复辟时期，爱尔兰最激烈的争论来源是土地安排。1650 年代，克伦威尔剥夺了大多数天主教土地所有者的土地，理由是所有天主教徒都需要对 1641 年 10 月的爱尔兰叛乱背责，这场叛乱导致三千多名新教定居者被杀，更多定居者要么在冬季被赶出家园，客死他乡，要么在为王党反对英格兰议会的斗争中牺牲。根据 1662 年《平定法》的条款，爱尔兰天主教徒只要能证明自己没有参与爱尔兰叛乱，理论上就有权收回自己的土地。然而，一旦复辟政权履行了其所有的义务（包括补偿那些不得不放弃他们在 1650 年代善意购买的爱尔兰土地的人），并把爱尔兰地产授予忠实的支持者和宫廷宠臣，作为建立政治庇护的一种方式，那么很快爱尔兰就没有足够的土地来分配了。结果，许多认为自己有权恢复地产的天主教徒的期望落空了。1665 年的《解释法》试图制止混乱，停止无休止的法律诉讼，这意味着许多被剥夺了地产的天主教徒甚至被剥夺了证明自己没有参与爱尔兰叛乱的机会。结果，到了 1650 年代末，天主教徒只持有爱尔兰 9% 有利可图的土地，而在查理二世治时期，这一数据为约 20%——仅为内战前 60% 这一比例的三分之一。然而，对许多新教徒来说，就连这样的比例也太高了，他们认为天主教徒都是叛乱分子和叛国者，他们一寸土地都不愿归还给他们的宗教对手。讽刺的是，复辟时期爱尔兰土地安排的主要受益者之一是后来的詹姆斯二世，他从那些被判杀害查理一世的罪犯手中得到了约 16.9431 万英亩土地。[42]

17 世纪四五十年代遗留给三个王国的麻烦，以及王朝复辟后的解决方案，很快成了查理二世的统治难题——表面上看，他设法控制住了混乱局面，但他始终未能从根本上解决矛盾。查理的统治方式让情况变得更糟：他对天主教徒的同情；他亲法的外交政策（尤其是他在 1672—1674 年的英荷战争中与天主教法国结盟对抗新教荷兰人，当时路易十四的扩张主义野心不仅开始威胁欧洲的势力均衡，也开始威胁新教利益的安全）；他企图用养老金和公职贿赂议员，颠覆议会的独立性；他尝试建立常备军；以及他对苏格兰（为了应对长老会的威胁，他的政府似乎不得不采取更加武断的措施）和爱尔兰（查理二世政权确实做出了一些努力，试图缓解天主教多数派的困境）的政策。对许多新教徒来说，复辟政权似乎对天主教义有所偏爱，倾向于更为专制的政府。1673 年，王位继承人约克公爵公开皈依天主教，人们对于未来很可能拥有一个天主教国王的前景更加恐慌了。

　　1678 年夏天，泰特斯·奥茨揭露了天主教徒企图谋杀国王、焚烧伦敦（鉴于天主教徒被指责为 1666 年摧毁伦敦的大火的罪魁祸首，这是一个可信的威胁）和屠杀数十万英格兰新教徒的阴谋，王位继承问题因此达到了顶点。如果国王被杀，天主教继承人将继承王位，那么备受珍视的新教自由将会变成什么样？"教皇党阴谋"引发了辉格党运动，试图将约克公爵排除在继承权之外。辉格党预言，天主教君主会迫害新教徒，推翻法治，抛弃议会，通过常备军统治国家，威胁新教徒的生命、自由和财产；"人民的安宁乃最高的法律（salus populi）"这一原则使得排除天主教继承人成为必要。历史前例，加上自然法的逻辑，似乎表明，人民有能力和权利这样做。辉格党主导了 1679—1681 年召开的三届英格兰议会，并提出禁止天主教继承人继承王位的"王位排斥法案"。他们还公开表示反对查理二世的统治作风以及复辟时期的教会和政府建制。为了向查理施压让他同意排斥法案，他们发动了一场声势浩大的宣传运动，旨在说服公众相信天主教继位者的危险性以及支持辉格党的必要性；他们甚至鼓励大规模的公众示威和请愿活动来支持他们。还有迹象表明，议会中的政治反对派与三个王国各地的激进不满分子（其中许多人是新教不从国教者）之间的联盟越来越紧密，这让政府不禁担心，如果查理拒绝接受辉格党的要求，可能会发生叛乱。这与约翰·皮姆和 1641 年反对查理一世的议会所采取的策略有着明显的相似之处。到了 1679—1680 年，辉格党反对者暗示"1641 年"又来了。人人都知道，从 1641 年到 1642 年内战爆发仅一步之遥。

　　到 1679—1680 年，复辟政权陷入危机。查理发现很难有效治理他的三个王国，很难推进自己的政策，也很难提高税收，很难用法律制裁那些他眼中的教会和国家政治的敌人。此外，他还面临着这样的前景：如果事态失控，他的臣民可能会造反。然而，查理渡过了危机。他击退了辉格党的挑战，重建了王室的权力和威望。了解查理二世如何成功地做到这一点，将有助于我们理解詹姆斯二世如何以及为何失败。

　　大多数的记载都着墨于查理二世治的最后几年，王室如何恢复了君主的固有权力。一位历史学家告诉我们，1670 年代末，查理犯了严重错误，曾一度陷入困境，但"君主制非常稳固，只要查理不表现出一贯的愚蠢，他对王国的控制就不会受到质疑"。[43] 国王似乎掌握了所有的王牌。他从未失去对上议院的控制，1680 年 11 月，上议院否决了"王位排斥法案"，这是当年唯一呈递待批的法案。他能够选择时机休会和解散议会来挫败辉格党，而在 1681 年后，由于关税和货物税收入的增加以及来自法王路易十四的补贴，他的政权得到了财政保障，他干脆拒绝召集新一届议会，从而剥夺了反对派挑战王室权威的平台。在随后几年的托利党反扑期间，查理对司法系统进行清洗以保证其忠诚度，再利用司法系统对他的政治和宗教对手进行了残酷的迫害。他还干预城市选举（他通过权利开示令状［quo warranto］质疑市政法人"凭什么令状"持有其特许状），以确保他的弟弟继承王位并召集议会——这是他继位后的义务——的时候，选举出来的是一个由托利党主导的议会。根据这种说法，查理基本上是通过压制人民的声音而获胜的。确实，人们通常认为查理二世统治的最后几年，朝着王权绝对主义的方向发展，国王逐渐成为"不受约束的君主"。[44] 詹姆斯二世巩固了这种趋势，他建立了一支规模庞大的常备军，并公然利用他的权力来促进罗马天主教徒的利益。按照这种逻辑，到 1688 年，国王的地位已强大到英格兰人几乎无法挑战詹姆斯的统治。也正因此，人们认为光荣革命的发生只是外国成功入侵的结果——它来自上层和外部，而不是来自内部或下层。[45]

　　在《复辟》一书中，我指出，我们有必要对查理二世如何设法摆脱 1679—1680 年所面临的危机进行不同的解读。查理在其统治的头二十年里采取的策略，是挑拨相互竞争的政治和宗教派别，让他们相互牵制，并压制议会外的人的政治讨论，希望为国王创造更多的行动自主。但这并没有奏效。大约从 1681 年开始，查理改变了策略。他与托利党—国教会联盟，并开始认真地争取民心。因此，1680 年代初王室权力的恢复有一个重要的意识形态层面的原因。查理和他的托利党盟友刻意迎合"议会外"的舆论，使辉格党的立场失去合法性，从而剥夺辉格党在广大民众中得到的广泛支持。他们的立场是捍卫君主制、传统宪制、法治和英格兰国教，反对他们所称的来自共和主义者—不从国教者联盟的那种激进的、颠覆性的威胁，他们认为这一联盟正在寻求破坏教会和国家现有的法律制度。除了对辉格党发起意识形态上的猛攻外，托利党还鼓励公众以忠君献词和游行的形式来展示他们的支持，以表明辉格党不能自称代表人民的声音。这一策略取得了相当大的成功。不是每个人都属于王党，但国王能够动员潜在的王党同情者，并在足够的规模上赢得温和派和摇摆派，以达到其目的。

应该强调的是，托利党人也反对天主教和专制政府；他们与英格兰新教徒一样反对这两者。然而，他们记得，皮姆和 1641 年的议会反对派呼喊着反对天主教和专制政府时，不仅引起了内战，还导致了英格兰国教的瓦解，在位君主被处决，以及由常备军支持的共和统治的压迫。托利党人说，辉格党对新教君主政体构成威胁，并试图破坏英格兰国教，他们的目标与教皇一致，因此按照天主教的原则行事，将有可能让 17 世纪四五十年代的那种专制政府还魂。托利党人坚称，战胜了辉格党的挑战，就意味着消除了天主教和专制政府的威胁，这样的逻辑跳跃对托利党来说只是一小步。他们坚持：在天主教继位者的领导下，英格兰将是安全的，因为新教建制拥有法律的庇护。在三个王国中，都有足够的法律来应对宗教异见者（无

论是新教不从国教者还是天主教徒）带来的挑战：英格兰 1673 年和
1678 年以及苏格兰 1681 年的《忠诚宣誓法》将天主教徒和新教不
从国教者排除在公职或议会席位之外，从而剥夺了非国教成员获得
政治权力的机会。

　　在政府反对辉格党的运动中，不能只强调意识形态因素。查理
还需要重建国王对地方政府机构的控制，因此，国王试图清除政敌，
并让效忠者垄断地方权力。为了战胜辉格党和新教不从国教者的挑
战，政府对它的政治和宗教敌人采取了残酷的法律镇压。辉格党活
动家们因煽动叛乱或叛国罪被带上法庭；其他人仅仅因为有嫌疑便
遭到拘押。那些被政府掌握足够证据的人要么被判死刑，要么被处
以重罚。在苏格兰，酷刑被用来将政府的敌人绳之以"法"。许多被
告肯定是针对国家进行了某些阴谋活动——1683 年，政府在英格兰
和苏格兰发现了极端分子的阴谋（所谓的拉伊庄园阴谋），要么是为
了刺杀国王或约克公爵，要么是为了发起叛乱，以武力逼迫政府同
意辉格党的议程——但政府确实采取了一些歪曲法律的手段，以确
保能给它想抓的人定罪。查理二世统治的最后几年也是英国历史上
宗教迫害最严重的时期。在英格兰，成千上万的异议者因为不服从
复辟教会而遭受重罚、监禁甚至死亡（因为不少人死于狱中）。在苏
格兰，那些坚持长老会激进派的政治信条、拒绝放弃暴力反抗国家
的人会被当场处决。

　　然而，问题在于，为了实施镇压政策，国王不仅在中央，在地
方也需要盟友。只有当国王先说服足够多的人（而且是对的人）支
持他的事业时，他才能让效忠者垄断地方上的政治权力。在统治的
最后几年里，查理安排的掌权者都是那些在意识形态上忠于托利
党－国教会的纲领的人，他们捍卫依法建立的教会和国家，希望看
到政府的政治敌人被依法判刑。唯一的前提是王室需要忠于这个纲
领，才可以赢得许多臣民的支持。也正因为此，虽然查理巩固了王位，

但他并没有成为一个不受约束的君主；相反，他让王权沦为一个政党的傀儡。至少在英格兰，查理是否真的为王权绝对主义奠定了基础，这一点值得商榷。诚然，王党的宣传者经常试图把君主描绘成绝对君主，坚称他不与议会分享主权，他的臣民不能追究他的责任，他肯定不应该被反对。事实上，（三个王国的）国教讲坛上都回荡着宣讲神权君主制和谴责反抗的布道。但托利党一直强调查理坚守法治，反对那些企图破坏法治的人。查理几乎没有了回旋的余地；从本质上说，他被困在托利党—国教会的议程中，这个议程不是他自己制定的，而且在他执政的早期，他并没有对其表现出特别的投入。

本书将表明，詹姆斯二世之所以失败，是因为他没有意识到，君主制的力量在很大程度上是建立在国王和托利党—国教会利益集团的联盟之上的。詹姆斯认为自己的权力不受限制，因此立即采取了违反法律的政策，来提高与他同宗的天主教徒的权益。如此一来，他激怒了那些在他哥哥统治的最后几年中主要的君主制支持者，他也没能在其他利益群体中建立起足够的支持根基，这些利益群体受益于他的宗教宽容政策（天主教徒人数太少；新教不从国教者对詹姆斯更广泛的议程持怀疑态度）。在奥兰治的威廉入侵之前，詹姆斯的政权就已经开始瓦解。詹姆斯不是被外国侵略者的强大军事力量推翻的，他的倒台是因为他未能理解复辟政体中的权力现实，以及王室权力有效行使的（有限的）方式。从这个意义上说，他的政权崩溃是由国内政治动荡造成的。

三个王国的背景

现在让我们来思考一下，为什么研究苏格兰、爱尔兰，具有同研究英格兰一样重要的意义。一方面，这是因为 1688 年被赶下台的国王是所有这三个王国的国王。1155 年，英格兰国王通过教皇授予的条款获得了对爱尔兰的宗主权，但直到亨利八世统治时期，他们才获得爱尔兰国王的头衔；根据 1541 年的一项法律，虽然爱尔兰的"皇冠"（imperial crown）是"与英格兰皇冠结合在一起的"[46]，但它还是一个独立的王国。在宪制上，爱尔兰的地位有些模棱两可：它是一个独立的王国，还是英格兰的殖民地？尚不清楚英格兰议会是否可以为爱尔兰立法：英格兰议会有时当然会这样做，这部分取决于议题和当时的背景。很明显，根据 1494 年的《波伊宁斯法》，爱尔兰议会不能颁布自己的法律，除非它首先得到英格兰国王和议会的批准。苏格兰无疑是一个独立的王国，但统治它的斯图尔特王朝（使用苏格兰的拼法）碰巧继承了英格兰王位（因此也继承了爱尔兰王位），当时詹姆斯六世成为英格兰的詹姆斯一世，因为他是没有婚育的"童贞女王"伊丽莎白一世（1588—1603 年在位）尚存人世、血缘最近的继承人。当奥兰治的威廉推翻詹姆斯二世时，除了英格兰的王冠，他同样要求获得苏格兰和爱尔兰的王冠；从这个意义上说，光荣革命本质上是一个三王国事件。

然而，将苏格兰和爱尔兰纳入我们讨论的必要性，远不止于此。三个王国的背景，对于理解查理二世和詹姆斯二世所面临的问题以及他们采取的应对策略也至关重要。正如《复辟》一书所显示的，辉格党对查理二世统治下天主教和专制政府的恐惧，需要与爱尔兰（那里有天主教的威胁）和苏格兰（那里有专制政府的威胁）的事态背景相结合。辉格党对此十分了然。1679 年 3 月 25 日，辉格党在上议院的首席发言人沙夫茨伯里伯爵发表了著名的演说："天主教和奴役就像一对姐妹一样，手挽着手，有时这个在前，有时那个在前；但是无论你在哪儿看见其中一个，另一个总是紧跟在不远处。"他接着说："在英格兰，天主教会带来奴役；在苏格兰，奴役出现在前，天主教紧随其后。"沙夫茨伯里预言："我们的另一个妹妹爱尔兰，如果不采取一些更好的措施，就不可能常留在英格兰人手中。"[47]

斯图亚特王朝继承的多王国，对于国王来说是一个不小的挑战。因为无论推行什么样的政策，都要冒着惹恼其他王国特定群体的风险。这种困境在宗教方面尤为明显。在长老会和激进的新教不从国教者（他们中的很多人，对 1660 年后教会和国家安排的性质感到非常不满）引发的内战和弑君事件之后，国内安全问题似乎决定了必须制定严厉的法律，以应对新教不从国教者可能带来的威胁。与此同时，在欧洲宗教冲突不断的时代，人们期望一位新教君主对天主教徒实施刑罚法来维护新教建制，主要是因为教皇声称自己有权通过罢免异端统治者，来剥夺臣民对国王的效忠。但是，对爱尔兰教会以外的人——天主教徒和新教不从国教者——执行过于严厉的措施是不切实际的，因为他们占人口的绝大多数，如果被逼上绝路，他们很可能会对统治的稳定构成真正的威胁。英格兰的新教徒看到查理政府迫害苏格兰长老会，却没有对爱尔兰的天主教徒实施刑罚法，他们不可避免地会担心查理立场不坚，尤其是当他们的国王对天主教徒的态度似乎比对英格兰新教不从国教者更温和，并且在外交上亲近法国时。另一方面，如果查理不镇压英格兰和苏格兰的新教不从国教者，这两个王国的国教会利益群体将会感到惊恐，而查理对他们疏远不得。这是一个"做也得死，不做也得死"的局面，无论查理选择走哪条路都有制造麻烦的风险。

然而，多王国继承并不一定是不稳定的根源。如果国王知道如何让三个王国鹬蚌相争，那他就能坐收渔利。而这也是 1680 年代初查理二世取得巨大成功的地方。政府及其托利党盟友反对"排斥法案"的最令人信服的理由之一是苏格兰人永远不会接受它，因此，如果辉格党设法迫使英格兰议会通过一项"排斥法案"，英格兰和苏格兰之间可能会爆发战争。辉格党并不买账，继续不顾一切地推动"排斥法案"。因此查理决定打三王国牌来保证弟弟的王位继承权。1681 年 3 月，他解散了英格兰的第三届也是最后一届王位排斥议会后，在苏格兰召开了一次议会。在苏格兰，国王对被称为"Lords of articles"的议会立法委员会拥有相当的控制权，因此他对自己的立法议程的顺利进行充满了信心。1681 年 8 月，苏格兰议会通过了一项《王位继承法》，规定国王去世后，苏格兰王位立即传给下一顺位继承人，不管他的宗教信仰如何。这有效地击败了英格兰辉格党；如果他们现在继续推行"王位排斥法案"，苏格兰和英格兰之间的战争将不可避免，正如《王位继承法》指出的。当月月底，苏格兰议会通过了一项《忠诚宣誓法》，要求所有官员不仅要忠于国教，还要承诺"信赖并真正效忠国王陛下、他的继承人和合法继任者"，捍卫国王的所有权利和特权，并放弃抵抗。尽管誓词本身前后矛盾——似乎要求官员们一方面承认国王是教会领袖，另一方面承认基督是教会领袖——导致一些人在宣誓前犹豫不决，直到政府发表声明进一步澄清，但该法大体上达到了目的，确保了那些在王室统治下任职的人将是承诺无条件效忠王室和世袭继承的新教徒。[48] 此外，1682—1683 年，大批来自爱尔兰的效忠献词表明，如果英格兰人将天主教继承人排除在外，爱尔兰——即使是那里的新教优势阶层——将会很不高兴，如果辉格党获得成功，也会增加与该王国开战的可能性。[49] 换句话说，苏格兰和爱尔兰的事态发展有助于解释为什么英格兰有那么多人相信辉格党可能会再次把三个王国卷入内战。托利党的宣传家进一步利用了人们对英格兰辉格党及其不从国教者盟友构成的潜在威胁的恐惧，将他们与其苏格兰同道，即边境以北的长老会激进派相提并论，后者曾两次揭竿反对查理二世，并在 1680 年代初持续从事反对政府的叛乱活动。[50] 因此，1680 年代初，英格兰人也是考量了苏格兰和爱尔兰的情况，而选择对国王效忠。总之，三个王国的背景，不仅解释了查理二世面临的一些问题，也解释了他是如何解决这些问题的。

那么，这三个王国将如何影响詹姆斯二世的治国策略呢？他能否成功地管理好他所继承的王国？如果不能，这些王国的议会给他带来了什么样的问题？作为约克公爵，詹姆斯在 1679 年和 1682 年曾两度生活在苏格兰，并以他哥哥的名义治理苏格兰。就他设立的目标而言，他成绩斐然。他不仅成功地与主教制派利益集团达成合作，以应对长老会激进派的威胁，甚至为高地带来了某种程度的和平。他应该非常了解苏格兰的政治情况，知道如何控制苏格兰的局势。他没有治理爱尔兰的直接经验，但作为一名天主教徒，我们可以预计，他的继位应该是信奉天主教的爱尔兰人所希望的；问题是，爱尔兰对詹姆斯的支持，是有利于爱尔兰的稳定，还是会破坏局势的稳定，因为这会给爱尔兰的新教优势阶层、英格兰和苏格兰的新教利益群体制造焦虑？因此，我们不仅需要研究詹姆斯如何管理苏格兰和爱尔兰的事务，还需要研究这反过来对他在英格兰的事务产生了什么影响。我们将看到，就像他的哥哥一样，詹姆斯下意识地想打三个王国牌来稳固自己的政权，却并不成功。本书将证明，三个王国的背景是詹姆斯没能实现他的意图，以及他在 1688 年底下台的一个重要因素。

不列颠诸革命

最后，本书将论证光荣革命是一场真正的革命，它在改变英格兰、苏格兰和爱尔兰的政体性质方面，发挥了比 17 世纪中期不成功（或者说成功地未竟）的革命更重要的作用。需要指出的是，光荣革命在当时被称为革命，而 17 世纪四五十年代的那场则不被称为革命。然而，人们通常认为，这是因为在 17 世纪末，"revolution"一词主要在天文意义上使用，如天体的运行，因此具有"绕了一圈"或

"恢复原状"的含义。因此，有人声称，"revolution"在当代的意义
几乎与这个词的近代意义完全相反。[51] 这是不对的。在政治语境中，
"revolution"的确偶尔被用来表示"绕了一圈"，因此，观察者们有
时会将1660年的复辟称为一场革命。但这个词被用于政治语境时，
更多只是指一种突然的、戏剧性的转变，并不意味着事情回到以前。
当时的人们甚至认为"革命"标志着与过去的彻底决裂或者建立一
个全新的秩序，而且有些人确实用"革命"来指代1688—1689年
发生的事情。一位英格兰詹姆斯党人在1689年抱怨说，"这场革命"
破坏了"宪制"，建立了"新体系"。[52] 如果因为同时代人将1688—
1689年发生的事情称为一场"革命"，就猜测他们认为光荣革命是
一件保守的事情，这是完全错误的。[53]

　　与17世纪中叶的革命相比，光荣革命通常被视为一场相对温和
的革命。这种观点认为，在这场革命中，没有类似的暴力，也没有
同样程度的民众动乱、骚乱。这一点同样值得质疑。在经历过光荣
革命的人看来，光荣革命并不温和。即使我们把注意力集中在英格兰，
情况也是如此：1688年最后几个月，英格兰发生了大量民众骚乱和
群众暴力。如果算上苏格兰和爱尔兰，事实就更是如此了。1688—
1689年的情况并没有像1640年代那样失控：英格兰的骚乱很快平息，
苏格兰和爱尔兰的混乱持续了较长时间，但詹姆斯党人在两个王国
的军事威胁在1691年秋基本得到遏制。然而，我们看不出1688年
末英格兰民众的表现与内战前夕的差太多。在1688年与1689年之
交的冬天，苏格兰肯定出现了革命群众，这对边境以北形成最终的
革命解决方案产生了巨大影响。在爱尔兰，革命确实引发了一场漫
长的血腥冲突，近2.5万人死于战斗，数千人死于疾病。[54]

　　本书将指出，1688—1689年奥兰治的威廉入侵，导致斯图亚特
王朝更迭，在三个王国引发了三场截然不同的革命。英格兰的革命
从宪制上是最保守的，但其影响最为广泛。苏格兰的革命推翻了复

辟时期教会和政府的大部分规定，因此本质上比英格兰的革命更为激进。爱尔兰既发生了天主教革命，也发生了威廉派的反革命。这些不同的革命也改变了三个王国之间关系的性质，进而需要第四次不列颠革命来重新调整英格兰和它的两个姐妹王国之间的平衡。苏格兰因此失去了独立王国的地位，并通过 1707 年的《合并法》并入了一个更大的不列颠国家。随着 1720 年《公告法》的通过，爱尔兰实际上被确认为英格兰的殖民地，而不是独立的王国。对于生活在英格兰、苏格兰和爱尔兰的人们来说，1720 年代的政治世界与 1680 年代的相比已经大不同，这在很大程度上是由于 1688—1689 年发生的事情以及当时发生的王朝更迭的影响。简言之，这是不列颠的革命年代。

第一部

詹姆斯二世 / 七世的统治

（1685—1688）

第一章

法定继承人继位

就在这时，世界震惊于整个王国的蜕变；前不久还受到迫害、放逐，并险遭议会剥夺继承权的这位君主，如今却在万人的欢呼之中登上王位，举国上下对他的忠诚、热情和拥戴，空前绝后。

——《詹姆斯二世传》

1685 年 2 月 6 日，查理二世去世，享年五十四岁，王位传给了他信仰天主教的弟弟、五十一岁的约克公爵詹姆斯，后者在英格兰和爱尔兰继任为詹姆斯二世，在苏格兰继任为詹姆斯七世。尽管在此前的四年里，王室的地位得到了恢复，但国王的政府仍然忌惮于詹姆斯最终继承王位后可能发生的冲突。在王位排斥危机期间，辉格党将詹姆斯描绘成一个专制权力的爱好者，并预言这位天主教继任者将不可避免地对新教的政治和宗教自由构成威胁。这场危机曾引发轩然大波，那么人们在面对天主教君主登基的现实时，会有什么样的实际反应？来自辉格党的挑战也许已经得到了遏制，但它是否就此偃旗息鼓？那些在托利党反扑时期受苦受难或被迫政治流放的人，又将作何反应？在整个 1684 年秋天和 1685 年初，政府收到报告说，在阿盖尔伯爵和蒙茅斯公爵的分别领导下，低地国家的苏格兰和英格兰新教不从国教者正在谋划反叛。要是阿盖尔和蒙茅斯入侵，他们能赢得多少不列颠人民的支持？在英格兰，辉格党的公职人员或被免职，新教不从国教者或被罚款，直到他们无力再参加秘密集会，但他们的决心和信仰丝毫未曾动摇。在苏格兰西南部，卡梅伦派（或者说会社分子）继续举行他们的秘密集会，并公开反抗政府。在爱尔兰，政府也许对大多数天主教徒甚至国教会新教徒的忠诚有信心，但不太确定新教不从国教者的忠诚，特别是阿尔斯特的苏格兰长老会，因为他们与苏格兰西南部的同道保持着密切的联系。

当权者当然觉得他们不能冒险。当查理二世于2月2日病入膏肓时，政府立即采取安全预防措施，关闭港口，逮捕可疑人员，并在王国各地部署军队，以镇压各种形式的骚乱。2月4日，一则过早报道查理二世驾崩的虚假新闻流出，萨默塞特郡最高军事长官助理爱德华·菲利普斯爵士召集他麾下的郡民兵团，以防止"受蛊惑的人""妨碍殿下的合法继承"。[1]当爱尔兰的奥蒙德公爵获悉查理的确切死讯时，他最直接的担心是"有人会试图挑起事端，反对现任国王登基"。[2]

事实证明，詹姆斯的开局比人们预料的要好。天主教统治者的继位没有像人们担心的那样，立即遭到反对；事实上，有相当多的证据表明，新国王在他的三个王国中都得到了民众的拥护。此外，那年春天在苏格兰和英格兰举行的议会，不仅展现了极大的忠诚，甚至表现出了热切的效忠。当然，也有一些人对生活在天主教国王的统治下的前景十分不满，但这种人只是少数，在查理二世统治晚期的托利党反扑运动之后，他们无法对政府发起有效的挑战。1685年春末夏初，阿盖尔和蒙茅斯叛乱爆发，两者也都因缺乏支持而惨遭失败。

然而，詹姆斯继位时得到的支持在本质上是有条件的，尽管当时忠于他的人不会这样看。面对边境南北的激进派的残余挑战，绝大多数人选择支持新君主并团结在他的身后，是因为詹姆斯承诺他将遵守法治，维护现有的教会建制。当他愈发明显地表现出他并不打算遵守承诺时，那些欢迎他继位的热情很快就冷却下去了。对国王来说，1685 年的开局可能比他预料的要好；但仅在该年年末，他就有本事让斯图亚特王朝的支持者们转了方阵，携手推翻他。本章将分析詹姆斯二世继位时英格兰、苏格兰和爱尔兰的舆论氛围，以评估国王登基时民众对他的支持程度。接下来的一章将把故事带入整个 1685 年，看看苏格兰和英格兰议会、阿盖尔和蒙茅斯的叛乱（以及人们对此的反应），以及 1685 年底英格兰开始出现的效忠者的不满情绪。

远非专权者

2 月 6 日，在兄长去世后，詹姆斯立即向枢密院发表即兴演说，试图安抚那些处于权力中心的人，让他们不要担心他的继位会影响政局的稳定。他对兄长的去世深感悲恸，眼里饱含泪水，坚定地承诺将"依法维护现在的教会和国家政府"。他表示自己远非"专权者"，他知道"英格兰法律""足以让国王成为其想要成为的伟大君主"，虽然他"永远不会放弃国王的正当权利和特权"，但他不会"侵犯任何人的财产"。枢密院意识到这种保证的宣传价值，坚持要求将詹姆斯所说的话立即写下来公布于众。[3] 后来，詹姆斯坚称，公布出来的演说稿的措辞比他想说的更为强烈：他说他更想表达的是"他永远不会试图改变既定的宗教"，而不是他会"维护"它。但是，当他被要求批准公告时，他在忙碌中不经考虑就同意了。这听起来像是事后的诡辩。当时有人声称，詹姆斯在他原来的演说中做出了更加充分的保证，承诺会流尽"最后一滴血来维护新教"，并尽其所能追随"已故兄长的榜样"。无论真相如何，詹姆斯在继位后的最初几个小时里，仍处于失去兄长的巨大痛苦中，而此时他发表的讲话将永远困扰着他。[4]

该演说的官方版本被广泛传播。它被单独出版，并刊登在政府的官方报纸《伦敦公报》上。托利党首席记者、查理二世的新闻许可人罗杰·莱斯特兰奇在其每周出版两期的《观察者》杂志中报道了这篇演讲，并表示英格兰拥有"虔诚的基督徒或臣民"都祈求着的安全。[5]国教会的神职人员向他们的会众宣读这篇演说。本杰明·卡姆菲尔德在莱斯特附近的艾尔斯通的布道坛上欢欣鼓舞，因为国王在其统治伊始就强调他重视人民的"正当权利、财产和自由"，以及"依法确立的最优秀、最纯洁、最改革的宗教"。[6]约克大主教约翰·多尔本访问了约克郡的一些社区，以"宣传"国王关于"维护依法确立的教会和国家政府"的声明，这显然给"各阶层民众留下了深刻的印象"。[7]一位记者写道：朋友之间相互写信询问对方是否"听说了这位伟大君主的保证，他承诺将维护依法确立的现有的教会和国家政府"。[8]另一封信的作者表示，尽管人们为查理二世的去世感到不安，但詹姆斯的保证——"依法统治，维护新教，并尽可能遵循其可敬的兄长的步伐"——"大大减轻了"人们的悲痛。[9]如果有人错过了国王的演说也不打紧，詹姆斯很快就会在苏格兰和英格兰议会上重申他要保护国教和臣民权利的承诺。

詹姆斯很快就被昭告为国王，而为了确保"国王陛下的臣民之间不发生骚乱"，"和平［可能］得以继续"，他让所有在查理二世去世时在任的公职人员继续留任。[10]因此，政府的人事具有相当大的延续性。在英格兰，詹姆斯保留了查理时期所有的法官，并根据自己的意愿委以任命，这是查理二世时期确立的惯例。詹姆斯接手的是一个托利党色彩强烈的法官群体：自1676年以来，查理二世本人曾进行过十一次人员调动，以确保其忠诚度。[11] 虽然对政府各部的位置进行了一些重整，但那些在查理统治时期有影响力的人仍然在任。詹姆斯继续让桑德兰伯爵和米德尔顿伯爵担任国务大臣。他任命他的内兄罗切斯特伯爵（詹姆斯第一任妻子安妮·海德的兄弟）为财政大臣，选择将国库交给一个人，用他自己的话说，"这样一来，相当于在自己宫廷中掌握了国家"。[12] 罗切斯特的哥哥克拉伦登伯爵则被任命为王玺大臣，取代哈利法克斯侯爵，后者接替罗切斯特担任枢密院议长。吉尔福德男爵弗朗西斯·诺思继续担任御前大臣和掌玺大臣。在苏格兰，詹姆斯保留了所有在任的国务官、枢密院顾问、治安法官和其他官员。珀斯伯爵担任御前大臣，其弟弟约翰·德拉蒙德（即将成为梅尔福特伯爵）担任苏格兰国务大臣。当时两人还是新教徒，但这一身份不会持续太久。昆斯伯里公爵仍然掌管着财政部。在爱尔兰，奥蒙德已在查理去世前被召回，詹姆斯选择将政府委托给两位新教摄政官：阿马大主教迈克尔·博伊尔以及格拉纳德伯爵。[13]

加冕典礼定在 4 月 23 日，留给准备工作的时间不多，但据法国大使说，詹姆斯认为，一旦加冕，他的君主地位就不会有争议。[14] 从 3 月初开始，詹姆斯就开始为患瘰疬（King's Evil）的病人进行触摸疗法，他大概是想用这种方式向他的新臣民证实他确实是合法、神圣的君主。[15] 然而，他并没有对苏格兰表现出同等的重视，他甚至没有安排在苏格兰的加冕仪式。这一忽略或许是可以理解的。自从苏格兰斯图尔特王朝在 1603 年继承英格兰王位以来，英格兰就成了他们的家，苏格兰之旅不仅耗费巨大，也会让国王远离管理英格兰的重任。因此，1625 年登基的查理一世要到 1633 年才在苏格兰加冕。1649 年查理一世被处死后，苏格兰人宣布查理二世为国王，但要到 1651 年，查理二世才在苏格兰加冕，而作为获取苏格兰支持的条件，他被迫接受了圣约，这让他后来后悔甚至怨恨。苏格兰

1681 年的《王位继承法》宣布，在位君主去世后，继承权立即转移到下一位继承人手中，这似乎清楚地表明，加冕仪式在赋予新国王的合法性方面不起任何作用（1685 年在苏格兰宣布詹姆斯七世为国王时使用的语言证实了这一点）。事实上，《王位继承法》甚至似乎消除了新国王宣誓加冕的必要性，而詹姆斯在登基时也没有在苏格兰加冕。这在当时可能并不是一个大问题，却为四年后埋下了一个巨大的隐患。[16]

在詹姆斯统治之初，最紧迫的问题是财政。政府收入的主要来源是关税和货物税，但这些都是授予查理二世的终身权利，并没有规定在他的继任者的任期内继续征收多久。因此，2 月 9 日，詹姆斯发布公告，继续征收关税、吨税和磅税，同时宣布将很快召开议会，以确保国王享有足够的税收。政府需要采取一些措施，哪怕只是规范贸易——防止廉价外国商品充斥市场，防止那些手里有商品、已经缴纳了关税的国内商人破产。安全也是一个问题：据说，如果没有这笔收入，詹姆斯将无法维持海军。[17]货物税的情况稍微复杂一些。在复辟时期，有一部分货物税是授予查理二世终身使用的，但也有部分永久授予王室。此外，1661 年的《货物税法》中有一项条款允许将其外包三年，而恰巧在查理去世的前一天，财政部的专员签订了一份新的为期三年的货物税包税合同，该合同将于国王去世时终止。法官们以 8 票对 4 票的多数判定，尽管国王查理去世了，但是合同仍应有效（伊夫林却告诉我们，投反对票的四名律师其实是"最受尊敬的那几位"），并于 2 月 14 日发布公告，命令支付这段时间全部的货物税。有人反对继续征收关税和货物税。查理二世时期的海关专员理查德·坦普尔爵士被立即解职，他的同事切恩勋爵也遭停职，原因是"对给予［新国王］同样的待遇有所顾虑"。[18]然而，事实上，詹姆斯当政初期在征税方面没有遇到什么阻碍，尽管到了光荣革命中，未经议会批准而征收这些税费将成为一个问题。

当时的人注意到，詹姆斯继位后，宫廷的道德基调立即发生了变化。苏格兰律师方廷霍尔的约翰·劳德爵士写道，"在上一任国王的治下，随处都是欢笑，戏剧和滑稽表演盛行，并受到鼓励"；如今，"除了认真严肃和公事公办之外，几乎什么也没有了"，国王"很严肃"，"忙于投身公务"。他语带不祥地补充道，"同样的情形可能也会出现在宗教事务中"。[19]詹姆斯决定在统治初期就公开自己的天主教信仰。在兄长去世后的那个周日，詹姆斯公然参加了在圣詹姆斯大教堂的女王礼拜堂举行的弥撒，第二周他开始在白厅听弥撒。他表示：当他只是臣民时，他不会违反英格兰的法律，但如今已身为国王，"高于法律"，他将拥有自己的宗教。在这个阶段，他还不愿意给予他的同教中人同样的自由。当一些天主教贵族请求他允许公众使用教堂时，他予以拒绝，说"如果他们希望从他那里获得比在他哥哥统治下更大的自由，那无疑是自欺欺人"。然而，到3月底，人们注意到"许多罗马天主教教士"渡过海峡，来到英格兰，而且"教皇党人比以往任何时候都更加大胆"。詹姆斯还鼓励他的大臣们在复活节陪同他参加往返于礼拜堂的正式游行。罗切斯特是一位虔诚的英格兰国教教徒，也是国教会利益集团的领袖，他说只有在得到正式命令的情况下，他才会这样做。詹姆斯尊重他的顾虑，允许他的内兄退到乡下去，但其他的大臣都遵从了。[20]

詹姆斯继位时的舆论氛围

詹姆斯的统治在开始时比预期的要顺利得多。2月10日，罗切斯特告知奥蒙德，"一切都很平静，平静得让人惊讶，仿佛过去发生的一切似乎都是一场梦"。奥蒙德回复说，爱尔兰的情况和英格兰一样"平静"，而珀斯伯爵很快证实，苏格兰的情况也是如此。正如方廷霍尔所说，如果查理二世死于1697年或之后不久，"他的弟弟就不会这么轻松地登上王位了"。[21]

表忠：游行、献词以及选举

詹姆斯的继位确实在其领地内受到了欢迎。英格兰国教会的一位神职人员称，詹姆斯成为国王的公告令"所有善良的人都称心满意，拍手叫好"。[22] 另一位神职人员表示，仿佛"整个国家"都"奉上犬马之心"。[23] 《伦敦公报》报道了公告在英格兰、威尔士、苏格兰和爱尔兰的约71个不同地方引发的民众的热情——如果算上海峡群岛、西印度群岛、美洲殖民地和马德拉斯，还要多10个地方。当地的消息来源证实了官方的观点。据说，就连公报没有提到的拉夫堡，那里的居民"比其他所有人都更热情地宣告新国王的继位，为国王陛下的健康干了好几大桶酒"。诺森伯兰郡的郡长报告说，"英格兰没有哪个郡能有这么多的欢呼声宣布他［詹姆斯二世］为国王，也没有哪个郡能如此诚心地表示愿为他敬献自己的生命和财富"。[24] 苏格兰也不例外：在爱丁堡，当珀斯于2月10日宣布詹姆斯七世为国王时，据说他获得了现场"超过3万人"的"一片欢呼"，到了下午，"城里到处是篝火"，而阿伯丁也"举行了最盛大的庆祝游行"。都柏林和爱尔兰的其他几个地方也是如此；在唐郡的唐帕特里克，当詹姆斯被宣布为国王时，"所有在场的人齐声欢呼"，据一位观察者估计，现场"至少有一千人"。[25]

我们需要谨慎对待这些证词。《伦敦公报》的记述不完全是客观报道，其中不少是官方试图矫饰的努力：换言之，亲政府的宣传和第一现场的"新闻"一样多。[26] 此外，游行活动基本上不是自发的。宣布新国王必定是在非常正式的场合，重要的地方政要——贵族、乡绅、神职人员、治安法官和市政官员——都穿着他们的官方礼服出席。当地政府通常会提供酒精饮料，让居民享受节日气氛。例如，莱姆里吉斯的市政法人在"宣布国王时向市政厅"送去了 24 瓶啤酒。[27]在许多城镇，公共喷泉里都喷出酒水。[28]在都柏林，奥蒙德在昭告詹姆斯为国王的三个地方"放置了几大桶酒"，"供任何想喝酒的人饮用"，还"在晚上燃起篝火"。[29]在爱丁堡，议会下令庆祝詹姆斯七世的登基，并警告说，那些没有表现出正确的"忠诚和巨大喜悦"的人将被视为对政府不满，并将受到相应的惩罚。[30]然而，方廷霍尔认为，即使在这时，"失去了深爱的国王，人们的悲伤大于快乐"。[31]爱尔兰的一位日记作者同样证明，当都柏林宣布詹姆斯为国王时，人们的脸上"没有什么喜悦"。[32]

尽管如此，我们有理由相信，那些帮助策划 1685 年 2 月庆祝活动的人，是在挖掘广泛存在于人心深处的忠君情绪。除了官方赞助的篝火，当地居民经常自己生火。例如，在爱尔兰安特里姆郡的利斯本，在詹姆斯被宣布为国王的那天，显然"每家每户"都燃起了篝火。如果詹姆斯的继位没有受到普遍欢迎，那么可以预料，大批人群聚集在一起听到宣布他成为国王后，会形成骚乱。只有在阿尔斯特才出现了明显的问题。在拥有大量苏格兰长老会教徒的贝尔法斯特，一群充满敌意的人把公告撕了下来，这一举动似乎只惹恼了郡长。唐帕特里克发生了一件更为轻微的事件，在詹姆斯被宣布为国王时，一名男子说了煽动性的话，因而被捕，但事后这名男子声称自己只是醉后胡言。[33]

4 月 23 日，也就是詹姆斯在英格兰的加冕日，公众更加欢欣鼓舞。在伦敦举行的加冕仪式十分壮观。《伦敦公报》报道称，"整场仪式庄严有序、富丽堂皇，所有人都带着喜悦的表情"，但是不从国教的伦敦日记作者罗杰·莫里斯称，"超过一半的贵族，以这样或那样的借口而缺席"。[34]据《伦敦公报》的记录，布里斯托尔、曼彻斯特、泰恩河畔纽卡斯尔、诺里奇、诺丁汉、（兰开夏的）普雷斯科特、索尔塔什和什鲁斯伯里等地都举行了精心策划的公共宴会和酒会，随后是篝火、鸣钟和烟火表演，而很多地方志也记录了其他地方举行的类似的庆典。[35] 多塞特郡的莱姆里吉斯举行了一场精心准备的仪式，三百名少女参加了游行，吟诵"陛下健康"，随后是烟花和无数的篝火，小镇的管道中"流淌着美酒"。[36] 苏格兰和爱尔兰也举行了庆祝英格兰国王加冕的活动。[37] 同样也有来自上层的赞助，当地政府或地方教会一般都会资助美酒和篝火。[38] 然而，把庆祝的人群看成被操纵的乌合之众，将是错误的。跟 2 月份的游行活动一样，我们在这里看到的是地方领导人试图鼓励当地居民公开对新国王表忠，以证明他们对世袭继承权的支持，与此同时，也测试人们的态度，毫无疑问，地方领袖对自己的发现还算满意。

人们对詹姆斯登基表示祝贺的忠君献词，有力地印证了对新国王的支持。《伦敦公报》总共报道了 439 份这样的献词——其中 346 份来自英格兰和威尔士，75 份来自爱尔兰，5 份来自苏格兰，13 份来自外国或海外领地——来自多个不同的群体：郡领导层、大陪审团、镇治安法官、教区神职人员、当地居民、忠君社团、商人、学徒和其他行业。一些献词上还有大量的签名。康沃尔锡矿工人的献词据称有超过 1.2 万人签名；来自诺福克的乡绅、居民和自由地产保有人的献词，大约有 6000 人签名。[39]

献词者一般都会对世袭继承表示支持，并谴责王位排斥运动。例如，诺丁汉郡特伦特河畔纽瓦克的市长、市政官、自由民和其他居民承认詹姆斯是"合法、毫无疑问的继承人"，并说这是"神的伟大恩赐，尽管我们有民主精神，但我们仍然生活在最好的政府——君主政体之下，加冕的国王不能由投票决定"，"王位排斥法案休想切断陛下由圣法与民法赋予的继承权"。肯特郡的居民们为詹姆斯继承王位而欢欣鼓舞，"虽然有人支持王位排斥法案，搞分裂、唱反调，无理取闹"。[40]

伦敦的贸易商承诺,为了维持海军,以保卫国家和贸易安全,他们愿意支付关税。[41]就连那些在过去可能是"极端分子"的公司,在向国王献词时也表现得"很积极",因为他们认识到"贸易的必要性"要求"不间断地付款"。[42]中殿律师公会的律师和学生们认为关税的中断会对国家安全造成灾难性的后果,坚持普通法应该允许君主在紧急情况下行使其特权,以确保"臣民的自由和财产安全"。[43]此外,大部分献词的专注点都放在詹姆斯关于保护教会和国家政府的保证上。诺里奇教长、伦敦原野圣吉尔教堂的堂区长约翰·夏普起草了伦敦市大陪审团的献词,感谢国王向他的人民做出"慷慨的保证","以维护和支持依法确立的教会和国家政府"。[44]威尔士安格尔西岛的贵族和其他居民表示,国王"维持依法确立的现有教会和国家政府"的决心,使他们成为"世界上最幸福的臣民"。大多数献词人都不厌其烦地强调詹姆斯的承诺,即"捍卫和支持英格兰国教"和"维护王国的法律",并引用了在格雷律师公会附近集会的那些忠君社团的贵族和乡绅的演讲。[45]

这并不是说,献词人认为他们支持新的天主教国王是以他愿意依法治国和保护教会为条件的。英格兰国教徒——正如一些献词指出的——认为他们的宗教教了他们无条件的忠诚。因此,约克郡新马尔顿的"忠诚臣民"申明,"有条件的服从""是违背我们的宗教原则的"。[46]许多献词人不无欣慰地发现,詹姆斯在其枢密院讲话中重申了他永远不会放弃王室特权。赫里福德市政法人感谢詹姆斯宣布他将"维持[他的]特权"以及"目前的教会和国家政府";拉特兰郡的居民承认国王的"公正权利和特权"是他们"宗教和财产"的"最佳保障";而威斯敏斯特的居民则宣称,他们将以自己的"生命和财产"来捍卫国王本人及其"权利和特权"。蒙茅斯郡的献词承认,国王有"统治和治理的权利",而"臣民有服从的义务"。[47]不过,很多献词都是为了提醒詹姆斯他曾公开承诺要保护英格兰国教，这是他不能违背的承诺。正如坎伯兰郡的贵族们所说："这是国王的金口玉言，他生来就是一个严格的、不可侵犯的、遵守诺言的人。"伯克郡的献词人表示，他们有坚如"磐石"的信心，因为詹姆斯的"金口玉言"的"真实性"从来都毋庸置疑，就像他"在巨大的危机中毫不畏惧的勇气"一样。坎特伯雷的献词人对詹姆斯的这一声明表示感激，他们称，该声明出自"一位声名显赫的君主，他在逆境和顺境中都以最虔诚的方式遵守了他的金口玉言"，"他已经具备了公义者雅各（James the Just）的品质"。[48]

　　然而，这些献词不能被当成公众舆论的直接证据。许多献词来自在托利党反扑期间遭受清洗以确保其忠诚度的市政法人或司法机构。例如，莱姆里吉斯在新任市长乔治·奥尔福德的领导下在3月份对詹姆斯的和平登基送去了献词；数月后，蒙茅斯公爵挥起叛军大旗，试图阻止詹姆斯和平继位，也是在莱姆里吉斯。不过，我们不该过分强调对市政法人的改造工作。莱姆里吉斯以激进著称，但该镇一直有大量忠诚于王室的人，奥尔福德在1680年代初便一直在积极（并成功）地推动忠君献词的工作。[49]特威德河畔贝里克郡分别于权利开示令状生效前后递交了两份忠君献词。[50]献词的签名中可能存在一些造假的成分。索尔兹伯里的教长接到投诉，称他在以教区名义递交的献词中，代签了几位神职人员的名字；教长承认，他认为有些因为离得太远而不能亲自签名的人会同意签的确是有点想当然，但他声称他只为其管辖范围内的"忠诚的神职人员"，也就是那些反对排斥法案的人代签过。[51]

　　话虽如此，许多献词似乎都是由地方上精力充沛的效忠者发自真心地推动的，他们自己主动要求，完全没有受到政府官员或权力中心人士的鼓动。例如，莱斯特在收到亨廷登伯爵——在托利党反扑期间被任命为该自治市的记录法官——拟写的献词之前，就同意了呈递献词。[52] "约克城的年轻人和学徒"都渴望在新国王登基时"展示他们的忠诚"：他们已经向城堡总督约翰·里尔斯比爵士请愿，请求允许"每年让他们进行几天的武装演习"，以便"获得为国王效命的经验"，随后交给他一份由 440 人签名的献词，"恭祝陛下登基"。[53] 事实上，最初有些献词人并不确定他们的这份殷勤是否合适。早在 2 月 9 日，南安普顿的官员们就在询问他们是否应该"以谦卑的方式，尽早向陛下献词"，并为此征求意见。[54] 2 月 26 日，奥蒙德的仆人克里斯托弗·威奇爵士带着都柏林三一学院撰写的一份献词去见财政大臣罗切斯特，以了解"他是否认为国王会接受爱尔兰仿效英格兰的做法，由一些地方呈交献词"。罗切斯特回答说，"因为现在献词很多，只要措辞谨慎、态度谦虚，相信陛下也会像对待英格兰人的献词那样彬彬有礼地接受它们"。[55]

虽然这些献词表明了詹姆斯继位时人们的广泛忠诚，但我们不应该妄下结论，认为 1685 年托利党—国教会的主张成了共识，或者辉格党完全消失了。一些献词表达了对当地辉格党残余的担忧。五港联盟（Cinque Ports）承诺他们不会"选举或接纳任何涉嫌教唆或投票支持邪恶的、不义的'王位排斥法案'的人，该法案旨在让我们卷入流血事件，破坏王国古老的君主立宪政体"。来自伍斯特郡的伊夫舍姆的献词表达了希望詹姆斯的声明能"感化那些煽动者，让他们和平地顺从"。埃塞克斯郡大陪审团表示，他们希望"即使是最共和主义的狂热分子也将信服，排斥法案绝不能违反天法"，国王的声明将"迫使那些恶人悔改他们过去的错误"。[56] 那些在春季议会选举期间呈递的献词经常保证：签署人将尽最大努力确保忠于王室的人当选英格兰下议院议员，这意味着仍然有一些地方支持的候选人可能不那么忠诚。东约克郡海岸的斯卡伯勒市政法人及"其他居民"向国王承诺，他们将尽最大努力确保"鲁莽支持排斥法案的人""永远被排除在陛下议会的下议院之外"。多塞特郡普尔的"真正忠诚的臣民"表示，他们意识到"他们的市政法人受到少数心怀不满的人的恶意影响"，但承诺将努力选出"同意并顺应能够更好地解决王室收入问题的提议"的议员。[57]白金汉郡艾尔斯伯里自称"占居民大多数"的"忠诚的臣民"承认，艾尔斯伯里"一直不幸地处于狂热状态"，但这是因为"只有少数劣等人有不可救药的脾气和叛乱的精神"，他们的不满情绪受到了前议会下议员的鼓励。而现在，"忠诚的臣民"已经确保了两个新人的当选——都是托利党人——因此，他们恳求国王"把我们和上述不满分子区别开来"。[58]赫尔河畔的金斯敦向詹姆斯承诺，他们将选择那些"真正忠诚热情地拥戴王室和政府，憎恶最近的排斥法案投票"的人作为下议院议员，并向国王保证，在献词上签了字的人是那些有权利在议会选举中投票的"多数人"。[59]

苏格兰和爱尔兰的献词与英格兰的大致相似，但有自己的地方色彩。苏格兰的各御准自治市表示，他们承认詹姆斯根据"古老王国"不可改变的法律享有对王位的权利，而且这种权利"完全由全能的上帝授予"（呼应1681年苏格兰《王位继承法》中的措辞）。来自爱丁堡的献词回顾了詹姆斯登基的消息如何在苏格兰首都"引发了阵阵欢呼"；詹姆斯在主持苏格兰政务期间，如何设法"克服了那些以宗教为幌子使我们成为无神论者，以自由为借口使我们成为奴隶的铤而走险的图谋"。格拉斯哥的治安法官不仅记录了他们对詹姆斯继位的喜悦，还乐观地认为，在他的统治下，苏格兰将"再次回归安宁和幸福"。[60]都柏林的市政法人为詹姆斯"登上王位"而感恩上帝，承诺将"用自己的生命和财富服从并服务于"他们"真正合法的君主"，但他们还直言不讳地补充说，他们也要感谢"［他］在枢密院第一次会议上的慷慨发言"。沃特福德为詹姆斯"和平、顺利地获得""法定、世袭的王位"而深感欣喜，祈求上帝让詹姆斯和他的"合法继承人"能够"长期统治我们"，并感谢国王承诺保护他们"享有我们最珍视的东西"。特里姆市政法人的成员不仅承诺以他们的"生命和财富"来捍卫詹姆斯的"人身、特权和政府"，还表示他们"衷心感谢新国王对他们的慷慨保证"，即"维护依法确立的教会和国家政府"。[61]爱尔兰的新教神职人员在献词中感谢詹姆斯承诺保护英格兰国教，但根据新教神职人员威廉·金的回忆，罗马天主教徒很快就告诉他们，"国王陛下不打算将爱尔兰包括在该声明中"，这里将是"天主教王国"。[62]爱尔兰的天主教神职人员当然有理由感到乐观：当他们呈交自己的献词时，詹姆斯在回复中向他们保证，他将继续"在所有的场合……给予他们王室的保护和恩惠"。[63]

　　辉格党的威胁在多大程度上被解决了？人们很快就在那年春天的议会选举中知晓了答案。（在苏格兰，选民人数很少，而且大多受到贵族和商人的庇护；在爱尔兰，1685年没有召开议会。）从政府的角度来看，结果不可能比这更好：一个由托利党-国教会主导的下议院回归了，513个席位中只有57个属于已知的辉格党人。[64]但这样的局面是如何实现的呢？

　　政府的管理提供了部分答案。当时的人们注意到了"促进宫廷利益"的"巨大努力"——"利用一切可能的计谋和密谈""选出符合国王意图的人选"，同时从宫廷写信给"许多郡和市政法人，暗示他们的不服从将被国王视为对政府的不满"。[65]桑德兰伯爵以国务大臣的身份向几个选区致信，告知他们国王希望看到谁当选。其他枢密院顾问和郡最高军事长官也纷纷代表王室积极行动。[66]

　　查理二世最后几年针对市政法人的权利开示令状——导致许多市政法人被迫交出旧的许可状，以换取新的许可状，从而使得国王对地方市政法人的组成有更大的控制权——无疑产生了有利的选举效果：有助于在市政法人控制选举权的地方，为政府创造稳得的席位。例如，在圣奥尔本斯，只有市长和市政法人根据新特许状选出的自由民才被允许投票，这使得选民人数从大约600人减少到不足

100 人，其中一半是非本地居民。结果，1679 年和 1681 年当选的两名辉格党人于 1685 年被取代。[67]也许，在查理二世统治末期，对市镇和郡政府的清洗所产生的最大影响，是给了托利党一个有利的位置，使他们能够更好地管理选举，使之对自己有利。选举舞弊行为十分猖獗。当时的日记作者纳西索斯·勒特雷尔回忆说，他们"使用了好多把戏和手段，将所有被他们称为辉格党或平衡者（trimmers）的人拒于门外"，比如在夜晚举行投票，不做任何宣传；将投票从一个地方推迟到另一个地方，"让自由地产保有人感到厌倦"，并拒绝"接受被逐出教会者或其他不从国教者的投票"。[68]

回到我们前面的例子，在圣奥尔本斯，辉格党的拉票者受到起诉的威胁，而旅店老板如果招待辉格党选民，就会被强制征召入伍或吊销营业执照。[69]在莱斯特，辉格党人爱德华·阿布尼爵士打算竞选一个议会席位，据说他有不少忠实的支持者；然而，他被坑了：他以为选举的时间是 3 月 16 日星期一，却发现选举在之前的星期五就已经举行了。[70]在德比郡，辉格党候选人威廉·萨谢弗雷尔被托利党郡长排除在投票之外，理由是当选举令状发出时，他不是该郡的居民，尽管萨谢弗雷尔抗议说"事实与此相反"。[71]在柴郡的选举中，为了制造托利党的胜利，托利党郡长在获得托利党选民的票数后，决定在统计辉格党的选民票数之前提前停止投票，结果引发了一场暴乱。愤怒的辉格党支持者和新教不从国教者冲进当地效忠国王者的房屋，高喊"打倒神职人员，打倒主教"；当地的托利党人则在一堆巨大的篝火旁庆祝，焚烧了"王位排斥法案"。[72]

然而，托利党在 1685 年选举的成功，也反映了自 1679—1681 年辉格党主导议会以来公众舆论的转变。正如莱斯特兰奇在他的《观察者》中记录的，这成了"各处选举中共同的呼声：不要排斥者！不要排斥者"！[73]例如，3 月 23 日在纽瓦克举行的诺丁汉郡选举中，一群选民手持横幅游行，上面写着"不要黑箱、不要排斥法案、不要协会"，随后他们在市场的篝火旁焚烧了这条横幅。4 月 1 日在纽卡斯尔安德莱姆的一场公共篝火旁，也有类似的反辉格党仪式，由市长主持。[74]（"黑箱"指的是辉格党在王位排斥危机中提到的箱子，里面装有查理二世和露西·沃尔特的结婚证书，从而证明蒙茅斯是合法继承人；"协会"指的是 1681 年沙夫茨伯里计划成立的一个新教徒协会，旨在防止天主教继承人的出现。[75]）托利党不仅在较小的自治市选区表现良好（他们赢得了 86% 的席位，而 1681 年仅为 50%），在较大的自治市和郡也表现出色（他们赢得了 90% 以上的席位，而 1681 年约为 25%）。在第二届和第三届排斥议会选举后，辉格党在英格兰和威尔士的 92 个郡中占据了三分之二到四分之三的席位，而在 1685 年选举后，只占据了不到十分之一的席位（只有 8 个郡席位）。辉格党的地位显然已被严重削弱，公众的支持也受到了侵蚀，但我们不应由此断定辉格党已经消亡，或者说，除了少数强硬派之外，在排斥危机期间支持辉格党的人现在大部分都转向了托利党。1685 年约有 72 个选区举行了选举，而 1681 年只有 54 个选区，1679 年第二次大选则有 79 个选区；即使在一些没有进行投票的席位上，辉格党也对两个托利党的"选择"提出了挑战。[76]

宣讲忠诚：新教神职人员与他们的天主教国王

通过观察英格兰国教会神职人员在詹姆斯统治最初几个月里的布道，我们可以进一步了解此时忠君立场的性质。这些布道倾向于强调君权神授和不抵抗原则，而这样的主题在王位排斥危机和托利党反扑期间被反复听到。例如，在詹姆斯继位后的第一个星期日（2 月 8 日），萨福克郡沃灵顿的堂区长伊拉斯谟·沃伦在布道中提醒他的会众，国王是"地上的神"，他们的权力"只来自神"，"根本不来

自他的臣民"："臣民无法选举他，无需确认他，无能废黜他。"沃伦
说，臣民有义务服从他们的国王和"合法立法者"制定的"健全法
律"。他确实认为，如果国王的法律不虔诚，就不应该遵守；但他接
着表示，"然而对于现在的情况"，"除了'神圣的祈祷和眼泪'之外，
无需对任何法律条款做出抵抗"。"如果合法的国王放宽我们的法律，
把最沉重的负担加在我们身上，"沃伦总结道，"虽然法律重得足以
把我们压垮，我们还是必须勇敢地站在法律之下，直到上帝愿意减
轻或解除它们。"[77]林肯郡布兰斯顿的堂区长约翰·柯托伊斯当天将
《罗马书》第 13 章第 1 节"凡掌权的都是神所命的"——圣保罗经
典的抵抗禁令——作为他的布道经文，以强调所有国王都"必须被
服从"（正如他的布道印刷版的副标题所说）。柯托伊斯也承认消极
服从，他表示，"国王的命令对每一个臣民都是强制性的，除非它
们与上帝的命令相抵触；这种情况下，当事人才可以合法地拒绝履
行义务"。然而，叛国和叛乱是想都不要想，"这种行为在今世和来
世都将受到惩罚"。在此过程中，柯托伊斯清晰地表达了对王权绝
对主义的辩护。他坚称，"国王不受法律强制力的约束"，"任何法
律的制定都必须得到国王陛下的同意。法律对国王没有任何约束，
因为它所拥有的权力，无论其存在还是执行，都来自国王的恩典"。
他接着表示，尽管国王在加冕礼上确实"在人民面前宣誓依法治国"，
但这并不意味着国王"对人民或法律妥协，也不意味着他低于人民
或法律，因为人民或法律并没有赋予他统治的权利或头衔"：他的"权
利和头衔"是"在先的"，"他的加冕和公告"都是"唯一的公开声
明，他生来就有权合法地拥有"。[78]苏格兰和爱尔兰国教会的神职
人员也阐明了类似的原则。[79]

　　然而，值得注意的是，虽然忠君人士宣扬对天主教国王的服从，
但许多布道的牧师使用反天主教的修辞来攻击他们的政治和宗教对
手。例如，柯托伊斯提醒他的听众，在王权至上的条件下，教会要

服从国王，"基于这一原则，我们对天主教其他腐败行为的宗教改革才得以建立"。因此，"长老会、独立派、浸信会、公谊会"和其他否认王权至上的新教教派"不应算是我们教会的成员"，而"依然是罗马教会的盲从者，尚未从这种将国王置于教会之下的罗马天主教的腐败中得到改革"。[80]5 月 29 日，阿盖尔叛乱时，苏格兰主教制派牧师詹姆斯·卡纳里斯在塞尔扣克布道，他坚持认为在《圣经》中找不到拿起武器"抵抗最高权力"的理由，并辩称这一教义是从罗马经加尔文的日内瓦传入苏格兰的，他得出的结论是，尽管"我们的叛军和狂热分子"以"阻止天主教的引入为借口"制造了"如此混乱的局面"，但他们"本身就是天主教徒，当然也就和他们热衷反对的人一样危险"。[81]

此外，国教会神职人员对国王的支持,从来都不是完全无条件的。许多忠君人士的布道将捍卫王权与捍卫法治结合起来。奇西克的代理堂区长詹姆斯·埃勒斯比的一篇关于《消极服从论》的布道很能说明这一点。该布道于 1685 年 1 月 30 日发表，就在詹姆斯登基后不久，以证明对新国王的"臣服原则"是合理的。埃勒斯比明确表示国王是绝对的。他说，所谓国王，"我们得把他理解成一个主权君主，被赋予了国家的最高权力"，"一个在他的王国中被承认为君主的人"，"在地球上没有与他平等的人，更不用说比他更高的人"。他继续表示，法律确认"他免受法律约束（Legibus Solutus）"。然而，在他的序言中，埃勒斯比坚持说，他的布道不是为了"奉承君主，让他们滥用权力，或者让他们比法律更绝对（有些人很容易这样来诽谤消极服从的教义），而是为了教导臣民，让他们明了自己对统治者负有的义务"。这些事情并不随时代而变化，这就是为何他的布道在查理二世时期和詹姆斯二世时期同样适用，特别是因为詹姆斯曾承诺将按照现有法律确定和建立的一切进行延续性的统治。在他的布道文中，埃勒斯比确认，人们可以"用一切合法手段，以谦逊而和平的方式努力保障和维护"他们的"自由和财产"，这符合"国家法律"和"我们根据上帝的法律对国王应有的义务和尊重"。[82]

当伊利主教弗朗西斯·特纳在 4 月 23 日发表加冕布道时，他并没有告诉詹姆斯，作为神所任命的统治者，他可以把臣民的服从视为理所当然。相反，他暗示国王需要培养他们的支持："我们的国王懂得，在世袭君主制中，国王和人民的最独特优势在于，他们的利益是一致的，他们的幸福是紧密结合在一起的。"特纳选择向在场的人保证詹姆斯"将分享他的王兄的关切"，可以期待他实践"公平正义"并"依法"治国；特纳自然不会停下来深思一下：如果国王选择不依法统治，导致民怨沸腾，那将会是什么样的情况。[83]5 月下旬，卡纳里斯在塞尔扣克布道时，对詹姆斯大加赞扬，认为詹姆斯比伟大的查理二世更伟大。然而，他对詹姆斯的赞扬与这位天主教国王所做的承诺有关，即"捍卫和保护我们依法确立的宗教，以及我们的权利和财产"，他煞费苦心地强调，全世界都知道詹姆斯是一个信守诺言的人。[84]

最具揭示性的布道之一，是 5 月 29 日复辟周年纪念日上，皇家牧师威廉·夏洛克博士在下议院发表的布道。当被问及英格兰国教会是否受到天主教国王的威胁时，夏洛克坚持认为，"除了拥有一位与我们共享国教圣餐的国王之外，我们最希望的还是有一个保卫国教的国王"，他提到詹姆斯曾"就此事多次向我们做出庄严的保证"。虽然夏洛克极力主张忠诚，但他也表示"忠诚和服从"是"对统治得法的君主的一项强大义务"。他甚至暗示，国王如果不保护国教而轻率地激怒他的臣民，将危及他的王位：

> 君主们必须像珍视他们的王冠一样，重视臣民的臣服。正是由于这一点，我们才能拥有目前英格兰国教会的安全与保护；因为如果它没有别的东西值得喜欢的话，一个慷慨的君主也不能不

喜欢并奖励其忠诚；对于一位君主来说，想要将宗教从国教会中
分离出去，是非常艰难的，因为国教会才能让他安享王位。

因此，夏洛克敦促在场的下议员们"忠于英格兰国教会"。他坚称，
为了"忠于我们的君主"，"我们必须忠于我们的教会和宗教"；"迁
就或附和我们的宗教及其法律保障，都不是忠诚的行为"，"如果我
们改变了我们的宗教，我们也必须改变我们的忠诚原则，我确信国
王和王室不会从中得到任何好处"。虽然夏洛克为天主教国王辩护，
但他还是攻击了罗马天主教徒，理由是他们没有像国教徒那样公开
信奉相同的忠诚原则，一些天主教徒"在某些紧要关头可能是非常
忠诚的"，但"天主教不是"，因为"它教导他们反叛"。[85]

　　（所有三个王国的）国教会神职人员的布道，似乎证实了忠君献
词所呈现的画面：许多欢迎詹姆斯 1685 年继位的人相信，新国王会
维护法治，保护国教会现有的新教建制。毕竟，詹姆斯承诺了这两
件事，而且他有着言出必行的名声。当时，国教会的新教徒不会认
为他们的忠诚是有条件的，因为他们理所当然地认为詹姆斯会信守
诺言。然而，重要的是认识到，1685 年支持詹姆斯二世的大多数人
坚持的是夏洛克所称的"英格兰国教会的忠诚"，这并不是詹姆斯二
世自己想要的那种无条件的忠诚。

表达不忠：煽动之诗与叛逆之词

　　并非所有人都欢迎詹姆斯的继位。在新君统治的最初几个月里，
还是可以听到零星的不满之声。在这位天主教君主登基仅四天后，
肯特郡迪尔市的一位雕刻师的学徒在一户商人的大门上发现了一首
煽动性的诗，该诗问道："啊，英格兰，您会岿然不动，任凭脖子架
上枷锁吗？"

> 您也许记得女王玛丽
>
> 加冕前曾许诺公平
>
> 怎料一旦王冠到手
>
> 新教徒日子永无安宁
>
> 所在之处充满压迫
>
> 天堂地狱一瞬间
>
> 三三两两葬身火海
>
> 不忍直视实可怜
>
> 不愿皈依天主教者
>
> 玉石俱焚无悲悯[86]

詹姆斯继位后不久，莱斯特市长收到一份"针对陛下的最恶毒的叛国文件"，怀疑是当地纽扣制造商约翰·布罗德赫斯特所写。[87]大约在同一时间，据说东萨塞克斯刘易斯市的一位羊毛布料商曾表示，他相信"每一个虔诚的新教徒或基督徒都会支持王位排斥法案"。[88]3月初，政府获悉，在从埃塞克斯郡巴尔金市通往伦敦的干道上流传着一份煽动性报纸，宣称：虽然枢密院已经宣布詹姆斯为"英格兰的合法国王"，但这"并没有得到议会召集的全国代表的同意，因此有头脑的人还没有将詹姆斯视为真正的国王"。该报纸继续写道，他的"美德"无人知晓，他的"恶行"却"尽人皆知，数之不尽"，包括"伦敦大火"（1666年的伦敦大火被归咎于天主教徒，詹姆斯后来被怀疑是同谋）、"谋杀法官戈弗雷"（米德尔塞克斯郡的治安法官，1678年在为教皇党阴谋案作证后，被发现神秘死亡）和"谋杀伟大的埃塞克斯"（拉伊庄园阴谋策划者，据称1683年在监狱自杀），以及"毒死其兄以获得王位"。[89]

一些人很快就开始担心一个天主教君主可能带来的挑战。一名来自肯特郡查灵的男子因为复述了他在詹姆斯继位不久后从伦敦听

到的"传闻"——"国王将以常备军统治"——而被处以罚款、颈
手枷刑和鞭刑。[90]一位来自伦敦的记者报道说,2月15日星期日,
当国王和王后在白厅的私人礼拜堂听弥撒时,"人们感到了极大的不
满","许多托利党和辉格党都是如此",以至于"几乎可以相信他们
联合在了一起"。[91]来自伦敦鱼市场的工人托马斯·史密斯被判有罪,
因为他在3月说:"英格兰国王是一个众所周知的天主教徒,他已经
丧失了王国,不应该继承王位。"[92]据报道,4月中旬,在伦敦东部
的陶尔希尔,"许多普通人""因为说过危险的话而遭到逮捕","心
怀不满的人用尽卑劣的手段来激怒暴民"。[93]同月,伦敦人克里斯托
弗·斯米滕被判有罪,因为他曾说,"天主教徒和其他新教不从国教
者一样应该受到惩罚,上帝保佑陛下,他和其他人一样应该受到惩
罚"。[94]6月,伦敦一个麦芽商的妻子凯瑟琳·霍尔被她的仆人托马
斯·托塔尔指控,说她曾表示"已故的国王是一个铁匠私生子,而
现在的陛下约克公爵是一个恶魔公爵"。[95]5月1日,朴次茅斯约有
两三百名居民因担心国王的天主教信仰而举行焚烧教皇肖像的游
行。[96]另一些人则对国教会神职人员尊崇王权的做法感到厌恶。约
翰·柯托伊斯在林肯大教堂举行鼓吹王权的布道时,遭到了一些反对;
虽然"许多忠诚的人"友好地接受了布道,但柯托伊斯表示,"在他
们中间也有少部分人感到反感"。[97]

　　不少人表示支持蒙茅斯争夺王位,而这时甚至还没有任何迹象
表明这位新教公爵可能会发动叛乱。查理二世死后的第二天,伦敦
人约翰·佩恩被指控在欢迎詹姆斯继位的消息时说"上帝保佑蒙茅
斯公爵","蒙茅斯公爵将成为他们心中的国王"。佩恩随后被判有罪,
被处以罚款和颈手枷刑。[98]2月中旬,国务大臣桑德兰收到奇切斯特
市长的一份报告,称这个南海岸的小镇流传着"蒙茅斯公爵被宣布
为苏格兰国王"的谣言;消息来源显然是一位鞋匠的妻子,名叫安
妮·沃尼特,她辩称自己不知情,"她是从街上的一些陌生人那里听

到的"。[99] 几天后，桑德兰获悉北部的"狂热分子"在谈论"约克城外的一场大战……两位公爵［约克公爵和蒙茅斯公爵］将为争夺英格兰王位而战"，"在这场战斗中，约克公爵将被杀，国王党羽将被完全击溃"。[100] 2 月底，一个约克郡人哀叹道："我们有一位国王，但他配不上王位，因为王位属于蒙茅斯公爵。"[101] 3 月初，来自伦敦霍尔本的德博拉·霍金斯告诉她的一位女性朋友，"我们的国王得选举产生，而如果发生战争"，她一定会"穿上马裤为蒙茅斯公爵而战"。[102] 3 月中旬，来自萨塞克斯郡斯托灵顿的本杰明·卡尔医生对一位酒友说："你总是为国王的健康干杯，但如果蒙茅斯是国王，那我们就真的拥有一个勇敢的王国了。"[103] 次月，一个人因为说他认为"蒙茅斯公爵才是真正的国王"而被判叛国罪。[104] 4 月 23 日（加冕日），萨塞克斯郡布罗德沃特的爱德华·阿普斯报告说，他得知"伴随着小号和鼓声，蒙茅斯公爵已派人前往奇切斯特附近的军营"。[105]

虽然以这种方式谈论这些例子可能会给人一种公众不满情绪高涨的印象，但我们很难从个别报道的叛国言论或煽动性谣言中衡量公众的不满到底有多广泛。我们能做的是将这些证据与之前讨论过的众多忠君献词、游行活动以及托利党在投票中取得的巨大成功进行对比。不满情绪肯定是存在的，（在全国各地）煽动性的抱怨也肯定存在，这足以让紧张不安的政府感到担忧。但给人的总体印象是，那些公开表示不满的人是孤立的少数，他们与公众舆论的总体趋势格格不入，即使在伦敦也是如此，须知王位排斥危机期间，反对天主教徒继承王位的声浪在这里很高。1685 年 5 月，教皇党阴谋的告密者泰特斯·奥茨在伦敦的不同地方两次被判颈手枷刑，据说，当时有很多人向他扔鸡蛋，高喊"割下他的耳朵""绞刑都便宜了他！"直到奥茨第二次离开刑台后，才有一小群支持他的人出现，把刑台砸了个粉碎。[106] 在苏格兰西南地区仍有一些骚动，据说那里的狂热分子"非常无礼，尤其是对牧师们"。[107] 邓弗里斯郡艾恩格雷的主教制派牧师因为"为国王祈祷"而遭到当地长老会成员的暴力袭击，并"被丢在路边等死"；在行凶者眼中，国王和这位忠诚的牧师都是"教皇党走狗"。尽管法律规定堂区的继承人（土地所有者和户主）有义务保护他们的牧师不受此类袭击，但他们没有去追捕暴徒，并因此而被罚款。[108] 不过，在西南地区以外，情况似乎相对平静。应该说，是政府担心高地可能发生动乱，要么是"国内叛乱分子，要么是阿盖尔带着国外军队回来"，因此下令拆除伯爵祖传领地上的九座堡垒、城堡或加固房，因为在该地区驻军的成本太高。[109] 与此相反的是，我们看到，东部低地，从阿伯丁到爱丁堡，都对詹姆斯的继位表现了热情的欢迎，支持者不仅是来自政治和宗教精英，还有广大群众。同样，在爱尔兰，除了阿尔斯特之外，统治伊始，几乎没有反对詹姆斯的迹象。

第二章

遭遇激烈挑战

——苏格兰与英格兰议会，阿盖尔和蒙茅斯叛乱

我们现已备足了武器弹药，准备到苏格兰去，如果上帝保佑，我们明天就可以出海。再过几天，蒙茅斯公爵将前往英格兰，希望两国能联手推翻这位叛教的教皇党，因为他靠谋杀自己的哥哥，才得以登上王位。有识之士都心知肚明，他打算摧毁这个国家的宗教和文明。幸好，一直在保佑我们的上帝仍将帮助我们推翻这个血腥的暴君；两个王国的新教徒都翘首以待，希望看到我们的联手。

——约翰·科克伦爵士

1685 年 4 月 23 日于阿姆斯特丹[1]

莱姆掀起叛乱，

叛军入城，

人数百万，

宣称蒙茅斯为王。

——《西部的荣耀》（1685 年）

上一章我们试着评估了詹姆斯继位时的舆论氛围，发现在英格兰、苏格兰和爱尔兰，新国王都获得了相当高的公众支持，主要表现为忠君人士的庆祝游行和献词。当然，并非所有人都对天主教国王的登基感到高兴，而且在三个王国的某些群体中也积压着经年累月的不满情绪。然而，至少在目前，激进辉格党的挑战似乎已经得到了遏制。有待观察的是，詹姆斯继位时的这种明显的优势将如何转化为政治实践。而其局限性也还未经考验。一旦议会召开，政治精英被邀请为新国王的财库添砖加瓦时，他们的情绪会如何波动？如果有机会——这个机会即将到来——支持新教徒争夺詹姆斯的王位，民众会有何反应？如果大多数新教徒支持詹姆斯的继位，是因为詹姆斯承诺他将保护国教会并遵守法治，那么英格兰国教会的这种忠诚背后有什么限制（如果有的话）？

　　本章将集中讨论从 1685 年春到这一年年底英格兰和苏格兰的政治动态（爱尔兰放在下一章讨论）。首先，本章将探讨分别在当年 4 月、5 月召开的苏格兰和英格兰议会，以及两次议会对天主教君主展现的善意（虽然这种善意也有一些限制，而这是詹姆斯本人无法完全理解的）。然后，本章将考察阿盖尔和蒙茅斯在春末夏初的叛乱所带来的挑战，并论证叛乱失败的主要原因之一是阿盖尔和蒙茅斯的政纲在当时还不够受欢迎：1685 年的激进辉格主义，无论在苏格兰还是英格兰，都与当时的民意格格不入。最后，本章将回顾 1685 年 11 月詹姆斯第二届英格兰议会会议期间叛乱的后果和事态发展。由此证明，1685 年末，詹姆斯开始背离其保护新教建制和维护法治的承诺，因此已经开始自绝于那些在年初欢迎他继位的人。理解詹姆斯最终垮台的关键并不在于有一些激进的辉格党和新教不从国教者从一开始就不希望他成为国王：他们在 1685 年采取了行动，但是被詹姆斯轻而易举地化解了。相反，关键在于詹姆斯开始疏远那些最初支持他登基的人，而这些人才是击溃激进的辉格党挑战的基础。

苏格兰和英格兰议会

詹姆斯决定在英格兰议会召开之前先在苏格兰召开议会，希望苏格兰议会所展现的忠诚能成为英格兰下议员在入席时效仿的"好榜样"。[2] 正如他在致苏格兰议会的信中所解释的（该信在议会开幕日宣读，并刊登在《伦敦公报》上，以确保英格兰人民都知道），他在查理二世统治时期感受到的苏格兰人民的忠诚使他决定在继位之初召开议会，让他们有机会"以同样的方式向我们表明他们应尽的责任"，并在"展示他们对我们的爱戴和对我们愿望的遵从"方面"成为别人的榜样"。[3]

和他哥哥一样，詹姆斯也在有意识地打三个王国牌。他完全有理由感到乐观。苏格兰的政治精英们对王位继承人的忠诚不仅仅体现在 1681 年的议会中，还体现在那一年通过的《忠诚宣誓法》中，该法要求政府官员和下议员不仅得是新教徒，还要宣誓效忠国王及其合法继承人，放弃抵抗，并承认苏格兰国王是教会和国家的最高统治者——以确保大多数在查理二世晚期反对其政策的人将被禁止参加选举。詹姆斯还知道，他可以经由议会立法委员会来控制立法议程，这个特设指导委员会旨在平衡苏格兰一院制议会中各阶层（主教、贵族以及郡市议员）的利益，议会的组成实际上由国王决定。[4]为了进一步营造公众的忠诚气氛，苏格兰议会的正式开幕，及其他盛典的开幕，都被安排在 4 月 23 日英格兰的国王加冕日，苏格兰议会下令点燃篝火来纪念这一天。[5] 结果是公关上的巨大成功。《伦敦公报》报道了爱丁堡的庆祝活动，夸耀说"人民欢欣鼓舞，在这个庄严的时刻，全国各地的人们聚集在一起"。[6]

詹姆斯在写给苏格兰议会的信中解释道，他决心"以最荣耀的姿态"来维护自己的王权，但"目的是"让他"更有能力捍卫和保护""法律确立的宗教"和人民的"权利和财产"，对抗长老会激进势力的阴谋。[7] 作为驻苏格兰的王室高级专员，昆斯伯里进一步保证，国王决心"根据王国的既定法律"来保护国教和人民的正当权利和财产，作为回报，要求议会"维护国王的权利和特权"，为国王提供充足的收入，并找到有效的手段"摧毁那帮使我们处于毁灭和耻辱边缘、极其狂热到不可救药的人"。[8]

事实证明，议会确实忠于自己所信任的国王。4 月 28 日，它通过了一项货物税法，"永久地"将货物税并入王室，而不是像查理二世时期那样，只供其享用一生。然而，更引人注目的是该法的序言。它宣称，苏格兰人民在世袭君主的连续统治下生活了两千年，他们的安全与安宁得归功于苏格兰光荣国王的"神圣种族"所拥有的"稳固而绝对的权力"，这是由"我们君主制的第一基本法赋予的"，而那些鼓吹"违背或贬损国王神圣的、至高的、绝对的权力和权威的原则和立场"的人都应该被谴责。[9] 换言之，议会通过法令再次确认苏格兰君主的绝对权力。5 月 13 日，为了应对阿盖尔叛乱带来的威胁，议会每年额外拨款 21.6 万苏格兰镑（约 1.8 万英镑）。[10]

议会还通过了一系列旨在保护教会建制的措施。4 月 28 日颁布了一项法案，批准了之前所有有利于国教的法律，由此，我们也许可以看出议会的优先事项，他们一刻也没停止提防天主教的潜在威胁。可是后来，议会把注意力转向了对付长老会。5 月 6 日，议会规定，为 1638 年《民族圣约》和 1643 年《神圣盟约》辩护的言论或写作都是叛国行为。该法进一步规定，丈夫应承担对其妻子施加的罚款，从而确认了政府自 1684 年以来在处理新教不从国教者时采取的一种做法，但这样的法律扩展在当时似乎是成问题的。当天，议会还通过了一项措施，规定在叛国罪或违法进行野外和家庭秘密宗教集会的案件中，拒绝提供证据者与犯人同罪同罚。两天后，议会将在家庭秘密宗教集会上讲道或仅仅出席野外秘密宗教集会定为死罪。正如一位长老会作家在革命后指出的，这两项立法合起来意味着"妻子或孩子必须做出选择，要么告密，牺牲丈夫或父亲的生命，要么放弃自己的生命"。[11] 5 月 13 日，议会扩展了《忠诚宣誓法》，使其成为对所有自治市民甚至船主的要求，而 6 月 13 日，议会将袭击主教制派神职人员定为死罪。[12]

在长老会的辩护者看来，1685 年苏格兰议会的立法提供了斯图亚特暴政的铁证。正如后来有人说的，"在这个暴君的时代，议会制定了比之前［查理二世］整个统治时期更残酷的法律"。[13] 然而，要理解本届议会在其最初几周采取的行动，需要将其置于苏格兰政府深感不安的背景下来看。我们不应该低估詹姆斯和那些在边境以北代表他行使权力的人对长老会激进主义可能重新抬头的恐慌程度。据报道称，野外秘密宗教集会者都带着武器，[14] 而在议会开会时，阿盖尔显然试图从低地国家入侵苏格兰。根据詹姆斯党人的《詹姆斯二世传》所说，"对新麻烦的担忧"解释了"国王热衷于取缔野外秘密宗教集会"的原因。[15] 总检察长罗塞豪的乔治·麦肯齐爵士后来试图为 1685 年的议会辩护，坚称议会的决定是对阿盖尔叛乱做出的回应。麦肯齐解释说，例如，在《货物税法》的序言中，议会并没有打算"引入盲目的奴役"，而是"仅仅为了排除圣约派所发明的'对服从加以有反叛取向的条件'"。对于像麦肯齐这样坚定的苏格兰主教制派教徒来说，在看似危机的情况下，维护王室权威是保护国教的唯一方法。但有一个交换条件：1685 年的立法是为了响应国王的承诺而通过的，即按照法律规定保护教会及其臣民的权利和财产。[16]

5 月 19 日召开的英格兰议会更需要谨慎地应对。然而，这届议会的主体是坚定的托利党—国教会人士；如前一章所述，那年春天的大选中，在 513 个下议院席位中，辉格党只获得了 57 个。詹姆斯的做法是在简单粗暴的拒绝与和解的姿态中寻求平衡。在 22 日发表的开幕词中，他重申了他继位时所做的承诺，即"捍卫和支持"英格兰国教，并"维护依法确立的教会和国家政府"。他表示，作为回报，他希望议会投票赋予他终身税入，就像查理二世时期那样。他提醒议员们不要试图利用财政权——用他的话说，"不时以他们认为合适的比例支付我"——以确保议会的召开频率。他建议，"让我经常和你们见面的最好方式就是好好待我"。下议院一致决定让詹姆斯像查理一样终身享有复辟时应得的普通税，但对自2月以来未经授权征收关税和货物税一事保持沉默。它还追加了三笔关税和货物税的拨款——前两笔为期八年，第三笔为期五年——以满足应对叛乱威胁所需的额外军费开支，但这些都是临时税收，旨在满足短期需求。因此，很难像人们曾经争论过的那样，认为这代表着一个恭顺而忠诚的议会不计后果地过度供给国王，使詹姆斯实际上摆脱了议会的束缚。然而，对詹姆斯有利的是，下议院没有去对普通税的当前价值做出适当的评估，而是选择通过间接税来提供额外的供给。贸易的扩张意味着关税和货物税的收益增加，这让国王的年收入从1683—1684年间的130万英镑增加到后来的年均200万英镑。[17]

詹姆斯无疑对第一次议会的结果感到满意。另一个额外的好处是，议会在7月恢复了1662年的《许可经营法》，该法于1679年失效，导致排斥危机期间批评王室的小册子泛滥。监管新闻界的工作再次落到了罗杰·莱斯特兰奇的肩上，凭借着对国王的忠诚服务，他于4月被封为爵士，获得了"像以前一样行使这些权力"的授权。[18]詹姆斯不仅得到了他想要的收入，而且似乎还得到了政治阶层的支持，并控制了媒体。

毫无疑问，本届议会的忠诚度与排斥危机中辉格党主导的议会形成了鲜明对比。一位议员甚至建议：议会"应该效仿苏格兰，使参加秘密宗教集会成为死罪"，"不要在爱戴国王和忠诚于教会上落后于他们"。[19]然而，绝大多数下议员宣称的忠诚是对英格兰国教会的忠诚，已经有迹象表明这可能会导致与天主教国王的关系紧张。

爱德华·西摩尔爵士是国教会的坚定支持者，曾在查理二世统治时期反对过排斥法案，因为他认为法令全书中有足够的法律来保护新教建制在天主教继任者治下的安全，但 5 月 22 日，也正是他对大选的方式发起了猛烈攻击。他声称，有如此多的违规行为，以至于许多人怀疑"这届议会是不是国家的真正代表"。接着他又指出，如果政府能够包揽议会，它也可能会破坏那些使人们认为排斥法案是不必要的法律保障。他郑重表示，"英格兰人民强烈反对天主教，并重视他们的法律"，"这些法律除非通过议会，否则不能被修改"，他警告称，"当议会被那些有此目的的人主导时，这些法律就会轻易地被修改"。[20] 第二天，一个由 330 名议员组成的全体委员会，开会"考虑保护宗教的最佳途径"，并一致投票赞成下议院应向国王进言，要求他"对所有脱离英格兰国教会的不从国教者执法"。詹姆斯勃然大怒，指示宫廷成员尽可能阻挠这一措施。下议院临阵退缩，并于 5 月 27 日通过决议，表示他们"完全满意国王陛下慷慨的发言和反复的声明，即支持和捍卫依法确立为英格兰国教的宗教"。[21]

阿盖尔和蒙茅斯的叛乱

在英格兰议会的第一次会议期间，低地国家的流亡者终于采取了行动。两位主角分别是第九代阿盖尔伯爵阿奇博尔德·坎贝尔和查理二世的长子、私生子蒙茅斯公爵詹姆斯·斯科特。第八代阿盖尔伯爵是圣约派领袖，于 1661 年 5 月因叛逆投靠克伦威尔政权而被处决。作为他的儿子和继承人，阿奇博尔德·坎贝尔先是被复辟政权监禁并被判处死刑，但他设法在 1663 年洗脱了自己的罪名，还恢复了他的家族地产和头衔。这为他获得公职打通了通道。1664 年 6 月，他被任命为苏格兰枢密院成员。在接下来的十五年里，哪怕

在 1679—1681 年英格兰的辉格党正在推动针对约克公爵的排斥法
案时，他似乎都一直效忠于斯图亚特王室。他与苏格兰枢密院一起，
对詹姆斯这位王位继承人在 1679—1680 年第一次任职苏格兰期间
所取得的成就盛赞有加，甚至支持 1681 年的苏格兰《王位继承法》，
该法确认了约克公爵在查理二世去世后对苏格兰王位的继承权。然
而，因为 1681 年的苏格兰《忠诚宣誓法》，阿盖尔与政府闹掰了，
他只愿意有条件地遵守该法，理由是该法是矛盾的（该法措辞不当，
似乎是让官员宣誓耶稣和在位君主都是教会的领袖）。更糟糕的是，
阿盖尔选择以书面形式提出他的反对意见，结果发现自己被控叛国
罪，并被判处死刑。这一判决可以说是相当严厉的；然而，政府并
不特别想看到阿盖尔死，只想摧毁他在西部高地的权力基础，判处
阿盖尔叛国罪更多是为了没收他的财产。因此，1681 年 12 月下旬，
得知阿盖尔成功逃离爱丁堡，流亡海外时，政府并没有特别惊慌；
阿盖尔的地产被没收，他的世袭管辖权被授予阿瑟尔侯爵。虽然如
此，阿盖尔仍然是政府的眼中钉。1683 年，激进的辉格党人向他
示好，他们密谋在英格兰和苏格兰协同发动叛乱，以推翻查理二世。
1685 年查理二世去世后，那些心怀不满的激进分子自然会再次寄
望于他。[22]

　　1649 年 4 月出生于鹿特丹的蒙茅斯公爵，是查理二世和某位露
西·沃尔特女士交往的意外结晶，当时查理一世的这位继承人正被
流放到低地国家。蒙茅斯并非聪明绝顶，但他长得极其英俊（在复
辟时期的宫廷，年轻的蒙茅斯花名在外），并且蒙父亲的宠爱，高居
枢密院顾问、救生队队长等要职，最后（1678 年 4 月）成为英格兰、
威尔士和贝里克郡陆军的总司令。蒙茅斯自幼是一名新教徒，只要
能说服他的父亲宣布他为合法继承人，或改变继承权，他似乎是取
代他天主教叔叔的自然选择。尽管他从来不是辉格党取代约克公爵
继承权的首要人选（1679—1681 年的排斥法案更有利于詹姆斯的新

教徒女儿玛丽），但是在改变继承权的和平手段失败后，蒙茅斯在大众中的声望和他在军队中的追随者，使他成为辉格党的一个有价值的盟友。蒙茅斯与辉格党的关系导致他在 1679 年被免职，从此他似乎越来越全身心地投到激进的阴谋活动中。最终的耻辱发生在 1683年，在卷入了拉伊庄园阴谋之后，他被迫流亡。蒙茅斯深信自己有资格继承父亲的王位，对天主教叔叔怀着深深的仇恨，在他周围支持他的是低地国家那些心怀不满的激进分子，他们知道在时机成熟时，他具备成为领导人的潜质。查理死后，蒙茅斯似乎一定会对王位发起挑战。[23]

　　他们打算联手举事。阿盖尔将在苏格兰发动声东击西的进攻，目标是到达爱丁堡；蒙茅斯随后会在西部地区发动叛乱，这反过来又会成为伦敦和柴郡类似起义的暗号。在詹姆斯二世加冕当天，阿盖尔的左膀右臂约翰·科克伦爵士写道，"两个王国中的新教徒"都"正期待着我们"，并将"加入我们的行列"。[24]5 月 2 日，阿盖尔从阿姆斯特丹起航，首先在奥克尼郡登陆。他绕着西部群岛航行，招募新兵，最终于 5 月 20 日到达金泰尔半岛的坎贝尔敦，从这里开始他的作战行动。蒙茅斯则准备在 5 月 24 日启航，但由于天气恶劣而推迟，直到 6 月 11 日才在莱姆里吉斯登陆。事实证明，科克伦的乐观毫无根据。两次叛乱很快就被平息了：6 月 18 日，阿盖尔在因希嫩（位于格拉斯哥西北部的克莱德河畔）被俘；7 月 6 日，蒙茅斯的叛军在塞奇莫尔（位于萨默塞特的布里奇沃特附近）被彻底击败。

　　但是三年多后，同样来自低地国家的入侵却最终将推翻詹姆斯政权，因此阿盖尔和蒙茅斯失败的原因值得深思。一些历史学家认为，1685 年，苏格兰和英格兰的不满情绪非常普遍，叛乱本可以成功，两人的失败主要是由于组织不力和领导人的一些关键战术失误。[25]毫无疑问，军事上的弱点和战术上的失误是两次叛乱失败的主要原因（奥兰治的威廉在 1688 年的入侵无疑组织得更好，并得到了更多军事力量的支持）。但也许最大的失败是两人无法协调各自举事的时间。阿盖尔早在蒙茅斯的准备工作完成之前就已经准备好了，他不能推迟出发，一方面是他的新兵需要报酬，另一方面是很难保守秘密。[26]结果，事实上发生了两场独立的叛乱；当蒙茅斯最终在莱姆里吉斯登陆时，阿盖尔的努力几乎已经付诸东流了。

　　在军事上，阿盖尔从未对苏格兰政府构成太大威胁。他带着不到 300 名士兵来到这里，希望先在西部高地（他祖先的土地）征兵，然后向格拉斯哥进军，最后到达爱丁堡。从战略上讲，西部高地是不是发动叛乱的最佳地点，仍具有争议。有利的一面是，政府认为苏格兰高地向来难以管理，而阿盖尔则希望能够利用家族的忠诚和他以前佃户的支持。因此，他希望在与政府军交战之前，能够组建一支规模庞大的军队。不利的一面是，在南下的路上，他不得不穿越崎岖的地形，致使进军十分缓慢。此外，阿盖尔不是个受欢迎的领主，因此难以招募到新兵。他试图通过承诺免除人们的债务来赢得他们的支持。然而，许多加入他的人只是因为不想失去家园或牲畜而不得不屈服。[27] 从他随身携带的武器数量来看，阿盖尔希望招募到两万骑兵和步兵。在高峰期，他的叛军可能有 2500 人，但由于逃兵问题或士兵迷失方向，到 6 月初，叛军人数减少到 1500人左右。[28] 这些数字当然令人极度失望；苏格兰上一次叛乱发生在 1679 年，共招募了约 8000 名新兵，其中 6000 人仍在博斯韦尔桥与政府军作战（讽刺的是，当时的政府军是由蒙茅斯公爵指挥的）。[29]若阿盖尔选择在西南部登陆，结果可能会更好，那里是长老会激进派的据点，也是 1666 年和 1679 年叛乱的始发地，但应该指出的是，政府已经在该地区部署了军队，以防止骚乱的爆发。[30] 为镇压叛乱，政府迅速采取了极端措施，不仅召集了民兵和常备军，而且命令高地上所有 16—60 岁的继承人和男子都武装起来，随时准备协助当局对付阿盖尔。尽管军队的控制权交给了邓巴顿伯爵（一位虔诚的天主教徒，未经忠诚宣誓就被国王特别委任），但大多数人还是支持詹姆斯政府的。[31]

　　如果说阿盖尔的失败是由于招募不到足够的新兵，那么我们必须认识到，这主要是因为他的事业不够吸引人，无法赢得必要的支持。根据他打在旗帜上的标语，阿盖尔来到这里是"为了上帝和宗教而战，反对天主教、暴政、专制政府和异教徒"，这样的口号也许还算得上很醒目。[32] 然而，起义军的确切议程是在 5 月 20 日发表于坎贝尔敦的两份宣言中提出的，较短的一份是阿盖尔的自我辩护，面向他的家族成员，要求归还他被没收的财产，并谴责约克公爵的"篡夺和暴政"。冗长的那一份意在对长老会教徒发出呼吁，解释为什么"苏格兰新教人民"奋起反抗。它首先断言，查理二世复辟以来所做的一切都是"非法的、专断的、暴虐的"。它谴责了 1660 年代初英格兰和苏格兰议会废除了在内战和休会期间制定的法律，尤其是苏格兰议会驱逐新教不从国教神职人员并颁布令新教徒流血的法律。它进一步指责政府违反法律处死"无辜和忠诚的人"，"毁坏教会并改变上帝的法令"，"纵容天主教徒"和他们的"偶像崇拜弥撒"，对"新教不从国教者"进行"无尽的严酷迫害"，以及"组建常备军"，"种下一切文明、合法政府的祸根"。起义军随后谴责了王权至上、对荷兰人的战争（1664—1667 年和 1672—1674 年），以及 1670 年代和 1680 年代初对政治和宗教异见者所采取的行动（特别是处决圣安德鲁斯大主教的谋杀者和对博斯韦尔桥叛军的诉讼，审判苏格兰拉伊庄园阴谋策划者威廉·斯彭斯和威廉·卡斯泰尔斯时使用酷刑；自然还有对阿盖尔财产的没收）。这些行动都发生在查理二世统治期间，被谴责为"暴政和天主教的交织"。

　　随后，宣言反对约克公爵（称其为詹姆斯七世），坚称他已被英格兰下议院排除在继承权之外（尽管苏格兰议会已于 1681 年通过法令——当时阿盖尔支持——规定公爵不能被排除在苏格兰继承权之外），并反对目前的英格兰下议院，表示"下议院被包揽了，议员都是通过欺诈和不公正的手段当选的"。宣言称，起义有三大目标：恢复和稳定新教；压制并赶走天主教；弥补那些因忠于自己的派别而遭受苦难的人。两份宣言都没有尝试去照顾温和派的感受，也没有去试图争取那些在查理二世统治末期忠心耿耿但可能对天主教君主的登基心存疑虑的人。[33] 换言之，这样的宣言只会吸引那些在查理二世治下已经心怀不满的人的支持，并很可能会巩固那些在排斥危机后的几年里支持国王的人的忠诚，因为他们害怕长老会激进派带来的颠覆性威胁。

讽刺的是，阿盖尔未能赢得民众的支持，而我们本以为他们会像宣言中描述的一样，在政治和宗教上对查理和詹姆斯不满。卡梅伦派激进分子拒绝加入起义，因为他们认为这个起义并不是以圣约为支撑，而且它的领导人中有不忠于圣约的邪恶分子，如阿盖尔本人和约翰·科克伦爵士。相反，卡梅伦派领袖詹姆斯·伦威克及其大约200名追随者在邓弗里斯郡桑克尔的集市十字架（market cross）* 发布了他们自己的声明，抗议詹姆斯二世对英格兰、苏格兰和爱尔兰王位的继承，指责他是"偶像崇拜者"和"圣徒谋杀者"，谴责现任苏格兰议会。[34] 长老会温和派教徒则坚定地与叛乱者保持距离。[35]

对政府来说，蒙茅斯的叛乱比阿盖尔的叛乱更麻烦。事实上，蒙茅斯刚开始只有83人——远远少于阿盖尔——主要是之前拉伊庄园阴谋的策划者，如沃克勋爵福特·格雷、纳撒尼尔·韦德、罗伯特·弗格森、理查德·古迪纳夫和弗朗西斯·古迪纳夫兄弟。其中只有几个人有军事经验，如亚伯拉罕·霍姆斯少校和爱德华·马修斯上尉，

---

* 集镇中用来标记集市广场的建筑，并不一定是十字架，有的是方尖碑，或者带顶的、装饰性很强的建筑物。（除特别说明，本书页下注均为译者注。）

还有就是一些在国外服役的英格兰雇佣兵。[36] 然而，蒙茅斯的目标是在英格兰征募和训练一支军队，他把希望放在西南部各郡——一个辉格党和新教不从国教者的势力很强大的地区，1680 年他在巡游这里时，受到了热情的接待，待遇如同准国王。1685 年，英格兰西部无疑仍存在相当多蒙茅斯的潜在支持者。他在莱姆里吉斯登陆时，以及之后在多塞特和萨默塞特的行军中，都受到了热烈欢迎，很快志愿者就蜂拥加入他的队伍。究竟有多少人加入是一个有争议的问题。蒙茅斯本人号称他召集了一支七八千人的军队。詹姆斯政府认为有 6000 名武装叛军。[37] 两边的估计似乎都偏高。现代历史学家认为，蒙茅斯在塞奇莫尔的军队肯定不足 4000 人，也许略多于 3000 人，但那时叛军的数量肯定低于其高峰期。[38] 为了更好地理解这个数字，我们可以想到 1536 年的"求恩巡礼"（Pilgrimage of Grace），当时约有三万名武装士兵参加了英格兰北部的叛乱，以抗议亨利八世的宗教革新。[39] 在被俘后回顾战斗过程时，蒙茅斯的确说过"他本可以招募到两三万人，但他没有那么多武器提供给他们，而且他认为自己不需要那么多人来与国王的军队作战"，[40] 这听起来多少像是失败后的夸夸其谈。简单的事实是，蒙茅斯根本无法招募那么多人。蒙茅斯叛乱可能是英格兰最后一次民众起义，但就近代早期的起义而言，它的民众基础并不好。

詹姆斯二世最初希望地方民兵能够镇压叛乱，但事实证明他们远远不够：他们不仅缺乏训练和装备，而且普遍不愿对加入叛军的邻居们动武。因此，国王不得不召集军队，并由费弗沙姆伯爵路易斯·杜拉斯指挥。即便如此，蒙茅斯的人还是给政府带来了不小的压力。费弗沙姆不是一个杰出的战术家，在战役中犯了很多错误；真正带兵赢下塞奇莫尔战役的是才华横溢的陆军准将约翰·丘吉尔。相比之下，蒙茅斯则显示出自己是一位战术修养相当高的指挥官——对于曾担任查理二世总司令的他来说，这或许不足为奇。蒙茅斯曾一度接近布里斯托尔，如果没有被大雨耽搁的话，他本可以对该市进行有效的攻击。他进攻塞奇莫尔的计划似乎也很巧妙，要不是运气不好，他的部队也许会赢。然而，话虽如此，蒙茅斯在军事上显然胜算不大。他那些缺乏经验的部下屡犯错误，事实证明他们无法与训练有素的职业军队匹敌，尤其是在丘吉尔控制了战局之后。

蒙茅斯在塞奇莫尔的计划是趁夜从正面对费弗沙姆的部队发动全面攻击，以出其不意。据说费弗沙姆的军队只有 700 名骑兵和 1900 名步兵（尽管有驻扎在附近的威尔特郡民兵的补充），蒙茅斯相信，如果他的士兵遵守纪律，他就能获胜。7 月 5 日星期日晚上 11 点，他在布里奇沃特的基地召集部下，告诉他们：

> 国王的军队驻扎在约 3 英里外的一块平坦而开阔的公地上。他们一般都躺在帐篷里，很多人睡着了，现在如果遵守以下两点，很可能可以不打仗就在帐篷里把他们解决了：首先，在行军的时候，不要大声喧哗，不要说话；其次，在他下令之前，不要开枪。

不幸的是，在漆黑中穿越崎岖地形的长途行军让蒙茅斯缺乏经验的士兵付出了惨重的代价，人人都在疲劳和重压之下。他们在穿越兰莫尔莱茵河时遇到了困难：他们走的小路变得十分狭窄，地面上的雾气让他们连前面的同伴都看不清楚，当向导寻找合适的穿越地点时，气氛变得越来越紧张。一名骑兵看到一个黑影在移动，惊慌失措之中开了枪。要制造的"出其不意"消失了。国王的一名龙骑兵迅速发出警报，喊道："敌人来了……赶紧击鼓，拿起武器。"即使在这时，也还有机会。趁着国王的士兵还在慌忙地从帐篷里出来，蒙茅斯在最后一刻改变计划，派他的骑兵指挥官格雷勋爵快马前进。然而，蒙茅斯的军队很快就出现了问题。格雷没能取得必要的突破，当蒙茅斯的步兵开始与敌人交战时，他们因为没有实战经验，对着他们认为是国王军队所在的地方反复而疯狂地射击，浪费了弹药，而国王的士兵因为反应不够快，反而保存了火力。此时他们已经从惊吓状态中恢复过来，尽管费弗沙姆本人因为把假发放错了位置而在战场上迟到了，但丘吉尔很好地控制了局面。随着黎明的临近，蒙茅斯的手下开始失去纪律；一些人意识到战斗已经失败，开始撤退。国王的军队直到天亮才开始追击叛乱者，但一旦追击，就使出了要赶尽杀绝的劲头。据估计，蒙茅斯的士兵在战斗中丧生的不到200人，却有1000多人在逃跑中丧生。[41]

在得出叛乱基本上是由于军事原因而失败的结论之前，应该指出的是，蒙茅斯最初曾指望着可以不必交火。他认为，国王的士兵们即使不支持他们的前任指挥官，至少也会保持中立。而且他希望自己不仅能得到普通民众，也能得到辉格党贵族的支持。这样，在丧失政治支持且军队失控的情况下，詹姆斯将不得不让步。然而，蒙茅斯预期的支持从未实现。军队仍然对国王忠诚，不仅没有人叛逃，而且很快就表现出与叛军交战的意愿。贵族们仍然态度冷漠。当地的地主拒绝加入叛军，预期中的柴郡贵族起义也没有发生。伦敦也没有显示出任何支持起义的迹象。因此，叛乱仍然只是一个地方性、以平民为主的事件。蒙茅斯吸引了下层阶级、年轻人以及更激进的新教不从国教者的支持，[42] 他们组成的部队不足以推翻政府。

支持起义的社会基础有限，原因有很多。在拉伊庄园阴谋败露之后，政府有了更多应对激进辉格党人阴谋的方法。许多人处于政府的监视之下，无法采取行动。一旦有什么风吹草动，政府就会逮捕任何有理由怀疑并能抓到的人，不管他们是著名的辉格党巨头，如有影响力的柴郡贵族德拉米尔勋爵，还是伦敦或地方上有辉格党倾向的政治活动家。为了尽可能长时间地把这些潜在的麻烦制造者收押在监，政府为他们设定了巨额的保释金：一位叫杰勒德的威斯敏斯特奶酪商的保释金为4万英镑，而德拉米尔的数字是6

万英镑。[43]其他辉格党激进分子，包括拉伊庄园阴谋的策划者约翰·特伦查德和约翰·怀尔德曼，为了躲避逮捕而逃亡。据称特伦查德已经"进入爱尔兰，并计划从那里进入苏格兰"，加入那里的叛军——这是毫无根据的猜测（特伦查德逃到了荷兰），但可以表明詹姆斯政府对三个王国中的威胁都有所防备。[44]多年的迫害让这些新教不从国教者付出了代价。他们的领袖要么被关进监狱，要么出逃国外；其他人则负债累累。只有那些没什么可失去的年轻人和穷人，才有可能把赌注押在蒙茅斯身上；对大多数人来说，这种冒险风险实在过高，尤其是考虑到新统治的最初几个月里，这个国家在表面上所展现出的对新国王的忠诚。

也有一些人同情起义，只是因为住得太远而无法加入。6月初，有报告称，泰恩河畔纽卡斯尔居民对阿盖尔和蒙茅斯表示支持，一个月后，他们甚至还为蒙茅斯筹集了资金，不过这可能只是无稽之谈。[45]6月，朴次茅斯的一名男子威廉·雷诺兹与一名士兵喝酒时，宣称"蒙茅斯公爵有一支强大的部队，而且会更强大，他是一个真正的新教徒"。[46]7月初，东萨塞克斯的一名裁缝说，他不明白为什么国王要发表声明谴责蒙茅斯，因为查理二世已经发布公告称"蒙茅斯公爵是他的合法儿子"。[47]蒙茅斯在首都肯定也有潜在的支持者，如果他能够到达伦敦附近，可能会有更多的人愿意加入他。例如，7月1日，一个叫托马斯·利的人被捕，原因是他在威斯敏斯特街头公开宣布蒙茅斯是"这个王国真正合法的国王"。[48]几天后，另一名伦敦人亚历山大·怀特遭到指控，原因是"他支持蒙茅斯，愿意为蒙茅斯的健康举杯"。[49]然而，这些同情的声音并不足以让蒙茅斯集结足够的实力，这也是事实。因为与他前面的阿盖尔一样，他的号召缺乏足够广泛的吸引力。蒙茅斯并没有试图吸引温和的中间派或者那些先前对王室有好感的人的支持。相反，他的宣言是由苏格兰独立派神学家罗伯特·弗格森撰写的，并于6月11日在莱姆里吉斯发表，支持激进的辉格党意识形态。[50]

　　蒙茅斯的宣言分为两部分。第一部分为拿起武器提供了理由。它首先主张，政府的存在是为了"被统治者的和平、幸福和安全"，而不是"统治者的私人利益和个人的伟大"，"最高裁判官"应该"保护人民免遭暴力和压迫"并"促进他们的繁荣"，而不是"伤害和压迫他们"。然而，英格兰政府已"背离了初衷"，从"有限的君主制转向了绝对的暴政"。宣言接着攻击约克公爵（叛军对国王的称呼），指责他"策划焚烧伦敦"，"煽动与法国联盟，与荷兰开战"（指1672—1674年的英荷战争），"煽动教皇党阴谋"，以及"让议会休会和解散"。宣言声称，自从"夺走他哥哥头上的王冠"之后，约克公爵就违背了所有为保护新教而制定的法律，他"宣誓信奉罗马天主教"，召集"大批神父和耶稣会士"（对这些人来说，进入王国是叛国行为），并在查理二世死后，继续征收关税和货物税，践踏了"有关我们财产的法律"。因此，约克公爵是"国家的叛徒，人民的暴君"。然而，由于陪审团和法官席被他的亲信包揽，司法公正遭到妨碍，"除了武力，我们没有其他自救手段了"。值得注意的是，宣言将抵抗视为一种义务，而不是权利，它宣称："作为人类和基督徒，我们必须履行对上帝和国家的义务，为了满足周围新教国家的期望，我们必须拿起武器。"[51]

　　宣言的后半部分概述了起义军的目标。他们决心恢复"旧英格兰政府"固有的平衡，这样未来的统治者就只能依法治国，而无权"侵犯人民的权利和自由"。而这意味着要确保新教是安全的，"不可能被取代和推翻"，并为新教不从国教者确立完全的宗教宽容。（有趣的是，起义军准备将这种宽容扩大到罗马天主教徒，前提是"没有发现〔他们〕有图谋破坏我们的罪行"。）但宣言也涉及了一系列宪制和法律改革。起义军要求，在民众的不满得到平息之前，议会应该"每年选举并召开会议，一年内不得休会、解散或中止"。为了制止在托利党反扑期间发生的各种滥用法律的行为，应该由议会而不是国王任命法官，法官应该以法律为纲，而不是按照君主的意愿行事。起义军又进一步宣称：应恢复市政法人旧有的特许状；应废除 1661 年的《市政法人法》，该法禁止新教不从国教者担任市政职务；1661—1662 年的《民兵法》也应废除，该法使得国王可以全权指挥国内所有的武装力量；所谓拉伊庄园阴谋策划者的叛国罪名，应予以撤销；"根据刑事法规"针对新教不从国教者的判决均无效；应制定法律"让自由地产保有人来选举郡长"、改革郡民兵制度，以及"解散所有常备军，除非通过议会授权、同意，才能招募和维持"。最后，宣言指责约克公爵为了夺取王位而毒害查理二世，并表示蒙茅斯将努力"对他进行司法审判"。然而，目前蒙茅斯并没有"坚持他的王位诉求"，而是说把这个问题留给一个合法选举的议会"自由定夺"。[52]

这份宣言只是证实了托利党宣传家自王位排斥危机以来一直在争论的问题，以及忠君献词和游行活动的证据表明许多人到 1685 年已经开始相信的东西，即那些反对詹姆斯继承王位的人是新教不从国教者，是共和派弑君者，他们会煽动内战，并寻求对现有的教会和国家建制进行彻底改革。正如东萨塞克斯大陪审团在 7 月 16 日的献词中所说，这是一群"由不满分子、异见分子和狂热分子组成的叛徒和暴力同伙"。[53] 蒙茅斯的立场对许多排斥派来说可能太激进了，那些更温和的辉格党人只是想用新教继承人取代天主教继承人。由于担心共和派的色彩会使他们失去支持，尤其是土地精英的支持，弗格森说服蒙茅斯于 6 月 20 日在汤顿称王。[54] 然而，这样的举动也未能赢得温和派的支持，反而让一些已经支持蒙茅斯的人对他产生了隔阂。有些人似乎担心，如果蒙茅斯为了迎合英格兰国教会贵族，就可以改变对王位的立场，那么他完全可能背弃自己对宗教宽容的承诺。两年后，萨塞克斯绅士约翰·阿什伯纳姆在多塞特旅行，当地人告诉他，当蒙茅斯在汤顿宣布自己为国王时，"暴民们问他会信奉什么宗教"，他回答说"和他父亲一样信奉英格兰国教"，人们对此很反感，很多人弃他而去，期待"他能宣布支持信仰自由"。[55]拉伊庄园阴谋策划者理查德·朗博尔德是阿盖尔的一个盟友，他认为蒙茅斯篡夺国王头衔是一个错误，因为"他应该知道，他最得力的手下都是共和派"。[56]

　　虽然我们不能质疑英格兰西南部（或其他地方）的许多人——特别是下层社会和新教不从国教者——在拥护蒙茅斯时的诚意，但显然，全国范围内对叛乱的支持总体来说是有限的。事实上，当叛乱最终被平息时，全国各地都举行了庆祝活动。这些活动通常受到当地托利党人的鼓励，旨在再次团结民众支持詹姆斯政府，但反过来，当地组织者也在利用詹姆斯继位时迅速高涨的忠君情绪。例如，在得知叛军大败的消息后，约克市长下令鸣钟、燃篝火，"这一举措立即在全市范围内展开，同时还举行了其他类型的欢庆游行"。[57]一些庆祝活动被不满的蒙茅斯支持者打断。7月9日，也就是蒙茅斯被捕的第二天晚上，伦敦的一位"忠诚的乡绅"在自家门外的篝火旁"为国王的健康干杯"时，遭到了"六个残暴恶棍"的袭击，但他很快被"一些好心的乡绅"给救了出来。[58]10日，在赫特福德郡的希钦镇，由镇当局赞助的篝火庆祝活动，被一群蒙茅斯的支持者扰乱了。尽管如此，忠君者如此之多，蒙茅斯的人不得不等到为首的居民们回家睡觉，然后"袭击了我们镇上最优秀的人的儿子，并将他们击倒，因为他们在市场上举杯庆贺国王陛下的安康"。[59]7月26日（星期日）是庆祝平定叛乱的官方感恩日，可以预见，这一天会有大量的布道，强调不抵抗的义务。[60]第二天举行了各种庆祝活动。莱斯特郡阿什比德拉祖什的居民用"钟声和篝火"庆祝蒙茅斯的失败，"人们频频为了王室成员的健康而举杯，喝得酩酊大醉"。莱斯特市政法人则举办了一场奢华的鹿肉盛宴，鹿肉由亨廷登伯爵提供。[61]在苏格兰，国王宣布 7 月 23 日（在爱丁堡教区）和 7 月 30 日（在其他地方）为平定蒙茅斯和阿盖尔叛乱的官方感恩日，敦促人们自由地"表达欢乐和喜悦"。在爱丁堡，这一天的庆祝活动是"上午布道，下午鸣钟、放炮和点燃篝火"。[62]

阿盖尔和蒙茅斯的失败证实了 1685 年之前辉格党还无法对詹姆斯政权构成有效的挑战。叛军被击败后，政府迅速采取措施，确保今后这些地区不会出现类似的暴乱。1681 年，阿盖尔被判死刑，6 月 30 日在爱丁堡处决。断头台上的他依然不思悔改，祈祷上帝"将和平与真理送到这些王国，愿福音之光照耀，抵御渎教、无神论、迷信、天主教和迫害"，并且"他们永远不要寄希望于王室成员会成为真正的、古老的、使徒的、大公的新教信仰捍卫者"。[63] 他的尸体被抬离断头台时，发生了一场混战，这暗示着这位伯爵在苏格兰首都的下层民众中不乏同情者。因此，当一个天主教妇女开始辱骂说，"希望能用他的[阿盖尔]心脏的血液洗手"时，其他几个妇女抓住她，把她拖到一个安静的地方，"狠狠地揍了一顿"，"撕扯她的衣服"，"抢走她的十字架和念珠"。[64] 与阿盖尔结盟的两名拉伊庄园阴谋策划者也被处决：理查德·朗博尔德于 6 月 26 日在爱丁堡，约翰·艾洛夫于 10 月 30 日在伦敦。朗博尔德在逃避逮捕的过程中受了重伤，在被处决的那天，他的身体"非常虚弱"，两名执法人员不得不将他扶上刑台，并且在他发表遗言时，继续扶着他。他到死都在为政府契约论辩护。他否认自己"反君主制"，并抗议说，他一直认为"君主政体是最好的，但应得到公正的实行"。他的意思是"我们的古老法律所规定的君主政体就是这样，即一个国王和一个合法自由的议会"。但国王和人民"彼此立约"，国王"有足够的权力成就自己的伟大"，"人民也有同样富足的财产来实现幸福"。因此，他认为，"对于有理智的人来说，立约的一方违反了所有的条件，却让另一方依然必须履行他们的义务，是荒谬的"。他最后谴责时人被"蛊惑"和"蒙骗"，因为"天主教和奴役"正"支配着他们"，他们却"没有察觉到"。[65]
在7月底提交给苏格兰枢密院的292名苏格兰叛军嫌疑人中，177
人被判送往新泽西，其中49人将被"斩首"；另有26人被关押在
监狱或移交给法官，40人被释放。[66] 在戈登公爵和阿瑟尔侯爵的指
挥下，政府军在阿盖尔郡对坎贝尔部族实施了一些暴行：处死了22
名或23名在得到保护承诺后投降的人，把因弗雷里周围的乡村夷为
平地，同时试图通过拆毁房屋、毁坏果树、焚烧渔网来破坏当地经济。
然而，这样的行动没有得到官方批准，阿瑟尔因此被剥夺了他的郡
最高军事长官之职。[67]

最猛烈的报复发生在英格兰。[68] 塞奇莫尔战役后，大约100名
蒙茅斯叛军被国王的士兵草率处决。另有1300人被俘。蒙茅斯本人
逃离战场，三天后被发现藏匿在一条沟渠中，7月15日被带到伦敦
斩首。尽管收受了丰厚的报酬，刽子手还是在断头台上虐杀了蒙茅斯。
他用斧头砍了五下，才把蒙茅斯的头从身体上砍下来；据说，在砍第
一下后，有人看到蒙茅斯痛苦地抬起了头，而据伊夫林说，围观的人
群非常愤怒，如果没有重兵把守，他们会把刽子手"撕成碎片"。[69]
塞奇莫尔战役后不久，首席大法官杰弗里斯和其他四名法官受命组
成一个听审裁决（oyer and terminer）特别委员会，负责处置西南
部监狱里的所有囚犯，但该委员会直到8月26日才开始工作，因为
杰弗里斯受到肾结石的痛苦折磨。炎炎夏日，一些叛军被塞进了西
南部条件极其恶劣的小监狱里，在杰弗里斯臭名昭著的"血腥审判"
开始之前，他们就已经死于监狱热病或战伤感染。绝大多数受审者
被判有罪并处以死刑，但最后只有大约250人被处决，850人被改
判为流放到西印度群岛，劳改10年。其余的人或死于监狱，或在
之后得到赦免。几十名蒙茅斯叛军逃往欧洲大陆，主要是低地国家，
其中就有罗伯特·弗格森。虽然死刑执行率看起来很低，但在如此
短的时间内屠杀这么多的人，而且将他们车裂的遗体陈列在公众面

前，这给西南部留下了深深的伤痛。9 月 7 日，本来约有 29 人被指定在多切斯特处死，但是从伦敦派来的两名刽子手——杰克·凯奇和帕夏·罗萨——抗议说，他们无法在一天内吊死和肢解那么多人；最后，他们设法处决了 13 人。杰弗里斯为自己的行为辩护说，"辉格党"必须"得到法律最大的制裁"。然而，首席大法官爱德华·赫伯特爵士认为，在反控中存在着阶级偏见，"绞死的只是穷人和可怜人，更多的人逃脱了"。[70]

政府还利用这个机会追捕了一些被指控的拉伊庄园阴谋策划者，依据的是被抓获的蒙茅斯叛军提供的新信息，这些叛军急于提供证据，以保住自己的性命。亨利·科尼什和查尔斯·贝特曼都因在 1683 年密谋杀害查理二世而被处决：前者是伦敦的郡长，1680—1681 年辉格党陪审团的成员就是由他安排的，而在王位排斥危机期间，这些陪审团拯救了许多政府的宗教和政治敌人，使他们免受法律打击；后者是已故沙夫茨伯里伯爵的外科医生。另一名拉伊庄园阴谋的参与者约翰·汉普登在认罪后被判犯有类似罪行，但他的死刑被改判为 6000 英镑的罚款。此外，两位著名的女殉道者——艾丽丝·莱尔夫人和伊丽莎白·冈特——因窝藏和协助所谓的蒙茅斯叛军而受到惩罚：9 月 2 日，莱尔在温彻斯特被斩首；10 月 23 日，冈特死在伦敦的火刑柱上。据报道，冈特夫人被送上刑场时，曾拿起其中一根柴火"吻了一下"，说"不管死在火中还是死于床上，对她来说都无关紧要"。她一直辩称自己没有犯下叛国罪，她只是向她认为需要帮助的叛军的妻子和孩子们施舍了一些东西，他们来找她时，已经"因缺衣少食而奄奄一息"。冈特是英格兰最后一个因叛国罪而被处决的女人。不像其他人被更为人道地绞死，她是被活活烧死的。[71]

叛乱失败后，在英格兰可以找到对蒙茅斯的零星支持。就在蒙茅斯被处决前不久，约克郡的一名男子为蒙茅斯跟他的叔叔争夺王位的权利进行了辩护，并补充说，"公爵失去他的权利是一件遗憾的事"。[72] 行刑后不久，就有传言说蒙茅斯并不是真死。最早的此类报告可追溯到 1685 年 8 月。[73] 第二年 2 月，莱姆里吉斯的一名农民言之凿凿地说"蒙茅斯并没有死"，是"一个留胡子的老人""代替他"受的死，并预测"我们会在这里看到其他方式的起义"。[74] 这种情绪并非只在西南部才有。例如，据称 1685 年 10 月 24 日有一名当地客栈老板在伊利集市宣布蒙茅斯仍然活着。[75] 在约克郡，似乎也有人支持蒙茅斯。1686 年 10 月，斯卡伯勒附近一位名叫亚历山大·克兰斯顿的男子证实"蒙茅斯公爵还活着，他可以在晚上之前去见他"，一个叫怀特上校的人替他上了断头台——并补充说"他希望蒙茅斯在两年内戴上英格兰的王冠"[76]；1687 年 3 月约克的巡回法庭上，一名苏格兰人因提出同样的说法被罚款 500 英镑，并被处以颈手枷刑[77]；1687 年 4 月，北赖丁的一个铁匠发誓公爵还健康地活着，并声称他"种了燕麦给蒙茅斯的马吃"[78]。1687 年 8 月，一位到德比郡的访客证实自己亲眼看见蒙茅斯被处决，这才使那里的异见者打消了蒙茅斯可能还活着的念头。[79] 1688 年初，布里斯托尔的一名外科医生报告说蒙茅斯将于 1689 年 5 月 15 日带着 4 万爱尔兰人登陆康沃尔，还有来自普利茅斯的 4 万人将加入，来自荷兰的 7000 人将登陆威尔士，另外来自韦茅斯的 5000 人、来自瑞典和波希米亚的 4 万人将在多佛尔登陆——他说他是从一个曾在蒙茅斯麾下作战的人那儿听说的。[80] 这些数字是天文数字，但其夸张的规模也许恰恰揭示了 1688 年初詹姆斯二世统治下的一些人是多么绝望。同年 7 月，有一个人在林肯郡被判刑，因为他散布谣言说蒙茅斯还活着，"不久将出现在英格兰"。当局大为震惊，决定在斯伯丁镇对这名怀着痴心妄想的男子进行公开鞭刑。[81] 当然，到 1688 年 7 月，詹姆斯国王的一个侄子 / 外甥将很快到达英格兰的预言是正确的；不过不是詹姆斯哥哥的儿子，而是他姐姐的儿子。

英格兰政府担心顽固的极端分子可能会以蒙茅斯的名义发动进一步的叛乱。1686 年春，政府间谍获悉一份报告，称一位年轻乡绅冒充蒙茅斯的长子，与流亡到低地国家的政治异见人士勾结。[82]5 月，一位线人透露，萨默塞特郡伊尔切斯特监狱的一个女囚有两个兄弟参加过蒙茅斯叛乱，她吹嘘说在仲夏之前会有第二次叛乱，蒙茅斯正"穿着女装在布里斯托尔和萨默塞特郡"活动，他在那里的朋友和代理人正"忙着找人捐款来协助他"。7 月，有情报称，一个叫玛丽·米德的汤顿妇女出现在南华克的一所房子里，她认为蒙茅斯就藏在那里，她拿着"一面红蓝色绸缎的旗帜"，想让公爵看看。次年 2 月，更多的情报将玛丽的名字与一个叫塔比瑟·史密斯的牛津妇女联系起来，后者是个手套贩卖商，参与了一场全国性的阴谋，从伦敦、布里斯托尔、伍斯特和兰开夏等地为第二次叛乱筹集资金。塔比瑟预言蒙茅斯将在第二年夏天发动另一场叛乱，四万大军将由豪恩斯洛·希思率领。[83]1686 年 10 月，一个自称蒙茅斯的人确实被发现藏在离伦敦大约 10 英里（比汉普斯特德稍远一点）的一所房子里，尽管身边"没有有地位或财产的人"，只有"卖苹果的女人、杂耍者之流"。政府并没有把他放在眼里，因为政府不是以叛国罪而只是以重罪起诉这位冒名者，即便如此，定罪也足以使他从监狱被鞭打到泰伯恩行刑场，并获得长时间的颈手枷刑。[84]

尽管可以用怀疑的态度对待这些再次密谋的传言，但蒙茅斯的一些支持者还在给当局制造麻烦，尤其是在西南部地区。首先，是逃亡的叛军。1685 年 12 月初，有消息称，约有两三百名西南地区的叛军（自蒙茅斯战败后就一直躲在树林里）突袭莱姆里吉斯附近的查德镇；两连骑兵被派去对付他们，蒙茅斯的人很快就消失在树林里了。新年的头几个月里，根据不断收到的报告，西南部仍有"小股"武装叛乱分子抢夺贵族的牲畜，并偶尔与当地驻军发生冲突，然后消失在洞穴和森林中。实际上，这些蒙茅斯的手下不过是害怕回到市民生活中会受到法律惩罚——正如同时代人所说的，他们是寻找食物的"流浪汉"或"匪贼"——而非不屈不挠的起义者，试图维持蒙茅斯为之献身的事业（尽管在 1685 年 12 月底有报告称，他们在报复行动中杀死了负责在汤顿处决叛军的刽子手）。1686 年 3 月 10 日，詹姆斯决定给予皇家赦免，这在很大程度上解决了这个问题。[85] 然而，在叛乱期间采取不同立场的社群之间的紧张关系显然仍然存在。1687 年晚春，萨默塞特郡北部发生了两场骚乱，一方是来自伯纳姆的蒙茅斯支持者，另一方是邻近的亨茨皮尔堂区的居民，他们在叛乱期间一直忠心耿耿，并协助抓获了伯纳姆叛军中的几名成员。第一场发生在 5 月 23 日，在伯纳姆的狂欢日，当地一位名叫史蒂芬·莱德的人，也曾加入蒙茅斯的叛军，与一位亨茨皮尔人对峙，因为后者"加入了国王的军队"。莱德宣称"他支持蒙茅斯公爵"，并叫来伯纳姆人和周围地区的一些人"组成一支特殊的队伍"来反对亨茨皮尔人，挑衅着叫他们为"天主教流氓"。6 月 29 日发生在亨茨皮尔集市上的事件更为严重。大约 100 名伯纳姆人来到亨茨皮尔，带着一条血淋淋的手帕，说这是蒙茅斯的旗帜，并唱着支持蒙茅斯的歌曲，称"时代很快就要改变，蒙茅斯每天都会出现在他们中间"。他们向亨茨皮尔人扑去，说他们"要看看那些支持国王的天主教流氓现在能做些什么"，并夸口说"现在荷兰已经征服了法国"。[86]

　　最后这句话带有双重讽刺意味。一年半后，荷兰确实将征服法国，因为奥兰治的威廉的成功入侵，将推翻詹姆斯二世的天主教政权，并使英格兰加入反对法国国王路易十四的欧洲联盟。然而，詹姆斯的政权之所以无法抵御威廉的挑战，与激进的辉格党活动并无多大关系。更确切地说，这很大程度上是因为詹姆斯疏远了 1685 年支持他的人，而正是这些人支持他继位并保护他免受蒙茅斯的威胁。

为了理解这种疏远的原因，我们需要回到詹姆斯的捍卫者们此时用来表达他们忠诚的语言。正如本章和前一章明确指出的，效忠者期望新的天主教国王保护他们的教会免受天主教和新教不从国教者的双重威胁。詹姆斯在 1685 年 8 月访问温莎市政法人时得到了明确的提示。记录法官发表了很直率的演说，他向"陛下尽一切可能保证"，市政法人的成员"将用自己的生命和财富支持他，捍卫陛下至高无上的地位，反对天主教徒和长老会教徒"。[87] 查尔斯·阿莱斯特里在庆祝蒙茅斯叛乱失败的感恩日当天在牛津大学的布道中，为我们提供了了解效忠者心态的宝贵洞见。阿莱斯特里表示，叛军声称他们的目的是捍卫真正的宗教，但事实上，"我们的宗教丝毫没有被侵犯或者从我们手中被夺走的危险"。英格兰臣民不仅"自由行圣礼，遵从所有未受玷污的神的条例，来帮助我们的虔诚"，而且"我们的国王承诺继续让我们享有这些属灵的权利"，这位国王"从未因违背诺言而遭到指责、惹上丑闻"。此外，阿莱斯特里认为，詹姆斯政府的前半年明确表示，这位天主教国王打算继续信守他在入主时所做的承诺，即"维护依法确立的教会和国家政府"。因为"所有由国王处置的空缺职位"都"精心地"被"有学识、有能力，并支持我们的宗教的人填补，他们对宗教有极大的热情和偏爱，他们的世俗利益与维护宗教密不可分"。[88]

问题是，在统治初年的最后几个月里，詹姆斯显然不打算继续信守他维护依法确立的教会和国家政府的承诺，而且他愿意提拔那些没有效忠国教的人担任权威职位。结果，忠君的条件很快就开始显现。因为国王的三个王国背景各不相同，它们需要依次讲述。本章的其余部分将集中讨论 1685 年下半年英格兰的局势。接下来的两章将讨论爱尔兰和苏格兰的进展。

英格兰的忠君条件

　　妥当安排的王室活动也表现出了公众对国王的支持。例如，9月 18 日王室对温彻斯特的访问，不仅为市政当局提供了一个展示尊重和忠诚的机会，而且据报道，当地居民跟随詹姆斯的马车穿过全城，"不断地欢呼上帝保佑国王"。[89]9 月 25 日王后生日的宫廷庆祝活动"在温莎引起了极大的狂欢"，伦敦也举行了篝火庆祝活动，[90]而到了 10 月 14 日，也即詹姆斯本人的生日这天，在首都和几个外省中心都举行了"欢乐的公众游行"。尤其是伦敦的德鲁里巷，举办了"一场巨大的篝火"，当地人为新教不从国教神职人员理查德·巴克斯特、罗伯特·弗格森和斯蒂芬·洛布以及教皇党阴谋告密者泰特斯·奥茨制作了肖像。奥茨站在刑台上，肩上贴着"伪证和伪造"的字样。毫无疑问，詹姆斯的生日庆祝活动受到了上面的鼓励。伦敦市长下令点燃篝火，而堂区俗人执事的账目显示，一些堂区"在指示下"支付了篝火的费用。同样，诺里奇的治安法官下令"夜间在全城燃起篝火"，而在泰恩河畔纽卡斯尔，市长安排在集市上竖起一个高高的焦油桶金字塔，顶部固定着一个绞刑架，上面悬挂着印有"协会"和"排斥法案"字样的布条，被普通刽子手烧毁。然而，也有更为自发的庆祝活动。在伦敦，据称"数名青年在史密斯菲尔德或附近生篝火"，其中一处还发生了激烈的混战，因为敌对人群试图"拿走生火的木材"，一名忠君人士头部受到致命一击。在泰恩河畔纽卡斯尔，除了集市上的盛大庆祝外，据说街上"到处都是篝火"。[91]

　　与此同时，政府尽其所能地防止公众表达对政权的敌意。在伦敦，政府发布禁令，禁止在 11 月 5 日火药阴谋纪念日生篝火。这项禁令并非完全成功。罗杰·莫里斯注意到，在霍尔本有四处或更多的篝火，在布莱德街有六七处，在克里普门和其他一些地方也有几处，而威斯敏斯特的一个裁缝在斯鲁格巷燃起篝火，引起了骚动，惹上了麻烦。在一些地方，没有篝火，而是把几个大木桶叠在一起，上面插着点燃的蜡烛。然而，总的来说，伦敦人仅限于用蜡烛照亮他们的窗户。[92] 虽然不是很普遍，但在英格兰的其他地方肯定也有类似的一幕。为纪念 11 月 5 日，格洛斯特郡的普雷斯特伯里举行了一场由当地堂区俗人执事赞助的大型篝火。[93] 作为回应，枢密院于 11 月 6 日发布命令，未经国王特别许可，禁止在任何仪式上生篝火。[94] 这使得一名伦敦妇女诅咒"国王和他的天主教"，抱怨"自从这样的天主教走狗统治这片土地以来，我们没过一天好日子"，[95] 但禁令还是有效的，11 月 17 日，也即 1558 年伊丽莎白女王登基周年纪念日这一天，特别平静。

　　然而，越来越多的不满情绪开始显现，制造不满的主要源头是军队。为了应对蒙茅斯的挑战，詹姆斯大幅扩大了常备军的规模，从查理二世那里继承的 8565 人增加到 12 月底的 19778 人，而民兵在应对叛乱方面的无能，也迫使他下定决心保留这支军队。[96] 不同的兵团驻扎在全国各地，这让当地居民十分不满。对一个伯克郡人来说，"国王所有的士兵"都是"流氓"。[97] 白金汉郡艾尔斯伯里的居民对驻扎在他们镇上的军队深感不安，并请求国王将他们撤走，尽管最严重的暴行似乎也仅仅是一名士兵杀死了属于乡下人的家禽。[98] 8 月中旬，当诺福克公爵的军团在城市东部设营时，有报道称他们不仅"尽一切所能偷鸡摸狗"，而且对当地的户主"暴虐异常"，还威胁要强奸他们的妻子。年底，在诺福克郡大雅茅斯，一个叫哈里·弗莱明的人和他的兄弟因辱骂驻扎在那里的士兵，称他们为"奸诈的恶棍"和"流氓"而被捕，结果有超过 200 人聚集起来试图营救他们；直到卫兵威胁要开枪时，他们才被驱散——这种措施很有效，但不太可能使士兵们受到当地居民的欢迎。[99] 政府收到了许多关于驻扎在全国各地的士兵的投诉，詹姆斯不得不在 8 月 25 日发表一项声明，命令部队都应支付其食宿费，不得使用暴力，不得在任何私人住宅中驻扎。[100]

　　除了扩大军队规模之外，詹姆斯还向罗马天主教徒委以重任，这直接违反了 1673 年的《忠诚宣誓法》，该法要求王室官员都必须参加英格兰国教会圣礼。1680 年 11 月在上议院，哈利法克斯是最激烈反对王位排斥法案的贵族，而现在，他在枢密院对王室的举措提出了挑战；詹姆斯的回应是解除其枢密院议长的职务，任命桑德兰伯爵接替。哈利法克斯的四名支持者——奥蒙德公爵、布里奇沃特伯爵、福尔肯布里奇子爵和伦敦的康普顿主教——拒绝出席枢密院会议，认为国王不会欢迎他们。阿尔伯马尔公爵和德文郡伯爵、多佛尔伯爵、萨尼特伯爵辞去他们的军队职务——阿尔伯马尔是为了抗议费弗沙姆（名义上是新教徒）继续担任总司令，其他人则是为了抗议对天主教徒的委任。[101]

　　11 月 9 日，议会重新开会时，就军队问题爆发了一场严重的对抗。詹姆斯在开幕致辞中直言不讳，带着一种咄咄逼人的自信。他表示，蒙茅斯叛乱暴露了民兵的不足，"只有一支纪律严明、薪酬稳定的优秀部队"才能保卫国家不受国内外敌人的侵害。因此，他要求议会给他钱维持这支规模翻倍的军队，并平静地宣布他给天主教徒的委任违反了《忠诚宣誓法》，但他认为所有人都不应该对此有异议。[102]这番讲话在以托利党为主的议会中激起了轩然大波。上议院就下议院是否应该投票递交致答辞进行了激烈的辩论；除非哈利法克斯干预，否则詹姆斯的支持者不可能赢得胜利，而哈利法克斯则讽刺地说："他们现在比以往任何时候都更有理由感谢国王陛下，因为他对他们的态度如此坦率，大家都知道他将要干什么。"[103]

　　12 日，下议院对国王的致辞进行了辩论。有一些议员准备为国王辩护，但许多托利党人极其忧虑詹姆斯免除《忠诚宣誓法》的举动会威胁到法治。托马斯·克拉吉斯爵士是一位曾在王位排斥议会任职的托利党—国教会坚定分子，他回忆称辉格党曾预测天主教继任者将"拥有一支天主教军队",并解释说自己反对"王位排斥法案"的理由是,他相信《忠诚宣誓法》的存在将确保天主教徒"不可能有担任公职的机会"。爱德华·西摩尔是查理二世统治时期另一位直言不讳地反对"王位排斥法案"的人,他承认民兵存在问题,但他表示他宁愿付出双倍的钱来改进民兵,也不愿意花一半的钱来增加"他没法不怕的"常备军,并列举出自蒙茅斯叛乱被镇压以来,常备军犯下的暴行。至于雇用没有按照《忠诚宣誓法》宣誓的军官,西摩尔表示,这是"一次性废除所有法律",而满足拨款的要求就相当于"通过议会立法建立军队"。11月16日,下议院向国王呈递了一份致答辞,坚称那些没有按照《忠诚宣誓法》宣誓的军官"依法不能受雇",这种禁止"只能通过议会立法解除"。詹姆斯勃然大怒,他在18日的正式回复中表示,他"没想到下议院会呈递这样的致答辞"。托马斯·沃顿勋爵立即动议下议院腾出下周五(20号)来审议该如何回复国王。来自德比郡的托利党议员约翰·柯克附议了这项动议,并补充道:"我希望大家身为英格兰人,不要被几句呵斥就吓倒,从而放弃我们的职责。"柯克试图否认自己说过这样的话,其他议员也证实了他的忠诚,但在普雷斯顿子爵的抗议之后,柯克还是被关进了伦敦塔。事实证明,柯克的话很有预见性;在詹姆斯二世统治期间,许多忠诚的托利党-国教会成员不会允许自己因为受到天主教国王的吓唬,就放弃他们认为自己应尽的职责。[104]

当下议院于17日开始讨论拨款问题时,激烈的辩论又开始了。财政大臣约翰·恩利爵士建议的金额为120万英镑。然而,其他人投票支持的金额要低得多:代表汉普郡的下议员坎普登子爵(他在革命后会拒绝宣誓效忠于新政权)只提议20万英镑。克拉吉斯支持"现在给予少量,下次有机会给予更多",暗示需要让国王在财政上依赖议会。代表索尔兹伯里的下议员约翰·温德姆是一名坚定的高教会派,他表示自己"支持最小的数目",因为这样一来国王就会尽快放弃"常备军"，他"确信这个国家已经厌倦了士兵，厌倦了免费提供食宿，厌倦了被掠夺，也厌倦了重刑犯"。代表贝德福德的下议员托马斯·克里斯蒂和另一位托利党－国教会下议员担心常备军对自由构成威胁，他说，"我们对我们的国家负有责任"，"得给我们的后代留下尽可能多的自由和财产"，而事实上，军队中有军官没有按照《忠诚宣誓法》宣誓，他继续表示，"这极大地挫伤了我对它的热情"。经过一系列势均力敌的投票，下议院同意了 70 万英镑的折中方案。[105]

詹姆斯也面临着上议院的反对，在下议院的示范下，德文郡伯爵于 11 月 19 日提出动议，要求上议院重新审议国王的致辞。克拉伦登和杰弗里斯试图阻止，理由是他们已经投票表示感谢，在这样的情况下继续讨论国王的致辞是不合适的，但最终动议未经分组表决便获得通过。尽管德文郡伯爵是一个辉格党人，曾投票支持"王位排斥法案"，与他一派的还有其他带辉格党倾向的上议员，如安格尔西和莫当特，但在随后的辩论中，值得注意的是来自托利党－国教会利益集团代表的批评。1680 年，伦敦的康普顿主教曾在上议院以长篇发言反对"王位排斥法案"，而现在他警告说，如果违反反对天主教的法律，将对国家的政治和宗教宪制构成威胁，并称自己代表了整个主教席的观点。作为一个坚定的托利党－国教会成员，诺丁汉伯爵和哈利法克斯一起，也公开谴责国王的致辞。从现存的辩论记录来看，并不总是能够将某个具体的言论归于某个特定的上议员。然而，很明显的是，他们都强调，即使要拂国王的情面，也要遵守法律。因此，他们坚信"《忠诚宣誓法》现在是他们为自己的宗教所做的最好的防御"，而且"如果国王凭借他的权力就可以撤销法律，那法律就成了一纸空文。王权也将变得专制而绝对"。正如一位上议员所说，"国王对他们的宗教所做的承诺不足以信赖"。上议院还担心国际局势，以及西欧新教徒的安全所面临的威胁，因为现在英吉利海峡两岸都有天主教国王。一位上议员认为，"法国国王本不敢如此虐待他的新教臣民"——暗指路易十四新近撤销了 1598 年《南特敕令》中对法国新教徒（或称胡格诺派）的宽容政策——"如果不是因为他看到英格兰有一位天主教国王，这位国王不会对他的作为感到愤怒"。[106]

　　詹姆斯出席了上议院的辩论，此时的他已经受够了。11 月 20 日，他宣布议会休会，这样一来，连下议院同意的 70 万英镑的拨款他也失去了。他再也没有在英格兰召开议会。然后他解雇了那些令他不快的人，包括军队中投票反对他的新教军官，伦敦的康普顿主教也被他从枢密院中除名。[107] 这暴露了他根深蒂固的独断个性，无法容忍一个不支持他想做的事情的人。在政治上，这是很幼稚的。据说，伦敦城的富人"非常不满"，以至于贸易变得"死气沉沉，因为那里的富商权贵，对现任政府忧心忡忡，他们攥紧自己的钱，不让它们在贸易中流通，也不在乎一时利益受损"。[108] 或许更重要的是，新教不从国教者和英格兰国教会之间出现了和解的迹象。因此，据悉到 1685 年 12 月，在伦敦，辉格党和托利党这两个词"完全被放到一边，现在只讨论是新教徒还是天主教徒"，而且"狂热分子"比以前更顺从"英格兰国教会，因为他们在这次考验中似乎表明了立场"，长老会对"主教们的诚实感到高兴，其中的许多人都去和他们进行交谈"。据说，"有头脑的天主教徒因为看到以前相互排挤的人团结在一起，而感到不安"。[109]

　　这种不安是对的。詹姆斯在英格兰、苏格兰和爱尔兰开始了一项雄心勃勃的改革计划，该计划最初给新教徒带来了麻烦，但最终只祸害了斯图亚特王室和天主教利益。詹姆斯究竟是如何帮助三个王国的同教中人（以及他的举措所产生的影响）将是接下来三章的主题。由于爱尔兰和苏格兰的动态对英格兰的舆论产生了影响，我们将从爱尔兰开始，然后转向苏格兰，最后讨论英格兰。

第三章

"不幸的爱尔兰岛"

正因对他们〔爱尔兰天主教徒〕示好，詹姆斯国王才给自己带来了所有的不幸。詹姆斯让他们掌权，并赶走新教徒，为他们腾出地方，其引起的骚动、招致的敌人，多于其他所有的坏政府。

——〔查理·莱斯利〕《对〈新教徒状况〉一书的回应》

（1692 年）

滚出我们的国家！

——爱尔兰人亨利·奥哈根对苏格兰人安德鲁·约翰斯顿说

（1685 年 6 月 10 日）[1]

在组成不列颠群岛的三个王国中，爱尔兰给查理二世带来的麻烦最小。但这并不是说它完全没有麻烦。复辟后的爱尔兰王国情况并不好，宗教和经济关系依然紧张，最具争议的是土地安排问题，许多天主教徒觉得他们在 17 世纪四五十年代被错误地剥夺了地产，却无法收回。不过在查理二世统治期间，一种尽管有点脆弱但切实可行的平衡已经实现：新教徒的优势地位得以维持，但针对天主教徒的刑罚法并未得到严格执行；爱尔兰的人口从内战、瘟疫和饥荒的破坏中恢复过来；经济开始复苏。[2] 在苏格兰，宗教关系紧张，加上迫害政策，导致了 1666 年和 1679 年的两次叛乱。英格兰则在 1670 年代末出现了对君主制的严重挑战，1680 年代初（与不满的苏格兰一起）又出现了颇具威胁的叛乱，并且在 1685 年确实发生了反对天主教徒继承王位的起义（再次与边境以北的叛乱呼应）。与之相比，尽管在王位排斥危机期间，对爱尔兰局势的看法也对英格兰产生了影响，但爱尔兰国内几乎没有明显反对查理二世政府的迹象。同样，尽管拉伊庄园阴谋中也有来自爱尔兰方面的因素，但苏格兰和英格兰的反叛者发现，很难在爱尔兰激起对斯图亚特王朝的积极抵抗。此外，1685 年的爱尔兰并没有发生叛乱。

然而，在詹姆斯二世统治下，爱尔兰将急剧地陷入动荡。一位新教作家在 1690 年撰文指出，这是因为詹姆斯一登上国王宝座，"就把全部精力放在确立他亲爱的双胞胎——天主教和奴役上"，并认定"爱尔兰应该是此后一系列悲剧的首发现场"。[3] 但事实上，对詹姆斯来说，爱尔兰的重要性远远不及英格兰或苏格兰。他当然想帮助他在西部王国的同教中人，但他很清楚，速战速决的方式会让英格兰人惊慌，并破坏他在英格兰为天主教徒确立宗教和政治自由的机会。此外，任何对爱尔兰新教优势阶层的打击都会直接影响贸易，从而减少王室收入，因为爱尔兰三分之二的收入来自关税和货物税。

然而，詹姆斯在宫廷中确实被爱尔兰人的利益所左右，尤其是他三十年的老友理查德·塔尔博特，一位老英格兰人血统的本地天主教徒。1649 年，当奥利弗·克伦威尔围攻德罗赫达镇并命令他的军队绝不让步时，十九岁的塔尔博特就在德罗赫达镇的王党驻军中；塔尔博特本人"身负重伤，被当作死人，在被杀者中间躺了三天"，最后设法逃脱。作为 1650 年代领导共和国的那个人的仇敌，他曾于 1655 年参与了暗杀克伦威尔的阴谋；英格兰当局将其逮捕后加以酷刑威胁，但他再次设法逃脱。1656 年秋，他前往西属荷兰，在那里遇到了未来的詹姆斯二世，并升任约克公爵的侍寝官。两人很快就建立起了后来持续一生的友谊，塔尔博特比公爵大三岁，显然是这段关系中占主导的一方。1660 年，塔尔博特随公爵回到英格兰，在放荡的复辟宫廷中，他负责协助詹姆斯进行各种各样的私通，这导致麦考莱将塔尔博特称为公爵的"首席老鸨"（chief pandar）。曾在查理二世和威廉三世时期担任皇家牧师的辉格史学家吉尔伯特·伯内特将塔尔博特描述为"一个非常狡猾的人，同时掌握了他主人的快乐和信仰的奥秘"。塔尔博特猛烈抨击复辟时期爱尔兰的土地方案以及查理二世的爱尔兰总督第一代奥蒙德公爵（他将 1662 年《平定法》和 1665 年《解释法》给爱尔兰天主教徒带来的不利影响归咎于奥蒙德）。他成为被剥夺土地权益的天主教徒的代言人，但他也通过接受前爱尔兰土地所有者的贿赂，帮助他们重获被没收的土地，从而让自己发了财。1678 年，塔尔博特被泰特斯·奥茨指控参与了反对查理二世的教皇党阴谋，在监狱里待了一段时间，之后于 1679 年 7 月以健康状况不佳为由获得保释，并获准前往巴黎疗养。1683 年，他回到爱尔兰，在经历了王位排斥运动的失败和随后的托利党反扑之后，此时的政治气候已发生巨大变化。詹姆斯继位后，自然地向塔尔博特咨询爱尔兰事务。1685 年 2 月詹姆斯召回奥蒙德并把奥蒙德的旧部队交给塔尔博特时，塔尔博特一定有复仇的快感。1685 年 6 月，塔尔博特获得了与他渴望的政治影响力相匹配的必要社会地位，他被提升为贵族，头衔为塔尔博茨敦男爵、巴尔廷格拉斯子爵和蒂康奈尔伯爵。在詹姆斯二世治下，蒂康奈尔成为爱尔兰政策制定的主导者，立即接管了军事事务，并最终在 1687 年 1 月晋升为代总督。他的野心是恢复信奉天主教的老英格兰人的财富、政治和军事权力，最终目标是打破复辟时期的土地安排或至少进行重大的调整。由于詹姆斯登基时只比查理二世小三岁，而且还没有天主教继承人，蒂康奈尔认为有必要迅速采取行动，以便在詹姆斯去世时，爱尔兰的天主教徒能够捍卫自己的利益，并在必要时推翻英格兰的统治。[4] 随着 1690 年 7 月他在博因河战役中被奥兰治的威廉击败，这项计划也就功败垂成。

如果说蒂康奈尔对詹姆斯二世治下爱尔兰局势的恶化负有责任，那么，詹姆斯本人也必须承担责任，因为是他允许蒂康奈尔采取那些不成熟的措施。然而，在解释 1685 年后爱尔兰政治的迅速动荡时，不能过分强调个人的作用。爱尔兰存在严重的结构问题，被压抑的怨恨、恐惧和不安全感随着一位天主教国王的继位而达到顶峰。因此，与其说詹姆斯二世的统治造成了爱尔兰的不稳定，不如说是查理二世时期那些让爱尔兰不稳定的因素还不太明显有力。新教徒和天主教徒之间的紧张关系显然是冲突的根本原因，但重要的是我们要认识到，在爱尔兰，人们的观点从来不会简单地沿着新教和天主教之间的界线分裂。新教和天主教团体内部本来就存在着分歧：爱尔兰国教会和各种新教不从国教者之间关系紧张，比如同属新教的长老会教徒和公谊会教徒之间，同样信仰天主教的老英格兰人和爱尔兰当地人之间；甚至，并非所有信仰天主教的老英格兰人对蒂康奈尔领导下的事态发展都做出了一致的反应。除了宗教，还有其他造成紧张的因素。其中一个涉及英格兰和爱尔兰两个王国之间关系的性质：爱尔兰究竟是一个被征服的殖民地，还是由英格兰国王统治的独立王国？这是新教徒之间分歧的根源，也是老英格兰人通常与爱尔兰本地人看法不一的问题。法律和宪制问题也有待解决，人民对王室在爱尔兰的权力，以及詹姆斯二世推行的政策在多大程度上违反了法治提出了质疑。最后，但绝非最不重要的，是与贸易、土地等基本经济问题有关的紧张关系，这往往与天主教／新教的分歧一致，但并不总是如此：那些在复辟时期设法夺回土地，或从克伦威尔时期的移民手中购买土地，或在查理二世时期通过交易获得一份可观圣俸的天主教徒，可能会像新教徒一样，对詹姆斯和蒂康奈尔的措施感到担忧。

早期的不稳定迹象

　　1684年末，桑德兰伯爵试图消除他在宫廷中的主要政治对手、财政大臣罗切斯特的影响，因此说服查理二世派罗切斯特去爱尔兰担任总督，以取代年老的奥蒙德。罗切斯特是一名坚定的国教会—王党成员，而查理在任命他时，就下定决心要让这位新任职者维护新教在爱尔兰的利益。因此，他指示罗切斯特"用虔诚正统的教徒"填补职位空缺，并确保军队中的军官和士兵，以及城镇、要塞和城堡的长官都要进行效忠宣誓和最高权威宣誓。[5]詹姆斯登基时，对桑德兰试图将自己的内兄及忠实盟友送到政治荒野感到愤怒，取消了对罗切斯特的任命，而是命令奥蒙德将爱尔兰政府移交给两位摄政官——阿马的博伊尔大主教为大法官，以及格拉纳德伯爵亚瑟·福布斯为陆军元帅——直到选出新的总督。[6]詹姆斯还任命了一个成员都是新教徒的新枢密院，不过，他指示两位摄政官就军队问题咨询蒂康奈尔。蒂康奈尔曾希望能亲自掌管爱尔兰的政府——据称他曾得到桑德兰的承诺，后者当时正忙于通过与天主教徒建立联盟来巩固自己在英格兰宫廷中的地位。然而，眼下，詹姆斯不愿冒险将爱尔兰委托给一个当地的天主教徒，以免疏远英格兰的新教徒，于是他在8月决定任命罗切斯特的哥哥、坚定的国教会—王党成员克拉伦登伯爵为总督。天主教徒们看到政府交到一个对他们毫无帮助的人手中，感到极度失望。克拉伦登最终于1686年1月在爱尔兰上任。[7]

　　这一人事变动立即给爱尔兰的政治带来了波动。在奥蒙德治下，爱尔兰一直掌握在一位熟悉爱尔兰局势的经验丰富的政治家手中：奥蒙德是爱尔兰贵族和地主，他的利益主要集中在爱尔兰，尽管他自己是新教徒，但他带领的是一个以天主教徒为主的老英格兰人家族。相反，克拉伦登对爱尔兰一无所知，而且在他执政的最初几个月里，他经常向国王坦承自己的无知。克拉伦登的地位还因如下事实而进一步受到削弱：詹姆斯在爱尔兰事务上主要依赖蒂康奈尔，但是后者在 1685 年 12 月至 1686 年 12 月的大部分时间里都待在伦敦的宫廷里。克拉伦登有充分的理由认为，在蒂康奈尔的影响下，白厅的决策逐渐使得他在爱尔兰如同傀儡，至少有一次他曾抗议说，"应该向首席总督咨询一下"。[8]1687 年 1 月，当克拉伦登被从爱尔兰的政府召回时，奥蒙德打趣道，他怀疑"他是否真的去过"。[9]

仅仅是一位新君主继承了王位这一事实，就给人们带来了希望：爱尔兰的现状可能终于要得到改善了。从最广泛的层面来看，爱尔兰内部的怨恨主要有两个来源：英格兰的帝国统治（即外国势力的不当控制），以及国教会新教徒在政治、宗教和经济上享有的特权地位。虽然这两者往往是重叠的，因为爱尔兰的天主教徒是帝国关系中最大的输家，但它们也并非总是一致。新教商人尤其憎恨爱尔兰经济从属于英格兰经济的方式。詹姆斯统治下的英格兰议会最早的行动之一就是恢复那些随着查理二世去世而失效的法律。1685 年 6 月，它恢复了《航海法》以禁止爱尔兰与北美种植园进行直接贸易，并颁布其他立法以禁止英格兰进口某些爱尔兰产品，如牛脂和兽皮，正如一位新教记者所报道的，这让"这个国家的商人无比沮丧"。[10]一些商业利益群体发现国内市场太小，无法维持其经济繁荣。例如，正是出于这个原因，都柏林的裁缝和织工在 1686 年向克拉伦登请愿，"请求国王暂停禁止爱尔兰制成品出口到国外种植园的法令"，结果却是不了了之。[11]

然而，新国王是天主教徒这一事实，不可避免地提高了人们的期望（或者反过来说，制造了焦虑），即爱尔兰的权力天平可能会向天主教徒倾斜。查尔斯·奥凯利是一位有老爱尔兰人血统的天主教地主，他在光荣革命后撰文称，天主教徒们对国王寄予厚望，希望他"立即将他们崇拜上帝的圣殿和祭坛归还给他们，并将当地人多年来被不公正地掠夺的财产和地产归还给他们"。[12] 新教牧师威廉·金博士在另一篇回顾性文章中说，在詹姆斯二世继位时，爱尔兰天主教徒"公开和私下宣称"他们很快就会收回自己的地产和教堂，"无论付出什么代价，爱尔兰都必须成为一个天主教国家"，他们会让英格兰人"像刚到爱尔兰时一样可怜"。[13] 一些新教地主在詹姆斯统治之初就惶恐不安。1685 年 8 月，凭借着对这个保护国的贡献而在凯里郡获得大量土地的威廉·佩蒂爵士记录了自己的担忧，他担心有什么事情会"危及土地的安排方案"。[14] 10 月初，当时已返回英格兰的奥蒙德得知，他在基尔肯尼的庄园周边的"爱尔兰罗马天主教徒"被蛊惑着相信，要不是他，"他们的地产早就可以获得赔偿和归还"，而且在神职人员的怂恿下，"暴民"威胁要放火烧掉他的房子和"里面的一切"来泄愤。[15]

这些言论也许更多地出自新教地主的被害妄想（毫无疑问，其中夹杂着罪恶感），而不是他们真的遇到了来自被剥夺财产的天主教徒的暴力威胁。然而，爱尔兰的一些天主教徒确实开始组织起来，以和平的方式施加压力，要求变革。1685 年秋，在蒂康奈尔的支持下，伦斯特省的天主教贵族和乡绅们起草了一封致爱尔兰其他地区的天主教徒同胞的通函，要求他们捐款，以支付派遣代理人到英格兰向王室申诉的费用。伦斯特天主教徒首先抱怨英格兰国教与天主教不可接受的区别，然后表示他们打算要求国王消除爱尔兰臣民的"所有区别印记，允许他们及其后代从事民事和军事工作，并享有市政法人的自由"。通过这种方式，他们希望"忘记仇恨"，"消弭裂痕"。[16] 组织一个有效的天主教压力集团去游说国王的努力一直持续到 1685 年与 1686 年之交的冬天。天主教律师托马斯·纽金特是老英格兰人家庭出身，1 月 11 日，一群被剥夺财产的天主教地主在他位于都柏林的家中举行了一次会议，他们决定派代理人到英格兰向詹姆斯解释（或者更确切地说，提醒他），"有一些土地是法律赋予国王的，他可以很大程度地救济他们，而不必违背《平定法》"。克拉伦登坚持认为，他们有什么不满应该来找他，而詹姆斯本人干脆在 2 月 20 日发出命令，表示他不希望任何旧土地所有者的代理人来到英格兰。讽刺的是，爱尔兰复辟土地安排方案的主要受益者之一是国王本人，作为约克公爵，他在 1660 年代初从弑君者手中获得 16.9431 万英亩土地，从而减少了用于补偿被剥夺者的土地储备。[17] 此外，爱尔兰天主教徒内部显然存在分歧。有些人怀疑派遣天主教徒前往英格兰申诉是不是最佳的行动方式，并拒绝承担任何费用，而那些通过《平定法》与《解释法》收复了原有地产的人，或自复辟以来获得了新土地的人，自然不愿破坏现状。甚至有一份报告说，通过目前的方案获益的"本地人"将联合"向国王陛下进言，让他毋做改变"。[18]

反对土地安排方案的运动也在报刊上展开。1685 年，尼古拉斯·弗伦奇的《论爱尔兰的安排和买卖》再次出版，这本小册子首次出版于 1668 年，对复辟时期的土地安排方案以及爱尔兰如何被腐败的英格兰政府出卖进行了猛烈抨击。同时还出现了《关于爱尔兰利益的十二条质问》，攻击奥蒙德等涉及爱尔兰土地安排方案的人，并抱怨"地球上没有人"受到像爱尔兰人那样的"冷酷无情"的对待。[19] 1686 年 3 月，都柏林海关官员查获了从法国走私进来的各种书籍，包括一本名为《关于 1660 年通过的〈豁免和赦免法〉若干条款和部分的思索》的小册子，以及弗伦奇的《流血的伊菲革涅亚》（1675 年）——该著超越了他之前的那本小册子，将 1641 年的爱尔兰叛乱辩护为防御战争。[20]

　　相比之下，英格兰人（包括在英格兰和爱尔兰的人）把土地安排方案视为"爱尔兰大宪章"，正如 1685 年 11 月一份回应弗伦奇的手稿所写的，它"就像荷兰的拦海大堤一样"阻挡了大规模的野蛮行为和贫穷。该手稿继续写道，爱尔兰人"因最野蛮的叛乱"而丧失了他们的土地，尽管当地人的数量可能是英格兰人的 10 倍多，但"双方叛乱者的人数比例（英格兰比爱尔兰）是 100 比 1"。在这位作者看来，土地安排方案只带来了好处：在不到二十年的时间里，它把因战争和瘟疫而荒凉的爱尔兰变成了一个"富饶、人口众多、幸福的国家"，"把沼泽排干了"，"整个王国上交国王的收入，以及臣民获得的租金是叛乱前的两倍"。[21] 天主教徒对土地安排方案的反对，让爱尔兰的新教土地所有者感到震惊，他们起草了向国王和英格兰议会提出的请愿书，回应了弗伦奇的《论爱尔兰的安排和买卖》和《关于爱尔兰利益的十二条质问》，并要求确认他们对地产的占有，但是 1685 年 11 月 20 日的休会意味着这些请愿书从未被提交。其中一份请愿书来自"老新教徒们"，声称 1641 年，教会和英格兰新教徒在爱尔兰拥有约三分之一的土地，年价值 45 万英镑，但是到了 1653 年，由于内战造成的掠夺，他们的土地价值不到 1641 年的三十分之一，虽然地价自复辟以来有所上升，但在 1685 年，他们的土地价值仅为每年 22 万英镑。另一份请愿书来自"49 人"（1649 年 6 月之前在爱尔兰皇家部队服役的新教徒），声称他们在爱尔兰叛军地产上的投资应得到每英镑 4 先令的补偿，复辟时期归还给天主教徒的土地也应得到补偿，但他们都没有收到。第三份请愿书来自投机者和克伦威尔的士兵（那些因议会在内战中获胜而在爱尔兰获得土地的人），声称制定《平定法》的议会是非法的，错误地剥夺了他们的地产，并补充说，他们认为 1685 年爱尔兰天主教徒的处境比过去五百年间的都要好。[22]

　　詹姆斯在任命克拉伦登为总督时向他保证，自己不会变动爱尔兰的土地安排方案，而是会让"一切照旧"。[23] 国王最担心的是安全问题，以及爱尔兰心怀不满的新教徒是否会选择支持蒙茅斯或阿盖尔。1685 年的叛乱中似乎并没有明显的爱尔兰成分；确实，当叛乱分子最终被消灭时，许多爱尔兰人都深感欣喜。一位都柏林人记录称，蒙茅斯战败的消息让他们"高兴万分"，"尤其是爱尔兰天主教徒"，他们在弗朗西斯街焚烧了蒙茅斯公爵的肖像。[24] 然而，大多数新教徒也很高兴看到叛乱失败。8 月 23 日是官方的感恩日，在许多城镇，包括都柏林、沃特福德和约尔，人们都燃起了篝火。沃特福德甚至给国王呈递了一份忠君献词。[25]

1685 年，爱尔兰的新教徒中确实有一些不满的迹象。政府担心阿尔斯特的新教徒可能会与苏格兰的圣约派联手，甚至担心阿盖尔可能会在爱尔兰北部登陆，但政府迅速向该地区派兵，阿尔斯特仍然保持着忠诚。[26] 在当时和叛乱爆发后不久，在某些地区流传着不满的传言，但背后到底有多少真相就不得而知。大多数传言似乎都是捕风捉影；事实上，政府不得不在 7 月 10 日发布公告，反对传播虚假报道，试图阻止"关于蒙茅斯追随者的诸多故事"的流传。[27] 1685 年夏天，一个叫以赛亚·阿摩司的人提供了一系列证词，指控克朗梅尔市长约翰·汉伯里和前市长斯蒂芬·摩尔（1682 年担任市长时曾反对该市的忠君献词）密谋招募人员"加入阿盖尔和蒙茅斯公爵的队伍"，以确保"没有天主教国王统治"。然而，随后的调查显示，阿摩司与摩尔有个人恩怨，并串通他人提供虚假证据。[28] 蒙茅斯叛乱失败一段时间后，金塞尔的一位叫罗伯特·克拉克的商人写信给驻扎在该镇的部队指挥官，承认他参与了蒙茅斯派的一场阴谋，涉及包括镇长在内的 35 名当地男子。据克拉克说，得知蒙茅斯在英格兰登陆时，他们举行了多次会议，"在会上举杯庆祝蒙茅斯的成功，希望他在他们那里而不是英格兰登陆"，并列出了行动人员的名单，其中一些人将前往英格兰"代表该郡对蒙茅斯提供支持"。不管事情的真相如何，计划最后落空了。克拉克后来否认他写过这些，有人说他疯了；对他进行审查的法官们认为他"与其说是疯子，不如说是无赖"。[29]

1685年秋天及随后的冬天，恶意起诉在爱尔兰成为一种热潮。克拉伦登向桑德兰报告说，"如果一个人因私人原因而与他的邻居置气，他将受到这样的威胁：被指控在四年前或更久以前，当国王还是公爵的时候，说过国王的坏话"。克拉伦登从爱尔兰各地收到了许多轻率的指控，他尽职尽责地进行调查，"大多数人"因此受到了"毫无目的的骚扰"。例如，他揭穿了一个针对米斯郡阿尔德布拉恩堂区长代理约翰·切特伍德的阴谋，该阴谋指控切特伍德犯有叛国罪，因为他在前一年6月曾说过"蒙茅斯公爵与约克公爵一样有权获得王位"，而且他"在上帝的保佑下希望国王的人头能像他父亲的人头一样被砍下来"。显然，这些同谋者筹集了一个"公共基金"，可以"每天付给任何提供叛国罪情报的人20镑半克朗"。一些不法的托利党（即以偷牛为生的爱尔兰土匪）也来到克拉伦登面前，提出如果能得到赦免，他们就会为"蒙茅斯公爵的阴谋提供重大线索"。[30]

虽然爱尔兰本身并没有发生叛乱，但是苏格兰和英格兰的叛乱还是对爱尔兰产生了巨大的影响。根据一位驻爱尔兰的记者的说法，叛乱的消息，以及对蒙茅斯成功后在爱尔兰可能发生的事情的恐惧，导致"英格兰人和爱尔兰人之间产生了许多敌意"。长期以来被英格兰人视为叛乱者的爱尔兰人，现在能够将矛头转向英格兰人。英格兰人试图为自己辩护说，虽然这场叛乱发生在英格兰，但"这只是国王最坏的臣民所为"；然而，爱尔兰人声称，在英格兰和爱尔兰的"所有英格兰人"都"忠于蒙茅斯"。这种"热议"的传播加剧了英格兰人和爱尔兰人之间的不信任，导致他们相互指责对方即将起来对付自己。英格兰流传着这样的报道，说的是在这个国家的不同地方，有许多化缘修士用《以西结书》第9章第5—9节布道，这段经文包含了"要将年老的、年少的,并处女、婴孩和妇女……全都杀尽"的劝告,但似乎修士们并没有宣讲过这样的内容。[31]1685 年6 月 21 日,蒂珀雷里郡博里索坎镇的人被一则谣言震惊,说的是"爱尔兰人即将起事",新教徒"都会被他们割喉"。为了自卫,新教徒决定当晚守夜,手持剑、棍或枪在街上巡逻。另一方面,政府担心的是"不满者的无序而可疑的集会",于是命令法官以"放肆而具煽动性的非法集会"为由起诉新教徒,其中 10 人被判有罪,超过 50人因传谣而被定罪。[32]许多天主教徒相信,如果蒙茅斯和阿盖尔获胜,爱尔兰的克伦威尔余孽都会加入叛军,并"割断我们的喉咙"。[33]

在伦敦德里郡被称为"峡谷"(Glen)或"伦敦森林社会"(Society of London woods)的地区,当地的苏格兰长老会教徒和爱尔兰天主教徒之间的关系尤其紧张。爱尔兰人开始"边喝啤酒边吹嘘",说"英格兰人和新教徒的时代已经过去,他们期待着他们的时代","如果蒙茅斯公爵击败国王,爱尔兰人就会奋起,大肆杀戮"。甚至出现了列出适合携带武器的爱尔兰人的名单,许多爱尔兰人被看到携带着以前从未佩戴过的剑。由于担心爱尔兰人可能会"袭击他们并割断他们的喉咙",苏格兰人决定在夜间保持武装值守。而这些"喧闹的值守"反过来又"吓坏了爱尔兰人",据说,"他们不敢上床睡觉,因为他们听说苏格兰人计划袭击他们"。1685 年 6 月 10日晚发生的一件事揭示了民族对立的深度。当时,一位名叫亨利·奥哈根的爱尔兰人(酒量稍差)与一位苏格兰啤酒店老板搭讪,问"苏格兰人在他们国家干什么",并命令他"滚出我们的国家"。店主抗议说他是在爱尔兰出生的。一位当地的治安法官试图告诉苏格兰人"爱尔兰人在酒桌上的闲话不可信",并让爱尔兰人确信,只能和这些"不列颠人"——他如此称呼苏格兰长老会成员——"和平共处",以免"新教徒和天主教徒联合起来反对他们"。然而,就像在博里索坎发生的事情一样,这一事件凸显了爱尔兰境内不同宗教和民族社群之间的不信任和仇恨程度。[34]

　　由于担心叛乱发生期间的安全问题，加上质疑民兵忠诚度的谣言满天飞，英格兰政府在 6 月命令摄政官解除不满者和可疑人员的武装——首先是在爱尔兰北部，然后在这个国家的其他地方——把民兵目前手中拥有的武器都送到政府仓库。民兵甚至不得不放弃他们为打猎或自卫而保留的私人枪支或手枪，而许多不属于民兵的新教乡绅也发现他们的武器被没收了，尽管这样做肯定没有得到授权。由于天主教徒不能当民兵，他们的武器就不用召回。[35] 新教徒对他们"不适合携带武器"的暗示表示不满，好像他们是"对［为国王］效劳不满的人"，当时他们都进行了效忠宣誓和最高权威宣誓，许多人试图违抗命令。相比之下，爱尔兰乡绅则嘲弄新教徒，散布谣言说他们的武器"被召回交给国王最好的臣民［爱尔兰人］"。[36] 解除武装在本质上不是一个天主教与新教的问题。博伊尔大主教认为"有一些民兵至少在倾向上有问题，应受到追究"，并同意詹姆斯有权利在不再需要他们效劳的时候解散其武装部队。但博伊尔一直打算把武器还给那些"被认为是诚实的、适合使用武器的人"，他认为解除武装的做法太过分了，使得英格兰人（特别是那些在较偏远地区的人）容易受到爱尔兰托利党的攻击。[37] 关于托利党在 1685 年与 1686 年之交的冬天对英格兰人实施的各种抢劫和其他暴力行为的报道如潮水般涌来：房屋被破门而入；牲畜被盗或被杀；英格兰农民在光天化日之下遭到人身攻击。在英格兰人眼中，所有的爱尔兰人都被联想成坏人。当克拉伦登担任总督时，他认为"英格兰人不能不认为自己处于极大的危险之中，因为他们的房子里没有任何武器，而爱尔兰人却全副武装"。他建议把一些英格兰人的武器还给他们，却无果而终。[38]

向天主教化迈进的第一步，1685—1686 年

很快就可以看出，尽管詹姆斯做出了承诺，但他并不打算让"一切照旧"。当然，他会想要保留《平定法》，毕竟他是该法的主要受益者，但他决定重组军队和文职机构。军队将被改造，以确保其忠诚度，同时他希望天主教徒能够进入枢密院，可以担任郡长、法官和治安法官，并"在所有市政法人中获得与其他臣民一样的自由和特权"——这么做似乎是因为詹姆斯认为有"大量富有的爱尔兰商人在国外"，他们会"在这种鼓励下"把他们的财富带回国（事实证明这是大错特错）。[39]

查理二世去世前不久，詹姆斯已经说服他相信有必要改革爱尔兰军队，引进天主教徒，"使之成为国王不受其他臣民侵害的安全保障"。[40] 在自己登基后，詹姆斯任命了一些天主教官员，其中包括即将上任的蒂康奈尔伯爵，他被詹姆斯派往爱尔兰时，随身携带了一份名单，上面列着即将被替换的 60 名官员。1685 年底，当蒂康奈尔回到英格兰时，他说服詹姆斯相信，爱尔兰的大多数新教徒都是克伦威尔和共和派的支持者，除非"清除军队中的渣滓"，否则国王永远不会安全。詹姆斯的回应是任命蒂康奈尔为陆军中将，并于 1686 年 5 月将他送回爱尔兰，清洗爱尔兰军团中所有"不适合的人"。到夏末，大约三分之二的军队进行了改造。表面上，蒂康奈尔的目标是清除那些不忠或不适合服兵役的人（因为太老或太矮）。但实际上，他着手的是解雇新教徒，用天主教徒取而代之。1685 年，爱尔兰军官团的全体成员和绝大多数普通士兵都是国教会新教徒，而到 1686 年 9 月 30 日，7485 名士兵中有 5043 人（67%）是天主教徒；414 名军官中有 166 人（40%）是天主教徒；765 名士官中有 251 人（33%）是天主教徒。与此同时，天主教神父取代了新教牧师。詹姆斯告诉克拉伦登，"只要《平定法》不受影响，雇用该国当地的一些

天主教徒"不会"损害那里的英格兰人的真正利益"，对于他们的利益，国王肯定"予以保护"；然而，詹姆斯继续说，由于土地安排方案保障了"许多坏人和不满者的财产"，"我更有必要保护自己和政府不受这种伤害……那么我就必须确保我的军队的忠诚"。然而，蒂康奈尔反对的许多军官都是骑士，是长期效忠国王的经验丰富的指挥官；事实上，到 1685 年，爱尔兰军队中已经没有多少前克伦威尔派了。与此同时，蒂康奈尔开除了许多"勇敢、强壮的年轻人"。主要受益者是老英格兰人，他们在军队中获得了最高的职位；蒂康奈尔无暇顾及那些他称之为 O' 和 Mac（绝大多数爱尔兰本地人的姓都有 O' 或者 Mac 的前缀）的爱尔兰本地人，尽管他确实有必要招纳他们进入较低等级的队伍中。那些被解雇的军官，为了保住自己的职位，往往要进行大笔投资，自然感到愤愤不平；由于没有谋生的手段，一些人发现自己"全家沦为乞丐或陷入极度的贫困"。骑兵们发现自己被打发走时，并没有得到他们自己购买的马匹或制服的补偿，甚至连他们应得的那个月的军饷也没有发放。很多被解雇的人离开了这个国家。大多数人去了英格兰，但也有相当一部分人去了荷兰，加入奥兰治亲王的队伍。[41]

伴随着军队清洗的是文官的更迭。1686 年 4 月，詹姆斯用他自己的人、来自英格兰的查尔斯·波特爵士（尽管是新教徒）取代了御前大臣博伊尔大主教，并罢免了九名法官中的三名（分别来自王座法庭、民事上诉法庭和财税法庭），代之以三名天主教徒——一名来自英格兰，一名是爱尔兰的老英格兰人，另一名是老爱尔兰人。[42] 5 月，他在枢密院增加了 20 人，其中 11 人是天主教徒，包括蒂康奈尔、新法官和其他一些天主教贵族。[43] 詹姆斯还希望克拉伦登任命一些天主教郡长，但克拉伦登已经在 2 月提名了随后这一年的郡长，他选的主要是忠诚的新教徒——尽管有一些人选，据他说来自天主教或爱尔兰背景，被认为是天主教徒。蒂康奈尔大发雷霆，指责克拉伦登挑选的是辉格党人和狂热分子。[44]然而，国王能够坚持让克拉伦登允许天主教徒进入市政法人，甚至在公正选举的情况下担任公职。到了秋天，许多天主教徒重获自由，一些人被任命为治安法官，取代了为他们让路而被驱逐的新教徒。[45]天主教贵族也被任命为治安法官：麦格里家族有 3 人被任命为弗马纳郡治安法官，麦克马洪家族有 4 人被任命为莫纳汉郡治安法官，而在利默里克郡，有 9 名新教治安法官被取代，在克雷尔郡有 10 名，科克郡 21 名。[46]

在爱尔兰的军事和文职机构中，雇用天主教徒的法律障碍与英格兰的有所不同。爱尔兰没有类似于 1673 年的《忠诚宣誓法》，该法要求官员必须是国教徒。然而，1560 年伊丽莎白时代的《君主至上法》仍然有效，它确实要求所有公职人员都得进行效忠宣誓和最高权威宣誓。至于军队方面，过去曾有很多人免于遵从 1560 年的伊丽莎白法，所以任命天主教徒也并非史无前例，但现在的人数是前所未有的。1685 年 5 月，国王指示摄政官免除他任命的天主教官员的宣誓义务，并随后在 7 月下令，军队中的军官和士兵，要塞和城镇的长官唯一需要进行的宣誓是效忠宣誓。[47]

然而，任命天主教徒担任文职就没那么简单了。克拉伦登虽然是国王的忠实仆人，却对任何可能违法的行为都有所顾虑。1686 年 3 月，桑德兰就任命天主教郡长和治安法官征求他的意见时，克拉伦登回答说，他认为这违反了《君主至上法》。他承认一些天主教徒在 1641 年之前曾担任过郡长或治安法官，但他们一般来自英格兰特辖区（English Pale）；此外，他看到过的所有任命都要求进行宣誓，因此他不清楚天主教徒担任公职的任命是如何被默许的。[48]克拉伦登还反对国王对三名新任命的天主教法官的特免，认为这是"首次在司法领域免除最高权威宣誓的要求"，是违法的。他还认为让"老爱尔兰人"当法官是完全不适合的；他自己的研究显示，"即使在宗教差异出现之前，也没有一个本地人"曾经"被允许担任法官"。[49]

至于市政法人，詹姆斯告诉克拉伦登，据他所知，在爱尔兰并没有法律禁止天主教徒成为自由民。[50]然而，法律上的情况并不像詹姆斯所认为的那样明确。虽然爱尔兰没有类似英格兰的《市政法人法》，但很多市政法人的特许状都要求新自由民进行效忠宣誓和最高权威宣誓，并在查理二世时期经常坚持这一要求。[51]1686年春末，都柏林的市长和市政官解雇了他们的记录法官，因为他拒绝宣誓；克拉伦登表示支持，但这位法官向伦敦的蒂康奈尔投诉，而后者让他复职。[52]在伦敦的压力下，克拉伦登遵从了国王的意愿，并于6月22日向具有法人资格的城镇发送了一封通函，指示它们"在无需进行最高权威宣誓的情况下"承认天主教徒的自由民地位；他还补充说，如果这些天主教徒中有任何一位后来当选官员，他们的名字应转交给他，以便他可以免除他们的宣誓义务。[53]

不可否认的是，国王确实拥有在某些情况下免除法律的权力。然而，只有在必要的情况下，或者当执法会造成明显的不公正时，他才应该这样做。威廉·金在革命后撰文，否认詹姆斯二世时期存在任何这样的必要性可证明免除公职人员的宣誓是合理的，因为"新教徒数量非常大，并且愿意在一切符合王国利益的事情上为他效劳"。他继续表示，虽然詹姆斯在英格兰"没有任何明显的必要"就向天主教徒发出了类似的特免，但在那里，事情是"以某种法律的色彩或形式进行的，其中许多至少通过了议会，获得了官方许可"。而在爱尔兰，"它们没有这些形式上的麻烦。国王的口谕就足以免除所有有利于新教徒的法律"。[54]另一方面，也可以说，将绝大多数人排除在为国王效劳的机会之外是不公平的。支持蒂康奈尔清洗军队的人认为，给一些"可怜的爱尔兰乡绅一份国王的面包和赏金"才是公平的，因为长期以来，英格兰新教徒垄断了这些东西。[55]一本小册子认为，"让每一个臣民都有可能得到国王的恩惠，既是明智的，也是合理的"。[56]詹姆斯认为将天主教徒纳入市政法人是合理的，理由是这将鼓励贸易并团结臣民的感情，而正是出于对安全的担忧，他才将爱尔兰军队天主教化，以确保其忠诚度。[57]

在教会方面，詹姆斯为改善天主教会在爱尔兰的地位做了许多努力。1686 年 3 月，他指示郡长、治安法官和新教主教"不得骚扰罗马天主教神职人员在自己的圣餐中行使其教会职能"；为阿马的名义大主教和其他天主教主教设立养老金；允许神职人员在公共场合穿教士服，但不允许佩戴十字架。他还鼓励修道士，特别是嘉布遣会修士，"在城市、城镇等地方和平地定居和居住"。[58] 天主教徒欣然接受了给予他们的机会。5 月中旬，天主教神职人员在都柏林举行了为期一周的会议，决定在爱尔兰"公开拥有并行使他们的主教管辖权"。[59] 老旧的弥撒堂得以修葺，新的开始建造。[60] 同时，新教教会被允许削弱。詹姆斯决定不再任命主教的继任者和较次要的空缺职位，而是保留王室的收入；最终，由此产生的资金被间接地用于支付给天主教神职人员，威廉·金后来抗议说，这"直接违反了王国的法律和宪制"。[61] 为了平息新教神职人员潜在的批评，1686 年 2 月，詹姆斯发布命令，禁止他们插手有争议的事务，或布道反对罗马。在许多场合，克拉伦登发现有必要谴责那些轻率的神职人员，其中包括米斯郡主教，他甚至不得不暂停两名牧师的职务，因为 1686 年万圣节和火药阴谋纪念日他们在都柏林进行了"不敬的"布道。[62]

对许多在经济和政治上长期处于边缘地位的天主教徒来说，詹姆斯二世统治的头两年所带来的变化肯定是受欢迎的，但也是温和的。在军队服役可以为获得委任的天主教贵族提供威望，也可以为在基层服役的下层爱尔兰人提供宝贵的新就业机会，虽然天主教徒获得的机会，与他们在总人口中所占的比例，依然很不相称。詹姆斯的改革还导致天主教商人与新教徒处于更加平等的地位，天主教在法律体系中拥有一定数量的代表，爱尔兰的天主教会也获得了准官方地位。然而，最大的不满，即土地安排问题，仍然没有得到解决。

　　然而，我们需要认识到，爱尔兰的天主教社群内部存在着紧张关系。许多爱尔兰天主教徒期待着有一天他们能够重新控制自己的国家，恢复他们的地产，获得长期以来被剥夺的政治、经济和宗教权利。正如克拉伦登的秘书保罗·雷科特爵士在 1686 年 7 月所说："爱尔兰人现在一心想着收回他们的土地，并将英格兰人置于他们的统治之下。"[63] 因此，爱尔兰的天主教徒自然会将同样信仰天主教的国王视为他们的盟友。1686 年 8 月，克洛赫和基尔莫尔的罗马天主教主教帕特里克·蒂勒尔恳求国王，"既然爱尔兰已经开始了必要的改革，那就应该尽快进行"，他还向国王保证，上帝会赐予他"宝贵的生命"，直到他完成"光荣的工作"，在他的领土上重新树立天主教。[64] 然而，与此同时，许多爱尔兰人意识到，他们的优先事项与英格兰国王的不一样。克拉伦登认为，爱尔兰有很多人拒绝接受英格兰国王对他们国家的主权。1686 年 12 月，他告诉他的弟弟罗切斯特，"当地人""普遍"受到他们的神父的鼓励，相信"这个王国是教皇的，国王没有权利，除非教皇给予他权力"，因此"他们可以合法地召集外国势力来帮助他们对付那些反对教会管辖的人"。查尔斯·奥凯利在革命后撰文证实，有许多希望促进自己的宗教和国家利益的爱尔兰天主教徒，发现自己与詹姆斯不和，认为他是一位软弱的君主，过于屈从于英格兰人的利益。然而，如克拉伦登承认的，还有更多"清醒"的罗马天主教徒，特别是那些从克伦威尔士兵那里购买土地的人，想要维护现状，因为他们有既得利益，他们也抗议"这里的暴力诉讼"，声称他们和其他人一样忌惮"他们的同胞拥有太多的权力"。[65]

　　对新教徒来说，这些举措的负面影响是显而易见的。他们震惊地看到，"剑和司法"不仅落入"被征服的人民"手中，还落入"1641 年血腥的谋杀犯及其后代"之手，尽管法律禁止这些人持有武器或担任公职。[66] 对未来可能带来的恐惧，在新教地主和商人中引发了一场信心危机，给经济带来了严重的连锁反应。[67] 关于资金短缺和贸易停滞的报道屡见不鲜。1686 年 7 月，朗福德伯爵通知奥蒙德，市政管理和军队的意外变化引起了普遍的恐慌，"每个有钱的人都把钱藏了起来"，因此"这个国家交易停滞"，"也不可能收到租金"。[68] 另一位记者在 1687 年 1 月报道说，"整个爱尔兰东岸的不列颠人"正把他们的金银珠宝送到英格兰、苏格兰和威尔士，因为"他们看到城市、要塞和剑落入了 1641 年谋杀他们的先辈的人的兄弟、表亲或子女手中"。[69] 一些新教家庭决定及时止损，撤回到英格兰；据一份报告称，在爱尔兰，"成千上万的"苏格兰人开始"举家搬到苏格兰"。[70] 在当时，移民的规模实际上相对较小，但即使是少数人离开，也可能造成严重的经济后果。1686 年 5 月，克拉伦登告诉他的弟弟，科克有一个富商直到最近还"有 40 台织机在工作"，还有一个来自芒斯特的大地主养活了"500 户人家"，但现在这两人都决定卖掉一切去英格兰。[71] 土地价值下跌。1686 年 9 月，佩蒂计算出租金下降了约三分之一，爱尔兰的土地价值比三年前减少了约 800 万英镑。[72] 克拉伦登担心如此下去会对爱尔兰的税收产生不利影响。事实上，1686 年爱尔兰财政部的总收入高于前三年的任何一年。[73] 然而，如果更仔细地分析来自关税和货物税的收入，似乎有理由感到担忧。由于商人从国外运回他们的家财，关税受到了人为的推动。因此，1686 年第二季度的关税，比 1685 年同期增长了近 4500 英镑。然而，那是英格兰的一个叛乱时期，也是贸易暂时混乱的时期，因此这种增长不值得吹嘘；1686 年第二季度的关税比 1684 年同期减少了 7000 多英镑。货物税直线下降；1686 年第一季度的降幅超过 1000 英镑，到第二季度，比去年同期减少了近 2300 英镑。[74]

如果詹姆斯的爱尔兰政策像他所说的，是为了统一他的臣民的利益，那么它并没有成功。克拉伦登主导的天主教化运动只会加剧天主教徒和新教徒、爱尔兰人和英格兰人（英格兰人和苏格兰人）之间的紧张关系。1685 年 10 月 23 日，位于英格兰特辖区和盖尔人腹地之间的守备城镇阿斯隆的新教居民举行了几场篝火晚会，以纪念爱尔兰起义的周年纪念日，其中在索尔塞尔（或市场管理所）举行的篝火晚会尤为引人注目。这里给聚集的人群准备了足够的麦芽酒，当地居民都带来了他们所能点燃的燃料。当地的一名鞋匠斯蒂芬·史密斯拿出了一块他经常用来敲打皮革的木块，他一直开玩笑地称之为"油炸锅"。一些在场的年轻人决定在上面放一对兽角（戴绿帽子的象征），他们后来辩解说，这是对"当时在场的一些年轻已婚男人"开的一个玩笑：这对兽角似乎一开始指向乔治·韦斯特的门，因为他"已经结婚很久，没有孩子"；韦斯特将它们转向小斯蒂芬·史密斯，"高兴地告诉他，它们将成为他的徽章"；然后，小史密斯把它们转向爱德华·普罗克特的房子，说"它们也会变得和他本人一样"。然而，一个被当地人称为"恶人威廉"的威廉·埃利斯插话说，"木板上的角看起来像教皇的公牛"，然后向木板开火，说"他要射中教皇的心脏"；其他一些人也开了枪，说"他们会把教皇射得肠穿肚烂"。其中一名参与者是当地驻军的一名下士。然而，这一事件背后的确切真相无法得知。为这一事件提供证据的几个关键证人都是爱尔兰姓男子，而镇长彼得·斯特恩报告说，他们的一些证据被证明是虚假的。一些参与者否认有人说过"影射教皇或他的神职人员的话"，说他们只是在为国王的健康干杯后向空中开枪，但调查清楚地表明，有人举行了某种反天主教的仪式。斯特恩只能总结说，"此地恶人众多"。[75]

对军队的清洗，使潜在的仇恨浮出水面。新兵和被免职的士兵之间不免发生一些小冲突，天主教军队和新教平民之间冲突的报道也越来越多。据说，德里的居民对被派到他们城镇驻扎的新军官和部队的"出现，感到异常的沮丧和悲伤"，而这些新军官和部队又"怀疑居民"，因此不吃他们送来的任何东西，"直到主人在他们面前品尝过"。[76] 那些涌入都柏林加入军队的爱尔兰本地人——在克拉伦登眼里是些"奇怪的可怜虫"，连一句英语都不会说——发现自己受到了当地青年的嘲笑和诘难。1686 年 7 月 1 日发生了一场暴力冲突，据称是"天主教军官"教唆的，他们"命令士兵，如果有人嘲笑他们，就上前殴打"；据报道有一两人在混战中丧生。[77] 伦敦这边，罗杰·莫里斯在 7 月底听到传言说，都柏林的仇恨"如此之大"，以至于"每晚有两个、四个或六个人""被杀害"。[78] 同年 5 月，一支驻扎在基尔肯尼郡卡伦的天主教龙骑兵部队闯入当地一位牧师的住宅，毁坏了他的物品，并"野蛮地"对待他的孩子，而到了 10 月初，基尔肯尼市也发生了麻烦，爱尔兰军队在当地的一名新教不从国教者的集会场所侮辱了他。10 月 23 日，由于天主教士兵试图破坏新教纪念爱尔兰叛乱的活动，基尔肯尼市发生进一步的动乱。一名士兵擅自扑灭市长门外的篝火，打碎了市长的窗户，骂市长是"一条狂热的狗，还说了其他一些难听的话"。有个镇民在自家门外燃起篝火，同样遭到了一群爱尔兰士兵的虐待，他们骂他是"狂热的流氓和狗"，并把他拖出屋子；在混战中，一名士兵的枪意外走火，打死了一名战友。还有报告说，爱尔兰士兵在 11 月 5 日试图扑灭篝火。[79]

关于驻扎的冲突频繁爆发。威廉·金后来抱怨说，天主教军队不但白吃白喝，还从新教旅店老板那里敲诈了"大笔金钱"。[80] 1687 年 1 月，莫里斯记录到，"爱尔兰士兵""不仅给人们带来了沉重的负担，而且变得可怕"，导致人们在路上旅行时会担心自己的安全，并放弃有士兵驻扎的地方的住所，因为除了都柏林，军队被安置在私人和公共住宅。[81] 就连蒂康奈尔也意识到了问题的存在，1687 年 2 月 24 日，在担任代总督后不久，他发布了一份公告，要求军队保持严明的纪律，并按照商定的价格支付住宿费。[82] 但效果甚微。1687 年 4 月，克兰卡蒂伯爵所辖军团的士兵使用了马匹，但拒绝向科克郡马洛的一位当地客栈老板支付费用；当老板向他们讨要所欠的钱时，士兵们称他为"辉格党人"，并把他"长时间卷在毯子里"，第二天他就死了。[83]

　　1686 年秋天开始传播的各种意图举事的谣言，反映了天主教徒和新教徒之间的敌对程度。谣言从沃特福德郡和科克郡开始："有时候据说英格兰人要割爱尔兰人的喉咙，有时候据说爱尔兰人也会对英格兰人这样做。"克拉伦登得到了"武装人员在夜间大规模集结"的消息，这引起了"穷人的极大恐慌"，很多人离开家，在田野里露营。驻扎在该地区的军官证实，从未有过此类的聚集，政府指示当地治安法官起诉那些恶意散布此类谣言的人，这有助于平息事态。然而，王国的其他地区也开始发出类似的警报，尤其是朗福德郡和韦斯特米斯郡。10 月底，开始流传"苏格兰人和英格兰人"夜间集会的传闻，说他们"决心摧毁一切"，吓得"乡绅和平民"夜里逃到树林里，害怕在床上被屠杀。为了防止可能发生的叛乱而动员地方力量，只会加剧紧张的气氛。治安法官们命令当地治安官员召集人员巡逻，"因为害怕苏格兰人和解散的士兵，以及其他要来摧毁爱尔兰人的人"，同时军队也被派去维持夜间的和平。一位线人说，10 月 29 日晚，他看到 100 名骑兵列队穿过马林加镇，他和其他人认为这些人是长老会教徒，"因为本分的人一般不会以这种方式行军，而且在大晚上的"。另一名目击者推断这些人是辉格党人，因为"在蒙茅斯的时代，他们确实常常在夜间集会和行军"。当一位不耐烦的军官问第三个告密者这些骑兵是否造成什么伤害并得知"没有"时，他讽刺地回答道："那他们一定是仙女。""那不可能，"爱尔兰人反驳说，"因为仙女不会被一个以上的人看到。"11 月 10 日晚，阿斯隆的守夜人将居民从梦中叫醒，发出警报说，有人看到 100 匹马和 300 人进入该镇，"他们都要完蛋了"。克拉伦登在分析证据后得出结论说，在夜间行军的不是别人，而是当地的军队，他们被派遣来防止可能发生的叛乱。[84]

"在本土总督的影响下"，1687—1688 年

1686 年夏，詹姆斯决定让蒂康奈尔取代克拉伦登成为爱尔兰政府的首脑。然而，直到 1687 年 1 月，克拉伦登才接到官方通知，说他将被召回英格兰。蒂康奈尔于 2 月初上任，他的头衔较低，只是代总督（Lord Deputy），但拥有总督（Lord Lieutenant）的全部权力。[85]《伦敦公报》极力宣传对蒂康奈尔的任命如何在爱尔兰广受欢迎。据悉，2 月 6 日，恰逢国王登基周年纪念日，他抵达都柏林时，受到了"大多数贵族和上流人士"及其他居民的热烈欢迎，"当他穿过街道，人群大声欢呼，钟声响起，晚上全城燃起篝火以表示对他的普遍满意"。然而，上面也施加了压力，要确保蒂康奈尔得到妥当的接待。市长已经提前几天命令治安官员通知"人民""应该生篝火"；也有一些治安官员擅自警告人们"什么都不要生"，但蒂康奈尔发现了这一点，并向市长投诉，市长将他们送进了监狱。[86]2月 12 日，克拉伦登在一个官方仪式上将御剑交给了蒂康奈尔。据《伦敦公报》报道，"城里的贵族和上流人士都出席了"当天的仪式，这一天以"欢乐游行"结束。[87]

毫无疑问，爱尔兰天主教界的许多人确实欢迎蒂康奈尔的任命。一位天主教诗人写到詹姆斯的妙计，"……在一个巧妙的时刻 / 把权力交给勇敢的蒂康奈尔"，并补充说他们"在如此良日满心幸福 / 他深谙从上治下的艺术"。[88]然而，新教徒普遍持敌对态度。据记载，2 月 6 日代总督抵达邓利里时，"新教贵族中很少或根本没有人"去迎接他。国教会的神职人员特别惊慌，开始谈论"好像他们会立即被驱逐"，甚至有传闻说，三一学院的一些学生密谋在蒂康奈尔到达时谋杀他，但似乎并没有现实依据。[89]得知有报道称自己打算"不按照这片土地上已知的法律"进行统治——显然是由"心怀不满的人"和"一些狂热的布道者"散布的——蒂康奈尔感到十分担忧，于是

在 2 月 21 日发布公告，承诺保护"国王陛下的所有臣民……无论其宗教信仰或程度如何，只要他们对国王保持忠诚，就能获得法律赋予他们的正当权利和财产，并可以自由地礼拜"。这份公告不仅是为了爱尔兰人，也是为了平息英格兰和苏格兰新教徒的恐惧。[90]事实证明，这种姿态并不特别令人放心。同一天，一位来自科克的新教徒写道，"大人物来了，但天知道他会对我们做什么"，并报告说新教徒"每天都受到普通人（也就是当地天主教徒）的威胁，说他们将拥有一切"。他说，结果是人们没钱买东西，交易终止，许多人把他们的盘子或黄金送到英格兰，预计春天之前许多佃户会放弃他们的土地。[91]

在蒂康奈尔被任命为代总督后，英格兰辉格党人托马斯·沃顿（其家族在卡洛郡和韦斯特米斯郡拥有土地）创作了著名的讽刺诗《小人国》。该诗模仿爱尔兰人的发音（至少对英格兰人来说是这样），并伴随着朗朗上口的传统旋律（类似于《睡吧，小宝宝》），它的开头是这样的：

> 嘿，爱尔兰兄弟，听到了命令不
> 小人国呀，小人国
> 我们将有一个新的代总督
> 小人国呀，小人国

随后的几节诗则发出了不祥的警告："嗬，以我的灵魂起誓，这个塔尔博特［蒂康奈尔原名］/ 将割断英格兰人的喉咙"以及"现在，现在，异教徒都要倒台了 / 以基督和圣帕特里克的名义，我们的国家属于我们！"[92]

掌权后，蒂康奈尔告诉枢密院，国王命令他维护有关民事和宗教事务的法律，并承诺他将确保这些法律得到执行。[93]不过，在他的领导下，天主教化政策加快了速度。剩下的大部分新教徒都被从军队中除名；到 1688 年秋，军队中 90% 为天主教徒。[94] 最大的变化发生在市政管理方面。只有税收委员会相对来说没有大的人事变动。天主教皈依者托马斯·谢里丹被任命为首席税收专员，但需要让有经验的人继续任职，再加上担心驱逐的谣言可能会对财政收入造成不利影响，于是谢里丹发了一封通函，确认没有人会因为其宗教信仰而被撤职或获得任命。司法部门则是另一番景象。天主教徒亚历山大·菲顿取代新教徒波特成为御前大臣，另外任命了三名天主教法官代替新教法官，所以现在天主教徒和新教徒在每个法官席上的比例是 2 比 1。盖尔语诗人大卫·奥布鲁阿代尔很高兴能有爱尔兰天主教徒在法官席上为当地居民伸张正义，并"倾听不会说话的人的恳求／他那唇干舌燥矫揉造作的英语"。[95] 更多的天主教徒加入枢密院，除了一个郡以外，其他所有郡的新教郡长都被罢免，由天主教徒取而代之。连唯一幸存下来的新教徒、卡文郡的查尔斯·汉密尔顿，也是由于他被误认为一个同姓的天主教徒。由于郡长负责选任陪审团成员，他们可以确保陪审团现在也由天主教徒组成。[96]

天主教在法律体系中的主导地位，让新教徒抱怨说他们不可能在法律上获得公正。[97]（现在他们体会到了法律体系由新教徒主宰时天主教徒的感受。）新教地主发现法院不太可能支持他们起诉拖欠租金的企图，而天主教租户在神职人员的怂恿下，越来越多地开始拒付租金，因为他们知道自己可以逃脱惩罚。[98] 都柏林的一名新教徒在 1687 年 12 月写道，"对任何在法律上有争议的人来说不利的是，法院和出庭律师公会现在会偏袒一方，就像以前偏袒另一方"。[99] 威廉·金后来抗议说，"在英格兰革命之前的两年里，很少有人从他们的地产中获得利润"。[100] 一位信奉新教的小册子作者抱怨道，在蒂康奈尔统治下，"在新教徒的财产所有权中找到哪怕是最小的瑕疵"，天主教徒就会在法庭上对索赔提出异议，并总是得到对他们有利的裁决。[101] 据说，陪审团对天主教徒或爱尔兰本地人的偏袒，甚至延伸到最野蛮的罪行。1687 年夏天，安特里姆的"三个大恶棍"被控入室行窃，并割断受害者的舌头，以阻止他胡说八道，但在"证据确凿的情况下，在两位法官的积极指导下"，陪审团却宣告他们无罪。[102]

蒂康奈尔还进一步鼓励人们信奉天主教。2 月 13 日，在他宣誓就职后的第一个星期天，他就明确表明了自己的立场，安排一位法国天主教神父在都柏林耶稣会教堂用法语向他和政府的其他成员布道。在新教徒看来，这是蒂康奈尔"倾向于法国利益"的标志。[103] 据当地一位信奉新教的日记作者说，两天后，他听了一场布道，讲解的经文是《民数记》第 33 章第 55 节，当以色列人要进入圣地的时候，神在摩押平原对摩西说："倘若你们不赶出那地的居民，所容留的居民，就必作你们眼中的刺，肋下的荆棘，也必在你们所住的地上扰害你们。"[104] 蒂康奈尔接管了都柏林城堡的礼拜堂进行天主教礼拜，还接管了都柏林郊区基尔迈纳姆的新医院中的礼拜堂，尽管克拉伦登在离开前已匆忙安排了后者的祝圣仪式，以防止它落入天主教徒之手。此后，退役士兵（该医院就是为他们而修建的）被迫在餐厅举行宗教仪式。都柏林的新教徒担心他们的教堂都会被夺走。一些幽默人士在都柏林基督教堂的门上贴了一张告示，宣布该教堂和罗马教廷之间的结婚公告，"谁能说明它们不应该结合的原因，将得到酬金"。[105]

詹姆斯虽然没有在爱尔兰颁布 1687 年 4 月他在英格兰发布的《信教自由令》，但那年春天，他在爱尔兰也普及了信教自由的政策；唯一的限制是，他禁止人们在夜间大规模集会，禁止任何人在布道中"反对他个人或政府"。[106] 随着信教自由的确立，天主教的修会公然兴盛起来。根据威廉·金的记载，神父和修士们在都柏林建造了大约 14 座礼拜堂和修道院，并建立了 2 座修女院。[107] 在卡舍尔教区，多明我会、方济各会和耶稣会都有自己的学校和公共礼拜堂。更有争议的是，当德里的教长彼得·曼比在 1687 年宣布皈依天主教时，詹姆斯颁布了一份特免令，允许他继续担任教长。新教主导的教育机构也受到了攻击。三一学院成功地，虽然多半是靠运气，拒绝了强迫其接纳天主教徒成为院士的企图。确实，学院的章程中包含了一项条款，授予国王特免上述章程的权力，而所涉及的人——伯纳德·道尔——获得了皇家豁免权。然而，有些人没有做足功课，因为即使获得了特免，也仍然要求宣誓才能成为院士，其中包括最高权威宣誓，甚至天主教法官也承认"他的特免不充分"。政府在破坏新教学校方面更为成功。根据 1570 年伊丽莎白时期的一项法令规定，爱尔兰总督负责在除四个教区外的所有教区任命有资质的校长。蒂康奈尔未在职位空缺的时候进行填补，因此直接违反了这一法令。耶稣会士被允许建立天主教学校来对抗新教学校，最终在 1688 年 6 月，詹姆采取了一项大胆但显然违法的举措，下令让耶稣会士填补政府资助学校的空缺。[108]

　　天主教的宗教复兴，导致天主教徒和新教少数派之间的关系日益紧张。讲爱尔兰语的文人称赞詹姆斯二世和蒂康奈尔为解救爱尔兰受苦受难的天主教徒所做的努力，并为新教徒命运的逆转而高兴。[109] 奥布鲁阿代尔称赞詹姆斯二世为"我们教会之光……英格兰第一位在爱尔兰人遭遇危险后给予他们地位和尊严的国王，使他们从暴政中解放出来"，并总结说，詹姆斯"改变了我们沮丧的希望"。[110] 在天主教必胜信念高涨的气氛下，天主教神职人员开始禁止他们的会众向新教牧师支付什一税和其他费用，否则将遭到绝罚。1687 年 6 月，在新教主教的请愿之后，蒂康奈尔和爱尔兰议会向法官发出命令，指示他们命令人们像以前一样向教会支付费用。[111] 然而，在实践中，新教牧师发现很难通过一个现在由天主教徒主导的法律体系来获得补偿；新教徒抱怨说，如果对那些拒绝缴纳什一税的人发出令状，天主教郡长会干脆拒绝执行。[112]堂区内冲突的迹象越来越多。1687年10月初，在基尔戴尔郡的巴雷茨敦，七名手持棍子和干草叉的男子试图阻止在教堂院子南侧埋葬一具尸体，理由是死者"是英格兰人"。[113]1688年1月30日，德罗赫达的天主教神职人员大胆地在新教的圣彼得教堂为已故天主教市长举行了葬礼。仪式开始时，修道士"按照各自的习惯，还有几个耶稣会士，以及名义大主教"一起举行了"庄严的游行"，他们"穿过公共街道"，手持一个巨大的十字架，"边走边唱，两边有一大群火枪手护卫"。然后，火枪手在大西门把守，以阻拦不受欢迎的闯入者，而神职人员则在聚集的会众面前举行仪式。当地的堂区长代理对这种"公开违反王国法律"和"公开侵犯"他的权利和自由保有地产的行为感到愤怒。[114]

蒂康奈尔的主要野心是修改土地安排方案。这当然需要采取一些行动。除了最不妥协的新教徒外，大家都能理解其中存在的不公，而对土地方案是否将被改变的反复猜测，已经埋下了政局不稳的隐患，并对爱尔兰经济产生了不利的连锁效应。克拉伦登还是总督时，曾想颁布一项恩典令，让目前拥有土地的人付费确认他们的所有权，这样国王就可以用由此所得的款项救济那些他认为值得同情的天主教徒。然而，克拉伦登也警告说，任何撤销土地安排方案的企图，不仅会疏远新教徒，也会疏远爱尔兰的天主教土地所有者，这些人要么在复辟时期收回了自己的土地，要么从克伦威尔派投机者那里购买了新土地。[115]詹姆斯认识到，有必要采取一些措施"让爱尔兰人的思想安定下来，让他们不再担心《平定法》和《解释法》会遭到破坏"，但他认为，可以通过议会而不是恩典令来筹集更多的资金，补偿不满的天主教索赔者。[116]蒂康奈尔也不喜欢克拉伦登的方案，早在正式接任之前，他就已经制定了自己的计划。1686年8月，他把天主教律师理查德·内格尔爵士带到英格兰，目的是说服詹姆斯召集议会修改土地安排，恢复原有的土地所有者，并筹集资金补偿那些因此被剥夺土地的英格兰地主。[117]詹姆斯同意得为在爱尔兰召开议会做准备，但他决定先在英格兰召开议会。

　　1686 年 10 月，桑德兰在与内格尔的一次谈话中建议，在爱尔兰的地方长官更迭时发布一份公告，确认国王无意破坏《平定法》，以安定民心，防止该国潜在的人口减少，这不失为一个好主意。内格尔不同意，并决定在一封写给伦敦的信中向蒂康奈尔表达他的反对意见，这封信写于 10 月 26 日，写作地点是考文垂，当时他正准备返回爱尔兰。桑德兰认为，如果不发布这样的公告，恐惧和嫉妒将导致这个国家的人口减少，但在内格尔看来，这完全是无稽之谈。他坚持认为，那些拥有地产的人不会出售地产离开，而新教商人本身没有地产，因此土地安排方案不会对他们产生什么影响。他继续表示，而且，一份确认土地方案的公告将会使被剥夺土地的天主教徒感到沮丧，因为他们看不到收回土地的希望，甚至天主教商人也会沮丧，他们认识到，天主教徒能够在最终的新教继任者的统治下，实现其宗教和财产安全的唯一希望是"让那里的天主教徒拥有可观的财富"。因此，发布这样的公告将会"导致国家人口的减少、贸易的萧条，以及天主教徒的沮丧"，而他们毕竟是"王国的大多数"。内格尔继续说，谁确认了目前的土地解决方案，谁就将"为已经发生的交易承担罪责"。难以想象"虔诚的君主"詹姆斯会"违反《大宪章》"，让"无辜的人""被定罪，被剥夺财产"，让那些为了国王而与克伦威尔浴血奋战的人以及查理二世许诺过财富的人，被永久地剥夺财产，并"归那些为篡位者效力的人所有"。[118]

　　这封"考文垂的信"显然是给公众阅读的；克拉伦登在 1 月 4 日收到副本后，在日记中写道，这封信"清楚地展示了要对这个国家做什么"。[119]1687 年 4 月，佩蒂了解到"考文垂的信"现在"在爱尔兰"到处流传，"给民众造成了恐慌"。[120]爱尔兰的新教社群感

到震惊是合乎情理的。佩蒂本人在凯里郡拥有地产，他写了一封回
应的信，为土地方案辩护，称其公正，因为国王有权处置被叛乱分
子没收的土地，而且《平定法》已由爱尔兰议会通过——在议会的
产生过程中，"没有人因为是罗马天主教徒而被排除在外"，天主教
徒也被允许在大选中投票——而那些证明自己无罪的所有者，大
部分都不需要诉诸法律，就可以归还他们的土地，并且发现土地
的状况比他们失去土地时要好得多。佩蒂说，此外，"爱尔兰人
民没有理由抱怨"，因为他们"受到法律的平等保护"；在新教不
从国教者，特别是阿尔斯特的新教徒受到"严厉起诉"时，他们
却可以"拥有自由信奉宗教的权利"，且被允许进入市政法人和担
任陪审团成员。[121]另一封回应的信日期为 1686 年 11 月 15 日，据
说是由一位英格兰天主教徒写的，信中警告说，由于在三个王国中，
新教徒的总数远远超过天主教徒，当英格兰的天主教徒试图从刑罚
法中获得解脱，并为自己争取更好的地位时，重要的是不要激怒他
们——尤其考虑到詹姆斯的继任者可能是新教徒（当时似乎仍然如
此）。这位作者指出，许多被没收的土地，最终并非落入议员或克伦
威尔党人之手，而是落入国教会中"国王陛下最好的新教子民"之手，
而且有相当一部分落入了詹姆斯二世手中，而在英格兰，人们认为，
复辟的天主教徒通过土地方案得到的土地"比他们原本拥有的还要
多"。作者问道："当那个王国的财产法被推翻，那么在这个王国［英
格兰］会引起什么恐慌呢？""在没有确保这边的工作的情况下就去
解决发生在那边的事情，从一开始就是错的，甚至来自那边的传言
和谣言可能会损害这边更重要的事情。"[122]

　　詹姆斯下一步开始努力确保，如果他决定在爱尔兰召开议会，
那将是一个符合他利益的议会。事实证明，这是他在三个王国采取
的三管齐下战略的一部分，以确保一个顺从的立法机构。然而，只
有在爱尔兰，这一战略的成功才最终经受了检验：在英格兰和苏格

兰，詹姆斯的努力被威廉的入侵所挫败；与此相反，作为詹姆斯在光荣革命后试图从威廉手中夺回王位的根据地，爱尔兰在 1689 年按照詹姆斯的设想召开了议会。1687 年上半年，詹姆斯撤销了对 11 名爱尔兰贵族的褫夺法权令，以增加天主教在上议院的代表。[123] 为了保证对下议院构成人员的控制，他在蒂康奈尔担任代总督时指示其对法人进行改造。[124] 蒂康奈尔尽职尽责地召集所有法人城镇和法人团体，让他们交出特许状，表面上看是为了扩大它们的特权，但他毫不掩饰地表示，真正的原因在于有太多的法人企图阻挠国王接纳天主教徒为自由民或担任法人职务的计划。[125] 代总督苦口婆心说服爱尔兰新教徒，允许市政法人接纳天主教徒不会"损害他们的宗教"（"他决不会侵犯"他们的宗教），而只会"有利于他们的世俗关切"，因为将人们的"感情"团结起来，将是"对贸易的极大鼓励"。[126] 一些法人自愿交出特许状，例如德罗赫达镇和都柏林的外科医生们，而戈尔韦镇的当地人则以"作为整个王国中最超前的地方"为荣，因为他们拥有"第一位天主教市长，以及第一批郡长、市议员和其他官员"。[127] 大多数人决定反抗。政府报之以权利开示令状：到 1687 年 6 月，政府已对都柏林和爱尔兰的 104 个其他法人发出该令状。[128]4 月 1 日，都柏林市长、郡长和市民向国王请愿，坚称他们已对天主教徒做出让步，他们一直忠于国王，并抗议称，如果他们的特许状和自由被放弃或剥夺，"公共利益"将受到损害。三天后，该市议会正式废除了涉及取消天主教徒资格的法律。这一切都无济于事。案件进入了审判阶段，法庭判定该市原有的特许状失效，并于 11 月底批准了一份新的特许状。德里同样进行了一场激烈的斗争，但最终也被迫放弃其特许状。[129]

权利开示令状并没有导致新教徒被市政法人除名；一般的模式是留下大约"三分之一的新教徒和三分之二的天主教徒"。[130] 例如，在都柏林，新的市长和郡长都是天主教徒，但是 48 名市议员中有

15 名是新教徒，24 名市政官中有 10 名是新教徒。然而，一些被允许在改造后的市政法人中服务的新教徒是新教不从国教者。在贝尔法斯特，长老会商人托马斯·波廷杰被任命为镇长。在都柏林，公谊会教徒塞缪尔·克拉里奇、安东尼·夏普与另外两位新教不从国教者一起成为市政官。公谊会教徒也被任命为织布工法人和新成立的制袜工法人的负责人。约尔市政法人在 1686 年 7 月抱怨，公谊会教徒尤其可恶，因为他们既要享受法人的好处，又不肯担任"任何职务"，分担"最小的麻烦或责任"。"温和的公谊会教徒，以前在新教政府的统治下，连治安官员的职位都不愿意接受他们"，一本新教小册子讽刺道，"现在在天主教的统治下，什么职位都愿意接受他们。" 1689 年，另一位新教小册子作者抗议说，一些闯入法人的新教不从国教者"是新教教会不可调和的敌人，他们是罗马天主教的朋友和盟友"，尤其是公谊会教徒，作者声称，他们的"荒谬职业来自耶稣会"。在这种情况下，并非所有在清洗中幸存下来的国教会新教徒都同意效力政府。例如，在都柏林，11 名新教市议员拒绝任职。[131]

　　然而，围绕法人的斗争表明，蒂康奈尔对爱尔兰的计划与英格兰国王的帝国野心有些不一致。詹姆斯不仅想帮助天主教徒，还想提高王室的权威。因此，他坚持在新特许状中加入一项条款，让国王的总督有权随心所欲罢免或任命人员。[132] 蒂康奈尔表示反对，并试图说服詹姆斯，新特许状不可更改，但没有成功。蒂康奈尔想让爱尔兰的法人对自己的事务有更多的控制，让他们不受英格兰的政府干涉；因为在当时（1687 年春）詹姆斯王位的天主教继承人的出现仍然无望，詹姆斯的条款将使未来的新教英格兰国王能够撤销詹姆斯统治期间引入的所有变革。[133] 为了促进爱尔兰贸易界的经济利益，蒂康奈尔还颁布了废除铁税的命令，因为他知道这将把西班牙钱币带进爱尔兰。然而，英格兰政府却不愿意让爱尔兰人在与英格兰商业利益的竞争中站稳阵脚，并迫使他让步，理由是他的建议与英格兰通过的法规相抵触，而根据《波伊宁斯法》，这些法规具有优先地位。[134] 据称，在这些努力受挫后，蒂康奈尔向爱尔兰枢密院宣布，他将让即将召开的爱尔兰议会"删除"他反对的新特许状中插入的条款，废除《波伊宁斯法》，并允许向法国出口羊毛，向爱尔兰进口烟草和其他种植园商品，而不必按照《航海法》的要求"先在英格兰卸货"。他继续威胁说，"除非国王同意所有这些条件，并同意修改爱尔兰《平定法》，否则他们不应该通过任何财政法案"。[135]

在安全掌控了各法人之后，就可以保证选出一个支持天主教利益的议会。现在，蒂康奈尔需要做的就是说服詹姆斯重新讨论土地安排问题。1687 年 8 月，他的机会来了，当时国王正在英格兰各地巡回选举，召见他到切斯特，就英格兰和爱尔兰的事务进行广泛讨论。蒂康奈尔设法说服詹姆斯相信对《平定法》进行一些修改是必要的；陪同蒂康奈尔前往的谢里丹更进一步，建议完全打破该法，颁布一项新法。詹姆斯命令他们起草两份法案草案供他考虑。1688 年 2 月，两位天主教法官——托马斯·纽金特和托马斯·赖斯——带着提案来到英格兰。其中一项提案涉及重启整个土地安排的问题，允许那些从未得到听证的、宣称无罪的案件得到听证。另一项提案只是提议，克伦威尔党人的财产应该在新所有者和原所有者之间平均分配。这两个方案遭到了英格兰枢密院的拒绝和英格兰天主教徒的强烈反对，他们担心如果爱尔兰采取这些激进措施，会对自己在英格兰的地位造成影响。贝拉西勋爵表示，如果这种方案获得支持，那么英格兰天主教徒将不得不另寻一个国家。波伊斯勋爵同样认为，"国王最好利用他在英格兰的天主教臣民，而不是为了奖赏爱尔兰的新教徒而牺牲他们在那里的地产"。伦敦人也让这两位法官知道他们对这些提案的看法。每当纽金特和赖斯穿过首都的街道时，成群的年轻人就会"拿着插着土豆的棍子"追赶他们的马车，高喊"给爱尔兰大使腾出地方"。这群人似乎是被英格兰政府内部的天主教徒鼓动起来的，他们不顾一切地想让国王意识到这些提议会带来什么"祸害"。[136]

蒂康奈尔的政府不可避免地起到了进一步疏远爱尔兰新教舆论的效果。当蒂康奈尔被任命为代总督时，更多的新教徒认为是时候离开了。据报道，克拉伦登被免职后，大约1500个家庭离开了都柏林，"为了避免他日后的暴政"。[137]谢里丹指控蒂康奈尔"过于仓促地任命天主教郡长，并对法人的特许状开出权利开示令状"，再加上"本地的天主教徒轻率地"开始"宣扬他们很快就会收回他们原有的财产"，并"将占有所有的文职和军事工作"，这让新教徒感到震惊，于是"乡绅、工匠、商人以及被解散的军队军官等形形色色的人离开了王国，因为他们担心血腥的迫害和《平定法》遭到破坏"。[138]不得不说，对蒂康奈尔怀有敌意的消息来源，令人产生了一种有大量新教徒逃离该国的夸张印象。随着土地价格的下降，一些新教徒发现很难卖掉土地离开，同时也有"大量"身无分文的人，他们别无选择，只能留在原地。[139]事实上，在詹姆斯二世统治期间，离开爱尔兰的新教徒人口可能不超过5%。然而，某些地区受到的影响比其他地区大得多：都柏林失去了25%的新教人口；科克16%。此外，离开的人都属于经济上的重要阶级，即地主和商人。[140]留下的人显然十分沮丧。北方似乎正在酝酿着麻烦，从苏格兰西南部过来的长老会激进派教徒正试图煽动不满情绪。1687年夏，蒂康奈尔收到一份报告称，"4000多名苏格兰狂热分子（除了一位传教士，还有很多人来自苏格兰）在阿尔斯特开了几天会，讨论了很多煽动叛乱的事情"；这位传教士被捕后被送回苏格兰，但他随后逃到了荷兰。[141]

爱尔兰政局不稳的经济后果令人担忧。对代总督不友好的谢里丹认为，蒂康奈尔执政期间爱尔兰事务的突然变化，"极大地阻碍了王国城市、城镇和乡村贸易的发展"。[142]那些写于1689年的敌对言论，一般用夸张的措辞来表达他们的不满。一位小册子作者声称，"蒂康奈尔入主政府后，无数人从王国逃离，城镇几乎荒废；各种贸易都受到影响，财政收入跌入难以置信的低谷，降低了其原有价值"。[143]经济衰退是千真万确的。佩蒂计算出，1687年爱尔兰的土地价值仅为1683年的一半多一点，而牛和牲畜的价值仅为四分之三左右。黄油、奶酪、牛奶、鸡蛋和肉的价格都开始下跌。城市贸易也受到冲击。此外，许多人从都柏林逃往英格兰，导致啤酒消费大幅下降。结果，到1687年8月，都柏林的货物税比上一季度下降了七分之一，这已经低于正常水平；都柏林的关税下降得更厉害，下降了四分之一。[144]爱尔兰的总收入下降了近3万英镑，从1686年的33.4576万英镑降至1687年的30.5985万英镑。[145]新教徒抱怨天主教徒拒绝与他们做生意，或者在新教徒的商店里购物。[146]然而，受苦的不仅仅是新教徒；"天主教徒的贸易"也受到了这种"普遍的贸易消耗"的影响，而"乡下人虽然对教皇的复辟感到高兴"，却抱怨"时代更糟了"，他们将"被毁灭"。[147]

其他因素也影响了爱尔兰的经济。恶劣的天气，加上法国对羊毛和黄油征收的关税，导致爱尔兰这两种主要商品几乎崩溃，科克的一名新教徒在1688年6月预言，"这个国家绝对会衰落"。[148]经济混乱带来了犯罪的增加，除了更多的盗窃，还有更多的农村暴力，其中大部分都是针对新教徒的，哪怕只是因为他们拥有更多的财富。[149]有资料可以证实宗教间暴力的上升。1687年初，据称"在许多地方发生了几起针对英格兰人的谋杀"，其中包括一起残忍的事件，发生在都柏林城外8英里的一所房子里，一家七口被杀，父亲和儿子"腹部被剖开"，母亲和四个女儿"在床上被烧死"。[150]同年10月23日，都柏林新教徒在爱尔兰起义纪念日的庆祝活动被"一群拔出剑的天主教士兵和一群其他的暴民"扰乱了，他们在城里四处乱窜，试图扑灭篝火。随后发生了暴力冲突，导致数人受伤，两名新教商人被杀；其中一人在自家门外被一名天主教徒杀害，据称这名天主教徒吹嘘道，"没能再杀 20 人，他还有点遗憾"。一些报道称，多达五名新教徒和两三名天主教徒被杀害。[151] 为了防止 11 月 5 日发生类似的麻烦，蒂康奈尔发布公告，禁止在节日期间未经授权在公共场合生篝火。[152] 面对来自某些天主教社区的暴力，以及执法机构和军队牢牢掌握在天主教徒手中的情况，一些社区开始散布谣言，称"将突然对新教徒实施大规模屠杀"。[153]1688 年 4 月，都柏林的一位新教徒记录了这一可怕的景象："这个国家贫穷潦倒；因为爱尔兰军队的缘故，每天都有许多家庭带着他们的财物被迫离开；如果国王驾崩，我们只能期待一场大屠杀。"他继续表示，"土地所有权的不确定性"让人们"将他们所有的钱拿在手中"，并将他们所有的餐具送到英格兰，而"我们的教会在这里摇摇欲坠，可以想见这里的议会将全部或大部分（财富）移交给他们自己的神职人员"。他粗略地总结道："爱尔兰人对 1688 年有许多预言，这些预言十有八九会应验。"[154]

结论

詹姆斯和蒂康奈尔在爱尔兰推行的天主教化政策，破坏了查理二世统治时期建立的脆弱的平衡。然而，1685—1688 年间出现的问题，不仅揭示了掌权者或错误或误导性的举措，还凸显出复辟时期爱尔兰政体内在的不稳定性，以及根本性的结构问题，这些问题使得爱尔兰治理的长期有效解决方案难以实现。仅仅是新国王的登基，以及由此带来的期望和焦虑，就破坏了局势的稳定，并揭露了爱尔兰内部根深蒂固的紧张关系和相互对立。由于詹姆斯和蒂康奈尔决定促进爱尔兰天主教徒的利益（这是爱尔兰事务迅速动荡的明显原因），爱尔兰问题在当时似乎本质上是宗教问题。当然，宗教因素十分重要。但爱尔兰的问题不仅仅是宗教问题。它还涉及政治和经济权力的获取，贸易特权或土地，法律上的公正；还涉及英格兰和爱尔兰之间关系的性质，以及爱尔兰在多大程度上是英格兰的殖民地附属国；还涉及这是谁的国家，该由谁统治。诚然，这些问题往往会加剧各教派之间的分歧，因为总的来说，新教徒拥有权力，而天主教徒被剥夺了权力。但他们并非总是如此。因此，我们看到新教徒内部存在分歧，一些新教不从国教者甚至在权利开示令状发布后在一些被清洗的市政法人中与天主教徒一起任职。此外，在爱尔兰的天主教利益群体内部，老英格兰人和爱尔兰盖尔人之间，以及在复辟时期收回地产的天主教徒和没有收回地产的天主教徒之间，也存在着分歧（这种分歧，主要存在于老英格兰人的社区内部）。

　　那些参与反对英格兰霸权斗争的人倾向于从民族角度看待这场冲突——这是一场摆脱英格兰殖民统治、实现爱尔兰民族自治和自主的斗争。正如我们已经注意到的，在詹姆斯二世统治期间，爱尔兰人经常吹嘘，他们很快就会有夺回自己土地的一天，并将"英格兰人置于他们的统治之下"。[155] 奥凯利在革命后写道，蒂康奈尔的改革使他成为"民族的宠儿"。[156] 然而，爱尔兰的"我们"概念，这时往往被用来指那些在英格兰或不列颠的"他们"手中失利的人，也就是说，不仅是爱尔兰盖尔人，还有信仰天主教的老英格兰人。另一部写于18世纪早期、从老英格兰人的角度回顾历史的著作认为，"爱尔兰民族"等同于爱尔兰的天主教徒，无论是老英格兰人还是爱尔兰盖尔人。[157] 爱尔兰和英格兰之间存在着基本的冲突，爱尔兰的"我们"和英格兰的"他们"的对立，在当时为1688年蒂康奈尔对爱尔兰的统治进行的一次辩护中得到体现。这本小册子一开始就大胆直抒作者的观点，即爱尔兰"在本土总督的影响下，比在我们和我们国家的任何外人的影响下"更有可能繁荣。相比之下，"一个完全代表英格兰利益的人，从来没有，也可能永远不会为我们做任何对我们有利的事情，哪怕这些事情可能只对英格兰的贸易造成最小的障碍或损害；英格兰是世界上唯一阻碍我们贸易的国家。"前任总督"已经"把许多陌生人带到我们这里来，他们把教会和政府的工作都揽了过去，使整个国家陷入了困境之中"。作者承认爱尔兰由"不同的利益群体组成"，但接着又假设"爱尔兰人"和"英格兰人"之间存在根本的对立，爱尔兰人高兴的是，他们处于"本土总督的统治之下"，这可以消除"他们对不平等的嫉妒"，而考虑到蒂康奈尔的"教育背景"、"他在英格兰的地位"、他拥有一个英格兰妻子，以及他自己是"英格兰古老而闻名的贵族的后代"，"英格兰人"没有理由感到不安。蒂康奈尔是土生土长的爱尔兰人（尽管是英格兰血统）这一事实比他是天主教徒这一事实更为重要，"因为一个陌生人都可能符合这个条件"。在作者看来，问题的核心是爱尔兰人要掌管自己的事务，这样他们的利益就不会继续被英格兰牺牲。[158]

对这一辩护的反驳表明，英格兰人用类似的"我们"和"他们"的术语来看待爱尔兰的情况。一位小册子作者写道，自从最初征服爱尔兰以来，一直有这样一条格言：英格兰人应该成为爱尔兰的总督；如果宗教改革之前是这样，那么现在出现宗教分裂，就更有必要这么做了。爱尔兰是"一个被征服的国家"，"征服者有权制定法律，使之合适而方便地掌握在他们手中"。在爱尔兰的英格兰人希望爱尔兰由一个英格兰人统治，而"与之相反的情况"对"他们的个人和财产"产生的不良影响"太明显了"。作者试图证明爱尔兰人在英格兰政府的统治下更好，认为他们"感谢我们将他们从野蛮状态中解放出来（这种状态使他们与野兽之间几乎没有区别）"，因为"我们教会他们像人一样生活、饮食和居住"，他们还受益于"英格兰政府的温和"和"法律的平等保护"。他继续表示，为蒂康奈尔辩护的那位作者实际上希望爱尔兰成为"一个独立的王国,掌握在本国人手中：

他渴望有一天能挣脱英格兰的枷锁"。[159]

　　一份回应辩护的手稿提出了类似的观点，即英格兰人作为征服者，不应该受制于被征服的爱尔兰人，并警告说，历史证明爱尔兰人是"是英格兰人的老对手和不可调和的敌人"。作者试图就不列颠人的忠诚、爱尔兰人的叛逆以及爱尔兰人在英格兰统治下几乎没什么可抱怨的事实（因为他们一直拥有信教自由）构建理性的论证，但同时也夹杂着粗俗的反爱尔兰偏见。因此，他将辩护中自相矛盾的论点斥为"十足的爱尔兰逻辑"。同样，在解释他认为自英格兰人被爱尔兰人解除武装并接受其统治以来爱尔兰遭遇的经济灾难时，他断言，"爱尔兰人"是"众所周知"的"一个懒惰闲散的民族，他们缺乏汗水和智慧来改善他们的劳动，使自己和家庭受益"，结果，现在爱尔兰已经无法分享英格兰人的进步，乡村和城市到处都是乞丐。[160]双方的对立显然根深蒂固；到1688年，爱尔兰的局势已经风雨飘摇。

第四章

詹姆斯七世治下的苏格兰

兄弟掌天理

北方起异端

事业得支持

祖宗刑法除

宽容加补偿

宪章毁

感涕零

自由宣誓停

弥撒终见光

守得月开明

犯法莫需怕

高歌把花撒

——"一则天主教预言"（1687 年 4 月）

（显然是出自新教徒之手的讽刺文）[1]

从君主制的角度来看，阿盖尔叛乱后的苏格兰局势似乎比以往任何时候都要好。17 世纪的苏格兰一直是不列颠王国中最让国王头疼的那个。那里的一场叛乱已经导致詹姆斯的父亲查理一世倒台，而詹姆斯的兄弟查理二世也在 1666 年和 1679 年在苏格兰直面过叛军。在王位排斥危机中，英格兰托利党表达了他们对"1641 年"再现的担忧，认为不列颠君主可能再次受到英格兰新教不从国教者与边境以北的长老会激进派联盟的威胁。然而到了 1685 年——部分由于詹姆斯在 1680 年代初作为苏格兰政府首脑的努力——苏格兰已经成为一个忠诚且易于管理的王国。詹姆斯入主时，人们对他表示热烈的支持，政治和宗教精英也寄来忠君献词，春季召开的议会不仅支持国王的整个立法计划，甚至宣布苏格兰君主制是绝对的。诚然，仍有一些地方，特别是在作为长老会中心地带的西南部，存在大量的不满情绪。但是阿盖尔叛乱的大败证明，苏格兰的政治–宗教极端分子不再对政府构成严重威胁。

从詹姆斯推行的旨在帮助同教中人的措施，可以看出他对自己在苏格兰的君主地位的信心。他在苏格兰的天主教臣民其实并不需要多少帮助。作为少数，天主教徒在查理二世统治期间基本上就已经不受迫害，在 1681 年《忠诚宣誓法》通过之前，他们甚至可以担任政府要职。据说，詹姆斯在入主之前曾表示，苏格兰天主教徒"在宗教方面拥有如此多的私人自由"，他们"没有理由抱怨"。[2] 我们无法确定他当上国王后为什么改变想法。然而，有证据表明，他决定将苏格兰作为试验场：如果他能够让苏格兰的天主教徒享有宽容的权利——考虑到君主在边境以北享有的绝对权力，他显然认为这一点在苏格兰最容易实现——这将为英格兰人树立一个强有力的先例。詹姆斯为了促进他的英格兰同教者的利益而采取的大部分措施都会先在苏格兰试行。正如他的女儿安妮公主在 1688 年 6 月所说："在那里［苏格兰］所做的事情只是短时间内将在这里［英格兰］做的

事情的先行。"[3] 从统治之初，詹姆斯就给苏格兰天主教徒提供了为
王室服务的权威地位，利用他的特权让他们免于《忠诚宣誓法》条
款的限制。他批准建造公共的天主教礼拜堂，并鼓励天主教徒公开
礼拜。1686 年，他试图迫使苏格兰议会通过有利于信教自由的立法，
失败后，他又利用自己的特权批准了这项立法。随后，他在 1687 年
颁布了一项普遍的宽容法令，希望在英格兰能颁布类似的《信教自
由令》之前赢得新教不从国教者的支持。因此，在苏格兰——正如
他打算在英格兰做的——他对主教制派的统治地位发起了攻击，利
用他的特权破坏了维护和捍卫苏格兰教会宗教垄断地位的法律。

所有这些举措都是通过诉诸国王的绝对权威来使自身合理化的。
因此，詹姆斯七世统治时期的苏格兰为我们提供了一个考察斯图亚
特晚期绝对主义的案例。当时王室权力的现实是什么？绝对主义实
际上意味着什么？詹姆斯凭借自己的权威，不惜反对国法，能在多
大程度上推动天主教事业的发展？在他的道路上有什么障碍？谁反
对他，以什么理由，效果如何？

詹姆斯七世统治时期一直是苏格兰史学中一个被忽视的领域，
因此詹姆斯在苏格兰的成败的确切程度仍有待探讨。[4] 然而，历史学
家们从光荣革命的角度回顾詹姆斯的统治，似乎一致认为苏格兰人
对詹姆斯的反对声音很低，而且是无效的。一位学者认为，"虽然詹
姆斯七世在他的北方王国推行了相似的政策，但是导致英格兰发生
光荣革命的种种前因，在苏格兰几乎看不到"；"在政治上，詹姆斯
似乎坚不可摧"。[5] 同样，一位颇有影响力的苏格兰历史调查作者写
道："1688 年末突然降临［到詹姆斯七世身上］的危机是一场英格兰
危机，其根源就在那里，而在苏格兰很难找到类似的痕迹。"[6] 这些
假设需要进行批判性的重估。正如本章将述，苏格兰和英格兰的革
命有许多相同的前因，而这正是因为詹姆斯在这两个王国推行了非
常相似的政策。在他的北方王国，无论是议会内还是议会外，在政

治和宗教精英阶层以及下层社会中，人们普遍反对他利用君主特权来促进天主教徒的利益。此外，尽管1685年苏格兰议会承认国王的权力是绝对的，但苏格兰和英格兰都存在法律主义者反对国王的举措，他们以捍卫法治的姿态反对国王的非法行为。事实上，到1688年夏，詹姆斯在其北方王国的地位是否比在英格兰的更脆弱，我们不得而知。由于滥用了自己作为国王的权力，詹姆斯七世点燃了苏格兰革命的导火索。他打破了教会和国王之间的联盟，疏远了传统的苏格兰统治精英；通过给予宗教上的宽容，他让长老会组织和发展成更加统一的战线，但此举却没有换来任何有力的、新的政治支持。简而言之，詹姆斯成功地摧毁了查理二世时期在这个难以统治的王国建立的有效的王室控制体系。

不满情绪的增长

阿盖尔叛乱失败后，长老会激进派仍然是当局的一个小麻烦，但到这时为止，他们的威胁已得到有效遏制。1685年8月，来自拉纳克郡莱斯马黑戈的一群"狂怒的辉格党人"残忍地杀害了一名曾协助抓捕阴谋家理查德·朗博尔德的地方官员，他们模仿对朗博尔德的惩罚，将他的腹部剖开，把心脏挖出来。[7] 苏格兰枢密院不时收到关于携带武器进行野外秘密宗教集会的报告，特别是在西南地区，在詹姆斯·伦威克的领导下，卡梅伦派的残余势力依然活跃。[8] 然而，经过四分之一世纪的迫害，长老会在苏格兰的利益已经大大削弱，[9] 而反对国王的顽固分子只占少数。1685年10月14日国王生日的庆祝活动——同时为了庆祝蒙茅斯和阿盖尔叛乱的失败——似乎证实了"温和派和明智人士"的忠诚。[10] 爱丁堡的枢密院赞助了荷里路德宫和亚瑟宫的篝火活动，还安排了喷泉酒水，并"在人群中分发焖肉"。推广起作用了。一位目击者评论道，当晚篝火耀眼，"人皆欢乐，游行戏耍，道拥街塞，好不热闹"。[11] 相比之下，11 月 5 日被悄然忽视，首都既不闻钟声，也不见篝火。[12]

　　然而，苏格兰对君主制的善意很快就受到了考验。天主教徒在苏格兰政府的地位突然上升。如前所述，阿盖尔的叛乱让詹姆斯有借口在 1685 年 5 月任命信奉天主教的邓巴顿伯爵为苏格兰军队的指挥官，并通过诉诸其君主特权来证明这一任命的合理性。此后不久，他任命另一位天主教徒戈登公爵指挥高地部队。[13] 然后，在 1685 年秋天，御前大臣珀斯宣布自己皈依天主教。珀斯的皈依似乎是真诚的，他甚至提出辞职，只是被詹姆斯拒绝了。几个月后，珀斯的兄弟、詹姆斯在伦敦的苏格兰国务大臣梅尔福特伯爵也皈依了天主教。[14] 还有一些高调宣布皈依天主教的人，其中最著名的是爱丁堡大学医学教授、国王的医生罗伯特·西博尔德（后来西博尔德后悔自己的这一决定，重新加入新教教会）。[15]

　　到这时为止，詹姆斯认为没有必要重组他的中央政府。昆斯伯里继续担任财政大臣（他将于 1686 年春下台）；阿瑟尔侯爵继续担任王玺掌管大臣；汉密尔顿公爵、塔巴特子爵和斯特灵城堡总督马尔伯爵仍然是枢密院中有影响力的人物；而审慎正直的新教律师乔治·洛克哈特爵士于 1686 年 1 月被任命为最高民事法院院长。[16] 但是天主教徒被引入地方政府。1685 年 11 月，詹姆斯特许 26 名天主教地主担任专员，收取议会在前一年春天投票通过的财政收入，在方廷霍尔看来，这直接违背了 1685 年生效的有关国教的法律。[17]12 月下旬，珀斯回到爱丁堡后，开始在苏格兰首都公开举行弥撒，并鼓励其他人也这样做，天主教的威胁变得更加明显。不久，驻伦敦的日记作者罗杰·莫里斯报道说，国王下令在爱丁堡王宫修建一座天主教礼拜堂，并派了 12 名神父到苏格兰"做弥撒"。1560 年和 1567 年的法律宣布弥撒为偶像崇拜，并规定参加弥撒的人在第三次犯案时可判处死刑。然而，珀斯自信地向詹姆斯保证，苏格兰"不像英格兰"：他认为，"对这个民族的措施无需太客气，也不能让我们觉得，陛下位于法律之下，受控于法律，而没有权力取消这些法律"。珀斯本人凭借作为皈依者的满腔热情，也不想太"循规蹈矩"。当时的一位天主教徒说，御前大臣"喜欢做弥撒，他经常这样说"。方廷霍尔说，那年圣诞，珀斯不仅做了弥撒，还"摇了摇摇篮里的孩子，以纪念我们的救世主"。方廷霍尔惊讶不已，并补充说："法国天主教徒不用这种仪式。"[18]

　　然而，天主教徒屡任中央和地方要职，引发了一场由地方神职人员进行的反天主教布道风暴。1685 年 10 月，爱丁堡的帕特森主教两次警告他的神职人员停手，提醒他们"国王承诺保护我们的宗教"和"有利于新教的强有力的法律"，但效果有限。[19] 由于担心反天主教的谩骂会被印刷出版，珀斯在 1686 年初发布命令，禁止印刷商、文具商和书商印刷或销售"任何有关天主教的书籍"。[20] 政府试图让媒体噤声的努力没有完全成功。4 月，普雷斯通豪（现哈丁顿郡普雷通柯克）牧师乔治·希尔在爱丁堡圣吉尔斯的布道坛上宣称，"我要是相信圣餐变体论的话，就会相信月球是由绿色奶酪制成的"；当受到主教的斥责时，希尔挑衅地回答说，他认为"对一个荒谬的宗教当然可以嗤之以鼻"。[21] 然而，最恶毒的反天主教布道是 1686 年 2 月 14 日由詹姆斯·卡纳里斯在爱丁堡圣吉尔斯东教堂做出的，该布道也被印刷出来，其论点值得仔细研究。

　　卡纳里斯远不是后来的斯图亚特君主制不可避免的反对者。事实上，在不久前的 1685 年 5 月 29 日，他还做过一次表达赤诚忠心的布道，并将其出版版本献给珀斯。然而，到了新年，他已经转而反对御前大臣。正如他在 1686 年的布道中明确表示的，他担心的不是"国王将天主教强加于我们"，而是一些明显的背叛。[22] 卡纳里斯年轻时曾经动过信奉天主教的念头，现在的他认为天主教是一种荒谬的宗教，任何有理性的人都不可能相信教皇是绝对正确的。然而，卡纳里斯强调的是天主教对政治的危险。既然教皇声称拥有废黜国王的权力，那么统治者如果没有像法王那样坐拥 20 万军队，怎么能保证自己国家的忠诚呢？结论很明确："天主教国家的国王，要么听从教皇的命令，要么依靠军队提升自信心。"卡纳里斯小心翼翼地与长老会激进派保持距离，说在自己的眼中，他们是"基督教的丑闻，人类社会的瘟疫"。他还热衷于表明自己对君主制的忠诚，认为支持苏格兰国教符合詹姆斯的最大利益，因为这是"世界上最忠诚的宗教；因此，我们越是坚持它，我们就越有理由让我们的国王信任我们"。[23] 在出版版本的序言中，他坚称自己"对天主教不满"，因为"它宣扬不忠的原则，极大地损害了君主的权利"，并试图捍卫国王的权威，同时呼吁法律为国王的臣民提供保障。新教徒无需惧怕詹姆斯国王，因为他曾在 1685 年向苏格兰议会保证，他之所以希望国王拥有强大的权力，不是为了别的，只是为了能够"捍卫和保护我们依法确立的宗教，以及我们的权利和财产"。相反，最近皈依的天主教徒威胁的正是君主制。卡纳里斯指出，英格兰很可能有一天会再次有一位新教统治者，他讽刺地问道，"如果那时的不列颠和现在相反，有那么多的天主教徒"，一个新教国王"能否寿终正寝"？[24] 尽管这种抗议出于忠诚，詹姆斯仍未被说服，以发表煽动性的布道为由，坚持停了卡纳里斯的职务。[25]

　　当自己的城市公开地举行弥撒庆祝，爱丁堡居民并没有默默地忍受。1 月 31 日是星期日，这天下午，一大群商人、学徒和大学生袭击了坎农格特的一所房子，当时珀斯夫人正在那里做弥撒，他们毁坏了祭坛、十字架和礼拜堂内的其他一切，砸碎了窗户，并向做礼拜的人投掷泥土和石头。但他们并没有就此收手，而是继续在街上"大喊大叫，发出威胁和恐吓"，并"袭击了国王陛下的良民，将他们殴打致伤，抢劫平民，致使他人衣帽不整、私物尽失"，甚至"拖着他们穿街过巷"。在抓到一名神父后，他们强迫他跪下，"按照《忠诚宣誓法》的规定宣誓，并放弃天主教徒的身份"。他们还袭击了城里的几位天主教徒的房屋，包括罗伯特·西博尔德博士的房屋（导致西博尔德辞去爱丁堡皇家医学院院长职务，逃往伦敦），并用铁棍砸开了他们的门。英格兰日记作者纳西索斯·勒特雷尔在他的日记中如实记录了这一消息："来自苏格兰的信件谈到了爱丁堡市的一些骚乱，据说是由于御前大臣去参加了或者试图举行弥撒，这使民众陷入了骚乱。"这当然是对苏格兰政府所在地的民众安宁的严重破坏，也是对以国王之名统治苏格兰的人的粗暴侮辱。事实证明，珀斯本人比他的妻子更难以捉摸。一伙人拦住了一辆马车，以为这辆马车正载着珀斯穿过首都的街道，便把乘客拉了出来，结果发现是（新教徒）汉密尔顿公爵："所以他们放他走了，并说如果是珀斯伯爵的话，他们一定会把他撕成碎片，就像打碎房屋的窗户一样。"[26]

　　民众还向派来镇压的城市警卫投掷石块，造成几名士兵受伤，但最终军队恢复了秩序，并逮捕了一些人。[27]然而，当晚，一位名叫亚历山大·基思的击剑师跟其他大约18名手艺人和学徒在高街附近的一所房子的地下室里碰头，计划营救在骚乱中被抓的学徒。每个密谋者都承诺从各自的行业中招募一定数量的人，并尽可能多地获得武器。他们的首要任务是营救囚犯，但密谋者也建议他们应该"得到国家的援助，拆除天主教徒的房子，阻止他们集会"，并为"教皇党人的不顺"而干杯。[28]第二天早上，当地方法官下令在坎农格特鞭打面包师学徒罗伯特·格里夫（因参与前一天的骚乱）时，一群年轻人在鞋匠大卫·莫布雷的带领下（据称他也参与了前一天的骚乱）营救了那个年轻人，并带着他走上街头，再次"大喊大叫，发表威胁的言论"。然后这伙人去寻找当地的天主教徒，冲进他们的房子，洗劫他们的物品，砸碎他们的窗户。士兵们再次被召来；这次他们向人群开枪，打死了三个人，其中至少有一个人是完全无辜的旁观者。[29]

枢密院不顾诸多的反对声，还是决定起诉莫布雷，因为他参与了骚乱，还参与了救援。一名律师想知道，如果被告在辩护中辩称，他只是在"驱散一个被法律宣布为叛国的集会"，辩护律师会说什么，并建议说，"如果这是一次狂热的野外秘密宗教集会"，他"会得到感谢"。然而，莫布雷于 2 月 8 日受审，在承认参与营救后，被判有罪，并在两天后被处以绞刑。枢密院给予了短暂的缓刑，以便有机会获得国王的赦免，最终莫布雷于 5 月底从监狱获释。然而，击剑师基思在 2 月 26 日的审判中因参与骚乱而被判有罪，并于 3 月 5 日被处以绞刑。还有其他的受害者。一名士兵站在暴乱者一边，表示"他不会在这场反对新教徒的争吵中战斗，因为他宣誓信仰这一宗教"，结果被移交给战争委员会。尽管苏格兰法律禁止天主教徒担任证人，但还是有个鼓手被两名天主教徒指控拔出了他的剑，并说"他确实想用这把剑刺穿他们"；鼓手申辩说他指向的是暴动的学徒，但他的指控者坚称他指向的是那些参加弥撒的人。根据戒严法，鼓手在 2 月 23 日被处决。[30]

国王写信给珀斯，暗示他在举行弥撒时过于公开，并警告他今后"要更加谨慎和小心"。[31] 但是，如果有什么不同的话，那就是在动乱之后，促进天主教徒利益的政策进展得更快了。珀斯利用暴乱确保财政大臣昆斯伯里被免职，后者不仅被指控财政管理不善，而且作为爱丁堡城堡军事和司法长官，他也未能维持首都的秩序。作为一位坚定的新教徒，昆斯伯里将成为天主教得到进一步发展的障碍。然而，在昆斯伯里下台一事上，新教官员间的内讧也起了一定的作用；这一次，另一位新教徒汉密尔顿公爵（他将挫败詹姆斯七世治下为促进天主教徒宽容政策所做的努力）站在珀斯和梅尔福特一边，敦促罢免昆斯伯里。财政部被置于一个委员会的管辖之下，委员会的首席专员由珀斯担任，昆斯伯里的爱丁堡城堡军事和司法长官一职则给了信奉天主教的戈登公爵。[32] 天主教徒在苏格兰政府中的地位似乎比以往任何时候都更加稳固。詹姆斯的下一个目标是通过让议会同意废除《忠诚宣誓法》来确保天主教徒的地位得到法律的承认。

1686 年黑雨议会

鉴于 1685 年 11 月与英格兰议会的交涉受挫，詹姆斯决定在英格兰推行天主教宽容之前，先在苏格兰试行。在这样做的时候，他再次自觉地打不列颠牌，希望苏格兰议会能"为英格兰树立一个好榜样"，就像他们"在 1681 年宣布继承权时所做的"。[33] 因此，他延长了原定于 2 月 10 日重新召开的英格兰议会的休会期，[34] 以允许苏格兰议会在 4 月 29 日先召开会议。鉴于 1685 年苏格兰议会表现出的极端王权主义（毕竟，这不是一个新议会，参会人员完全是去年那些人）以及政府通常可以让议会立法委员会保证其立法成功，詹姆斯有理由感到自信。2 月，塔巴特去伦敦面见詹姆斯，向国王保证，议会将同意废除针对天主教徒的刑罚法，甚至向他展示下议院议员名单，并指明了他们的态度。[35] 为了确保自治市代表的支持，詹姆斯公开表示，他打算以促进与英格兰的自由贸易作为交换条件。[36]

3 月 4 日，詹姆斯致函苏格兰枢密院秘密委员会，告知他们他希望促成"全面废除针对天主教徒的血腥法律"和"取消《忠诚宣誓法》"（取而代之的是一个反对"防御性武器和圣约"的简短的效忠誓言），这样天主教徒就可以进入政坛了。然而，所有"反对宗教狂热的法律"都将继续有效。潜在的反对迹象已经开始显现。该委员会认为，他们在就此事发表意见之前必须与主教们磋商。当国王召集汉密尔顿、洛克哈特和威廉·德拉蒙德少将到伦敦寻求进一步指示时，他们辩称，只有在允许新教不从国教者也享有同样待遇的情况下，议会才会给予天主教徒信仰自由，而且如果要取消《忠诚宣誓法》，新教的安全就需要其他的保障措施。詹姆斯不情愿地同意向长老会温和派教徒做出一些让步，但不允许他们获得他打算给予天主教徒的完全自由。然而，他拒绝承诺不做损害新教的事情，也就是说，他不会保证不使用自己的权力来反对他认为是虚假的宗教。[37]

　　捍卫国王立场的人倾向于认为，詹姆斯有权推行这样的政策，甚至不需要议会的批准，因此议会应该默许国王的要求。梅尔福特试图说服汉密尔顿相信，国王帮助天主教徒的愿望源于他对"人民的关切"的"慈父般的关怀"，以及他倾向于"对所有人都仁慈"，但他也强调，他（汉密尔顿）是"国王的特权守护者"之一，"不失去任何特权"非常重要。[38]在4月13日爱丁堡的公会议上，爱丁堡的帕特森主教发表讲话，他坚称詹姆斯仍打算捍卫新教，只是希望天主教徒私下礼拜。然而，帕特森继续坚持认为，国王的意愿"不能被拒绝"，因为詹姆斯可能会根据苏格兰1669年《君主至上法》所规定的"他拥有的教会至高无上的特权来实现"。[39]詹姆斯本人告诉秘密委员会，他认为自己拥有"毫无疑问的特权，可以雇用任何臣民为王室服务"，"根据同样的特权"，他有权"暂停刑罚法，以及与政府有关的誓言"。[40]

　　1686年春出现了很多小册子支持詹姆斯的宽容政策，这些小册子"被小心地传播"，试图影响议会的意见。[41]阿伯丁的马里沙尔学院的哲学教授托马斯·伯内特写了一本简短的拉丁文小册子，认为苏格兰国王拥有绝对的权力，可以废除法律，而且三个王国不能质疑他的意愿。[42]另一本据说是罗杰·莱斯特兰奇爵士在"爱丁堡及其周边地区的耶稣会士和天主教神父"的帮助下编写的小册子，在议会开会期间在议员中传播。该小册子认为"苏格兰国王在议会面前拥有立法权和行政权，他在那里确实是至高无上的"，因此国王可以不经议会同意而给予他的同教者救济。作者接着问，保留这些法律是否必要，甚至在政治上是否可取。他指出，反天主教法律是在苏格兰宗教改革的早期通过的，当时的天主教徒密谋反对国王和政府；鉴于苏格兰天主教徒现在变得文静而温和，这样的法律不再需要了。况且，苏格兰人怎能一边谴责"发生在法国的迫害，或法国国王强迫人们信教"，一边自己也这么做？在一番牵强的论证后，作者警告说，如果詹姆斯被"激怒和挑衅"，他可以"在不违反任何法律的情况下，罢免所有的新教官员和法官"，因为他们的任命全凭国王意愿，而且根据《君主至上法》，詹姆斯甚至可以解雇"教会政府中的所有新教主教和牧师"。"整个教会政府和国家政府"可能会落入对"新教利益不太友好的人手中"；作为新教徒，我们对此无能为力，因为新教徒的宗教原则不允许抵抗。[43] 作为英格兰关于特免权辩论的一部分，英格兰出版了各种小册子，旨在捍卫国王特权，保护天主教徒免受偶像崇拜和不忠的指控，这些小册子也在苏格兰流传，目的是影响当地的舆论。[44]

　　我们可能想知道，如果詹姆斯可以单凭他的特权行事，那他为什么决定通过议会采取行动。公开宣称的理由是，詹姆斯是"一位温和的父亲和统治者"。[45] 真正的原因可以从詹姆斯对他不愿意让议会向长老会温和派提供宽容的解释中找到。他告诉梅尔福特，对长老会的任何让步都应该由他自己来做，"因为议会立法……会给相关派别某种权利的庇护"。[46] 换言之，詹姆斯决心让长老会教徒依赖于君主的善意来使他们就范。相反，他想让天主教徒拥有宽容的权利，如果他的继任者是一位新教统治者，他们将继续享有这一权利。为了回应这种亲政府的宣传，大量批评天主教救济计划的手稿涌现——以手稿形式出现，是因为政府"十分重视出版行业，任何反对国王计划或捍卫现行法律的刊物，都不能出版"。[47]一些刻薄的手写诗在坊间流传，攻击圣安德鲁斯大主教和爱丁堡主教对国王计划的支持。[48]此外，还有三本手稿小册子敦促下议院议员们不要同意废除刑罚法和《忠诚宣誓法》。这些作者确实表达了强烈的反天主教立场，但他们小心翼翼地不去批评国王或质疑他的特权。相反，他们认为，从法律上讲，议员们是不能同意废除的。1686 年 4 月底，一本名为《论为何不能同意废除针对天主教徒的刑罚法》的小册子在下议院议员和朝臣中广为流传，作者承认詹姆斯是"我们的最高统治者"，不受法律约束；然而，作者继续说，他的臣民是广受约束的，支持救济天主教的措施都将"与《忠诚宣誓法》的誓言背道而驰"，该誓言要求议员发誓绝不同意对真正的新教进行任何更改。此外，废除该法将会使"我们的宗教在法律上拥有的所有保障"消失，而这样做是愚蠢的，因为"天主教在国外很盛行，斗争残酷而猛烈，宫廷和这些国土上充满了罗马的使节"和天主教的皈依者。至于废除反天主教立法是"陛下的意愿"这一论点，该小册子继续写道，詹姆斯曾公开宣布他的意愿是"保护这个国家的新教"；因此，救济天主教的建议只能被解释为"来自我们宗教的敌人的诱惑，他们将不断地努力诱使他改变王室的决议和承诺"。[49]

第二本手稿小册子认为，尽管"国王陛下凭借他的特权可以合法地做任何事情"，但《忠诚宣誓法》阻止议员们同意"暂停执行针对天主教徒的刑罚法"。此外，就这个情况而言，詹姆斯在其统治初期就"通过批准和确认所有关于新教的法律"限制了自己的特权；而且，詹姆斯也没有权力"废除上帝的律法"，例如"惩罚偶像崇拜者的律法"。[50]第三本小册子同样坚持认为议员们受到《忠诚宣誓法》的约束，但它回顾说，苏格兰法律规定，教皇崇拜是偶像崇拜，教皇及其神职人员是敌基督者，"想到同意为敌基督者提供自由，除了恐怖，你们［指基督徒］能想到什么"？天主教徒必定根除异端，在传播天主教信仰时，他们用的不是温和的说服方式，"而是地狱般的方式，如撒谎、掩饰、密谋、屠杀、折磨和让双手沾上阻挡他们的人的鲜血"，历史和当今法国的例子都证明了这一点。作者问道，"为什么要在新教在整个欧洲都处于低潮的时候制定这个法律？如今教廷对宗教改革逼得如此之凶，其他的天主教国家正在努力效仿法国的榜样，唯独这个岛屿仍然是基督教世界中新教还没有受到罗马天主教狂怒而残酷的袭击的重要部分"。[51]

为影响议会的意见，还需施加其他形式的压力。4月底，阿伯丁教区的神职人员向主教请愿，反对支持任何救济天主教徒的措施，认为所有公职人员都有义务根据《忠诚宣誓法》的规定，在余生中"不仅坚持新教，而且决不对其进行更改"。[52] 主教确实在议会中遵循了这一建议。

正是在这种激烈的公众辩论气氛下，拟议的天主教救济措施于春末提交议会。詹姆斯任命莫里伯爵为他的王室高级专员，此人被大家怀疑早已皈依天主教（他到1687年才正式公开他的皈依），[53] 在给议会的信中，他只要求天主教徒享有"我们法律和我们政府保护下的安全"，这是其他臣民所享有的；作为回报，他提出与英格兰自由贸易，并对所有针对"我们王室成员或权威"的罪行给予充分赔偿。[54] 然而，出现了不好的预兆。4月29日会议开幕当天，倾盆大雨，而且整个夏天天气持续恶劣，议会因此获得了"黑雨议会"的绰号。[55] 事实证明，议会的氛围并不和谐。从一开始，就有一名议员提出，如果没有做出《忠诚宣誓法》规定的宣誓，任何人都不能入席；莫里（这一动议显然是针对他的）只是通过威胁将任何支持该动议的人送入托尔博思（爱丁堡的主要监狱）才勉强阻止了对该动议的表决。[56] 在回复国王的信中，议会承诺"在我们的信仰允许的范围内尽最大努力"帮助天主教徒，"毫不怀疑陛下将谨慎地保护依法确立的新教"，尽管一些议员私下表示"他们已经做了充分的审查，认为他们无能为力了"。在随后的辩论中，"反对罗马天主教的法律是否应该废除"的问题遭到相当大多数的否决，有些人说"超过了 10 比 1"。[57] 最终，议会立法委员会以 18 票比 14 票的多数通过了一项法案草案，并提交议会批准，该草案规定，如果满足某些条件，天主教徒可以免于被刑罚法起诉。在那些准备支持这项措施的人中，有圣安德鲁斯大主教、爱丁堡主教、塔巴特和阿瑟尔，他们的支持从来没受到过怀疑，还有更温和的人物，如特威代尔侯爵，甚至汉密尔顿、洛克哈特和德拉蒙德少将，他们曾在前一年的 3 月向国王表达过对救济天主教徒的担忧。反对他们的有格拉斯哥大主教，加洛韦主教，布里金主教和阿伯丁主教，坚定的主教制派教徒，如总检察长罗斯豪的麦肯齐（据说是"主要的反对者之一"），马尔伯爵和威廉·布鲁斯爵士，以及六名自治市的市长，包括林利斯戈的亚历山大·米尔恩，他本该为宫廷管理该自治市的利益，却叛逃到另一方。然而，由此产生的法案包含了太多的限制，莫里拒绝接受。当国王提出修改意见时，汉密尔顿明确表示，这些意见是不可接受的。[58] 受挫的詹姆斯于 6 月 15 日宣布议会休会，他惊讶于"鉴于苏格兰贵族和乡绅的良好性情，他们竟然拒绝如此温和的请求"。[59] 在英格兰，人们普遍认为苏格兰的情况会"令国王满意"。[60] 哪里出错了？

在废除刑罚法的问题上，议会意见纷纭。处于两极的人要么赞成，要么反对，但处于中间立场的人出于各种原因，准备在满足某些条件的情况下同意废除刑罚法。一些寻求有条件废除的妥协者，跟那些顽固拒绝向罗马天主教徒做出让步的人一样，对国王的政策怀有敌意，并在挫败拟议的宽容政策方面发挥了重要作用。我们依次来考察各种立场。

一些人认为，议会应该默许詹姆斯提出的所有要求。议会开幕当天的布道中，爱丁堡主教劝告议员们"无论如何都不要抵抗"，遵从是"他们的责任"。[61] 然而，有些人"是为了取悦王室"，而远非"支持王室立场的逻辑"。这些人提议，这种宽容政策只应在国王的有生之年内持续，并要求最低限度的保护措施，即任何从宽容政策中获益的天主教徒都应首先宣誓放弃教皇的罢黜权，并宣布"他们没有义务根据其宗教原则迫害和消灭异端"。他们认为，议会可以安全地屈服于国王的要求，因为"一个新教继承人将废除一切"，此外，反对詹姆斯的计划是毫无意义的，因为如果议会坚持己见，詹姆斯只会解散它，让另一个议会来处理他的事务。[62] 因此，在这里我们看到，没有人认同国王的信念，即天主教徒有权利获得宽容，而且这种权利在他去世后应继续存在。

　　然而，还有一些人准备同意对天主教徒进行某种程度的救济，前提是新教有稳定的保障。议会立法委员会任命了一个由 12 人组成的特别委员会来决定拟议的立法应采取何种形式。在这里，汉密尔顿提出了一项具有挑衅性的建议，即议会不仅应该对天主教徒，还应该对新教不从国教者给予宽容，不出所料（无疑也是有意的），这引起了"教会和骑士党"的恐慌。洛克哈特提议，天主教徒只应被允许在私人住宅内进行礼拜，并应继续被禁止担任公职；任何担任公职的天主教徒都将被判叛国罪，"即使国王也无法赦免，除非议会同意"。[63] 6 月 1 日议会立法委员会向议会提交的法案，最终与洛克哈特的提案没多大区别。它规定，天主教徒不会"因在私人住所内进行宗教活动（因此不包括公开礼拜）而有流血的危险，也不会受到其他议会立法的惩罚"。然而，它最后申明，"此一豁免权"不算是对天主教的认可，也不算"违背了议会针对天主教或支持新教而制定的法律"，尤其是《忠诚宣誓法》或其他要求效忠宣誓的法律，《忠诚宣誓法》规定的宣誓应声明继续完全有效，"直至达到其目的和意图"。[64] 换言之，拟议的措施明确确认了被詹姆斯任命为公职的天主教徒——包括那些在苏格兰政府最高层的人——都是违法的。莫里拒绝通过该法案，也就不足为奇。正如一位报道宫廷动态的通讯作者所说的："无需告诉你们，这离我们的期待有多大差距，我们本来希望他们会完全顺从陛下所有的愿望去支持罗马天主教徒。"[65]

有些人反对任何救济天主教徒的措施，即使有法案所规定的限制也不行，他们认为支持天主教宽容将使他们违反《忠诚宣誓法》，从而使他们犯伪誓罪。反对顺从的运动是由斯特灵城堡总督马尔伯爵和格斯福德的莱尔德领导的。自治市代表也相当不满。从政府的角度来看，最令人震惊的是来自教会建制派的强烈反对。14 名主教中有 11 名反对议会对国王信件的回复，该回复暗示议会可能会竭尽全力帮助天主教徒。如前所述，议会立法委员会中，有四位主教投票反对拟议的法案。邓凯尔德的布鲁斯主教和罗斯的拉姆齐主教也在议会上直言不讳地提出了批评，后者在议会开会前发表了煽动性的布道，以至于不得不阻止其他主教向议会布道，因为他们拒绝保证不讲反对天主教的言论。[66]

政府尽力想得到议会的支持，但宽容天主教的政策还是失败了。在议会开始前，议会立法委员会有三名成员去世，这使莫里得以任命自己的人作为替代，尽管有人抗议说他们本应由贵族和主教任命。[67]莫里还利用威胁和承诺，积极拉拢下议院议员。[68]也有一些新成员被试图塞入进来。为了任命自己的人担任市长，詹姆斯已经在去年秋天中止了爱丁堡自治市的选举，而到了议会会议开始时，宫廷利益集团试图说服老市长让位给新人，但他拒绝了。[69]巴尔卡雷斯伯爵请来了纽瓦克勋爵（他没有参加前一届的议会），以加强宫廷一方的力量，但纽瓦克最终宣布反对宽容天主教的政策。[70]还有其他一些人，宫廷的代表试图让他们离开。譬如几位自治市代表，被宣称实际上并不是自治市民，因此不能参加会议，不过最后他们还是保住了自己的席位。马尔、罗斯勋爵、基尔赛斯的威廉·利文斯顿以及约翰·达尔泽尔爵士等军事指挥官，被指示离开议会回去工作，但他们宁愿辞去职务也要出席会议；奥比斯顿的汉密尔顿被命令进入高地司法委员会，但他拒绝了，理由是国王出席议会的令状更为重要。其他人只是被告知"要么离开，要么回家"。议会会议被故意拖延，宽容天主教的提案留到其他立法颁布之后，希望"穷人们在耗尽了金钱和信贷后"被迫离开，法案能在人去楼空的议会强制通过。[71] 那些批评拟议的宽容政策的人遭到免职。5 月中旬，詹姆斯解雇了他的总检察长罗斯豪的麦肯齐，将格伦凯恩伯爵和威廉·布鲁斯爵士从枢密院中除名，免除了皮特梅登勋爵在最高民事法院的职务，并取消了格伦凯恩和邓凯尔德主教的抚恤金，作为"警告"，目的是"恐吓，以消除其他议员的反对意见"。当这一招没有奏效时，詹姆斯将格斯福德的莱尔德从枢密院中解职，将格斯福德、马尔和罗斯赶出军队，并剥夺了邓凯尔德主教的职务，而邓凯尔德的任命原本是"终身的"。[72] 6 月，奥比斯顿的汉密尔顿和格拉斯哥的市长约翰·约翰斯顿以捏造的罪名入狱——实际是因为他们反对宽容天主教的立场；林利斯戈的米尔恩失去了海关助理收税官的职位；昆斯伯里最终被迫离开自己剩下的职位。[73]

詹姆斯未能说服苏格兰议会同意废除刑罚法这件事的重要性，无论怎么估计都不过分。这打乱了他的满盘计划。如我们所见，詹姆斯在有意识地打不列颠牌，希望苏格兰议会能为英格兰人树立一个好榜样。1681 年，詹姆斯在担任驻苏格兰议会的王室高级专员时，曾看到他的兄长查理二世在这一策略上大获成功。1685 年，詹姆斯也采用了这一策略，再次取得了预期的结果。然而在 1686 年，这个策略失败了，而且是被苏格兰议会本身挫败的——也许更值得注意的是，仅仅一年前，苏格兰议会还在吹嘘苏格兰君主的权力。在詹姆斯通过其他方式在苏格兰实现他想要达成的目标之前，重新召集英格兰议会是没有道理的。（事实上，詹姆斯的英格兰议会再也没有召开过。）简言之，苏格兰的事情决定了詹姆斯后来在英格兰的行事方式。

　　由于未能通过议会实现他的愿望，詹姆斯决定行使他的特权。正如他告诉法国大使的，"苏格兰的事务并没有如他所料"，但"通过法律赋予他的权力，他可以在苏格兰确立议会拒绝给予的有利于天主教徒的自由"。[74] 因此，8 月 21 日，詹姆斯写信给苏格兰枢密院，宣布他已决定给予天主教徒私下信奉宗教的自由，使他们免受刑罚法的惩罚，并在荷里路德宫建立一座礼拜堂。"我们决心维护他们[众多神父和其他人的]的正当权利和特权"，以便在苏格兰首都"可以更体面、更安全地进行天主教礼拜"。他解释说，刑罚法是在假设天主教徒必然意味着不忠诚的情况下通过的，但恰恰相反，在新教徒"针对我们的父亲、兄长和我们"而发起的"非自然叛乱"期间，天主教徒"仍然坚持王室利益"。因此，天主教徒应该得到救济。此外，詹姆斯确信，议会本会批准救济，如果不是"我们的敌人"误导"善良的人们"认为这样做违反了《忠诚宣誓法》，该法并不妨碍人们同意"在不违背新教明确信条的情况下"对教会进行改变。詹姆斯在信中表示，人们可以放心，他并不打算进行"暴力变革"，因为他决心维护主教和下级神职人员的"正当权利和特权，以及新教教授在教会自由行使的权利，并阻止一切宗教狂热对他们的侵犯"。在信的结尾，詹姆斯承诺确保司法公正，并保持军队纪律严明。[75]

　　詹姆斯进一步清洗了枢密院，以确保他们同意他的要求。他撤换了马尔伯爵、邓弗里斯伯爵、洛锡安伯爵、金托尔伯爵以及罗斯勋爵，让长老会教徒邓唐纳德伯爵（主要是为日后任命天主教徒铺平道路）和天主教徒特拉奎尔伯爵没有宣誓就加入进来。[76] 然而，当枢密院在 9 月中旬开始审议对国王的回信时，仍有一些异议。有些人想知道，国王如此坚决维护的荷里路德宫天主教神职人员的"权利和特权"是什么。汉密尔顿和洛克哈特成功地反驳了塔巴特的建议，即枢密院应承认国王的特权为天主教徒提供了"法律保障"。汉密尔顿坚持认为，他并不质疑国王的特权，但他不明白为什么枢密院需要"宣布它是法律"。枢密院的回信强调了詹姆斯保护法治的保证。它首先感谢国王承诺"公正地执法"以及"妥善地管理"他的军队，然后感谢国王再次保证"维护主教和下级神职人员以及新教教授的合法权利和特权"。作为回报，枢密院承诺支持国王和他"至高无上的王冠"拥有的"不可侵犯的特权"，认为他对特权的行使"只对上帝负责"，并同意"谦恭地默许"他给予天主教臣民豁免权的愿望。方廷霍尔总结道，枢密院"批准了议会拒绝的事情"。[77]然而，此言差矣。詹姆斯试图为他的天主教臣民争取法律上的保障，遭到的不仅仅是议会的拒绝，他的枢密院也拒绝让步。

特权、宽容以及与新教不从国教者的和解

1686年秋，詹姆斯的苏格兰政策似乎要失败了。诚然，天主教徒被任命为苏格兰政府的高级官员，弥撒在苏格兰首都公开举行，枢密院承认国王有权让他的同教中人免受刑罚法的制裁。然而，在追求这些成果的过程中，詹姆斯一直遭到反对：来自爱丁堡民众，来自许多国教神职人员，甚至来自重要的政治精英。就连他自己的枢密院顾问和议会立法委员会都阻挠他的提议，结果，詹姆斯没能让一向顺从的苏格兰议会通过宽容天主教的措施。此外，首先在苏格兰推行改革，以便为英格兰树立榜样这一基本策略的结果适得其反。令人担忧的是，这些问题并不是由查理二世统治时期王室政策的传统敌人，即长老会或激进的圣约派造成的，虽然确实有一小部分长老会成员参与了抵抗。相反，国王正在失去那些自复辟以来一直是其苏格兰传统盟友的人的支持，即主教制派贵族、士绅和神职人员，而且要想重新获得他们支持的希望不大。1686年夏天，苏格兰国务大臣梅尔福特将格拉斯哥大主教凯恩克罗斯叫到伦敦，试图

说服他不要再反对宽容天主教的政策。与此同时，梅尔福特正在寻找合适的人选，以填补因邓凯尔德主教离职和加洛韦主教最近去世而留下的空缺，并向布鲁姆希尔的牧师约翰·伯尼提供其中一个职位，前提是他同意支持废除刑罚法。凯恩克罗斯和伯尼都拒绝了。第二年1月，詹姆斯在未经审判、听证甚至未说明理由的情况下剥夺了凯恩克罗斯的教职；他后来任命爱丁堡的帕特森主教作为替代者。[78]

詹姆斯需要重新设计他的策略。他的首要任务仍然是促进同教者的利益和鼓励天主教信仰。由于这只能通过君主特权来实现，他需要巩固王室在边境以北的权威。一切形式的反对都要被压制，一切都要服从王室的权威。他还试图让如下一点得到明确的承认，即他不仅有能力，也有权利仅凭特权行事，也就是说，承认国王的意志是法律，与议会法规具有同样的效力，并提供同样的保障。简言之，詹姆斯着手在苏格兰建立理论上和实践上的王权绝对主义。与此同时，他也认识到需要努力扩大他的支持基础。为此，他开始向新教不从国教者做出让步，对长老会温和派和公谊会教徒给予宽容，目的主要是让更多的团体承认他们对国王绝对权威的依赖。然而，基本上，詹姆斯无一事成：王室在苏格兰的权威没有得到有效加强；事实证明，信教自由政策考虑不周，不得不重新制定，以至于没有达到预期效果；就连帮助天主教徒的努力，结果也令人失望，因为天主教信仰在苏格兰几乎没有进展。

詹姆斯首先任命了更多的天主教徒加入他的枢密院：11月是戈登公爵和锡福斯伯爵，12月是尼德里的莱尔德。[79] 当然，这些人都需要绕过《忠诚宣誓法》。然而，詹姆斯决心不让人们觉得，他的特免权只对他的同教者有利，他开始尝试通过使从国教新教徒的地位依赖于特免权来收编他们。为了让教会机构承认其特免权的合法性，1686年10月，詹姆斯授权圣安德鲁斯大主教和爱丁堡主教允许那些因拒绝按《忠诚宣誓法》宣誓而放弃牧师职责的从国教牧师（有些牧师这样做是因为《忠诚宣誓法》内部不一致）不必宣誓就可以获得空置的职位。结果喜忧参半：一些人接受了"上帝为他们打开的大门"，另一些人"认为他们不应该接受它，因为这是一种强化特权的行为，而对天主教的宽容以及对我们法律的特免正是基于这种特权"。[80]11月19日，国王任命信奉天主教的戈登和信奉新教的巴尔卡雷斯为财政部专员，免除了他们宣誓的义务，尽管自1682年起担任枢密院顾问的巴尔卡雷斯此前宣过誓。[81]一些在1681年因不愿宣誓而辞职的新教徒恢复了原职。1687年1月，默辛顿的亚历山大·斯温顿和考登诺斯的詹姆斯被恢复为辩护律师，国王宣布他"以君主特权"免除他们参加宣誓的要求。[82]接下来的一个月，詹姆斯任命约翰·达尔林普尔爵士（斯泰尔的长老会律师詹姆斯·达尔林普尔爵士的儿子，1681年后因拒绝宣誓而被流放）为总检察长，并获得宣誓特免。[83]

詹姆斯还进一步采取措施，在苏格兰推广天主教崇拜。1686年11月30日，即圣安德鲁日，天主教徒在荷里路德宫为礼拜堂举行了祝圣仪式。次年3月，詹姆斯授予四名在那里任职的神父每年50英镑的养老金。1687年7月，詹姆斯把荷里路德宫的修道院教堂交给新成立的蓟花骑士团（Order of the Thistle），该骑士团是詹姆斯在当年5月29日根据新规定成立的法定基金会，以奖励支持他政治和宗教议程的苏格兰贵族。正如方廷霍尔记载的，"第一个新教教堂就这样从我们这里被夺走了"。第一批被任命为蓟花骑士的是珀斯、戈登和新教徒阿瑟尔，尽管要求他们在弥撒仪式上宣誓遇到了一些困难，即使良心灵活如阿瑟尔也是"磕磕绊绊了一会儿"。1687年8月，荷里路德宫的那些传统上留作御前大臣住所的公寓，被改为耶稣会的学院。第二年3月，学院的规章制度出台，承诺所有的孩子都可以在那里免费接受教育。[84]为了鼓励皈依罗马天主教，1687年上半年，詹姆斯向苏格兰传教团捐赠了600英镑。[85]

爱丁堡的居民对这些变化非常不满。1686 年圣诞节，珀斯不得不在荷里路德宫的礼拜堂派驻一队来自邓巴顿所辖军团的天主教士兵，以防止弥撒期间发生骚乱。1687 年 1 月初，大批卫兵再次出动，"因为怀疑一群学徒和其他年轻人打算举着魔鬼和教皇的肖像游行"。4 月中旬，爱丁堡的一位裁缝"出于好奇"去参观天主教礼拜堂，他当着布莱尔霍尔夫人和其他一些做礼拜的人的面撒尿，以表明他对所看到的一切的厌恶，后来他却说自己不是故意冒犯，只是突然内急。11 月 6 日星期天，有人往礼拜堂张贴了一张纸，上面列有五条对天主教信仰的诘难，其中包括"以一种陌生的语言为上帝服务的天主教习俗"是否与使徒保罗所教导的教义相违背，因此与通奸一样是一种罪过，并批评天主教神父是哑巴狗，他们不想让人们听到他们所说的话，因此咕哝着做弥撒。1688 年春，首都之外唯一被移交给天主教徒做礼拜的新教教堂是阿伯丁的三一教堂，就这一处，还引发了当地各行各业的人的抵制。[86]

当詹姆斯继续努力帮助天主教徒时，他尽力压制任何批评意见的出现，尤其关注布道坛，因为许多神职人员都曾直言不讳地对天主教提出警告。1686 年 6 月 16 日，枢密院根据国王的命令发布了一项公告，禁止牧师们在布道中对"国王，他的个人、原则、意图，或政府"进行评论，这与 1584 年的一项立法是一致的。神职人员很不高兴，部分原因是 1584 年法是针对长老会而制定的，部分原因是该法指责国教神职人员鼓吹"煽动性的计划……使人民感到恐慌"。三个月后，枢密院重新发布该公告，还要求神职人员每年宣读四次，以"铭记在心"。[87] 一些神职人员拒绝服从。[88]1687 年 7 月底，国王写信给他的苏格兰首主教——忠心耿耿的圣安德鲁斯大主教罗斯，要求他指示主教们务必暂停或开除任何宣讲国教危在旦夕或妄论"王室的倾向或权威"的牧师的教职；拒绝的主教都会被视为心怀不满。[89]

政府还加强了对媒体的管控。早在 1686 年初，珀斯就发布命令，禁止印刷商或文具商印刷或销售有关天主教的书籍，但仍存在从英格兰进口反天主教作品的问题。随着反对天主教的媒体运动在边境以南兴起，这些作品中有许多传到了北部的苏格兰。1687 年 8 月，苏格兰枢密院呼吁爱丁堡的印刷商和书商宣誓声明他们在过去十二个月里进口、印刷或出售了哪些书籍：一些书商被监禁或罚款；书商今后在没有特别许可证的情况下，都不允许印刷或销售书籍。政府甚至还采取措施防止手稿的复制。相反，政府对天主教文学没有采取类似的措施。事实上，国王允许詹姆斯·沃森在荷里路德宫设立天主教出版社，印刷、进口和销售反对新教的书籍。这侵犯了 1671 年苏格兰授予安德鲁·安德森的印刷垄断权，需要得到国王的特别许可；这也违反了苏格兰长期以来禁止出版异端文学的法律，1661 年苏格兰枢密院再次确认了这一法律。1687 年底沃森去世后，出版社由德意志天主教徒彼得·布鲁斯接管。[90]

　　1687 年 2 月 12 日，詹姆斯对苏格兰颁布《信教自由令》，通过王室法令确立了宽容政策。自由令一开始就哀叹苏格兰的宗教仇恨导致了"贸易衰退、土地浪费和慈善事业的消亡"以及"对王权的蔑视"。詹姆斯决心"将臣民的心与感情，在宗教上与上帝相结合，在忠诚上与我们相结合，在爱心和慈善上与他们的邻人相结合"，宗教集会，不管是在谷仓内还是在野外，将继续受到"最严厉"的起诉，因此他宣布，他已决定通过其"王权权威、君主特权和绝对权力"——臣民应该"毫无保留地服从"——将"王室宽容"授予"几位基督教教授"。"长老会温和派"被允许在他们的私人住宅内集会，前提是他们不说、不做任何煽动或叛逆的事情，但他们不被允许建造特别的集会场所或在外面的房子或谷仓内集会，而且野外秘密宗教集会将继续受到"最严厉的起诉"。相比之下，公谊会教徒被允许"在任何指定供他们礼拜的地方"举行集会。主要的好处是为天主教徒准备的。詹姆斯说，由于他们已经证明自己是忠诚的臣民，他决定"暂停、终止并废除针对他们的法律和议会立法"，这样他们就可以享有与新教徒一样的自由，"不仅可以拥有自己的宗教信仰，还可以享有"他在未来"认为合适的时候授予他们的职位和福利"。因此，天主教徒被允许在私人住宅或礼拜堂里做礼拜，但被禁止在开阔的室外布道，被禁止强行进入新教教堂，或在御准自治市的大街上举行公开游行。詹姆斯进一步宣布，他已决定"推翻、废除并解除那些让臣民不能担任公职的誓言"，包括1681年《忠诚宣誓法》规定的誓言；相反，官员们将被要求宣誓不抵抗，承认詹姆斯七世是"合法的国王和最高统治者"，并承诺永远不会"拿起武器反对他或他的委托人"，或反对他的"权力或权威"，而是"帮助、保卫和维护他、他的继承人和合法继任者行使他们的绝对权力和权威"。同样凭借国王的"绝对权力和君主特权"，詹姆斯补偿了过去因为违反刑罚法而遭到惩罚的教派，除了那些在集会上发表叛逆言论的长老会教徒。自由令最后承诺保护国教神职人员的"职能、权利和财产，以及新教臣民在教会中自由信奉新教的权利"，并维护原本属于天主教会的"教会土地所有者"的"完全自由占有权"，尽管詹姆斯警告说，他打算"无区别地对待所有臣民"，不管他们的宗教信仰如何。[91]

　　这一政策背后的逻辑很简单：詹姆斯想要建立对天主教徒的完全宽容；通过将宽容延伸到公谊会教徒，并在更有限的意义上，延伸到温和的长老会教徒，以扩大他在苏格兰的支持基础，同时维护法律的全面效力，以打击野外秘密宗教集会者和其他可能被证明具有煽动性或政治颠覆性的人；并让人们认识到他可以凭借自己的绝对权力做到这一点。在随后3月1日给枢密院的一封信中，他坚持，除非长老会教徒首先宣誓捍卫国王的"绝对权力和权威"，否则不应被允许布道。[92]詹姆斯还希望，如果他能通过特权在苏格兰建立宽容政策，那么他在英格兰推行类似政策时就会容易一些。在低地国家流亡的吉尔伯特·伯内特出版了一本小册子，谴责"陛下在这些新任命中说明了他的绝对权力"，其真正含义似乎是"国王有一种固有的权力，不受法律、承诺或誓言的约束"。然而，伯内特更多是为英格兰人而不是为苏格兰人写的；他在小册子的结尾警告说，"我们在英格兰看到了我们必须寻找的东西"。[93] 事实上，国王的绝对权力在苏格兰并不新鲜：1685 年的《货物税法》确认苏格兰国王是绝对的，而苏格兰枢密院承认詹姆斯凭借其"不可侵犯的特权"可以给予罗马天主教徒宽容。然而，王权的拥护者总是把捍卫绝对主义与这样一种信条联系在一起，即国王不会犯错，但那些以他的名义行事的人可能会犯，因此有义务维护法律（如果他们不这样做，则可能被追究责任）。然而，苏格兰的《信教自由令》，通过坚持詹姆斯的臣民必须"毫无保留地"服从他，似乎消除了对国王滥用权力的任何可能的约束。[94] 拉伊庄园阴谋的策划者、加入蒙茅斯叛军的罗伯特·弗格森——与伯内特一样，在流亡中撰文——谴责该自由令是"一种前所未有的专制行为，几乎没有一个东方暴君，哪怕是法国这样的利维坦，会冒这样的风险"，因为它试图约束臣民，以维护和捍卫国王及其继任者行使绝对权力。弗格森宣称，实际上，该自由令要求人们"宣誓成为国王陛下最顺从的奴隶和附庸"，并"鼓励他的天主教臣民在国王的授权下割破新教徒的喉咙，而他们［新教徒］的双手被誓言束缚住，只能坐以待毙"。[95]

枢密院在 2 月 24 日给国王的一封正式信中对《信教自由令》做出回应，他们基本上支持这一政策，尽管措辞有些谨慎。他们表示，他们希望没有人会滥用这种非同寻常的仁慈行为，并承诺，如果有人"错误地利用"詹姆斯的"善意"，他们将"维护"国王的"君主特权和权威"。他们声明，他们希望看到国王的温和忠诚的臣民享有"安逸和安全"，不管他们的宗教信仰如何，并承认，所有"由陛下雇用担任民事或军事职务"的人都"得到了陛下的充分授权和委托，可以行使同样的职责"；然而，他们确实没有提到教会的职务，尽管《信教自由令》特别提到，天主教徒应该自由地享受那些授予他们的福利。信的结尾感谢詹姆斯承诺维护"现今依法确立的教会和我们的宗教"。[96] 即使在清洗之后，仍然有一些反对意见。汉密尔顿和他的两个女婿邓唐纳德伯爵、潘穆尔伯爵，为了不在信上签字，在看到这封信后退出了枢密院；两人随后被解职。特威代尔侯爵、其子耶斯特勋爵以及德鲁梅尔泽尔的威廉·海都缺席了。此后，他们选择了半退休的生活，而不是与詹姆斯的政策共进退。[97]

　　长老会教徒拒绝接受《信教自由令》的好处，反对限制他们的礼拜自由，反对《信教自由令》主要是为了帮助天主教徒这一事实，反对承认"毫无保留地绝对服从"国王的誓言。据当时来自"会社分子"的历史学家亚历山大·希尔兹的说法，詹姆斯的"欲望、无礼和傲慢"远远超越了"所有曾经践踏人类自由的罗马、西西里、土耳其、鞑靼或印度的暴君"。许多长老会温和派教徒继续参加国教的礼拜仪式；而激进的圣约派则坚持野外秘密集会，因此受到了"最严厉"的惩罚，一些人被流放，少数人甚至被判处死刑。[98]3 月 31 日，詹姆斯致函枢密院，允许长老会享受《信教自由令》的好处，而无需宣誓。这似乎没什么作用。[99] 因此，詹姆斯决定于 6 月 28 日发布另一项自由令（7 月 5 日在爱丁堡发布），宣布凭借其"王权、君主特权和绝对权力"，他决定"暂停、终止并废除针对非国教宗教而制定的刑法和血腥法律"，从而赋予长老会教徒与天主教徒同样的自由，允许他们在礼拜堂或专门建造的礼拜场所以及私人住宅中集会，但保留了对野外秘密集会的禁令。[100]

　　除了激进的圣约派，即野外传教士詹姆斯·伦威克的追随者，大多数长老会教徒都接受了修订版的《信教自由令》。[101] 受益最大的是西南部地区，这个地区在多年的迫害中受害最深。集会场所很快就建立起来了，大批堂区居民离开了他们的堂区教会，通常"除了他们自己的家人"，没有人能听到主教制派牧师的声音。[102] 在革命后写的一篇充满敌意的报道称，长老会使用恐吓手段强迫人们参加他们的集会。[103] 虽然这一点有待商榷，但毫无疑问，詹姆斯的宽容政策加剧了长老会教徒和主教制派教徒之间的紧张关系，而这一地区的局势本来就十分不稳定。相比之下，泰河以北很少有集会场所。[104] 另一方面，野外秘密集会的圣约派也往往集中在西南部，在1687 年下半年和整个 1688 年，他们继续受到追击，詹姆斯·伦威克、亚历山大·希尔兹等人被悬赏 100 英镑捉拿归案。[105]1688 年 2 月初，伦威克本人最终在爱丁堡被捕。在审判中，他否认了詹姆斯七世的权威，并声称"给詹姆斯他自以为拥有的绝对权力，就是把一个造物放在造物主的位置上"。伦威克于 2 月 17 日被处决。[106]

　　1687 年 7 月 20 日，来自王国各地的长老会牧师聚集在爱丁堡，讨论是否向国王表示感谢。虽然有人反对，但第二天他们还是同意提交措辞谨慎的致谢函，承认国王"给予的宽大仁慈的支持结束了我们长期而悲惨的苦难"，并表示他们决心"在我们的教义和实践中保持完全的忠诚（符合我们已知的原则……）"。"爱丁堡和坎农格特长老会的居民"起草了一份"更加华丽的"致谢函，表示他们无法"找到合适的表达方式"来表达他们对宽容政策的"最谦卑和感激的认可"，并希望他们的真诚能表明"真正的忠诚和长老会原则之间没有矛盾"。还有第三份致谢函，"来自苏格兰西部格拉斯哥及其附近的牧师和上帝的子民"。据一则充满敌意的消息来源称，这份致谢函"高度恭维国王，许诺遵守和顺从"，其程度远远超过了前两份。[107]一些主教制派教徒发现，长老会教徒明显的转变让他们难以接受。一份以手稿形式流传的讽刺性致谢函代表长老会教徒表达了他们"最谦卑和衷心的感谢"，并开始嘲笑给予这些人宗教宽容的整个逻辑：它代表长老会教徒说，"我们的先辈们——他们的原则指引着我们——确实扰乱了您祖父〔詹姆斯六世／一世〕的幸福统治"，而且"在您虔诚的父亲〔查理一世〕的统治下，他们频繁地扰乱、动摇、改变

政府，直到我们将他送上断头台"，所以他们也"永远不希望在机会
出现时，向陛下展示同样的善意"。[108] 我们将在第九章中看到，这些
言论包含的讽刺比这位讽刺作家所能预见的还要多。

激进的圣约派拒绝接受宽容政策，因为它是基于对"绝对权力"
的宣扬，并旨在"为引进天主教开辟道路"，[109] 他们对那些接受该
政策的人进行了严厉的批评。在被捕和被处决之前，伦威克抱怨说，
在苏格兰从未有过"在没有人坚决反对的情况下，就让天主教徒进
行偶像崇拜，更没有听说过，在一些所谓新教徒和长老会教徒的致
谢函中会赞扬这种公然的表示"。[110] 同样地，主教制派的两位同名者，
塔巴特的乔治·麦肯齐和罗斯豪的乔治·麦肯齐爵士，在 1689 年初
撰文指责长老会"顺从教皇党"，并声称国教会教徒"宁愿冒着危险
也不愿合作"，而长老会"夸大了特免权"。[111] 长老会的辩护者在革
命后，自然对他们的行为提出了不同的观点。正如研究长老会受难
史的历史学家罗伯特·伍德罗指出的，长老会并没有积极寻求这种
自由，而且"只要自由令的颁布与教皇党的自由有关，并且在所有
以前的限制都被取消之前"，他们都拒绝接受。[112] 长老会神学家吉
尔伯特·鲁尔曾在复辟政权时期遭到监禁，他认为，接受"在被不
公正地剥夺了自由之后给予他们的自由"，并不意味着承认特免权，
因为这是"基督在福音书中给予他们的应得权利"；长老会教徒只
是"感谢他们恢复了正常的生活"。至于合谋参与引进天主教，鲁
尔补充说，长老会认为"阻止它的最好办法是利用自由，让人们走
上正道"；尽管如此，他们表示他们"不喜欢对教皇异端和偶像崇
拜的宽容"。[113] 一些长老会成员确实这样做了。1687 年 10 月 18 日，
约翰·哈代在贝里克郡戈登的一次布道中"感谢国王陛下的宽容"，
但他补充道，"如果他们有必要取消反对天主教的法律，最好是不要
这样做：谁同意，撒迦利亚的诅咒之声就会降临到谁身上"。哈代被
传唤到枢密院面前，但他拒绝收回自己说过的话。在 12 月 1 日的审

判中，他不仅大胆地承认了自己所说的话，而且补充道，"这是长老会的原则，偶像崇拜可以被判处死刑"，"他们永远无法想明白，反对天主教的法律是公正、合法和必要的"。然而，哈代坚决否认他说过任何煽动性的话，法官们最终同意了，并释放了他。[114]1688 年 4 月，来自邓迪的长老会牧师亚历山大·奥罗克因"在布道中称国王为偶像崇拜者"而被传唤到枢密院面前。由于被禁止在邓迪传教，他干脆搬到别处去了。他似乎有一些追随者。当圣安德鲁斯大主教因他试图在那里布道而将他逮捕时，一场暴乱接踵而至，奥罗克的一些支持者袭击了前来逮捕他的镇官员。[115]

在多年的迫害严重削弱了长老会运动之后，《信教自由令》给了长老会重建的机会。被囚禁或被迫流放的牧师们重新领导他们的信众；堂区居民被积极鼓励把他们逃离国家的牧师叫回家。一个基本的长老会组织重新建立起来，每月举行一次长老会会议；在建造集会场所方面寻求合作；还制定了一些鼓励年轻学生的规定，以便他们可以获得许可并被任命为新会众的牧师。具有讽刺意味的是，詹姆斯的行为导致了革命到来时，长老会处于挑战教会控制权的位置。[116]

詹姆斯的宽容政策反而破坏了国教会新教徒的团结。詹姆斯试图让他的新教臣民参与他的废除公职宣誓的计划。1687 年 6 月，他向最高民事法庭和枢密院发出了新的任命，任命了同样的人，但免除了他们的宣誓要求。[117]詹姆斯宽容政策的最终调整发生于 1688 年 5 月 7 日，当时国王发布公告，重申 1687 年 2 月 12 日的自由令，并在 6 月 28 日予以解释和延伸，宣布解除所有"枢密院、议会开会期、财政署、法院的法官，以及御准自治市的治安法官的职位，让他们接受新的任命"而不需要宣誓，这样，"我们可以让世界相信我们的程序是公正的"。[118]甚至连忠诚的主教制派教徒巴尔卡雷斯伯爵也承认这是一个严重的错误，"引起了巨大的恐慌"。更糟的是，另一项命令规定所有王室雇员，不管有没有国王的豁免，只要违反法律，就都需要购买豁免。[119]

　　詹姆斯可以指望他的两位大主教，即圣安德鲁斯的罗斯和格拉斯哥的帕特森的忠诚。两人都是枢密院顾问，在1687年2月签署了支持《信教自由令》的信函。但有许多令人不安的迹象表明，主教制派存在敌意。1688年3月，当罗斯大主教说服圣安德鲁斯大学致信詹姆斯，承认国王"可以凭其特权，不经议会就废除刑罚法"时，14名院长中有5人拒绝签署。[120]国教会中似乎很少有神职人员欢迎《信教自由令》。巴尔卡雷斯在革命后撰文称，主教制派神职人员在私下谈话和布道中谴责了自由令，担心国王"给予普遍的信教自由"会"破坏已然确立的国教"。[121]一位同时代的记者报道说，不仅主教，就连一些枢密院顾问也对6月份的自由令感到不安，认为它"太宽泛了"；这名记者后来表示，"最反对这种自由及其确立的是主教制派"。[122]一些主教制派教徒干脆拒绝承认自由令。1687年12月，罗杰·莫里斯得知，"苏格兰的一些合法牧师"已经"恢复了旧有的苏格兰国家反对天主教的圣约"（大概是指1581年谴责天主教的《反信纲声明》），并让他们的会众表"决心支持"。[123]1688年夏，阿伯丁大学的教师们遇到了麻烦，因为他们在毕业典礼上"擅自要求学生宣誓信奉新教"，而国王"已经解除了宣誓的要求"。教师们抗议说，他们这样做是出自大学章程的要求，他们曾发誓要遵守大学章程，因此他们省略这一誓言便要犯伪誓罪。[124]在一些地区，主教制派的治安法官试图不让长老会顺利获得宽容：他们以牧师名单上没有他们的名字为借口，将他们逮捕；骚扰不去教堂做礼拜，或将谷仓等建筑物出租作为礼拜场所的人；剥夺那些经常出入集会场所的人作为自由民的自由。一个特别麻烦的地方是邓迪，该镇镇长克拉弗豪斯伯爵是狂热的反长老会十字军战士，忙于调查长老会牧师，认为他们涉嫌超越《信教自由令》条款，疏远人民与国王的政府。[125]

詹姆斯似乎仍然希望通过让议会将他的《信教自由令》变成法律，来确保苏格兰宽容政策的永久实施。为了实现这一目标，他需要促使一个顺从的议会回归，而这一点最容易实现的方法是控制自治市代表的选举，这些代表通常由市议会选出并支付费用。1686年9月，詹姆斯暂停了所有御准自治市的地方选举，然后开始提名自己的人担任市长、治安法官和市议员。这直接侵犯了市民根据旧特许状选举自己的治安法官的合法权利。也没有以权利开示令状的法律程序作为借口；国王只是凭其特权行事。在一些自治市，国王任命了贵族和乡绅，这违反了1609年禁止他们担任市镇治安法官的法令。[126] 国王在1687年和1688年重施了暂停选举和提名自己官员的政策。[127] 1687年7月，詹姆斯试图让御准自治市会议（CRB）取消自治市代表的居住资格，以便为他提名的一些乡绅开路。虽然他在这方面失败了，但他成功地让会议取消了对天主教徒参加选举的限制。[128] 到1688年2月，伦敦有传言称，詹姆斯不仅将在苏格兰召开议会，而且他"决心亲自出席"，为了更容易实施"国王陛下制定的仁慈计划，并消除迄今为止所有阻碍他的政策实施的障碍"。[129]

事实上，詹姆斯没有在苏格兰再次召开议会，而且不清楚他的计划进展到什么程度。1687年末和1688年初，他确实开始就废除刑罚法的可能性征求议会各阶层的意见，甚至直接与苏格兰政坛的一些更具影响力的人物接触。例如，1688年2月，他写信给汉密尔顿，问他是否同意废除刑罚法和《忠诚宣誓法》，并认同"实现完全的信教自由"。汉密尔顿回信说自己因身体抱恙，未能与任何律师或牧师讨论这一问题，并坚决表示他仍然认为没有人"应该因良心而受苦"，"每个爱好和平的人都应该被允许信奉自己的宗教"，但他补充说，如何"在新教、我们的法律和誓言得到保障的情况下"做到这一点，他目前还没有拿定主意。詹姆斯还委托珀斯、塔巴特和巴尔卡雷斯让国务官、法官和军官书面保证支持废除刑罚法。巴尔卡雷斯说，尽管不情愿，但大多数人都准备签字，这一过程让他们"对其他可能加于他们身上的事情产生了巨大的恐惧和极度的不安"。另一些人则对这一策略是否有效深表怀疑。1688 年 3 月，什鲁斯伯里伯爵告知奥兰治亲王，詹姆斯试图争取议会各阶层支持废除刑罚法的努力在苏格兰没有取得比在英格兰"更大的成功"——正如我们将在下一章中看到的，英格兰的政策明显失败了。[130]

成本估计

　　实行宽容政策的主要目的是促进天主教事业。这在多大程度上取得了成功？信奉天主教的人只占苏格兰人口的一小部分，可能不到 2%。此外，刑罚法从未得到全面执行。自从复辟以来，很少有天主教徒受到迫害；最大的不便是禁止担任公职，但即使在 1681 年《忠诚宣誓法》之前，查理二世也没有完全禁止。[131] 在詹姆斯七世治下，很难看出天主教信仰在苏格兰取得了什么重大进展。在统治早期，有一些著名人物皈依了天主教，而且天主教徒在王室服务中被授予了重要的职位。除此以外，结果令人十分失望。御前大臣珀斯在 1688 年 2 月 3 日给枢机主教诺福克的信中哀叹道："人们可能希望在促进天主教利益方面取得大的突破，但我们几乎没有进展。"建立了两个公共的天主教礼拜堂，一个在荷里路德宫，另一个在阿伯丁；在荷里路德宫，曾经是御前大臣官邸的地方变成了一所耶稣会学院；有六七个修道士从德意志过来传教。但是近来少有人皈依；"牧师和大学生们狂野而愤怒"；军队里一百个人中也出不了一个天主教徒。[132] 离开几年后回到苏格兰的天主教徒托马斯·尼科尔森在几天后写道："天主教信仰的发展远远没有达到我的预期，只有很少的皈依者，人们的厌恶程度比五六年前更甚。"[133]

　　然而，帮助天主教徒的政治代价是巨大的。1685 年，詹姆斯继承了王权在苏格兰的强势地位：苏格兰政治精英坚决支持他，甚至准备承认他的绝对权威；长老会激进派的政治挑战得到了有效控制；由于多年的迫害，长老会作为一种宗教运动已受到严重削弱，许多长老会教徒被迫至少在名义上顺从国教。詹姆斯在登基时似乎也得到了民众真心诚意的支持。然而，由于他的政策，詹姆斯彻底搞砸了这种有利的局面。他破坏了政治精英的团结；激起了极端忠诚的议会的反对，虽然有议会立法委员会的存在，但并未能通过他想要的立法；还疏远了枢密院的许多成员。虽然有一些顺从的人准备支持国王的任何决定，也有一些人本来就是保王派，倾向于支持国王的权威，但他们还是被赶下台了，比如马尔和罗斯豪的麦肯齐。还有其他一些人，比如汉密尔顿和洛克哈特（程度较轻），詹姆斯觉得无法迫使他们下台，他们在很大程度上阻碍了王室的政策。此外，詹姆斯的用人方式也前后矛盾。他任命约翰·达尔林普尔爵士为总检察长，以取代麦肯齐，随后又于 1688 年 2 月再次任命麦肯齐，因而失去了达尔林普尔的支持，但也没能赢得麦肯齐的全心。[134] 詹姆斯还破坏了主教制教会的团结。他虽然得到了圣安德鲁斯的罗斯和爱丁堡（以及后来的格拉斯哥）的帕特森的支持，但许多教士对他感到不满。简言之，通过疏远传统统治精英和主教制派的利益，詹姆斯摧毁了复辟后重建的苏格兰君主制的强大基础。与此同时，他使得长老会恢复了力量并开始重组。所有这些，都是为了让苏格兰天主教获得微不足道的利益。事实上，如果说有什么变化的话，那就是苏格兰的反天主教运动增加了：1686 年初，爱丁堡发生了反对弥撒仪式的严重骚乱；主教制派神职人员从布道坛上极力煽动他们的会众反对天主教；从 1687 年 7 月开始，新近受益于宽容政策的长老会牧师也加入了他们的行列。也就是说，詹姆斯已经在苏格兰为革命造好了势。

第五章

英格兰的天主教绝对主义

> 如果有一天，有一位天主教的王位继任者来到你们中间，那
> 么，他关于维护你们的宗教和法律的承诺永远不值得信任，不要
> 相信他；因为如果你信了，你就一定会受骗。
>
> ——查尔斯·布朗特《乡村对城市的呼吁》

> 不应指责他［詹姆斯国王］在宗教和人民的自由问题上背弃
> 了自己的承诺；在这件事上，他的每一步都有精通法律和历史的
> 学者向他保证，说这样做不会违背他的诺言或法律。
>
> ——《詹姆斯二世传》

在王位排斥危机期间，辉格党辩论家预言了生动而可怕的未
来——如果一个天主教徒登上英格兰的王位，英格兰的新教徒将会
面临什么：残酷的宗教迫害，常备军的统治，高额税收，议会消亡，
国家臣服于法国。然而，排斥派宣传家想象的噩梦从未成真。英格
兰不仅没有遭受玛丽女王时期那样的迫害，而且詹姆斯二世被证明
是自宗教改革以来最宽容的英格兰君主。事实上，詹姆斯在英格兰

取得的成就，应当得到正面的评价。他从未让英格兰听命于法国，而是努力保持一种经过深思熟虑的中立，使英格兰远离战争。得益于和平与宗教宽容，英格兰的贸易蓬勃发展，因此享受了一段时间的相对繁荣和低税收。詹姆斯想让他的同教中人在王权下任职的愿望完全可以理解：难道他不应该向他信任的人寻求建议和支持吗？此外，天主教徒在人口中所占比例相当小，可以说他们对教会和国家的新教建制构成不了重大威胁。而且，詹姆斯的法律专家向他保证，他为帮助天主教徒所做的努力，从技术上说，都属于国王合法的权力范围。这些观点都出现在詹姆斯党人编著的《詹姆斯二世传》中，这部回顾性的历史著作大量运用了詹姆斯自己的文件和回忆录。[1]现代学者的著作中也能找到对这些观点的呼应，只是经过了不同程度的修正，他们正确地寻求更精细地了解詹姆斯的统治，从而让我们摆脱辉格党神话中的成见和偏见。[2]

　　然而，在詹姆斯的大多数新教臣民看来，排斥派最坏的预言在很多方面似乎已经应验。史密斯菲尔德的确没有点起火来——将新教徒"殉道者"烧死在火刑柱上——英格兰最后一位天主教统治者玛丽·都铎统治时期（1553—1558）就有过这样的事。但是，在1685年11月议会休会后，英格兰不再举行议会，而当詹姆斯在1688年开始计划再次召集议会时，他明目张胆地企图包揽议会，所有人都心知肚明，这绝不会是一个自由的议会。詹姆斯在和平时期维持着一支常备军，其规模远远超过英格兰以往的任何一支常备军。他还打破了英格兰国教会对礼拜、教育和任职的垄断，利用任免官员的权力，将自己的特权凌驾于法律之上。他甚至成立了一个教会委员会来惩戒顽固不化的新教牧师。

　　本章将探讨詹姆斯在英格兰的政治目标，他的行为在多大程度上违反了法律，以及英格兰臣民的反应。我们将看到，詹姆斯在努力帮助天主教徒时，无疑超越了法律的界限，滥用了权力。在此过程中，他几乎疏远了所有的群体：神职人员和非宗教人士；城乡的上、中、下阶层；处于权力中心和远离权力中心的人。更为致命的是，詹姆斯疏远了托利党—国教会的利益，在他兄长统治的最后几年，托利党—国教会一直全力支持国王，而现在他们决心维护法治，反对专制君主的非法行为。

不列颠与国际环境

詹姆斯在英格兰的政策所激起的反应，部分是由英格兰人民对另外两个王国正在发生的事情的看法决定的。当时的日记作者和时事通讯作者都在警觉地追踪苏格兰和爱尔兰的事态。小册子的作者也是如此。国王在一个王国的政策，很可能会被移用到另一个王国。我们已经注意到，吉尔伯特·伯内特就曾警告说，1687 年 2 月的苏格兰《信教自由令》是英格兰未来发展的前奏。正如我们将看到的，他是正确的。伯内特还指出了一个事实，即"邻近王国的大都市"（指都柏林）的教皇党人被允许"改建公共教堂和大教堂"；在这里，伯内特并没有说明国王对英格兰的意图，但他发出的警告明眼人都能看出。[3] 很快，蒂康奈尔伯爵就成了大众心目中的恶魔，他帮助爱尔兰的天主教徒的愿望被解读成要把英格兰带回罗马的政治野心。例如，有传言说 1685 年下半年，当蒂康奈尔访问切斯特郊区的一座家族陵墓时，他批评了自宗教改革以来教会如何步步衰败，并告诉天主教徒"将很快再次拥有它"。[4] 1687 年 8 月，当斯彭斯勋爵在伦敦的巴塞洛缪集市上看到木偶戏"潘趣和朱迪"的表演时，他认为潘趣的形象与蒂康奈尔相似，于是拔出剑砍掉了潘趣的头，并向观众宣布他这样做是为了"把可怜的爱尔兰王国从奴役中拯救出来"。[5] 就连詹姆斯二世的天主教辩护者也认为，从国王在苏格兰和爱尔兰采取的举措中，可以预测出他对英格兰的安排，詹姆斯应该坦白承认这一点。1686 年 11 月，一份手稿小册子提出了保护英格兰天主教徒利益的多种方式，承认现在"全国上下普遍认为，国王陛下打算将天主教引入他统治的领土"，试图否认这一点是"徒劳"的，尤其考虑到"在苏格兰和爱尔兰所做的事情似乎都是为了达到这个目的"。[6]

公众对詹姆斯国内政策的焦虑，也受到国际环境的影响，特别是法国路易十四日益增长的威胁，他的颇具侵略性的扩张主义外交政策似乎威胁到了整个欧洲的势力均衡，尤其是新教徒的利益。说句公道话，詹姆斯并不是辉格党传说中的法国傀儡。他在外交政策上试图采取游走于法国和荷兰利益之间的中间立场，以避免英格兰陷入代价高昂的战争，尤其是因为他不想受一场外国危机所迫再次召集议会。没错，他确实从法国国王那里定期得到补贴，但与此同时，他对路易十四在西欧的侵略政策十分不满，这些政策不仅打击了新教势力，也打击了天主教势力；他登基后更新了与低地国家的和约；他试图让路易十四承认奥兰治的威廉对奥兰治公国的权利，法国人在 1672 年吞并了这一地区；他甚至在北美与路易十四争夺殖民地。[7]

然而，英格兰人大都怀疑詹姆斯与法国国王有勾结。到 1685 年 6 月，已有报道称英格兰人"与法国结成了新的联盟"，而当时的日记作者勒特雷尔和莫里斯也发表了类似的报道，称 1686 年春英法签订协议，结成联盟，准备对荷兰人发动海战。[8] 此外，詹姆斯继位时正值路易十四对法国胡格诺派的迫害日益严重的时候，路易最终于 1685 年 10 月废除了亨利四世在 1598 年颁布的《南特敕令》。10 月中旬，莫里斯写道：法国的迫害比之前报道或认为的要"残酷得多"；大批胡格诺派教徒被禁止吃肉和睡觉，直到他们精神错乱，然后被迫去做弥撒；其他人则被"绑着脚趾、手指或其他柔软的部位吊起来"，

或者"鼻子和嘴巴被撕裂"。1686 年，法国又颁布法令，要求胡
格诺派牧师离开王国，违者处死；那些帮助或窝藏他们的人将被
判处终身监禁（如果是女性，则被关进修道院），他们的财产全
部没收充公。11 月，莫里斯得知两位胡格诺派牧师的"手先是被
砍断，继而又被缝上，然后在他们周围点火，人被活活烤死"。[9]
1686 年春，萨伏依公爵（受路易十四恩庇）入侵皮埃蒙特，与他
的法国盟友一起屠杀了约八千至一万名新教徒（绝大多数是妇女、
儿童和老人），将那些设法逃命的人贩卖为奴，这进一步加剧了人
们的恐慌。[10]

　　詹姆斯下令为那些逃到英格兰的胡格诺派教徒募集援助，但许
多人怀疑他是否真的关心他们的困境。法国大使巴里永甚至声称，
詹姆斯说路易十四试图在法国铲除异教"是一件让他欣慰的事情"，
尽管我们不应该把詹姆斯取悦法国大使的话视为他的真情实感。[11]
值得一提的是，1686 年 3 月，詹姆斯在允许法国新教徒的慈善简报
盖上国玺之前，修改了序言，删减了提到胡格诺派正遭受"残酷迫
害"的段落。[12]当巴里永抱怨有一本关于胡格诺派苦难的法国书在
英格兰流传，作者在其中对路易十四有"诽谤性感想"时，詹姆斯
逮捕了印刷商和翻译，并命令刽子手焚烧此书——这一公开挑衅的
姿态一定让詹姆斯的新教臣民怀疑他的同情心是否只是惺惺作态。[13]
1686 年 6 月，一份时事通讯报道了詹姆斯的枢密院提议对伦敦的胡
格诺派教堂和英格兰其他不符合英格兰国教仪式的宗教组织发布权
利开示令状，以使他能够把法国新教徒赶出英格兰。[14]虽然詹姆斯
肯定不支持法国对胡格诺派教徒的暴力迫害，但是他对胡格诺派也
持怀疑态度，认为他们内心都是共和党人，并不真心欢迎他们进入
英格兰；他所有帮助胡格诺派难民的努力，都是为了安抚英格兰公
众舆论的勉力而为。[15]

国内的危险

对英格兰人来说，纵观本国的国际形势和其他两个斯图亚特王国的发展，这些征兆大多让人难安。天主教和专制政府的威胁在欧洲似乎已经成为一个可怕的现实。更糟糕的是，种种迹象表明英格兰也在逐渐成为受害者。人们有担忧的理由：詹姆斯扩大了军队规模，将天主教徒插入军事和民事机构，鼓励天主教崇拜，还利用君主特权消除其同教中人受到的法律障碍。

常备军

蒙茅斯叛乱后，詹姆斯将军队扩大到接近 2 万人，这个数字一直稳定到革命前夕，那时军队还在进一步扩张之中。詹姆斯是否有合法权利在和平时期维持这样一支军队，是一个复杂的问题。1661年的《民兵法》规定了参加对外战争的民兵和士兵的征召方式，确认了国王对陆上和海上军队的控制权，但没有涉及和平时期的常备军。严格来说，只要国王有足够的财力来支付常备军的费用，就没有什么理由可以阻止英格兰国王雇兵，但通常这些资金必须由议会拨付。为了自己的人身安全，查理二世保留了一支规模不大的安防队伍，当他试图建立自己的常备部队时（据说是为了打一场对外战争），维持军队的经费来自议会补贴；一旦和平得到保障、战争得以避免，议会便要求查理二世解散部队。詹姆斯在 1685 年召开的议会讨论了常备军的问题，并准备投票支持常备军（虽然没有国王想要的那么多），只是计划赶不上变化，詹姆斯在必要的立法通过之前就让议会休会了。然而，由于关税和货物税收入的提高，詹姆斯发现自己无需议会的帮助就能负担起军队的开支。因此，常备军问题在法律上并不明确，虽然制定和表决立法的人似乎理所当然地认为，国王在和平时期将依靠民兵，只在对外战争需要时才征募士兵（在这种情况下，他会到议会寻求财政支持），并在和平时期再次解散这些部队。

　　然而，如果国王确实有财力在不需要议会资助的情况下雇用自己的军队，那么他要解决的问题是如何约束他们，以及军队驻扎在哪里。1628 年的《权利请愿书》反对在和平时期实施戒严以及把军队安置在私人户主家中，而 1679 年的《遣散法》则明确规定，未经私人户主同意，不得强迫他们接收士兵。1685 年 2 月，詹姆斯在特威德河畔贝里克宣布了戒严令，因为担心他登基时，边境可能发生动乱；1685 年 7 月，他又委任了一个军事法庭，负责处理逃兵或士兵犯下的其他轻罪，虽然在蒙茅斯叛乱被镇压后，该法庭也被撤销了。1686 年 6 月，战争委员会设立一个军事法庭，在豪恩斯洛·希思的军营范围内执行戒严法，因为詹姆斯觉得地方法官对逃兵过于宽容。然而，詹姆斯意识到，他不能在全英格兰宣布戒严令，否则会公然违反《权利请愿书》，所以他试图在普通法中将逃兵罪定为重罪。伦敦司法官约翰·霍尔特爵士坚决拒绝对逃兵做出判决，理由是除非在战时，否则没有人会因为逃离自己的阵地而被处死。然而，1686 年 9 月，杰弗里斯（吉尔福德男爵去世后，他在前一年 9 月被任命为御前大臣）征求了九名法官的意见，他们都认定和平时期的逃兵是一项死罪。霍尔特随后被解职。1688 年 3 月，詹姆斯在伦敦设立了一个常设军事法庭来审理与武装部队有关的案件，并处理平民对军队的投诉。同年 8 月，他下令可以在军团或一般军事法庭审判逃兵，甚至没有发布正式的戒严令。武装部队似乎越来越不受普通法的控制。[16]

　　由于缺乏足够的兵营，詹姆斯只能将他的许多部队驻扎在公共住宅甚至私宅中。尽管詹姆斯已经申明，军队应该支付自己的费用，但关于军队滥权和士兵不支付食宿费用的报道经常出现。詹姆斯甚至在没有征得市政法人同意的情况下，就在伦敦城驻扎了军队（在查理二世最后几年的大清洗之后，市政法人以托利党为主）：一些士兵驻扎在舰队街和索尔兹伯里法院旁的小旅店和酒馆里，另一些则驻扎在布罗德街地区那些改宗过的新教不从国教者的集会场所，这些场所因为其所有者对政府表达不满而被没收。[17]詹姆斯的这种做法并不明智，只会引起首都内部政治派别的对立。当市政当局试图解决 1687 年 4 月在阿尔德盖特驻扎军队引发的争端时——士兵们从米德尔塞克斯郡治安法官那里获得了在米德尔塞克斯郡（而不是伦敦城内部）驻扎的许可令——士兵们的回应是，称市政官员"是被戴绿帽的人，活该被他们戴绿帽，他们会驻扎在他们的房子里，把他们赶出市政厅，他们连亲吻他们屁股的资格都没有，王国和平的守护者是士兵，而不是文官"。对于这样的侮辱，伦敦人咽不下这口气。一群当地的屠夫和海员聚集在一起，手持切肉刀和其他武器，决心给军队来点教训，市长花了好大力气才缓和局势，防止了一场潜在的流血冲突。在接到伦敦城的投诉后，詹姆斯迅速向市长保证，"他从未打算让军事力量凌驾于民政力量之上，他们应该始终保持秩序"，并立即撤了该驻军首领的职务。[18]詹姆斯的态度是不错，问题是，他真的能控制军队吗？仅仅几个月后，一些士兵强行闯入米德尔塞克斯郡特丁顿村的一家花园；主人和他的邻居试图阻止，在随后的械斗中，两名村民被杀。[19]

全国各地都有关于军队恶行的报告。1686 年初，枢密院收到了很多关于驻扎在西南部各郡的士兵"殴打"男人、"糟蹋"女人、"浪费"人民粮食的投诉。[20]到了年底，东米德兰兹的士兵们杀死了一名沿街叫卖的小贩，在莱斯特杀死了另一名男子。[21]1686 年 12 月，梅德斯通的一位旅店老板斗胆要求驻军首领尽快结账，因为后者在赌博中输了很多钱。为了报复，该首领和他的手下们把旅店老板的头剃光了一侧，并给他套上缰绳，带着他穿过街道，先绑在柱子上鞭笞，继而上颈手枷示众。得亏市长及时赶到，军队和市民之间的乱斗才得以阻止，但该首领随后又威胁说，市长如果把这一事件报告给国王，就死定了。[22]

1686 年 1 月 13 日，斯特拉福德伯爵夫人（第二代伯爵的妻子）的葬礼在约克举行，葬礼上发生的事情充分说明了士兵和平民之间的紧张关系。当灵车穿过城市前往大教堂时，城堡的驻军被派去护送灵车，于是麻烦就爆发了。500 多名"学徒和强壮的年轻人"在士兵穿过石门时，喊着"让我们把黑卫兵（Black Guards）的脑袋敲下来"，并向他们扔石头、砖头，甚至施以棍棒。骚乱一路到大教堂，不少士兵受了重伤，最后军队开火，试图驱散人群。骚乱平息后，被攻击的连队的上尉把带头闹事者的名单送到市长那里，要求对他们发出逮捕令，结果遭到市长的拒绝，后者抗议说，他"想知道士兵们是按照什么命令守卫灵车的"，城堡总督无权下达这样的命令，因为约克本身"没有驻军"。骚乱发生后的一段时间里，士兵们发现，他们在街上行走时，总有人叫他们"红衣流氓"或"黑走狗"。没有人告密揭发闹事者，虽然还是有一些头目最终被逮捕、审判并定罪，但他们太穷了，无力支付罚款，在市长和市政官的调解下，法官决定判他们缓刑，将他们从监狱中释放。[23]

特免权问题

公众焦虑的不仅仅是詹姆斯建立了一支常备军，还有他开始在常备军中安插天主教徒。辉格党神职人员塞缪尔·"朱利安"·约翰逊（1682 年因尖锐抨击消极服从的学说而被昵称为朱利安，取自《叛教者朱利安》）撰写的几篇长文，又进一步加剧了这种焦虑。1686 年 3 月，他的一篇犀利的讽刺文章出现在伦敦的街头（显然是被有心人扔在地上，以让路人捡起阅读），上面写着"建立常备军和解散民兵的几个理由"。其中包括一些所谓的事实，即"不宜将他们自己的法律、生命、自由和地产托付给英格兰的贵族、乡绅和自由地产保有人"；"民兵中没有爱尔兰天主教徒"，他们"当然是世界上最好的士兵"，因为他们"杀死数十万人，包括男人、妇女和儿童"；"龙骑兵"中的皈依者"比法国的主教和教士的数量都多"。那年春末，约翰逊"向现役军队中的英格兰新教徒发表谦逊而衷心的讲话"（在豪恩斯洛·希思的军队中分发了约两万份，另有两万份在全国各地分发），恳求军队中的新教徒们思考他们为什么与天主教徒为伍，他们会"为弥撒而战……焚烧圣经，并试图用你们的剑消灭新教，因为他们无法用自己的剑来实现"。这是一本大胆的、颇具挑衅意味的小册子，作者因此被处以 500 马克的罚款，职位被降，还受到严厉的鞭刑。[24]

詹姆斯确实热衷于将天主教徒引入英格兰军队，但鉴于英格兰的天主教徒人数不多，他能做的很有限。1685 年底，约 10% 被委任的军官是天主教徒，到 1687 年 11 月，这一比例降至不到 9%，到 1688 年 10 月，仅上升至约 11%。在普通士兵中，天主教徒可能只占总数的不到 10%。[25] 尽管如此，这些比例远远高于天主教徒在英格兰总人口中的比例，根据 1673 年《忠诚宣誓法》的规定，官员必须在上任后三个月内进行效忠宣誓和最高权威宣誓，并签署一份反对圣餐变体论的声明，否则将面临解职的危险。詹姆斯曾在 1685 年 11 月批准天主教军官跳过这一流程，并在 1686 年 1 月再度这么做，但每三个月这么做（否则解雇并重新任命他的天主教军官）将是昂贵、烦琐和耗时的。有必要制定一个更令人满意的长期解决方案。戈登诉黑尔斯案这一判例提供了解决之道，该案件于 1686 年 6 月在王座法庭审判。

爱德华·黑尔斯爵士是一名天主教徒，他在未达到《忠诚宣誓法》要求的情况下担任上校，这一罪行将被处以 500 英镑的罚款；

起诉他的是他自己的马车夫亚瑟·戈登，根据《忠诚宣誓法》的条款，他有权为自己追回罚款。黑尔斯请求国王特免；控方认为这是事实，但认为理由不充分。这是一起提前串通好的诉讼，目的是找个机会就特免权是否合法的问题做出司法裁决。法官们以 11 票比 1 票的多数判定它是合法的。在做出判决时，身为主审法官的首席大法官赫伯特断言，由于英格兰国王是"至高无上的君主"，法律是"国王的法律"，"英格兰国王有一种不可分割的特权，可以在特殊情况下，出于特殊的必要原因，免除刑罚法"，而且"对于这些理由和需要，国王是唯一的法官"。审判期间，法官听取了双方关于多个法律先例的争论。副总检察长托马斯·波伊斯爵士提出的特免权理由是，基于 malum in se（本质上的违法）和 malum prohibitum（法律禁止的违法行为）之间的区别。国王不能特免前者——他不能特免上帝的法律。但他可以特免那些禁止某人从事曾经是合法的事情的法规，只要从事者不侵犯其他臣民的私人利益。接着，波伊斯开始区分关于财产的议会立法和关于政府的议会立法，前者是不能特免的，后者是可以特免的。引用的多个先例中，最能说明问题的是早期斯图亚特法学家爱德华·柯克爵士所报告的亨利七世统治第二年（1486 年）的一项司法判决，该判决确认国王可以免除亨利六世一项立法的第八章（1445 年），即禁止任何人在同一个郡担任郡长超过一年。正是这一点为赫伯特的论点奠定了基础，因为亨利六世统治时期的原始法令规定，如果任命的郡长任期超过一年，那么，"不管有没有'尽管'（Non Obstante）*，特许都无效"，但赫伯特说，"根据英格兰所有法官的意见"，国王仍然可以免除这项法令。[26]

　　在这样的推理下，法律史学家倾向于得出结论：詹姆斯在颁布

---

* 表示准许某人做某事，尽管议会立法有相反规定。该做法始于约 1250 年，被《权利法案》废除。

豁免《忠诚宣誓法》的特免令时，完全在他的权利范围之内。[27] 然而，当时的大多数人都不会同意这一结论。这起案子不仅是一场虚假的诉讼，而且国王操纵了法庭，以确保有利的裁决。他事先听取了 12 位法官的意见，并将 6 位说他不能特免天主教徒遵守《忠诚宣誓法》的法官免职。取而代之的是 6 个更容易摆布的人，其中的克里斯托弗·米尔顿被怀疑是天主教徒。当国王告诉皇家民事法庭首席大法官琼斯，说他决心"在这一特免权事宜上"找到 12 名支持他的律师时，琼斯回答说，他可能可以"找到 12 名穿长袍的人，但找不到 12 名律师"。[28] 贴在威斯敏斯特大厅大门上的一首诗，将法官的决定比作犹大背叛基督的行为：

> 当耶稣因我们的罪行而死之时，
> 十二位门徒之中有一个犹大。
> 这里，以国家和平为名，聚集了十二人，
> 其中有十一人是犹大。
> 只有一人忠于自己的信仰，其他人
> 都与犹太人和异教徒同流，背叛他们的主。
> 多么愚蠢的奴隶！再次屈膝于天主教枷锁的
> 你们有什么做不出来？
> 愿你们被咒诅，愿你们所有的希望都破灭，
> 并因你们废除的法律而灭亡！[29]

当地治安法官对判决很不满，他们称赞"信奉英格兰国教的 12 位法官中的那位反对特免权的诚实的法官"，并拒绝招待当年夏天巡回审判的其他法官，以示他们的厌恶。[30] 莫里斯提到，许多法律专家质疑赫伯特的判决，认为他另有所图。有些人认为，关于郡长的法规与《忠诚宣誓法》的性质不同，因此对前者的特免不能作为先例。

另一些人坚持，尽管法律限制郡长的任期仅为一年，但是他们每年都会续期，因此从未有过对亨利六世 1623 年立法的特免。此外，柯克声称在亨利七世期间，"所有法官"都判决"国王可以在这种情况中使用特免权"，但许多人认为这种说法是错的，因为年鉴记录表明，法官们明确表示，他们就此事所说的话都应"被视为未说"。唯一反对这项裁决的斯特里特法官后来说，在法官席上的人数比是 11 比 1，但站在他一边的人民"远远不只十一"，"而站在那十一个法官一边的人民也就一个"。[31]

詹姆斯想在军队中委任天主教徒的愿望导致他违背了司法独立的原则，在当时的许多人看来，这是在颠覆法治。与此同时，他扰乱了英格兰的治安法官阶层，而仅仅是如此庞大的常备军就造成了军民之间的紧张关系。那么，他到底在布什么局呢？国王的军队仍然以新教徒为主，但是由于天主教徒的侵入，军队内部的分歧越来越多。詹姆斯造成了一种互不信任的氛围，却看不出这对他有什么好处。

宽容天主教

詹姆斯不仅想确保天主教徒可以安全地信仰天主教，还想创造一个鼓励新教臣民皈依天主教的环境。他似乎相信，通过为天主教徒提供更为宽容的政策，并允许他们用通用的说服艺术来招揽信众，皈依者自然就会络绎不绝。[32] 作为战略，这种想法即便本身并非特别险恶，也很幼稚。尽管如此，詹姆斯仍不惜夸大君主权力，进一步违反法治，也要达到自己的目标。

一开始，詹姆斯很谨慎。继位后不久，他成立了一个由天主教徒组成的官方委员会，就宗教事务为他建言献策。年底，他罢免了一些曾在 11 月反对他的下议院议员，但除此以外，他继续依赖那些在他兄长统治末期为其服务的人：罗切斯特担任财政大臣、杰弗里斯担任御前大臣，以及圆通的桑德兰担任国务大臣（当时仍是新教徒，但开始将自己视为天主教利益的领袖）。在 1686 年与 1687 年之交的冬天前，詹姆斯可能任命过一名天主教法官，至于天主教治安法官，可能不超过一名。然而，戈登诉黑尔斯一案的判决，使他得以允许天主教徒进入枢密院，五位天主教贵族——波伊斯勋爵、沃德的阿伦德尔勋爵、贝拉西勋爵、多佛尔勋爵、蒂康奈尔伯爵——于 1686 年夏秋宣誓就职。然后到了 1687 年 11 月，詹姆斯又接纳耶稣会士、他的亲信爱德华·彼得加入枢密院。伯内特将彼得描述为“一个缺乏学识和美德，却以勇敢和热情弥补了一切的人”，彼得对国王的影响如此之大，以至于他很快就被“视为第一大臣”。

　　1685 年 9 月，詹姆斯与罗马重新建立了外交关系，不仅派遣卡斯特梅恩伯爵前往罗马担任大使，还在 11 月接见了教皇特使费迪南多·达达（1687 年春起担任罗马教廷大使）。然而，詹姆斯从未打算让英格兰君主制屈从于教皇。因此，他保持了自己作为英格兰教会领袖的地位，并坚持自己有权提名王国内的教会要职——从英格兰和苏格兰的新教主教（正如我们合理预期的），到爱尔兰的天主教主教和教长，只有在爱尔兰，他这样做的合法权利才遭到广泛质疑。[33] 至于英格兰国教，詹姆斯认识到，他最现实的选择是努力与国教会的领导层合作，因为他无法解雇英格兰国教会的主教，他们的任命是终身的。他只有在某个主教去世的时候，才能影响主教席的局面。1686 年 4 月，时任约克大主教约翰·多尔宾去世后，詹姆斯一直让该职空置，以便收入可以归给自己；直到 1688 年 11 月奥兰治的威廉入侵时，他才任命了一位替代者，即埃克塞特的主教托马斯·兰普卢。1686 年秋，他找到托马斯·卡特赖特和塞缪尔·帕克这两个容易摆布的人，让他们填补切斯特和牛津的主教空缺。在接下来的几年里，在詹姆斯那些更具争议的政策上，他们都以无条件的支持来证明了自己的价值。

从统治之初就有人猜测詹姆斯计划实施普遍的宗教宽容，但国王不愿意这么快就采取大胆的举措。[34]他确实设计了一个方案，在帮助同教中人的同时，继续允许通过法律打压新教不从国教者。1685 年 5 月 11 日，他下令暂缓审判那些在内战期间因忠于王室而受苦的家庭或本可以证明其忠诚的不服英格兰国教者（recusant）；考虑到大多数天主教徒都是王党，而大多数新教不从国教者都有议会背景，并在查理二世统治时期都支持辉格党，这一命令有利于哪个教派就很明显了。随后，詹姆斯于 6 月 2 日下令，将不服英格兰国教者那里收取的、尚未上缴国库的罚款，退还给被罚款者。为了确保持续的救济，需要重复这一程序，因此 1686 年 2 月 24 日，詹姆斯发布了一个更广泛的许可令，免除了所有罚款，并暂缓了对忠诚的不服英格兰国教者的所有诉讼，直到他的意愿"得到进一步的了解"。[35]

詹姆斯鼓励他的天主教臣民以他为榜样，公开庆祝弥撒。他向公众开放自己的礼拜堂，鼓励伦敦内外的外国大使也这样做，并资助堂区神父和修道士的传教活动。天主教的平信徒，不论男女、贫富，也为建造礼拜堂筹款，同时在驻军城镇建立天主教礼拜堂，为军队中的天主教徒服务。到 1686 年春，英格兰的很多大城市，包括伦敦、伍斯特和布里斯托尔，都有天主教礼拜堂，到 1688 年，大多数外省城镇都有天主教礼拜堂。到 1688 年秋，单单伦敦就有 18 座天主教礼拜堂。詹姆斯还推动天主教学校的发展，包括首都的两所耶稣会学校。[36]一些废弃的国教会礼拜堂被改造，供天主教徒使用，但总的来说，英格兰的天主教徒要么建造新教堂，要么租用大厅或房间，没有像爱尔兰和苏格兰那样，试图将国教会使用的建筑改造成天主教的礼拜场所。1686 年 1 月，有报道称詹姆斯即将对主教座堂发布权利开示令状，但国王很快否认了这一点。[37]然而，政府确实对前修道院土地的所有权进行了调查，其最终目的不是将这些土地归还给罗马，而是收归给英格兰国王。亨利八世授予的许多土地都有长期租约，当租约到期时，土地所有者通常不会购买归复权（reversion），因此严格来讲，土地已归还给王室。1686年4月，詹姆斯下令将约克大主教的世俗财产移交给国王。他还质疑伯蒙德西修道院、南华克的圣托马斯医院、伦敦塔附近的圣凯瑟琳医院和伦敦其他地区的业主的权利，以及一些外省土地所有者的权利，如格洛斯特郡的拉尔夫·达顿爵士（其大部分地产是修道院的土地），理由是他们的租约不再有效。[38]

在争取皈依者的运动中，詹姆斯相信媒体可以发挥关键作用。因此，他批准出版了大量书籍、小册子、大版报纸和宗教手册，并且印刷数量巨大，以确保有足够的数量到达预期目标受众手中。这些出版物大部分来自国王的官方印刷商亨利·希尔斯；许多都是免费赠送的。它们采取的策略，不是猛烈抨击新教为异端邪说，而是对天主教会的实际主张做简单明了的阐述，希望将人们的思想从多年误导所灌输的偏见中解放出来，让他们更容易地接受皈依的可能性。[39] 然而，詹姆斯的传教努力效果很不理想。政府高层中只有少数人成为天主教徒，包括索尔兹伯里伯爵、彼得伯勒伯爵，以及后来的桑德兰伯爵（1688年6月威尔士亲王出生后桑德兰才改宗，在革命后又改信原教）。还有一些治安法官和少数牛津剑桥的教员也是如此。在海军中，海军少将罗杰·斯特里克兰爵士于1686年与1687年之交的冬天皈依，受他荫庇的一些人也跟着改宗；詹姆斯随后以迅速晋升来奖励这些皈依者（斯特里克兰本人先是升为海军中将，后来又升为海军上将），这显然让那些看到自己晋升希望落空的新教海员心生隔阂。这些皈依者引起了反感，但又没有构成一个数量上的显著趋势。广大民众中皈依天主教的人少之又少。伍斯特郡是英格兰天主教徒较多的郡之一，1685年只有12人改宗，次年11人，之后两年只有 6 人——四年下来仅有 29 人，而 1660—1663 年的四年内为 30 人，1693—1696 年为 46 人。伯明翰要来得更多：1685—1688 年为 147 人，1660—1662 年为 121 人。[40] 在全国范围内，这一数字还是极低的。结果是，除了少数地区外，根本没有足够的天主教徒来填满新建的礼拜堂。1687 年 2 月 2 日是圣烛日（Candlemas Day），有大约 300 名天主教徒在伍斯特听弥撒，但这是一个例外。在约克，天主教徒占据了五个房间，用于公开的弥撒庆祝活动，但城里只有五六十名天主教徒，而且只有三名改宗者。牛津聚集了一小部分人，但其中不超过四名学者，其余为当地居民（其中有两名最臭名昭著的城市妓女）。就连詹姆斯党人所著的传记后来也承认，詹姆斯"以轻率的热情建立了更多的教堂，却没有足够多的信徒来填补，也没有足够称职的教士来主持工作"，结果使得"神圣的奥秘受到人们的嘲笑和指责"。[41]

国教会的回应和教会委员会

詹姆斯推进天主教信仰的努力，引起了他的新教臣民的广泛反对，尤其是来自托利党-国教会利益集团的反对。英格兰国教会的神职人员精心策划了一场媒体和布道运动，以捍卫其真正的信仰，驳斥天主教的辩解。带头的是伦敦的一些神学家，其中包括约翰·蒂洛森、爱德华·斯蒂林弗利特、托马斯·特尼森、西蒙·帕特里克、威廉·夏洛克以及威廉·韦克，他们达成了一项协议，既要驳斥罗马教会的错误，又要出版"各种容易购买、方便阅读的小书"。新教不从国教牧师也没有坐视不管：例如，牛津及其周边地区的长老会和独立派每周都举行晨会，利用布道反对天主教。然而，大多数不从国教者意识到他们在多年迫害后的脆弱处境，于是准备将捍卫新教的工作"交给英格兰国教会的牧师和乡绅"。根据当时的统计，在詹姆斯二世统治期间，新教不从国教者仅出版了 3 本书反对教廷，而英格兰国教会成员出版了 228 本。[42]

　　詹姆斯和他的支持者对神职机构迅速改变效忠对象的态度感到震惊。一位小册子作者说，正是那些通过鼓吹不抵抗原则而帮助詹姆斯登上王位的人，现在"又想着把詹姆斯搞下去"，"布道坛频频以专权、天主教、新教为主题，比以前的狂热分子的论文和小册子还要多"。[43] 因此，1686 年 3 月 5 日，詹姆斯颁布了《布道者训令》（Directions to Preachers，这其实是 1662 年查理二世《布道者训令》的再版），命令神职人员少谈宗教争议，多专注于实践上和道德上的神性。[44] 然而，反天主教的布道仍在继续。有些人至少在口头上支持这项禁令。一位机智的牛津牧师在副校长的指示下，没有在布道中明言反对天主教，而是给他的听众简述了自己如果没有被禁止的话可能会说什么。[45]

　　当天主教礼拜堂首次开放时，詹姆斯促进天主教礼拜的努力在几个社区引发了骚动。尽管詹姆斯颁布了《忠诚宣誓法》的特免令，以防忠诚的天主教徒因不服英国兰国教而被起诉，但天主教徒的礼拜仪式，目前仍然是非法的。只有一个例外：外国大使和外交官被允许建立自己的礼拜堂，他们和他们的仆人可以在那里私下礼拜。1686 年初，詹姆斯鼓励巴拉丁选帝侯的特使詹姆斯·斯塔姆福德在位于伦敦中心的莱姆街定居，并将其住所改建为天主教礼拜堂；资金一部分来自国王，一部分来自伦敦城的天主教商人和堂区神父。这座礼拜堂对于斯塔姆福德一家的需要来说显然太大，而且对于通常居住在威斯敏斯特宫廷周围的外国大使来说，在伦敦城内修建天主教的礼拜场所堪称史无前例。此外，斯塔姆福德是英格兰人，而不是一个只想在暂居国外时继续信奉本国官方宗教的外国人，选帝侯本人甚至不知道这座礼拜堂的存在，后来也否认他想要修建。整个计划明显是一个骗局，是詹姆斯试图在合法的外衣下在伦敦建立天主教礼拜堂，而在3月底，属于托利党的伦敦市长罗伯特·杰弗里爵士——可能是在伦敦康普顿主教的唆使下——试图以礼拜堂非法为由停止该工程。国王出面干涉，斥责市长，下令继续施工。

当该礼拜堂在4月18日星期日开放时，一群人，其中很多是学徒，跟着去做弥撒的神父，威胁要"打碎他们的十字架和杂耍箱"。当地治安官员和民兵队前来镇压骚乱，但总的来说，他们也站在群众一边。他们在把一名头目抓到手后又让他"溜走"，重新加入打斗；后来有人看到这个头目把一名神父从礼拜堂里拽出来，拖进了排水沟。第二个星期日，人群再次聚集到这里，说"他们不允许在这里崇拜木制的神"。当市长试图恢复秩序时，又传来了喊声："什么！我们的市长大人是来宣传天主教的吗？"民兵队再次拒绝采取行动，他们认为，如果人民"只是想推翻天主教"，他们就不能"凭良心阻止"。国王威胁说，如果市长没有尽到维护和平的职责，他将派遣自己的军队；接下来的一周，民兵队试图保护前去参加弥撒的人，而这只是激起了与新教抗议者的进一步冲突。在骚乱中，伦敦当局成功地逮捕了大约20人，但其中一些被拘留的人被证明是天主教徒——可能是无辜的受害者，而不是骚乱的肇事者，不过在逮捕他们的新教官员眼中，他们的宗教信仰是有罪的——这些人后来被特准释放。[46]

那年春天，伍斯特和考文垂也发生了类似的反对天主教礼拜的骚乱。[47]4月下旬，布里斯托尔市长在当地托利党狂热分子约翰·奈特爵士的煽动下，不仅制止了在海关附近匆忙修建的礼拜堂内举行的弥撒，还将神父及其全体会众投入监狱。当被捕者威胁要向国王举报他时，市长轻蔑地回答说，他会帮他们省去麻烦，自己写报告。随后，奈特在王座法庭遭起诉，罪名是携带大口径短枪穿越街道，扰乱公共教堂仪式，"恐吓、伤害了陛下的臣民"，但由布里斯托尔人组成的陪审团宣告他无罪。[48]5月底，布里斯托尔的"下层阶级"

举行了一次公众游行，"嘲笑教皇……在他们面前隆重地抬着一块面包"；作为游行的一部分，一个装扮成圣母的人和一个装扮成修道士的人"非常粗鲁下流地"互相爱抚。[49]

詹姆斯认为这些攻击是由反天主教的布道助长的，他决定要统一国教会神职人员的宣讲内容。然而，许多神职人员认为，如果不允许他们解决堂区居民对正确的救赎之道的担忧，他们就不能很好地履行教牧职责。诺里奇的教长兼伦敦原野圣吉尔教堂的堂区长约翰·夏普收到了一封堂区居民提出属灵怀疑的匿名信，于是他在5月就一个禁忌话题发表了演讲。[50]詹姆斯命令伦敦的康普顿主教暂停夏普的职务，但康普顿（他在1685年11月的议会会议上已经公开反对詹姆斯）拒绝了，他坚持认为必须遵循相应的法律程序，夏普有权获得公平的听证。[51]这直接挑战了詹姆斯想要控制英格兰国教会神职人员的意图。由于不相信主教能监督教会，詹姆斯在7月决定成立一个委员会来"监督教会事务"。共有七名委员——坎特伯雷大主教桑克罗夫特、御前大臣杰弗里斯、财政大臣罗切斯特、枢密院议长桑德兰、达勒姆和罗切斯特主教以及首席大法官赫伯特——但法定人数只需要三名委员，其中必须有御前大臣。桑克罗夫特拒绝就职；他后来被切斯特的卡特赖特取代。成立这个教会委员会的主要目的是"防止轻率的布道"，但委员们还被授权行使教会管辖权，惩罚违反教会法的罪行，发布他们认为合适的教会谴责，巡督和训导教会机构（包括大学）。[52]教会委员会的第一项行动是暂停康普顿的主教职务，因为他拒绝免除夏普的职务。

由于教会委员会在1689年被宣布为非法，让我们来仔细审视一下它的法律地位。国王管理英格兰教会的权力建立在1530年代亨利改革所确立的王权至上的基础上，并在伊丽莎白女王时期得到了再次确认。1559年伊丽莎白时期的《君主至上法》第十七条赋予国王对包括学院和大学在内的所有教会机构的巡督权，而第十八条允许国王"通过国玺盖章的特许状"任命专员在英格兰和爱尔兰境内"执行涉及或关于任何属灵的或教会事务的管辖权、特权和优先权"。[53]伊丽莎白设立了一个宗教事务高等法院来维持教会的纪律，但在她的统治期间，其范围仅限于对神职人员进行教会谴责。然而，查理一世却允许该法院对非神职人员处以罚款和监禁，并要求其依职权宣誓。1641 年，在内战前夕，长期议会（Long Parliament）认定查理误解了伊丽莎白的《君主至上法》第十八条，并将该条全部废除。1661 年复辟后的立法确认了这项废除。[54]

　　然而，虽然该条款后来遭废除，但历史学家倾向于认为，詹姆斯 1686 年建立他的教会委员会时，严格来说是在他的权利范围内的。[55] 这大概是因为查理一世的宗教事务高等法院和詹姆斯二世的教会委员会是两个截然不同的机构：据说，后者并不是法庭，也没有自称为法庭，而只限于对教士进行教会谴责。此外，1641 年的废除并未触及伊丽莎白《君主至上法》第十七条，而 1661 年法则再次确定了王室在教会事务中的最高权力，除非允许国王任命专员代表其行事，否则如何行使王室的最高权力？当詹姆斯征询他的法官们的意见时，他们告诉他，伊丽莎白一世的《君主至上法》实际上并没有赋予国王新的权力，而只是重申了国王原本拥有的权力；因此，国王可以"凭借其在教会事务中的至高权力"设立一个教会委员会，这一点在 1661 年法中得到了确认。[56] 根据詹姆斯党人所著传记，詹姆斯认为他的教会委员会是符合 1661 年法的，只要委员们的行为限于进行教会谴责，不做 1641 年法禁止的事（如罚款、监禁或依职权宣誓）。詹姆斯显然还有一个顾忌：鉴于他是一名罗马天主教徒，"他亲自执行法律赋予他的对英格兰教会的司法管辖权似乎不合适"。那么，他成立一个由国教会神职人员和平信徒组成的委员会来审查教会事务，不就是按照法律的规定且以应有的谨慎来行事的吗？[57]

　　关于詹姆斯的顾忌，我们既要承认詹姆斯党人在追溯詹姆斯意图时所做的积极掩饰，也要问一下他为何觉得有必要在这个关键时刻检查教会事务。法律本身，当然可以有多种解释。然而，我们也需要做几点说明。毫无疑问，时人认为詹姆斯的教会委员会从一开始就是一个"法庭"，正如一位持支持态度的时事通讯作者所说的，"因为它确实如此"。当康普顿在审讯中要求查看"委员会的委任状"时，委员们回答说"没有法院批准他们委员会的委任状"；主持委员会的杰弗里斯称其为一个法庭，从辉格党宣传人员变成政府宣传人员的亨利·凯尔，随后写了一篇文章来证明"由国王陛下的教会委员们主持的法庭的合法性"。[58] 此外，尽管 1641 年法并没有具体废除伊丽莎白《君主至上法》第十七条，但在废除第十八条时，它明确并"永远"废除了国王任命委员管辖属灵或教会事务的权利，以及"任何违背上述法律的内容"——这显然意味着日后不能使用第十七条来支持教会委员会的合法化。[59]

在咨询了一些律师后，康普顿决定"对法院的管辖权提出异议"，并向委员们抗议说，尽管他"无意诋毁国王"或"不忠于陛下"，但他的律师告诉他，他们"在本法庭的诉讼程序直接违反了成文法"。[60] 似乎人们普遍认为教会委员会是非法的。当萨塞克斯的一群乡绅在代表黑斯廷斯的下议员、治安法官兼郡最高军事长官助理约翰·艾什伯纳姆爵士的住所共进晚餐时，他们"讨论了很多关于宗教事务高等法院是否合法的问题"，并且都"认为它是非法的"。[61] 8 月 16 日，一位匿名记者写信给伦敦市长，希望他能请求国王审查或召回他的教会委员会，并附上一封给詹姆斯的信，告知国王，许多"最忠实的臣民"对"陛下新任命的委员会感到恐慌和担忧"，并敦促国王重新考虑这是否"不会损害教会和国家的既定法律"。[62] 有人准备了大量的手写论文，力求确凿无疑地证明教会委员会是非法的。罗伯特·阿特金斯爵士认为：即便有废除法令，但这种说法是错误的，即国王可以凭借亨利改革时期赋予的对教会的至高无上地位，设立一个教会委员会。即使伊丽莎白时代的《君主至上法》也仅仅是声明了国王原有的权力，通过考察亨利宗教改革法令就能清楚知道，国王对教会的管辖权需要在特定的宗教法院行使：副主教、主教或都主教法院，或者召开教牧人员代表会议。另一方面，如果伊丽莎白"仅凭其特权和至高权力"就能批准一个教会委员会，那么伊丽莎白时期的《君主至上法》第十八条就没有存在的必要了。"需要议会立法来授予伊丽莎白批准特许状或委员会的权力；如果没有议会立法，这样的委员会就不可能得到批准。"由于第十八条在1641 年被废除，且废除在 1661 年得到确认，阿特金斯认为，"现在不能批准此类委员会或特许状，但废除法对它是有效的"。[63]

建立新联盟和宽容政策

到 1686 年夏，年近五十三岁的詹姆斯成功地建立了一支颇具规模的和平时期的常备军，赢得了一场至关重要的判例案件，维护了他将天主教徒排除在《忠诚宣誓法》之外的权利，打破了国教会对礼拜的垄断，并对忠诚的不服英格兰国教者提供了有效的宽容，还成立了教会委员会，用以约束国教会。然而，这些措施都背负了巨大的政治代价。詹姆斯不仅疏远了他的议会——一个曾极力支持他继承王位、以托利党—国教会为主导的机构，还惹恼了国教会的神职人员（包括主教席上的关键人物，如伦敦的康普顿主教），激起了伦敦和布里斯托尔等主要市政法人的托利党治安法官的反对，并在议会外的人群中埋下了反感的地雷，他的政策在王国的多个地区引发了暴乱。

到这时为止，詹姆斯还没能为他的同教中人争取到什么长远的权益。为个别天主教徒免除刑罚法不仅耗时，还需要高昂的法律费用，而且这种豁免权只能从天主教君主那里得到；詹姆斯仍然没有天主教继承人，看来他的新教女儿玛丽及其丈夫奥兰治的威廉将继承他的王位。要建立对英格兰天主教徒的永久宽容，就需要废除刑罚法，而这只能通过议会来实现。然而，鉴于迄今为止天主教徒连获得有限的救济都困难重重，王室的传统盟友似乎不大可能对这一倡议表示支持。最终，詹姆斯决定放弃托利党－国教会利益集团，转而与新教不从国教者结盟，这一关键转变发生在 1686 年冬至 1687 年春。不过，从分阶段过渡的角度来考察这一转变可能更为准确，因为詹姆斯早在有放弃教会党的想法之前，就开始拉拢不从国教者了，并且他在很长时间里都努力使托利党－国教会与他在利益上共进退。

詹姆斯拉拢不从国教者的政策从 1686 年就一点点开始了。3 月 10 日，他发布了一项大赦令，参加非法宗教集会、不去教堂的人都得到了赦免，只有少数偏激的道德败坏者和某些类别的叛乱者排除在外。[64] 在之后的一个月里，大约 1200 名公谊会教徒获释。[65] 那年春季的晚些时候，他通知公谊会教徒，说他们可以自由地举行宗教集会。当浸信会教徒为国王的赦免致谢时，他也告诉他们，只要他们保持忠诚，他们就可以得到他的保护。在国内的几个地区，国教会狂热分子的回应是加大对不从国教者的打击力度——"以前所未有的激烈言行"扰乱他们的集会，将秘密集会者拖到地方当局面前，"尽管这些集会者说他们有口头豁免权"——坚持认为如果不对新教不从国教者严格实施刑罚法，就不可能保护国教会免受天主教的侵害。詹姆斯开始有偿授予公谊会成员特免权，以保护他们免受迫害（为整个家庭获得特免权需要花费 50 先令），但很快他就表明自己准备将保护范围扩大到其他请求救助的不从国教群体。那些拒绝请求保护的人——主要是长老会和独立派——继续受苦。[66]

然而，将不从国教者免除在《秘密集会法》之外，引发了一个新问题：根据 1670 年《秘密集会法》的条款，告密者有权获得对已定罪的集会者征收的罚款的三分之一，一旦特免集会者，那告密者的损失谁来负责？在戈登诉黑尔斯案中，辩护律师和主审法官都认为，如果国王这样做侵犯了第三方的财产权，那么对"法律禁止的行为"（mala prohibita）也不能给予特免。尽管黑尔斯事实上被免除了应支付给原告的罚款，但该特免被裁定为有效，理由是该案类似于给予任职超过一年的郡长豁免。郡长豁免的裁决是否可以延伸到秘密集会？此外，戈登与被告是串通好的，从未打算收取罚款；如果有当事人决定收取罚款，情况就不同了。1686年10月，莱斯特的一位名叫史密斯的告密者继续暗中监视公谊会集会，坚称国王无权免除属于他的那部分罚款。莱斯特的治安法官同意了，并告诉公谊会教徒，"如果告密者坚持要求，他们必须像以前一样交罚款"。[67] 1687年1月，埃克塞特的一位新教不从国教传教士向前来打扰集会的治安法官们出示"国王保护令"，治安法官们回答说，"国王不能保护他们，也不能在他们违反法律时给予特免"，然后着手遣散集会。[68] 尽管如此，詹姆斯还是做好了对付告密者的准备。1686年6月，在公谊会教徒乔治·怀特海德的请求下，他任命了两名财政事务律师，调查以约翰·希尔顿和乔治·希尔顿为首的臭名昭著的伦敦告密团伙的活动。调查结果导致该团伙头目因在米德尔塞克斯郡会议上作伪证而被起诉，并推动了对国内其他地区告密者的进一步调查。[69]

夏末，詹姆斯决定巡视西南部，看看该地区对他的支持程度。该地区在他登基时表现出的不满最多，后来从他的王室赦免中获益最多。8月23日，他从温莎出发，途经雷丁、马尔伯勒、巴德明顿、布里斯托尔、温彻斯特、索尔兹伯里、南安普顿、朴次茅斯和法纳姆，然后于8月31日返回温莎。《伦敦公报》将这次出行描述为一次成功的公关行为，他所经之处，治安法官和居民都"全力展示了他们的义务和忠诚"。詹姆斯当然受到了他下榻的贵族们——马尔伯勒的萨默塞特公爵、巴德明顿的博福特公爵、温彻斯特的彭布罗克伯爵——以及他所经过的市政法人的领导人的欢迎。这种巡视"近来难得","城市、城镇、乡村和小巷"聚集着大量人群,希望能一睹君主的风采。无论走到哪里,詹姆斯都会触碰病人,"治愈他们的瘰疬";例如,他在温彻斯特触碰了 250 个人,并分发了传统的金币。[70] 然而,消息灵通的罗杰·莫里斯没有过多关注詹姆斯二世,对巡视的成功表示怀疑。他写道,他"没有听说多少贵族或乡绅前去招待"国王;布里斯托尔的招待会相当冷清,镇上并没有像预期的那样献上黄金作为礼物。总的来说,詹姆斯似乎"没有受到其他君主所享有的荣誉和尊重"。[71]

然而,10 月 14 日詹姆斯的生日似乎证实了他的许多臣民仍然支持他。伦敦城禁止点燃篝火,以预防可能出现的混乱,但在威斯敏斯特,钟声敲响、篝火燎天,还有"大规模的庆祝游行",《伦敦公报》称,"从未出现过比这次更盛大的场面"。在林肯律师公会广场,"两位英格兰国教会的优秀治安法官"与当地的堂区俗人执事、治安官员计划设立一笔"公共资金",以资助篝火庆祝活动,在活动中,泰特斯·奥茨的肖像被焚烧。另一位教皇党阴谋的告密者威廉·贝德洛伊在德鲁里巷遭遇了同样的命运。许多外省的城市和城镇也有类似的景象,如在巴斯,查理二世的遗孀提供了"几大桶葡萄酒给人民",在泰恩河畔纽卡斯尔、诺里奇和牛津,市长和市政官确保公共喷泉不断有葡萄酒流出。[72]

然而,无论詹姆斯从这种公众支持的表现中得到了什么安慰,11 月 5 日(英格兰破获 1605 年天主教火药阴谋的周年纪念日)的事件很快提醒他,全国各地的反天主教情绪仍在高涨。在剑桥,一些牧师如此狂热地宣扬反对天主教,以至于大学评议会后来强迫他们公开认错。[73] 在几个外省的城镇,当地居民通过在他们的窗户上摆放蜡烛来表明他们反对天主教,从而规避了国王禁止燃放烟火和篝火的命令。[74] 在格洛斯特，市长同意只允许城里点燃两场篝火，但主教坚持认为市长在主教座堂的范围内没有管辖权，因此下令在那里再生两场篝火。[75] 伦敦的大多数教堂都举行了布道，敲响了钟声，而且城里的许多地方还是不顾禁令，燃起了篝火和蜡烛。在舰队街，一群人肩上扛着一名男子游行，男子"头上戴着插有蜡烛的角"，大概是为了讽刺人们崇拜"巴比伦大淫妇"的方式，这是新教徒对教皇的称呼（角是戴绿帽的象征）。在首都的另一个地方，当地人拿着一只象征傻瓜的鹅，在它的胸前贴上一张大纸，上面用大字写着"托利"；这只"非常不高兴"的鹅漫无目的地跑来跑去，叫喊声听起来像"托利"，寓意是"天主教徒指望托利党人的鹅"。据报道，沃里克巷的一群人在游行中抬着教皇的肖像，不过当地人后来说，他们处理的是一具真实的尸体，因此当然没有发生骚乱。国王的严厉斥责令市政府更加谨慎，不允许在 11 月 17 日（1558 年伊丽莎白女王登基周年纪念日）发生类似的骚乱，但是有报道称"那天钟声震耳欲聋"。[76]

　　1686 年末，詹姆斯清楚地意识到自己无法与托利党－国教会利益集团合作。1686 年 11 月的一本天主教小册子写道，"英格兰国教会的大多数主要成员的恶言恶行，已经让陛下明白，为了统治的安宁，更不必说为了统治的辉煌，他们的原则是多么不能信"，而詹姆斯要想"在未来建立荣耀或安全"的话，"信仰自由"现在是他"唯一剩下的东西"。[77] 具有象征意义的是，詹姆斯打算与王权的传统盟友决裂的最重要的迹象是，他在 12 月解除了海德兄弟（他妻子的哥哥）的职务，用信奉天主教的蒂康奈尔取代了爱尔兰的克拉伦登（即亨利·海德），并用一个由天主教徒贝拉西主持的委员会取代财政部的罗切斯特（即劳伦斯·海德）。詹姆斯曾希望罗切斯特能皈依天主教，并在 12 月 19 日星期日晚上与伯爵举行的一次会议上承认，解除伯爵的职务"让他倍感不安"，他讲话时"几乎一直"在哽咽。但是，詹姆斯宣称，"为了国家的利益，绝对不能让不符合他意见的人来主管他的事务"。1686 年与 1687 年之交的秋冬，詹姆斯还着手整治郡治安法官，在查理二世最后几年的大清洗之后，郡治安法官绝大多数属于托利党－国教会。[78]1686 年 10 月，他成立了一个特别的枢密院委员会来审查治安法官，到第二年 3 月，该委员会已任命 498 名新成员（其中三分之二是天主教徒），解雇了 245 名人员（其中绝大多数是国教会教徒和各郡的主要家族成员）。被免职的人中，有一些是在查理早期的清洗中幸存下来的前辉格党人，但也有许多人在查理治下对王室极其忠诚、从未受到质疑，其中包括臭名昭著的反辉格党运动领导者，他们在 1680 年代初曾推动忠君献词的出现。[79]

虽然自 1685 年 11 月开始，议会就一直处于休会状态，但詹姆斯并没有放弃与议会合作的希望。1686 年 12 月，他开始与两院议员面谈，看他们是否愿意支持废除刑罚法和《忠诚宣誓法》；法官和一些被委托的贵族也向留在英格兰的议员提出了类似的问题。得到的回答远不能让人放心：大多数人要么要求再多点时间考虑，要么回答说，他们不可能在听取议会的辩论之前做出决定。沮丧的詹姆斯将顽固的两院议员开除了。没有职位可丢的丹比明确地告诉国王，他不会支持废除刑罚法或《忠诚宣誓法》，他表示，他把这些法律视为"我们宗教的保障"。[80]

1687 年 4 月的《信教自由令》

1687 年春，詹姆斯采取了合乎逻辑的下一步：他不再给予个别刑罚法的特免，而是暂停实施全部的刑罚法，直到他能够说服议会废除这些法律。我们难以确定詹姆斯做出这项决策的确切时间，可能早在 1686 年 9 月就已经决定了，最晚肯定不会晚于那年的年底。[81] 但是，直到 1687 年 3 月 18 日，詹姆斯才向枢密院正式宣

布，他将颁布一项针对所有人的信教自由令，因为以前实行的强制
宗教同一的策略没有奏效，而宗教宽容才能促进国内和平，使贸易
获得增长。[82] 詹姆斯先是在 2 月 12 日向苏格兰颁布《信教自由令》，
随后又很快发布了英格兰的《信教自由令》，这种速度表明，詹姆斯
并没有在等待北方王国的反应之后，再决定如何在英格兰行动，两
个王国的《信教自由令》是对同一政策的逐步推行。

英格兰的《信教自由令》是在 4 月 4 日颁布的。在开篇中，
国王说，他当然希望所有臣民都是"天主教徒"，但他长期以来的观
点是"良心不应受到约束，不应在纯粹的宗教问题上强迫人们"，而
且宗教迫害"破坏贸易"，"减少国家人口"，损害了政府的利益。因此，
他认为应该凭借他的"君主特权"给予广大人民信教自由。他承诺，
他将继续"保护和维护"英格兰国教会的神职人员和平信徒"自由
敬奉法律规定的宗教，和平且充分地享有他们的财产"，包括他们可
能拥有的教堂或修道院地产。但他的"国王意志"是"立即停止执
行教会事务方面的任何形式的刑罚法"，以便他的"可爱的臣民"可
以"在私人住宅或者专为宗教用途而租用或建造的场所，按照自己
的方式聚会和侍奉上帝"。自由令还进一步规定，今后不需要公职人
员进行宣誓，国王将对那些他希望雇用的、不愿意参加必要宣誓的
人给予豁免。自由令最后表示，国王希望议会在他认为方便时，在
法律上批准这种宽容。[83]

1689 年，《权利宣言》明确宣布中止权是非法的。然而，现代
历史学家认为，严格说来，詹姆斯的《信教自由令》是合法的。这
一论点有两个依据。第一，英格兰君主凭借王权至高无上的地位，
确实有权在宗教问题上中止刑罚法；诚然，下议院在 1673 年发布
了一项反对中止权的决议，迫使查理二世撤回 1672 年的《信教自
由令》，但有人正确地指出，下议院的决议并不能成为法律。第二，
严格来说，詹姆斯并没有要求中止权，相反，他认为自己的《信教

自由令》是建立在特免权之上的，而他的这一权力在戈登诉黑尔斯一案的判决中获得了法律的认可。[84]第二点很容易解决。虽然时人确实常说《信教自由令》是建立在"特免权"之上的，但他们当然明白，让个人免受特定法律的惩罚跟特免（即中止）整个法律的实施之间的区别。自由令清楚地区分了中止刑罚法和允许个人豁免《忠诚宣誓法》，即使它没有明确地提及"中止权"。在1688年出版的一本小册子中，首席大法官赫伯特——在戈登诉黑尔斯一案中做出裁决的法官——直截了当地宣称，《信教自由令》是基于中止权，中止权与特免权完全不同。[85]第一点稍微复杂一些，它取决于查理二世撤回1673年《信教自由令》的法律意味。然而，重要的是要认识到，1673年的下议院并没有宣布中止权是非法的；相反，下议院之所以坚持要求查理撤回他的自由令，是因为他们声称，国王错误地认为他有权中止教会事务方面的刑事法规。换言之，查理的撤销，似乎是国王默认英格兰君主从未拥有过这样的权力。[86]

　　许多同时代人明确指责了詹姆斯在1687中止刑罚法的企图。一本小册子的作者承认，国王确实拥有特免权，但只是为了纠正法律中的错误——"如果在法律制定之后发生了任何在制定时没有预见到的事情"，或者"违背了立法者的初衷"，并使"法律的执行对公众造成了明显的、恶劣的压迫"，那么，君主"当然可以中止"执行这种法律，直到它"被制定它的权力（即议会）修改或废除"。但这"必须是为了公共利益"，作者坚持说，"否则这就不是王权的自然权利，而是滥用权力"。[87]同样，罗伯特·弗格森写道，尽管每个人都承认"国王拥有君主特权"，但在国家"公认的习俗和人民普遍的利益、保护和安全"之外运用这种特权，是"统治者的篡夺和暴政"。弗格森称，只有议会才能决定君主特权的范围：人们不能接受国王的顾问、"唯利是图的律师"或"阿谀奉承的神职人员"的意见，因为他们几乎不可能不带偏见。因此，"一种产生自君主特权的中止和废除大量法律的权力"——而且是为了"人民的安全而设计的、由代表整个社会的议会制定的、国王无法干预的法律"——意味着"改变政府、推翻宪制"。[88]伯内特同样认为，"国王中止法律"的做法"从根本上打击了政府"，并将它彻底颠覆。他在别处写道，即使是"英格兰历史上对宫廷最谄媚恭顺的议会"（即1661—1679年查理二世的骑士议会），也"不仅否定了已故国王的这一特权，还撤销了1672年的《信教自由令》，迫使他放弃这一特权"。[89]

詹姆斯意识到他的政策是有争议的，他必须向英格兰公众宣传《信教自由令》的好处。他也见识过他的兄长在应对王位排斥派的挑战时，是如何成功地利用媒体来捍卫自己，说服人们停止支持辉格党，团结起来支持国王。换言之，可以把人民争取到他们本不会支持的事业一边；詹姆斯现在的王位就是明证。秘诀在于如何操作。可以遵循托利党反扑时期所信奉的具有高度的托利党—国教会意识形态色彩的逻辑：如果国王确实是一位凌驾于法律之上的绝对君主，那么他当然有权暂停执行刑罚法，特别是当他认为这样做符合人民的最佳利益时。一些匿名的小册子似乎正是按照这个逻辑为《信教自由令》辩护的。詹姆斯还得到了英格兰国教会—王党顽固分子、查理二世宣传运动的天才罗杰·莱斯特兰奇爵士的帮助，后者仍在出版亲政府的双周刊《观察者》，而且从1686年底开始，他不断地鼓吹捍卫君主的权利——不仅是特免某部法律，甚至是暂停某些法律的整个实施的权利。然而，詹姆斯也需要努力争取不从国教者的支持。为此，他聘请了前辉格党公关亨利·凯尔和公谊会教徒威廉·佩恩来为他的宗教宽容政策辩护，以吸引辉格党和新教不从国教者的情感支持。[90]

为了推广詹姆斯的宽容政策，鼓吹者试图证明国王有权发布全面的宽容法令，而且这样做符合国家的最佳利益。虽然英格兰的《信教自由令》不像苏格兰的《信教自由令》，没有通过声称英格兰国王是绝对君主，从而明确地为国王中止法律的能力辩护，但许多《信教自由令》的捍卫者很快就做出了这一声明。莱斯特兰奇表示，"帝国君主"是"绝对的，仅次于上帝"，"只对上帝负责"；法律是"国王的法律"，虽然有"许多政治法律"，君主不能违背，"否则将受到上帝的惩罚"，但也有"一些法律，如果他不违背，就会受到上帝的惩罚"。[91] 然而，莱斯特兰奇在其新闻工作生涯的大部分时间里，都在呼吁对新教不从国教者严格执行刑罚法，他将会发现维持公众的信任是一种压力，随着他的健康状况开始恶化，他于 1687 年 3 月停止撰写《观察者》。他后来否认这是因为事情没有按照他的意愿发展：他坚称，他关于宽容所写的一切，围绕的"不是宗教问题，而是政府问题"，他争论的焦点是"信仰自由究竟是人民的权利，还是来自最高长官的特权的恩典和包容"。[92] 一位匿名作者坚持认为，"根据这个国度的古老法律"，英格兰是"一个绝对的帝国和君主政体"，国王"拥有绝对和全部的权力、特权和管辖权"；该作者还试图表明，从班克罗夫特大主教、劳德大主教到威廉·夏洛克博士，英格兰国教会的几代神学家都同意，国王有权特免刑罚法。然而，奇怪的是，这位作者最后坚持"信教自由"是"一项自然权利"，而不是来自王室的"恩典"。[93] 威廉·佩恩同样认为，英格兰国教会最受尊敬的神职人员也承认，教会事务中的权力，完全、绝对地掌握在国王手上。[94]

作者们还强调了宽容政策带来的积极好处。一首在《信教自由令》颁布两周前获准发表的诗预言道：

> 荷兰将不再榨干我们的人民，
> 我们富裕的制造业将不再获利；
> 从今以后，叛军不再有借口
> 武装暴民来保卫他们的信仰。

> 既然现在每一种宗教都是自由的，
>
> 我希望他们都能结成忠诚的同盟。[95]

一本小册子（据称是由英格兰国教会的一位牧师撰写的）坚称，迫害是行不通的，因为人们"不会被吓得不敢表达自己的观点"，而荷兰和波兰等国的经验证明，宽容促进了国内和平，鼓励了贸易。[96]佩恩在贸易和国内和平方面也提出了类似的观点，他甚至认为，如果国王早点宣布信教自由，就不会有蒙茅斯叛乱了。他还想知道为什么一个人的宗教归属会"妨碍他为自己的祖国服务"。[97]此外，大多数作者指出，国教会的成员不应该害怕宽容政策，因为国王承诺会维持和保护英格兰国教。[98]

衷心感激国王

詹姆斯相信所有教派都会从《信教自由令》中受益，并期望他的臣民以致谢的方式回应——尽管有传闻说他曾下令向愿意致谢的人支付大笔款项，但这可能不是真的。[99]最终，他收到了200份来自全国各地不同团体的致谢函；天主教徒、新教不从国教者、神职人员、地方当局和各种贸易利益集团。这个总数远远低于来自英格兰和威尔士的346份祝贺他登基的献词。而且，许多致谢函姗姗来迟：到8月中旬，只收到了79份（在8月16日詹姆斯前往西米德兰兹郡为他的政策争取支持之前）；还有33份直到新年才被宣布，后来送达的致谢函还承诺选出支持废除刑罚法的议员（1687年7月议会解散后），并祝贺詹姆斯的妻子怀孕（12月宣布）。然而，进一步研究这些致谢函的历史——包括它们是如何起草和措辞的——可以发现，在全国很多地方，尤其是国教会利益集团，反对《信教自由令》的声音很大。天主教徒自然为《信教自由令》感到高兴。5月底，阿伦德尔勋爵代表王国的罗马天主教徒向国王呈上致谢函，上面有几位勋爵和许多有身份的乡绅的签名。在8月詹姆斯巡视西米德兰兹时，兰开夏的天主教徒在莫利纽克斯勋爵的带领下，向国王呈递了他们的致谢函。[100] 然而，以英格兰天主教徒的名义送来的致谢函只有这两份；毕竟，英格兰没有那么多天主教徒可以发声。

　　新教不从国教者对《信教自由令》的反应是复杂的。在法律的重压下忍受了多年的痛苦之后，他们大多数都很高兴能享受到自由令所提供的救济。然而，许多人仍然怀疑詹姆斯的动机，并担心这种宽容取决于国王的武断意志，缺乏任何法律依据。长老会是最犹豫的。约克总督约翰·里尔斯比爵士表示，在约克、利兹和谢菲尔德，"日内瓦党"选择支持英格兰国教会，继续去教堂礼拜；只有公谊会和独立派教徒（在这个地区人数不多）对宽容政策表示满意。[101] 在伦敦，一位观察者指出，在《信教自由令》颁布的前一周，教堂比以往任何时候都更加拥挤，集会者说他们宁愿"现在待在那里，都不愿意回到过去"。[102] 长老会传教士丹尼尔·威廉姆斯在伦敦举行的一次不从国教牧师会议上说，"与其宣布采取破坏国家自由的措施，不如让他们回到以前的困境"，并说服他们不要呈递致谢函。同样，浸信会牧师威廉·基芬说服他的追随者不要发表致谢。[103] 然而，在国内的不同地区，确实有一些不从国教者欢迎《信教自由令》。一位来自诺里奇教区的记者在4月下旬告诉桑克罗夫特大主教，"我们的不从国教者贪婪地咬饵上钩了，到处用钟声和篝火表达他们的喜悦"。在诺里奇，约翰·柯林斯博士立即召开了长老会和独立派的会议，并开始向该市的神职人员吹嘘说，他现在"与他们平起平坐"，他宁愿获得"《信教自由令》的恩惠"，也不愿屈服于英格兰国教会的不合理条款，但诺里奇主教认为柯林斯"不值得重视"，因为他昔日的许多追随者已经抛弃了他，重新加入国教会。[104] 在英格兰西部，很快就出现了"很多满座的集会"，而在其他地方，我们得知，不从国教者正在"马不停蹄地修葺、美化和装饰他们的聚会场所"。[105] 威尔士的一名浸信会教徒称赞詹姆斯是"上帝手中的神笔，通过强有力的、不可动摇的宣言，赐予我们可贵而可爱的自由"。[106]

英格兰和威尔士各地的新教不从国教者团体共呈递了 78 份致谢函：4 份来自公谊会；8 份来自浸信会（或再洗礼派）；10 份来自公理宗；11 份来自长老会；1 份由格洛斯特郡的独立派、浸信会和其他团体共同呈递；43 份来自那些自称不从国教者或新教不从国教者的人；还有 1 份来自那些"武装起来反抗陛下"的人（大概是蒙茅斯叛军）。[107] 收到的第一批致谢函来自伦敦及其附近地区的再洗礼派。[108] 威廉·佩恩现在是一名政府代理人，他在 4 月底呈递了一份由大约 800 名伦敦公谊会教徒签名的致谢函，一个月后又以"这个王国所有的公谊会教徒"为名呈递了一份经过他们的年度会议同意的致谢函，然后开始在英格兰巡回布道，宣传国王的自由令。[109] 詹姆斯还获得了长老会神学家文森特·奥尔索普、托马斯·罗斯韦尔以及独立派的斯蒂芬·洛布的效劳，他们作为代理人，通过赦免以往的罪行，向伦敦的不从国教者索取致谢函。4 月 28 日星期四，罗斯韦尔以伦敦长老会牧师的名义呈递了致谢函，但只有 9 名牧师签名。两天后，洛布呈递了一份独立派的致谢函，也只有 9 名牧师和大约 140 名平信徒签名。[110] 詹姆斯对递交致谢函的长老会牧师们表示——他在措辞上有些随意，这表明他并没有完全理解英格兰宪制的一些基本要点——"他希望他们现在有一部大宪章来规定宗教的信奉，就像保护每个人的财产一样"。[111] 毋庸置疑，由国王赋予、由议会确认、载入宪章的合法权利，显然与基于君主特权宣布的自由有所不同！

有些致谢函姗姗来迟。到 8 月中旬，只收到了 43 份；莱斯特郡的不从国教牧师们直到 12 月中旬才递交他们的致谢函。[112] 有几份

致谢函对詹姆斯的作为进行了热情洋溢的赞美。西萨默塞特的不
从国教牧师们感谢詹姆斯"通过君主的恩典,让我们享受到了自
由",并祈祷他的统治能"长久而繁荣","其荣耀"能被"世世
代代铭记"。[113] 诺里奇的公理宗教徒声称,与大众的看法相反,他
们一直赞成君主制,认为君主制是"这个国家唯一古老、合法和公
正的政府",也是"最好的政府";他们还补充说,国王是"所有人
民共同的父亲",他关心"每个人的利益",这与查理二世时期骑士
党—国教会成员使用的父权主义修辞遥相呼应。[114] 诺里奇和麦克尔
斯菲尔德的长老会成员都接受了君权神授的理念,他们在致谢函中
说,他们还应该感谢上帝,"国王遵照上帝的意志统治"。[115] 然而,
大多数新教不从国教者的致谢函措辞谨慎,据报道,对于他们只是
感谢他给予自由,而没有宣布支持"特免权",詹姆斯感到失望。[116]

　　最令国王失望的是英格兰国教会神职人员的反应。4 月 20 日,
桑德兰通知达勒姆、罗切斯特、彼得伯勒、牛津和切斯特的主教们,
如果他们对《信教自由令》,特别是对国王"再次保证要保护他们的
宗教和自由"发表"致谢函",那么,"宫廷将接受";他还拿出了
一份这方面的文本供他们签字。达勒姆、牛津和切斯特的主教们立
即表示同意。罗切斯特的主教托马斯·斯普拉特一开始不愿意,不
过最后还是同意了。彼得伯勒的主教托马斯·怀特公开谴责《信教
自由令》,称"他认为英格兰国教会非但没有从中得到任何好处,反
而受到了极大的损害",并预测伦敦的神职人员不会签署。确实,伦
敦大部分的神职人员,无论是等级主义者,还是温和派,都拒绝签字。
林肯的主教想对致谢函表示支持,但伦敦的神职人员写信给他的副
主教们,敦促他们不要同意。切斯特主教卡特赖特的晋升仰赖詹姆
斯的提携,他完全支持国王的政策,但他很难让自己的神职人员服
从。他的一名神职人员抗议道,国王不但没有保护国教会,反而"放
开了我们所有的敌人";另一名神职人员表示"他永远不会感谢国

王违反法律"。即使这四位主教重新起草了致谢函，只对国王保护教会的承诺表示感谢，伦敦的神职人员仍然拒绝签字。[117]

由于不可能获得整个教会的支持，赞成致谢函的主教们别无选择，只能分道扬镳。当牛津的帕克试图呈交他自己的致谢函时，除了一名神职人员外，其他人都拒绝签字，并在一篇以手稿形式流传的论文中详细阐述了拒绝的理由。他们坚持认为，感谢国王让他们继续拥有自己的财产，不过是"感谢国王陛下让我们继续享有合法的权利：这些权利既然与王国中的所有人相关，就应该在议会中得到充分讨论；否则，就会让人认为我们的财产比其他臣民的财产更不合法，更随意"。至于国王承诺维护他们"自由信奉我们的宗教"，这"必定会使我们置于各种宽容政策之下，这些政策不受法律保护，而完全依赖君主的意愿和《信教自由令》，是可以随意撤销的"。为什么神职人员要感谢国王为不从国教者废除他们认为"也许不能被废除"的法律呢？[118]

桑德兰最初接触的五位主教中，只有两位——达勒姆和切斯特主教——向他们教区的神职人员展示了致谢函。国王在5月收到了达勒姆的致谢函，但明显很失望，他说他期望它"来得更早"，而且上面的签名"更满"。[119]考文垂教区、利奇菲尔德教区、林肯教区和圣戴维兹教区也呈递了致谢函，里彭大圣堂的教长和牧师会也呈交了致谢函。这样一来，英格兰国教会神职人员总共呈交了六份致谢函（如果我们把1688年2月格恩西岛的治安法官和神职人员呈交的致谢函包括在内，则为7份）[120]。正如一本小册子的作者后来抱怨的，"很少有"英格兰国教会的人"能找到衷心感谢国王的理由"，而"少数"感谢国王的人的"致谢函言辞尴尬"，因为他们感谢国王的不是"他的《信教自由令》的主要部分"，而是仅限于与国教会有关的部分，这就使得这些致谢函"没什么价值"。[121]

以郡、大陪审团、城镇、市政法人或当地居民的名义呈交的致谢函共 88 份。当然，总有人愿意提供那种肯定令政府满意的、热情洋溢的致谢函。中殿律师公会的律师们认为，他们有特别的理由感谢国王在维护其君主特权方面给予他们的荣誉，这些特权是"法律的生命，我们的职业"，"必须永远保持这些特权的完整"，因为它们是"上帝亲赐的"。[122] 莱斯特兰奇是出了名的热心人，5 月 7 日他在伦敦山姆咖啡馆举行的一次特别会议上宣称，"我们英格兰国教会的忠诚人士始终承认并维护国王凌驾于法律之上"，并敦促在场的人在致谢函上签名。[123] 然而，对这类致谢函进行更仔细的检视，就会发现许多社区在《信教自由令》上存在着深刻的分歧。在德文，有一位叫贝尔的治安法官是查理二世治下一位"最热衷支持交出特许状和鼓励告密者的人"，他在郡会议上提议"忠诚的英格兰国教徒"应该递交一份贺词，但当地的治安法官们的反应不一；反对这一想法的人退出了会议，留下的人起草了一份致谢函。[124] 在巴斯，高级执事、市长、市政官和主要市民起草了一份措辞谨慎的致谢函，首先提醒詹姆斯，他们在他继位时曾感谢过他承诺保护他们的宗教、权利和财产，并保卫城市免受蒙茅斯叛军的袭击，然后他们再次感谢国王，不仅感谢他"对我们仁慈的恩惠，让我们享有我们的宗教"，还感谢他"宽恕了〔他的〕最大的敌人"，希望这可以"治愈他们迷茫的心灵"。与此同时，该市政法人的几名成员，以及其他的自由民和居民，还呈递了一份辞藻更华丽的致谢函，表示他们希望投身于国王神圣的脚下，"向陛下的意愿以及您在最近颁布的、仁慈的《信教自由令》所享有的无可置疑的特权致以忠诚恭顺之意"。[125] 在一些城镇和自治市，当地居民自己起草致谢函，因为市政法人没有这样做。因此，格洛斯特的致谢函是由几位市政官、市议员、乡绅和市民，代表他们自己和几百名自由民递交的，而考文垂的致谢函则来自市民和居民。[126]

一些地方领导人试图避免签名，但又不至于表现出反对致谢的想法。当约克郡的郡长问里尔斯比是否愿意帮助构思和递交一份"国教会乡绅"的致谢函时，里尔斯比声称，他为国王的事务忙得不可开交，无法及时赶到正在讨论这件事的约克巡回法庭。结果，当地乡绅很少有人去巡回法庭，而那些去的人也不愿意服从郡长的安排。一些天主教徒和一些有特殊理由需要致谢的新教徒（大概是新教不从国教者）确实建议由大陪审团起草一份致谢函，但他们无法就措辞达成一致。最终，约克郡这一次并没有递交致谢函，而里尔斯比得以成功地摆脱指责。[127] 其他人则有勇气坚持自己的信念。埃克塞特的副记录法官在查理二世时期曾积极推动反辉格党的献词，现在则因"非常无礼、近似诽谤地谈论陛下的《信教自由令》和致谢函"而遭免职。[128] 埃克塞特暂时拒绝致谢。市长和记录法官在托特尼斯带头反对致谢；前者被解职，后者被停职。[129] 莱斯特市政法人以 35票对 19 票的投票结果否决了一份拟议的致谢函，即使市长修改了该镇缺席的记录法官亨廷登伯爵建议的措辞，希望使其更容易被接受。分歧点在于，是否要在致谢函中提及《信教自由令》：大多数人都愿意支持"只提及英格兰国教会"的致谢函，但代表亨廷登到场的人担心"国王不会乐意接受"。[130]

伦敦市长和市政官确实在 10 月份递交了致谢函，但这只是因为政府在那年夏天撤换了七名反对致谢函的托利党市政官，用辉格党人取而代之，并任命了一位新教不从国教市长约翰·肖特爵士。[131]事实上，直到詹姆斯在 1687 年末和 1688 年初对地方官员进行了进一步的换血之后，一些社区才开始感谢国王的自由令。在 1687 年11 月的清洗之后，格洛斯特市政法人终于在次年 1 月递交了致谢函。[132] 斯塔福德郡的大陪审团直到 1688 年 4 月才起草他们的致谢函，但他们辩称，这种"迟到"不应归因于"缺乏忠诚"，因为这是"第一次有机会说服本郡的机构，因为我们中间持否决立场的派别迄今一直在阻止他们履行职责"。致谢函继而感谢国王"在《信教自由令》

中的特免权"。[133]1688 年 4 月，卡莱尔的市长、市政官、法庭执达官和市民起草了他们的致谢函，"根据最新的规定，现在这里自由了"，并表达了他们"迟来的，但真诚的感谢"。应该指出的是，此时的卡莱尔市长是一名天主教徒。[134]经过 1687 年 11 月和 1688 年 2 月的两次清洗后，班伯里市政法人同意在 1688 年 2 月 22 日递交致谢函；前一年 9 月，班伯里的致谢函没有官方支持，只是以该自治市自由民的名义递交的。[135]同样，从 1687 年夏到 1688 年春，在经历了一系列大清洗后，斯卡伯勒和托特尼斯才最终在 1688 年 4 月下旬同意递交致谢函。[136]莱姆河畔纽卡斯尔市长、市政官、法庭执达官和市民递交了两次致谢函：第一次是在 1687 年 6 月，感谢詹姆斯承诺保护英格兰国教会，并表示希望国王能从那些受益于宽容的人那里找到"同样多的忠实和真诚"；第二次是在 1688 年 1 月，在经历了前一个月的清洗之后，致谢函称《信教自由令》"完全满足了我们内心的渴望"，并承诺努力选出支持议会废除刑罚法的议员。[137]

另外 26 份致谢函以英格兰某些贸易利益群体的名义递交，其中 19 份来自伦敦同业公会，[138]其他几份来自伦敦及其周边地区的主要建筑商、相关贸易商和工匠，斯特劳德－沃特（格洛斯特郡）和伍斯特的服装商，赫尔的金匠，赫尔的海员，埃克塞特的商人，以及汤顿的哔叽制造商。最后一份致谢函表示，很高兴詹姆斯把他们"从那些贪婪之手中解放出来，那些人把我们的劳动当作猎物，攫取本应用于养活我们妻儿的东西来积累自己的财富"，并预言，现在派系的利益已经被"搁置一边，国家的共同利益、贸易和安全可由所有人推动和促进"。[139]致谢函的数量并不算多；即便如此，那些来自伦敦同业公会的致谢函也只是政府清洗后的结果。

对英格兰国教会垄断教育的攻击

　　为了培养更多的天主教神父、鼓励更多民众皈依，詹姆斯需要打破英格兰国教会对教育的垄断。他认为，从原则上讲，不让天主教徒进入公立学校和大学是不公平的，但他似乎也相信，仅仅是天主教徒的存在，就会鼓励这些机构里的秘密支持者公开承认他们对天主教的偏爱，随之而来的新教徒和天主教徒之间的公开辩论，就会让其他人相信皈依天主教的好处。[140] 然而，在这一过程中的每一步，他都遭到了托利党－国教会利益集团的反对，他们认为国王的行为违反了法律，他们有义务拒绝国王的非法行为。

　　1687 年 1 月，詹姆斯建议卡尔特修道院的主管们选出一位天主教徒为奖学金获得者，而御前大臣杰弗里斯会为这个年轻人授予皇家特免权。然而，在丹比伯爵的带头下，在奥蒙德、哈利法克斯和桑克罗夫特大主教的支持下，大多数主管都拒绝接受这一安排；丹比甚至表示，"特免权是非法的"，法官在戈登诉黑尔斯案中的意见，"无论从英格兰法律来看，还是依照最优秀的律师的普遍看法，都是没有道理的"。[141] 这次，校方成功地坚持了自己的立场。

　　虽然也遇到了同样的困难，詹姆斯对大学的态度更加坚决。1686 年 3 月，他向牛津大学四名皈依天主教的学者（俄巴底亚·沃克博士、两名大学学院的院士以及一名布雷齐诺斯学院的院士）授予特免权，这样他们就不必辞去他们的教职。[142] 次年 10 月，詹姆斯采取了更大胆的行动，任命沃克提携的、"深受教皇影响"的约翰·马西担任牛津大学基督教堂学院空出来的院长一职，免除他参加祈祷、接受圣礼、宣誓，以及院长通常需要履行的其他宗教职责。尽管如此，任命院长的权利确实是国王拥有的，而且马西在被任命时可能还不是公开的天主教徒（他在 1687 年初确定皈依了天主教）。[143]

　　1687 年 1 月，詹姆斯任命改宗天主教的约书亚·巴西特为剑桥大学西德尼—萨塞克斯学院的院长，这一任命引起了更大的争议。阿尔伯马尔公爵作为剑桥的名誉校长写信给国王，要求他像前任国王那样，允许学院选择自己的院长，并告知他，根据他们的章程，院士们必须在宣誓后从国教徒中选择一名新教徒。詹姆斯回答说，他已经委任了巴西特，无法撤销。当巴西特在月底到任时，院士们接受了他的委任和特免，但另一个障碍很快出现了。西德尼—萨塞克斯学院是伊丽莎白时代创办的，根据其章程，院士们曾宣誓，如果一个人不发誓支持真正的宗教、反对天主教，他们不会接受他当院长。由于巴西特没有得到在这一宣誓上的特免权，院士们决定不能接纳他。此事一直拖延到 3 月，一些院士向国王提交了一份请愿书，要求他"撤回命令，因为这些命令违反了学院的章程"。直到被教会委员会传唤，他们才最终做出让步。[144]

　　1687 年 2 月，詹姆斯指示剑桥大学副校长约翰·皮切尔博士，在不需要进行宣誓的情况下，承认本笃会修道士奥尔本·弗朗西斯神父为文学硕士，另一位天主教徒为医学博士。皮切尔召集了学院院长特别会议，除三人外，所有人都认为遵从国王的要求"与他们的誓言和大学章程不符"。詹姆斯再次下令；两位著名法学家弗朗西斯·彭伯顿爵士和赫尼奇·芬奇告诉副校长，国王的指令没有任何效力，而承认者如果违反了对宣誓做出规定的议会立法，可能会因违反委托而遭到罚款，于是副校长再次拒绝承认这两人的文凭。那年春天，副校长和八名特别选出的代表被传唤到教会委员会，他们在那里抗议说，根据法律的规定，他们受誓言约束，必须让所有毕业生进行效忠宣誓和最高权威宣誓，履行《忠诚宣誓法》的要求，并以 1641 年所有此类法庭已被废除为由，质疑教会委员会审理该案件的权利。委员们决定以儆效尤，剥夺了皮切尔的公职和圣职，而詹姆斯只是因为怕他们变成殉道者，才放了他们一马。[145]

　　詹姆斯最具争议的举措是攻击牛津最富有的学院莫德林学院。

1687 年 3 月底，该学院院长去世，詹姆斯决定推举一位非公开的天主教徒安东尼·法默为新院长。然而，院长的选举权属于学院，根据学院章程的规定，院士们必须选择一位品行良好的新教徒，而且他需要在莫德林学院或新学院当过院士。法默虽然尚未宣布自己是天主教徒，但他与大学里已知的天主教徒（如俄巴底亚·沃克博士）有来往，院士们怀疑他不再是国教徒。他也没有在两个学院当过院士。他还是一个臭名昭著的酒鬼和好色之徒，以让女人"在他面前裸舞"而闻名；有一次，他舌吻了一个女人，还有一次，他"把手放在一个漂亮姑娘的大衣下面"。在得知詹姆斯的意图后，院士们向国王请愿（4 月 9 日），告知他法默不合格，并要求詹姆斯要么让他们自己选一个院长，要么推荐一位更合适的人选。然而，两天后，院士们收到了国王的指令（日期为 4 月 5 日），要求他们立即选举法默，并免除任何可能妨碍他当选的法规和习俗。院士们认为，国王听信谗言，错认了法默的情况，也高估了自己处置院长职位的权利。由于学院章程要求在十五天内进行新的选举，在他们的请愿书没有得到答复的情况下，他们于 4 月 15 日选举了院士约翰·霍夫先生。[146]

　　詹姆斯大发雷霆，指示教会委员会着手对付这些院士。该案于 6 月审理。在书面答辩中，院士们解释说，他们的学院章程和誓言不仅要求他们选举一名合格的人，还禁止他们同意任何特免。他们进一步指出，国王无权要求他们选举法默，因为"选举权在他们手中"。为了让国王有机会推荐一个合格的人选，他们把选举推迟到最后一天，并且按照章程规定的程序选出了霍夫。委员们认定霍夫的选举是无效的，但他们也不得不承认法默没有资格参选，特别是他们自己的调查也显示法默确实"品行不端"。[147] 因此，8 月 14 日，詹姆斯下达了另一项与上一次相同的指令，这一次要求院士们选举牛津的帕克主教为院长，虽然帕克也从未在莫德林学院或新学院当过院士。然而，院士们坚持霍夫的选举是有效的。9 月 4 日，詹姆斯访问牛津，并命令院士们接纳主教，院士们回答说，"他们愿意在自己权力范围内的一切事情上服从陛下，但推举牛津主教直接违反了他们的章程，违背了他们所做的积极宣誓，在这件事上，他们恕难从命"。牛津大学副校长于第二天向国王指出，院士们如果这样做了，将犯下"极其可耻的伪誓罪"；"我们必须遵守我们的章程，信守誓言"，这是"天底下任何权力都不能剥夺的"。10月中旬，国王任命了一个委员会，由切斯特的主教卡特赖特领导，巡督莫德林学院；除三人外，其余院士都坚持拒绝接受帕克为他们的院长，因而被剥夺了院士职务。詹姆斯任命了一些天主教徒取而代之。[148]

莫德林学院事件再次引起了关于特免权范围的讨论。政府的宣传人员自然认为，院士们本应遵从国王的指令，选举牛津主教，理由是特免权取消了学院章程的效力，并使他们摆脱了按照章程进行选举的誓言。[149]然而，戈登诉黑尔斯案的判决清楚地表明，国王的特免权只适用于法律禁止的违法行为（而且只有在特免权不侵犯第三方权利的情况下）；伪誓是本质上的违法，是对上帝的犯罪，因此没有一个国王可以特免臣民遵守庄严宣誓的义务。值得注意的是，即使是在戈登诉黑尔斯案中做出判决的首席大法官赫伯特也认为，在莫德林学院事件中，国王的特免权是无效的，"因为该学院的成员有特殊的权益选择自己的院长"。[150]

牛津居民对詹姆斯将大学天主教化的做法非常不满。1686年夏末，当沃克首次在大学学院举行弥撒时，一群人聚集在学院大门外"大喊大叫"，以扰乱仪式，直到一些参加弥撒的士兵出来驱散他们。还有一次，沃克发现他的礼拜堂被新教学者侵入，当他把他们赶出去时，他们抗议道："我们没有把你赶出我们的教堂，你凭什么把我们赶出你的教堂？"1688年7月下旬，一个小伙子出现在沃克的礼拜堂里，外套下藏着一只猫，在仪式过程中，他掐住猫的尾巴，使其"止不住地惨叫"，造成了"一些混乱"，直到参加庆典的人意识到发生了什么，才将这个年轻人赶出教堂。1688 年 1 月，当莫德林学院的副院长罗伯特·查诺克博士宣布将在礼拜堂举行弥撒时，周日出门的当地居民开始明显增多，试图阻止弥撒。在这方面，他们得到了学院院长牛津主教的支持。直到帕克在 3 月去世，他的院长职位被天主教名义主教博纳旺蒂尔·吉福德博士取代，查诺克才得以确保莫德林的礼拜堂供天主教徒做礼拜。镇上的新教徒决心不让天主教徒好过，他们出现在弥撒现场，"咧嘴讥笑"。信奉天主教的院士们发现，他们一到镇上，学生们就会对他们做鬼脸，说他们"坏话"；在食堂里，学生们会戴着帽子坐着，以示蔑视，然后在院士们离开高桌后，举杯祝教皇糊涂。[151]

包揽议会

到 1687 年夏，詹姆斯终于得出结论，要想在现任议会中废除刑罚法和《忠诚宣誓法》是不可能的。因此，他在 7 月 2 日发布了解散议会的公告，[152] 并开始努力确保重新召开一个对他有利的议会。为了摸查国内的情绪，他进行了另一次巡视，这次是穿越西米德兰兹。8 月 16 日他离开温莎，前往朴次茅斯、巴斯、格洛斯特、伍斯特、勒德洛、什鲁斯伯里、惠特彻奇，然后前往切斯特，之后经纽波特、利奇菲尔德、考文垂、班伯里、牛津、赛伦塞斯特，于 9 月 6 日回到巴斯。不出所料，《伦敦公报》将这次巡视形容为巨大的成功，描绘了詹姆斯所到之处受到的热情接待。[153] 地方上的记载也证实，王室的访问提供了一个展示节日气氛和普遍欢庆的机会。例如，在考文垂，国王受到了市民的热烈欢迎，当他穿过城市时，当地人成群结队地为他欢呼，在他逗留的那个晚上，"整个城市"都燃起了篝火。[154] 然而，一些当地的观察者感觉到，情况并非如此。在牛津，大学和市政法人都精心准备了招待会，当国王进城时，"每条街道上都挤满了各种各样的人，所有的窗户都挤满了人的脸，他们发出了巨大的欢呼声和叫喊声"；安东尼·伍德却指出，当时并没有人"像古代一样"高呼"国王万岁"。在班伯里，詹姆斯在穿过街道时遭到一只獒犬的袭击；国王拔出手枪，将其射杀，但枪声惊动了阿宾登伯爵的马，伯爵摔倒在地，身受重伤。这段插曲有一种闹剧感，肯定破坏了场面的庄严。[155]

詹姆斯利用这次巡视向地方领导人宣传他的宽容政策的好处，并提出议会废除刑罚法和《忠诚宣誓法》的理由。在这方面，他认为自己取得了成功：正如《詹姆斯二世传》指出的，乡绅们对他的"亲切友好的接待"使他相信，他"在某种程度上软化了他们顽固的脾气"，而"一位君主的亲临，使他经过之地的广大人民对他肃然起敬，他们愉快的欢呼和尽责的致谢似乎是他们服从的保证"。[156]这次巡视确实促使人们呈交了更多的致谢函，其中一些致谢函还承诺选出支持宽容政策的议员：在8月16日至9月17日收到的33份致谢函中，有18份是迫于国王巡视期间施加的压力而呈交的。[157]然而，有些地方顶住了提交致谢函的压力。在詹姆斯访问的15个主要城镇中，有3个（切斯特、考文垂和格洛斯特）在国王巡视之前已经呈交了某种形式的致谢函；8个（布里斯托尔、赛伦塞斯特、利奇菲尔德、纽波特、牛津、什鲁斯伯里、惠特彻奇和伍斯特）从未呈交致谢函，1个（朴次茅斯）在市政法人经过了进一步的清洗后，直到新年才呈交致谢函，只剩下3个（班伯里、巴斯和勒德洛）可以说是由国王的巡视推动了他们呈交致谢函。哈利法克斯认为，这次巡视并没有给詹姆斯的宽容计划带来"巨大的鼓舞"，因为它"已经成为一种被全国普遍接受的关乎脸面的行为，而不是改变他们观点的证明"。[158]

为了实地了解、评估各地区对议会宽容的支持程度，詹姆斯在

1687 年 10 月底决定对所有法院官员、最近解散的议会成员、治安法官、郡最高军事长官助理、市政法人官员、伦敦同业公会成员和其他低级别官员进行一次广泛的意见调查。每个人被要求回答三个标准问题：如果当选为议员，他们是否会支持废除刑罚法和《忠诚宣誓法》；他们是否会帮助确保选出支持废除的下议员；他们是否会支持《信教自由令》，与各种宗教信仰者和平相处？对城市和郡的治安法官进行意见调查的任务落在了郡最高军事长官身上。然而，尽管那年夏天对郡最高军事长官进行了清洗，但事实证明，许多人对这项调查并不热心，他们要么拖拖拉拉，要么提问题的方式让人无法正面回答。在秋冬之际，更多人被解职；到 1688 年 3 月，詹姆斯新任命了 19 人，其中 13 人是罗马天主教徒，而 1687 年夏天的那些人中只有 14 人设法保住了自己的职位。一些地区迟迟没有反馈，而最终揭晓的结果，远非令人鼓舞。大多数接受调查的人都毫不犹豫地承诺，可以与不同宗教信仰的人和平相处；至于前两个问题，许多回答都持回避、保留的态度，有些甚至充满敌意。在接受调查的治安法官中，总共只有不到 27% 的人支持废除刑罚法和《忠诚宣誓法》（其中包括天主教徒），略高于 27% 的人选择了"否"，28%的人表示怀疑或保留，而 18% 的人没有参加所在地区的调查，或者没有他们回答的记录。如果仅限于接受调查的新教徒，我们会发现，只有 16% 的人回答"是"，近 34% 的人回答"否"。[159]

当时的人们认为这次调查是一场重大的公关灾难，"反对意见"是如此普遍和公开。[160]1688 年 4 月，神圣罗马帝国驻英格兰大使写道，"在这次调查之前，每个人都怀疑他的邻居是国王的拥护者，人们压制着自己的不满，现在他们毫无畏惧地表达了出来"。[161]此外，考虑到大多数地方官员仍然是托利党－国教会成员，调查结果或许是可以预测的。詹姆斯现在开始大规模清洗当地官员。1687 年底，一个监督委员会开始审议各郡的治安委任令。到 1688 年 7 月下旬，除五个郡外，英格兰和威尔士的所有郡都收到了新的委任令，天主教徒、不从国教者和前辉格党人取代了那些不愿参与詹姆斯宽容计划的人。三分之一的郡最高军事长官助理和五分之一的治安法官现在都是天主教徒——鉴于英格兰和威尔士人口中天主教信仰者所占比例很小，这是一个非同寻常的数字，而之所以能实现，是因为纳入了那些通常因其社会地位而没有任职资格的人。国教会乡绅输了：在 1685 年成为治安法官的人中，约有四分之三不再任职。[162] 郡最高军事长官及其助理、当地的治安法官通常具有相当大的选举影响力，特别是如果他们来自传统的郡精英层。然而，詹姆斯新任命的人几乎不具备代表国王掌管各郡所必需的声望和地位，无论如何，考虑到各郡的选民规模，要想控制这些郡是非常难的。

詹姆斯意识到，确保议会顺从的最好办法在于控制城市选民。他从伦敦开始行动。1687 年 8 月，他安排新教不从国教者约翰·肖特爵士担任伦敦市长，之后，他于 9 月和 10 月对伦敦同业公会（他们构成了伦敦城的选民）进行了清洗。这导致了 17 名会长、58 名主管、79 名助理和 1795 名正式成员 *被解雇，其中包括大多数"暴力的托利党人"；詹姆斯用 1684—1685 年改造期间被免职的人取而代之，其中有很多不从国教者，他们被免除了必要的宣誓义务。即便如此，改造仍未达到预期效果，詹姆斯需要在 1688 年 2 月进行第二次清洗，他又解雇了 8 名会长、15 名主管、194 名助理和 656 名正式成员，取而代之的是 328 名愿意支持王室议程的人。然而，这场运动远没有取得压倒性的成功。如前所述，在伦敦城总共 84 个同业公会中，只有 19 个最终向詹姆斯的第一份《信教自由令》致谢！[163]

1687 年 11 月，詹姆斯成立了一个委员会来监管市政法人，目

---

* 公会的管理机构被称为 court of assistants，由 master（会长，或称首席主管）、warden（主管）和 assistant（助理）组成。公会的成员有两种，一种是 freeman（自由民），另一种是 liveryman（正式成员）。

的是除掉顽固的地方官员，用他自己提名的人取而代之。[164] 根据托利党反扑时期查理二世颁布的新特许状，国王确实有权利下令撤换；然而，他只能建议替换人选，并希望获得市政法人的支持。在天主教律师罗伯特·布伦特的监督下，成立了一个地方"监管机构"，负责提供必要的信息，进行清洗，并招募合适的替代者。[165] 在接下来的几个月里，国王向 103 个城镇发出了解雇令，其中大约一半城镇设有市政法人，这些市政法人四分之三以上的成员被解雇。在布里德波特、伊夫舍姆、埃克塞特、诺丁汉、萨弗龙沃尔登和托特尼斯，整个市政法人的成员都被赶走了。国王往往无法一次就取得成功：在 103 个城镇中，有 67 个城镇需要进行额外清洗，有些城镇总共清洗了五次。詹姆斯经常发现很难找到合适的市政法人成员的人选。有时，解雇的命令从未被执行过。当它们执行的时候，被提名的替代者可能会选择拒绝提供的职位，或者接受该职位后被证明并没有表现出预期的顺从。一些市政法人中根本没有詹姆斯提名的人任职。约克市政法人顺从地解雇了市长和其他一些成员，但那些留下来的人抗议说，他们不能接受国王提名的人，因为这些被提名者不是自由民，而且由于约克现在没有市长，没有人可以为他们授予自由民的身份。[166] 因此，詹姆斯觉得有必要像他的兄长一样，诉诸权利开示令状的威胁，让那些顽固的市政法人服从。英格兰和威尔士共有大约 70 个市政法人受到该令状的威胁：大部分很快就屈服了，但有 25 个市政法人表示，已经做好了被法律强制解散的准备。1688 年 3 月至 9 月间，授予了 35 份新的特许状，其中包括 2 项新规定：国王不仅有权罢免，而且有权任命（而不仅仅是提名）成员；以及 1 项"尽管"条款，所有现任和未来的成员都可免于进行效忠宣誓和最高权威宣誓，或签署反对圣约的声明。有时，詹姆斯会强迫军队驻扎在顽固的市政法人那里，以迫使其成员遵从他的意愿。[167] 少数市政法人，尤其是温彻斯特和牛津的市政法人，在没有重新组建的情况下被解散，其政府被置于皇家特别委员会之下。从詹姆斯攻击市政法人中主要受益的是天主教徒和不从国教者，国教徒偶尔也会受益。1688 年 2 月，在奇切斯特，重组后的市政法人一致通过一项决议，"所有成员"都可以在会议期间"继续戴着帽子"，这证明许多新的市议员是公谊会教徒。[168] 主要的受害者是英格兰国教徒。

　　那些新教不从国教者和以前的排斥法案支持者，现在似乎愿意与詹姆斯二世合作，他们通常被称为"辉格党合作者"。然而，这个名称需要谨慎对待。在经过多年的政治排斥和宗教迫害后，许多新教不从国教者和前辉格党人准备利用詹姆斯的改革；然而，他们准备在多大程度上支持詹姆斯的宽容政策，或者他们在多大程度上愿意倾力合作，都因人而异。有些人与詹姆斯合作只是因为受到了胁迫。最著名的例子是威廉·威廉姆斯爵士，这位前辉格党下议院议长，于 1687 年 12 月成为詹姆斯的副总检察长：1686 年，威廉姆斯因在 1680 年（应下议院的要求）许可出版托马斯·丹杰菲尔德的《教皇党阴谋》一书而被罚款 1 万英镑，并因此而被彼得伯勒伯爵控告诽谤罪。詹姆斯命令彼得伯勒撤销诉讼，还免除了威廉姆斯尚未支付的 2000 英镑罚款。被赦免的拉伊庄园阴谋策划者或蒙茅斯叛军通常认为，他们别无选择，只能支持詹姆斯，这类人中最著名的是约翰·汉普登和约翰·特伦查德，他们尽可能减少与詹姆斯的合作，并在 1688 年末迅速投靠奥兰治的威廉。其他辉格党合作者都是致力于宗教自由事业之人，他们对国王宽容主义立场的真诚支持不容置疑。这些人包括威廉·佩恩和辉格党宣传员亨利·凯尔。然而，还有许多人处于一种暧昧不明的中间立场，他们对詹姆斯的最终目标感到不安，但他们清楚地意识到，在当时拒绝提议是愚蠢的。他们以各种方式表现出他们的犹豫不决。1687 年，伦敦著名的新教不从国教者约翰·肖特爵士接受了詹姆斯的市长提名，但是他在上任时，坚持要求进行法律规定的所有宣誓，甚至要参加国教会的圣礼。据报道，这一举动"冒犯了"政府，"这是对国王恩宠的不信任，助长了国王陛下力图消除的东西的气焰"。[169]

结论

为了帮助他的同教中人，詹姆斯坚称他拥有凌驾于法律之上的特权，并以臣民认为是非法的方式行事。那些曾在排斥危机中预言天主教统治者将意味着天主教专制政府的辉格党人，在天主教国王在位三年之后，可能有充分的理由证明他们的预言是正确的。詹姆斯建立了一支常备军，让天主教徒特免《忠诚宣誓法》，使他们能够担任公职，中止了刑罚法的实施，打破了英格兰国教会对礼拜、教育和公职的垄断，并开始尝试在中央和地方各级行政机构中安插听话的人，以获得一个不会反对他意愿的议会。此外，他的捍卫者为他的所作所为辩护，理由是他是一个拥有绝对权力的帝国君主。但这不是说詹姆斯有在英格兰建立王权专制主义的蓝图，两者还不完全一样。起初，詹姆斯曾表示，他希望通过议会和地方的传统统治者来开展工作。直到他逐渐意识到自己无法做到这一点时，他才着手制定计划，使自己独立于中央和地方对其权力的正式或非正式制约。然而，这种权力不受中央或地方制约的独立，当然正是欧洲大陆的绝对君主们所追求的。因此，詹姆斯的举措确实使英格兰君主制朝着更加绝对主义的方向发展。而且不仅仅是在英格兰。正如我们所见，爱尔兰和苏格兰的情况也是如此，只不过是以一种更加透明的方式。

因此，凡是有自尊心的辉格党人都可能觉得有资格说："我早就告诉过你们了。"但简单的事实是，除了天主教徒，辉格党和不从国教者从詹姆斯的改革中获益最多。在所有三个王国中，受到詹姆斯最大打击的是斯图亚特王朝晚期的传统支持者，即英格兰的托利党－国教会成员和苏格兰、爱尔兰的国教徒。很多人公开谴责詹姆斯的举措，甚至尽其所能地阻挠，要么诉诸法律，要么通过不服从。总的来说，詹姆斯的计划进行得并不顺利；可是，他还是设法得到了他想要的大部分东西。问题是，他在英格兰、苏格兰和爱尔兰的新教臣民会——或者能——做什么来阻止他？现在，是时候考虑一下这个问题了。

第二部

三个王国中的革命

（1688—1691）

第六章

只能根据法律积极服从

你们已经做了一坨粪便，并且用消极服从来调味，现在你们必须自己吃掉它。

——哈维夫人与"几位主教"的谈话（1686 年 11 月）[1]

虽然我们谈论的是消极服从，然而利益动摇之时，抵制才是审慎的做法。

——"教士阴谋集团"（1688 年）[2]

我们法律中有句格言：国王不可能犯错；因此，如有过错，则罪在大臣；因为法律是国王的公共意志，所以他从来不应该下令做违反法律的事情。

——威廉·夏洛克《城里的一位牧师给他乡下朋友的一封信，其中有他不宣读〈自由令〉的理由》（1688 年）

到 1688 年的最初几个月，对于英格兰的许多新教徒来说，他们最恐惧的天主教专制政府似乎正在成为现实。眼下，他们还能抱着这种希望：当詹姆斯的王位最终被他的新教女儿、奥兰治的威廉的妻子玛丽继承时，好日子就会到来。然而，当王后于1688年6月诞下一个男婴，一切都变了，因为斯图亚特王朝接下来的君主可能一直是天主教徒。最终，奥兰治的威廉从低地国家入侵英格兰，成功推翻詹姆斯二世，从而在三个王国分别引发了三场非常不同的革命，使新教徒获得解脱。

本书的第二部分将探讨1688—1689年革命的起因及其后果。在本章和下一章，我们将先聚焦于英格兰，探讨詹姆斯倒台的原因。大多数历史学家认为，英格兰的光荣革命是从上而不是从下发起的。事实上，近年来有一种趋势，认为这场革命基本上是由奥兰治的威廉领导的外国入侵的结果；基于此，它不仅是从上产生的，而且是从外部发动的。[3] 当然，无人可以否认奥兰治的威廉所起的作用；为了理解事情为何如此发生，我们需要了解他为什么决定出手干预英格兰事务，以及他是如何能够做到这一点的，这些问题的答案（部分）需要在荷兰寻找。不过，声称革命基本来自上层，是外部因素的结果，这种说法极具误导性。詹姆斯的举措面临着来自王国各阶层人民的阻挠、反对甚至抵制，到了1688年夏末，他的政权已经岌岌可危。威廉不用打一场大仗就能征服英格兰。这不是说他粉碎了詹姆斯的势力，摧毁了后者强大的军事力量；相反，他发现詹姆斯的势力已经支离破碎，他没有遇到任何需要摧毁的强大军事力量。最后，詹姆斯没有多做抵抗便逃之夭夭。因此，要理解革命为何发生，我们不仅要解释詹姆斯为何抛弃英格兰，还要解释他的英格兰臣民为何抛弃他，这样一来，我们的关注点再次回到英格兰，而且不限于王室或宫廷。简言之，英格兰内部自下而上的事态发展对詹姆斯的垮台以及革命的最终成功起了至关重要的作用，这场革命绝非只关乎王朝层面，也并非只是一次外国入侵的结果。

如果是这样的话，就会有一些重要的问题留给我们。正如我们所见，最不满意詹姆斯主张的是英格兰国教徒，然而，就其本身而言，他们信奉的是不抵抗原则。英格兰人民是否曾积极抵抗詹姆斯二世（而不仅仅是参与消极的抵抗活动）？如果是，这种抵抗采取了什么形式，其正当理由是什么？尤其是托利党—国教会势力，他们是如何能够放松对教会传统教义的依恋，出于良心地对詹姆斯二世采取积极抵抗行动？只有托利党—国教会势力反对詹姆斯吗？还是他们设法说服了辉格党和新教不从国教者加入他们的行列？如果是这样，他们是如何做到的？毕竟英格兰国教徒和新教不从国教者自复辟以来势不两立，而辉格党和新教不从国教者是詹姆斯改革的主要受益者。那些站出来反对詹姆斯的人取得了什么成果？他们仅仅是成功地在英格兰制造了非常不稳定的局势，以确保威廉的入侵有可能成功，还是说他们在威廉入侵之前就在很大程度上挫败了詹姆斯的政治和宗教议程（换句话说，在真正的革命之前促成了一场革命）？当威廉登陆时，究竟发生了什么：威廉只是煽动了一场和平的宫廷政变，还是说英格兰在 1688 年末出现了真正的革命危机，从而否定了这一观点，即光荣革命是一场非暴力的、基本上非革命性的事件？

本章将展开讲述威尔士亲王出生前的故事，以及 1688 年夏天"不朽七人"（Immortal Seven）如何写信给奥兰治的威廉，邀请他入侵英格兰。首先，我们将探讨英格兰国教会的支持者如何为他们参与反抗詹姆斯的行为辩护，分析国教会如何呼吁不从国教者停止支持詹姆斯利用君主特权破坏新教建制的法律安全。接着，我们将探讨詹姆斯于 1688 年 4 月重新发布《信教自由令》这一致命决定，以及国教会领导层的反对，如何导致七名主教因反对国王的中止权而在 6 月受到审判，最终被无罪释放。最后，我们来看看威尔士亲王的出生是如何从根本上改变了这场危机的态势，打破了那些坐等者的好梦，他们本来还想着詹姆斯的王位最终会被他的新教女儿继承：天主教继承人的出现使得更激烈的措施势在必行。我们自始至终关注的都是英格兰国教会利益集团，尤其是神职机构在反对詹姆斯政策中的关键作用，尽管他们最终能拉拢大多数新教不从国教者。下一章将着眼于入侵这一事件以及 1688 年末导致詹姆斯放弃他的王国的革命危机。

吃粪便馅饼——教会、法律以及不从国教者

我们已经看到，面对王权传统盟友的反对，宫廷开始拉拢新教不从国教者，希望围绕宗教宽容的共同目标，在天主教徒和不从国教者之间结成联盟。对于反对詹姆斯的国教徒来说，必须打破这种联盟，并说服不从国教者相信，在面对天主教的威胁时，与国教会组成共同的新教战线会更好地满足他们的利益。他们面临两大思想问题：如何证明反对詹姆斯的举措是合理的，同时又能与他们所宣称的不抵抗和消极服从的原则相一致；以及如何说服不从国教者相信，尽管国教会有宗教不宽容的记录，但相较于天主教徒，他们更适合当不从国教者的朋友。另一方面，王室的辩护者需要防止新教不从国教者的支持出现动摇，并诋毁那些拒绝服从国王的托利党—国教会成员，如果可能的话，还得拉拢国教会的支持者。

詹姆斯十分惊讶于托利党—国教会势力对他的举措的反应，因为他认为他们秉承的服从及君主无责的观点会让他们完全服从。然而，即使是最热心拥护神权君主制不可抗拒的人，也承认服从是有限度的。要理解托利党—国教会不服从背后的逻辑，我们必须清楚两个关键的教义：消极服从，以及国王不会犯错。虽然人们应该在"所有符合上帝指令的事情上""服从"国王，[4] 但国教会一直认为，如果国王的命令违反了上帝的法律，那么人们就必须服从神而不是人。[5] 人不应该做出不道德的行为，即使国王命令他这样做。也不

应该违背自己的誓言——因为伪誓既是道德上的罪，也是法律上的罪——或者违背自己的良心。然而，他也不能违抗国王，他必须接受因不服从国王而受到的惩罚。因此，莫德林学院的院士们别无选择，只能站出来反对詹姆斯二世，但他们也接受了被开除的后果。这是应用消极服从原则的一个典型例子，尽管用现代的说法，应该更准确地称之为"消极不服从"。

　　然而，如果君主要求你做的事情，虽然不一定违反上帝的法律，却违反了国家的法律，那又该如何是好？或者说，如果国王亲自推动一种违法行为，而根据你担任的职务，你有责任确保那项法律得到执行，那又该如何是好？英格兰法律的一个基本信条就是国王不会犯错。然而，这就意味着法律无法让国王为自己所犯的任何过错负责：起诉或检控国王是不可能的。这不意味着国王所做的一切都不会错（或者国王不会做出非法的行为），而是意味着，如果以国王的名义犯下了错误，应该由那些为他出谋划策或以他的名义行事的人承担责任。正如讨论《信教自由令》的小册子的一位撰稿人指出的，他重述了威廉·夏洛克在 1684 年关于不抵抗的著名论点，虽然国王"没有义务像他的臣民那样遵守法律，因为除了他自己之外，没有任何机构对他有管辖权"，但在英格兰这样一个有限君主制国家中，臣民"只能根据法律积极服从"。这位作者（引用威廉·夏洛克的话）认为，"任何臣民以违反法律的行为来为国王效劳都是非常危险的"，因为"尽管国王本人无需负责且不可抗拒，但其大臣可能会被追究责任并因此受到惩罚"。即使这些大臣在现任国王的统治下逃脱了惩罚，他们也可能在"下一任国王的统治"下被追究责任，这应该让"那些违反法律为国王效劳的人有所警醒"。[6]

　　简言之，旨在确保国王的法律豁免权的这条格言，同时也让国王受到法律的约束，方法就是对国王的仆人加以限制，禁止他们以国王的名义违反法律。如果一位法官错误地建议国王他有特免一项法律的权力，那么这位法官就会被追究责任。如果天主教徒非法修建礼拜堂用于公开庆祝弥撒，当地的治安法官和其他执法人员就有义务将其关闭，而不管国王最初是否希望修建这些礼拜堂。一位曾宣誓维护现行法律的地方治安法官，面对国王宣布暂停针对不从国教者的刑罚法，他该如何抉择？既然刑罚法没有被议会立法正式废除，既然查理二世似乎承认国王不具备中止教会法的能力，那么，可以说，人们有义务继续执行这些法律，直到它们在毫无法律疑问的情况下，已经确定中止执行。此外，英格兰的执法不仅仅是治安法官和堂区治安官的责任。每个臣民都有义务在被要求时，去协助治安法官和治安官执法；如果有人目睹了一起盗窃或抢劫，那么这个人应该帮助受害者或协助逮捕罪犯。有些法律——例如反对秘密宗教集会的法律——通过对举报人提供奖励，积极鼓励普通民众参与执法。那么，当一个人看到一群天主教徒非法集会庆祝弥撒时，他该怎么办？当一位民兵队的军官被国王下令保证天主教徒能够在公共场合礼拜时，即使这样明显违反了法律，那么他又该如何行动？

我们目前讨论到的托利党－国教会利益集团对詹姆斯举措的反对，跟国教会关于不抵抗和消极服从的立场，以及国王无责的传统宪法思维是非常一致的。随着詹姆斯政权越发深陷危机，尤其是1688年秋威廉入侵之后，情况是否依然如此，就更值得怀疑了。随着本章和下一章的展开，我们将看到，英格兰国教会关于君主不可抗拒的传统信念日益受到压力。因此，我们需要注意的是，推动国教会关于抵抗的观点发生变化的潜能来自何处。我们发现它来自对服从法治这一义务的日益强调，以至于在面对试图违反法治的君主时也要维护法治。

面对英格兰国教会对詹姆斯举措的不服从，王室的辩护者迅速指责国教徒的不忠和虚伪。正如1687年的一篇据说是从国教会发言人的角度撰写的讽刺文章所说的，"当政府采取我们的措施，促进我们的利益时，我们可以非常忠诚"；但是"如果我们的宗旨被违背了"，我们就可以"放弃消极服从的教条，改变非抵抗主义"，并像"四十一人部落"（Tribe of Forty One）那样行动。[7]同年发表的《英格兰国教会新忠诚宣誓法》一文，从天主教的立场，质疑英格兰国教会如何"敢于将真正忠诚的原则只适用于自己"。英格兰国教会新教徒在内战期间确实对查理一世忠心耿耿，但这只是出于自身利益考量，而天主教徒对查理一世的一片赤诚甚至不受胜败结果的左右。另一方面，英格兰国教会新教徒在天主教统治者的统治下多次摇摆，不够忠诚：他们安排简·格雷反对玛丽·都铎的继承权；"残忍地谋杀了"苏格兰女王玛丽，"这位毫无疑问的苏格兰女王……英格兰国王的合法继承人"；如今又"站出来反对他们的君主"，因为他属于"另一个宗教"。作者最后警告称，英格兰国教会若不"改变其以往的忠诚原则"，就会"失去王室的保护，因为保护是建立在臣民忠诚的前提下的"。[8]切斯特的主教卡特赖特也警告说，若英格兰国教会拒绝让詹姆斯及其同教中人"自由地信奉他们自己的宗教"，那么它就不能指望"得到国王民政当局的支持"。[9]

　　英格兰国教会的辩护者对不忠诚的指责深感愤慨。一人回应道，只有英格兰国教会"始终坚持不抵制最高长官的教义，并依照该教义行事"，反而是天主教徒支持教皇废黜异端国王的权力。[10]在回应《新忠诚宣誓法》一文时，吉尔伯特·伯内特想知道，还有什么比国教徒热情捍卫詹姆斯的继承权更能证明国教会的忠诚呢？"国教会不惜将自己置于敌人的权力之下"，在国王登基时投票给他一大笔收入，并支持天主教君主抵抗蒙茅斯叛乱的威胁。伯内特对天主教徒更忠诚的观点嗤之以鼻，指出了1641年爱尔兰叛乱的例子。但伯内特继续说，国教会的忠诚原则并不意味着为了感谢国王的保护承诺，新教徒应该心甘情愿地"放弃"国教会"依法确立"的"主要保障"，并同意废除刑罚法和《忠诚宣誓法》。"上帝和法律赋予我们合法的保障，国王陛下也承诺要维持这种保障，"伯内特澄清说，"我们认为，任何暴露我们、抛弃这种保护的行动，都不能证明我们不信任上帝或不信任我们的宗教真理。"在回应国王可能撤回其保护的威胁时，伯内特坚称，"法律赋予了英格兰国教会获得这种保护的权利，无论国王陛下是否承诺过"。[11] 被免除圣职的国教会神职人员塞缪尔·约翰逊在回应《新忠诚宣誓法》时认为，"忠诚一词"是"法律术语"："对忠诚的判断"是"根据法律的判断"，而"忠诚的人"是"根据法律行事，遵守国家法律"的人。国王和人民都相互宣誓遵守法律，"我们的忠诚使我们必须服从法律，而不是其他"。他接着表示，"违背法律服从国王就是不忠，遵从法律不服从国王就是忠诚"，因此"英格兰国教会的行为举止"是合理的，因为"它遵从了国家法律"。因此，这种说法是错误的，即英格兰国教会在改变其忠诚原则之前不能指望得到保护，"因为合法的机构有权利获得法律的保护，而国王依其誓言和职责，有义务以法律规定的方式保护英格兰国教会"。[12] 必须承认，伯内特和约翰逊都属于一种很罕见的人，即辉格党神职人员；尽管如此，他们仍然必须让自己的观点看起来与国教会的教义保持一致。

　　詹姆斯的《信教自由令》颁布后，英格兰国教会面临的最具挑战性的困境是如何应对不从国教者。国教会几乎不能坐视不管，任由国王中止刑罚法和《忠诚宣誓法》，而他们长期以来认为这些法律对于保护国教会免受天主教和宗教狂热的双重威胁至关重要。再者，许多人开始觉得，1680年代的迫害已经通过迫使不从国教者回归国教会，成功地治愈了分裂；现在闸门打开，不从国教者开始涌向秘密宗教集会，这些人肯定不会高兴。但与此同时，他们也意识到，如果詹姆斯成功地让天主教徒和不从国教者就宗教宽容的共同目标结成联盟，那么，他们作为国教会的特殊地位将一去不复返，而且他们维护自己所认为的真正信仰的能力将受到严重削弱。因此，他们需要说服不从国教者相信，拒绝詹姆斯的宗教宽容计划，支持国教会抵抗天主教的威胁才是更好的选择。考虑到查理二世时期国教会对不从国教者的立场，这并非易事，詹姆斯宽容计划的支持者很快就想到了这一点。公谊会教徒威廉·佩恩问道，鉴于国教会"在过去的二十六年里，以不从国教为由毁掉了那么多的家庭"，英格兰国教会凭什么向新教不从国教者保证"不会做他们害怕天主教徒在同教君主治下会做的事［即从事宗教迫害］"？他还嘲笑国教会所谓的"因其暴力而害怕天主教"，因为国教会反过来试图利用武力来保护自己：这难道不是"用天主教来抵抗天主教"吗？[13] 还有人坚持认为，国教会神职人员对《信教自由令》的冷淡反应表明，他们仍然赞成执行刑罚法，而且国教会"看到所有基督徒和平地信奉自己的宗教，不受邻派可能的骚扰"会感到不安，因为它"以折磨人的良心"以及"迫害和监禁"为乐。[14]

在詹姆斯颁布《信教自由令》之后，英格兰国教会对不从国教者的态度仍然十分矛盾。一些人准备迈出主动的一步，做出某种妥协，让不从国教者站在他们一边。例如，奇切斯特的莱克主教在詹姆斯颁布《信教自由令》后，决定"把山上宝训转化成国教会的主体"——这是清教徒的立场，但严格来说没有"违反国教会教规"——以此来向大主教抗议，表示此举"导致这个城市中出现了如此多的不从国教者"，他希望大主教不会感到不悦。[15] 不久之后，莱克在一次布道中表达了对"天主教危险"的担忧，并建议唯一的补救办法是放松和免除"那些导致与新教不从国教者产生分歧的规矩和仪式"，以便与他们结成"联盟"。[16] 然而，其他的教会发言人却谴责不从国教者想要永久性地让教会分裂，助长了"教皇党的势力"，并声称不从国教者对《信教自由令》的支持证明了"他们帮着将天主教这一祸水引入"的指责是合理的。[17] 一些国教会狂热分子坚决不允许不从国教者获得宽容，认为虽然国王颁布了自由令，但法律还是必须得到执行。因此，1688 年 2 月，在约克，当地人愤怒地扰乱了两次不从国教者的集会；1688 年 3 月，埃塞克斯郡的一位堂区主持牧师进行了一系列布道，为"起诉不从国教者的合法性"辩护；在邻近的萨福克郡的米尔登霍尔，一位不从国教传教士受到 1670 年《秘密集会法》的起诉威胁；1688 年 3 月底 4 月初，在肯特郡的桑威奇，"一些恶意嫉妒的人"对当地的集会场地进行了几次袭击，一次是把门从铰链上掰下来，扔到了当地的一条小溪中，另一次则砸碎了一扇新的玻璃窗。[18]

　　吉尔伯特·伯内特的《英格兰新教徒之间仇恨的不良影响》属于最早的一批旨在说服不从国教者不要与天主教徒为伍的小册子。小册子的标题页显示的出版年份是 1688 年，但它在 1687 年 5 月初就已经在英格兰流传开来，[19] 似乎是在《信教自由令》之前写成的，当时天主教徒享有有限的宽容，而不从国教者仍不得不向英格兰政府申请免除刑罚法的实施。此时，伯内特正处于自我流放状态——他在詹姆斯二世统治初期选择离开英格兰，先去了法国，然后辗转瑞士和德意志，于 1686 年 5 月定居荷兰，当时奥兰治亲王邀请他住在海牙。因此，这个小册子是奥兰治派早期的宣传作品，值得详细介绍。

　　这本小册子一开始就解释了自复辟以来，查理二世兄弟二人是如何试图在新教徒之间制造分裂，以推行其促进天主教和专制政府的计划。伯内特承认，国教徒因此对不从国教者做了可怕的事情，但现在他们已经"开悟"了。与此同时，不从国教者应该小心，不要做任何事情来帮助教皇党摧毁国教会。新教不从国教者人数不多，如果英格兰国教会被推翻，他们将无法独自捍卫新教；因此，"协助维持和保卫"国教会既是他们的利益所在，也是责任所在。伯内特尤其恳求不从国教者"不要充当帮凶，参与任何打着君主特权旗号的行为，去削弱或取代英格兰国教会的法定地位"。虽然伯内特能理解为什么他们可能会被诱惑着去"请求国王暂停执行刑罚法"，或者给他们集会的特许权，但他们应该意识到这是王室想要他们做的，他们不应该"背叛王国，牺牲政府的法定宪制，以满足一个教皇党国王的欲望和快乐，他只会是一个绝对和专制君主"。此外，"狂热分子"不可能"缺乏理智"到相信詹姆斯对他们怀着善意；一旦他确立了"凌驾于法律之上的至高和绝对地位"，从而可以"颠覆既定宗教，确立天主教"，他很快就会继续迫害不从国教者。[20]

伯内特坚持认为，不从国教者可以放心，英格兰国教会致力于维护新教、英格兰的法律和自由。他宣称，国教徒和其他人一样清楚，"凯撒的归凯撒"，他们"没有义务把属于上帝的东西交给他，也没有义务为了君主的意愿而牺牲掉宪制的基本规则和王国的法规保留给人民的特权"。他们还明白，"国家法律"是"衡量君主权力和臣民忠诚度的唯一标准"——"如果法律没有赋予他［君主］命令的权利，他们［臣民］就没有义务服从"——并观察到"英格兰国教会的神学家和绅士们"是如何"以最大的荣誉为我们的法律和合法政府挺身而出，反对宫廷的入侵和篡夺的"。伯内特说，虽然近年来国教会的高级神职人员坚持消极服从的教义，"正如他们荒谬地所说的"，并认为臣民在国王的暴政面前所能做的就是"乖乖地忍受"，但有很多神职人员和普通的国教徒，并没有被这些"野蛮的情绪和观点"所感染，尽管他们被打上了"顺从的狂热分子"的烙印。伯内特接着发表惊人言论，说英格兰国教徒知道自己在多大程度上"受到王位上的国王的约束"——对詹姆斯二世的暗示是显而易见的，"由于违反了关于宪制的法律，他已经从政府中退出，实际上已经被废黜"，因为"根据王国的基本法、普通法和成文法，我们不知道最高执法官和总督是谁，只知道一个有限的君主，其权力和特权受到限制和约束"。（请注意詹姆斯可能因为违反了宪制而"从政府中退出"

的观点；1688 年与 1689 年之交的冬天，这一观点再次被讨论。）伯内特此时并没有发出具体的抵抗呼吁。不过，他确实回顾了英格兰国教会是如何一直在为荷兰人对西班牙国王的武装抵抗进行辩护。[21]他还提出了理解和宗教宽容的前景，那就是"英格兰能立即拥有一位新教国王登上王位，拥有一个适当选择的议会，并自由行事"。因此，他补充道，"如果全能的上帝保佑，不让国王有男性子嗣，而是让奥兰治王妃成为女王，"那么英格兰国教会仍有望"作为国家建制得到维护和支持"，"其他新教徒可以合理地期望自己会得到宽容"。[22]

在其他著作中，伯内特提醒不从国教者不要被《信教自由令》欺骗，因为天主教是一种迫害性的宗教，只要新教不从国教者失去了利用价值，天主教徒就会不再信任他们；他甚至坚称是宫廷发动了迫害，以此来试图为国教会洗去迫害的污名。[23]另一位作者认为，英格兰国教徒们意识到，仅仅因为人们的宗教信仰而迫害他们是一种罪孽，并希望通过法律来保障信仰自由——但教皇党人仍然被排除在这种宽容之外，因为天主教不仅是一种宗教，还是一个"危害社会和平以及人的权利的阴谋"，考虑到教皇声称有权废黜国王，并免除臣民应有的效忠。[24]

在新教不从国教者这边，事实证明，最坚决地劝阻不从国教者与詹姆斯二世共命运的人，是暴躁的苏格兰独立神学家罗伯特·弗格森——他曾是第一代沙夫茨伯里伯爵的牧师，同时也是拉伊庄园阴谋案的策划者和支持蒙茅斯的反叛者——他和伯内特一样，此时正在低地国家流亡。在 1687 年夏天发表的一篇作品中（正文后的附言显示，文章写于 6 月 28 日詹姆斯颁布后续的苏格兰《信教自由令》之前，但在那之后不久就发表了），弗格森斥责了那些欢迎詹姆斯宽容政策的新教不从国教者。他哀叹道："这是一件令人忧愁的事情，对不从国教者来说毫无益处，因为当英格兰国教徒终于在王室的阴谋中醒悟过来、恢复理智的时候，会有新的一群人聚集在他们的地盘，这些人向国王宣誓，承诺去做别人凭良心、正直和智慧拒绝做的事情。"弗格森坚信，"任何人不应因其在信仰和礼拜方面如何以良心面对上帝而受到迫害"，并断言（在某种程度上呼应了 1640 年代末平等派［Levellers］的立场）信仰自由不是"属于君主和立法当局有权授予或不授予的东西"，而是"人类在公民组织法和人道法之前就有的权利，其基础是任何君主或国家都不能合法地违反和侵犯的自然法"。（天主教徒仍然是一个例外，因为"统治者既可以剥夺那些要求依据自己的原则消灭与自己的思想不一致的人的自由"，也可以控制那些持有"错误"观点，因此"对人的灵魂有害"的人的自由。）尽管如此，"在宗教问题上应该允许人享有自由"这一事实，并不能成为国王"以非法和专横的方式给予自由"的理由。弗格森指出，幸运的是，有"很多不从国教者""在这个关头保持了自己的清白"，并没有屈服于诱惑。他还补充说，他希望"国家"能够"正直一些，不要将一些不从国教者的错误归于整个派别，更不要归于不从国教者的信条"。这样说似乎是想让那些最初欢迎《信教自由令》的人感到羞愧，进而重新思考他们是否真的想成为詹姆斯试图建立专制政府的同谋。[25]

但这并非说弗格森对国教会有多大的支持。他抱怨道，"若非英格兰国教会的众多教徒热烈维护正统的王位继承权，不受宗教、良心、理性和利益的支配"，查理二世就不可能"战胜三个议会将［约克公爵］排斥在英格兰王位之外的努力"。而且，"1685 年蒙茅斯公爵进入王国时，若非他们教唆并手持利剑支持他，他不可避免地会被赶下王座"。[26] 弗格森接着为抵抗提供了一个明确的理由。感谢上帝，他宣称，自己"没有沾染上奴颜婢膝的消极服从学说"，而是"一直认为，政治机构中每个成员的首要责任"是"对社会负责，统治者的设立是为了社会的安全和利益"。因此，"共和国或王国的宪制规则和法律"是"君主命令和臣民服从的标准；正如我们不应侵犯那些让渡给统治者的东西，如果保留给我们自己的东西遭到侵犯和破坏，那么，我们不仅可以合法地捍卫它们，而且理应这么做"。因为"如果臣民没有这种权利，那么，一切合法政府和混合君主制都只是空洞的名头和可笑之物"。[27] 总之，弗格森在向不从国教者发出呼吁时，明确地捍卫臣民反抗非法统治者的权利，甚至义务。

　　向不从国教者喊话的最著名的出版物，当属哈利法克斯侯爵写于 1687 年 8 月的《致一位不从国教者的信》。它立即引起了极大的关注，据当时的一个人说，这是"长期以来在国外出现的文章中最令人钦佩的，无论就风格、严密的推理，还是就表达方式而言"，出版第一天，它的价格仅为 3 便士，第二天就涨了一倍，随后又飙升至 5 先令；到 10 月底，大约印了 2 万份，并且很快就有了 6 个版本。[28] 正如政府的宣传人亨利·凯尔所说，哈利法克斯的信流传得"很勤"，很快就在"这个国家的每一个角落"都能找到。[29] 不过，哈利法克斯的语气是警告而不是调解。他告诉不从国教者，他们"有责任……不要为了安逸，也不要为了报复而危害公共安全"。他们应该考虑到，他们的"新朋友"（即天主教徒）并没有把他们当作"他们的选择，而是作为避难所"；天主教徒的"第一个谄媚对象总是英格兰国教会"，只有"在那里被拒绝时"才会转向不从国教者。事实上，天主教的原则从根本上是反对信仰自由的，他们"现在拥抱"不从国教者，是为了"以后可以更好地反咬一口"。哈利法克斯谴责了那些对《信教自由令》和开放公共宗教集会表示感谢的不从国教者，他坚持认为，因为"法律是如此神圣，任何违反它的行为都不能得到辩护"：

　　　　为了使自己摆脱一项严厉的法律，你们打击了所有那些保护你们宗教和自由的法律；你们不是默默地接受《信教自由令》的好处，反而自立为维护这种"宽容"的辩护者，看起来像是被君

　　　主特权任命来反对你们的老朋友《大宪章》的律师，《大宪章》做
　　了什么，值得你们如此厌烦。

因此，哈利法克斯警告说，不从国教者在采取进一步行动之前应该
三思，因为"这种自由的代价"是"放弃你们在法律上的权利"。[30]

　　哈利法克斯向不从国教者保证说，英格兰国教会已经意识到自
己的"错误"，并放弃了对他们"以前所有的傲慢"，把"迫害精神
变成了和平、慈善和谦虚的精神"。如果不从国教者愿意等待，他
们可以期待获得"舒心和满意"：议会无论何时召开，对他们"肯
定是温和以待"，而"下一位继承人"会是"在这个国家培养出来
的"——这是不从国教者"经常提及的一种获得宽容的方式"。最后，
他坚持认为，国教会仍然会奉行消极服从和不抵抗的原则。但他预
计目前的危险会"自然消失"，"就像下冰雹一样"，"天气会再次晴
朗"——毕竟，哈利法克斯是在王后怀上威尔士亲王之前写这封信
的。他恳求道，"让我们潜心静气，同时坚定我们的宗教、我们的
忠诚和我们的法律"，新教徒最终会胜利的，除非"长久以来在奇
迹上不孕的罗马教会，在她日渐衰老的年纪，还能分娩出一个她可
以吹嘘的子嗣"。[31]当然，最后这句话含有一种致命的讽刺。

　　哈利法克斯的信所引发的兴趣——不仅销量可观，而且激起了
14份回应[32]——常常被视为该信实际效果的衡量标准。[33]然而，无
论是哈利法克斯的语气还是他的论据，似乎都不太可能赢得不从国
教者的支持。一位浸信会的回应者表示，他无法确定哈利法克斯的
小册子是"针对政府还是不从国教者的诽谤；他一竹竿打翻了一船
人"。[34]另一位回应哈利法克斯的人认为，不从国教者犯蠢才会拒绝
詹姆斯的宗教宽容政策，并相信英格兰国教会会在未来某个时间给
予他们救济，因为只需要看看国教会过去对待不从国教者的那些手
段，就知道他们才是不可信任的人。[35]佩恩认为，哈利法克斯的信

中没有"任何证据"表明"主教们［已经］改变想法"，决心比以前更加温和地对待新教不从国教者。[36] 凯尔同样认为，"英格兰国教会对不从国教者的态度"丝毫没有改善的迹象，"反倒是恶意更浓"，特别是在国内某些地方，他们还在继续迫害不从国教者。[37]

然而，如果詹姆斯是想成功地让议会废除刑罚法和《忠诚宣誓法》，那么该如何才能阻止议会挤满天主教徒——这些天主教徒随后会投票推翻国教会，建立天主教会，并取消对新教徒的宽容？为了减轻这种担忧，宫廷的支持者提出用一种同等的保障来取代《忠诚宣誓法》，务必使新教得到保护。[38] 例如，凯尔提出了一些替代性的保障措施。为什么不"实行完全有效，但又不像宗教宣誓那样令人讨厌的《民事宣誓法》呢"？或者，由同一部法案废除刑罚法并宣布信仰自由是"这个王国宪制的一部分"，是每一个英格兰人与生俱来的权利，而破坏或颠覆这一权利将构成犯罪？如果这看起来过于极端，那么可以废除刑罚法和 1673 年禁止天主教徒任职的《忠诚宣誓法》，但 1678 年有关议员的《忠诚宣誓法》仍然有效。[39]1688 年的头几个月，詹姆斯和国务大臣桑德兰都表示愿意接受天主教徒应继续被排除在议会之外的观点，但是詹姆斯后来在这个问题上摇摆不定。[40]

归根结底，我们不可能知道有关废除刑罚法和《忠诚宣誓法》的小册子辩论对争取不从国教者的效忠产生了什么影响。哈利法克斯的信在舆论上引起的骚动，无疑有助于他的论点得到更广泛的宣传，但也使人们意识到所涉问题的复杂性。不从国教者很可能已经意识到，问题不只是对多年迫害后的救济心存感激，并希望议会最终批准给予他们宽容这么简单。不过，与此同时，围绕哈利法克斯的信的辩论，可能会加剧而不是缓和国教会与不从国教者之间的对立。如果哈利法克斯指责不从国教者，不从国教者也会反过来指责国教会。在回应哈利法克斯的信中，凯尔不仅抨击"那些高高在上的教会人士"通过声称《信教自由令》会"摧毁英格兰国教会"来吓唬乡绅们,甚至还抨击"宽容派［Latitudinarian］神学家"作为"不从国教者中获益最大的人",试图"用草丛中的蛇发出的声音来吓唬不从国教者"。[41]1688 年早期,罗杰·莫里斯报道了哈利法克斯如何"极度反对新教不从国教者",如何"被他们不信任和忽视",并且正试图与宫廷和解。詹姆斯和桑德兰开始暗示,国教会已经提出与宫廷达成协议,"将为天主教徒取消刑罚法和《忠诚宣誓法》,而把它们留给新教不从国教者",但是国王抗议说他不会"遵从"。国教会的领导层极力否认这一点,声称这是"强加给他们的可恶的丑闻,为了让他们变得可恨,并加剧分歧"。就目前而言,分歧似乎确实在加剧。[42]

在说服不从国教者不要接受詹姆斯的自由令方面,比哈利法克斯的信更有效的,是加斯帕尔·法格尔的信,该信传达了奥兰治亲王和王妃关于废除刑罚法和《忠诚宣誓法》的想法。一段时间以来,詹姆斯一直在试图让他的外甥／女婿和女儿同意他的废除计划;奥兰治王妃仍然是王位的下一位继承人,而且詹姆斯清楚地意识到,如果他的继任者立即改变他的政策,那么他为确保宽容他的同教中人所做的努力将化为泡影。1686 年底,威廉已经告诉佩恩,虽然他不喜欢宗教迫害,但他认为《忠诚宣誓法》是一项重要的法律保障。1687 年,人们想尽办法想让亲王改变主意。苏格兰长老会律师、前流亡者詹姆斯·斯图亚特已返回英格兰,并与宫廷和解,他写信给法格尔——荷兰的大议长,也是威廉信赖的政治盟友——目的是试图表明威廉没有理由害怕《忠诚宣誓法》的废除,并提出,如果威廉同意废除,詹姆斯将与法国决裂。法格尔于 1687 年 11 月 4 日的回信是遵照威廉的指示起草的;它以荷兰语出版,并由伯内特翻译成英语。英文版的初版印刷量约为 4.5 万本,并于 1688 年初由威廉的代理人在英格兰发行。[43]法格尔的信明确表示,奥兰治亲王和王妃认为"任何基督徒都不应该因为他的良心而受到起诉，也不应该因为他的信仰不同于国教而受到虐待"。亲王和王妃甚至愿意允许英格兰、苏格兰和爱尔兰的天主教徒享有他们在荷兰相同的自由，因此愿意同意废除刑罚法，条件是将他们排除在议会和公职之外的《忠诚宣誓法》"像坚振新教的其他法律一样"仍然有效。不过，法格尔在信中解释说，有必要将天主教徒完全排除在政府之外，以确保他们不能做任何"有损改革后的宗教"的事情。天主教徒已经证明，在他们掌权的地方，他们永远不会满足于仅仅把新教徒排除在公职之外，而是总是试图"压制［改革后的］宗教的全部活动，并严厉迫害所有信奉它的人"。[44]据报道，1688 年 1 月下旬，法格尔的信被"大量传播到国外"，对国王的事务造成了"极大的损害"，"对人们的影响很大"。长老会立即举行了一次会议，讨论是否应该废除刑罚法，据说，当时他们的面前便放着法格尔的信，尽管他们暂时未能就这个问题达成一致。[45]

这种宣传无疑产生了一些影响。1688 年 3 月，西班牙大使唐佩德罗·龙基略观察到，国王本人也清楚地意识到，对他的宽容主义立场的支持正在减弱，他报告说，一些曾向詹姆斯表态会支持他废除《忠诚宣誓法》的人改变了主意，长老会现在似乎要"与国教会联合起来"。[46]然而，真正改变局势的，是哈利法克斯曾认为永远不会发生的天主教"奇迹"，确实发生了。1687 年秋，"长期不孕"的王后怀孕了，并于 1688 年 6 月"分娩出"一个儿子。在儿子出生前，詹姆斯就预料到王后会给他生一个男性继承人，所以他变得更加不可调和，甚至更加坚定地与英格兰国教会交锋，重新颁布了他的《信教自由令》，并全速推进重组议会的计划。英格兰国教会现在必须决定该如何行动；观望的策略不再是可行的选择。同样，不从国教者也不能再两边下注了，他们必须选择支持一方或另一方。而奥兰治的威廉得下定决心，他是否可以允许英格兰、苏格兰和爱尔兰这三个迄今为止一直是他妻子要继承的王国，可能得永远向天主教君主俯首称臣，并可能因此与荷兰的主要敌人法国结成牢固的联盟。

詹姆斯的第二次自由令和审判七主教

1687 年 12 月 23 日，詹姆斯发布公告，宣布王后"有喜"，并指定 1 月 15 日（伦敦）和 1 月 29 日（其他地方）为感恩日。[47] 地方上的记载证实，人们在这两天以教堂的仪式和钟声举行了适当的庆祝，但热情有多高仍有待商榷。[48]1 月 15 日，克拉伦登伯爵出席了在威斯敏斯特圣詹姆斯教堂举行的仪式，他注意到"教堂里带着祈祷书来的人不过两三个"，并指出"王后的肚子""到处被人嘲笑，好像很少有人相信这是真的"。[49] 丹比在 3 月带着怀疑地回忆说，"我们的许多女士说，王后的大肚子似乎比她们自己的长得要快"。[50] 在牛津，很快就流传着一份诽谤性的小册子，"内容是有三个女人即将分娩"，如果她们中的任何一个生下儿子，"他肯定会被抚养长大，成为国王"；到了 1 月 29 日，只有基督教堂学院和莫德林学院在白天敲钟，尽管大学教堂在晚上也敲了钟，还有一些学院举行了篝火晚会。[51] 同样，一份"关于王后怀孕的臭名昭著的诽谤性小册子"（可能就是同一份）迅速在首都传播开来；国王自己也在寝宫的镜子后面找到了一本，据说他对此"勃然大怒"。[52] 在 1 月 29 日和 2 月 6 日（庆祝詹姆斯的登基纪念日），各地都举行了零星的篝火仪式。[53] 然而，在首都，克拉伦登注意到，2 月 6 日他去的教堂"非常空，就像平常的非祈祷日一样"。[54]

4 月 27 日，詹姆斯决定重新发布他的《信教自由令》，并在 5 月 4 日下令要求主教们指示他们的神职人员连续两个星期天（5 月 20 日和 27 日，伦敦地区；6 月 3 日和 10 日，其他地方）在教堂宣读该自由令。[55] 他的策略显而易见。国教会对上一年颁布的自由令的反应让詹姆斯感到失望，他希望通过强迫神职人员宣读自由令，使他们看起来赞成中止刑罚法和《忠诚宣誓法》。他预计，国教会关于不抵抗的教条将意味着大多数人都会服从；如果有少数人拒绝，可以将他们免职，从而消除他们的反对意见。

　　事实证明，这是个严重的误判。伦敦的神职人员——其中包括夏洛克、帕特里克、斯蒂林弗利特、福勒和蒂洛森——举行了一系列会议，讨论他们将如何应对，在与英格兰国教会的主要政治家（如丹比、哈利法克斯和诺丁汉）和主教（包括坎特伯雷的桑克罗夫特）协商后，绝大多数人决定不宣读自由令。正如其中一位神职人员指出的，如果他们这样做，他们将"受到教皇党和狂热分子的蔑视"。这个"圈套""太明显了"，也就是说，"嘲笑我们是身处危险时见风使舵的人"。宣读了自由令，意味着接受了它的合法性，或至少"拥有权力来命令发布违法的东西"；这将使神职人员很难为他们拒绝投票给那些"将这一自由令变成法律"的议员辩护；而且未来神职人员可能会被要求批准其他事情时，他们将无法反对，因为他们支持自由令。此外，大多数神职人员认为自由令是非法的："这样的自由令"已经"在议会被庄严地宣布为非法"，神职人员的遵守本身就是"非法的"，因为他们"非常确信，无限的宽容"是"对宗教和人的灵魂有害的"。[56]

　　经过这些讨论，桑克罗夫特大主教和他的六位主教——伊利的弗朗西斯·特纳、巴斯和韦尔斯的托马斯·肯、奇切斯特的约翰·莱克、彼得伯勒的托马斯·怀特、布里斯托尔的乔纳森·特里劳尼，还有圣阿瑟夫的威廉·劳埃德——决定向国王请愿，要求不要强迫他们的神职人员宣读《信教自由令》（据说格洛斯特、诺里奇和温彻斯特的主教也知情并同意该请愿书）。5 月 18 日星期五，六位主教在白厅向国王递交了请愿书；由于健康状况欠佳，桑克罗夫特本人无法出席，但请愿书是他亲笔写的。主教们坚称，他们的反对既不是因为对国王"缺乏责任感和服从心"，也不是因为缺乏"对不从国教者应有的关爱"，他们"愿意在议会和集会上考虑这一问题时，以他们认为合适的方式"对待不从国教者。然而，鉴于该自由令是"基于议会经常宣布为非法的权力"，他们自认不能"出于谨慎、荣誉或良心而支持自由令"。（一份措辞类似的文件在伦敦神职人员中流传，作为他们自己拒绝宣读自由令的理由。）[57] 主教们竟敢请愿反对"全能的上帝赋予他的特免权"，詹姆斯对此感到愤怒，据说"他气得脸色发白"。国王失去理智，脱口而出"这是走向叛乱的一步"，并坚持说"他们会服从他的"。在主教们离开后，他又补充说："他们［主教］既不爱他，也不爱他的父亲，但他［查理一世］为他们而死，而他们只为自己而战。"这句话很有启发性，说明了内战和弑君事件的记忆仍然萦绕在詹姆斯心头，影响了他对政治的态度。[58] 据说，耶稣会的彼得神父很高兴詹姆斯现在似乎要与英格兰国教会决裂，并预言他们"会被逼着吃自己的粪便"。[59]

很少有神职人员服从国王。整个首都地区只有七座教堂宣读了《信教自由令》，其中至少有三座教堂（威斯敏斯特教堂、圣保罗教堂旁的圣格雷戈里教堂和星期五街的圣马太教堂）的会众走出教堂以示抗议。这几座教堂中的大多数随后都拒绝在接下来的周日宣读自由令。在全国范围内，只有不超过 200 座教堂（总数超过 9000 座）宣读过自由令。[60] 在肯特郡的奇斯尔赫斯特，莫德林学院的一名被开除的院士没有宣读自由令，而是进行了一次布道，祈祷"从教皇党和狂热分子的恐惧中"获得解脱。[61] 自从极端忠诚的塞缪尔·帕克在 3 月份去世以来，牛津教区就没有主教了，那里只有六个人宣读过它；而在牛津，没有人这样做。[62] 只有六名主教要求他们的神职人员宣读自由令——达勒姆、林肯、赫里福德、罗切斯特、切斯特、圣戴维兹——但即便如此，他们教区的神职人员也大都拒绝服从。[63]

达勒姆主教不得不以不服从为由暂停 30 名牧师的职务，其中甚至包括他的副主教。切斯特教区是一个罕见的例外，那里"大部分神职人员"遵从主教的命令，但他们后来向国王解释说，他们只是按职责行事，而不是因为他们赞成"自由令的内容"。[64] 同样，赫里福德的克罗夫特主教写了一本小册子，认为宣读自由令并不意味着同意它，人们必须"服从陛下的意志并保持耐心"，即使国王在这件事上征求了他的意见，他也会恳求他"不要以这种偏激的方式使用他的特免权"。[65]

忠于王室的媒体迅速对拒绝宣读自由令的主教和神职人员表示谴责。一位作者谴责这种拒绝"无疑是不服从君主命令的行为，再没有什么不忠的表现比这更明显的了，虽然国教会的神职人员矢口否认"。[66] 另一位作者举出了各种各样的法律论据来解释为什么神职人员必须服从国王，并向他们保证，即便他们服从了不公正的命令，他们也没有错。[67] 一位诗人问道："如果良心被认为是一个充分的借口，为什么它不能减少不从国教者的过错呢？"虽然国教会的神职人员谈论"消极服从"，但他们显然认为，"利益动摇之时，抵制才是审慎的做法"。[68]

英格兰国教会的支持者很快就为这种不服从行为辩护。一位作者说，他准备把特免权问题留给其他更专业的人来考虑，并声称他并没有不满国王利用其天主教臣民的权利。但他确实想知道，既然"没有我们会众讨厌的刑罚法"，为什么要强迫国教会的神职人员宣读自由令，因为这只能解释为"引诱我们自己的人民放弃我们的圣餐"。他继续说，然而，神职人员在良心上不能宣读这样一份声明，说国王希望他的臣民都"成为天主教会的成员"，并暂停"一切与教会有关的刑罚法"（包括反对淫乱、通奸、乱伦、亵渎法律、亵渎神灵和"公开嘲笑基督教"）；这"并不是出于我们自己的无理看法，也不是因为对新教不从国教者不满，而是出于对信靠我们的人，特别是那些弱小群体的温柔关怀，我们不敢邀请他们成为天主教徒，更不敢邀请他们支持或鼓励反宗教的事情"。[69]

最强烈地反对宣读自由令的声明，来自威廉·夏洛克在 5 月 22 日发表的一本小册子，他是 5 月在伦敦举行的神职人员会议的重要参与者。夏洛克写道："根据我们的法律，所有的大臣都要对自己的行为负责：如果下级官员执行非法指令，上级的权威，即使是国王的权威，都不能为其辩护，更不用说大臣的了。"他解释说，这是我们法律的一条格言："国王不可能犯错；因此，如有过错，则罪在大臣。"法律是"国王的公共意志"，国王不会"下令做违反法律的事情"；若某个大臣有违法行为，他不能"说是国王的命令和权威让他这样做"。夏洛克继续说，牧师有着"比这更大的责任和义务"，他们负责"照顾和引导人的灵魂"，因此有义务确保"他们在教堂发表的内容既不违反国家法律，也不违背教会的利益"。而且，他们宣读自由令无疑意味着他们同意自由令；神职人员不是"普通的祷告者"，他们的宣读行为"会被认为也是在推荐"。夏洛克还说，《信教自由令》"违反了英格兰国教会的宪制"，国教是"由法律确立的"，神职人员赞同国教会的宪制，因此他们"在良心上受到约束，不得传授任何违背国教会的东西"。然而，宣读自由令是"传授一种无限的、普遍的宽容，议会曾在 72 年［即 1672 年 2 月］宣布这是非法的，并且历代基督教会都谴责这种宽容"。这是在"教导我的人民再也不需要去教堂"；这是在"修改特免权，改变过去人们所认为的教会和王国的整个宪制；在没有议会的授权之前，我们是不敢这样做的"；这是在"建议我们的人民选择这些人在议会中担任议员，以废除《忠诚宣誓法》和刑罚法，而国内大多数贵族和乡绅都已经宣布反对这么做"；这是在谴责那些因不同意取消《忠诚宣誓法》和刑罚法而失去了国王好感的爱国者。[70]

温和的不从国教者（特别是长老会教徒）在与国教会代表举行

了一系列会议之后，决定支持七位主教的立场，倾向于"继续受到刑罚法的迫害，希望并期待在适当的时候得到一些缓和，而不是脱离英格兰国教会，一个接一个地走向灭亡"。[71] 国王及其顾问们本想命令不从国教的大臣们在会议上宣读自由令，但得知会有相当多的反对意见后，他们就退缩了。佩恩和斯蒂芬·洛布试图向不从国教领袖施加压力，让他们发表致谢词，但他们发现，"具备条件或资质"的不从国教者都不会支持，因为他们想要"法律赋予的自由"，并"完全反对天主教徒进入政府"。[72] 1688 年的《信教自由令》仅收到 21封感谢信，大部分来自被清洗过的市政法人和行政机构，而且大多数被清洗过的市政法人和行政机构仍然拒绝发表感谢信。就连最近被清洗过的奇切斯特镇议会的议员们，也投票否决了向国王颁布"宽容宣言"致谢的提案。去年 2 月，他们一致投票赞成戴着帽子开会（出于对公谊会的顾忌）。不出所料，几周后，该镇议会又被进一步清洗了。[73] 在伦敦举行的年度会议上，公谊会教徒是唯一起草感谢信的不从国教者。[74]

　　6 月 8 日，詹姆斯召见七名主教到白厅解释他们的行为，但他们拒绝回答国王的问题，并抗议说，根据国家法律，"臣民没有义务指控自己"（圣阿瑟夫主教说）。盛怒之下，詹姆斯要求他们缴纳保释金，等着上王座法庭；他们再次拒绝，扬言作为贵族，不能要求他们交保释金，但他们愿意以神职人员的身份承诺到时会出庭。詹姆斯忍无可忍，下令把他们关入伦敦塔。当这七人被护送出白厅，坐船送往监狱时，成群的人聚集在一起表达他们的敬意，人们跪在地上，高喊"上帝保佑主教们"；就连塔里的士兵也这样做了。[75] 6 月 15 日，主教们出现在威斯敏斯特大厅，在场的还有 21 名贵族，如果情形需要的话，他们会提出保释（其中包括哈利法克斯、丹比和克拉伦登）。主教们被指控发表针对国王和政府的煽动性诽谤言论。他们拒不认罪，在缴纳了保释金（大主教 200 英镑，其他人每人 100 英镑）后获释，等待 6 月 29 日的审判。他们说，之所以现在保释，而之前并没有，是因为他们试图维护贵族特权，但被法院驳回了，他们认为应该接受保释。一个来自韦尔斯的富有的公谊会教徒也在现场，他提出为巴斯和韦尔斯的主教保释，并说，"虽然他不会发誓，但他有 1 万英镑的财产［而且］他会充分证明这一点"。[76] 当主教们离开威斯敏斯特大厅时，人群再次向他们欢呼，跪在地上祈求他们的祝福，而当晚，整个首都生起了许多篝火，以庆祝主教们获释。[77] "群众"对"主教们"的热情，使得主教们在审判前的两周，甚至不敢"在外走动"，因为无论他们走到哪里，都会有"成群的人围着他们，向他们祈求祝福"。[78]

　　审判当天，威斯敏斯特大厅和法庭外的街道上挤满了人，让前来为控方辩护的人望而生畏。副总检察长威廉·威廉姆斯爵士（辉格党叛徒）和其他与政府有关的人受到了"极大的不尊重"。前一天刚刚宣布皈依天主教的桑德兰在穿过大厅作证时，被"狠狠地踢了一脚"，他"哦"地大叫一声；甚至有人向这位大臣举起拳头，似乎"要打他的脸"。当他离开法庭时，迎接他的是"杀死天主教走狗"的呼声。切斯特主教"为了满足好奇心"来到审判现场，他不仅被人群高喊"披着羊皮的狼"，而且作为"一个高大肥胖的乡绅"，受到了来自四面八方的嘲笑，人们高呼为他"让路"，因为"他肚子里装着教皇"。[79]

　　起诉书指控主教们密谋"削弱王权、君主特权、权力和政府"，他们以请愿书为幌子，针对国王的《信教自由令》起草了一份"恶毒的、煽动性的诽谤"，并在国王面前"发表"。尽管主教们并没有发表他们的请愿书，但是作为主审法官的首席大法官赖特裁定，仅仅把请愿书交给国王就构成了发表行为。辩方的主要论点是，主教们的请愿不可能是对君主特权的冒犯，因为国王并不拥有中止权：议会过去曾谴责过中止权，查理二世在撤销 1662 年和 1672 年的《信教自由令》时也承认他没有这种权力。罗伯特·索耶爵士坚称，主教们只是把议会宣布过的内容告诉给了国王（他们并没有说这是他们自己的判断），所以这怎么能被解释为企图"削弱国王的特权和王权"？索耶进一步指出，在这件事上，主教们只不过是在"尽自己的责任"，因为伊丽莎白一世的《礼拜仪式统一法》规定主教们是"统一法的特别监护人"，因此他们"有义务看到它得到执行"。赫尼奇·芬奇认为，只有立法机关——国王、上下两院——才有"废除法律的权力"，而查理二世撤回其自由令时，接受了议会的理由，即他不能在没有议会立法的情况下中止有关教会的刑罚法。芬奇接着说，当国王"被误导，或对法律有误解"时，作为王国的贵族，主教们有权利"恭敬地向国王提出建议"，并"有责任说明他们不能服从命令的原因"。亨利·波勒克斯芬爵士认为，正如戈登诉黑尔斯案所证实的，国王的特免权并不能支持中止权，而是证明了"完全相反"的情况。波勒克斯芬问道："如果国王可以立即以一种毫无疑问的特权废除所有法律，那为什么要去争论国王可以废除这项或那项特定的法律呢？"约翰·萨默斯爵士得出的结论是，主教们在请愿反对中止权时，"无意削弱这一特权，因为国王没有这种特权"。[80]

控方反驳了这种说法，认为在撤销《信教自由令》时，查理二世从未正式放弃过他的权利，并指出，辩方所称的在议会发表的声明（关于中止权），事实上不过是议会某一部分（下议院或上议院）的声明，从未得到主要部分——国王的同意。此外，主教们在请愿书中所说的内容是否属实并不紧要；他们觉得，唯一需要考虑的是，这份请愿书是否"具有反映性和诽谤性"。[81] 在总结时，赖特认为中止权与本案无关，并拒绝就其是否合法发表意见。对赖特来说，关键问题是主教们是否发表了什么，如果是的话，是否存在诽谤。既然"任何扰乱政府或在人民中制造麻烦和骚动的事情"都可以被理解为诽谤，那么主教们的请愿在他的裁定中确实构成了诽谤。然而，因为这涉及法律问题，王座法庭的其他三位法官被允许发言。霍洛韦法官的结论是，他不认为主教们的请愿书构成诽谤，阿利本法官认为构成；两人在中止权问题上都保持沉默。然而，鲍威尔法官认为，"如果国王没有这样的特免权"，那么请愿书就"没有诽谤"，并邀请陪审团就国王在《信教自由令》中声称的权力是否合法，做出裁决。6月30日上午10点，陪审团做出了"无罪"的裁决。若不是因为国王的酿酒师阿诺德先生和执权杖者多恩先生，他们不愿意与多数人达成一致而采取了蓄意阻挠的策略，他们本可以在前一天，即庭审结束后的半小时内做出判决。[82]

　　判决一经宣布，法庭内和外面的街道上都响起了热烈的欢呼声。参加审判的贵族们在回家路上，从马车里扔钱，敦促"穷人为国王、主教和陪审团的健康干杯"。当晚，整个首都都有篝火和烟花庆祝活动，甚至还有一些焚烧教皇肖像的活动。群众纷纷拦住路人，要求他们为庆祝活动捐款；拒绝的人就有被抢劫或殴打的风险。一位记者报道说"伦敦几乎所有的天主教徒家门口都被生了篝火"，并被要求付钱；至少有一起死亡事件，当时索尔兹伯里勋爵的仆人向住所外生篝火的人群开了枪。[83]随着主教们无罪获释的消息传开，时人也在全国各地报道了类似的情况：在贝德福德、布里斯托尔、剑桥、格洛斯特、利奇菲尔德、诺里奇、牛津、塔姆沃思，以及白金汉郡和莱斯特郡的许多城镇和村庄。[84]当消息传到豪恩斯洛·希思军营时，士兵们欢呼雀跃，为主教们的健康干杯。这是一个不祥的预兆。[85]

　　不从国教者也大体上支持主教。在主教们最初被拘禁在伦敦塔期间，十位新教不从国教的大臣探望了他们，宣称"他们作为坚持新教信仰的人不能不拥护他们"。[86]哈利法克斯告诉奥兰治的威廉，主教们的事"把所有的新教徒都聚集在一起，捆成了一个难以解开的结"。[87]当主教们被宣告无罪时，人们看到不从国教者并没有"怯于表示对判决的满意"。[88]主教们甚至收到了苏格兰长老会的来信（长老会长期以来对主教制充满敌意），向他们表示同情。[89]实际上，七位主教成了成功抵制詹姆斯革新的标志性人物。这样的一枚勋章被铸造了出来，它的一面是七名主教，另一面是一个耶稣会士和一个修道士在挖英格兰国教会的地基，并刻有"地狱之门不会战胜她"的字样。[90]

　　从国王的角度看，对七位主教的审判是一场灾难。詹姆斯不仅没能让主教们就范，而且由于他的强硬态度，公众舆论已经压倒性地反对他试图通过使用中止权来建立普遍宽容的做法。而且，判决书似乎确认，中止权确实是非法的。因此，巡回法庭的法官恢复了对违反刑罚法的天主教徒的起诉。[91]詹姆斯竭尽全力想挽回一些信誉，但收效甚微。有一些人因在主教获释当晚制造骚乱而被捕，并在伦敦城的法庭上定罪，要么被罚款，要么被送到惩教所。然而，那些被带到希克斯厅的米德尔塞克斯郡法庭前审判的人的起诉书，被大陪审团推翻了（这让人想起了王位排斥危机中辉格党的"无知"陪审团）。此外，希克斯厅的大陪审团成员正是詹姆斯为了赢得他们对宗教宽容政策的支持而将他们放在这个权位上的：陪审团主席是浸信会教徒，其他陪审团成员据说都属于"同一宗教"。[92]国王试图鼓励人们表达对主教请愿书的厌恶，但即便在进行了数月的清洗后，响应者依然寥寥。例如，米德尔塞克斯郡大陪审团中有 8 名成员在 7 月份表达了厌恶，但其他 13 名成员拒绝表态。[93]詹姆斯解雇了两名法官（霍洛韦和鲍威尔，这两人认为主教的请愿书不构成诽谤），并且动过心要将拒绝宣读自由令的七名主教交给教会委员会，但这样的程序从未启动过。委员们确实指示过教区法官、副主教和代理主教调查哪些神职人员宣读过自由令并将那些拒绝宣读的人报告上来，但总体上，他们拒绝合作。[94]虽然罗切斯特主教斯普拉特支持国王的这一命令，但他还是在 8 月中旬从教会委员会辞职，因为他认为起诉那些出于良心拒绝宣读自由令的神职人员是不对的。[95]

威尔士亲王诞生与邀请奥兰治的威廉亲王

七位主教受审的戏剧性场面，抢去了詹姆斯当年夏天最重大的风头，即 6 月 10 日威尔士亲王的诞生。国王立即发布公告宣布这一消息，命令伦敦市长推广篝火，并留出两天的公众感恩日（6 月 17 日在伦敦，7 月 1 日在其他地方）。[96] 宫廷及其各地的代理人尽其所能地鼓励适当的公开庆祝，而《伦敦公报》则刊登了庆祝活动的报道，努力传达出一种举国为国王欢庆的印象。[97] 然而，证据表明，几乎整个国家都不认为这是一个值得欢庆的时刻，而那些确实发生的庆祝活动在全世界看来都是精心策划的表演。一位忠于王室的新闻记者写道，6 月 10 日伦敦沉浸在难以言喻的"对这桩喜事的喜悦中"，人们甚至担心自己"会被篝火烧死，会被酒淹死"——他的叙述清楚地表明现场有大量的酒精鼓励人们从家里走出去，而且他也是参与者之一，对于他所说的事件，算不上一个公正的目击者。[98] 同一天，在牛津，除了卡法克斯燃起了一堆篝火，驻扎在城里的兵团的军官们也在克罗斯旅馆前燃起了一堆篝火，并为当地人提供了一两桶啤酒，试图让他们沉浸在庆祝的气氛中。莫德林学院和基督教堂学院也点燃了篝火，但其他学院都没有庆祝王子的诞生，牛津大学的古文物研究者安东尼·伍德告诉我们，他"深知"，如果亲王活着，"英格兰的王冠和天主教"将"永远不会分开"。几天后，针对牛津市的权利开示令状程序启动，政府得以施加压力，确保 7 月 1 日的官方感恩日得到更好的庆祝：负责管理市政法人的委员们命令所有的教堂敲钟，委员们和牛津的每一位军官都组织了他们自己的篝火，许多骑兵也是这样。各个学院似乎也加入了普遍的庆祝活动，除了默顿学院，所有学院都燃起了篝火。但根据伍德的说法，这只是个幌子——"许多新教徒表现出来的喜悦，表面是为了感恩亲王的诞生"，其实是为了七位主教的"得救和获释"。[99] 事实上，当时的许多人，包括那些支持王室的人，都留意到，支持主教的篝火要多于支持男性继承人出生的篝火。一些社区出于责任感和礼貌，准备起草贺词，但总是遭到当地的极大反对。[100]7 月 17 日晚，为庆祝孩子的出生、王后的安全分娩和恢复健康，詹姆斯在泰晤士河举办了一场精心设计的焰火表演，吸引了伦敦地区和周边乡村的约 10 万名观众，但这似乎也起到了反作用。展览中有三个雕像——两个代表生育能力和忠诚的女性，以及酒神巴克斯——但据政府报纸《公共事件》报道，一些当地的聪明人提前对其进行了改造，使之看起来像伊丽莎白女王、安妮·博林和亨利八世，然后开始散布谣言说，这些雕像"将被公开炸毁，象征着他们所做的一切如今将被推翻"。[101]

威尔士亲王的诞生结束了哈利法克斯等人倡导的"等待更好时机"的策略，因为现在詹姆斯的政策几乎不可能被他的继任者推翻。正如我们所见，王后怀孕的消息一公布，人们就开始怀疑王后是否真的怀孕了；现在谣言开始传播，说王后实际上并没有生下儿子，婴儿是被放在一个暖锅里偷偷带进产房的。亲王出生后不久，詹姆斯的亲生女儿安妮写信给她的姐姐玛丽，说她不相信王后怀过孕，"一千个人里面找不出有一个相信的"。[102]一篇反对天主教的讽刺文章写道，很快"整个王国"都在嘲笑这个"骗局"，"人们"说"王后在这种情况下传出怀孕的消息太不可信了，哪怕是欧洲所有的种马都不可能让她受孕"。[103]如果暖锅的故事是真的——我们无法确定，但综合证据表明，它几乎肯定不是真的——那么詹姆斯不仅试图通过阴招给国家强加一个天主教的继任者，而且他还用欺骗的手段，剥夺了他的新教女儿玛丽和她的丈夫奥兰治的威廉的合法继承权。[104]

在七位主教被宣判无罪的那天，德文郡伯爵、丹比伯爵、康普顿主教、什鲁斯伯里伯爵、拉姆利勋爵、爱德华·拉塞尔和亨利·西德尼致函奥兰治的威廉，邀请他干预英格兰事务。这七人代表着特定的选区，威廉需要确信这些选区会站在他一边，然后才能进行如此冒险的行动：德文郡伯爵和丹比伯爵都是地产大亨，一个是辉格党，另一个是托利党，他们在各自的势力范围内可能会拥有大量的追随者；被停职的伦敦主教康普顿代表英格兰国教会；什鲁斯伯里伯爵和拉姆利勋爵（他们两人和丹比伯爵一样，都是七位主教的保释人）因反对詹姆斯安插天主教军官而被从陆军中除名，他们可能代表了陆军中的不满意见；拉塞尔和西德尼代表海军。他们在信中向威廉保证，"人民""对政府目前的行为普遍感到不满"，以至于"全国二十个人中有十九个"希望改变，"如果他们能获得保护来支持他们造反，以确保他们不被摧毁，那么他们愿意为此做出贡献"。信中继续写道，"可以肯定的是，绝大多数贵族和乡绅同样非常不满"，"其中最重要的一些人"会在威廉登陆时加入他的行列，并利用他们的利益"吸引更多的人"。如果威廉带着足够"保护自己和他们"的兵力登陆，"直到他们能够团结起来，形成某种秩序时"，他们很快就会拥有两倍于詹姆斯的军队，他们预测詹姆斯的军队无论如何都不会忠于国王，因为军官和普通士兵对他都"如此不满"。但重要的是，威廉现在就要采取行动，趁宫廷还没更换军队的军官和士兵，议会还没重组召开，更暴力的手段还没采取。[105]

威廉确实很快就行动起来了。问题是，"人民"会像这"不朽七人"预言的那样"普遍不满"吗？

第七章

逃亡

如果天主教在这里的教会和国家中完全得势，那么，这对建立在新教基础上的荷兰人的利益是如此致命，以至于有些人认为他们不仅会从海上，还会从陆上侵略我们，因为他们知道，如果我们接受天主教，他们就无法生存，如果是这样，那么整个王国会对他们产生很大的影响。

——罗杰·莫里斯，1687 年 11 月 26 日 [1]

英格兰人民的欢呼、军队的放弃，以及贵族和乡绅们对奥兰治亲王登陆的普遍拥护，阻止了内战和流血事件的发生，现任国王从容地坐上了王位，获得了政府的权力。

——乔治·菲利普斯《第二次向爱尔兰的新教徒道歉》
（1689 年）

大约在今年 [1688 年] 年底，英格兰发生了有史以来最伟大的革命。我指的是最著名、最大胆、最英勇的冒险……奥兰治亲王很快就扭转了局势，把我们从对暴政和天主教的恐惧中解救出来，在我看来，它们本来会降临到我们身上的。

——《亚当·德拉普赖姆日记》

威廉准备让他的部队在 10 月中旬起航。恶劣的天气挫败了他第一次出发的尝试，持续的逆风使得他的舰队直到 11 月 1 日才最终动身。11 月 5 日，他的舰队在德文郡南部海岸的托贝抛锚。无论如何，威廉入侵英格兰的决定都是一场豪赌——他在玩一场高风险的游戏，无论对他自己还是对欧洲西北部的新教利益来说，这场游戏都很可能以灾难告终。这的确是一场英勇的冒险；它将在英格兰的政治和宗教事务中引发一场非比寻常的变革（时人称之为一场大革命）。

为了理解为什么威廉选择接受德文郡伯爵和丹比伯爵等人的邀请，以及他如何有能力和财力组建一支入侵部队，我们需要同时关注荷兰和欧洲大陆的进展情况。那些批评光荣革命的传统论述过于关注英格兰，强调有必要探索欧洲维度的观点，肯定是重要的。威廉担心欧洲的势力均衡，以及法国人对他的祖国构成的威胁。他自 4 月便开始计划入侵英格兰，而所谓的 7 月邀请，只是他长期以来一直寻求的东西，即英格兰方面会保证支持他的行动。其中的背景和利害关系都是国际性的；不仅英格兰臣民，甚至是不列颠三个王国的居民，都与此有关。[2]

然而，如果说仅凭欧洲方面就能解释光荣革命发生的原因，或者说詹姆斯被推翻纯粹是因为一次成功的外国入侵，而入侵的逻辑是由荷兰决策者的预想所决定的，那就大错特错了。威廉确实率领了一支庞大的职业军队入侵英格兰：约 10692 名正规步兵和 3060 名正规骑兵，以及英格兰、苏格兰、胡格诺派和荷兰志愿兵（其中许多是职业军人）。一位学者声称，威廉的总兵力可能高达 2.1 万人，现在大多数人都认为这一数字是高估了；实际情况应该在 1.5 万人左右。很显然，威廉的军队在数量上远远不如詹姆斯的军队，后者在入侵前夕大约有 4 万人（包括苏格兰和爱尔兰军队）。詹姆斯能够派遣 2.4 万名英格兰士兵，加上 2964 名苏格兰士兵和 2820 名爱尔兰士兵（总共近 3 万人）在索尔兹伯里平原会合，与入侵部队交锋。同时，他还有四五千名驻军，以及 4400 名新招募的士兵，他们一完成训练就可以投入战斗。此外，威廉的军队经历了不止一次，而是两次海上航行（在第一次失败的尝试中失去了重要的补给，尤其是马匹），因此疲惫不堪，加上晕船，需要休息以恢复充分的战斗力。相比之下，詹姆斯的士兵们休息得很好，吃得很饱，住得也很好。[3]即使威廉的军队经验更加丰富，训练更加有素，但詹姆斯拥有两倍的兵力，而且具有在本土作战的优势，本应占据上风。

　　然而，一个简单的事实是，威廉在没有与詹姆斯的军队交战的情况下就取得了胜利，尽管有一些小规模的冲突（尤其是在温坎顿和雷丁）导致了死亡，而这使得革命不流血（即使在英格兰）的说法站不住脚。并不是威廉的入侵部队在战斗中比詹姆斯的军队更胜一筹，也不是威廉的军队构成了可怕的威胁，让英格兰人意识到他们在打一场注定失败的战争，于是顺从地认输。相反，是詹姆斯认输了：贵族、乡绅、广大平民，甚至他自己的军队都抛弃了他。因此，本章将探讨为什么詹姆斯的政权在面对外国入侵时如此轻易、迅速地垮台。本章将从詹姆斯如何应对威廉入侵的威胁开始，并展示这场危机如何促使托利党—国教会利益集团在威廉踏上英格兰土地之前，就迫使詹姆斯撤销了其大部分有争议的政策。1688 年秋，英格兰国教会发动了一场革命，换言之，这场革命发生在威廉革命之前——尽管这场革命更接近天文学意义上的革命，即转回到事物开始的位置。随后，本章将探讨英格兰人民如何应对威廉的入侵，以及各种抵制詹姆斯的运动，尤其是在英格兰北部；随着威廉从西南地区向伦敦进发，越来越多的人抛弃詹姆斯；以及因反对国王及其顾问推行的亲天主教政策而爆发的群众骚乱。我们将看到，推翻詹姆斯二世，并不单纯是因为王室内部的争端而从上层和平策划的宫廷政变。相反，它涉及英格兰各阶层广泛的积极抵抗，有时甚至是相当暴力的抵抗，这让詹姆斯惊慌失措，不战而逃。从这个意义上说，打败詹姆斯的并非威廉的入侵军队——当然不应低估威廉入侵对事态发展的影响——而是英格兰人民。

威廉入侵与詹姆斯政权的倒台

詹姆斯并非对荷兰的军事集结视而不见，但他似乎认为，无法想象威廉会在这个季节的季末或者在冬季考虑发动进攻，或者说，他没想到他的这位外甥和女婿竟然真的对他采取行动。直到9月8日，桑德兰报告说，"我们邻国备战的动静很大"，但国王仍然"非常确信"这不是针对他的。[4] 因此，詹姆斯继续他的计划，确保议会废除刑罚法和《忠诚宣誓法》。8月24日，他宣布议会将于11月27日召开会议，而政府官员则忙于为宗教宽容争取支持。[5] 直到9月18日选举令发出后，詹姆斯才开始意识到他的处境有多危险。从21日起，他开始发出指令，要求增加军队中现有兵团的规模，并下令组建新的兵团。他也开始在国内问题上做出让步。21日，他发布了一份公告，旨在平息国教会对其宽容计划的疑虑，承诺他将"保护英格兰国教不受侵犯"，并确认天主教徒将继续被禁止进入下议院。第二天，他写信给郡最高军事长官们，请他们恢复那些最近被免职的郡最高军事长官助理和治安法官的职务，而且国王说希望在即将召开的议会中获得他们的支持，这表明，即使在这一阶段，詹姆斯也没有预料到荷兰人的入侵会导致他搁置国内的计划。只是到了24日，詹姆斯才开始谈到入侵迫在眉睫。27日，他从爱尔兰调来援军（约2800人），并命令驻扎在苏格兰的常备军（另外3700人）向南进军英格兰。次日，他又发布公告，收回议会选举令状，并邀请英格兰臣民协助他对抗荷兰人。[6]

为了在国内赢得更多的支持，詹姆斯现在做出了一个 180 度的大转弯。在 9 月 28 日白厅的一次会议上，他告诉主教们，他愿意"把过去的事情永远遗忘"，并承诺恢复伦敦主教的职位，重新接纳被解雇的莫德林学院的院士们，终止教会委员会，恢复市政法人并允许特免权由他即将召集的（定期选举的）议会来决定。[7]10 月 2 日，他打出了第一张牌，恢复了伦敦的特许状（1683 年托利党反扑运动高潮时被取消）。[8]3 日，坎特伯雷大主教连同巴斯和韦尔斯、奇切斯特、伊利、伦敦、彼得伯勒、罗切斯特、圣阿瑟夫和温彻斯特的主教向国王上书，概述了他们对改革的要求。他们接受了詹姆斯 9 月 28 日的承诺，并补充了自己的改进意见，要求詹姆斯将郡政府交给有法律资格的人，废除教会委员会，并承诺今后不再设立教会委员会，停止特免权，取消自他加冕以来授予的特免权，恢复莫德林学院院长和院士的职务，取缔耶稣会学校，"停止行使最近使用的这种特免权，允许在议会中就该权力的问题进行自由、平静的辩论和讨论，并最终予以解决"，停止对市政法人使用权利开示令状，恢复旧的特许状，并颁布令状，建立一个自由和常规的议会，"在议会中，英格兰国教"可以"根据《礼拜仪式统一法》得到保障"，并规定"适当的信仰自由，保障臣民的自由和财产"。简言之，主教们要求詹姆斯"将一切恢复到他登基时的状态"。[9]莫里斯说政府"现在就像一艘在海上颠簸的船，随时可能沉没；主教们"给了这艘船一根树枝，让它可以抓住它，从而把自己拉到陆地上"，但他们似乎"还把斧头握在手里，可以随时砍断这根树枝"。[10]

詹姆斯马上开始服从。10 月 5 日，他废除了他的教会委员会；11 日，他指示莫德林学院的巡督员温彻斯特主教，"定期和合法地"解决该学院的问题。17 日，他发布公告，恢复各市政法人（某些例外）。

他还开始恢复 1687 年在职的治安法官，甚至（在某些郡）撤换了一些新近任命的天主教和不从国教的治安法官。[11] 似乎主教们让詹姆斯就范了。如果他们的计划得到全面实施，本将会发生一场国教会革命，让事情恢复到原来的状态（当然议会确立了一定程度的宗教宽容），詹姆斯将能保住他的王位。然而，英格兰国教会企图进行的这场革命，被奥兰治的威廉的入侵以及随之而来的詹姆斯政府的垮台给破坏了。

关于奥兰治的威廉是否一直想要夺取英格兰的王位（以及爱尔兰和苏格兰的王位），人们争论不休。准确来说，威廉的首要任务不仅是要确保英格兰脱离法国的轨道，还要确保英格兰能加入他的大陆联盟（奥格斯堡联盟），对抗路易十四。他可能一度认为，自己无需取代詹姆斯，无需成为英格兰、苏格兰和爱尔兰的国王就可以实现这一目标，尽管到了 1688 年秋天，他似乎不太可能仍然这么认为。不过，他需要谨慎考虑如何向英格兰的新教徒证明自己的入侵是合理的，这样他才能维持新教徒对他的支持，而不是吓到他们，让他们在面对外来威胁时团结起来支持詹姆斯二世。他需要一份措辞非常严谨的入侵宣言。

威廉的英格兰朋友在 8 月底给他寄来了一份主要由丹比写的宣言草案，列出了入侵的理由，旨在吸引尽可能多的、来自不同阶层的人的支持。该宣言集中说明了自 1685 年詹姆斯二世继位以来的事态发展，对查理二世治下滥用王权的行为视而不见。宣言草案送到海牙的威廉手中时，引发了相当大的争论。当然，丹比是托利党-国教会成员，而正是詹姆斯二世的政治和宗教举措，剥夺了托利党-国教会成员对国王的忠诚。然而，低地国家支持威廉的许多人都是辉格党人，他们在托利党反扑期间或在阿盖尔和蒙茅斯叛乱后被迫流亡。其中既包括英格兰的激进分子，如约翰·怀尔德曼，以及更极端的辉格党贵族，如麦克尔斯菲尔德伯爵和莫当特勋爵，也有比较温和的人物，比如吉尔伯特·伯内特，这位苏格兰出生的辉格党牧师把英格兰国教会的利益放在首位。还有一群苏格兰的不从国教者，包括斯泰尔的詹姆斯·达尔林普尔爵士和威廉·卡斯泰尔斯。怀尔德曼反对丹比的草案，并敦促威廉的宣言不仅要表达对詹姆斯的不满，也要表达对查理的不满，将托利党－国教会牵扯进来，从而仅限于对辉格党和不从国教者发出呼吁；他认为，"由于［目前］宣言已经起草，托利党很可能会被亲王接纳"，而更深远改革的机会也将失去。伯内特等人认为怀尔德曼的建议将是一个战术错误，因为它无疑会疏远那些为反对詹姆斯的创新而做出巨大牺牲的人，从而严重危及远征的成功。最后，威廉和他的顾问们决定接受丹比的草案，仅稍作修改。[12]

　　威廉的《促使他武装出现在英格兰的理由宣言》于 9 月 30 日在海牙发布。本质上，它是詹姆斯二世统治期间所有所谓的非法行为的清单，但它没有攻击詹姆斯本人，而是指责国王的顾问们推翻了英格兰、苏格兰和爱尔兰的"宗教、法律和自由"，推行"专制政府"并试图引入"一种违法的宗教"。为了推进这一计划，这些邪恶的顾问发明了国王的特免权；清洗法官，以获得有利于特免权的裁决；任命天主教徒担任公职，尽管法律规定这些人"不能从事任何此类工作"；违反法律设立教会委员会；"违法"驱逐莫德林学院的院长和院士；"违反许多明确的法律"提倡崇拜天主教；设立了几所耶稣会学校；清洗拒绝同意废除《忠诚宣誓法》和刑罚法的郡最高军事长官、治安法官和市政法人；企图干涉议会选举自由。宣言继续写道，"这种颠覆英格兰国教、法律和自由的恶劣影响"在爱尔兰更为明显，那里的"整个政府"目前都处在"教皇党人的手中"，新教徒则每天都生活在对"专权"的恐惧之中。据传，这些邪恶的顾问还"说服国王在苏格兰宣布"他"拥有绝对权力"，他的臣民都必须"毫无保留地服从他"，从而使詹姆斯能够对"该王国的宗教和法律"拥有"专断的权力"。从这一切看来，"在英格兰应该期待什么"就很明显了。宣言自然谴责了所谓的威尔士亲王，说他"不是王后亲生的"。但它坚称，威廉的计划"不为别的"，只为"尽快组建一个自由、合法的议会"，已解决存在的不满。威廉还将确保在苏格兰召开议会，以"恢复该王国的古老宪制，解决宗教问题，让人民过上安逸幸福的生活"，并"努力使解决方案在爱尔兰王国得到宗教上的遵守"，"新教徒和不列颠的利益得到保障"。[13] 在英格兰西南部建立了权力基础后，威廉发表了第二次声明，指控詹姆斯已经与法国结成了私人联盟，威廉声称他之前没提到这一点只是出于对詹姆斯的尊重，而詹姆斯在公开场合对此都是否认的。[14]

　　面对荷兰的入侵，一些人团结起来支持受困的国王。10月初，坎伯兰郡大陪审团起草了一份反对荷兰人的声明，随后卡莱尔市和埃克塞特市议会也发表了类似的声明。一些贵族和乡绅承诺支持詹姆斯，提出为他招兵买马，尽管对一些人来说这只是一个诡计：《伦敦公报》宣布，其中一个承诺者是丹比。[15] 在西南部流传的一首手稿诗，似乎是为了吸引不从国教者而创作的，它敦促"好人""扔掉橘子［放弃奥兰治］"，因为它是"被过量播种的果实"："洛布、佩恩和许多诚实的人，"押韵诗人预言，"会发现同样的橘子种得太多了。"[16] 然而，令人印象深刻的是，威廉登陆后迅速而轻松地控制了英格兰。如果说英格兰人立即全体投靠了威廉，那肯定不对。有许多人本能地忠于他们的国王，并尽其所能地抵抗荷兰侵略者；而更多的人是一开始不知所措，不愿意冒着叛国的风险去支持威廉，直到他们看清形势的变化。在某种程度上，我们应该从迅速形成势头的远征的角度来思考：威廉最初的成功，加上他初期获得的支持，很快就吸引了越来越多的人表示同情或支持他的事业，直到最后，詹姆斯自己意识到他无法阻止荷兰人的前进。

　　当然，威廉并非单纯抱着美好的空想就入侵了英格兰。一段时间以来，他和他的代理人一直在与英格兰主要的不从国教者密谋，以确保他只会遇到詹姆斯武装部队有限的抵抗，并确保英格兰政治及经济重要阶层的主要成员能够团结起来支持他的事业。英格兰商人群体对詹姆斯的幻想早已破灭，许多人提供资金帮助威廉的入侵，1688 年 7 月和 8 月，在短短的六周时间里，他们向威廉的国库注入了约 20 万英镑。[17] 为了尽可能在横渡英吉利海峡时受到最低限度的阻力，威廉派提前在英格兰海军内部进行了谋划。被詹姆斯用天主教徒罗杰·斯特里克兰取代的前海军上将亚瑟·赫伯特已经在夏天投靠威廉，他将领导荷兰侵略军，能确保许多受过他提携的船长发誓不与威廉作战。最终，密谋的成果没有得到验证，因为不利的风向使英格兰舰队无法离开泰晤士河口与荷兰舰队交战。[18] 英格兰北部心怀不满的贵族也在密谋确保威廉在王国北部的安全。[19] 然而，风向再次决定了威廉的舰队没有前往东海岸与这些不从国教者会合，而是沿着英吉利海峡航行。威廉还带来了相当数量的英格兰和苏格兰流亡者——"心怀不满的贵族、被免职的下议员、被判处叛国的叛徒、逃亡的叛军、共和党嫌疑人、叛变的军官和恶意的神职人员"——其中包括卡德罗斯勋爵、利文勋爵、麦克尔斯菲尔德勋爵、莫当特勋爵、什鲁斯伯里勋爵和威尔特郡勋爵、罗兰·格温爵士、约翰·霍瑟姆爵士、罗伯特·佩顿爵士、威廉·沃勒爵士、斯泰尔的达尔林普尔爵士、吉尔伯特·伯内特、罗伯特·弗格森、索尔顿的安德鲁·弗莱彻、约翰·洛克、爱德华·拉塞尔、亨利·西德尼以及约翰·怀尔德曼等。[20] 这不仅仅是一支类似于 1588 年西班牙无敌舰队的外国入侵部队，而是不列颠的一次密谋，心怀不满的英格兰人和苏格兰人利用了一个人的资源，这个人虽然是一个外国国家的元首，却娶了英格兰、苏格兰和爱尔兰王位的下一位继承人（撇开所谓的威尔士亲王不论），而他自己也是第三顺位的继承人，密谋的目的不是让三个王国接受外国统治，而是按照绝大多数不列颠新教徒的意愿，将三个王国从暴政中解救出来。声称1688年应该被视为"一个世纪前认真努力过的尝试"，那就大错特错了。[21]

登陆后，威廉轻易地控制了西南部地区。11月9日，他夺取了埃克塞特，但最近恢复的市政法人的治安法官试图阻止他进入，神职人员随后也拒绝在他们的教堂宣读他的宣言，不过普通市民还是热烈地欢迎他的到来。[22]威廉将在埃克塞特停留至21日，正如远征军的一位牧师所说，"在船上待了这么长时间之后，他努力让军队恢复元气，让马匹恢复体力，也让该国的乡绅们前来埃克塞特加入亲王殿下的行列"。[23]很快，辉格党人科尔切斯特勋爵、爱德华·拉塞尔勋爵和托马斯·沃顿（分别是辉格党贵族里弗斯伯爵、贝德福德伯爵和沃顿勋爵的儿子和继承人）以及托利党人爱德华·西摩尔爵士和威廉·波特曼加入了他的行列。为了在全国范围内巩固对威廉的支持，伯内特在托利党下议员爱德华·西摩尔爵士的鼓动下，成立了一个协会，以"追求亲王宣言的目的"，随后印刷发行出版物，供公众订阅。11月18日，爱德华·拉塞尔和利文勋爵跟巴斯伯爵进行谈判，让他交出普利茅斯的驻军，巴斯本人向亲王投降，而什鲁斯伯里则被派去保卫布里斯托尔。威廉的后方如今得到了保护，进军伦敦的道路就畅通了。[24]洛夫莱斯勋爵试图带着约70名"装备良好的人"与威廉会合，但被博福特公爵指挥的格洛斯特郡民兵挫败了。博福特公爵是唯一尽力去阻止支持者加入威廉的郡最高军事长官；在冲突过程中，两名民兵被打死，六人受伤，但洛夫莱斯和他的13名追随者被带到赛伦塞斯特监狱，随后被送往格洛斯特城堡。[25]然而，在多塞特，当地的贵族和乡绅开始组织民兵并为威廉征税，而萨默塞特和德文的"许多人才和大片私有土地"也纳入了威廉的麾下，当地民众也是如此。[26]

到11月的第三周结束时，据说威廉征募了大约1.2万名新兵，军队规模大到威廉希望多数人能够留下来"修缮家园"，等他需要他们的时候再说。[27] 威廉想要招揽的不是平民，而是詹姆斯军队中的逃兵，在邀请入侵的信中，威廉曾得到过承诺，因此他对某些威廉派军官酝酿的阴谋期望甚高。第一次大规模逃兵发生在 11 月 12 日，当时克拉伦登的长子、皇家龙骑兵司令康伯里子爵和托马斯·兰斯顿连同圣奥尔兹本公爵的骑兵团在索尔兹伯里平原逃离国王的军队，进入敌军防线，但他们实际上没有带多少人。在接下来的几天里，其他人也开始出逃。最严重的一次发生在 11 月的第三周：24 日星期六凌晨，丘吉尔勋爵、格拉夫顿公爵和伯克利上校越过敌军阵线，而紧跟其后的有年轻的奥蒙德公爵（1688 年 7 月去世的前爱尔兰总督的孙子）、诺森伯兰郡公爵、丹麦的乔治王子（詹姆斯女儿安妮的丈夫）和德拉姆兰里格勋爵。逃兵的总数并不是特别多。然而，这对军营内士气的影响是毁灭性的，因为没有人能确定他身边的人或者他的指挥官是否忠诚。[28]1688 年 10 月，托马斯·沃顿的反爱尔兰歌曲《小人国》的发表，进一步动摇了军心。虽然这首歌最初写于 1687 年初，是为了谴责蒂康奈尔被任命为爱尔兰的代总督，但现在它第一次被印刷出来，并受到了广泛的欢迎。一首后续歌曲马上发表，直接提到了 1688 年秋天的事件，而詹姆斯二世的支持者甚至为这首曲子填了一些反荷兰人的词，但是，政府改编这首歌的结果适得其反，因为它只会让公众想起原曲。伯内特认为《小人国》是"一首愚蠢的民谣"，但他承认，它"深刻地影响了［国王的］军队，这是那些没有看到的人无法想象的"，并指出，"整个军队、城市和乡村，都在不停地唱这首歌"。沃顿本人吹嘘这首歌"让一个轻信的君主丢掉了三个王国"。[29]

在英格兰北部出现了一系列支持威廉的起义，而威廉最初是计划在这里登陆的。德拉米尔勋爵在柴郡组建了一个由 300 名"贵族和众多优秀乡绅"组成的军团，并于 11 月 15 日宣布为威廉效力；"大量"的乡下人和自由地产保有人自愿加入他的行列，但德拉米尔让他们回家，"承诺"如果他有"任何需要他们效劳的地方"，"就会通知他们"。他的军团由上流人士组成，并不意味着它的行动特别体面；据一份报告称，德拉米尔"像个疯子一样"游走于全国各地，抢夺天主教徒的马，洗劫他们的礼拜堂。德文郡伯爵召集他的佃户于11月17日进军德比，并在那里宣布成立自由议会，然后于20日前往诺丁汉，第二天与德拉米尔在那里碰头。24日，德拉米尔及其支持者南下与威廉会合，途经利奇菲尔德、伯明翰和伍斯特，然后于12月2日到达布里斯托尔（此时布里斯托尔已被威廉控制）。德文郡伯爵仍然留在诺丁汉；11月29日，来自南米德兰兹（特别是北汉普顿郡和白金汉郡）的增援部队加入了他的行列；12月2日，詹姆斯的亲生女儿安妮公主和伦敦的康普顿主教（几天前逃离首都）也投靠了他。11月22日，丹比攻占了约克，宣布支持"自由议会和新教，拒绝天主教"。12月初，他还让赫尔要塞驻军向威廉投降。其他地区也纷纷效仿。在得知威廉登陆的消息后，来自诺森伯兰郡赫克瑟姆的威廉·罗兰德召集了一帮新教徒，并着手解除附近天主教徒的武装。罗兰德随后去了伦敦，大概是为了协助南部开展反对天主教的运动。在东安格利亚，诺福克公爵为威廉召集了民兵，并占领了诺里奇和金斯林，"在那里，对詹姆斯心怀不满的商人、海员和下层民众为奥兰治亲王和诺福克公爵高声欢呼"。在威尔士边境，切尔贝里的赫伯特勋爵和爱德华·哈利爵士，以及"伍斯特郡和赫里福德郡的大多数贵族"进入伍斯特并夺取了勒德洛城堡。各地的起义者都采取了措施，解除当地天主教徒的武装。[30]

其他人也要求一个自由的议会。与国王关系密切的人认为这是和平解决危机的唯一希望。因此，11月17日，7位主教（包括坎特伯雷大主教）和12位世俗贵族（包括克拉伦登和罗切斯特）向国王请愿，要求召开一个自由的议会，作为"维护陛下以及这个王国"、避免"基督徒血流成河"的"唯一可见的办法"；国王回复说，他不能在西南部正受到侵略的时候召集议会，但"一旦目前的麻烦得到平息"，他就会召集。[31] 从北部的威斯特摩兰、坎伯兰和兰开夏，到东部的诺里奇，再到西部的格洛斯特郡和德文，全国各地都发出了类似的声音。[32] 正如亨廷登伯爵夫人所说，到 12 月，"所有郡"的贵族和乡绅们都起来，宣布"支持自由的议会和新教，许多人都支持奥兰治亲王"。[33]

那些为威廉策划起义的人如何证明积极反抗他们的国王是正当的？对于辉格党来说，这个道理很简单，因为他们一直认为，违反法律的暴君是可以反抗的。1688 年 11 月，德拉米尔在柴郡向他的佃户发表演讲，为自己的积极抵抗辩护，宣布自己必须选择做"一个奴隶和天主教徒，还是一个新教徒和自由民"；他说，如果要拯救这个国家，"就必须通过武力或奇迹"，但"指望后者，那就是痴心妄想，因此我们必须诉诸武力"。[34] 聚集在诺丁汉的贵族、乡绅和平民在宣言中声称，"反抗一个依法治国的国王"属于谋反，但"他有暴君之名，总把自己的意志当成法律；抵抗这样的敌人，不是谋反，而是必要的防御"。[35]

然而，对于加入威廉进行抵抗运动的其他人来说，情况稍微复杂一些。让我们以吉尔伯特·伯内特为例。他是威廉的主要支持者之一，因此，很明显他在政治上属于辉格党。然而，他也是一名教会人士。在家乡苏格兰获得学位后后，他曾在苏格兰的主教制派教堂当传教士，然后在格拉斯哥大学当神学教授，之后移居英格兰，在那里他当过皇家牧师，然后是罗尔斯礼拜堂的牧师，并成为伦敦丹麦圣克莱蒙教堂的布道员。在詹姆斯二世登基后，他失去了王室的青睐，选择隐退到欧洲大陆。后来在威廉统治时期，他成为索尔兹伯里的主教。他自封为英格兰国教会的辩护人，反对罗马的错误。早在 1674 年，他甚至发表了一篇名为《为良心的缘故而服从》的布道。[36] 1688 年，他出版了《对归顺措施的研究》，作为对威廉 10 月 10 日入侵宣言的补充，这是最早提出有必要反抗詹姆斯二世的印刷物之一。这显然属于英格兰国教会的抵抗小册子。

伯内特在一开头便宣称，所有人都"生而自由"，都有"自我保护的责任"。尽管"宗教考量"确实"使臣民承担更严格的义务，对他们的君主应尽忠并服从"，但他们"完全无需将效忠延伸到法律规定的范围之外"。在英格兰的政府体制下，国王的权力是有限的：如果他的行为"超出了他的权力范围"，臣民就没有义务服从；如果有人以国王的名义非法行事，试图"侵犯我们的财产"，他们就是"暴力侵略者"，自我保护的原则允许我们"暴力抵抗"。伯内特还坚持认为，英格兰是"一个自由的国家"，"其自由与财产受到许多明文的制定法的保护"；如果"我们对我们的财产拥有权利，我们必须同样有权利保护它免受特权的侵犯"。[37]

难题是，有许多"明文法"规定"以任何借口拿起武器，反对国王或国王的代理人，都是非法的"，而且教会和国家的所有官员都已就此宣誓。伯内特以一种旨在表明自己对英格兰国教教义的真诚承诺，以及想要与信仰国教者对话的意图的语气接着说，"由于这向来是英格兰国教的教义，这样的情况如果出现，将是对我们非常沉重的指责，即只要宫廷和国王支持我们，我们就坚持这些观点，而一旦宫廷反对我们，我们就改变我们的原则"。不过，伯内特坚称，有一种例外是大家默认的：每当自由和抵抗发生冲突时，自由总是优先的。"不抵抗国王"只适用于"行政权力"，也就是说，我们不能以"政府在执行法律时不力"为由进行抵抗。但是，这并没有延伸到"侵犯立法权，或彻底颠覆政府"，因为法律"没有将这一权力赋予国王"。他接着表示，如果国王试图"颠覆政府的整个根基，那么，他也就废除了自己的权力；他将不再是国王，因为他竭力摧毁了他的权力所依据的东西"。然后，伯内特照搬威廉的入侵宣言中对詹姆斯提出的全部指控，得出结论称，政府的根基在詹姆斯治下的确遭到了破坏。[38]

　　对于在约克领导抵抗运动的丹比来说，这个问题尤其需要耗神思考。实际上，丹比是最早的托利党：他是 1670 年代中期查理二世领导下的国教会－王党的主心骨，在教皇党阴谋案发生时担任要职，在王位排斥危机初期是辉格党炮轰的焦点。他的动机很容易理解。1670 年代中期，他试图让国王采取亲国教会和反法国的政策；他促成了奥兰治的威廉和詹姆斯的女儿玛丽的婚姻，希望詹姆斯最终驾崩后继承权会传给玛丽；他甚至提议限制天主教徒的继任者，以保证詹姆斯继承王位后国教会的安全。詹姆斯上位后的政策，破坏了他的整个政治议程。教皇党阴谋案发生后，他也成了替罪羊，当时下议院要弹劾他，指控他准备建立一个专制的政府，他逃脱了弹劾，但还是在伦敦塔被关了五年，在获释后并没有重新获得王室的青睐。然而，早在 1675 年，丹比就曾试图强迫上议院的议员进行不抵抗宣誓，并发动了一场宣誓攻势，旨在宣传英格兰君主是一位绝对君主，其权力为神所授。既然如此，人们可能认为丹比后来不可能考虑积极抵抗詹姆斯。[39]

　　1689 年，丹比发表了北方抵抗运动的理由。文章是匿名发表的，据说是丹比本人写的，当然是为了证明这项事业的公正性，以向托利党－国教会成员发起呼吁。作者指出，法律应该为人提供支持，而不是破坏人。当一个人不能用法律保护自己时，"他可以用自然法则打击他的对手以挽救自己的生命"。如果有人试图"摧毁其他的人"，那么"根据上帝和人类的法律，受伤害的人进行自卫是合法的"。"专制君主"可能拥有"残忍和非人道地对待臣民的政治权力"，但对于那些被认为"根据为公众利益制定的法律进行统治，使臣民成为自由民而非奴隶，并保护他们的宗教、自由和财产"的君主来说，则并非如此。如果这样的君主"违反法律"监禁他们的臣民或没收他们的财产，"他们这样做是不公正的，没有上帝的授权，也没有任何政治权力的依据，可以对其进行抵制"。作者承认政府是由上帝指定的；但上帝让人民决定建立什么类型的政府。如果统治者试图在人民赋予他的权力之外获得更多的权力，那么，"根据上帝和人类的法律，臣民们可以拒绝屈服"。在回答圣保罗的禁令（即"存在的权力"是上帝指定的，因此不能抵制）时，作者坚称，政府有"上帝的授权，按照政府的框架行事，以达到政府的目的——公共利益"，但是，"如果统治者既不按照政府的框架行事，也不向着目的行事，而是背道而驰，那么这一过程就不是上帝的旨意"。这并不是说"因为我不能抗拒上帝的旨意，那么我就不能抗拒国王对我的不权威、不合法、不公正的企图"。因此，"（为了公共利益）对非法的现役部队进行抵抗，不是抵抗国王本人，而是抵抗他的部队；不是抵抗国王的权力，而是抵抗他无权拥有的部队"。当然，国王虽与恶人交好，也不可存心或故意杀他。弑君不可作为一个选项。[40]

接着，作者把他的论点更具体地指向了英格兰的背景。英格兰实行的是有限君主制，国王被加冕誓言所束缚，要"依法治国"。如果一个国王违反了法律，且并非为了公共利益，那么他就犯了不公之罪。"非法的武力必须受到抵制"，但抵制必须是最后的手段，而且只有在理由充分，并能够达到预期目的的前提下才能采用。然而，这不是叛乱，因为"叛乱是反抗政府公正的权柄"。对于"只有国王才有权拥有剑"的反对意见，作者坚持说："如果给想要政治权力的人提供武力，那么无论谁这样做，都是私人性质的，而个人可以抵制。"至于我们的效忠宣誓，作者认为，我们宣誓效忠于政府的框架，因此，我们的效忠"受我们的法律约束"，而国王也要忠于这些法律，他在加冕宣誓中曾宣誓遵守这些法律。毫无疑问，国王拥有特权，但其特权不能用于反对政府框架或公共利益。"因此，一项特权不能破坏一项法律，但可以弥补法律的缺陷，赦免一个已被定罪的无辜者，或一个有前途的忏悔者，或对某人免除一项法律，由于特殊的意外，取消法律的严峻性。"（当然，丹比本人早在 1679 年就获得了国王的赦免。）他继续说，"但没有特权可以授权国王破坏人民的自由或财产"。针对詹姆斯的《信教自由令》，他坚称，"这种使法律无效的特免权不属于英格兰君主的特权"。他总结道，因此，只要国王安然无恙，"抵制非法行为和恶政"就是"维护政府的方式"。[41]

群众和 1688 年革命

除了北部和中部地区的起义，以及贵族、乡绅、商人和武装部队纷纷投奔威廉，秋季还爆发了反天主教骚乱。在詹姆斯统治的早期，曾有过周期性的动荡，这表明在许多社区，新教徒和天主教徒之间的紧张关系显而易见。正如我们在第五章看到的，1686 年春天，在公开的天主教礼拜堂首次开放时，伦敦和一些外省城镇发生了骚乱。1688 年的忏悔星期二，约克发生了一起严重的事件。事情的起因很简单，无非就是一些年轻人聚集在大教堂庭院街（Minister Yard），沉浸在投掷公鸡的传统节日消遣中——这是一种相当野蛮的消遣，参与者轮流向一只一条腿被绑在木桩上的公鸡投掷棍棒（获胜者，即杀死公鸡的人，可以把它带回家当晚餐）。住在附近的一名天主教徒出来抱怨太吵，随后争端升级，该男子袭击了两名年轻人，他们则扔石头回应，恰巧打破了该男子家中的天主教礼拜堂的窗户。这究竟是一次针对天主教弥撒的有预谋的袭击，还是一次失控的节日狂欢，取决于你看的是哪种说法。然而，该房主认为他是因为他的宗教信仰而受到伤害，于是派人去找驻扎在城里的天主教部队：他们不仅逮捕了一些青年和一些旁观的无辜公民，还让被拘留者骑上了木马——这是一种不应该对平民施加的军事惩罚。[42]

1688 年的最后几个月，随着詹姆斯的政权陷入危机，反天主教浪潮急剧高涨。9 月 30 日，伦敦莱姆街的礼拜堂爆发骚乱，当时耶稣会士查理·彼得（詹姆斯的耶稣会枢密院顾问的兄弟）在布道中轻蔑地谈论詹姆斯钦定版《圣经》。一大群人迅速聚集起来。他们把彼得从讲坛上拖了下来，捣毁了祭坛，要不是市长迅速采取行动镇压了暴行，他们会继续把礼拜堂彻底毁掉。[43] 这只是暂时的喘息。接下来的一周，愤怒的人群再次强行进入该礼拜堂，在市长和当地治安官员设法恢复秩序之前，造成了相当大的破坏；此外，巴克勒斯伯里的天主教礼拜堂和林肯律师公会广场的修道院也遭到了暴力袭击。[44] 两周后，莱姆街礼拜堂又出现了更多的麻烦，一群年轻人开始折磨两个碰巧路过的爱尔兰士兵。士兵们拿着剑冲向年轻人，结果被聚集起来的人群赶走了。爱尔兰人随后闯入附近的教堂，引发了骚动：会众大喊"屠杀"，并立即惊慌失措地逃离教堂，有些人从窗户跳了出去；一个人摔断了腿。[45] 市长日（10 月 20 日星期一）是伦敦传统的公共假日，在这一天，"暴徒们从他们的篝火边来到巴克勒斯伯里的弥撒堂"，破门而入，接着涂污弥撒堂，拿走了法衣、披风、装饰物和小饰品，然后在街上焚烧。[46] 国王命令市长和郡长们确保类似事件不再发生，在接下来的星期天，民兵队出动，阻止年轻人袭击林肯律师公会广场和莱姆街的天主教礼拜堂。[47] 然而，11 月 11 日（周日）又发生了进一步的暴力事件，起因是有谣言称，在克莱肯威尔新近开放的本笃会小修道院中，存放着"铁架、痰壶、大坩埚"和其他"奇怪、异常的残忍工具"，用于对付新教徒。一群年轻人冲了进去，试图将小修道院拆掉，市政当局发现无法压制住人群，于是派来骑兵，向人群开枪，可能打死了四名暴徒，并打伤了更多的人。

　　詹姆斯终于意识到他必须让步。11 日发生骚乱后，他立即下令关闭伦敦所有的天主教礼拜堂，王室和外国大使的除外。即使是这样的姿态，也不足以给街道带来平静。12 日，当克莱肯威尔的修道士们开始转移他们的物品以便安全保管时，一群年轻人在霍尔本扣押了三车他们的物品，并在街上公开焚烧。为了确保接下来的几周不再发生袭击事件，那些仍在营业的场所受到了广泛的监管。[48] 大量的武装力量至少阻止了一场在 11 月 17 日（伊丽莎白女王登基纪念日）焚烧教皇肖像的行动：据报道，学徒们分成三个团，举着写着"拒绝教皇党，拒绝天主教徒"的横幅，甚至计划袭击索尔兹伯里勋爵和伦敦周围其他天主教皈依者的住宅，但民兵队和国王卫队在当天出动，设法阻止了动乱。[49]

与詹姆斯政策有关的人也受到了攻击。10 月初，副总检察长威廉·威廉姆斯爵士——七名主教审判案的公诉人之一——在格雷律师公会的办公室窗户被人打碎，门上被钉上了"反思铭文"。[50] 在 11 月的头两个星期，御用印刷商亨利·希尔斯的房子先后遭到三次袭击，最后一次是一千多人的袭击，他们砸碎了他的窗户，威胁说"要给他带来更多的麻烦"，最后国王不得不命令市长在希尔斯的住所外密集部署人手进行警戒，以防再生什么事端。[51]

各地也爆发了类似的骚乱。10 月 14 日（詹姆斯的生日），诺里奇大约有一千人，主要是青少年男性，袭击了一座天主教礼拜堂，并把神父"打得很惨"，之后被市长和郡长驱散。[52] 月底，一群人烧毁了伯明翰的天主教礼拜堂，据说是为了"确保教皇党人"不会成为威胁，而在 11 月 5 日（火药阴谋纪念日）的牛津，虽然没有发生暴乱，但"学院和街道上"的篝火比以往任何时候都多，以"表达对教皇党的怨恨"。[53] 北部和中部地区的威廉派起义也带来了反天主教暴力，起义者为了寻找神父、武器和马匹，会把当地天主教徒的房屋翻得乱七八糟，并摧毁天主教的礼拜场所。11 月 26 日，消息传到牛津，说德拉米尔"在北安普顿附近烧毁了天主教礼拜堂里的东西，摧毁了很多天主教礼拜堂"，而且他很快就会来到牛津，这使得大学里的一些天主教徒决定尽快离开。[54]11 月 30 日星期五，剑桥的一群人闯进西德尼·萨塞克斯学院弗朗西斯神父的礼拜堂，拿走了做弥撒时穿的法衣和装饰品，然后在街上的篝火中公开烧毁。他们还追捕贝内特学院的一名神父，使得后者不得不藏在"一间茅房里"，以"躲开他们的愤怒"；让一名天主教徒"在沟渠中裸体跳舞，直到他答应改宗"；把"多位新皈依者在泥地上拖拽"；砸碎天主教前市长家中的所有窗户，把他从床上拖下来，把他的猩红色长袍"挂在柱子上烧掉"。[55]12月4日下午的牛津，两百多人（主要是小伙子）到镇上每一个天主教徒的住宅去砸窗户，从迈特旅馆开始，该旅馆的老板公开谴责那些投靠威廉的人，并表示"他希望看到牛津在圣诞节前化为灰烬"。[56]到12月的第一周结束，许多城市中心都发生了对天主教礼拜堂和天主教徒住所的袭击：除了伦敦、北安普顿、诺里奇、约克、牛津和剑桥，我们还可以加上布里斯托尔、伯里圣埃德蒙兹、格洛斯特、赫里福德、伊普斯威奇、泰恩河畔纽卡斯尔、什鲁斯伯里、斯塔福德、萨德伯里、伍尔弗汉普顿以及伍斯特。[57]

以威廉之名发表的第三份虚假宣言进一步加剧了大众的反天主教热潮——落款日期为11月28日，但于12月4日在伦敦发布，并散布到"王国的大部分地区"——说有"大量武装的教皇党人"最近已向伦敦进发，要么对该城开火，要么屠杀伦敦居民，因此宣言呼吁地方官员迅速采取行动，解除天主教徒的武装，并警告说，任何拥有武器或担任任何军事或民政职务的天主教徒，都将被威廉的部队视为"抢匪、流寇和强盗"。后来，辉格党人休·斯皮克声称他与"另一位乡绅"一起撰写了该宣言，但时人认为斯皮克在自吹自擂；约翰·奥尔德米克森认为它可能出自塞缪尔·约翰逊之手。威廉虽然不承认这份宣言，但"似乎一点也没有不满意"，而大多数人很快意识到"这件事对殿下大有裨益"。[58]在伦敦，这份假宣言被提交给市长，要求市长予以执行，而在希克斯厅的米德尔塞克斯郡法庭上，一个大陪审团起草了一份公诉书，控告桑德兰伯爵、索尔兹伯里伯爵、彼得伯勒伯爵，"以及其他与罗马教会和解的英格兰教皇党人犯有叛国罪"（他们后来被说服放弃了这一指控）。[59] 这份"宣言"吓坏了天主教徒，许多天主教官员立即弃职逃走，日记作者约翰·伊夫林评论说，"这看起来就像一场革命"。[60] 这也促使"各地的新教徒""提高警惕"，并"在大多数地方"着手解除了"教皇党人"的武装。斯皮克夸口说，"从那以后"，天主教徒"在英格兰全境都没有做出任何抵抗"。[61]

詹姆斯显然紧张起来。起初，他希望在西南部遏制威廉，于是派遣部队在索尔兹伯里平原建立前沿阵地，指定该阵地为其所有部队的总集结地，并于 11 月 17 日从伦敦出发与他们会合，两天后抵达。然而，面对西部和北部的公开叛乱，伦敦和一些外省城镇发生的反天主教骚乱，以及军队内部的逃兵事件，他慌了神。此时正饱受流鼻血之苦的他，精神明显处于崩溃的边缘。他接受了 11 月 23 日举行的战争会议的建议，下令军队撤退到泰晤士河后面的雷丁。丘吉尔仍然支持前进，但正如我们所见，丘吉尔另有企图；就在当晚，他和其他一些军队领导人要去投敌。詹姆斯的流鼻血可能救了他，他差点就被送到荷兰侵略者的手中：伦敦的一位新闻记者报道说，丘吉尔本计划趁詹姆斯 22 日检阅他的军队时把国王抓起来送到奥兰治亲王手中，"但国王陛下当晚流鼻血"，因此检阅由费弗沙姆勋爵进行，"这让他失望了"。詹姆斯下令军队于 23 日开始撤退，他本人则于 26 日回到伦敦。第二天晚上，他把城里的主教和贵族召到白厅，问他们该如何是好。哈利法克斯建议立即召集议会，詹姆斯听从了，于 11 月 30 日发布公告。[62]

军队中的逃兵事件仍在上演，威廉和他的部队能够继续缓慢地向伦敦进军，基本上不受阻碍。在这场战役中，发生了几次小规模的武装冲突。第一次是 11 月 21 日在温坎顿，威廉的一支先头部队在寻找运输工具时，与萨斯菲尔德上校指挥的 120 名爱尔兰士兵发生交战，造成大约 30 人死亡。为了报复，朔姆贝格公爵的部队在多切斯特城外偶遇国王的一个骑兵团时，拒绝向其提供营地，继而发生冲突，造成 53 人死亡。最后一次是荷兰军队在 12 月 9 日星期日凌晨攻占雷丁，杀害了大约 30 名至 50 名爱尔兰士兵。[63]12 月 8 日至 9 日，詹姆斯曾试图与威廉达成和解，但以失败告终——詹姆斯提出，如果威廉及其部下远离伦敦，他愿意答应威廉一切条件，以确保自由选举的议会召开——实际上，这场游戏现在已经结束。[64]12 月 10 日星期一凌晨，王后乔装成洗衣女工，带着她刚出生的儿子逃往法国。[65]11 日凌晨 3 点，继前一晚的骚乱之后，伦敦塔内的天主教礼拜堂被毁，詹姆斯在爱德华·黑尔斯爵士和另一名天主教徒拉尔夫·谢尔登的陪同下，逃离首都。他似乎曾考虑过往北走，那里反叛的贵族和乡绅们会给他恩惠的待遇，他确信他们是不会伤害他的。但是，"天主教徒和神父说服他离开他的王国，让他们的落幕看上去不那么狼狈"。因此，他前往肯特海岸，打算从那里乘船去法国。詹姆斯向达特茅斯勋爵解释说，他本来"决定宁愿冒一切风险，也不同意做任何有损王国利益的事情"，但现在，他在军队中"被许多官兵卑鄙地抛弃"，并发现"舰队中也有同样的毒瘤"，他觉得再也不能对"野心勃勃的奥兰治亲王和反叛的贵族联盟"有所期待；因此，他"决定撤退"，直到这场"猛烈的风暴"结束，他预言这场风暴将"在上帝认为合适的时候"结束。他在离开时，故意制造了一个权力真空，把国玺扔进了泰晤士河，并下令解散军队。[66]詹姆斯逃亡之后，当时身在伦敦的神职贵族和世俗贵族立即成立了临时政府，并决定协助奥兰治亲王获得一个自由议会，以确保"我们的法律，我们的自由和财产"，尤其是"英格兰国教会给予新教不从国教者应有的自由"，以及"全世界"更为广泛的"新教宗教和利益"。[67]

　　国王的离去成为进一步骚乱的导火索。11 日晚上的伦敦，数千名群众袭击了所有他们怀疑举行过弥撒或有神父居住的房屋，其中不仅包括最近关闭的聚会场所，还包括外国大使的住宅。他们铲平了林肯律师公会广场、克莱肯威尔、巴克勒斯伯里和莱姆街的天主教礼拜堂，拆掉了护壁板和座位，搬出了所有的家具和用具，用于"在模拟的宗教游行和凯旋游行中做弥撒，在剑和手杖的顶端放着橘子"，"点燃了鎏金烛台上的大蜡烛"，然后将这一切用室外的篝火焚毁。他们拆毁了西班牙大使在怀尔德宫的官邸，毁坏了家具、图画、书籍、盘子、三辆马车和其他贵重物品，然后"将橘子放在他们的棍子顶端沿着斯特兰德大街游行，呼喊着奥兰治亲王"。当天晚上没能完成的事，就留到第二天再做。12日晚，他们袭击了佛罗伦萨大使位于干草市场的官邸，焚烧了"除墙壁以外的所有东西"，说这是"一个举行弥撒的场所，每天都有许多天主教徒在这里进行虔诚的祷告，现在他们要将天主教斩草除根"。他们还闯进了法国大使的官邸，但由于民兵队在场，加上大使馆的房东发了些钱，人群才得以散去。那些为王室效力的人的房屋也遭到了攻击。人群对亨利·希尔斯在黑衣修士街（Blackfriars）的印刷厂和詹姆斯的选举代理人罗伯特·布伦特的住所造成了相当大的破坏；他们扬言要摧毁亨廷登伯爵的市内宅邸，并拆除了首都内外的一些私人住宅，包括南华克郊区属于天主教徒的两所大型乡村住宅。大约五千人聚集在天主教皈依者索尔兹伯里勋爵的伦敦官邸外，因为该住宅被搜查出了武器。另一群人则前去攻击天主教枢密院顾问波伊斯勋爵的家，但最后他们决定放过他，因为勋爵一直反对将主教关入伦敦塔。12日凌晨，御前大臣杰弗里斯在沃平被一群人抓住，并被移交给市长，当时他乔装成海员试图逃往法国。杰弗里斯被送进了伦敦塔，由重兵看守，以保护他免受暴民的伤害。暴民威胁说，"在他被绳之以法之前，要把他撕成碎片"。在坎特伯雷，人群得知爱德华·黑尔斯爵士随国王逃走后，立即包围了他的房子，彻底摧毁了他的大图书馆和其他一切有价值的东西，还抓获了几名正在逃走的耶稣会士和神父。[68]

暴徒突袭了天主教贵族在乡间的住宅，想搜查出秘密藏起来的武器。在赫特福德郡，兴起了"乡村运动"，人们听说天主教徒阿斯顿勋爵"储存了大量的粮食"，便拆毁了他的房子，并放火焚烧了家具。剑桥和伯里圣埃德蒙兹的"运动"联手袭击了多佛尔勋爵在切弗利的住宅，拆毁了礼拜堂，对房屋、家具和鹿园造成了相当大的破坏，之后他们又前往鲍尔舍姆寻找圣戴维兹的主教托马斯·沃森——他当时还是剑桥郡伯勒格林的堂区长，并表明自己是詹姆斯二世的忠实支持者——他们抓住了他，让他骑上"没有马鞍和缰绳的家养小马驹"，以"胜利的姿态"把他带回剑桥，关在城堡里。在伯里，据说"横行霸道的运动团伙"标榜自己是"新教改革者"，"在城乡之间游荡，有时成团出动，有时分成几伙，四处征税，不加区别地抢劫天主教徒和新教徒、支持《忠诚宣誓法》和反对《忠诚宣誓法》的人"，并抢劫了几位著名的天主教徒的房屋。在北安普顿，"乌合之众拆毁了所有的天主教礼拜堂，以及大多数知名天主教徒的房屋"，最后在德雷顿袭击了彼得伯勒伯爵的住宅。他们在那里抓住了伯爵的管家，把他绑在一根木桩上，"在其四周堆放柴禾和其他可燃物"，并威胁说，如果不透露伯爵藏着大量武器的地方，就要烧死他。在管家最终透露伯爵把武器扔进了庄园的鱼塘之前，人群就把一些零散的燃料点燃了。在卡那封郡，当地治安官员涂污了罗伯特·皮尤的私人天主教礼拜堂。[69]

詹姆斯解散军队的方式，只会进一步加剧这场大混乱。那些被调来增援的爱尔兰士兵别无选择，只能尽其所能设法返回家园。当他们从驻扎在南部和东部（主要是朴次茅斯和蒂尔伯里）的地方出发，前往爱尔兰海的海港时，他们仍然持有发给他们的武器，于是谣言四起，说爱尔兰人已经起事，正在犯下各种各样的暴行。这个警报于 12 月 12 日深夜和 13 日凌晨传到首都，从乡下传来的报道称"爱尔兰人组成了暴力团伙，一路纵火掠杀"，并敦促伦敦人从床上爬起来，点亮窗户，带着他们能找到的所有武器走上街头。很快，国家的大部分地区都陷入了恐慌之中。12日午夜，在从骑马的信使那里得知爱尔兰天主教徒已经向附近的贝德福德、卢顿、邓斯塔布尔和沃本镇放火之后，贝德福德郡安普希尔的居民用翻倒的大车堵住了五个入城口，他们是如此"不知所措"，以至于没有停下来想一想，为什么他们看不到空气中有烟雾。在白金汉郡的文多弗，当地居民被"数千名爱尔兰士兵在附近几英里范围内抢劫、焚烧、谋杀男女老少"的报道给吓坏了，恐慌持续了几个小时，直到他们最终被告知这是个假警报。13日，艾尔斯伯里伯爵在罗切斯特遇到工人正在砍断木桥，"以阻止爱尔兰天主教徒割断他们的喉咙"，他们听说附近的达特福德"被烧了，街上到处是血"。在经过查塔姆和锡廷伯恩时，艾尔斯伯里看到妇女们"抱着孩子在门口哭泣"，她们说，"宁愿在那里被杀死，也不愿在床上被杀死"。[70]

一位记者报道说，驻守在雷丁的"国王的爱尔兰军队"一旦与威廉的军队有一定的距离，就开始"掠夺、杀戮和破坏"。牛津市也收到了类似的报告，称"大批爱尔兰人前来抢劫"，当地人立即拿起武器，关闭吊桥，并封锁了通往该市的道路。很快，一个谣言传开了，说伯明翰已经被烧毁，爱尔兰人正前往伍尔弗汉普顿继续他们的恐怖行动，不久之后，消息就在中部地区的一个城镇传开了，说"爱尔兰人正在割喉"，烧了斯塔福德郡的利奇菲尔德，并"试图袭击"附近的伯顿。虽然这些报道都是假的，但一群愤怒的暴民抓住了一位当地的天主教乡绅和他的神父（两人都幸运地逃过一劫），然后把他的新教堂烧成灰烬，把他的鹿都赶了出来。14日，"一大批住在林肯郡海岸的乡下人涌入林肯"，"因为他们接到警报，说有大批的爱尔兰人要在他们那边登陆"。到15日，北部各郡大都被"解散的爱尔兰教皇党人会割断他们每个人的喉咙"的报道震惊：有人把消息带到韦克菲尔德，称他们烧毁了伯明翰并杀害了男女老幼；另一个消息说诺丁汉也被烧了。19日凌晨，萨默塞特郡约维尔的居民听说"约有数千名爱尔兰人向西而来"，并"烧毁了朴次茅斯、莱明顿和贝辛斯托克"；整个郡，甚至汤顿，都武装了起来，直到最后被发现是虚惊一场。恐惧笼罩着东安格利亚。在伯里圣埃德蒙兹，有谣言称一些爱尔兰人正"带着火把和剑逼近"，结果五百多名当地居民"立马"拿起武器，"在城门和通往城门的大道上布防设障"。威尔士也遇到了麻烦。在彭布罗克郡，愤怒的民众阻挠解散的爱尔兰军队穿越爱尔兰海，而在梅里奥尼思郡的多尔盖莱，当地居民误以为一些税务专员是爱尔兰士兵而向他们开枪。并不是说爱尔兰士兵完全没有责任。一位记者写道，为了得到食物，他们"在一些地方有一些略显野蛮而残暴的行为"。然而，对于这些被遣散的爱尔兰人可能会做什么，人们显然会胡思乱想，尤其是当知道他们就在附近但并不在眼前的时候。[71]

许多目击者对反天主教民众无法无天的暴力行为感到震惊。埃塞克斯的治安法官约翰·布拉姆斯顿爵士认为12月11日伦敦骚乱的一些参与者是"普通的小偷"，是他们在"唆使小伙子们捣乱"，而一位小册子作者坚持认为，任何试图为当晚的"卑鄙、邪恶行为"辩护的人"肯定是堕落的人"。[72] 历史学家也谴责了詹姆斯的逃亡所引发的"掠夺和破坏的肆意狂欢"，并倾向于描绘出一幅无政府暴民的形象，他们在反天主教偏执情绪的刺激下，在地下犯罪分子的支持下，一心要搞掠夺和破坏。[73] 事实上，更仔细的研究表明，大部分骚乱背后都具有相当程度的组织和纪律，而且这些人显然是在寻求表达特定的政治观点。这并不是要为群众洗白。在人口稠密的城市中心，大量的人在街道上游荡，拆毁木结构房屋，烧毁他们在屋内发现的一切，这种景象无疑是可怕的。破坏的规模很大：10月29日，巴克勒斯伯里礼拜堂的祭坛陈设损坏约400英镑，据报道，西班牙大使遭受的损失在 1.5 万英镑至 2 万英镑之间。[74] 然而，人群在把家具从建筑物中搬出来，放在大街上焚烧时，是带着仪式感的。他们在发表公开声明。如果认为没有抢劫，那就太过天真了，但根据一些时人的说法，抢劫掠夺的事不多。同时代的辉格党历史学家约翰·奥尔德米克森（1688 年末十五岁，居住在伦敦，很可能是暴乱的参与者）告诉我们，这就是群众所展示的"正义"，如果有人试图盗取东西，"他们会立即被抓住，而且我们会使用比法律更糟糕的方式对待盗贼"。伯内特也谈到了闹事者的纪律，甚至是 12 月 11 日晚在伦敦的人群，他写道："从来没有见过这么多的愤怒能得到如此有序的管理"，因为"没有人被杀，没有房子被烧毁，也没有发生抢劫"。[75]

我们几乎可以把对天主教礼拜堂的袭击视为暴力执法，而不是说群众试图利用王国政府的垮台来进行抢劫和掠夺。对七位主教的审判结果似乎证实了国王没有中止权。如果是这样，那么基于这种假定的特权的《信教自由令》就无效，而反对天主教崇拜的法律仍然有效。此外，复辟政府有时也会下令拆除那些被认为是举行法律禁止的宗教集会的房屋。那么，我们看到 1688 年秋天在英格兰发生的事情是，在主教受审后，群众盗用了政府对宗教集会的制裁权，人们普遍认为这些集会是违法的。如我们所见，威廉 9 月 30 日的入侵宣言明确指出，为信奉天主教信仰而建立教堂和礼拜堂的企图是违法的。值得注意的是，两个陪审团审理了 11 月 11 日在伦敦袭击天主教礼拜堂的一些人被国王士兵枪杀的案件，得出的结论是，骚乱者是"忠诚之人"，而天主教徒是"叛徒和国家的敌人"，他们的聚会"违反了国家的法律"。[76] 在 11 月 11 日的骚乱之后，詹姆斯下令关闭所有的天主教礼拜堂（属于王室和外国大使的除外），这几乎等于国王承认他提倡天主教礼拜活动是非法的。随后，米德尔塞克斯郡的最高军事长官克雷文伯爵被起诉，罪名是保护天主教神父，"镇压善意的'运动'，并谋杀了其中的两三人"。[77]

如果这样的解释是有效的，那么我们如何解释 12 月 11 日国王出逃后民众对外国大使的礼拜堂的袭击？毫无疑问，外国大使被允许保留礼拜堂供他们自己进行私人崇拜，当时的许多人认为群众的袭击违反了国际法。然而，众所周知，大使的礼拜堂不仅用于私人用途，而且用于公共礼拜，而这是非法的。此外，一些宫廷的天主教徒选择将他们的贵重物品存放在外国大使的住所里，希望可以免受暴民的愤怒袭击。从某种意义上说，对大使礼拜堂的攻击实际上是对国王的邪恶顾问的攻击，他们对詹姆斯二世政府的各种违法行为负有责任，可以参照当时对王室仆人的袭击。最后，威廉的第三份宣言——当时没有人怀疑其真实性——似乎进一步支持了群众解除天主教徒武装的行为：事实上，群众以为自己是按照威廉在国王逃亡后的指示做事的。

换句话说，我们在 1688 年秋天的群众骚乱中看到的，是对詹姆斯二世的手下及其措施的摈弃。这并不一定等同于对詹姆斯本人的摈弃。奥兰治的威廉无疑获得了广泛的支持，但威廉是来拯救英格兰的自由和新教的；他从未公开表示过自己的最终目标是夺取王位。可以肯定的是，有一些坚定的奥兰治主义者（Orangist）希望詹姆斯下台。例如，当拉姆利勋爵在 12 月初占领纽卡斯尔时，詹姆斯的雕像被推倒扔进了泰恩河。[78] 然而，并不是每个人都期待国王的倒台。甚至在詹姆斯逃往法国之前，还有人表达了对他的最后一次支持。

詹姆斯在位期间想要完成的大部分事情都失败了，甚至他最后的绝望出逃也没有成功。11 日晚 11 点左右，他们一行人在肯特郡的法弗舍姆被海员们拦下，当时他们正在船上等待压舱物。海员们正在寻找逃跑的天主教徒，并认为他们找到了一些可能的嫌疑人。确实，他们认出了这行人中的一个——爱德华·黑尔斯爵士，他是本地人——但没认出国王本人，虽然他只是稍加伪装。他们把詹姆斯当成黑尔斯的耶稣会忏悔者，称他为"老流氓"，一个"丑陋的、下巴瘦削、斧头脸的耶稣会士"和"天主教走狗"，甚至把他的马裤拉下来，看他身上是否藏有财宝。直到这些可能想要逃跑的人被带回当地的一家旅店时，国王的真实身份才暴露出来。意识到自己的错误后，众人把拿走的东西还给了国王，但詹姆斯最后还是慷慨地把所有的金子分给了当地居民。[79] 应詹姆斯出逃后在伦敦成立的临时政府的要求，温奇尔西伯爵和其他一些重要贵族前往肯特，提供军事护送，将国王带回首都。12 月 16 日，詹姆斯进入伦敦城，受到了热烈的欢迎。很多叙述都写道，"大量的人群"站在街道两旁，欢呼他们的国王归来。艾尔斯伯里回忆说，从南华克到白厅的街道非常拥挤，"几乎没有地方让马车通过，阳台和窗户都挤满了人"。这一天在钟声和篝火中结束。詹姆斯后来写道，这"更像是胜利的一天"；连伯内特也被"这么多人"表现出来的"喜悦之情"吓了一跳，他只能得出结论："群众"是"微不足道而不稳定的东西……很快就变了"。[80]

当时有些人试图淡化人们对詹姆斯的支持。奥尔德米克森记得很清楚，但他很不屑地说："有些男孩子在喊叫，一些警卫命令他们不要说话。"埃德蒙·博洪在一篇为革命辩护的文章中说，"一群男孩"跟着詹姆斯穿过城市，"欢呼雀跃，而其他人则默默旁观"；在他的自传中，他写道，"有很多人围观，但没有人欢呼"。一位伦敦的时事通讯作者声称，当晚的篝火是由"教皇党人"点燃的。然而，我们并不一定非得出这样的结论，即群众是善变的，或者时人歪曲描述了人们对詹姆斯回到首都时的热情。1688 年末的暴乱和示威，甚至整个抵抗詹姆斯的运动，包括（表面上）威廉的入侵，都是针对以国王名义实施的，并由国王的邪恶大臣推动的非法行为。这场斗争并不一定是为了推翻詹姆斯本人，而是为了让他屈服，让他以一种能保证新教安全，保护人民自由和权利的方式统治国家。正如埃塞克斯治安法官约翰·布拉姆斯顿爵士在他的自传中所写的，"他回来的那天，人们的欢呼让国王感到民众的愤怒不是针对他个人，而是针对他的宗教"。为纪念国王重返白厅而写的一首贺词的作者把责任归于邪恶的大臣们："让亚干 * 倒下吧，他是给国家带来麻烦的人"，"让大衮 † 倒下吧"，他恳求道，"但是让凯撒站起来吧"。这位诗人还暗示，国王受到如此热情的接待，原因在于人们猜测，国王的回归将平息这些天的暴乱，恢复国家的法律和秩序。的确，詹姆斯一回到白厅就发布了反对暴乱的公告。[81]

然而，詹姆斯的归来让威廉感到尴尬。据詹姆斯党人所写的《詹姆斯二世传》称，威廉"对［詹姆斯的］到来受到的热烈欢迎感到十分惊讶，他站在那里，有些疑惑自己下一步将要做什么"，他"十分担忧这突如其来的变化和民心的不稳定"。威廉回绝了詹姆斯的会面请求，但在 17 日晚上，他派了自己的荷兰军队前往国王目前居住的白厅王宫"站岗"。根据上述传记的说法，詹姆斯"现在意识到他完全是奥兰治亲王的俘虏"。午夜过后不久，米德尔顿伯爵叫醒詹姆斯，带来了威廉的口信，内容是"为了避免国王陛下在伦敦可能引发的混乱"，他应于当天清早离开首都。威廉建议詹姆斯退到哈姆豪斯去安享晚年。詹姆斯表示反对，理由是那里冬天很冷，又没有家具，但他提出可以去罗切斯特。威廉同意了，并派了一些自己的部队护送，以确保詹姆斯到达目的地。詹姆斯一行人乘驳船离开伦敦，由于潮水的影响，当晚只到达格雷夫森德。国王被迫停下来过夜，他发现威廉的军队"对他住的房子看守森严"。然而，19 日到达罗切斯特时，詹姆斯发现他的卫兵"没那么严"了，这使他得出结论，"奥兰治亲王乐于让他逃掉"。12 月 23 日凌晨，詹姆斯设法溜到法国，并于圣

---

* 据《圣经·约书亚记》载，以色列进入耶利哥城之后，约书亚吩咐以色列人不可取迦南地当灭之物，贪婪的亚干却取了衣物和钱财藏匿，导致以色列人在攻打艾城时失利。而亚干最后也被以色列人用石头打死，并用火焚烧。

† 非利士人的主神。

诞节早晨抵达。他意识到，如果自己选择继续留在王位上，威廉夫妇的处境会更加尴尬，他们可能会发现，要想推翻他变得更加困难，但现在他显然不相信威廉，并担心自己的性命安全：毕竟，1649年他父亲的下场就作为先例摆在那里。正如詹姆斯在他留下的一张纸条中解释的："只要我在他的控制之下，我怎么能指望安全呢？他不仅对我做了这种事［即派遣卫兵到白厅站岗］，还在没有任何正当理由的情况下就入侵了我的王国，而且在他的第一份宣言中，关于我儿子的那一条就构成了对我最大的恶意诽谤。"[82]这次逃亡终于成为现实；英格兰没了国王。

詹姆斯离开伦敦，这让威廉得以在18日进入首都。尽管那天天气恶劣，他还是受到了聚集在街上的"一大群人"的热烈欢迎。伦敦的康普顿主教率领一支队伍，他们的旗帜上写着"Nolumus leges Angliae mutari"（我们拒绝改变英格兰人的法律）的口号。在勒德盖特的城墙外，一名卖橘子的妇女"在亲王的军官和士兵路过时，给了他们满满一篮子的橘子，以证明她对他们的敬爱"，其他很多"普通妇女在他的士兵经过时，握着他们的手，并喊道：'欢迎，欢迎，上帝保佑你们，你们来拯救我们的宗教、法律、自由和生命，上帝会褒赏你们的'"。这一天同样以钟声、篝火甚至焚烧教皇肖像结束，伴随着"无以言表的高呼声和呐喊声"。伊夫林总结道，"现在人们似乎都屈服了"，并认为钟声和篝火宣告了"那些目睹了如此多变化和革命，却无法预测这一切最终将如何结束的人所能拥有的欢乐和满足"。[83]12月21日，由伦敦主教率领的一支英格兰国教会神职人员队伍，连同四位不从国教牧师，向威廉致辞，感谢他"为将他们从天主教和奴役中解救出来所做的伟大而崇高的努力"，并承诺他们"将全力协助"他实现这一目标。尽管一些神职人员希望在支持中加入一个条款，即恳请威廉"特别尊重国王并维护依法确立的英格兰国教"，但不幸的是，主教选择省略"尊重国王"和"依法确立"这几个词。[84]

　　问题是，接下来会发生什么。即使像约翰·伊夫林这样顽固的英格兰国教徒，可以乐观地期待"即将到来的革命"可能带来的后果，然而，他也对"人类在这个衰落的时代是否会进步"持怀疑态度。他毫不怀疑，"一个由勇敢的、值得尊敬的爱国者组成的议会（法律上称之为议会），不受派系的影响，不受权力的威胁，也不受私利的腐蚀，将在我们中间产生一种新的创造（New-Creation）"。但他担心事情可能会"再度陷入混乱，除非同样伟大的天意（给人们带来机会，让我们幸福）让他们做公平和正义之事，并以温和、正义、虔诚的方式统治他们的帝国，为公共利益服务"。[85] 现在，我们必须深思的是，这场预期中的"革命"究竟给英格兰、苏格兰和爱尔兰带来了什么"新的创造"。

第八章

史上最伟大的革命

——英格兰革命的解决方案

> 关于对英格兰政府的侵犯和暴行，所有这些……都相应地对当前的革命产生了一定的影响：我认真地回顾了过去的三年，但要追根溯源，我觉得绝对有必要再往前追溯，虽然一般人都认为，原因越远，其影响就越小，俗人通常认为紧挨着事物的直接原因是唯一值得探究的诱因和推动力，但智者看得更远，能从更远处看到前因和后果。
>
> —— 《致布鲁塞尔一位乡绅的信》（1689 年）

我们已经看到，将英格兰的革命定性为完全来自上层，或者认为到 1688 年，詹姆斯二世的地位如此强大，只有在外国入侵的情况下才可能推翻，是一种误解。詹姆斯的政权是从内部崩塌的；在威廉入侵之前，詹姆斯为帮助他的同教中人而采取的雄心勃勃的措施遭到了广泛的反对，即使威廉从未踏上英格兰的土地，1688 年秋天也会发生某种革命。从多个方面来看，就连威廉对英格兰的"征服"，也可以被视为是自下而上的，因为詹姆斯不是在战斗中被外国军队打败，而是在臣民的普遍不满中逃跑的。

　　然而，在威廉的征服和詹姆斯的逃亡之后，解决方案又该是如何呢？关于如何看待1689年的革命解决方案，历史学家之间存在着相当大的争论。这是辉格党的胜利，从根本上改变了英格兰君主制的性质，还是仅仅是一场宫廷政变，改变甚微？自1950年代以来，保守派有关革命解决方案的观点往往占据主导地位。这种观点强调了托利党在促成革命方面所起的重要作用，并认为议会中的保守势力和奥兰治亲王本人的反对相结合，挫败了激进的改革举措。这种观点认为，1689年最激进的举动也只是王位的移交，尽管其重要性不可低估。相比之下，与威廉和玛丽获得王位同时宣布的《权利宣言》，除了主张古老的权利和自由之外，几乎没什么作用，而且王位的提供甚至不以威廉和玛丽接受《权利宣言》为条件。[1]这种观点仍然具有相当的普遍性；正如一位著名历史学家写到的，"1688—1689年的那场很明智的革命，是一场保守的革命"。[2]

　　然而，在过去的几十年里，人们再次尝试给英格兰的光荣革命注入更多的辉格党色彩——以及更多的革命色彩。在一位现代的历史研究权威看来，这是一场"出乎意料的辉格革命"——并不是因为它重新定义了君主制的权力，而是因为它标志着继承权的中断，从而是王位排斥运动迟来的胜利，还因为这一王朝政变彻底改变了英格兰的内政外交政策。[3]对《权利宣言》研究得最详细的作者得出结论，这场革命是辉格党原则的胜利，"不仅改变了英格兰国王，还改变了王权"：负责起草向威廉和玛丽提供王位的条款的委员会由辉格党主导，尽管在此过程中不得不做出一些妥协，但《权利宣言》还是极大地改变了王权的现有权力，并帮助英格兰建立了有限君主制。[4]在1988年革命三百周年纪念之际，一项重要的研究同样认为，革命的解决方案严格限制了特权，"关于君主制性质的辩论"在1689年"决定性地结束，那些认为应该实行有限和混合君主制的人取得了胜利"；《权利宣言》不是主张古老的权利和特权，而是"打

着旧法的旗号制定新法"。[5] 最近，一位历史学家认为，1688—1689
年的英格兰革命"相当具有革命性"，并且"从根本上改变了英格兰
国家的政策和意识形态"。[6]

学者之间的广泛分歧，部分源于革命解决方案本身固有的模糊
性。1689 年的解决方案不仅具有某种程度的妥协，也有一定程度的
搪塞，导致可以有多种解读。当时的人们可以在辉格党的框架下解
读所发生的事情，也可以更倾向于托利党对事件的解读，这取决于
他们个人的政治议程，以及他们认为需要如何拯救自己的信仰：我
们既可以说 1689 年发生了翻天覆地的变化，也可以说它的作用无几，
既可以视之为人民主权的胜利，也可以视之为上帝神奇的拯救。当然，
英格兰的光荣革命能够让那么多不同的人乐此不疲地解读，这在很
大程度上证明了它的成功。但是，承认这一点的同时也不应该否认
一个事实，即仍有一些关键的问题需要解决。

为了理解革命解决方案的性质，评估其激进程度，以及它是否
标志着辉格党原则的胜利，需要解决以下几个问题。第一个问题是，
我们如何从 1688 年到 1689 年？想要挫败詹姆斯治下朝向天主教专
制政府发展的趋势，并不一定等同于想要废黜在位君主，并让他的
女儿和女婿取而代之；因此，有必要研究一下，1688 年末支持威廉
拯救英格兰自由的统一战线，在多大程度上转化为积极支持主权从
詹姆斯转移给威廉和玛丽。我们看到的是两党阵线始终如一，还
是说，随着革命的发展，革命越来越演变成党派斗争？我们还需
要根据我们现在对君主复辟时期，特别是詹姆斯二世统治时期的
政治—宪制（politico-constitutional）发展的了解，重新审视《权利
宣言》的宪制意义。与此同时，必须承认《权利宣言》并不是，也
不意欲成为革命解决方案的全部内容，因为该解决方案的制定者始
终明白，还可以进行进一步的改革，这就需要新的立法，而不能仅
仅通过这样一项宣言来实现。此外，我们还需要考虑 1688—1689

年王朝更迭的影响，以及这些影响在多大程度上是革命性的。仅仅是君主的更迭本身，就深刻影响了英格兰的内政外交政策，以及斯图亚特多王国遗产中的其他两个王国的未来。其中一些后果可能是未曾预料到的；另一些则不是，而恰恰是那些支持王朝更迭的人希望达到的目标（尤其是英格兰外交政策的革命性转变）。本章只关注1688—1689 年间英格兰的革命解决方案。后续章节将讨论苏格兰和爱尔兰。最后一章将以更长远的视角讲述三个王国在 18 世纪的故事，以思考 1688—1689 年间的动荡所带来的变化如何帮助不列颠国家发生彻底变革。

共和国派的挑战

1688 年 12 月的事件，以及詹姆斯在 11 日的出逃，使得政府的核心部位出现了权力真空。得知国王逃跑后，罗切斯特伯爵（詹姆斯第一任妻子的哥哥）立即召集神职贵族和世俗贵族在伦敦市政厅开会，组建临时政府；12 日，詹姆斯的枢密院顾问被邀请加入他们的行列。取决于会议的日期和时间，出席人数一般在 22 人与 38 人之间浮动。在罗切斯特和主教们的领导下，国王的旧故们发现他们拥有大多数人的支持，虽然还存在少数"暴力的"辉格党和"愤怒的"流亡朝臣支持威廉。正是这个临时政府，至少间接地，负责在 16 日将詹姆斯带回伦敦。[7]

当威廉本人于 18 日抵达英格兰首都时，"大律师们，以及亲王的随行者"建议威廉和他的妻子玛丽应该直接继承国王和女王的头衔，就像博斯沃思原野战役（1485 年）后亨利七世做的那样。从法律上说，这样做有诸多好处。它将使所有的抵抗行为合法化，因为亨利七世统治时期的立法——即所谓的 1495 年《事实法》——给予所有服从事实上的国王，或为事实上的国王反对法律上的国王而战的人赔偿。这也使威廉能够召集只有国王才能召集的议会。然而，威廉拒绝接受王位，因为他在入侵宣言中承诺将国家的未来交给议会来安排。相反，他召集了另一群贵族，于 12 月 21 日在圣詹姆斯宫的女王会议厅召开会议，讨论如何更好地实现他宣布的目标。会议证明，贵族之间就有分歧，而且由于事实上的国王仍在这个国家，如何召集议会的问题无法解决。诺丁汉伯爵坚持认为，只有詹姆斯才能发出召开议会的令状，并建议把他带回来。为了听取下议员们的意见，威廉决定于 26 号召集查理二世统治时期的下议员，以及市长、市政官和 50 名伦敦市议会代表召开会议。值得注意的是，詹姆斯 1685 年的议会成员，一个压倒性的托利党团队，被忽视了——大概是因为，在查理二世最后几年的清洗之后，人们认为他们不是自由选举产生的。然而，詹姆斯 12 月 23 日的第二次出逃改变了贵族之间的态势。诺丁汉伯爵在最后一刻，曾试图向詹姆斯提出复辟条件，条件是每年召开一次议会，会议时间至少为 30 天；要求詹姆斯在宗教和宪制问题上听取议会的意见；威廉应该作为议会要求的担保人（实际上是以摄政王的身份）。诺丁汉的动议未获得通过。相反，在圣诞节那天，上议员们同意发表两项声明：一项是邀请威廉签发令状，以选举 1 月 22 日召开的会议；另一项则是要求他在此期间承担起政府的领导职责。第二天，下议员大会也发表了类似的声明，威廉于 28 日承担起政府的责任。[8]

　　议会的选举相对平静，至少与王位排斥时代的动荡大选，或者威廉和安妮统治时期激烈的党派纷争相比是平静的。诚然，因为党派斗争，加上选民对王朝问题有分歧，存在着一些激烈的竞争。然而，总共只有 50 场角逐，而 1679 年 3 月为 101 场，1679 年 10 月为 77 场，1681 年为 54 场（当时许多托利党人决定不参加角逐，以免在投票中不可避免地失败），1685 年为 79 场。1689 年，一些选区提前达成一致，同意将辉格党和托利党各选出一人，从而避免竞争。结果是两党在下议院势均力敌：在总共 513 名下议员中，已知有 174 名辉格党人，156 名托利党人，以及 183 名新成员。[9] 人们通常认为辉格党占多数，因为下议院选择辉格党人亨利·鲍尔作为议长，而不是托利党候选人爱德华·西摩尔爵士。然而，鲍尔是一个辉格党温和派，他曾在 1679 年投票反对王位排斥，并一贯支持限制天主教继任者的政策。他之所以被选中，与其说是因为他的党性，不如说是因为他是一位可能被所有人接受的候选人。托利党在上议院占有优势。值得注意的是，上院却选择了哈利法克斯侯爵作为议长，他自封"平衡者"（即在两个极端之间进行周旋的人）。[10]

在议会筹备过程中，公众对如何解决政府问题进行了激烈的辩论。时人注意到，随着小册子从印刷厂流出，试图影响议会内外的舆论，"人们开始分裂成不同的派别"。[11] 尽管 1685 年更新的《许可经营法》严格来说仍然生效，但在这个关头，没法有效地执行。据估计，从 1688 年秋到 1689 年 2 月底，至少有 300 种小册子和其他印刷品在流通，这个数字可能还偏保守；根据另一项估计，1689 年间出现了大约 2000 种小册子。[12] 有些小册子支持让威廉和玛丽共同继承王位，甚至是威廉一人继承王位；有些小册子主张"宣布政府解散，重新开始"；还有一些小册子提出，至少在头衔上保留詹姆斯的王位，要么有条件地召回他，要么在他的有生之年让威廉和玛丽摄政；一些小册子称，如果必须在继承权上有所突破，那么作为詹姆斯直接继承人（假设有人相信"暖锅"一事）的玛丽应该独自统治。[13]

大多数辉格党作家诉诸契约理论，以证明推翻詹姆斯二世的正当性。许多小册子只是重复了 1688 年 10 月威廉在入侵宣言中提出的，并由伯内特在《对归顺措施的研究》中重申的反对詹姆斯的理由，但在这个过程中也经常强调危机在三个王国层面的表现。例如，《对一个专制君主的剖析》抱怨詹姆斯如何"违背了他对上帝和人类的誓言以及国家的法律，而他多次承诺保护这些法律不可侵犯"，除了修建天主教礼拜堂和学校、任命天主教法官和治安法官、成立教会委员会、暂停伦敦主教的职务、攻击莫德林学院、没收城镇的特许状、保留常备军，还"侵犯苏格兰的基本宪制……将其从法定的有限君主制转变为专制独裁政权"，以及撤换爱尔兰的新教官员、任命天主教官员。[14] 有人认为詹姆斯违反了契约，可能导致以下两种结果：要么是国王废黜自己，要么是他的臣民有权利废黜他。第一种更为普遍；第二种本质上更激进。如我们所见，伯内特在 1688 年秋坚持认为，推翻"政府根基"的国王废除了自己的权力，不再是国王。[15] 罗伯特·弗格森在为威廉的入侵辩护时同样认为，如果君主颠覆了"社会基本法"，他就废除了"他拥有的所有合法统治权利，并且免除了他的前臣民服从他的所有法律义务"。然而，弗格森引用议会对理查二世的废黜，继续辩称，"我们的先辈和祖先"一直为自己保留了一项权利，即"审查他的治理，在他受到的信任破产之后，让他退位"。那么英格兰国王是否"在执政期间表现得如此不端"，以至于"辱没了王权的尊严"？弗格森指出，即使是"君主制和君主特权的死忠拥护者"也承认，在很多情况下，国王可能会"放弃自己的权力和权威，并被他人抛弃和降低身份"，并坚持认为，詹姆斯的不当行为不仅证明了抵抗是正当的，而且证明了"现在让他退位是公正和有利的"。[16]

大多数拥护契约理论的人认为，只有威廉一人应该成为国王。一位作者声称，既然詹姆斯颠覆了政府，人民可以自由地自己解决政府的运行问题，他们应该让奥兰治亲王成为国王：鉴于威廉所做的一切，他理应坐上王位，英格兰需要一位强大的国王来对抗法国，而将王位同时授予威廉和玛丽则是在进行一场危险的"联合执政"试验，英格兰在这方面毫无经验。[17] 同样，弗格森尽管采取了更为激进的观点，认为臣民可以废黜国王，但他还是选择了宪制上保守的解决方案，即被废黜的国王应该由另一名同意维护现有宪制的王室成员取代，"民主共和国"是"行不通的"，不符合英格兰人的脾气。弗格森认为，虽然议会不必将王位传给詹姆斯之子，但是议会应该尽快确定王位的归属，并确保继承人在王室的血脉和家族的范围之内。他还提出，尽管奥兰治王妃理应拥有女王头衔，但主权只能归属于一个人，而且"国家理性"（Reason of State）决定了应将其交给"最有利于公众利益的人"，即奥兰治亲王。[18]

有一群激进的或"真正的"辉格党人——有时被称为"共和国派"（commonwealthmen）——认为仅仅用一个国王取代另一个国王是不够的，而是需要进行根本性的宪制改革。这个群体中的三位核心人物包括约翰·怀尔德曼，他曾是一位平等派的鼓动者，后来成为辉格党的策划者，是威尔特郡大贝德文议会的议员；约翰·汉普登，支持王位排斥法案的下议员和拉伊庄园阴谋案的策划者，代表的是白金汉郡的文多弗；以及塞缪尔·约翰逊，已故拉塞尔勋爵（王位排斥危机期间沙夫茨伯里伯爵在下议院的得力助手）的前牧师，著有颇具影响力的《叛教者朱利安》（1682年）和《对现役部队中所有英格兰新教徒的谦卑而诚恳的讲话》（1686年）。他们在上议院有重要的朋友（其中包括博尔顿勋爵、德拉米尔勋爵、洛夫莱斯勋爵、麦克尔斯菲尔德勋爵、莫当特勋爵和沃顿勋爵），在伦敦城也有重要的支持者（特别是在不从国教者中间），同时他们还结交了一些持不同意见的神职人员（包括长老会牧师约翰·汉弗莱，性格怪异的英格兰国教会牧师埃德蒙·希克林吉尔和以前当过律师的爱德华·斯蒂芬斯牧师）。他们利用《许可经营法》无法管束之机，在出版物上为自己辩护：1688年末和1689年初，至少出现了51种"权利与改革"小册子（包括新作和早期的再版），其中大部分是匿名出版的，要确定作者的身份并不那么容易。[19]

共和国派认为，1688年的事件导致了政府的解体，因此，如果

人民愿意，他们可以自由地建立一个新的政府体系。正如汉弗莱解
释的，由于英格兰政府是混合型的，权力属于国王、上议院和下议院，
国王"现在不在了"这一事实意味着"一个法人"现在"破产了"。
无论人们认为詹姆斯是因试图引入天主教和专制政府而失去王位，
还只是因脱离人民而离开政府，情况都是如此。汉弗莱认为，"最高
权力"因此回归到"人民的手中"，人民可以"按照自己的意愿来安排"，
"为了公共事业，以他们认为合适的方式来约束和限制它"。汉弗莱
警告说，如果他们不利用这个机会把人民从奴役中解救出来，"子孙
后代"将"永远有理由戳他们的脊梁骨"。[20] 怀尔德曼辩称，如果詹
姆斯的"抛弃政府"相当于"驾崩或政治死亡"，那么"下一位继承
人应该立即得到宣布，并且必须继承王位，拥有与以前一样的不可
分割的特权，而所有限制和削弱这些特权的法律或议会立法"都将"无
效"。但是，如果像怀尔德曼本人所坚称的那样，如果"国王的离开"
意味着政府的解体，那么权力就会回归到"人民"手中，他们可以
"根据自己的意愿，要么按照旧的模式，要么以一个更好的模式"建
立新政体。[21]

　　少数共和国派赞成废除君主制。一位作者在辩论"君主制还是
共和国对人民最有利"时指出："一位贤君"可能"是更好的选择"，
但贤君"少之又少"，而昏君又"如此有害且具有破坏性"，因此"明
智的人"会认为最好"接受共和国的平庸"。这位特别的作者似乎已
经考虑到了按照城市和法人市镇政府的路线重组英格兰国家的想法
（如伦敦，有市长、市政官法庭和议会），他将其描述为真正的共和国，
主权归于一个代表机构。[22]《现在是时候了》的作者建议在詹姆斯的
剩余统治期间实行共和制摄政。在此期间，由上议院和下议院组成
的大委员会（各40人，其中一半终身任职，一半每两年轮换一次），
由奥兰治亲王（或他任命的某个副手）主持，应组成国务院或政务院，
而议会应该"每三年选举一次"，"每年召开一次"。"这样的宪制"，

这位作者认为，"将有效地保护我们免受天主教和暴政的影响"，但这些安排只需要"在国王的有生之年"执行，而不是在"新教继承人"的治下。[23]

　　然而，"真正的"辉格党通常主张有限君主制。怀尔德曼认为，英格兰的宪制是"有缺陷的"，需要"一些立法技巧的帮助"。比如，"每一个组织良好的政府"都会确保立法机构经常开会；而在英格兰，国王凭借其特权，可以随心所欲地"阻止议会"。怀尔德曼还认为国王有权随意任命和解雇法官是错误的，但他也认为，将法官的委任改为任用品行良好的人不会改善情况，因为这只会让国王更加谨慎地任命那些首先总是"坚定地维护国王利益"的人。怀尔德曼建议，法官"应该由与之有关的人来选择，国王和法律首先是为了这些人的利益和保护他们而设立的"——他显然是指人民，而他们的选择很可能是由他们在议会中的代表做出的。事实上，怀尔德曼坚称，指责詹姆斯二世违背其依法治国的承诺是错误的，因为"英格兰现行法律和宪制"确实"无疑赋予了国王任命法官的权力，也赋予了法官宣布法律的权力"，詹姆斯二世所做的一切，从来都有"法官的意见和同意"。怀尔德曼进一步认为，"国王拥有和平与战争的绝对权力，而通过投票征税来维持这一权力的权力却在人民手中"，这是"非常不协调的"。他还认为有必要进行选举改革：选民的财产资格应该从 40 先令的自由保有地产提高到 40 英镑的自由保有地产，以确保选民不那么容易受贿；应该重新分配议会席位，以消除腐败选区和人口相对稀少地区的过度代表（比如拥有众多市政法人的康沃尔）；而且应该实行无记名投票。怀尔德曼最后的说法安抚了威廉派的情绪，他表示，如果这件事由他一个人决定，那么"政府应该是君主制，这个君主制应该是绝对的和专制的，亲王应该成为国王"。怀尔德曼总结道，"但我对他的敬重"并不延伸到"他的后代"；正如"一个好人"可能会有"一个挥霍无度的儿子"，怀尔德曼本人"不愿意把这样的信任，交到一个他不了解的人手中"。[24]

　　其他共和国派也提出了类似的改革建议。汉弗莱认为，应该将民兵的控制权和任命法官的权力交给议会，还应该解决王室否决权以及国王召集和解散议会的特权问题。[25]《一封给朋友的信》（可能也是怀尔德曼写的）认为，人民应该建立一个有限君主制，其中民兵的控制权、宣战与媾和的权利，以及法官、郡长和其他官员的任命都交给立法机构，即国王、上议院和下议院，因为这将"需要频繁地召集议会，让君主无法奴役我们"。[26]

　　大多数托利党人以及大多数主教觉得很难赞成破坏继承权的想法。他们倾向于要么有条件地召回詹姆斯，要么摄政（詹姆斯保留国王头衔）；如果这两项都不行，他们宁愿把王位单独传给玛丽公主。大主教桑克罗夫特牵头，召集了伦敦地区的主教于 12 月 26 日在兰贝斯宫开会，讨论了"召回国王"的计划，提议"束缚国王的手脚"，这样他就"再也无法闯入他们的领地，或者将天主教徒置于优先地位"。新年伊始，在与伦敦的一些神学家（其中包括威廉·夏洛克）磋商后，这群人决定起草一封致威廉的信，请求他向国王提出"建议"，或者请求威廉允许他们向国王提出建议。大约 18 位主教参与了这场"策划"，要求有条件地复辟詹姆斯，但是伦敦主教康普顿不愿参与；大约 30 位世俗贵族（包括诺丁汉、克拉伦登和罗切斯特）和 50 位下议员加入了他们的阵营。[27]最后，"这个不同等级组成的队伍"放弃了向詹姆斯致信，也没有征求威廉的同意。然而，他们确实把自己的观点发表了出来。一份大版报纸自称英格兰国教会"一位真正的新教徒"，喊话奥兰治亲王，感谢威廉承诺恢复英格兰的自由并保护新教的安全，但指出他如果要维持自己的"荣誉"的话，应紧跟他在第一次宣言中体现的理性，"拒绝王冠的虚假闪光"。如果他让自己或他的妻子加冕，他将用废黜主义玷污新教，促使国际天主教的力量联合起来，巩固法国国王的地位，制造出反对他的强大派系。

作者继续说，威廉有能力"说服国王向人民交出如此多的权力，以保证他们的安全"；然而，如果詹姆斯以"高姿态"（大概是在外国的支持下）回归，那么他的"行动将不受控制"。[28]夏洛克在一本据称是写给某位新当选的议员的小册子中，认为必须尽可能地坚持旧体制，并赞成邀请詹姆斯回归，但得"用法律来约束"，以"使国王完全失去侵犯我们自由或宗教的权力"。夏洛克断言，凭最近的叛逃来判断有多少人支持詹姆斯，那是错误的；"全国一致支持亲王"的原因"并不是他们愿意与国王分离，并在他的宫廷内另立国王，而是因为他们十分害怕天主教，非常希望看到国家的法律和宗教由一个自由的议会在旧的基础上稳固下来，而这正是亲王所宣扬的"。夏洛克说，然而，"许多希望这一计划实现的人，不会放弃对国王的忠诚。现在他们看到了后果，为自己的所作所为感到羞愧，并准备尽其所能地纠正错误"。夏洛克最担心的是宗教方面的事情。英格兰国教徒乐意摆脱天主教，但他们"不会满足于与他们的教会打交道"；不从国教者同样为摆脱天主教而高兴，但现在他们期待着"自己的辉煌日子"。"想想看，"夏洛克恳求道，"对于任何一个空有国王头衔的君主来说，要想调整这件事，使之既不让英格兰国教会反感，也不让不从国教者反对，那将是多么困难啊。"如果他们中的任何一方不服从，都会有"一个强大的群体"反对这位君主。夏洛克预测道："如果国王被废黜，而另一位国王上位，他们就有必要维持一支常备军来平息不满情绪。"[29]

退位还是弃位？废黜国王詹姆斯

1 月 22 日是非常议会的开幕日，在致信中，威廉告诉与会人员，他已经"尽了最大努力来兑现人们对他的期望"，现在要由他们来为

自己的宗教、法律和自由"奠定稳固安全的基础"，并声称他所希望
看到的是"［他的］宣言的目的达到了"。但是，威廉也敦促大家团
结一致、加快速度，因为"爱尔兰新教利益的危险状况"和"国外
的现状"意味着拖延可能是致命的。尽管如此，在托利党议员托马
斯·克拉吉斯爵士的干预下，下议院决定将关于国情的辩论推迟到
1月28日开始，以便给议员们更多的时间集会。与此同时，非常议
会将1月31日（伦敦和威斯敏斯特）和2月14日（其他地方）定
为感恩日，感谢上帝让奥兰治亲王成为"把这个王国从天主教和专
制统治中解救出来的光荣人物"，从而明确地将迄今为止发生的一切
置于天意之下。[30]

在达成关于王室问题的决议时，非常议会至少在表面上保持了
广泛的共识。然而，辩论过程显示，不仅辉格党和托利党之间存在
重大分歧，两党的党内，以及下议院和上议院之间也存在分歧。这
种在严重的政治分歧面前保持共识的能力是苏格兰人所不具备的，
这也很好地解释了为什么英格兰的宪制解决方案与边境以北的大不
相同。

在讨论光荣革命的革命性，以及它是否为辉格党原则的胜利时，
历史学家通常将注意力集中在《权利宣言》对王室施加的法律约束
的重要性上。然而，1689年最激进的，当然也是最明确的辉格党人
行为，是将王位从詹姆斯传给威廉和玛丽。正如国务大臣利奥兰·詹
金斯爵士在王位排斥危机期间所说的，托利党人一直认为"臣民不
可能放弃他们的效忠"；[31]但当然，这正是英格兰人在1689年所做的。
然而，人们通常认为他们是以最保守的方式这样做的。因此，非常
议会没有废黜詹姆斯，而是认定他已退位，从而使王位空缺，需要
填补。看看关于王位空缺的辩论，研究一下那些被考虑过但被放弃
的选择，我们就得怀疑，说革命保守是否合适。

1月28日，下议院的辩论由托利党人吉尔伯特·多尔宾开启，

他认为"国王已经让位",詹姆斯二世不再是"英格兰国王",因为他已经"退出了政府的管理,没有任何支持共和国的条款"。[32] 多尔宾坚称,所谓的"让位"(demised)在法律上的意思是"抛弃政府",拉丁语 demisio,意思是"放下";他还用了同义词"遗弃"和"抛弃",并坚持认为詹姆斯是自愿抛弃政府的。多尔宾没有提及詹姆斯的弊政,但似乎认为国王逃离王国并因此在王国中缺席构成了让位,但是在后来的一次演讲中,他对自己的说法进行了限定,说"如果国王不遵守他的法律,也不减轻人民的疾苦",他会称之为"自愿让位"。[33] 让位等同于国王的死亡,因此没有理由影响王位继承,王位应该传给下一个继承人。

第一个提出退位论的是激进的辉格党人罗伯特·霍华德爵士。他首先概述了詹姆斯的罪行,将其与理查二世(当然,理查二世已经被废黜)进行比较,声称尽管"法律中有一条格言,国王不会犯错",但许多资深的律师认为这意味着,如果国王出于自己的意愿犯错,那"他就不再是国王"。霍华德继续说,"权力起源于人民的契约和协议",但"我们的宪制受到了侵犯",很明显,契约已经被破坏。因此,他认为,这"不是国王的让位,而是国王的退位",人民现在有权利"在一个有待选出的统治者的领导下,自己重新组建政府"。此外,霍华德补充道,詹姆斯不仅违反了他与人民的原始契约,他还"收起印玺,在他缺席时不为政府做任何交待",拒绝统治他的人民。这难道不是"退位"吗?接下来,辉格党人亨利·波勒克斯芬发言,他认为国王"在他离开之前已经丧失了他在英格兰的王位"。[34] 其他辉格党人将契约理论与退位联系起来。例如,威廉·普尔特尼爵士坚持认为,"[国王]退位了,王位无效";他接着表示,"国王的职位源自人民",如果国王试图摧毁他受托保护的那些人,那就是违反信托。"我知道有一句格言,国王不会犯错,"普尔特尼补充道,"但我很想知道我们所遭受的错误应归于谁:错一开始就是国王的,而

且主要是国王的错。"[35] 此外，引发关注的不仅仅是詹姆斯二世在
英格兰犯下的错误；一些议员还抱怨说，爱尔兰才刚刚在 1641 年的
"血腥屠杀"之后被收复，詹姆斯却将之拱手让给了"爱尔兰的教皇
党人"。[36]

　　托利党对辉格党辩论的方向感到不满。罗伯特·索耶爵士试图
模糊术语的问题，认为让位和退位是同一回事。在他看来，国王的
离开是一种退位，就像詹姆斯拒绝依法治国一样；他反对的是这样
一种推断，即退位就构成了"政府的解散"。他坚持，王位的处置权
不在人民手中；此外，议会并不是代表四分之一的英格兰人民，议
会成员还应该考虑"我们与苏格兰和爱尔兰的关系"，而议会显然不
代表这两方的利益。索耶说，"如果国王倒台，就好像国王驾崩一样"，
枢密院应该根据标准的做法，在国王驾崩后宣布下一位继承人。人
民不能随心所欲地选择自己想要的国王，但如果在谁是下一个继承
人的问题上存在分歧，他们可以从几个竞争者中选择——这大概是
索耶绕过威尔士亲王问题的方式。[37] 赫尼奇·芬奇想知道到底是"弊
政还是国王的离去"构成了退位。芬奇坚持政府没有解散，英格兰
君主制不是选举产生的，而是世袭的。"由于疏忽或弊政"，一个国
王只能"丧失原本属于他的东西"；因此，其结果是，"仅仅是他个
人不再行使王权；但这个权力仍然必须存在于某个地方"。芬奇建议
在詹姆斯的有生之年设立一个摄政王，就好像国王是个疯子一样。[38]
克里斯托弗·马斯格雷夫爵士想知道辩论的意图是不是"废黜国王"。
他否认詹姆斯颠覆了政府，但质疑即使詹姆斯"丧失了对王冠的继
承权"，议会是否有权废黜他。马斯格雷夫还说，他担心如果苏格兰
人不同意英格兰议会，可能会引起麻烦。[39] 辉格党试图回避，坚称
问题不是"我们能否废黜国王"，而是像约翰·梅纳德爵士说的，"国
王是否已经废黜了自己"。此外，威廉·威廉姆斯爵士指出，事实是，
詹姆斯的离去"剥夺了这个国家的国王政府的权力"。休·博斯科恩

认为，宣布王位空缺是必要的，因为现在"在海的对面也有一个小君主"（即威尔士亲王）。[40]

最后，下议院通过了以下决议：

> 国王詹姆斯二世破坏了国王与人民之间的原始契约，企图颠覆王国的宪制；并且听从耶稣会士和其他恶人的劝告，违反了基本的法律；他已经离开了这王国，放弃了政府；王位因此空缺。

这段文字的句法很别扭，可能是为了掩盖议员之间存在的一些深刻分歧。然而，值得注意的是，决议中既没有"让位"一词，也没有"遗弃"一词。据说许多议员对该决议不满意，但是在一人提前退出的情况下，也只有三人投了反对票。第二天，即 29 日早上，下议院又通过了一项决议："根据经验，由一个天主教君主统治这个新教王国，不符合它的安全和福祉。"[41]

上议院于 29 日召开会议讨论国情时，一致同意下议院投票反对天主教君主。然而，伊利的特纳主教随后提出了摄政动议，称"国王还在，他的权力也在"，只是由于他是天主教徒，才"无法管理政府"。动议得到了克拉伦登、罗切斯特、奥蒙德、诺丁汉以及除康普顿以外的所有上议院主教的大力支持，仅以 48 票对 51 票的微弱劣势落败。[42] 上议院于 30 日讨论了关于王位空缺的决议案，漫长而激烈的辩论一直持续到晚上 10 点，最终以 56 票对 48 票通过了关于原始契约的条款，认为詹姆斯违反了基本法（这次以 11 票的多数通过），詹姆斯本人已经离开了王国，但他们反对倒数第二条中的"退位"一词，将其改为"遗弃"。第二天他们投票否决了关于王位空缺的最后一项条款。[43]

现在到了革命的一个关键时刻。詹姆斯的第一次出逃已经过去了七个多星期，而国家还没有解决王位的继承问题。爱尔兰局势正在迅速恶化，而欧洲局势也要求迅速采取行动：法国路易十四刚刚入侵莱茵兰-普法尔茨，威胁要统治德意志并占领荷兰。延迟只会给詹姆斯机会，让他有时间发动一场由法国人支持的入侵爱尔兰的行动，并试图夺回他的三个王国。对许多英格兰人来说，在非常议会对继承权做出裁决之前，詹姆斯严格来说仍然是他们的国王。1月30日，当夏普博士（他在詹姆斯二世治下的反天主教布道，是成立教会委员会的催化剂）在下议院布道，纪念查理一世被处决一周年时，他正式祈祷詹姆斯二世成为"一切事业和所有人的国王和最高统治者"，并坚称"废黜国王是天主教的教义"。[44]31日，伦敦举行了布道、敲响了钟声、点燃了篝火以庆祝感恩日，虽然里尔斯比说"欢庆的气氛并不像预期的那么热烈"。事实上，莫里斯指出，有"几次布道"支持复辟詹姆斯二世，最"引人注目"的是奇切斯特的莱克主教在波教堂的布道，当着市长的面，他提醒他的听众"英格兰国教会教导我们凡事都要服从国王"，"国王是不能被抛弃、不能被限制、不能被束缚的"，因此"我们必须恢复我们的职责，再次邀请他回归"。莫里斯听说这次布道"冒犯了城中各种派别的人"，毁掉了主教们"在整个城市和王国的利益"。尽管如此，据说夏洛克和其他十几位神职人员在那天也发表了类似的布道。[45]

出于对上议院和下议院未能就空缺问题达成一致的担忧，以及对激烈辩论可能将英格兰拖入内战的担忧，威廉在伦敦的支持者于2月2日星期六向两院请愿，敦促奥兰治亲王和王妃"尽快继承王位"。由大约20名公民组成的两个小组分别向两院递交了请愿书，洛夫莱斯勋爵率领代表团前往上议院，代表彭林的安东尼·罗则前往下议院；与此同时，一群人聚集在非常议会外面，嘲笑那些坚决反对威廉继承王位的议员。为了避免引起太大的骚动，请愿人决定不收集签名，但这给了上议院和下议院拒绝请愿书的借口，理由是请愿书没有签名。因此，萨金特·梅纳德（辉格党人）在下议院提出抗议："这儿有一份请愿书，就算你们看了也不知道是谁写的，议会没有门，这里没有。"爱德华·西摩尔爵士（托利党人）表达了他对请愿者利用"可怜之人"的担忧，他担心外面的压力可能会干扰议会辩论的自由："如果你们的辩论不是自由的，那么你们所有的程序都将结束。你们所说的一切都是理性选择的结果。正如你们的辩论必须是自由的，你们的决议也必须是自由的；除非你们小心地保护自己不受暴民的影响，否则这是不可能的。"因此，洛夫莱斯及其盟友立即着手收集签名，这一行动难以缓解梅纳德和西摩尔等人的忧惧；据称，他们收集了大约 1.5 万个签名，而有 1 万人打算在 2 月 4 日星期一带着请愿书前来威斯敏斯特。保守派上议员们担心，面对来自外界的压力，下议院的决议可能遭遇失败，因此敦促威廉把民众的请愿压下去。威廉同意了，一方面是为了防止任何可能发生的骚乱，另一方面也是因为他不想让人觉得非常议会是被一群不守规矩的乌合之众胁迫着授予他王位的。[46]

这种来自外面的压力，似乎没有对非常议会中的意见产生直接影响。2 月 2 日，下议院一致决定否决上院对王位空缺决议的修正案，并要求于 4 日与上院举行会议。在这里，约翰·汉普登解释说，"遗弃"这个词"没有充分表达从前提中必然推断出的结论"："遗弃"只代表"离开"，而"退位"则概括了"事件的全貌"（即詹姆斯二世试图破坏原始契约，违反基本法，从而颠覆宪制，加上他自己逃离王国）。汉普登坚持王位是空缺的，因为王位上没有让英格兰人民"期望得到王权保护"的人，也就没有需要他们对其"效忠"的人。上院以54 票对 49 票的结果，决定继续保留他们选择的"遗弃"一词，然而，在就是否同意下议院认为王位处于空缺这一问题进行表决时，以 54票对 55 票的结果落败。第二天，上议院解释说，他们反对用"退位"这个词，部分原因在于它不是一个普通法术语，部分原因在于它暗示了"自愿明确的放弃行为"，然而詹姆斯并没有这种行为，也无法从种种前提中推出他有。关于王位的空缺，上议院坚持英格兰的君主制不是选举产生的，而是世袭的，尽管詹姆斯国王（由于他的逃离）已经停止了统治，但国王的任何行为都不能阻止或破坏王位继承人的权利。因此，如果詹姆斯二世的王位空缺，人们则应效忠于"拥有继承权的人"，在他们看来，就是奥兰治王妃。[47]

受到上议院决议的鼓舞，玛丽在下议院的支持者抓住机会挑战王位空缺的概念，经常从不列颠的层面来说明为什么非常议会不能只宣布支持威廉。"我们的辩论不是为了我们自己"，克拉吉斯抗议道，"而是为了国王的所有领地"；王位是世袭的，不是选举产生的，应该由"下一位新教继承人"继承。同样，另一个自称是玛丽支持者的约瑟夫·特雷德纳姆爵士，指出"苏格兰必须在这次选举中占有一席之地"，并补充说，"只要我们坚持继承权"，苏格兰肯定会同意英格兰的做法。最后，下议院以 282 票对 151 票否决了上议院的修正案，并要求第二天与上议院举行公开会议，解释他们的理由。[48]辉格党律师约翰·萨默斯认为，虽然"退位"一词在普通法中没有先例，但"遗弃"一词也不见。二者都是拉丁语，但含义不同。"退位／放弃"意味着"通过明确的语言或书面形式"，或者"通过做出与持有或保留该事物相反的行为，断绝、摆脱、否认事物或人，以便与之不再有任何关系"。相比之下，"遗弃"是"暂时的，可以再次拥有的"。因此，下议院认定詹姆斯已经放弃政府，以表明他"无权重返政府"。下议院议长还坚信，这不会使英格兰的王位"永远都由选举产生"，因为如今虽然王位空缺，但宪制仍然保持不变；由于詹姆斯退位，非常议会不得不弥补这个空缺，但"仅限这一次"。虽然诺丁汉、克拉伦登、罗切斯特、彭布罗克伯爵和伊利主教为修正案进行了激烈的辩护，上议院最后还是屈服了。2 月 3 日，威廉在与哈利法克斯、丹比等上议员的会谈中明确表示，如果非常议会决定实行摄政或让他的妻子单独成为女王，他将返回荷兰，而玛丽本人则表示她不想一个人成为女王，她只会和丈夫一起统治，这进一步动摇了上议院的观点。6日上午，经过半小时的简短辩论后，上议院以65票对45票通过了下议院的决议。人们"在许多贵族住所的门口和全城许多地方"都燃起了篝火，教堂的钟声响起，庆祝两院就王位空缺问题最终达成一致。[49]

《权利宣言》

非常议会认定，詹姆斯退位是因为他违反了原始的契约，试图颠覆宪制，违反了王国的基本法律，以及因为他没有为政府做任何安排而自行离开。换句话说，他被认为已经退位了，因为他已经表明他不再愿意按照英格兰的宪制来统治他的这个王国——这是辉格党对事件的解释。这相当于自我废黜；詹姆斯已经解除了自己的王位。非常议会并没有声称要废黜詹姆斯，尽管人们可能会争辩说，非常议会对事件强加的这一特定解释，事实上意味着他们已经废黜了詹姆斯。

然而，如果说有关退位和空缺的决议是辉格党的明显胜利，那么用《权利宣言》来解决王权问题的决定就不是这样了。1月29日，也就是下议院确定王位空缺的第二天，辉格党人沃顿勋爵敦促下议院将王位授予奥兰治亲王和王妃，并"尽可能地按照旧政府"来重新设置政府。他受到了托利党人福克兰勋爵的质疑，后者说，在议员们决定谁将登上王位之前，他们应该小心确保自己"不受专制政府"的影响，并考虑"我们应该给国王什么权力"。[50]有人认为，福克兰的抗议是一种拖延战术，旨在分裂下议院，从而给非常议会中的保守势力留出时间，在谁应该领导政府的问题上进行周旋。[51]这无疑造成了延误。许多辉格党人迅速支持福克兰的提议，认为在这个过程中有必要解决查理二世和詹姆斯二世统治时期出现的问题。威廉·加拉韦说，"在过去的统治中，我们的自由受到了如此严重的侵犯"，如果"我们为确保我们的未来而提出一些条件"，奥兰治亲王不应见怪。休·博斯科恩也同意，"专制政府不仅是先前的国王所为"，查理二世的骑士议会（Cavalier Parliament）也通过了"诸多放肆的法令"。威廉·萨谢弗雷尔认为，上帝已经"把这个机会交到了我们手中"，如果我们"只解决一半的问题"，全世界都会"嘲笑我们"，并认为有必要"往前追溯"：他认为过去二十年或更长的时间里，没有哪项法律值得继续实施。然而，萨默斯、特雷比、波勒克斯芬和梅纳德等辉格党律师担心，讨论条件会占用太多时间，"这样一来，爱尔兰可能被摧毁，荷兰可能受到威胁"。波勒克斯芬认为福克兰的提议是为了"搞乱"下议院。他声称"自己和任何人一样支持政府修正案"，并抗议说，这样做"解决不了政府的问题，只会让詹姆斯复辟"：一个王国［即爱尔兰］"已经失去"；神职人员分成各派；英格兰人越分裂，就越会为天主教的利益让路。而且，波勒克斯芬宣称，"只有有了国王，才能制定新的法律"。整个想法是"不可行的"。[52]

　　然而，如果我们认为福克兰的提议缺乏真诚，那就错了。正如我们所见，托利党一直担心詹姆斯二世时期王室权力的滥用；他们还认为有必要为英格兰国教会建立进一步的保障，以确保它不会受到未来君主的破坏，特别是如果未来君主是另一个非英格兰国教徒——加尔文主义者奥兰治的威廉。因此，另一位托利党人爱德华·西摩尔爵士加入了福克兰的阵营，他是1685年议会中对詹姆斯二世的强烈批评者，他问他的同僚们是否会"让人们沿用以前的做法""建立王权"，但不保证自己的安全，他补充道，"他们的任务是保护自己免受暴政"。福克兰在随后的辩论中重申了这一点，他说，"我们不仅要换人，还必须改变制度；我们不仅要注意到，有一位国王兼亲王统治我们，还要考虑未来，让他不至于重蹈覆辙"。2月2日，福克兰在下议院辩论中反对上议院对下议院关于王位空缺决议的修正案，坚持使用"退位"一词，因为它"与违反法律有关"，而"遗弃"一词则为詹姆斯"再次执政"留下了可能性。这一事实证明之前的那种看法是错误的，即认为他只是试图拖延，好让上议院的保守势力可以挫败辉格党在下议院提出的王位空缺的问题。经过漫长的辩论，下议院同意，在填补王位之前，他们应该任命一个委员会，"对一些绝对必要的事务提出总体的想法"，以"更好地保障我们的宗教、法律和自由"。[53]

　　该委员会由28名辉格党人和12名托利党人组成，由辉格党律师乔治·特雷比爵士担任主席，共确定了大约23项需要解决的"国家的公共请愿"，并于2月2日提交下议院。在当天的辩论中，名单上又增加了五项内容。这28项"诉冤要点"（Heads of Grievances）确定了辉格党和托利党共同关心的问题。因此，他们宣布，国王的中止权、特免权、教会委员会、议会外税收，以及在和平时期未经议会同意维持常备军，都是非法的。他们还宣布反对现行的诉讼程序和干涉议会选举自由；呼吁经常举行议会；要求进行若干法律改革（关于郡长的任命、陪审团的任命、保释金的征收、对叛国罪审判的规定，以及法官任期）；抱怨在征收火炉税和货物税方面的压迫和权力滥用；捍卫臣民向国王请愿的权利；坚决要求王室成员不得与天主教徒结婚；建议要求未来的君主"宣誓维护新教宗教，以及国家的法律和自由"；还有"为新教徒信奉其宗教的自由以及尽可能团结新教徒进行公共礼拜做出有效规定"（在詹姆斯试图向不从国教者发出这一呼吁后，大多数英格兰国教会的发言人认为这是必要的）。清单上的一些条款被认为仅仅是对詹姆斯二世所谓非法活动的声明。另一些则要求改革，重新立法。有几项条款明显是辉格党的诉求。《诉冤要点》不仅主张"议会应该经常开会"，而且建议"保留他们经常开会的权利”；“在当时必须处理的事务得到确定之前，不应中断议会会议”（暗指查理二世在王位排斥危机期间设法挫败辉格党的要求）；“防止同一议会延续太久”（以避免 1661—1679 年查理二世的骑士议会重演）；“议会弹劾案不允许赦免”（暗指 1679 年对丹比的赦免）；“有关民兵的立法”对“臣民不利”；法官应在“行为良好期间”（quam diu se bene gesserint）担任职务（凭他们的良好行为而不是依王室的意愿）；甚至法官的薪金也应来自公共财政收入（以确保司法独立于王室）。[54]1670 年代中期反对查理二世的乡村派、王位排斥危机中的辉格党、1683 年的拉伊庄园阴谋案策划者和 1685 年的蒙茅斯叛军都提出了类似的主张。

2 月 4 日，当下议院就“诉冤要点”进行辩论时，辉格党在下一步如何推进上出现了分歧。伯奇上校主张立马向上议院送交申诉书。然而，怀尔德曼建议，应该将其一分为二，将申明旧法律的条款和需要新立法的条款分开，认为当下议院制定《权利请愿书》（1628 年）时，他们“拒绝制定新法律，要求原来的法律”。托马斯·李爵士同意，一些诉求只有通过新的法律才能改进，下议院需要修改他们送交给上议院的文件。因此，下议院决定让起草《诉冤要点》的同一个委员重新起草文件，区分“新法律的引入”和“对古老权利的声明”。他们似乎在一定程度上受到了这种认识的影响，即在上议院甚至不同意王位空缺的情况下，推进进一步的激进改革，将进一步分裂两院；同时他们也意识到，威廉本人也反对限制王权。但议员们似乎也接受了波勒克斯芬的观点——这是针对福克兰的原动议提出的——即议会无权制定新的法律，因为这需要得到御准。[55]

6 日下午晚些时候，上议院终于接受了下议院关于退位和王位空缺的决议，开始讨论由谁来填补空缺的王位。温彻斯特侯爵提议宣布威廉和玛丽为英格兰国王和女王，并得到了辉格党同僚德文郡伯爵和德拉米尔的“大力”支持。诺丁汉为破坏这一方案做了最后

的努力，说"这永远无法用理由或法律来证明，只能用剑来证明"，
这将导致一场旷日持久的战争，违背了所有的誓言，并将使君主制
成为选举制。克拉伦登、罗切斯特和许多主教都表示同意。威廉派
上议员们回答说，宣布威廉和玛丽为国王和女王是防止诺丁汉所列
举的祸患发生的唯一途径，因为这将使英格兰在国内和国外的"新
教利益"联合起来，变得如此强大，以至于英格兰的敌人"不太可
能对其发动战争"；"让他坐上王位，拯救我们，是最合理的"；而
且像这种偏离严格的继承顺序的情况，也有很多先例，但从未使王
位变成选举制的。诺丁汉随后提出了苏格兰的问题，提醒上议员们，
这"是一个自由的王国，也许可以产生一个国王来统治英格兰，就
像英格兰可能产生一个国王来统治苏格兰一样"。哈利法克斯试图平
息人们对这一点的担忧，建议他们将亲王和王妃加冕为"英格兰及
其附属王国的国王和女王"，并"随后与苏格兰协商"。下议院一致
通过了威廉和玛丽共同加冕的决议，诺丁汉甚至被说动去主持一个
委员会，重新修改效忠宣誓和最高权威宣誓的誓言，这将使威廉和
玛丽成为事实上而不是法律上的君主。[56]

2月7日下午，被指派将《诉冤要点》一分为二的下议院委员
会提交了一份关于古老权利的声明，以及一份对未来议会制定新法
以纠正其他"缺陷和不便"的要求。第二天，下议院投票修正决议，
赞成威廉和玛丽共同加冕，并附加一项条款，将行政权只交给威廉
一人，同时任命了一个新的委员会——由辉格党律师约翰·萨默斯
担任主席，由16位辉格党人和5位托利党人组成——来商议如何修
正上议院于6日达成的决议，并将其与关于古老权利的声明联系起
来。在这一天结束之前，委员会起草了后来成为《权利宣言》的草案，
不再要求未来立法以纠正那些古老权利没有声明的诉求。随后，上议
院审议了草案，提出了多个修订意见，其中一些得到了下议院的接
受，而《权利宣言》的最终文本于12日得到了非常议会的批准。[57]

13 日，威廉和玛丽在伦敦和威斯敏斯特被宣布为英格兰的国王和女王，不久之后又被宣布为王国其他地区的国王和女王。[58]

有人认为，负责制定《权利宣言》的委员会是由辉格党主导的，而授予威廉和玛丽王位的同时也有一份权利声明，因此 1689 年的宪制解决方案应被视为辉格党的胜利（尽管只是有限的胜利，因为一些更激进的改革要求在威廉和非常议会的保守派的反对下被删除了）。这种观点似乎有待商榷。正如我们所见，随着 1688—1689 年危机的展开，托利党—国教会成员毫不犹豫地向国王寻求额外的法律保护，无论代价是让詹姆斯保住王位还是让威廉得到王位。与此同时，许多支持威廉的辉格党人认为没有必要对新君主加以限制，因为威廉是他们喜欢的国王。此外，对《权利宣言》的仔细研究表明，它几乎没有明显的辉格党色彩——它采用的措辞和宣示的权利，大体上也符合托利党—国教会的观点。

宣言一开始就宣称，詹姆斯二世"在那些邪恶顾问、法官和大臣的协助下，试图颠覆和消灭新教，以及这个王国的法律和自由"。然后，它列出了詹姆斯试图这样做的 8 种手段，随后又有 5 种被认为是"近年来"（也即查理二世统治时期）实施的滥权行为，这些行为都被认定为"完全且直接违反了这个国家的已知法律、法规和自由"。然而，宣言并没有如下议院在 1 月 28 日最初决定的，声称詹姆斯违反了他与人民的原始契约。相反，它说詹姆斯"从政府中退位"，让王位"空缺"，奥兰治亲王被上帝提拔为"将这个王国从天主教和专制权力中解救出来的光荣人物"，他根据上议院和下议院主要成员的建议，召集了一个议会，以建立"一种机制，使他们的宗教、法律和自由不再有被颠覆的危险"。宣言继续表示，这个机制寻求"确认和维护他们古老的权利和自由"的最佳方式，决定宣布一系列"前提"，他们坚持认为这些是"他们不容置疑的权利和自由"。他们总共列出了 13 项，旨在解决宣言前半部分指出的权力滥用问题，但宣言存在着不对称，因为从条款上看，该文件的后半部分与前半部分并不完全对应。[59]

　　《权利宣言》仅仅是确认和维护了古老的权利和自由，还是像一些历史学家所宣称的那样，制定者故意在打着宣布旧法的旗号制定新法？《权利宣言》确实是由辉格党主导的委员会起草的，但它必须得到整个非常议会的批准，而两党在整个非常议会中是势均力敌的。上议院对下议院使用"退位"一词表现出强烈的愤怒，要求法官仔细审查该宣言，以确保明显不违法的事物不会被冠以非法的污名，并因此坚持对下议院草案的措辞进行一些修改。[60]此外，还有人担心，在威廉和玛丽被宣布为国王和女王之后，非常议会此前施加的任何新限制都可能被视为无效。事实上，1660年召回查理二世的非常议会便曾认定，在过去二十年里颁布的、未经御准的立法均为无效，而辉格党在王位排斥危机期间反对法庭提出的限制条件的主要理由之一是，在天主教继承人成为国王之前对其施加的限制将在他登基后立即取消，既然国王没有在登基之前放弃其特权。[61]此外，由于1689年的非常议会（Convention）不是一个真正的议会（parliament），如果它试图在维护古老权利和自由的名义下宣布新的法律，并在随后受到质疑，那么其改革将永远不能在法庭上站稳脚跟。我们有充分的理由认为，那些协助制定该文件或在非常议会中同意它的人真的相信《权利宣言》宣布的是现行法律。可以想象，他们错了，或者在自欺欺人，为了表明他们推翻他们不喜欢的国王的正当性（正如我们所见，詹姆斯二世一直申辩说他是在他的合法权利范围内行事的），但该宣言是由一个两党两院制的非常议会通过的，而这一事实表明，在相信对宪制的特定（尽管是错误的）解释这种自欺欺人的愿望之下，肯定存在一个广泛的共识——这进一步削弱了《权利宣言》标志着某一特定政党的胜利的观点。

　　那么，《权利宣言》确认和维护了哪些特定的古老权利和自由？

以及哪些（如果有的话）开辟了新的宪制基础？争议主要集中在宣言后半部分的前三项决议（反对中止权、特免权、教会委员会）和第六项决议（反对在没有议会同意的情况下，在和平时期维持常备军）。在更仔细地检视它们之前，需要强调两点。第一，这些既有托利党的诉求，也有辉格党的诉求。主教们曾在 1662 年和 1672 年带头攻击查理二世试图利用中止权来建立某种程度的宗教信仰自由（而后来的辉格党领袖沙夫茨伯里伯爵则支持查理二世在这种情况下使用中止权），[62] 同样是主教们在 1687 年和 1688 年带头反对詹姆斯二世再次使用中止权的企图。1687 年托利党主导的议会和牛津大学莫德林学院的院士们质疑了中止权，詹姆斯遂成立教会委员会，以惩戒顽固的国教会神职人员。托利党也曾在 1685 年的议会中对詹姆斯组建常备军提出过质疑；事实上，骑士党 - 国教会成员对常备军的反对，源于他们对 1640 年代长期议会（Long Parliament）的新模范军和克伦威尔时期的军事统治的仇恨，而那些后来成为托利党的人批评了查理二世在 1660 年代末和 1670 年代建立和平时期常备军的企图。需要强调的第二点是，时人似乎真的相信被决议反对的这些都是非法的；其实早在《权利宣言》制定之前，他们就已经对其合法性提出了质疑。他们相信这一点，可以说是正确的。如果说那些参加非常议会的人抓住王室权威崩溃的机会，宣布他们认为王室合法拥有的权力是非法的，那肯定是错误的。

　　第一项决议直截了当地宣布，"凡未经议会同意，以国王权威中止法律或中止法律实施之僭越权力是非法的"。这暗示了对詹姆斯《信教自由令》的谴责，似乎相对没有争议。当时的人一直认为，唯一能够中止法律的机构就是制定法律的机构，即议会：国王、上议院和下议院共同行动。查理二世曾声称，作为教会领袖，他有权中止教会法律，这就是 1672 年《信教自由令》背后的理由。议会告诉他，他被误导了，并要求他在 1673 年撤回《信教自由令》。1673 年查理的行为被解释为国王明确承认他不拥有此类权力，并被那些谴责詹姆斯试图建立中止权的人反复引用。[63]

第二项决议——反对特免权——要复杂一些。《权利宣言》的最初草案直接谴责了特免权。然而，上议院表示反对，认为国王确实拥有这样的权力，而且这一权力在实际上可以造福臣民。詹姆斯二世统治下的特免权的扩张才是问题所在。因此，下议院修改了措辞，使《权利宣言》的最后文本改为："近来以国王权威擅自免除法律或法律实施之僭越权力，为非法权力。"[64]

但是，"近来"行使特免权的方式是否违法？毕竟，詹姆斯在1686年戈登诉黑尔斯案中获得了支持他有权免除《忠诚宣誓法》的司法裁决。1688年，主审戈登诉黑尔斯案的首席大法官赫伯特发表了一份详细的裁决理由。在里面，他重复了"本质上违法的行为"（mala in se，本身是邪恶的，国王不能豁免）和"法律禁止的行为"（mala prohibita，在议会禁止之前是合法的，国王可以豁免）之间的区别。赫伯特还坚称（引用爱德华·柯克的话），没有什么能"将国王与特权分开"，这种特权是"仅属于他，与他不可分割的"，例如他有"命令臣民为公共利益而服务于王权的权力"，并进一步声称，如果其结果不对特定的人造成特定的损害，那么国王甚至可以免除"为了公共利益"而制定的法规（有人认为《忠诚宣誓法》就属于这种情况）。在谈到戈登诉黑尔斯案是一桩假诉讼（他申辩说他当时不知道）时，赫伯特说，这并不意味着裁决无效：大法官法庭经常指示进行假诉讼，以解决"重大而棘手的法律问题"，那么国王为什么不能"指示进行这样的诉讼，以确定自己是否拥有这样的权力"呢？然而，赫伯特坚持认为，这个裁决并没有"放弃我们的生命、自由和财产，让其任由国王的意愿处置"，因为国王不能"免除《大宪章》或其他保障臣民的生命、自由或利益的法律中的任意一条"。[65]

然而，在我们得出结论认为反对特免权的声明开创了新的法律基础之前，需要进行一些观察。第一，"近来以国王权威擅自免除法律或法律实施之僭越权力"并不仅仅是暗指詹姆斯免除《忠诚宣誓法》。詹姆斯在其统治期间还以其他方式使用了特免权——例如，让莫德林学院的院士免于遵守学院关于新院长选举程序的章程；连赫伯特也认为詹姆斯在这次事件中使用特免权是非法的。[66] 第二，正如我们在第五章所见，当时许多人认为戈登诉黑尔斯案的判决是错误的。这不仅是一桩假诉讼，旨在获得有利于特免权的司法裁决，而且为了确保得到正确的结果，法官已经被提前清洗。正如 1688 年12 月 22 日的一本小册子绘声绘色地描述的，判决是"把十几名法官召集起来，事先了解他们的意见，将不同意的法官赶出去，再安插一批会同意的傻子进去"而达成的。[67] 也有人认为赫伯特曲解了判例法。1689 年，辉格党律师、历史学家和辩论家威廉·阿特伍德以一篇长篇大论回应赫伯特的自辩，称赫伯特曲解了他引用的先例和权威。关于"为公众利益而设立的"法规，爱德华·柯克爵士曾说过国王可以免除对他自己的惩罚，但不能免除法规本身。也不是说国王可以特免所有"法律禁止的行为"。阿特伍德表示，"《大宪章》中有许多东西"只是"法律禁止的行为"，但就连赫伯特也承认，国王不能免除其中的任意一条。阿特伍德认为，赫伯特最初判决所依据的理由——亨利七世免除了亨利六世的一项禁止任命郡长超于一年的法令（尽管该法令包含了一项针对郡长的不守规矩的规定）——是错误的，因为这个个案涉及诺森伯兰郡，那里有一项古老的权利，即郡长可以向王室支付费用，从而终身任职。此外，无法证明有哪位郡长通过这一法令任职超过一年。阿特伍德坚持认为，不能免除《忠诚宣誓法》，这样做会侵犯个人的利益，因为该法宣布并确认了"王国臣民的自由的固有权益"，即免受"天主教的奴役和暴政"。

事实上，1608 年的加尔文案已经确定，国王不能"为了教会或联合王国的利益"免除"使人丧失能力，或使事情无效、非法"的议会立法，因为"在这样的法律中，国王所有的臣民利益相关"。在阿特伍德看来，戈登诉黑尔斯案的判决比 1637 年著名的造舰税判决更糟糕，该判决以紧急情况为由批准查理一世征收议会外税：因为虽然在这个案件中，法官们"让国王成为王国需要的唯一法官，但他们认为这是一个真正危险的时刻"，而在詹姆斯这里，特免权"被滥用到了议会竭力阻止的事情中"。如果赫伯特做了研究，他就会发现，"对于任何不受上帝法律禁止的事情，国王都可以特免，这一点并非一成不变"。特免长期以来一直存在争议，且遭到过好几个议会的反对。阿特伍德最后要求以叛国罪起诉赫伯特蓄意颠覆法律的行为。[68]

最后，如果一个法官做出了错误的裁决或曲解了法律，纠正这种错误的合适机构就是议会。赫伯特在为自己辩护时曾抗议说，即使他错了，他也是根据自己对法律的理解做出了他所能做出的最好判断，并将欣然接受议会对"他所做出的裁决是否符合法律"的裁定；事实上，他认为"特免权这门黑暗的学问应该从议会的决定中得到一些光明"。[69]詹姆斯二世在 1688 年秋开始退缩时，同样承诺将"他的特免权交由议会仲裁"。[70]1689 年，上议院和下议院确实就特免权进行了仲裁，并宣布，近来使用的特免权属于非法。这本身并非宪制上的创新，但我们得承认，上下两院的这次大会并不是由国王召集的，因此严格来讲不是一个合法的议会。

《权利宣言》下半部分的第三项决议宣布，"设立审理宗教事务之钦差法庭之指令，以及一切其他同类指令与法庭"皆为"非法而有害"。正如我们在第五章所见，有充分的理由相信詹姆斯的教会委员会是一个非法的法院，因为它的设立违反了 1641 年的法令，该法令在复辟时得到确认，它废除了查理一世的宗教事务高等法院，并永久取消了国王任命钦差专员裁决属灵或宗教事务的权利。如我们所见，当时许多人坚信詹姆斯的教会委员会是非法的；它的第一个受害者康普顿主教拒绝承认该法院的权威，因为他听说该法院"直接违反了成文法"。[71]

《权利宣言》可能确实在宪制方面取得新突破的地方在于，宣布"除经议会同意外，和平时期在本王国内征募或维持常备军，皆属违法"。没有任何法律明确禁止未经议会同意在和平时期维持常备军。此外，1661 年和 1662 年的《民兵法》确认了国王控制国内所有武装力量的权利。但是，应当指出，这两项法律主要是与民兵有关（由郡最高军事长官及其助理召集的业余的、无报酬的郡民兵队）；1661 年和 1662 年的立法者并没有设想过一支像詹姆斯组建的那样庞大的专业常备军。当时的人很清楚地将民兵和常备军视为两个不同的问题；在最初的《诉冤要点》中，关于这两者的诉求分别列在单独的条款中。然而，1660 年颁布的解散共和军的法律规定，所有军官都将被革职，"除非陛下认为合适的，由他自己负责处置和供养"。[72] 这似乎意味着，国王可以随心所欲地拥有尽可能多的军队。事实上，该法的制定者可能想到的是一小支私人卫队。在复辟时期，很明显，国王自己无法为一支庞大的常备军提供资金，而是需要向议会寻求军事经费。然而，这只是对国王权力的一种非正式的制约，而不是法律上的限制；詹姆斯二世表明，国王凭自己的力量就能养得起一个庞大的军事机构。

尽管如此，对于在和平时期维持常备军，还有其他的法律限制，即 1628 年《权利请愿书》中规定的，不得将军队安置在私人住宅中，不得实施戒严。查理二世在试图建立自己的常备军时，发现他别无选择，只能违反《权利请愿书》的规定。议会在 1660 年代末和 1670 年代对常备军也采取了一些反对措施，并在 1679 年 4 月 1 日最终决定，"除民兵外，任何常备军在这个国家的继续存在"都是"非法的"，并且特别谴责了查理将军队安置在私人住宅中的行为。在这项决议之后，议会又于 5 月颁布法令，解散了查理的军队，并确认未经私人住户同意，强迫他们接收士兵是非法的。詹姆斯不顾《遣散法》，仍然建立了一支相当规模的和平时期的常备军，并将军队安置在私人住所，实施戒严。当时，这显然属于违法行为。问题是，解决这些问题的最佳方式是什么？

　　这里必须注意到《权利宣言》前半部分和后半部分的措辞略有不同。在最初送交上议院的草案中，宣言的前半部分指出，詹姆斯企图破坏王国法律和自由的手段之一是"在和平时期未经议会同意，组建并维持一支常备军"。上议院坚持要求添加"且违法驻扎士兵"这几个字以"加重诉求"。[73]毫无疑问，《权利宣言》这样表述詹姆斯的非法行为，是正确的。换言之，查理二世和詹姆斯二世（尤其是后者）在和平时期未经议会同意建立常备军的企图，显然违反了法律以及人民古老的权利和自由。那么，在这方面，议会将如何实现其预期目的，确认和维护这些古老的权利和自由？它提出的解决方案只是宣布，未经议会同意在和平时期组建或维持常备军是非法的。这里有人可能会认为，重点应该放在动词"确认"而不是"维护"上：这样的宣言确实是保证人民的权利和自由在未来不会受到侵犯的唯一方式。虽然严格来说，该决议可能阐明了一种新的法律立场，但它的目的是维护英格兰人民已经被认为拥有的合法权利。

　　《权利宣言》的其余条款争议较少。[74]第四条，"凡未经议会准许，借口国王特权，为国王而征收，或供国王使用而征收金钱，超出议会准许之时限或方式者"皆为非法，这里指的是詹姆斯在登基后的前几周，即 1685 年议会召开之前，征收货物税。严格来说，这是违法的，但当时很多人认为有这个必要。第五条确认了"臣民向国王请愿之权利"，并且"一切对此项请愿之判罪或控告"皆为非法——指的是 1688 年七位主教的案件。（《权利宣言》的前半部分也将詹姆斯在王座法庭上起诉的"只有议会才能受理"的案件列为非法行为之一，这也是暗指审判七位主教。）第七条确认，"凡臣民系新教徒者，为防卫起见，得酌量情形，并在法律许可范围内，置备武器"。
这呼应了《权利宣言》前半部分对詹姆斯二世提出的指控，即当天
主教徒"违反法律武装和受雇"的时候，他却解除了新教徒的武装。
（这里可能尤指爱尔兰发生的事情。）有人认为，《权利宣言》确立了
一项持有武器的新权利。[75] 然而，第七条并没有使用"权利"一词，
而且似乎很清楚地指出，这里没有授予新的法律特权。它明确地确
认了对允许持有武器的人的现有限制，或者说，应该更准确地被理
解为一项枪支管制措施。[76] 第八条和第九条规定，"国家议员之选举
应是自由的"，"议会内之演说自由、辩论或议事之自由，不应在议
会以外的法院或任何地方，受到弹劾或讯问"。两者都是由来已久的
原则。第一条指的是 1688 年詹姆斯企图在议会中安插自己的人——
《权利宣言》上半部分明确将此列为对詹姆斯二世的不满——但是，
一些辉格党人可能会将其解读为同样适用于查理二世在托利党反扑
时期对自治市选举权的干涉。第二条指的是 1686 年威廉·威廉姆斯
爵士因在 1680 年担任议长时批准一本小册子的出版而受到起诉，王
座法庭判定该小册子为煽动性诽谤。

　　只有第十条至第十二条——坚持不应要求过多的保释金和滥施
残酷非常的刑罚；要求陪审员应被正式记名列表，审理叛国罪案件
的陪审员必须是自由地产保有人；并宣布"定罪前，特定人的一切
让与及对罚金与没收财产所做的一切承诺"皆属非法——暗指对詹
姆斯二世登基之前的不满。（在宣言的前半部分，相应的条款为第九
条至第十三条，并以"近年来"这一短语引入，以区别于先前的条款，
后者是专门针对詹姆斯二世的指控。）第十条谴责了在宣言的前半
部分作为单独条款列出的三个错误行为。第一个是保释金过高，指
的是托利党反扑运动的最后几年以及蒙茅斯叛乱时设置的巨额金额
（1 万英镑到 60 英镑之间），作为将那些有不忠嫌疑的人（但其罪行
可以保释）关进监狱的一种方式——但不能忘记 1684 年 2 月丹比

从监狱获释时的 3 万英镑保释金，这提醒我们，该条款涉及托利党和辉格党的共同不满。[77] 第二个是罚款过高。这里制定者大概想到了 1684 年塞缪尔·巴纳迪斯顿爵士因写煽动信而被处以 1 万英镑罚款，1684 年约翰·汉普登因涉嫌参与拉伊庄园阴谋案而被处以 4 万英镑罚款，以及 1682 年和 1684 年，托马斯·皮尔金顿和泰特斯·奥茨因对约克公爵进行"诋毁权贵"（scandalum magnatum）而被处以 10 万英镑的罚款，但我们应该记住，即使是 1679 年辉格党人本杰明·哈里斯（因煽动性诽谤）和 1680 年托马斯·戴尔（因煽动叛乱）被处以 500 英镑的罚款，在时人看来数额也过高了。[78] 第三个是残酷非常的刑罚，指的是奥茨在 1685 年被定为犯有两项伪证罪后，被判处两次鞭笞刑加两次颈手枷刑，然后余生的每年都要接受四次颈手枷刑，以及 1686 年塞缪尔·约翰逊因发表煽动性诽谤言论而受到笞刑和颈手枷刑——如果罪犯没有被判处死刑，那么这种惩罚也很可能造成死亡。第十一条涉及陪审员的适当选任（在宣言的前半部分更准确地解释为"部分腐败和没有资格的人员"的选出），旨在针对托利党反扑期间的滥用陪审员行为，而关于审理叛国罪的陪审员必须是自由地产保有人的具体规定，则暗指 1683 年审判拉伊庄园阴谋策划者时任用了非自由地产保有人，尤其是在审判拉塞尔勋爵时。现行法律对最后一点没有明确规定，但是该条款肯定符合现行法律的精神；1683 年，拉塞尔的律师引用了亨利五世时期的一项法律，规定死刑犯的陪审员必须是 40 先令的自由地产保有人（法律承认，巡回法庭的陪审员必须是自由地产保有人，而 1665 年的一项法律把陪审员的资格提高到每年拥有价值 20 英镑的自由地产），但是控方坚持亨利五世的法律没有具体提到叛国罪，也不适用于市政法人的陪审团。[79] 第十二条，在定罪前的罚款和没收是非法的，特别暗指蒙茅斯叛军的财产在正式定罪前被承诺给竞标者。詹姆斯二世并不是第一个这么做的人，宣言的制定者可能也想到了查理二世时期的类似事件（不过应该指出的是，这种做法有着悠久的历史，甚至辉格党和共和国派更喜欢的统治者，如伊丽莎白女王和奥利弗·克伦威尔，也都这样做过）。然而，中世纪的法规谴责了这种做法，而17世纪早期伟大的法学家爱德华·柯克爵士则非常清楚地指出，国王没有权利这么做。[80]

《权利宣言》第十三条主张"为申雪一切诉冤，并为修正、加强与维护法律起见，议会应时常集会"。在宣言的前半部分，议会不经常召开会议，并没有被视为滥用权力的行为之一，这一条款显然是在最后插入的，为了确保不出现像1680年代那样的滥用行政权力的情况，让宣言所主张的古老权利和自由能够得到保障。这可能是暗指查理在其统治的最后四年没有召集议会（这严格来说违反了1664年的《三年会期法》），也可能是暗指詹姆斯在1685年11月之后再也没有召开议会。尽管1670年代的乡村派、王位排斥危机中的辉格党、拉伊庄园阴谋案的策划者和蒙茅斯叛军们，都声称中世纪的法规规定了每年都要召开议会，但显然没有人试图确保议会的频繁召开；甚至也没有像《三年会期法》规定的那样，声明议会应该每三年召开一次。《权利宣言》的最后部分决定，威廉和玛丽应被宣布为英格兰、法国和爱尔兰的国王和女王，"在他们的有生之年，以及他们中的余生者的有生之年，管辖这些领土"，王权的行使只属于威廉，在他们死后，王位应该传给奥兰治王妃的继承人，如果她那时仍没有孩子，则传给詹姆斯二世的第二个女儿、在丹麦的安妮公主及其继承人。宣言还规定了两项新的誓言，所有先前被要求进行效忠宣誓和最高权威宣誓的人都必须宣誓：一项是"忠诚于威廉国王和玛丽女王，并对他们忠心耿耿"；另一项是放弃"被教皇或罗马教廷的任何权力绝罚或剥夺权利的君主可以被其臣民废黜或谋杀"的原则，并宣布"任何外国君主、个人、主教、国家或当权者在这个王国里都不拥有或不应该拥有司法管辖权、权力、优越性、卓越地位，以及教会或属灵上的权威"。

对于授予威廉和玛丽王位是否以他们接受《权利宣言》为条件，学者们存在分歧。[81] 严格来说，并非如此。王冠是 2 月 13 日授予的，在国宴厅举行的一个有新君主和非常议会的成员们参加的特别仪式上。哈利法克斯作为上议院议长，请求威廉和玛丽允许他们宣读宣言；两人同意了，随后上议院的书记官读了一遍，再把王冠献上。然而，威廉首先接受了王冠，然后发表了一段简短的讲话，他告诉议员们，他"来到这里除了保护你们的宗教、法律和自由之外，没有带着其他的意图"，因此他们可以放心，他将"努力支持他们"；他还补充说，他将"同意任何有利于王国的事情"，并尽其所能"促进国家的福利和荣耀"。[82] 威廉没有正式宣誓，承诺维护宣言的规定。宣读《权利宣言》和提供王冠，跟加冕宣誓也没有关系，这一点与苏格兰不一样；威廉在 4 月 11 日的加冕典礼上宣誓就任。当然也没有人试图将加冕与要求申雪那些没有写入《权利宣言》的诉冤联系起来，这也与苏格兰的情况不同。此外，我们可能会想知道，如果正如这里所争论的，宣言的起草人认为他们没有向国王施加新条件，那么在何种意义上，王位的授予是以接受宣言为条件的。

但是，以这种方式来论述这个问题，会给我们带来一个全新的视角。议会成员将王位授予威廉和玛丽，条件并不是要他们放弃前任君主都享有的那些君主特权。相反，他们向威廉和玛丽表明，英格兰人民拥有某些被詹姆斯二世侵犯了的权利和自由，而有些事情英格兰君主在法律上是不能做的，尽管詹姆斯二世做了。威廉和玛丽获得王位的条件跟詹姆斯二世以及所有前任君主的条件一样——他们应该依法治国。然而，我们必须记住，违背依法治国的原则，使詹姆斯失去了王位。议会认为他已经退位，不仅仅是因为他已经出逃，还因为他拒绝尊重宪制。《权利宣言》并没有像非常议会的初始决议那样，明确地将詹姆斯的退位与他颠覆基本法联系起来，因此，

《权利宣言》可以被解读为詹姆斯非法统治并（巧合地）退位，或者他因为非法统治而退位。然而，在授予王冠之前，当着威廉和玛丽的面宣读宣言无疑是一种警告，即如果他们不依法治国，他们也会自己解除国王的身份。

《权利宣言》后续解决方案

在制定《权利宣言》时，非常议会的成员选择推迟处理那些需要新立法的诉冤，直到王冠的问题得到解决。这一事实意味着，我们不能把该宣言看作革命问题的全部解决方案。人们一直期望，一旦合法的议会成立，就会有进一步的改革立法。这一目标在2月23日实现了，当时非常议会通过了一项法案，且得到御准，使其成为议会。尽管托利党希望举行新的选举，但威廉及其辉格党盟友认为，考虑到国际形势以及为即将到来的爱尔兰和欧洲大陆战争迅速筹集资金的必要性，召集新议会将导致延误，很危险。[83]

第一个没有被纳入《权利宣言》的诉冤是火炉税——这是复辟时期对火炉征收的一种税，其假设（并非总是正确）是一个人拥有的炉子越多，他拥有的财富就越多。这种做法当然不得人心。3月1日，为了说服议会在表决公共拨款时更为慷慨，威廉告知下议院，他理解"火炉税对他的臣民来说是一项非常痛苦的沉重负担"，很乐意把它废除。这一表态在下议院和全国范围内都广受欢迎，下议院立即任命了一个委员会来起草废除该税的法案。[84]

3月，议会将注意力转向设计新的加冕誓言——这也是《诉冤要点》认为有必要做的——以迫使新君主依法治国。在詹姆斯二世1685年宣读的传统誓言中，君主承诺"向英格兰人民授予并遵守和……确认英格兰国王授予他们的法律和习俗"。1689年的誓言删去了人民享有的法律和习俗由国王授予的概念。因此，在加冕礼上，威廉和玛丽庄严宣誓，并承诺"根据议会通过的法令以及英格兰的法律和习俗，统治英格兰王国及其属地的人民"。传统誓言中要求君主"维护和平，与神圣教会、神职人员和人民达成神圣协议"（含糊不清，可能带有天主教色彩）的部分也被删除，取而代之的是明确承诺"维护上帝的法律、真正的福音，以及由法律确立的新教"。辉格党希望使用"将被确立"的措辞，以保留进一步改革教会的可能性，但托利党坚持他们的方案，并以 188 票对 149 票获胜。[85]4 月 24 日，议会通过立法，废除旧的效忠宣誓，并要求所有的民政和教会官员在 8 月 1 日之前进行《权利宣言》规定的新宣誓，否则将在六个月宽限期后被剥夺职务。[86]

3 月 5 日，下议院提议起草一项法案，将《权利宣言》纳为法律，以阻止天主教徒登上王位。[87]由于党派纷争，以及其他问题（如战争经费）的困扰，在 8 月 20 日夏季休会之前，议会没有达成任何协议。然而，该法案在秋季重新提起，并最终于 12 月 16 日颁布。这份法案通常被称为《权利法案》，它赋予了《权利宣言》法定效力，并进一步宣称威廉和玛丽"确实根据《权利宣言》中所载的上议院和下议院的决议和愿望接受了王位"。其措辞还是模棱两可的："决议和愿望"仅仅是指威廉和玛丽接受了王位，还是指《权利宣言》开头列出的旨在维护古老的权利和自由的全部前提？然而，《权利法案》继续坚持，《权利宣言》中宣称的所有"权利和自由""都是这个王国人民真正的、不容置疑的权利和自由"。不过，《权利法案》确实超出了《权利宣言》的范围，进一步规定，任何天主教徒或曾经是天主教徒的人都不能登上王位；国王或女王不得与天主教徒结婚；任何未来登上王位的君主都必须按照 1678 年的《忠诚宣誓法》进行宣誓。因为，该法案指出（重申了下议院"1 月 29 日决议"的措辞），"经验已经表明，由天主教国王，或与天主教徒结婚的国王或女王统治，都有损这个新教王国的安全和福祉"。《权利法案》还对特免权做了进一步限制：如果没有明确规定，今后国王不得使用特免权来反对任何议会立法。[88]

在解决《诉冤要点》的第十六条方面，也取得了一些进展，即为新教徒享有礼拜自由和新教徒在公共礼拜问题上尽可能团结一致做出有效规定。人们普遍认为必须采取一些措施来帮助新教不从国教者；[89] 毕竟，英格兰国教会领袖已经向不从国教者承诺，如果他们同意不支持詹姆斯的《信教自由令》，未来议会将给予他们某种形式的救济。诺丁汉提出了一项扩大国家教会基础的计划，要求对较为温和的不从国教者给予更多同情和理解，同时对那些留在新教外面的人给予非常有限的宽容。然而，最终，理解计划与礼拜自由的规定分道扬镳。在威廉的坚持下，议会很快在春天通过了《宽容法案》。该法案并没有废除刑罚法，但给予了新教不从国教者免于起诉的权利，只要他们举行的宗教仪式获得许可，并在集会时保持大门敞开（后者是为了应对查理二世统治期间经常提出的指控，即不从国教者私下集会是在密谋叛乱反对国家），签署反对圣餐变体论的声明（载于 1673 年和 1678 年的《忠诚宣誓法》），并宣誓效忠，反对教皇的废黜权（载于《权利宣言》）。[90] 然而，由教牧人员代表会议处理"理解政策"显然更为恰当。宽容派神学家约翰·蒂洛森提议进行一定程度的礼拜改革，并放宽对仪式一致性的要求，以此吸引不从国教者重回正轨。[91] 不过，事实证明，英格兰国教会的高级神职人员不愿做出任何让步，他们对教会安全的担忧因苏格兰革命解决方案的一部分——废除边境以北的主教制——而加剧。一位属于詹姆斯党人的小册子作者，以"伴随这场革命而来的一系列灾难"为标题，列举了"它给我们的国教会带来的丑闻和改变"。对礼拜仪式的理解和改变似乎也会随之而来，这是一件值得特别关注的事情，"因为苏格兰国教会所发生的事"。作者的可怕预言是什么呢？"我们肯定会更加趋于长老会，我们的《圣礼宣誓法》肯定会被废除。"[92] 一位记者在写给英格兰托利党−国教会成员埃德蒙·博洪的信中评论了苏格兰政府在 1690 年 5 月初成功镇压边界以北的詹姆斯党人叛乱的"好消息"，尽管如此，他还是表示担心，苏格兰人"性情急躁"，如果他们在家里没有事情可做，就会"来帮助他们在英格兰的亲爱的兄弟（就像他们以前做的那样）拆掉我们的天主教堂，并在里面建立起他们超级优良的新教纪律"。[93]

因此，所建立的宽容是相当有限的。天主教徒和反三位一体主义者都被《忠诚宣誓法》明确排除在外。人们也不能完全自由地选择不参加宗教仪式：只有选择参加一个不从国教派的聚会时，才可以周日不去教堂。这不是我们现代理解的宗教宽容。《忠诚宣誓法》仍被保留在法典中（1689 年 3 月曾试图废除该法，但以失败告终），[94] 这意味着不仅天主教徒，而且新教不从国教者（包括那些很有可能从"理解政策"中获益的较为温和的人），都被排除在公职之外。理论上，一些不从国教者能够通过偶尔的顺从获得担任公职的机会，但国家在宗教信仰上仍然像以往一样狭隘。公谊会教徒仍然是最脆弱的群体，尤其因为他们拒绝宣誓；尽管《宽容法》允许公谊会教徒只需签署声明反对圣餐变体论、忠于威廉和玛丽以及反对教皇废黜权，但是他们在从事法律和商业交易时，仍然需要面对宣誓的问题。[95]

然而，为《权利宣言》未涵盖的那些诉冤争取法律救济的其他努力，至少在短期内是徒劳的。1689 年 2 月下旬，上议院确实提出了一项法案，以规范对贵族的审判，包括叛国罪的审判，以解决《诉冤要点》第十七条提出的问题，但由于两院之间存在分歧，该法案被否决；直到 1696 年，改革性的立法才得以成功颁布。威廉本人选择遵从《诉冤要点》第十八条的要求，即法官的任命应以良好的品行为基础，而不是出于国王的意愿，但查理二世最初也是如此；

1701 年《王位继承法》通过之前，法律上没有任何规定要求君主根据这些条件任命法官，该法直到 1714 年汉诺威王朝的继承才开始生效。1689 年 6 月，下议院提出了一项改革民兵组织的法案（根据《诉冤要点》第五条），但该法案遭到了上议院的阻挠，并在新年伊始议会解散时被否决。议会还审议了各种版本的法案，试图将市政法人恢复到 1675 年的状态，以满足《诉冤要点》第十三条关于恢复市政法人古老权利的要求，但由于辉格党迫切要求加入一项条款，禁止那些在 1680 年代支持权利开示令状的人担任公职，遭到了托利党和国王的反对。到 1690 年 1 月底 2 月初，随着威廉中止议会，之后又解散议会，该法案不了了之。1689 年 11 月，在讨论《权利法案》时，上议院为了满足《诉冤要点》第九条关于确保议会频繁召开会议的要求，确实考虑恢复 1641 年的《三年会期法》，但这一措施也随着议会的解散而不了了之。直到 1694 年，《三年会期法》才获得通过，但即便如此，它也没有包括 1641 年法中的一些条款，这些条款确保了即使国王没有召集议会，议会也能召开。[96]

让国王依赖议会的首选手段，似乎是通过财政的力量。辉格党和托利党联手确保 1690 年王室最终获得的收入是暂时的（议会授予的关税期限为四年），且数额不大（威廉和玛丽一生中得到的货物税是查理二世和詹姆斯二世的一半），正如约瑟夫·威廉姆森爵士所说，以使人们"不再担心不能经常在议会中见到国王"。当然，威廉已经放弃了火炉税，因此损失更大。最终结果是，在詹姆斯二世统治期间，王室每年的收入约为 200 万英镑，而到了 1692—1694 年，这一数字仅为 94.2179 万英镑。[97]然而，归根结底，正是威廉战争之后的财政革命，以及由此产生的必须通过议会税收的定期拨款来偿还的国债，保证了光荣革命后议会会议的定期召开。

我们不能说革命解决方案创造了一种新型君主制。国王的大部分权力都完好无损。因此，与 1689 年以前的情况一样，君主有权决定所有的政策问题（包括内政和外交）、选择自己的大臣、否决议会立法、决定议会的开会时间和时长。《权利宣言》在本质上只是确认和维护了制定者承诺的古老权利和特权。在短期内，《权利宣言》遗漏的这些诉冤中，只有少数得到解决，因为这需要改革性立法。

　　然而，如果认为革命解决方案的宪制意义有限，那就错了。随着《权利法案》的通过，《权利宣言》具有了法定效力，它解决了17世纪以来国王和议会之间的许多争端，并且是以有利于议会的方式果断地解决的。国王再也不能声称自己凌驾于法律之上，或利用法律上的模糊之处来提升自己的权威。《权利宣言》为许多争议点提供了法律上的明确性，这使得斯图亚特王朝进行的王权专制主义试验在未来不可能发生。此外，《权利法案》还包括禁止天主教徒登基的附加条款，以及对特免权的进一步限制。我们也不应低估《宽容法》的重要性，尽管它可能是有限的，但它确实为那些在查理二世统治时期和詹姆斯二世统治初期遭受迫害的新教团体确立了合法的信仰自由，并帮助缓解了宗教上的紧张关系，而这种紧张是17世纪政治不稳定的主要根源之一。1690年，约翰·萨默斯吹嘘，"我们的幸福"源于"我们的君主""和我们一样受制于法律"，并补充说，"我们的政府不是专制的，而是合法的，不是绝对的，而是政治的，我们的君主永远不会变成专制而绝对的暴君"。许多立宪派可能认为，萨默斯提出的观点在詹姆斯二世统治之前只是在理论上是对的。而1688—1689年的成就，是为了确保它们在实践中也是对的。[98]

对革命的反应

　　那么，英格兰的革命解决方案是一种妥协。这不是某一党派的胜利；事实上，辉格党、托利党、国教会教徒、宽容派和不从国教者，都有理由对未能得到他们想要的解决感到失望。然而，与此同时，达成的解决方案是两党谈判的产物。面对严重的党派分歧，政治精英团结一致。没有一方决定退出非常议会（苏格兰的情况就是如此），尽管没有一方获得自己想要的一切，但也没有一方会觉得自己完全输了。那么，人们如何看待革命的解决方案？它是否在全国受到普遍的欢迎？还是说，在政治精英或广大民众中，暗涌着明显的不满？

我们可以通过公共的庆祝活动和游行活动来了解整个民情。当时的许多人评论说，大多数人都是热情欢迎在2月份将王位授予威廉和玛丽。奥兰治王妃似乎一直是一个受欢迎的人物。当她于2月12日抵达伦敦时——她之所以留在荷兰如此长时间，并非像当时的一些人暗示的那样，是因为威廉想在自己获得王位和唯一的王权之后再让她来，而是因为恶劣的冬季冻结了港口——我们得知，迎接她的是钟声、篝火和"人群的高喊和欢呼，因为她安全抵达，并被宣布为女王，人们倍感高兴"。第二天，当威廉和玛丽被宣布为国王和女王时，伦敦也举行了类似的庆祝活动，先是在白厅，然后是在坦普尔巴、齐普赛街，最后是在皇家交易所。《伦敦公报》告诉我们，"每一次公告"都得到了"挤满大街、窗台和阳台的民众的一片欢呼"。同样，夜晚在篝火和钟声中结束；罗杰·莫里斯指出，"每条街上都有盛大的篝火，而且好些个地方和许多特定的人的门口，篝火非常多"。[99]14日，一些外省城镇出现了篝火，以庆祝从天主教和专制政府中解脱出来的感恩日，而在接下来的几周内，随着新君主在各地的宣布，英格兰各郡和各集镇都举办了不计其数的欢庆活动。在坎伯兰郡的怀特黑文，据说威廉和玛丽被宣布为国王和女王时，"在场的人至少比宣布詹姆斯二世为国王时在场的人多20倍"。[100]4月11日的加冕礼为伦敦和各地提供了另一个庆祝新君主登基的机会。勒特雷尔指出，牛津、伍斯特、拉伊、布雷克诺克、埃克塞特、莱姆和考文垂等地都举办了"气势恢宏的欢庆活动"。[101]巴斯举行了一个精心设计的仪式，年轻男女在小镇上游行，以纪念英格兰"从天主教和奴役中获得幸福的解放"，"由衷的欢呼声之大，乃该城前所未有"。[102]

在看到这些报道时，我们需要保持一定程度的怀疑。与旧政府时一样，作为新政府的官方机构，《伦敦公报》必然会对公告和加冕礼引发的反应做出最积极的解释，因为它想制造新政权普遍受欢迎的印象。此外，这些游行活动显然是由上面发起的，通常从一个有地方权贵和市政当局参加的正式的庄严仪式开始，而他们反过来又会为篝火和酒水提供资金。举一个典型的例子，当威廉和玛丽在赫里福德被宣布为国王和女王时，当地举行了一场市民游行，当地民兵鸣炮打鼓，来自该地区一个主要贵族家庭的罗伯特·哈利资助了"一场篝火和一大桶苹果酒"。[103] 通常是当地的镇政府出钱购买啤酒、葡萄酒甚至烟草，以确保以正确的精神庆祝新君主的宣布和加冕仪式。[104] 这并不意味着我们应该怀疑公众对新君主的这种公开支持是否真诚。大量独立的地方报道表明，在英格兰大部分地区，人们的热情在相当程度上都是发自内心的。

然而，也有关于不满的个别报道。许多所谓的不满，其来源是可预料的：曾在詹姆斯二世手下服役的军队士兵，以及英格兰国教会的高级神职人员。2月25日、26日，赛伦塞斯特的辉格党议员约翰·豪在下议院抱怨说，他收到了他所代表的市政法人的来信，称驻扎在那里的士兵"不让人民在宣布国王时生篝火"，他们自己宣布詹姆斯为国王，并喝下了"诅咒威廉国王和玛丽女王的酒"。镇上的神职人员也拒绝出席宣布会。[105] 3月1日，康沃尔的辉格党议员休·博斯科恩在下议院抱怨说，他得知"康沃尔的士兵和其他人一样坏；当地方官们为这个喜讯而高兴时"，他们"杀了一个人"。[106] 在牛津，莫里斯听说，牛津大学的副校长"迟迟没有行动，不愿意宣布国王和女王"，尽管市长"迅速而非常庄严"地宣布了。莫里斯还获悉，许多教区的神职人员拒绝为威廉和玛丽登基举行公共感恩日。[107] 在斯坦福德，为了破坏 4 月 11 日的加冕礼庆祝活动，市长剪断了教堂的钟绳，并下令禁止篝火。[108]

甚至在伦敦，也有不满的迹象。劳伦斯·伊查德在其完成于 18 世纪早期的历史著作中告诉我们，当威廉和玛丽在 2 月 13 日被宣布为国王和女王时，"欢乐的洪流"充满了"整个城市和郊区"，"完全淹没了所有开始冒出来的对这一重大变化的不满和嘀咕"。[109] 似乎不完全是这样的。莫里斯听说，2 月下旬，一位伦敦的神学家劝告他的听众"保持他们的忠诚不受玷污，反对荷兰人，反对魔鬼"。[110] 伦敦的法庭记录提供了一些新政权初期的煽动性言论案件。曾在詹姆斯二世手下任职的乔治·史密斯（虽然他现在也在威廉手下任职）被罚款 3 先令 4 便士，并被处以颈手枷刑，因为 6 月 22 日他在伦敦中心的科尔曼街说："该死的荷兰人，他们只是一小撮人。把他们放在炉子里烤，放在铁架上烤。"约瑟夫·希尔被罚款 6 英镑 8 先令 4 便士，并处以颈手枷刑，因为 5 月 19 日他说，"詹姆斯国王现在在苏格兰，且几乎征服了苏格兰"，"他希望在英格兰能看到同样的情况"。[111]11 月，有人在伦敦市政厅污损威廉三世的肖像，"剪掉了王冠和权杖"。[112] 据称，11 月 21 日，一个名叫迈克尔·费拉尔的男子告诉他在皇家交易所的熟人，他对"詹姆斯国王被赶走"感到不安，觉得"他［詹姆斯国王］没有得到公平的对待"。费拉尔抱怨道——"威廉国王在他的宣言中说，他是来维护法律的，实则更改了法律"；"［他说］他是来维护我们的权利的，实则为了王位而来"。这个案子可能存在诬告的成分；至少在次年 1 月的审判中，费拉尔传唤了可信的证人来证明他的声誉，并为自己争取到了无罪释放。[113]

那么，在多大程度上，人们能够与新政权和平相处，以及他们是如何做到的？事实证明，人们接受革命的难易程度，不仅取决于个人的政治或宗教观点，还取决于人们选择给 1688—1689 年的事件赋予什么意义，以及人们是否对自己所理解的结果感到满意。

　　一场由小册子引发的重大争议出现了，这些小册子旨在影响公众对是否要效忠新政权的看法。从 1689 年 2 月 6 日至 1694 年底，共出现了大约 192 本关于效忠争议的小册子。其中，辉格党 89 本，托利党 50 本，詹姆斯党 53 本；仅 1689 年就出现了约 80 本。139本王党的小册子包含了一系列坚持革命解决方案的不同理由，这些理由可以分为 6 大类：契约性的抵抗；占有；退位 / 弃位；征服；天意；绝境中的抵抗。许多小册子的作者使用了不止一种论证，试图向公众推销革命。[114]

　　正如人们所预料的，辉格党最容易接受革命的合法性。他们大多数都愿意接受契约理论：在 89 本辉格党的小册子中，有 68 本诉诸某种形式的契约性抵抗；当然，没有托利党的小册子这样做。然而，在使用契约理论时，有的很温和，有的更为激进。有 23 本小册子认为，英格兰历史表明了政体的契约根源，詹姆斯没有按照宪制进行统治，违反了他的契约；有 14 本小册子表达的观点更激进，它们将原始契约建立在自然法的基础上，认为抵抗是合法的，因为詹姆斯侵犯了他的臣民的自然权利。这也是约翰·洛克在其《政府论》中提出的观点，该小册子起草于 1680 年代初，旨在使激进的辉格党人反对查理二世政府的阴谋合法化，到了 1689 年秋才修订并（首次）出版，却是为威廉和玛丽的王位提供辩护。无论从历史的角度还是从自然法的角度，辉格党的契约理论家们都倾向于认为詹姆斯因违反契约而解除了其国王的身份。在 68 本支持契约理论的小册子中，只有 22 本认为詹姆斯已被废黜。此外，在这 68 本小册子中，只有 34 本仅使用了契约论进行论证；其他小册子还采用了其他理论来让革命的解决方案合法化。相比之下，在对整个革命的辩护中，契约论的重要性就不那么大了。只有 49% 的王党小册子（139 本中的 68本）包含了契约论，只有 16%（22 本）的小册子认为詹姆斯已被废黜。

约 76% 的小册子（105 本）使用了契约论以外的论据来证明所发生的一切是正当的。[115]

承认 1688—1689 年所发生的一切的合法性，给托利党－国教会成员带来了更大的道德和智识问题，因为他们长期坚持世袭继承权不可剥夺、不抵抗和誓言不可侵犯原则。一位伍斯特郡的神职人员写道："他对非常议会的进程感到惊讶，他们竟然要废黜国王"，因为"废黜国王和免除臣民的忠诚"是"我们与教皇党人争论的一些重要教义"。[116] 然而，一直到最后，也很少有托利党－国教会成员拒绝宣誓效忠新君主。应该说，有些人拖延了很长时间：威廉·夏洛克直到 1690 年 8 月才屈服，但是在此之前，他一直在伦敦西区的圣邓斯坦教堂布道，为事实上的君主威廉和玛丽祈祷。[117] 詹姆斯党人强烈批评了那些宣读新誓言的神职人员明显的虚伪：信奉新教的爱尔兰詹姆斯党人查理·莱斯利哀叹道，"从未有皈依宗教的人会如此突然而可耻地转变"。事实上，莱斯利报告说，"平民"开玩笑说，"以前只有一件事议会做不到，那就是把男人变成女人：但现在还有一件事，那就是立神职人员不会接受的誓言"。[118]

投身革命的托利党人不可避免地坚持认为议会并没有废黜詹姆斯二世，并让自己与抵抗理论保持距离。他们并没有完全摈弃抵抗理论。正如我们在上一章看到的（讨论苏格兰和爱尔兰时，我们将再次看到），一些托利党－国教会成员在特殊情况下愿意接受有限抵抗的理论。在 1689 年 2 月 6 日至 1694 年底出版的 13 本允许在极端情况下进行抵抗的小册子中，有 9 本是托利党的（占当时出版的托利党小册子总数的 18%）。[119] 然而，大多数托利党－国教会成员否认人民在 1688—1689 年参与了任何抵抗行动。一种解决办法是认为革命乃上帝旨意的结果。但是在讨论天命论的使用时，需要谨慎。在为革命辩护时，不同政治派别的人都会使用某种形式的天命论修辞。当非常议会在 2 月 13 日宣布威廉和玛丽为国王和女王时，苏塞

克斯的不从国教商人塞缪尔·杰克在日记中写道："现在，蒙仁慈的
上帝眷顾，我们摆脱了对天主教和迫害的恐惧。"[120]平衡者理查德·坦
普尔爵士在大约写于 1690 年的一份谴责辉格党支持詹姆斯二世推翻
刑罚法和《忠诚宣誓法》的手稿小册子中回忆道，"上帝的旨意拯救
了"我们。[121]《四个问题的辩论》的辉格党味道很浓，该小册子的
作者首先认为，詹姆斯的暴政"彻底颠覆"了英格兰政府，政府因
此被解散，人民有权选择继任者，他们不应该遵循直系血统，而应
将王位单独授予威廉，然而，该作者试图用"上帝非凡的旨意"来
支持威廉：上帝的奇迹可以从上帝如何"在深海"保护威廉及其舰队，
以及"威廉上岸后我们的所见所闻"中看出，因此"显然是上帝派
他来的"。[122]然而，一个彻底的君权神授理论——认为臣民必须默
许上帝的神圣干预，并认为如此任命的君主不仅是事实上的统治者，
而且是法律上的统治者——被认为过于"狂热"，在效忠争议中只有
14 本小册子采用这一观点——即便如此，也只有 6 本来自托利党，
而 8 本是来自辉格党。[123]

　　托利党倾向于通过辩称詹姆斯已经退位或弃位，以及他们应该
效忠于占有王位的新君主来安抚自己的良心。139 本效忠争议的小
册子中有 65 本（占总数的 47%）试图用占有来证明效忠是正当的；
其中 38 本是托利党的小册子（占托利党效忠者小册子总数的 76%）。
45 本小册子诉诸退位：17 本是辉格党的小册子，28 本是托利党的小
册子（托利党小册子倾向于认为退位等同于弃位）。然而，上述论点
的问题在于，他们不承认威廉和玛丽是法律上的君主，只承认他们
是事实上的君主。解决这一问题的方法是诉诸征服理论，该理论基
于荷兰人文主义者格劳修斯的国际法论点。因此，威廉之所以拥有
合法的王位所有权，在于他在一场正义的战争中赢得了王位——而
这场战争之所以是正义的，是因为詹姆斯试图改变英格兰政府和利
用冒充的王位继承人来骗取威廉的世袭财产权。由于威廉是一个主

权国家的独立的君主和元首，他和詹姆斯二世之间的关系受国际法规范；他可以使用武器来捍卫自己的权利，而胜利赋予了他法律上的王位。这一理论的美妙之处在于，它与詹姆斯二世的英格兰臣民从未参与过任何武装抵抗的观点相吻合。[124]

这一理论显然对威廉的新政权很有吸引力。御用文人詹姆斯·维尔伍德在他的威廉派期刊《墨丘利的改革》中采用了这一观点。因此，在 1689 年 7 月 17 日，他认为奥兰治亲王"有合理的理由向这样一个滥用权力，并试图骗取他和他的王妃继承王位的合法权利的国王发动战争；他可以这样做，因为他和詹姆斯国王都是君主，彼此独立，在向对方发动战争的权利上是平等的"。[125] 同样，政府的首席宣传员吉尔伯特·伯内特在 1689 年发表了一封《主教的信》，辩称"这是奥兰治亲王对国王发动的一场正义之战，国王将要改变亲王有所期待的王国政府，并将一个冒充的继承人置于亲王的位置之上，以使他的继承权落空"。[126] 埃德蒙·博洪（他把这一论点与詹姆斯已经弃位的观点结合起来）和威廉·夏洛克（他把这一论点和天意论结合起来）在最终决定宣誓时也使用了这一论点。总共有 32 本关于效忠争议的小册子包含了征服理论（15 本来自辉格党，17 本来自托利党），但有人认为，也许正是这个论点，在使得人们接受新政府方面产生了最大的影响。[127]

事实上，绝大多数英格兰人都承认了 1688—1689 年发生的王朝更迭的有效性。到 1690 年底，大多数著名的平信徒和神职人员都宣誓效忠新政权。那些对詹姆斯特别忠诚的人——他亲密的政治顾问、私人仆人、同教中人以及一些（至少）曾在军队中为他服务的人——还有那些认为誓言绝对不可侵犯的虔诚的国教徒，无法接受新政权的合法性，坚持作为詹姆斯党人或拒绝向政府宣誓效忠者（Nonjuror）。一些人追随詹姆斯流亡到巴黎附近的圣日耳曼昂莱，在那里密谋实现斯图亚特王朝复辟，其中的主要人物是詹姆斯的前国务大臣米德尔顿伯爵。少数在俗官员和约400名神职人员（约占1.2万名神职人员总数的3.5%）拒绝宣誓。这一群体包括10位上议员（其中包括克拉伦登伯爵）、61位前任或现任下议员，以及近一半的主教阶层（包括坎特伯雷的桑克罗夫特大主教和伊利的特纳主教）。许多英格兰天主教徒仍然坚定地致力于斯图亚特王朝的复辟。然而，尽管有一些高调的詹姆斯党人，但詹姆斯党在光荣革命刚结束时，并非英格兰的一股重要力量。随着时间的推移，詹姆斯党的力量将变得更加重要，因为人们将对革命后政权的发展感到破灭，甚至一些激进的辉格党人也对革命解决方案的保守主义感到失望，希望有条件地复辟詹姆斯二世，以此实现他们渴望的一些宪制改革。然而，1689—1690年间，詹姆斯党人并没有得到足够的支持来成功挑战革命后的政权。即使大多数拒绝向政府宣誓效忠者，也几乎不是真正意义上的詹姆斯党人——许多人在詹姆斯担任国王时反对过他，也几乎不喜欢他的回归，很少有人愿意积极寻求他的复辟；他们只是坚持认为，他们的誓言使得他们不能放弃效忠詹姆斯。[128]

　　因此，在英格兰，共识得以维持。大多数托利党和辉格党，从国教者和不从国教者，都能和平地接受革命的结果，虽然他们这样做，只是因为革命解决方案的模棱两可，使得不同的人可以对它各自做出利己的解释。苏格兰和爱尔兰的情况跟英格兰的截然不同，两国的革命也因此将呈现出截然不同的色彩。

第九章

苏格兰的光荣革命

在苏格兰，革命和变化既不小，也不少。教皇党人和他们的偶像崇拜所受到的打击，不是长期精心策划的结果，也不是由伟人和智者开始和影响的，而是由乳臭未干的人和其他不太受尊敬的人突然间完成的。

——亚历山大·希尔兹[1]

主教是（1）国家的恶魔，（2）教会的麻烦，（3）阻碍两者幸福的巨大障碍，为了（1）国王的荣誉和俸禄，（2）王国的幸福与安宁，（3）教会的幸福与团结，难道不应解除这个包袱，打倒这个妒忌的偶像，拿掉这个绊脚石吗？

——《苏格兰的主要诉冤》（爱丁堡，1689 年）

传统上，苏格兰的革命被认为比英格兰的革命更为彻底。苏格兰三级会议（Convention of Estates）于 1689 年 3 月 14 日召开，以决定詹姆斯在英格兰"退位"后王位的归属。会议由辉格党和长老会主导，他们达成了一项激进的解决方案，重组苏格兰君主制，并以长老制取代主教制作为国教。然而，如果说苏格兰发生了一场革命，人们也普遍认为苏格兰人是"不情愿的革命者"。[2] 一项有影响力的调查显示，"即便 1688 年 6 月詹姆斯的王后诞下小王子，似乎确保了政权的持久性之后，依然没有迹象表明苏格兰人准备发动革命"；"革命发生在英格兰，后来传入苏格兰"。[3] 同样，另一位学者总结了公众意见，认为"苏格兰的不满是被动的"；"与引发'大叛乱'（Great Rebellion）的事件形成鲜明对比的是，1688—1689 年的革命完全是在英格兰发生的"。[4] 近年来，历史学家甚至开始质疑发生在苏格兰的革命的资格，敦促人们应该用更保守的眼光看待这场革命——它是退缩的，且范围有限。按照这种观点，"1688 年苏格兰革命的参与者"对苏格兰的传统君主制没有怨言——国王才是激进分子——因此他们故意回避"新范式的制定"，而是选择用"旧有的，甚至几乎是远古的，总是保守的措辞来阐明自己的立场"。现在有些人认为，苏格兰人不仅不是不情愿的革命者，他们压根就不是革命者。[5]

　　人们对苏格兰的光荣革命知之甚少，因为关于它的研究太少了。对于 1688 年冬至 1689 年春发生的事件，目前还没有一个全面的讨论能比得上我们对英格兰所发生事件的讨论，而且对于苏格兰 1689 年的宪制解决方案（如《权利宣言书》和《诉冤条款》中包含的），我们也没有像对待英格兰的《权利宣言》那样进行学术分析。本章旨在弥补这些不足。在此过程中，它将提供一种截然不同于我们在教科书中所学到的对苏格兰革命的解读。无可否认的是，苏格兰革命的导火索来自英格兰的行动。在这方面，1688—1689 年与 17 世纪中期的内战形成了鲜明的对比，后者是由苏格兰的叛乱引发的。此外，如果回想起自复辟以来苏格兰人的三次叛乱（分别在 1666 年、1679 年和 1685 年），当英格兰人与奥兰治的威廉合谋反对詹姆斯二世时，苏格兰人相对被动的态度可能更加不寻常。

　　然而，将苏格兰人描述为不情愿的革命者（似乎适用于所有的苏格兰人）是没有依据的。恰恰相反，有不少苏格兰人渴望看到詹姆斯七世的垮台，并试图积极参与重建边境以北的政治和宗教体系。这种积极性在政治精英和中下层中都可以发现——苏格兰的民众骚乱比英格兰的范围更广泛，也更暴力——它给教会和国家带来了真正意义上的革命性结果。我们也不应该得出结论说：革命基本上是从英格兰传入苏格兰的。从本质上讲，英格兰人的反应针对的是他们认为的 1680 年代英格兰王室，特别是詹姆斯二世的违法行为，在此过程中，他们试图为法治和新教的安全提供额外的保障，并没有对现有的政治制度进行根本性的重构。相比之下，苏格兰革命是对斯图亚特王朝自复辟以来合法建构的教会和国家的自觉控诉。有些苏格兰人可以欣然接受英格兰式的革命解决方案，但苏格兰革命为何会走上这条道路，与其特定的历史发展有关，特别是复辟以来，苏格兰政府推行的各种政策所造成的政治和宗教紧张关系，这可谓一笔痛苦的遗产。从这个意义上说，苏格兰革命在很大程度上是苏格兰自己制造的：它不仅在结果上与英格兰的革命大不相同，而且源自深深植根于苏格兰历史的问题，这些问题都是苏格兰特有的。

不情愿的革命者？

　　苏格兰人是不情愿的革命者吗？他们比英格兰人更不想加入革命？这似乎值得怀疑。让我们回顾一下英格兰人做了什么：尽管在查理二世统治的最后几年出现了明显的忠君人士的反扑，而且天主教徒詹姆斯在 1685 年登上王位时也获得了相当多的支持，但是一旦詹姆斯开始利用自己的特权促进天主教徒的利益，这种支持很快就消失了。詹姆斯的举措遭到了英格兰社会各阶层的反对，威尔士亲王的诞生为天主教斯图亚特统治者添了一把延续的香火，于是英格兰人密谋拉拢奥兰治的威廉前来拯救他们的政治和宗教自由。1688
年 11 月威廉在托贝登陆后，许多人投奔他。随着詹姆斯政权开始
瓦解，反天主教的骚动和暴乱频发，人们明确反对詹姆斯二世的政
府和政策。目前尚不清楚苏格兰人的做法相较于英格兰人有何不同。
如第四章所述，詹姆斯七世在 1688 年中期疏远了相当一部分苏格兰
臣民，包括主教制派教徒和长老会教徒。我们将在本章看到，许多
苏格兰人积极与奥兰治的威廉共谋推翻詹姆斯政权，而且在苏格兰，
抗议詹姆斯七世治下的政府和措施的人群，也发生了大量反对天主
教的骚乱。如果说有什么区别的话，那就是苏格兰人比英格兰人更
积极地投身革命，或者说，与英格兰人相比，一部分苏格兰人更积
极地致力于更激进的革命性变化。

　　到 1688 年 6 月，苏格兰民众对国王的支持程度已经降到了最
低水平，这点可以从苏格兰枢密院在鼓励公众庆祝威尔士亲王出生
时遇到的困难中看出端倪。6 月 13 日、14 日，爱丁堡和格拉斯哥举
行了游行活动，但不得不出动军队，以防止可能出现的混乱，并确
保篝火被顺利点燃。[6] 6 月 21 日，爱丁堡举行了官方的感恩庆祝，几
乎没有贵族出席，当御前大臣珀斯为新亲王祝贺时，几乎没有观众
"为他欢呼"。许多户主在被罚款的威胁下点燃了篝火，但据说女仆
们经常拒绝提供生火的材料，抗议说"没理由如此欢庆"。[7] 在亲王
出生后的几周内，许多主教制派的神职人员怀疑这位新亲王的合法
性，不再为他祈祷，而是开始"向民众暗示对天主教和专制政府的
恐惧"。[8]

　　对奥兰治的威廉的邀请信确实来自英格兰，但 1688 年夏秋季，
也有一些苏格兰人积极参与了威廉派的阴谋。一些流亡的苏格兰人
对威廉在海牙的随行人员很有影响力，并于 11 月加入了威廉的入侵
部队。最著名的例子是吉尔伯特·伯内特和罗伯特·弗格森，尽管
有人可能会说，这两人当时的政治关注点集中在英格兰，而不是他

们的故土。此外，还有斯泰尔的詹姆斯·达尔林普尔爵士，他因为反对苏格兰 1681 年的《忠诚宣誓法》而逃到荷兰；以及威廉·卡斯泰尔斯，这位饱受折磨的拉伊庄园阴谋策划者，现在是威廉的牧师。斯泰尔和卡斯泰尔斯负责苏格兰的情报工作，他们派出了一些耳目收集消息并散发宣传品，其中包括威廉·克莱兰和威廉·布拉凯德博士，两人都是博斯韦尔桥和阿盖尔叛乱的老兵。第十代阿盖尔伯爵也在荷兰，他向威廉保证，他的部族将支持威廉同杀死他父亲和祖父的家族作战；还有 1685 年叛乱的老兵，如索尔顿的安德鲁·弗莱彻和波拉德勋爵，以及那些卷入拉伊庄园阴谋案的人，比如帕特里克·休姆爵士、卡德罗斯勋爵和梅尔维尔伯爵等纷纷表示支持威廉。由于身体抱恙，梅尔维尔本人无法加入威廉的远征军；直到 1689 年 2 月底，他的身体状况才允许他返回英格兰。然而，梅尔维尔的儿子利文伯爵确实随威廉去到英格兰，并自费为奥兰治组建了一个军团。威廉侵略军中的英格兰和苏格兰骑兵中队是由苏格兰人休·麦凯少将指挥的。这样的例子多不胜数。威廉在苏格兰的战役则由两个人负责——斯泰尔的儿子约翰·达尔林普尔爵士，他在爱丁堡担任苏格兰枢密院成员；伦敦的德拉姆兰里格伯爵，他是昆斯伯里公爵的儿子和罗切斯特伯爵的女婿。[9]

　　威廉从一开始就很清楚，对詹姆斯采取的任何行动都会对斯图亚特三个王国产生影响。他在 1688 年 9 月 30 日发表的宣言为其入侵英格兰的理由进行了辩护，还指责"邪恶的顾问"说服国王在苏格兰宣布"[他]被赋予了绝对权力"，并承诺在苏格兰召开议会，以恢复该王国的"古代宪制"，解决"宗教问题"，让人民可以"过上安逸幸福的生活"。[10] 此外，威廉还发表了一份单独的《苏格兰宣言》，由弗格森和其他苏格兰顾问在海牙撰写。1690 年，在威廉革命的影响在苏格兰变得明显后，一位充满敌意的作者写道，他认为苏格兰宣言"完全是长老会的"。[11] 事实上，宣言的撰写者们努力避免明显的党派之争，威廉当然也不会像 1685 年阿盖尔那样站在激进的圣约平台上。因此，苏格兰宣言没有直接攻击詹姆斯，而是像英格兰宣言一样，指责"邪恶的顾问"推翻王国的"宗教、法律和自由"，建立"专制政府"。然后，宣言详述了苏格兰恶政的"可悲影响"：国王被宣布为绝对统治者；"王国的法律、特权和权利被推翻"；公开鼓吹天主教，并提拔天主教徒担任公职；阻碍自治市的选举；以及一项宣言（即 1687 年《信教自由令》）的发布，规定"所有的议会都是不必要的，并以一种自以为拥有的"，要求人们"毫无保留服从的绝对权力，解除对宗教、自由和财产的所有保护"。威廉的《苏格兰宣言》确实暗指了查理二世统治时期的宗教迫害，其中包括强制征收债券、强制宣誓、军队免费驻扎，以及 1684—1685 年的杀戮。然而，它没有只诉诸苏格兰国教会之外的新教徒；它还回顾了在詹姆斯七世统治下，那些反对废除刑罚法的新教徒（即主教制派教徒）是如何被从公共信任的位置上清除的。《苏格兰宣言》坚称，威廉想要做的就是"让王国摆脱天主教和专制权力的危害"，并召开议会来解决上述问题。宣言最后呼吁各方达成共识，希望威廉的行动能"得到全国人民热烈而普遍的支持"。[12]

当威廉计划入侵的消息传出后，苏格兰的一些群体团结起来支持国王。10 月 3 日，枢密院致函詹姆斯，保证用"他们的生命和财富"来捍卫国王、王后和他们新生的儿子。11 月 3 日，大主教和主教们向国王送去了一封奉承信，祝贺威尔士亲王的诞生，并表达了他们对荷兰入侵的憎恶，除了阿盖尔主教和凯斯内斯主教外，其他人都签了名。[13]詹姆斯确信他的北方王国是安全的，9 月 27 日，他命令苏格兰的常备军，除主要驻军外，南下卡莱尔协助保卫英格兰。作为弥补，各郡的民兵被召集起来，摆出防御的姿态。一些苏格兰人热情地响应号召来保卫他们的国王和国家。在 10 月 11 日的一次会议上，格拉斯哥的商人们一致同意政府的建议，组建 10 支民兵队，而法夫的贵族和乡绅们则提议自费组建 400 名步兵和一支骑兵队。[14]11 月中旬，为了回应威廉在托贝登陆的消息，阿盖尔郡民兵和苏格兰御准自治市会议发表了忠诚的讲话。[15]

然而，在一些地区，当地居民的忠诚度显然令人怀疑。例如，在邓弗里斯郡，许多当地的地主都没有参加民兵队。[16]事实证明，詹姆斯将军队调往英格兰的决定是一个严重的错误。苏格兰支持威廉的人比詹姆斯预想的要多，詹姆斯的这一举动令苏格兰王国的防御在这个关键时刻被严重削弱，而威廉的支持者得以动员起来。最初，对威廉最大的支持似乎来自西南部的长老会腹地。威廉派的一个探子在夏末向荷兰报告说，"南部和西部的贵族、乡绅和平民"都"热衷于支持新教继承人"，而不从国教的牧师们"对奥兰治亲王和王妃非常忠诚"。[17]同时代的"会社分子"或者卡梅伦派历史学家亚历山大·希尔兹后来写道，"广大人民"渴望"荷兰人登陆"，尽管他承认"人们也不知道自己希望荷兰人去哪里"。在 10 月 24 日举行的一次大会上，会社分子决定，如果荷兰人在苏格兰登陆，他们也会揭竿而起，尽管他们不会将自己置于荷兰人的领导之下，他们认为荷兰人是"改革派和路德派的恶意分子和宗派分子的混合体"，加入其中会"违背苏格兰教会的宗旨"。[18]然而，苏格兰军队的撤退让那些不满的人得以转移到爱丁堡，并将苏格兰首都作为他们的活动基地。来自全国各地的"长老会教徒和不满派"开始在这里公开讨论对策，其中包括格伦凯恩伯爵和罗斯勋爵，他们是前枢密院顾问，1686 年因在议会中表示反对而被詹姆斯免职；克劳福德伯爵（其父之前是圣约派，在复辟初期曾短暂担任过财政大臣）；邓唐纳德伯爵，汉密尔顿公爵的女婿，曾被提携入枢密院，后来被詹姆斯驱逐；斯凯尔莫利的詹姆斯·蒙哥马利爵士，一位长老会教徒及激进分子，将在 1689 年的事件中发挥重要作用；格里诺克的肖勋爵，他的手下曾在 1685 年负责抓捕阿盖尔；菲利普霍赫的詹姆斯·默里爵士，据称是拉伊庄园阴谋案的策划者，曾负责拦截国王与苏格兰枢密院之间的通信。[19]

在苏格兰，就像在英格兰一样，随着危机的发展，人们开始抛弃詹姆斯，转而与威廉一起努力使国家摆脱天主教和专制政府。12月初，枢密院中出现了一个反珀斯的派系，以阿瑟尔、塔巴特和约翰·达尔林普尔爵士为中心。他们首先迫使珀斯解散民兵，理由是威廉宣布在和平时期维持武装部队是非法的；在苏格兰首都爆发反天主教暴乱后，他们最终在12月的第二个星期，促使珀斯辞职。[20]12月13日，阿瑟尔现在实际上是苏格兰政府首脑，议会根据威廉的苏格兰宣言投票赞成成立自由议会。[21] 随后，他们于12月24日致函威廉,感谢他为新教所做的努力以及他对苏格兰表达的"善意"，并请求他协助"建立一个自由的议会，在这个议会中，我们的宗教可以得到最全面的保障，包括团结所有新教徒"，"国王的公正权利、人民的财产和自由建立在这样坚实的基础上，可以让我们不再害怕我们的宗教在未来会遭到破坏"。[22]

英格兰的苏格兰人很快就加入了威廉从英格兰西南部向伦敦进军的行列。12月初，当威廉抵达梅登黑德郊区时，道格拉斯将军指挥的一个苏格兰营出逃投靠威廉。当时已经在伦敦的德拉姆兰里格伯爵也加入了亲王的行列。到了圣诞节，除了那些曾是入侵部队的成员之外，伦敦已经有一大批苏格兰人在等待亲王的到来。其中包括汉密尔顿、他的两个女婿邓唐纳德和默里（后者也是阿瑟尔的儿子）、克劳福德、德拉姆兰里格、罗斯和耶斯特勋爵。12月25日，汉密尔顿等苏格兰人在伦敦与威廉会面，感谢他的"光荣事业"，表示愿意为他效劳，并请求他接管苏格兰的军政。[23]

9月下旬，军队从苏格兰撤出，这使得大量人口的治安管理变得越来越困难。和英格兰一样，1688年秋天，苏格兰爆发了反天主教示威。10月中旬，勒特雷尔听到报告说，"苏格兰发生了一些骚

乱，是由那里的弥撒堂引起的"，珀斯遭到了"一些暴力"。[24]11 月
30 日，在格拉斯哥的圣安德鲁日，劳登伯爵和几名大学生烧毁了
教皇、圣安德鲁以及格拉斯哥大主教的画像，显然"没有遭到什么
反对"。[25]12 月初，爱丁堡大学的学生们在爱丁堡的集市十字架举行
了焚烧教皇肖像的活动，尽管当局试图阻止，但无济于事。两天后，
他们向议会大厦进发，在正午高喊"拒绝教皇，拒绝天主教徒"。强
行闯入大厦后，他们要求对"教皇陛下"进行模拟审判，宣判教皇
于马上到来的 12 月 25 日"在集市十字架上被公开焚烧"。[26]

12 月的第二周，苏格兰首都爆发了严重的动乱。9 日星期日，
谣言传遍了爱丁堡，说大批天主教徒要来到这里，打算"当晚把这
座城市烧毁"。大学生和当地学徒敲起了警钟，他们在街上一边跑一
边喊，"拒绝教皇，拒绝教皇党人，拒绝天主教大臣，拒绝梅尔福特，
拒绝神父彼得"。这一次，地方官员通过关闭城门，将人群限制在城
墙之内，阻止了对荷里路德宫天主教礼拜堂的袭击；这些年轻人只
好走到集市十字架，宣布悬赏 400 英镑捉拿珀斯或梅尔福特，不管"死
的或活的"。[27]由于担心自己的生命危险，珀斯第二天逃离首都，前
往高地；12 月 20 日，他在伪装成女人试图坐船逃往欧洲大陆时被抓
获。在爱丁堡收费亭短暂停留后，他被遣送到斯特灵城堡。[28]10 日
晚，在御前大臣出逃后，人群再次聚集在爱丁堡——不只是以前的
"小伙子"，而是"形形色色的人"，手持棍棒、剑和武器——列队穿
过城门，直奔荷里路德宫。守卫宫殿的华莱士上尉命令他的部队开
火，打死了十几名暴乱者，打伤了更多的人；枢密院派出民兵队作
为回应，要从华莱士手中夺回荷里路德宫，代价是更多的死伤。据
称，这群人大约有两三千，他们冲进宫殿，杀害了几名士兵以示报
复。继而，他们开始涂污天主教礼拜堂和修道院教堂，拆除一切"偶
像崇拜的纪念物"，将风琴打碎，并带着战利品"一路游行到城里"，
然后在修道院附近的巨大篝火中焚烧所有能烧毁的东西。他们还袭

击了耶稣会士居住的房子，洗劫了珀斯伯爵的住所和其他一些主要天主教徒的住所，并摧毁了彼得·布鲁斯经营的天主教印刷厂。第二天，这些青年去到城里所有已知的天主教徒家中，抢了他们的书籍、念珠、十字架和神像，在街上举行焚烧仪式。[29]

苏格兰其他地方的天主教徒住宅也遭到了类似的袭击。人群包围了皮布尔斯的特拉奎尔伯爵家和邓弗里斯郡的领主麦克斯韦家，抢走了各种"天主教物品"（祭坛、十字架、圣餐杯、圣饼、一盒文物、图像、蜡烛和大量典籍），然后分别将其运到几英里外的皮布尔斯镇和邓弗里斯镇，以便在集市十字架焚烧。[30]据希尔兹称，群众只是"寻找偶像崇拜的东西"，并没有盗窃天主教领主的任何其他财产，也没有将更值钱的天主教用品据为己有；他们的目的仅仅是将它们带到集市十字架，以便"当着更多目击者的面"将其销毁。[31]

反天主教骚动持续了整个 12 月，进入新年后也不见消停。圣诞节当天，爱丁堡大学的学生们在集市十字架边举行了计划好的焚烧教皇肖像仪式，共有数千名观众围观，其中不乏枢密院顾问和地方官员。[32]苏格兰也经历了类似爱尔兰的恐慌。圣诞节前不久，谣言四起，说爱尔兰天主教徒已经登陆加洛韦，并"将大肆烧杀破坏"。当地居民开始武装起来自卫，并着手逮捕本地的天主教徒。例如，在邓弗里斯，他们抓住了市长，以及其他几位教皇党人和神父，把他们扔进了监狱。[33]1689 年 1 月 11 日，阿伯丁举行了一次特别精心策划的焚烧教皇肖像游行，旨在纪念该自治市恢复地方选举，并让忠诚的新教徒重新担任治安法官和市议员，以取代詹姆斯七世强加给该市的那些人。这场游行是由大学生组织的，他们甚至采取了预防措施，提前向市政府写信告知自己的计划，邀请他们参加，并保证游行的和平进行。一条长长的游行队伍穿过市中心，队伍中有人装扮成天主教神职人员。在上演了一部描述"巴比伦大淫妇"和巴比伦王国垮台的短剧后，学生们举行了一场模拟审判，指控教皇"背叛上帝"，"以宗教、君主制和政府为敌，是一个公认的杀人犯"，然后在集市十字架边把教皇肖像烧成灰烬。当晚以烟花和圣三一教堂的钟声结束。在詹姆斯七世统治时期，圣三一教堂被移交给天主教徒，现在恢复了新教徒的礼拜活动。[34]1689年1月中旬，苏格兰的弥撒堂再次遭到袭击。[35]

这里描述的反天主教骚乱模式，与1688年末英格兰的情况相似。在这两个国家，我们都可以看到，人们在庆祝詹姆斯亲天主教政策的终结，并试图利用国王权威的崩溃来压制他们认为非法的宗教活动。此外，和英格兰一样，这种群众活动表明了苏格兰新教徒的共同愿望，即摆脱天主教。长老会教徒，尤其是会社分子，肯定积极参与了这些活动，他们后来也承认了这一点。[36]另一方面，格拉斯哥大学、爱丁堡大学和阿伯丁大学的学生所扮演的突出角色表明了主教制派的重要存在。尽管一些参与反天主教运动的人可能希望詹姆斯七世最终下台，并随后重建教会制度，但其他人认为自己反对的只是天主教国王采取的非法措施。例如，12月初的爱丁堡暴乱者谴责了天主教和詹姆斯的天主教大臣们，但并没有提到国王本人；相反，根据威廉的苏格兰宣言，他们只要求"一个自由的议会"。[37]可以肯定的是，有些人坚定地认同威廉的立场。12月15日，来自爱丁堡的一份报告称，新教徒"在这个王国的一些地区武装起来，宣布支持奥兰治亲王，支持新教和自由议会"。[38]12月底，在格拉斯哥，激进的圣约派牧师博伊德先生和其他会社分子一起宣读了威廉的宣言，并公开宣布他为"新教保护者"，据说"整个国家"都在"拥护亲王"。欧文和埃尔两地同样宣读了威廉的宣言，而1月1日，爱丁堡的治安法官在宣读完威廉的宣言后，"燃起了篝火"。[39]相比之下，阿伯丁大学的学生在1月11日的仪式中使用了更多表忠心的词句。他们在写给镇治安法官的信中表示，希望"所有维护真正的新教"并"维护神圣的陛下"的人都能"生活富足、安全"，而在他们的戏剧表演中，那些见证教皇倒台的人不仅承诺要挫败罗马的阴谋，而且高呼"永远为宗教和我们的国王祈祷"。[40]

　　然而，从 1688 年圣诞节开始，一直持续到 1689 年上半年，西南各郡也发生了一系列针对新教从国教神职人员的袭击，当地长老会教徒试图将主教制派牧师赶离他们的圣职。这些所谓的"乌合之众"遵循一种共同的、仪式化的模式。他们通常会把主教制派牧师从住处抬到教堂墓地（或其他公共场所），"把他当作已经定罪的罪犯，向人们揭穿他的罪行"。然后，他们会禁止他"再在那个地方"传教，撕毁他的长袍，把碎布扔到他的头上，焚烧他的《公祷书》，夺去教堂的钥匙，锁上大门，并将他和他的家人逐出牧师住宅。[41]1688 年圣诞节，在丹巴顿郡的巴德诺克，一群长老会教徒发现牧师已经逃走了，就找牧师妻子的茬，扬言"要割掉她的天主教鼻子，撕开她的天主教肚子"。在格拉斯哥的凯思卡特，长老会教徒把牧师的妻子和孩子们赶出住宅，把他们整夜关在马厩里，其中三个孩子差点在"恐惧和寒冷"中死去。主教制派教徒抱怨民众经常使用暴力。据载，在埃尔郡的巴伦特雷，牧师"怀了孩子"的妻子被打倒在地，而牧师自己"被一把短剑刺伤"，并"被棍棒狠狠地打了一顿"。然而，有时是成群的长老会妇女攻击主教制派男性。例如，1 月 17 日在格拉斯哥，"一大群人，大部分是妇女，来到教堂，企图把牧师从讲坛上拖下来"。牧师事先得到通风报信，决定不进教堂，而是悄悄地溜走，但他遭到了"最野蛮的殴打，长袍和外衣被撕成了许多碎片"——不过打他的究竟是那些打算在教堂里伏击他的女人，还是埋伏在教堂外面的男人，我们就不得而知了。[42]被"乌合之众"攻击的牧师中，有一位是布鲁姆希尔的约翰·伯尼，1686 年夏，他拒绝了作为诱惑他支持废除刑罚法而提供给他的主教职位，到了 1688 年秋，詹姆斯七世的政府开始怀疑他，派一名天主教军官带人"两次严查"他的住宅，以寻找隐藏的武器。圣诞节时，大约 40 名全副武装的长老会教徒前来将伯尼赶出他的住宅，他的妻子告诉来人，他们应该感到羞耻，因为他们出于对新教的虚假热情，"像教皇党人那样毁坏和搜查他们的房子"。伯尼则相对冷静，他欢迎武装人员进来，给他们食物和饮品，并答应"在合适的时候"搬到堂区里一所乡绅的空房子里，那些人才和平地离开，而之后伯尼也这么做了。[43]

尽管各类长老会教徒似乎都参与了暴动，但会社分子是"最活跃的"。事实上，他们随后发布了指导方针，指导其成员如何开展行动。在 1 月 3 日的会议上，针对"主教制派教士"的马匹、武器、钱财及其他家庭财产被抢的报道，他们起草了一份"道歉书"，在全国各地的集市十字架边发布，声称他们觉得自己有义务"以一切可行的手段铲除主教制，就像我们努力消灭天主教一样"，因此他们会尽其所能将"主教制派教士从他们侵占的教堂中驱逐出去"，但他们不赞成拿走教士的财产。在 1 月 23 日举行的另一次会议上，他们起草了一份文件，让堂区居民事先交给他们的牧师，其中警告牧师停止神职并离开教堂，还威胁说，如果他拒绝，将遭到武力驱逐。[44] 这些指导方针似乎得到了严格遵守。例如，1689 年 2 月 1 日，林利斯戈郡的长老会在夺取教堂控制权之前，向牧师的妻子（同样，牧师不在家）递交了这样一份文件。[45]

这些暴动表明了对教会复辟方案的拒绝——对某种新教解决方案的攻击——而不仅仅是对天主教的拒绝。此外，与反天主教骚乱针对非法活动不同，长老会群众试图推翻合法的教会建制，恢复在复辟时期被废除的教会建制。他们的行为也直接违反了 1685 年的一项立法，该法规定入侵国教牧师住宅为死罪。[46] 这些人有着自觉的革命性，与在英格兰看到的任何情况都不同。正如那些在 1688 年圣诞节剥夺埃尔郡卡姆诺克牧师圣职的人所说的："他们既不是政治家，也不是教会人士，而是使用暴力和军事手段进行改革。"[47] 他们认为自己可以自由行动，因为政府已经因詹姆斯的逃离而解散了。[48]

一位长老会的辩护者称，"这些事情都是在空位期进行的，那时我们既没有民事政府，也没有教会政府。当时一个国王已被赶走，而另一个国王还没有登基"。[49] 简言之，长老会群众抓住政府垮台的机会，推动他们自己的改革议程。当布里奇豪斯的领主试图警告一群长老会教徒，说"他们带着武器出现，以这种敌对的方式虐待神职人员，是对国家法律的无礼践踏"，认为他们"最好不要如此非法地鲁莽"时，他们告诉他"站远点，不要给他们制定规则"，并补充说，"他们不会遵守奥兰治亲王的命令，也不会遵守王国的法律，除非《神圣盟约》得到履行和执行"。[50] 斯凯尔莫利的长老会激进派詹姆斯·蒙哥马利爵士认为，考虑到这些人遭受过的可怕迫害，以及许多被赶出去的神职人员所充当的告密者角色，发生这样的暴动就不足为奇了。[51] 在缺乏可靠证据的情况下，被驱逐者的确切人数仍不得而知；当时的人认为有两三百人。[52]

1688/1689 年冬天的均势

既然如此，这样的说法就很难成立，即苏格兰人在 1688 年与 1689 年之交的冬天一直处于被动状态，或者说他们不情愿地参与了旨在让英格兰王国摆脱天主教和专制政府的运动。有些人很主动地与威廉密谋，更多的人在他抵达英格兰后宣布支持他，而另一些人则走上街头，表现他们对天主教甚至是现有教会建制的敌意。到 1688 年底，詹姆斯已经疏远了相当一部分苏格兰人，各阶层的政治和宗教人士都广泛支持威廉宣言的目标，即确保苏格兰的宗教、法律和自由。问题在于，对于如何实现这一目标，苏格兰并无共识。与英格兰不同的是，它不可能达成一个使王国大多数人能够团结一致的妥协方案。

新年伊始，许多著名的苏格兰人来到英格兰南部，与威廉讨论他们国家的未来。1月7日，威廉将当时在伦敦的所有苏格兰贵族和乡绅召集到圣詹姆斯宫，就如何"确保新教，恢复［他们的］法律和自由"这一问题征求他们的意见。一个由30位贵族和80位乡绅组成的小组回到白厅，选举汉密尔顿为他们的主席，在接下来的几天里继续讨论他们应该采取什么方向。汉密尔顿的儿子阿伦伯爵虽然承认苏格兰人欠威廉"将他们从天主教中解救出来"的人情债，但仍坚持认为需要把詹姆斯的"天主教和他个人"区分开来——"我不喜欢这个人，但我已经发誓要效忠于他"；因此，他建议苏格兰人恳请威廉邀詹姆斯回国，并"根据王国的已知法律"，召开自由议会，"确保［他们的］宗教和财产"。他的动议没有得到支持。相反，1月10日，会议一致同意邀请威廉暂时接管所有的军政事务，并于3月14日在爱丁堡召开三级会议来解决政府问题。[53]

要弄清楚革命时期苏格兰的政治忠诚模式并非易事。我们不仅可以看见各种相互竞争的政治和宗教立场，还可以看到短期内政治忠诚的明显摇摆。苏格兰精英们在做出反应的过程中，无疑受到对自身利益考虑的影响，权贵们会争夺地位，寻求实现自己的个人野心。[54]然而，如果观点过于愤世嫉俗，会走向错误；信念确实起了一点的作用。有些人把对个人的忠诚放在首位，不管这个"个人"是詹姆斯、威廉还是他们自己，而另一些人则更多是为了实现特定的宗教或宪制目标。不可避免的一个极端是詹姆斯党人，出于个人忠诚或政治承诺的原因，他们总是忠于詹姆斯七世：比如信奉天主教的戈登公爵、爱丁堡城堡的总督，以及信奉新教的巴尔卡雷斯伯爵和克拉弗豪斯伯爵（后者最近被封为邓迪子爵）。当枢密院于12月22日下令交出爱丁堡城堡时，戈登拒绝了。他说，是国王直接任命的他，除非国王下令，否则他不能放弃。[55]戈登以詹姆斯国王的名义坚守城堡，直到1689年6月中旬。1689年2月，在威廉和玛丽在英格兰登上王位后，巴尔卡雷斯和邓迪公开举杯祝愿"威廉国王陷入混乱，詹姆斯国王得以复辟"；[56] 事实上，邓迪很快就发动了一场叛乱，试图复辟詹姆斯。还有一些人，比如阿伦，不喜欢詹姆斯作为国王所采取的措施，欢迎威廉将苏格兰从天主教和专制政府中解救出来，但他们希望能够达成一项解决方案，以维护詹姆斯在苏格兰的王位。

不过，那些从一开始就对詹姆斯忠心耿耿的人是少数。有一大群摇摆不定的人，在政坛上或肆无忌惮，或游刃有余，或胆小如鼠。当然，也有一些人准备采取看似最有可能捞到政治资本的行动方案——像阿瑟尔和塔巴特这样的人，他们在查理二世和詹姆斯七世时期都担任过要职。1688 年底，当有机会向珀斯发动进攻时，他们转投了威廉的阵营。当他们在新政权下得不到想要的认可时，他们就开始与詹姆斯党人眉来眼去。还有一些不那么引人注目的人物，他们是政治现实主义者，能够顺应时代潮流，支持最务实，因此也是最可行的解决方案。[57] 有些人一开始可能更喜欢一个能让詹姆斯继续担任国王的解决方案，但一旦形势变得明朗，他们就坚定地加入威廉的阵营。如果我们将主教制派视为一个群体，虽然其中一些人是坚定的詹姆斯党人（如巴尔卡雷斯、邓迪和主教们），但其他人则更灵活，并在一段时间内表现出愿意与威廉合作，试图达成一个既能维护主教制，又能使君主权力不受削弱的解决方案：像昆斯伯里公爵、罗斯豪的乔治·麦肯齐爵士，以及阿瑟尔和塔巴特（如果对他们的动机不进行那么冷酷的解读）。

在威廉派中，我们可以找到立场截然不同的各方。有一些长老会成员，如克劳福德伯爵、阿盖尔伯爵、萨瑟兰伯爵以及帕特里克·休姆爵士，希望对教会和国家进行根本改革。还有各种各样的平衡者，他们忠于威廉，无论达成什么样的解决方案，都会忠于新政权，但他们试图促成一个比长老会所希望的更温和的解决方案，以减少革命的党派色彩，并赢得尽可能广泛的民众支持。这些人包括特威代尔、斯泰尔的詹姆斯·达尔林普尔及其儿子约翰爵士，还有汉密尔顿（他为威廉的效劳和对本人需求的满足先于任何特定的党派议程），甚至还有威廉的第一任苏格兰国务大臣梅尔维尔伯爵（尽管梅尔维尔更明显地属于长老会阵营）。最后还有作为光谱一端的激进分子，他们寻求在教会或国家（或两者兼而有之）中寻求革命性的解决办法，当他们所希望的改革没有付诸实施时，他们开始疏远新政权。这些人包括卡梅伦派会社分子，也包括激进的长老会政客，如斯凯尔莫利的詹姆斯·蒙哥马利爵士，他因对革命解决方案感到失望，转而变成了詹姆斯党人。

从詹姆斯 12 月出逃到次年 3 月苏格兰三级会议的最终召开，各种利益集团都试图就他们喜欢的解决方案游说威廉。最有组织的团体是长老会。1688 年 12 月下旬，他们忙于向威廉献词，讲述了在过去两任国王统治时期，他们在主教制下遭受的苦难——高地大军、高额罚款、酷刑和对野外秘密宗教集会者的草率处决——要求他召开自由议会，"消灭主教制"，"重建苏格兰教会的长老会政府"，并召回那些在复辟时期被驱逐的牧师。这份献词似乎是初稿，因此从未真正递交给威廉。但取代它的是一个大致相同的版本，该文件于 1 月在爱丁堡召开的长老会牧师大会上起草，随后由各贵族、骑士和乡绅（包括克劳福德伯爵、阿盖尔伯爵、萨瑟兰伯爵和卡德罗斯伯爵，以及斯泰尔和休姆）签署，最终于 2 月 27 日在伦敦交给威廉。[58] 另一份呼吁废除主教制的献词，据称有 4 万人签名（"贵族、乡绅和平民"），准备在 3 月中旬提交给苏格兰三级会议；这份献词也要求将政府交予威廉，将"法律的执行权"交给虔诚的人手中，尽管并无记录表明它有递交过。[59] 会社分子同样起草了一份向三级会议提交的请愿书，要求"废除那些撤销了最公正和最值得称赞的长老会政府的法律"，从而使教会摆脱"主教制、天主教和国家万能论的桎梏"。这份请愿书实际上也从未递交过。[60]

　　光谱的另一端是那些想要保留教区主教的人。许多苏格兰贵族和乡绅，以及泰河北部的绝大多数人，都支持主教制。主教们自己也开始疯狂地游说英格兰主教，竭力维护他们的秩序。12 月 20 日，格拉斯哥大主教帕特森去信坎特伯雷大主教，请求他原谅"我们最近为满足国王最强烈的愿望而做出的让步或屈就"——他将此归咎于苏格兰主教没有享受与英格兰主教相同的任期保障，而且根据 1669 年的《君主至上法》，国王可以随意解雇苏格兰主教——并坚持"如果主教制无法在苏格兰获得稳固"，威廉将难保苏格兰王位。四天后，圣安德鲁斯大主教写信给桑克罗夫特大主教，提出了类似的观点，他在信中进一步警告说，主教制派的和平取决于苏格兰教会是否得到保存。帕特森还请求威廉保护其教区西部的主教制派牧师免受暴民的强行驱逐。[61]然而，即使苏格兰主教们准备请求威廉的保护，他们也不会同意让他登上苏格兰王位。相反，正如爱丁堡主教威廉·罗斯对亲王直言的，他们坚持只在"法律、理性或信仰允许的范围内"为他服务。[62]

　　相对来说，在俗的主教制派利益集团的领导人提出的要求更为简单。其中的关键人物是昆斯伯里公爵（1680 年代查理二世的财政大臣，在詹姆斯登基后不久被珀斯派推翻）、罗斯豪的乔治·麦肯齐爵士（前总检察长，1686 年因反对詹姆斯试图废除刑罚法而被免职），以及塔巴特子爵（也叫乔治·麦肯齐）。1689 年初，他们三人都在伦敦游说，为主教辩护。[63]1 月，两位乔治·麦肯齐向奥兰治亲王进谏，建议威廉既然"来支持我们的法律"，他就"有义务支持主教制"，这一点"得到了 27 位议员的确认"。他们还提醒说，因为苏格兰长老会在原则上就反君主制，苏格兰的"主教制"是"支持君主制的必要条件"。[64]1689 年初，受昆斯伯里提携的亚历山大·凯恩克罗斯（被剥夺了权利的格拉斯哥大主教）也在伦敦，代表他的教团在威廉的宫廷里活动。[65] 在三级会议上，阿瑟尔和塔巴特表示，他们愿意支持威廉成为国王，但与此同时，他们继续游说威廉，试图说服他保留主教制。[66]

　　现代历史学家强调，因为在意识形态上奉行世袭继承权的不可侵犯性、君权神授和消极服从等理论，苏格兰主教制派教徒难以放弃对詹姆斯的支持。[67] 要想让威廉支持主教制派的利益，就必须证明推翻詹姆斯七世是正确的，与他们所宣称的不抵抗的信念是一致的，并且与长老会的抵抗理论保持相当的距离。塞尔扣克的主教制派牧师詹姆斯·卡纳里斯指明了前进的道路。1685 年，卡纳里斯支持詹姆斯继位，但到了 1686 年 2 月，他转而反对新政权，并发表了一篇猛烈的布道，攻击天主教徒和新教狂热分子的"不忠原则"，为此他被停职。1689 年 1 月 30 日，弑君四十周年纪念日，在爱丁堡的一次布道中（这篇布道后来扩展成小册子出版），卡纳里斯阐述了一种有限抵抗的理论——谴责天主教和长老会的原则，试图使得服从的宗教义务与人民在君主违法时追究其责任的世俗权利相兼容。他的巧妙论证无疑涉及了对苏格兰主教制派教徒来说是新的范式的阐述，也否定了这样的观点，即苏格兰革命在意识形态上毫无建树。

　　卡纳里斯一开始肯定了圣保罗的不抵抗学说，认为人为了信仰必须服从最高权威。[68] 然而，臣民"因其信仰而向君主交出的一切权利和义务，是国王可以根据他们所处的特殊宪制，合法地向他们索取的"，不能超过"根据既定的政府形式，他有正当权利拥有的"。卡纳里斯断言，虽然"国王依法进行统治时，是高于全体臣民的"，但"当他抛弃法律，以自己的意志代替法律时，他的臣民们就要指望自己了"。任何"臣民个人"都不可以因个人所遭受的不公行为而"反抗"其所在的政府。但是"当臣民的权利普遍受到侵犯，他们所有人的公共利益都受到不公正对待"时，"每个臣民不仅可以"，而且"应该尽其所能，在法律上使所有臣民摆脱他们正在或已经遭受的暴政和压迫"。[69]

　　然而，卡纳里斯却不喜欢长老会的抵抗理论。他谴责那些假装对上帝或宗教热忱，以推翻与自己宗教观点不一致的君主的人：基督不允许这样的事情发生，如果"臣民仅仅为了他们的宗教而推翻君主"，那么"他们就做不了基督徒"。[70]罗马教会专门宣传这种反叛的教义，许多自称新教徒的人也遵循了教皇的这一原则——比如那些要为弑君负责的人。[71]然而，"对于臣民们来说，维护其宗教信仰的合法权利是另一回事"，因为"任何以这种方式建立的宗教都不可以被侵犯，否则他们的政府宪制也会被侵犯"。这是一个巧妙的论点，它允许主教制派教徒反抗，但否认了长老会教徒的反抗权利。[72]

　　考虑到苏格兰长老会和主教制派之间的力量平衡，以及一些主教制派明显有与威廉合作的意愿，一些人开始觉得最好在教会中寻求一个折中的解决方案。苏格兰枢密院在12月24日给威廉的信中表示希望全面解决教会问题。[73]威廉本人并不反对保留主教制，他希望得到一个尽可能少得罪人的解决方案。[74]另一些人认为，当务之急应该是达成合适的政治解决方案，将更有争议的宗教问题放在次要位置，留待日后解决。正是在这种背景下，英格兰和苏格兰之间进行政治合并，将两个王冠和两个议会合在一起的想法再次出现。它的主要倡导者是特威代尔。自1687年2月以来，特威代尔一直处于自我强制的半退休状态，并没有参与詹姆斯的亲天主教政策。这个平衡者希望建立一个中央联盟，以防止极端势力夺权，他认为合并是保证军事和政治安全的最佳方式，也可以让教会问题得到温和的解决。[75]政治合并还能防止苏格兰人在1689年自行其是，并打破1603年以来已然存在的王位合并。12月29日，在特威代尔的煽动下，哈丁顿郡的贵族、乡绅和自治市起草了一份致威廉的信函，邀请他考虑苏格兰和英格兰王国如何"实现更为严格和密不可分的合一"，在他们看来，这将防止苏格兰的敌人在未来利用"我们各自不同的法律、习俗和政府运作，在任何一个王国组建常备军，从而威胁或强迫另一个王国去改变他们的宗教信仰，或削减他们的自由"，或引进外国军队以"颠覆双方的宗教和自由"。[76]

不过，长老会怀疑，苏格兰人在自己的教会达成解决方案之前，跟一个受主教制利益集团主导的国家合并，是一种暗中寻求在苏格兰保留主教制的卑鄙手段。[77] 虽然哈丁顿郡的信函并没有表达对教会解决方案的偏好，但毫无疑问的是，昆斯伯里和塔巴特等主教制派教徒认为合并的想法很有吸引力。[78] 塔巴特和麦肯齐在他们的进谏中提醒威廉，如果苏格兰受制于长老会，就会破坏与英格兰合并的机会，因为英格兰人支持主教制。[79] 威廉本人赞成合并，并声称他在伦敦遇到的许多苏格兰贵族和乡绅都认为"两国合并是促进两国幸福，并在两国之间实现持久和平的最佳手段之一"。[80]

苏格兰三级会议的召开

到了 1688 年与 1689 年之交的冬天，大多数苏格兰人都寄望于奥兰治的威廉，希望他召集自由议会，帮助他们的王国摆脱天主教和专制政府。毫无疑问，有一些人（就像在英格兰一样）希望在保留詹姆斯七世王位的同时实现这一目标。然而，就目前看来，如果采取相应措施来解决他们的宗教问题，许多主教制派教徒可能会同意一项有利于威廉的解决方案。还有一些人看到了折中办法的价值，他们尤其希望在教会中达成一种温和的解决方案。有些人认为，最好的办法是与英格兰在政治上合并。换言之，有相当多的苏格兰人可能会欢迎英格兰式的解决方案，甚至有些人想完全照搬。然而，最终还是没有达成折中。3 月 14 日在爱丁堡召开的三级会议上，权力的天平明显地偏向了辉格党和长老会，他们寻求对教会和国家进行彻底改革。那么，鉴于我们在 1688 年与 1689 年之交的冬天所确定的均势，为什么三级会议最终会成为一个如此党派化的机构呢？

在很大程度上，这是因为坚定的辉格党人和长老会教徒，比起詹姆斯党人或亲威廉的主教制派教徒，有更多的人选入三级会议。鉴于詹姆斯对御准自治市的改造，使他能够安排自己的人控制御准自治市代表的选举过程，很显然，为了实现自由议会的愿望，三级会议成员必须经由某种重组后的选举权产生。1 月在伦敦举行的会议上，苏格兰人一致认为，郡选举权可以保持不变，但自治市的选举应该通过全体自治市民投票来进行。他们还决定，只有新教徒才被允许投票或参选，但《忠诚宣誓法》将暂停实施——这样一来，长老会教徒也有权利投票了。[81] 长老会教徒似乎在投票中非常活跃，尤其是会社分子，他们为自己喜欢的候选人拉票，并散发文件，敦促人们选择那些会投票支持废除 1669 年苏格兰《君主至上法》（该法使国王成为苏格兰教会的领袖）和推翻主教制的人。[82]

主教制派的辩护者称，许多主教制派教徒决定抵制选举，拒绝成为他们一直代表的选区的候选人，甚至拒绝投票，因为在他们看来，未经国王同意开会商讨国家事务，有违《忠诚宣誓法》。[83] 这种说法可能有些虚伪，是事后为失败找理由。例如，斯凯尔莫利的长老会政治激进分子蒙哥马利说，主教制派"比所有人都更积极地参与选举"，在各郡和各自治市"夜以继日地讨要选票"，并使用"一切可以想象的间接方式"，包括人身恐吓，好让他们自己的人当选。[84] 不过，主教制派教徒在选举中明显表现不佳。

此外，在选入三级会议的詹姆斯党人和主教制派教徒中，有几个人要么退出，要么被驱逐。有的是看到形势的变化——汉密尔顿以 15 票的优势击败阿瑟尔（主教候选人），赢得会议主席的选举——一开始就离开了。有的则是被选举委员会换掉的，该委员会由约翰·达尔林普尔爵士担任主席，由长老会教徒和坚定的威廉派控制，在决定有争议的选举时，公然偏袒自己人。相比之下，至少有两名贵族（阿盖尔和梅尔维尔）和两名郡代表被允许担任议员，尽管他们因为被判过失罪，而在法律上被禁止任职。[85]

詹姆斯本人也必须为在大会内破坏自己的事业承担一定的责任。3 月 16 日，即会议召开两天后，苏格兰三级会议听取了两封信，一封来自现任英格兰国王威廉，另一封来自詹姆斯。会议决定先读威廉的信，因为"它不能像国王的信那样解散会议"。这封信的语气温和，只是邀请与会者"在协商时务求奠定可靠而持久的基础"，"以公共利益以及人民的普遍利益和意愿为重"。它没有主动提出什么要求，只表达了威廉相信合并是有裨益的。三级会议同意，只有在通过一项法令后才能读詹姆斯的信，该法令要确认他们是"一个友好而自由的三级会议"，而且"不会解散"，直到他们解决并确保"新教、政府、王国的法律和自由"。詹姆斯的信十分强硬。它指责三级会议是在"奥兰治亲王篡夺的权力"下召集的，并要求与会者作为忠诚的臣民支持他的"王室利益"，并威胁要"用我们的法律严惩"叛乱之徒；信中表示，在詹姆斯召集议会之前，苏格兰人将不得不等待机会来保障他们的"宗教、法律、财产、自由和权利"。据《伦敦公报》报道，詹姆斯的信"反而使三级会议更加一致同意将政府交给威廉"。[86]

来自外界的压力也对三级会议最终的政治面貌产生了影响。首都的人口因为从西南郡来的约二千名志愿军而膨胀，他们中的许多人是会社分子，当爱丁堡城堡还在信奉天主教的戈登公爵手中时，他们来为三级会议提供警卫。会议决定暂时接受他们的服务，让利文伯爵指挥；等麦凯少将指挥的一些苏格兰兵团从英格兰返回后，于 3 月底解散。他们的存在有助于使苏格兰首都成为公开的反詹姆斯党人的地方。三级会议开幕时坚持为詹姆斯国王祈祷的主教们发现，每当自己穿过爱丁堡的街头时，都会被愤怒的人群"责骂、威胁、责难和侮辱"，他们的许多平信徒支持者也被如此对待。3 月 18 日，一份报告称邓迪与戈登密谋对三级会议发起攻击，导致汉密尔顿下令关闭议会大厦的大门，警告"门内和门外都有危险"，并呼吁利文动员他的志愿军保护这座城市。大批人手持武器聚集在议会大厦附近的广场上，当来自城堡的直接威胁似乎已经过去，大厦的大门终于打开时，詹姆斯党人和主教制派教徒不得不面对一个可怕的前景，即穿过充满敌意的人群走出去，这些人以威胁和诅咒迎接他们，而已知的威廉派和长老会成员却发现他们受到了欢呼和喝彩。面对这种恐吓，几名詹姆斯党人和主教制派教徒决定退出会议。而对于许多一直摇摆不定的人来说，现在是时候坚定地加入威廉的阵营了。[87]

三级会议的名册上列出了 188 名与会人员：9 名神职人员（包括 2 名大主教）、58 名贵族、121 名郡和自治市的委员。[88] 选举对会议的组成产生了最大的影响，这是选举权重组和国家政治氛围变化相结合的结果。在 56 名郡委员中，只有 12 人参加过 1686 年的议会，65 名自治市委员中只有 13 人。根据塔巴特的说法，在新的选举方法下，长老会成功的关键在于自治市；大多数贵族和男爵都"不支持长老会"。[89] 替换或退出，只是决定三级会议政治面貌的次要因素。事实上，选举委员会总共只听取了 10 起有争议的或者双重选举结果的案件。[90]3 月底，英格兰官方的议会议事记录显示，6 位主教、9 位伯爵、3 位子爵、7 位勋爵和 10 位乡绅选择缺席会议，总共有 35 人。退出不一定是永久性的；一些退出的人后来又回来了，包括几位主教。然而，还有一些人在关键的日子里装病缺席。[91]

因此，出于这些不同的原因，三级会议逐渐被那些希望"教会摆脱主教制，国家摆脱专制政府的人"所主导。在留下来制定革命解决方案的人中，少数人支持无需任何附加条件地将王位授予威廉和玛丽，但他们很快就被否决了。其他人则支持威廉提出的与英格兰合并的建议。两位达尔林普尔（斯泰尔和他的儿子约翰爵士）和塔巴特提议两个国家应该由一个议会代表，苏格兰应该保留自己的市政法人和现有的教会政体，然后通过现在的这个非常议会或随后的议会对其进行修改。这一方案吸引了那些"有意投机取巧"的人，他们看到了将有争议的教会问题推迟到解决王位问题之后的好处。达尔林普尔和塔巴特还试图诉诸三级会议中剩下的詹姆斯党人，声称每一个条约都需要几个月才能缔结，而争取这样的时间只会让詹姆斯七世受益。然而，会议否决了这项提案。詹姆斯的支持者们没有响应，因为他们意识到两国合并只会有益于已经是英格兰国王的奥兰治亲王。汉密尔顿及其支持者也反对这一想法，认为这将威胁到他们在苏格兰的政治统治抱负。长老会担心与一个"英格兰国教会是最强大的党派"的国家合并会"给苏格兰教会带来不良后果"，要求首先废除主教制。政治改革者们则担心合并会使得他们没有机会"区分那些属于作为人民的苏格兰人的权利或特权"。合并的想法并没有被完全抛弃。一些长老会成员准备在会议后期——他们的政治和宗教议程实现后——再考虑这个。4 月 23 日，三级会议确实任命了专员，负责与英格兰人就两个王国的合并进行谈判。然而，那时已经太晚了，因为两国的革命已经走上了截然不同的道路，英格兰议会也不再有兴趣推行这一想法。[92]

革命解决方案的形成

4 月的头两周，苏格兰三级会议达成了一项革命解决方案，比英格兰人的更为激进。4 月 4 日实施了第一个重要步骤：会议宣布王位空缺。他们不可能效仿英格兰人的做法，认为詹姆斯逃离国家就是退位，因为自 1603 年詹姆斯六世继承英格兰王位后，苏格兰国王就再也没有在自己的祖国居住过。正如阿伦 1 月 8 日在伦敦向苏格兰议会指出的，国王"目前由于身在法国而不在我们身边，并不影响我们履行自己的职责，正如他长期不在苏格兰不会影响我们一样"。[93] 一种方法是遵循英格兰辉格党所倡导的路数，认定王位空缺就是因为詹姆斯打破了国王和臣民之间的原始契约。一本小册子的作者认为，根据苏格兰"政府的宪制"，"国王和人民之间有一份原始契约，根据该契约，他们的国王必须依法治国"，而且历史表明，"当国王侵犯宗教、法律和臣民的自由"，各阶层"有权召集会议，对国王提出质疑"。[94]

　　然而，三级会议达成的王位空缺声明没有提及原始契约。相反，它的结论是，詹姆斯"颠覆了政府的行政目标"，"滥用了国王的权力"。这是因为詹姆斯"作为一个公开声称的教皇党人"，在没有按照法律规定进行加冕宣誓的情况下，就掌握了"统治权并作为国王行事"，而且"在邪恶顾问的建议下"，"违反这个王国的基本宪制"，将其从"受法律限制的君主政体变成一个专制的王权"，并利用自己的权力颠覆新教，侵犯"国家的法律和自由"。声明还指控詹姆斯犯下了一系列会议认为违法的行为：他"号称拥有绝对权力，可以中止、废除法律，特别是确立新教的法律"；建立耶稣会学校；允许公开举行弥撒；将新教礼拜堂和教堂改建为公共弥撒堂；解除新教徒的武装，并任命天主教徒担任民事和军事职务；建立天主教印刷厂；把新教贵族和乡绅的孩子送到国外，把他们培养成天主教徒；向神父发放养老金；贿赂新教徒，通过给予职位和养老金来让他们改宗；违反法律强制宣誓；未经议会或三级会议同意，为索取钱财而给予礼品和赠款；在和平时期，未经议会同意而组建常备军；在军队中用军官当法官，因此许多人在没有合法的审判、陪审团或记录的情况下被草率地处死；在没有证据的情况下对非死刑犯使用不人道的酷刑；征收过高的罚款；无故监禁百姓；根据古老过时的法律没收了几个人的财产，尤其是阿盖尔伯爵的；颠覆御准自治市选择自己的治安法官的权利，以便控制他们把谁选入议会；将法官的任期从终身制改为依国王的意愿，这样一来，只要看法官不顺眼，就可以赶他们下台；给予个人免于民事债务的私人保护。[95] 以上这些指控的罪行，有一些是查理二世而非詹姆斯七世所为。

　　我们不应将"forfault"一词与现代的"forfeit"一词相混淆：前者是一个专业的法律术语，通常适用于封地，它在王位空缺声明中的使用表明，苏格兰人对于他们的君主制抱着封建主义观念，而不是更现代的契约主义观念。然而，正如一位学者坚称的，这并不意味着苏格兰人因此采取了保守而非激进的立场。[96] 三级会议选择没收 (forfaulture) 的理由似乎有其特定的原因。根据巴尔卡雷斯的说法，会议坚持说"他们不打算把［詹姆斯］作为叛徒而没收其权利"，而只是宣布他"被没收权利"，因为这一判决将影响到詹姆斯的家人，"并消除威尔士亲王在未来可能拥有的任何借口"。然而，值得注意的是，巴尔卡雷斯认为这是一种"幼稚的区别"。[97] 此外，这也造成了更多的问题，因为这不仅会导致年幼的威尔士亲王，也会导致詹姆斯的其他孩子，包括威廉的妻子玛丽被排除在继承权之外。因此，三级会议决定，决议中的"forfault"一词"不应意味着对王位继承权做出其他变更，而应该只是针对詹姆斯国王、威尔士亲王以及他们任何一位的子嗣后代"。[98]

　　三级会议在选择"没收"一词时，也许是有意寻求更为激进的方案。斯泰尔认为"没收国王的权利这种说法"过于"苛刻"，因为这意味着"三级会议在管辖权上高于国王"。他更希望会议选择"直接违反契约"的措辞，宣布既然詹姆斯"违反了共同约定中属于他的那一部分，那么他们［苏格兰人］这一方就不受约束"。[99] 对于"forfault"这一术语，有一种保守的理解，本可以避免这些激进的含义，但值得注意的是，这种理解并没有得到采纳。巴尔卡雷斯告诉我们，三级会议中有一些人"建议使用一个过时的词，即

forferiting，用于表示鸟儿放弃它的鸟巢"；然而，这一提议被否决了，取而代之的是国王由于实施了某些行为，已经"丧失"了他对王位的权利。[100] 弗格森得出结论，三级会议废黜了詹姆斯七世，因为他"违反了原始契约"。[101] 当时的其他人并不认为没收詹姆斯七世的权利属于保守行为，而是更符合激进的长老会的原则。例如，斯凯尔莫利的蒙哥马利认为，"詹姆斯国王的权利被我们［长老会占上风］的三级会议没收"，类似于1567年苏格兰玛丽女王的权利"因她反对宗教和自由的做法和企图而被这个王国的新教三级会议（总体上都是长老会教徒）没收"。[102] 会社分子认为，三级会议在宣布詹姆斯国王"丧失王位权利"时给出的理由，与联合会（United Societies）当初反对宣布他为国王的理由是一样的。[103]

王位空缺声明以绝大多数票通过，只有12人反对，其中包括罗斯豪的麦肯齐和出席投票的7位主教。[104] 随后，三级会议决定将苏格兰王位联合授予威廉和玛丽，与英格兰一样，国王拥有唯一的王权。缺席投票的昆斯伯里和阿瑟尔认为他们可以支持这一做法，他们告诉会议，尽管"不认为他们有权利宣布王位空缺"，但既然他们已经这样做了，两人准备默许，并认为"没有人像奥兰治亲王那样，足以与这个王位相配"。[105]

4月11日，苏格兰人将苏格兰王位授予威廉和玛丽的条款列在《权利宣言书》中，苏格兰人将该宣言视为"政府文件"。[106] 在结构上，它类似于英格兰的《权利宣言》。前半部分概述了詹姆斯七世的各种所谓违法的行为，并简单地重复了4月4日提出的关于他为何丧失王位权利的理由。后半部分通过宣布哪些事情为非法或规定哪些事情是应做的，确立了未来王室行为的准则，本质上是从正面重申了前半部分，并增加了一些额外的权利和规定。和英格兰的《权利宣言》一样，苏格兰的《权利宣言书》声称自己所做的，不过是在"确认和维护古老的权利和自由"。[107] 然而，在谴责天主教和专制政府的同时，《权利宣言书》也谴责了查理二世推行的政策（其程度远远超过了《权利宣言》，尽管该文件将责任完全归于詹姆斯七世），并认为有必要宣布某些苏格兰国王毫无疑问有合法权利做的事情为非法。这并不是说，确认和维护古老的权利和自由是虚伪的借口。《权利宣言书》的制定者似乎援引了一个更早的立宪框架——1640—1641年在"圣约革命"（Covenanting Revolution）期间实施的改革计划——该框架自复辟以来已被颁布的立法所取代。[108] 但《权利宣言书》不仅仅是拒绝复辟君主所采取的非法措施（正如英格兰的《权利宣言》）；在一些关键方面，它还试图重新定义1660年后合法重组的苏格兰君主的权力。

　　《权利宣言书》的后半部分开始处理天主教国王和詹姆斯七世时期推广天主教的问题。它宣称，"根据本王国的法律，任何天主教徒都不得成为本王国的国王或女王，也不能在本王国担任任何职务；任何新教继任者在进行加冕宣誓之前不能行使王权"。这顶多是一个靠不住的声明。确实，1567年的一项法令要求君主在"加冕和接受王权时"宣誓保护真正的宗教，而1681年的一项法令似乎确认了这一点，该法批准了自1567年以来为保护新教安全而通过的那些法律。然而，1681年的《王位继承法》明确规定，王位继承人不得因其宗教信仰而被剥夺继承权，国王去世后，政府管理权立即移交给继承人，从而实际上取消了进行加冕宣誓的要求。[109] 在1684年发表的一篇文章中，当时的总检察长罗斯豪的麦肯齐认为《加冕法》只与国王的加冕有关，与继承无关；加冕并不是必要的，因为未加冕的国王仍然是国王，《加冕法》中没有"如果继承人未做出此宣誓，则取消继承人资格，或宣布继承无效"的条款，而且1681年的《王位继承法》不管怎样解读都废除了《加冕法》。[110] 即使是辉格党律师方廷霍尔的约翰·劳德爵士也在1685年承认，根据苏格兰法律，国王的加冕礼在法律上是不需要的。[111]

　　《权利宣言书》随后宣布，"所有宣称拥有绝对权力中止、取消和废除法律"，建立耶稣会学院，将新教教堂改为弥撒堂，以及允许做弥撒的公告都是违法的。然而，它们是否真的违法，仍值得怀疑。确实，1560 年和 1567 年的两项法令宣布弥撒为偶像崇拜，第三次违法参加弥撒的人将被判处死刑，而 1592 年的一项反对耶稣会士、神学院神父和兜售天主教的立法——1661 年通过的一项类似法令确认了该法的实质——规定弥撒为叛国罪。[112] 然而，苏格兰 1669 年的《君主至上法》规定，对"教会的外部政府和政策"进行指示，是苏格兰国王的固有权利，查理二世及其继任者可以"制定、颁布和发布章程、法令和命令，管理教会外部政府、受雇于教会外部政府的人员，甚至所有的教会会议和事宜"，只要他们认为合适。它还取消并废除了之前的那些与君主至上不一致的法律。[113] 正如 1686 年的王室辩护者所言，在君主至上的原则下，苏格兰国王有权利使用他的特权，去重新定义苏格兰的教会体制，包括废除或中止针对天主教徒或新教不从国教者的刑罚法，并将新教教堂转为天主教的礼拜场所。那些批评 1686 年天主教宽容计划的人一直对讨论国王特权持谨慎态度，甚至准备承认苏格兰国王不受法律约束。而且，1685 年的《货物税法》明确承认苏格兰君主制是"绝对的"。应该承认的是，这项法律是在阿盖尔叛乱时通过的，旨在确认苏格兰国王不能被其臣民合法抵抗，而不是确立他拥有"任意专制权力""违法"行事，而这正是《权利宣言书》所批评的。不过，在王位空缺声明中提出，并在《权利宣言书》中重复的指控——詹姆斯侵犯了"这个王国的基本宪制"，即"法定有限君主制"，这与议会立法确定苏格兰君主制不是"法定有限"的事实相反。

　　接下来的三个条款谴责詹姆斯七世在苏格兰推行天主教的做法违反法律："允许印刷和传播天主教书籍"；将贵族、乡绅和其他人的子女送到国外"培养成天主教徒"，向天主教学校和学院捐款，向天主教神父发放养老金，并提供"职位、优先权和养老金"来说服新教徒改宗；在民事和军事部门"解除新教徒的武装，并任用天主教徒"。这三个条款显然符合旨在保护和维护新教的现行法律的精神。尽管苏格兰没有英格兰那样集权化的出版管理体系，但1661年11月，苏格兰枢密院根据苏格兰长期确立的反对叛国和异端的法律，禁止未经许可印刷政治和宗教材料，1671年查理二世政府将苏格兰印刷业的垄断权授予安德鲁·安德森；因此，詹姆斯七世统治时期在荷里路德宫建立的天主教印刷厂需要国王的特许。当然，在给天主教徒提供职位时，詹姆斯违反了1681年的《忠诚宣誓法》，该法要求所有公职人员宣誓效忠新教。然而，可以说，正如御前大臣珀斯当时向国王建议的，作为苏格兰的绝对君主，詹姆斯"远远凌驾于"法律之上，他确实有权"免除它们"。[114]

《权利宣言书》的其余部分谴责了查理和詹姆斯的行政措施，这些措施似乎削弱了议会的权威或妨碍了司法公正，从而让苏格兰的王室政府得以更严密地控制议会。其中一些条款的争议性较小。大多数条款暴露了苏格兰法律中明显的模糊之处。然而，有少数条款将迄今为止都是完全合法的行为判定为非法。有几项条款谴责了1680年代处理政治和宗教异见问题的举措。

规定詹姆斯在没有议会授权的情况下强迫宣誓为非法的条款，显然指涉的是1687年詹姆斯的苏格兰《信教自由令》中的宣誓，该誓言要求臣民维护国王及其继承人行使其绝对权力和权威；然而，制定者可能还记得1684年的《公开弃绝誓言》，苏格兰枢密院下令任何涉嫌支持当年卡梅伦派的《苏格兰教会纯正长老会的辩护宣言和警告声明》、要求推翻查理二世的人发此誓言，拒绝者将被判处死刑。在1687年首次发表的一篇文章中，弗格森谴责了《信教自由令》的宣誓，宣称"对臣民强制宣誓"一直"被视为最高的立法权威行为"，苏格兰国王从未"号称有权利命令和要求臣民进行没有先行在法律中明确规定的宣誓"。[115]《权利宣言书》还宣称，"在国王的要求下"收取法律预保费用，以及"未经议会授权"而强制征收保证金都是违法的——暗指查理二世 1674 年和 1677 年的保证书（要求地主让他们的佃户保证不会违反针对秘密宗教集会的法律，否则他们将面临惩罚）以及他在 1678 年使用法律预保（主要是向那些拒绝签署保证书的人施加的维持和平的保证，处以相当于两年租金的罚款）。查理二世的保证书以及他对法律预保的使用的合法性，在 1678 年确实受到了质疑，但是政府认为保证书本身有坚实的法律基础，可以引用适当的议会立法来辩护。[116]

其他条款宣布，"在和平时期，未经户主同意，或未经议会授权，在私人住宅中驻军"（苏格兰枢密院于 1675 年推行这一政策，以应对西南部长老会的挑战）和"在和平时期，以敌对方式向王国的任何一部分派遣军队"，以及要求"食宿全部免费"（暗指 1678 年初派遣高地大军前往长老会中心地带的方式）皆属非法。1661 年的苏格兰《民兵法》宣称，征募和指挥苏格兰人民武装力量以及指挥所有要塞和卫戍部队的权力仅掌握在国王手中，1663 年的另一项法律确认了这一点；此外，1661 年法规定，除非议会或三级会议批准，否则国王的臣民"没有义务为这些要塞和卫戍部队提供食宿"。尽管 1663 年法允许国王派遣军队"前往苏格兰、英格兰或爱尔兰的任何地方"，但这是"为了镇压外来入侵、内乱或暴动，或为了其他可能与国王的荣誉、权威或崇高有关的服务"；"在和平时期以敌对方式"派遣军队可以说不符合这些标准。然而，查理二世在西南部长老会据点驻军的政策是否非法，则是另一回事，因为这里的政府正在处理"内乱或暴动"。[117]

谴责"在没有证据的情况下，或在普通罪行中使用酷刑"，以及强迫臣民"以死罪宣誓作证"的条款，凸显了 1684 年对苏格兰拉伊庄园阴谋策划者威廉·斯彭斯和威廉·卡斯泰尔斯的虐待。事实上，关于酷刑使用的规则并不明确，政府却还是无视惯例，对斯彭斯和卡斯泰尔斯施加了不止一次酷刑，而且是在不存在可靠的死罪推定的情况下。此外，卡斯泰尔斯和斯彭斯都拒绝宣誓回答对他们的所有指控，理由是强迫他们自证其罪是非法的（在死罪中这当然是非法的），但苏格兰当局认为这相当于他们自证其罪，从而为使用酷刑提供了充分的有罪推定。政府提出宣誓的理由是，他们不打算以死罪起诉卡斯泰尔斯和斯彭斯；然而，这要么意味着卡斯泰尔斯和斯彭斯随后因非死罪而受到酷刑，要么意味着他们被要求将自己认为死罪。《权利宣言书》还宣布，将法官的任命从"只要不犯错（就能终身任职）"改为"任职时间（随王室的意愿而定）"属于违法，并重新确立了詹姆斯六世统治时期的一项法律所规定的原则，而1681年查理在颁发最高民事法院法官的新委任状时曾违反这一原则。[118]

　　如果说上述条款处理的是苏格兰法律中含糊不清的地方，并谴责了那些即使严格来说并非不合法，但至少也违反法律精神的行为，那么其他条款则谴责了那些由议会法规认可的或在其他方面显然很合法的行为。规定用军官担任法官或在未经法律审判的情况下即决处决臣民属于违法的条款，旨在确认基本的法律权利和正当程序原则，这些权利和这一原则在1680年代的"杀戮时期"遭到了侵犯。但1681年的一项立法承认，苏格兰国王有权利允许他任命的人（包括军官）"审理和裁决任何他有意向的案件"。[119]反对"因妻子退出教会而对丈夫处以罚款"的声明与1685年的一项立法相冲突，该法确认，因妻子退出教会而对丈夫处以罚款是合法的，并规定今后应一直遵守这一做法。[120]谴责（无明确理由）随意监禁和拖延再次审判囚犯的条款，旨在解决1680年代政府在处理政治和宗教异见人士时的弊端。然而，苏格兰没有人身保护令，因此政府在这方面没有违反法律。同样，《权利宣言书》也有新的突破，它宣布"特别罚款"和"过高保释金"是非法的，因为苏格兰法律允许征收高额罚款。[121]

《权利宣言书》的制定者在推翻法院设定的判例时也毫不犹豫。该条款宣布，"根据一系列陈旧而过时的法律"以及"不严谨和不充分的借口"没收他人财产为非法（如"已故阿盖尔伯爵"的案件），进而推翻了该国最高刑事法院先前的法律判决。《权利宣言书》进一步宣布，最高民事法院法官在两个具体案件（涉及苏格兰叛国法更模糊的方面）中的意见是错误的，并称臣民有权就最高民事法院法官判决向国王和议会提出上诉。然后，它继续提出更为普遍的主张，即"臣民有权向国王请愿"，并宣布"所有对这种请愿的监禁和起诉"都是违法的。当然，这与英格兰《权利宣言》中的条款类似，该条款提到，1688年，英格兰七位主教因拒绝指示他们的神职人员宣读詹姆斯的第二份（英格兰）《信教自由令》而被捕。然而，很难想象《权利宣言书》的制定者会想到这个案件，因为它不但与苏格兰无关，而且制定者本身（我们很快就会看到）对主教制非常不友好。相反，该条款似乎暗指了1660年发生的一件事，当时一群长老会牧师被"残酷监禁"，正如一位长老会辩护者在革命前写的，因为他们敢于提醒查理二世，他之前已经接受圣约，因此承担了某些义务。苏格兰长老会教徒在革命刚结束时也抱怨说，他们在复辟时期遭受了残酷的迫害，却连提出救济的请求都不被允许。[122]

《权利宣言书》的累积效应是，以牺牲君主特权为代价，加强议会在苏格兰宪制中的地位。还有两项条款旨在确保议会的独立性。其中一项规定议会选举应该是自由的，并宣布詹姆斯提名市镇的治安法官或议员，以确保自治市选出他中意的人进入国家议会，是非法行为。可以说，詹姆斯是效仿了他的祖父詹姆斯六世；然而，苏格兰并不像英格兰那样有权利开示令状，可以为国王的行为披上法律的外衣。[123]另一项条款谴责"未经议会或三级会议同意，为筹集资金而提供礼物或赠款"。这与其说是责备国王未经议会批准就收税——尽管在英格兰，詹姆斯在执政的头几个月就未经议会批准，而非法征收关税和货物税，但在苏格兰，1681 年的一项立法允许在查理二世死后五年内继续征收货物税 [124]——可能更多是在批评苏格兰的包税制度，尤其是劳德代尔在查理二世时期的做法，众所周知，劳德代尔经常怀着偏心将包税特权和垄断权授予支持和仰赖他的人。[125]

《权利宣言书》还提出了两项建议。一是"为了申雪一切诉冤，并为修正、加强和维护法律起见，应该经常召集议会，允许他们开会，确保议员们的言论和辩论自由"。这与英格兰的《权利宣言》有着明显的相似之处，而且我们更容易从经常召集议会这一要求联想到王位排斥危机期间英格兰辉格党对查理二世的反对，而非苏格兰在复辟后两位君主统治下的情况。然而，这一项条款不是来自英格兰。相反，它要追溯到中世纪圣约革命的改革立法，尤其是 1640 年6 月的苏格兰《三年会期法》(保证议会每三年召开一次)，该法声称，在 1603 年詹姆斯六世离开前往英格兰之前，频繁举行议会是苏格兰的常规。[126] 另一项建议是应该废除主教制，因为主教制"对这个国家来说是一种巨大的、无法忍受的灾难和烦恼，而且违背了广大人民的意愿"。这一建议也要追溯到 1640 年的改革立法，该法废除了主教制，恢复了 1592 年支持长老会政府的一项法令。[127] 伯内特认为，"在一份权利宣言书中提出这样的要求很荒唐；他们不仅没有相对应的成文法支撑，而且与当时存在的许多法律背道而驰"。然而，把这一要求放在这里而非诉冤声明中，乃故意为之的策略，以确保新君主废除主教制。《权利宣言书》的起草人得出结论，主教制是"大多数麻烦和烦恼的根源"，他们希望将"长老会作为政府的基石"。[128]最后，《权利宣言书》主张废除现有的效忠宣誓和其他宣誓，并用"忠诚并真正效忠威廉国王和玛丽女王陛下"的宣誓取而代之。

在《权利宣言书》之后，三级会议于 4 月 13 日同意了十三条"诉冤条款"，要求进行具体改革，以剥夺苏格兰君主制的某些得到法律承认但被复辟君主明显滥用了的权力。该文件首先谴责了议会立法委员会（使国王能够控制议会立法提案的指导委员会，已通过1663年的一项法令重组），主张"议会不应该设立委员会，而是由三级会议自由选择的委员会来首先在议会中提出动议和提议"。第二条规定1669年的《君主至上法》"应当废除"，因为它"与现在所期望建立的教会政府不一致"。随后的条款宣布，自复辟以来颁布的其他各种法律都不尽如人意：1681年的法令"宣布国王拥有累积管辖权"（根据一本小册子，该法赋予国王"可以想象到的最大专权范围，比欧洲任何地方都要大"）；1663年的法令赋予国王在对外贸易中征收关税的权力，这"有损国家的贸易"（正如同一本小册子指出的，这使苏格兰国王能够"在不受议会约束的情况下自给自足"）；1685年议会通过的"大部分法律"（该机构通过了一系列针对长老会的残酷措施）包括对在室内集会上布道或只是出席野外秘密宗教集会的人判处死刑，以及一项货物税法案，该法案的序言宣布苏格兰君主制为绝对君主制。《诉冤条款》进一步宣称，"在和平时期未经议会同意征募或维持常备军"引发民怨——实际上是要求废除1661年《民兵法》。其他合法的做法也受到了抨击，因为它们在复辟时期被国王滥用了。例如，第五条提到的"错误判决"，指的是根据苏格兰法律，陪审员可能因错误宣告罪犯无罪而被起诉。第三条表示，"损害家臣、债权人和继承人财产的没收者"制造了"极大的苦冤"。1680年代，为了对付那些被指控犯有叛国罪的人，国王经常使用没收财产的办法，并要求将叛军的地产"按原来赐予时的状态"没收给国王，"不承担其债务，也不考虑罪行发生前该地产是否有交易或转让"。没收的过程不仅打击了被告，还牵连了其他许多与罪行无关的人，如叛国者的合法债权人和无辜的家臣。《诉冤条款》还要求进一步立法保护新教继承权，"本王国的国王或女王与天主教徒的婚姻"会"给新教带来危险，应当予以禁止"。[129]

　　最后，4月18日，三级会议起草了新的加冕誓言，要求威廉和玛丽宣誓"维护基督耶稣的真正宗教、对他圣言的宣讲，适当而正确地管理苏格兰境内现在所接受和宣扬的圣礼"；废除"所有与此相违背的假宗教"；"依照这个国家可敬的法律和宪制"来统治；"铲除所有会被真正的上帝教会定罪的异端和敌人，以实现对上帝的真正崇拜"。[130]

　　学者们对授予威廉和玛丽王位是否以他们接受《权利宣言书》和《诉冤条款》为条件存在分歧。在4月11日就《权利宣言书》达成一致后，三级会议决定立即在爱丁堡的集市十字架边宣布威廉和玛丽为苏格兰国王和女王。当天下午举行了隆重的仪式，当晚在苏格兰首都敲响了钟声、点燃了篝火和举办了其他庆祝活动。两天后，三级会议命令在所有御准自治市宣布威廉和玛丽为国王和女王。然而，在另一项法令中，三级会议明确宣布"在英格兰国王和女王接受王位之前，三级会议将继续执政"，威廉和玛丽在"根据该政府文件"接受王位并进行加冕宣誓之前，不得充分行使王权。[131]因此，三级会议认为给予王权至少要以接受《权利宣言书》为条件，这一点似乎很清楚了。

　　《诉冤条款》是另一回事。正如威廉派的一篇文章指出的，"两位陛下在《诉冤条款》制定之前就被宣布为苏格兰国王和女王，因此它们不可能成为他们权利的条件"，而只是谦恭地"呈递给国王，让他在议会中予以纠正"。[132]然而，由于威廉和玛丽在加冕宣誓前不能充分行使王权，我们需要更仔细地探讨他们是在什么情况下宣誓的，看看他们最终是以什么条件接受王位的。苏格兰三级会议派了三名专员——阿盖尔（代表贵族）、斯凯尔莫利的蒙哥马利（代表骑士）和约翰·达尔林普尔爵士（代表自治市）前往伦敦，向威廉和玛丽献上王位，并向威廉呈递《权利宣言书》《诉冤条款》以及将三级会议转变为议会的请求(以便它能够颁布必要的立法来纠正诉冤)。1689 年 5 月 11 日，在国宴厅举行的仪式上，威廉正式加入苏格兰政府。据说，他在宫廷中的苏格兰首席顾问梅尔维尔伯爵"极力阻挠《诉冤条款》"，建议在国王加冕宣誓后再宣读它们。然而，专员们明确指示要按着顺序来。最后，在加冕宣誓之前，威廉宣读了《权利宣言书》《诉冤条款》和三级会议变为议会的请求。威廉甚至在宣誓前承诺，他将"通过良好而健全的法律来纠正所有的诉冤，并防止未来发生类似的事情"。威廉唯一不同意的是加冕宣誓中关于铲除异端的条款，他说他不明白自己为什么要"成为迫害者"。专员们向他保证，这句话只是形式上的，而且"根据苏格兰法律，任何人都不会因为个人意见而受到迫害"。[133]

在接受王位后，威廉建立了新的苏格兰政府。从他对官员的任命来看，他仍希望奉行包容政策。他任命长老会温和派的梅尔维尔为苏格兰国务大臣，并任命汉密尔顿为苏格兰议会的王室高级专员，而汉密尔顿在查理和詹姆斯的统治下，一直是政治和宗教自由的拥护者，但从未对长老会的政纲做出承诺。克劳福德被任命为议会的议长，随后又被任命为枢密院议长，这一定程度上对汉密尔顿的任命起到平衡作用。但威廉的枢密院也包括四个人——阿瑟尔、马歇尔伯爵、埃罗尔伯爵和金托尔伯爵——根据来自长老会的批评者的说法，他们不仅"在前任政府中很活跃"，而且还在三级会议中反对威廉的利益。司法部门的关键职位由达尔林普尔父子占据：斯泰尔被重新任命为最高民事法院院长，约翰爵士成为总检察长。[134]

威廉向三级会议的成员承诺协助他们制定法律，以保障他们的"宗教、自由和财产"，并向其高级专员详细指示他应同意哪些立法以纠正诉冤。[135]6 月，三级会议正式成为议会，并通过一项立法规定三个阶层将由贵族、男爵和自治市市民组成，因此排除了主教。[136]为满足《权利宣言书》中提出的要求，议会于 1689 年 7 月 22 日废除了主教制。[137] 然而，威廉及其苏格兰顾问们并不觉得自己有义务满足《诉冤条款》中的每一个要求，他们坚持认为，国王只是做出了大致的承诺，去纠正那些"真正对国家不利"的事情。特别是，他们不希望完全废除议会立法委员会，因为保留某种形式的指导委员会对王室有利；他们宁愿对其进行改造，使之成为一个选举产生的机构，而不是被提名的机构。[138] 至于教会，威廉和他的顾问们同意根据《权利宣言书》废除主教制，但他们希望能够避免长老制走向僵化，并在即将通过的新解决方案中，安排尽可能多的主教制派神职人员。[139] 然而，议会仍坚持其议程，批准了废除议会立法委员会和君主至上地位的立法，并恢复了 1681 年因不服从主教制或支持《忠诚宣誓法》而被驱逐的牧师的职务。它还投票赞成一项法令，使那些在前任政府中任职的人无法工作。汉密尔顿拒绝给予御准，三级会议在 8 月 2 日休会，这些措施都没有成为法律。[140]

为了赢得议会对急需的税收的支持，1690 年春苏格兰议会重新开会时，威廉认为有必要在《诉冤条款》上让步。他任命梅尔维尔为王室高级专员，向他下达具体指示，同意废除议会立法委员会和君主至上地位，恢复长老会牧师的职务，并通过议会提出的解决教会管理问题的立法。[141]1690 年 4 月 25 日，苏格兰议会废除了君主至上的地位，恢复了自 1661 年以来被剥夺了圣职的长老会牧师，并于 5 月 8 日废除了议会立法委员会。6 月 7 日，它将 1643 年的《信纲声明》确立为"改革派教会教义的概要和实质"，并根据 1592 年法的规定恢复了教会政府的长老会制度，赋权长老会全会清除"不称职、玩忽职守、丑闻缠身、错误百出"的牧师。7 月 19 日，议会废除了圣职推荐，取而代之的是由继承人和堂区长老选举的制度。[142]

苏格兰革命取得的成就当然是有限的，所带来的变化并不像1630 年代末和 1640 年代初的圣约派革命所带来的影响那么深远，圣约派革命不仅推翻了主教制，而且彻底重组了苏格兰君主的权力

（剥夺了国王选择自己的大臣、召集议会，或控制武装部队的权利）。重建长老会的法律对 1638 年的《民族圣约》以及 1643 年的《神圣盟约》保持沉默，议会也没有试图撤销 1661 年的《撤销法》（该法撤销了苏格兰在 17 世纪中叶革命期间通过的改革性立法）或 1662 年反对《民族圣约》和《神圣盟约》的立法。三级会议的一个大委员会曾试图在《权利宣言书》中加入一项限制性条款，即未经议会同意，国王不得任命法官、枢密院顾问或其他国务官，但这项动议被"作为对君主制的不合理侵犯"而遭到否决；只有三个人赞成，最后连他们也退缩了。恢复 1641 年的立法规定（国王只能在议会同意的情况下任命国务官）的尝试，以及确保言论自由和议会定期开会的努力也失败了。[143] 然而，很难同意有些人的看法，认为这是一场保守的革命，革命解决方案的制定者对苏格兰的传统君主制没有任何不满。1689 年 5 月，曾在查理二世和詹姆斯七世时期担任总检察长的罗斯豪的麦肯齐哀叹，"我们公正、高尚和古老的政府"是如何"被撕成碎片"的。[144]

　　虽然苏格兰的革命无疑比英格兰的革命更具辉格主义色彩，但人们可以用不同的方式来理解边境以北发生的事情。和在英格兰一样，关于如何证明向威廉和玛丽效忠是合理的，小册子作者们也有一场激烈的辩论。大多数支持革命的苏格兰人认为，詹姆斯已经解除了自己的国王身份，因为他侵犯了宪制，违反了国家的法律和自由。正如我们所见，有些人认为三级会议没收詹姆斯的权利，实际上就是废黜国王。然而，小册子作者们普遍不愿接受激进的契约理论——认为是苏格兰人解除了詹姆斯的国王身份——也不愿支持个人的抵抗权；相反，大多数人认为只有在极端必要的情况下才允许进行抵抗。事实上，一些作者甚至试图用消极服从和不抵抗原则来解释苏格兰革命，他们有的说这是上帝的旨意，有的更为有力，认为威廉在一场正义战争中征服了苏格兰，现在他作为事实上的君主应该得到效忠。[145] 换言之，让英格兰的托利党—国教会成员得以与王朝更迭和平共处的种种论证思路，在边境以北也得到了阐述。问题是，它们没能在苏格兰产生同样的效果，因为主教制派的忠君人士发现，在实践中，他们难以接受边境以北更为党派化的解决方案。

革命之战：詹姆斯党人、长老会和主教制派

于是，苏格兰的革命解决方案对教会和国家进行了彻底的改革。它并非毫无争议，这是必然的。新政权面临着詹姆斯党人的严重挑战，直到 1690 年春才得以成功遏制。戈登公爵躲在爱丁堡城堡里，与潜在的支持者隔绝，从未构成真正的威胁，最终于 1689 年 6 月 13 日投降。[146] 更严重的挑战来自邓迪子爵发起的叛乱，他撤退到高地并宣布支持詹姆斯国王。[147]6 月，詹姆斯七世发布公告，宣布苏格兰议会的成员都是叛乱者，并命令他的臣民加入邓迪的行列，准许夺取反抗者的财产、货物和人员，以确保他们的收入和货物税可供维持生计。[148] 起初，詹姆斯希望从爱尔兰派出一支军队，与苏格兰的詹姆斯党军队会合，但爱尔兰的事态发展束缚了他。

詹姆斯党人认为，“四分之三”的苏格兰人希望他们的国王复辟，“如果有一群人来支持他们的起义，他们会衷心同意”，而兰开夏、约克郡和英格兰北部的“国王的朋友”也会加入他们的行列。[149] 然而，邓迪从未获得成功所需要的支持。事实上，值得注意的是，苏格兰的主教制派利益集团的领导人中很少有人愿意加入他的行动。北方有权势的巨头，如阿瑟尔和塔巴特（他们因未能在新政权下得到他们所期望的认可而感到沮丧），在邓迪试图征募新兵时，虽然被说服不给他制造任何阻力，但他们对邓迪的承诺究竟有多少真心实意，是值得怀疑的。塔巴特好容易才为自己在上届政府

中扮演的角色获得免责，而且他虽然与詹姆斯党人保持了短暂的联系，但很快就成功地变身为支持革命的托利党人。阿瑟尔退隐到巴斯，据称是为了健康。罗塞豪的麦肯齐则逃往了约克，他担心自己众所周知的"对王室和君主制的偏好"会让新政权对他展开报复。巴尔卡雷斯虽然发誓自从离开爱丁堡后从未与邓迪有过联系，但还是被秘密监禁在家中，他同样以健康为由请求允许他去英格兰。5 月，马尔在阿洛厄的家中突然去世。[150] 虽然有几个来自高地的部族加入了邓迪的行列，但他召集的军队只有两千人左右。[151] 与此同时，现政权的忠诚支持者开始动员起来保卫革命。在南部，会社分子组建了一个志愿团，并宣布他们准备采取行动维护新教和"苏格兰的改革工作，反对天主教、主教制和专制权力"。[152] 靠近英格兰边境的塞尔扣克地区的贵族和地主请求允许他们"摆出防御姿态"，以便他们能够镇压国内的叛乱，并对抗来自英格兰北部的天主教徒的入侵；枢密院授权他们把愿意参军的人组成一个步骑兵团。同样，蒙蒂思伯爵也被允许武装他的家臣和佃户，以防止对现政府不满的人构成威胁。[153]

政府派遣了一支由麦凯少将率领的军队来镇压叛乱。邓迪是一位经验丰富且颇有谋略的军事指挥官。1689 年 7 月 27 日，他在基利克兰基击败了麦凯的军队，赢得了一场引人注目的胜利；然而，邓迪自己也在战斗中阵亡了。他所组建的詹姆斯党军队本来就规模小、训练不良、装备简陋，现在又没有了他的领导，从长远来看，根本不可能战胜麦凯的优势兵力。8 月 21 日，会社分子组建的军团在邓凯尔德大败叛军。之后叛乱虽然持续了很长时间，但最终还是于 1690 年 5 月 1 日在克罗姆代尔被平定。[154]

1689—1690 年，寻求让詹姆斯复辟的，不仅仅是主教制派中的强硬派和高地部族。一群被称为"俱乐部"的长老会激进派成员，由于对缓慢的改革步伐和他们自己的政治野心受挫感到失望，也开始参与詹姆斯党人的阴谋。他们由斯凯尔莫利的蒙哥马利领导，他是被派往伦敦将王位授予威廉和玛丽的专员之一。伯内特评论他"品德高尚，但有着毫无节制的热情和不安分的抱负"，[155]毫无疑问，他有着坚定的政治信念，但他对梅尔维尔挤掉自己出任苏格兰国务大臣一职感到愤怒。加入他行列的还有安嫩代尔伯爵和罗斯勋爵（他们同样对自己在新政权下没有得到职位感到不满），主教制派领袖阿瑟尔和昆斯伯里，以及激进的辉格党策划者罗伯特·弗格森。[156]1689 年 10 月，他们向威廉致函，抱怨"在这场革命中，人们只看到主人的更迭，却没有看到负担的减轻和法律的纠正"。[157]他们与已知的詹姆斯党人密谋，试图说服后者宣誓效忠并在议会中占有席位，这样就能向新政权施压。他们的策略是阻挠关于拨款的投票，从而在财政上削弱政府。政治动荡带来的贸易萧条意味着关税与货物税几乎为零，而麦凯的军队已经因为政府无力支付军费，被迫靠免费食宿生活，这引起了全国"各个角落"的抱怨。"俱乐部"预测，如果没有足够的资金，政府的不受欢迎程度将会上升，以至于王国会宣布反对政府，然后他们就可以"以议会的方式让詹姆斯国王回国"。密谋失败了，部分原因是"俱乐部"无法说服足够多的"国王的朋友"重新进入议会，部分原因是资金需求迫使政府在 1690 年春夏季对《诉冤条款》中提出的所有要求做出了让步。一旦政府同意了他们的政治议程，大多数激进派就会抛弃蒙哥马利。[158]蒙哥马利逃到了伦敦，之后仍继续参与詹姆斯党人的阴谋活动，并在 1691年末试图鼓励苏格兰西南部的长老会极端分子起义。1692 年，他出版了一本小册子，指控威廉犯下了詹姆斯被指控的所有罪行，甚至更糟，并且辩称，如果"我们为了保护我们的自由免受詹姆斯国王的冒犯而让亲王坐上王位"，那么，我们"要么搞错了病因，要么用错了疗法"。1694 年，蒙哥马利在圣日耳曼的詹姆斯党人流亡宫廷中结束了他的一生。[159]

如果说詹姆斯党人在政治和军事上的挑战被成功地压制了，那么争夺苏格兰的民心的战斗被证明更加难赢。由于苏格兰革命的党派性质，对新政权的潜在不满情绪在苏格兰总是比在英格兰大得多。失去机会的人太多，他们只能为 1689—1690 年的变革感到遗憾。最大的问题是苏格兰宗教的解决方式。宽容和理解政策都遭到拒绝，大多数主教制派神职人员最终被赶出他们的堂区。结果是，长老会和主教制派之间的紧张关系没有缓解，反而加剧了宗教分歧。

反对主教制派神职人员的运动是分几个阶段进行的。如我们所见，第一次驱逐是由 1688 年圣诞节的"暴动"事件引起的。1689年 4 月 13 日，三级会议决定，那些在当时"拥有并行使其职权"且"在现政府下行事"的人，应免于受到"任何伤害"，这实际上是认可了暴徒实施的 200—300 次免职。1690 年 6 月 7 日的一项法令最终确认了这一点，该法宣布，被施暴的牧师们放弃了他们的圣职，因此职位空缺。同样，1689 年 4 月 13 日，三级会议规定，在职的神职人员应该停止为詹姆斯国王祈祷，转而为威廉和玛丽祈祷，并在他们的讲坛上宣布威廉和玛丽为国王和女王，否则以免职论处。[160] 这得到了 8 月 6 日的一项枢密院令的支持，该命令发动会众谴责那些不为他们的新君主祈祷的牧师。到 1689 年 11 月，因不服从命令而被免职的主教制派神职人员达到 182 人。[161]

毫无疑问，一些被免职的主教制派牧师对詹姆斯党人抱有同情。位于邓巴顿附近的邦希尔的牧师威廉·麦基奇尼申明，"既然他已经发誓效忠詹姆斯国王"，他就不能"服从威廉国王的权威"。位于贝里克郡的劳德的牧师约翰·卢姆斯迪恩不仅拒绝为威廉和玛丽祈祷，反而每天都祈祷上帝赐予詹姆斯国王"敌人的脖子和臣民的心"。同样，位于邓弗姆林附近的托里本的牧师詹姆斯·艾尔德拒绝宣读宣布威廉和玛丽为国王和女王的公告，并公然为詹姆斯国王祈祷，说他希望"上帝能在篡位者［威廉］的鼻子上套上一个钩子，把他送回原处，并恢复另一个人的权利"。[162] 据报道，一些神职人员对詹姆斯党人在基利克兰基的胜利感到欢欣鼓舞：例如，位于珀斯郡的克里夫的牧师威廉·默里让他的会众唱《诗篇》第118章第24节的歌词："这是耶和华所定的日子，我们在其中要高兴欢喜。"[163] 位于安格斯的科尔塔希的牧师亚历山大·林赛被指控在布道中宣扬叛国和煽动理论。据称，有一次，他说"他永远不会原谅，也不会忘记""长老会那伙人在杀害国王［即查理一世］和杀害他们的高级牧师时所犯的罪恶，他们永远不会成为教会的建设者，而只会是教会的破坏者"。还有一次，他说，"政府制定新法，废除旧法，这在王国制造了巨大的浪费和破坏"，并哀叹曾经"宗教宣扬服从最高长官"，而现在"恰好相反，宗教宣扬叛乱，废黜和推翻国王成了义务"。需要说的是，林赛还被指控酗酒成性，过去常常"在周六晚上带着烟斗，喝酒，玩到天亮"。[164] 他不是唯一被指控道德败坏的詹姆斯党人。位于斯特灵郡的基彭的牧师罗伯特·扬，除了不为威廉和玛丽祈祷外，还被指控酗酒、亵渎安息日、"巧妙地利用圣经和一把钥匙"，将堂区济贫箱里的钱占为己有，并对任何不肯向他缴纳什一税的人以暴力相威胁。附近的加贡诺克的牧师约翰·埃德蒙斯通被他的堂区居民指出他祈祷上帝复辟詹姆斯国王，而且"是一个最不适合做牧师的人"，是在未经堂区民众同意的情况下强加给他们的。大家都说，埃德蒙斯通是一个非常讨厌的人，还是一个老醉鬼，大家都知道他喜欢在裤裆里大小便；难怪只有极少数人会费心去教堂听他布道。[165]

然而，在那些发现自己受到攻击的主教制派牧师中，有相当一部分是威廉派，他们很乐意承认新政权的合法性。[166]一些牧师抗议说，他们没有宣读三级会议要求他们在指定日期为威廉和玛丽祈祷的公告，唯一原因是他们没有及时收到；另一些牧师说，他们虽然愿意为威廉和玛丽祈祷并服从政府，但根本没有收到这份公告，或者被强行阻止宣读这份公告。一些牧师能够证明他们确实宣读了公告，结果还是被枢密院暂停职务，这表明存在一定程度上的恶意控告。[167]塞尔扣克的詹姆斯·卡纳里斯被他的一些堂区居民指控说，他在为威廉和玛丽祈祷时没有称他们为国王和女王，并继续为前国王詹姆斯祈祷。枢密院发现对卡纳里斯的指控没有证据，允许他继续他的神职工作。然而，塞尔扣克的一个长老会派系想要除掉卡纳里斯，安插他们自己的人。因此，他们试图阻止卡纳里斯占有该堂区为常驻牧师建造的住宅，不仅抢去了钥匙，还打破窗户，做尽破坏之事，保证房子再也不能居住。[168]

1690 年 10 月，长老会全会召开后，又发生了对圣职的进一步罢免。威廉希望那些宣誓效忠并宣布威廉和玛丽为国王和女王的主教制派牧师能够继续任职。[169]然而，全会的核心是大约 60 名所谓大洪水前的（antediluvian）牧师（他们自 1661 年以来一直被免职），加上他们按立的 56 名牧师（另有 47 名长老），事实证明，他们不肯让步。不仅教会，而且各个大学也清除了所有不愿意宣誓效忠、不同意《威斯敏斯特信纲》、不接受新教会政府，或被认为不适合从事教牧工作的人。尽管国王在 1692—1695 年间做出多种努力，以实现更全面的解决方案，但这些努力基本上是徒劳的。只有 116 名前主教制派牧师符合新教会的要求。1688—1716 年间，926 个堂区中共有 664 名牧师被驱逐，其中大多数是在 1688 年 12 月詹姆斯逃亡后的头两年被驱逐的。[170]

一些被免职的牧师在堂区居民或当地地主的支持下设法保住了圣职，尤其是在东北部。当新任命的长老会牧师来到阿盖尔郡的格莱诺基，接替被驱逐的主教制派牧师大卫·林赛时，他的堂区居民都不愿与他交谈。当这个新来者试图进行他的第一次礼拜时，他发现他进入教堂的通道被堵住了，12 名武装人员护送他离开堂区，并让他手按《圣经》发誓永不回来。他信守誓言，林赛继续担任格莱诺基的牧师，直到三十年后去世。[171]珀斯郡莫尼代的主教制派牧师威廉·史密斯在 1693 年被免职，但直到 1709 年，他仍继续在他的堂区或附近组织礼拜。[172] 大约 113 名前主教制派牧师直到 1710 年还在堂区。直到 1720 年，长老会才最终控制了所有的教堂。[173]

　　长老会和主教制派之间存在的深刻紧张关系，反映在革命后一场充满着相互指责声的激烈的新闻运动中。主教制派教徒抗议说，他们正在遭受的迫害堪比法国胡格诺派的。[174] 一位作者抱怨说，那些在前一个统治时期"为信仰自由而奋斗"的人，"现在却篡夺、暴虐他人，不仅剥夺了他们的宗教信仰自由，还剥夺了他们的财产"，仅仅因为他们坚持了王国法律所确立的神圣教义；他们的行径"即使没有超过，也已经接近法国以武力镇压的无情愤怒"。[175] 盎格鲁—爱尔兰的查尔斯·莱斯利是一位拒绝向政府宣誓效忠的新教徒，他声称，"这些新的长老会成员，被赋予主教的权力来反对主教制，而且是以主教们从未有过的专横和傲慢行使这一权力的"。[176] 主教制派牧师的苦难，以及长老会暴民对他们和他们的支持者所犯下的所谓暴行，得到了淋漓尽致的描写。[177] 有一名男子，他唯一的罪过就是娶了一位主教的亲戚，据称他"在家里受到袭击"，并"被拖到沟渠里，他的书被烧毁或损坏，他可怜的妻子（当时正处于分娩期）遭受了悲惨的虐待"。据称，一名主教制派牧师的脸上被涂满了粪便，还有一名牧师甚至丧生于愤怒的人群之手。当然，长老会的辩护者很快就否认了这些报道，说这些"对他们的神职人员使用暴力的传闻"只不过是"该死的主教制派谎言"。[178]

　　主教制派辩护者质疑《权利宣言书》中的断言，即主教制制造了"极大的、无法忍受的苦冤"，"与人民的普遍意愿背道而驰"。他们认为，首先，很明显，"教会党（Church Party）无论在数量上还是质量上都在国家中占主导地位"。大部分贵族和乡绅都喜欢主教制，大多数人也是如此，尤其在北方，而长老会主要从"更卑鄙和粗俗的人，只是在王国西部"那里获得支持。正如另一位作者所说，如果《权利宣言书》的制定者所说的"人民"指的是"平民，粗鲁的、文盲的市民，那么整个王国的长老会教徒不会是第三类人"；这位作者认为，如果"人民"指的是"有较好素质和较高教育水平的人"，他们的意识"合情合理地都应符合国家的意识"，那么，长老会教徒不会占到其中的三分之一。[179] 他们否认主教制派在查理二世时期是迫害者。在恢复主教制之后，针对不从国教者颁布的刑罚法是必要的，因为长老会教徒提倡抵抗并参与叛国的活动。正如塔巴特和麦肯齐所说，"我们的法律从来不会因不从国教者持与国教不同的意见而对他们采取严厉的措施"；也"举不出一个仅仅因为这个而受到教会或政治谴责的人的例子，除非他犯有叛国罪"。[180] 另一位小册子作者说，"在过去的二十七年里，长老会教徒并没有因为信仰受过什么苦"：国家只是制定了一些法律来遏制人们"煽动性和难以控制的情绪"，并防止他们"每天爆发公开的叛乱"。[181] 为了证实这些指控，1692 年，亚历山大·门罗出版了亚历山大·希尔兹《被释放的母鹿》的节本，这本 1687 年的小册子详细描述了长老会激进派教徒的苦难和活动，并邀请读者自己判断"针对这些狂热者的严厉法律，是出于极具基督教精神的同情心，还是残忍、暴政或压迫"。[182]

　　主教制派还否认他们曾协助过国王在苏格兰推广天主教。相反，他们不断重申自己是如何抵制詹姆斯七世对罗马天主教徒的宽容的："那个支持主教制的议会仍在执行刑罚法，一些主教也积极地参与其中。"[183] 相反，在他们看来，是长老会成员宣扬了天主教的观念。塔巴特和麦肯齐希望长老会"放弃其一直以来要求获得的，俨然教皇凌驾于国王和民事权力之上的绝对至高地位"，并指出"苏格兰长老会的教皇地位"与"天主教政府之外的任何形式的政府都不一致，因为它傲慢地假定（正如他们所做的）自己可以随意惩罚和迫害本国的统治者，插手世俗事务"。[184] 威廉·斯特罗恩认为长老会和天主教徒一样将教会的管辖权提升到"侵犯了世俗执政官的权利，使国家不仅在属灵事务上，而且在世俗事务上也服从教会"。[185]

　　主教制派的辩护者还试图驳斥有关他们的神职人员曾经疏忽大意或过着不道德生活的指控。一位长老会的小册子作者称，在詹姆斯七世统治时期，汉密尔顿教长不仅被指控鸡奸，还被指控"与母马肛交"，"与多位男人的妻子有染"。斯特罗恩在回应时指出，教长从未被指控兽奸或通奸；指控的仅仅是鸡奸罪，甚至这一项也没有得到证实。[186] 相反，他们的对手被指控不道德。在 1692 年首次出版的一本小册子中，吉尔伯特·克罗卡特和约翰·芒罗汇编了大量关于长老会成员涉嫌丑闻行为的故事——毫无疑问，其中大多数故事的真实性并不比针对主教制派成员的类似指控更高——该小册子广受欢迎，第二年出了增订版。为了证明长老会牧师提倡不敬，克罗卡特和芒罗引用了一位塞尔扣克先生的例子，他在爱丁堡附近的马瑟尔堡布道时，向他的会众保证上帝不会在他所选中的人身上看到罪恶："不管你们犯了谋杀、通奸、兽交或其他严重的罪行，只要你是被选为恩典的人，你就不必害怕，因为上帝在他所选择的立约之民身上看不到任何罪恶。"克罗卡特和芒罗还说，长老会的秘密宗教集会中产生了很多私生子，因为他们相信"罪恶多的地方，上帝的恩典就多"，"对于纯洁的人来说，一切都是纯洁的"。为了说明长老会的虚伪，他讲述了一个据称来自爱丁堡附近的长老会已婚妇女的故事，她虽然因不去教堂而多次被罚款，但"拒绝与马尔伯爵的一个军官通奸"，然后哀叹没有一个士兵是"虔诚的"，因为他们是"伟大圣约的背叛者"。[187] 在这些事情上面，克罗卡特有一定的专长；据克劳福德伯爵称，几年前，克罗卡特"由于一次或多次不走运的通奸"而被迫放弃了圣安德鲁斯大学里的院长之职。[188]

　　那么，除了对那些现在已经接管教会，因而有可能向以前迫害他们的主教制派复仇的人发泄情绪和恶意攻击之外，这些反长老会的谩骂还有什么意义呢？初期的主教制派辩解书，当然是为了影响苏格兰教会的最终解决方案。正如我们已经看到的，塔巴特和麦肯齐的进言，甚至是在威廉被授予英格兰王位之前写的，旨在说服亲王不要牺牲主教。在废除主教制之后立即出现的那些小册子，可能是为了阻止一个成熟的长老会体系的建立，或者是试图说服当权者为受苦受难的主教制派牧师提供更多的保护。然而，这些文学作品似乎主要针对的是英格兰人，而不是苏格兰人。[189] 在苏格兰内部，这样的宣传只会加剧分裂，而不是缓和宗教上的两极分化，因此可能会适得其反。然而，它的主要目的是诋毁苏格兰长老会和苏格兰革命解决方案在威廉和英格兰关键决策者眼中的印象。这样的宣传也有助于提醒英格兰人，他们的建制也面临类似的威胁，他们最好设法阻止长老会在苏格兰的正式确立。托马斯·莫雷尔在 1690 年写道，苏格兰长老会"每天都在对英格兰国教会进行尖锐的反思"，谴责其神职人员"背弃了他们曾经极力推崇的消极服从和不抵抗的原则"，并吹嘘"威廉国王对英格兰和苏格兰的主教制也同样不满，如果他能做到的话，他会很乐意将其废除"。[190] 同年，在长老制最终确立为苏格兰国教会体制之前，约翰·塞奇出版了一本小册子，书中以三个王国为视角，并思考"考虑到他们的《神圣盟约》和《民族圣约》要迫使他们根除英格兰和爱尔兰的主教制，在苏格兰站稳脚跟的长老会能否与英格兰稳固的主教制派和解？"[191] 斯凯尔莫利的蒙哥马利表示，主教及其神职人员清楚地意识到，他们在苏格兰的声誉已经"因为他们闻所未闻的残暴和迫害"下降到如此之低，"除非他们能够在英格兰形成支持自己的力量，否则不可能阻止他们被义愤的人民铲除"。因此，他们开始"诋毁长老会"，[192] 希望让威廉和英格兰人民成为长老会的敌人。发生在苏格兰的争论一定程度上解释了为什么宗教理解计划在英格兰失败，"边界以北的主教制派教徒所遭到的严厉对待"是英格兰教牧人员代表会议不愿意与他们自己的新教不从国教者妥协的主要原因。[193] 正如斯特罗恩在 1694 年指出的，"他们的苏格兰同胞在不从国教党那里受到的残酷待遇"理当提醒"英格兰神职人员将看到长老会在他们自己的国家也会使用同样的手段"，而且，鉴于长老会在 1689 年英格兰议会中有多么大的影响力，教牧人员代表会议"同意废除目前的《礼拜仪式统一法》"是不安全的。[194]

长老会迅速回应了主教制派的攻击，此举由长老会神学家吉尔伯特·鲁尔带头，他自己也是复辟时期主教制度的受难者，他写了两篇长文，为新的苏格兰国教会体制辩护。在人数问题上，鲁尔认为苏格兰长老会是符合大众意愿的，他希望这件事能在更清醒而虔诚的人中间进行投票，以证明这一点。然而，他提出的限定性条件表明，长老会成员自己也知道，有很大一部分苏格兰人不支持他们。鲁尔继续说道，"我们并不怨恨他们［主教制派］"，倒是"有一大群道德败坏的人憎恨长老会，认为长老会妨碍了他们的欲望"，还有"一类人，他们依赖于宫廷或主教"，以及"受天主教影响的人，他们只是伪装的新教徒"。鲁尔甚至准备承认"在牧师和民众中可能会发现一些清醒而虔诚的人自觉地支持主教制"，而且自 1662 年以来，这些人的数量大幅增加，因为他们是在主教制度下长大的。然而，他认为，与支持长老会的人相比，最后这一群体仍然是少数。[195] 鲁尔还驳斥了长老会犯有迫害罪的指控。他坚持认为，主教制派"不像我们被他们迫害那样，因崇拜上帝而遭受迫害"；"除非因为犯有危害国家罪，否则还有什么财产被剥夺了？"[196] 事实上，这是官方的说法。1690 年 1 月，枢密院议长克劳福德说，"自从革命以来，没有一位主教因为他在教会事务上的观点"而遭罪，他们遭罪仅仅是因为"他们不承认政治权威，并建立了交叉利益"。[197] 一位小册子作者抗议说，相较于主教制派现在受的罪，长老会教徒过去受的罪要多得多，他们还遭受了"强奸、抢夺、谋杀、绞刑、水淹、斩首、饥荒、用靴子、手杖等折磨"。[198] 至于长老会和君主制不相容的观点，鲁尔完全不同意：长老会之所以在查理二世治下两次造反，唯一的原因就是"这些法律的严峻，执行这些法律时使用的野蛮手段"。[199]

　　这些对话的性质揭示了苏格兰革命在多大程度上围绕着本质上属于苏格兰的问题。双方可能都试图寻求英格兰人的支持，但他们要解决的是复辟三十年来苏格兰所发生的事情。这些对话还证实了苏格兰在政治和宗教文化上的两极分化程度，以及在现阶段缓和现有紧张局势的可能性微乎其微。双方都承认"教会事务发生了革命"，[200] 长老会积极地欢迎这种变化，而主教制派则对此表示遗憾。这不可避免地将主教制派越来越坚定地推向詹姆斯党人的阵营。

第十章

爱尔兰的"悲惨革命"[1]

莫与英格兰人为友；你若如此，小心为妙；如果可以，他会背叛你，毁掉你；此乃英格兰人之本性。

——爱尔兰传统诗句[2]

难道除了英格兰人的血，这个王国的土地就没有肥料了吗？

——爱德华·魏腾霍尔，1692 年 10 月 23 日[3]

1688 年与 1689 年之交的冬天，詹姆斯从英格兰王位"退位"后，爱尔兰发生了两次革命。第一次是一场未遂的天主教革命，旨在将王国的政治、经济和宗教控制权完全交给占多数的天主教徒，并推动爱尔兰的独立。另一次是威廉派的反革命——也就是说，是一场让一切回归原位的革命。结果是由战争决定的，而关键的转折点是1690 年 7 月 1 日威廉派在博因河战役中获胜，尽管战争又拖了一年，直到 1691 年 10 月 3 日詹姆斯党人才在利默里克投降。爱尔兰的斗争有多种表述方式。在盖尔语中，它被称为 Cogadh an DáRí——"两个国王的战争"。一位同时代的爱尔兰詹姆斯党人将其简单地称为"为维护国王［詹姆斯二世］的权利、对抗英格兰叛乱而发动的爱尔兰战争"。就爱尔兰的居民而言，爱尔兰历史学家认为，"这场战争是新教移民与天主教老居民之间为争夺统治权而进行的长期斗争的高潮"。[4]曾在詹姆斯军队中服役的爱尔兰盖尔人地主查尔斯·奥凯利的叙述清楚地表明，大多数天主教徒想要促进他们的宗教利益，但他们也想收回自己的地产，把爱尔兰从英格兰的统治下解放出来。[5]新教徒倾向于强调冲突的宗教层面。在博因河战役前不久，在伦敦出版的一份威廉派报纸《墨丘利的改革》断言："现在，激发该王国两支军队的不是政治利益［即谁是合法的国王］；这场战争演变成了一场天主教和新教之间的宗教战争，一方努力保护自己的宗教，另一方努力传播他们的宗教。"[6]对爱尔兰北部的新教徒来说，博因河战役的胜利仍被视为奥兰治的威廉"推翻教皇和天主教"的日子而受到庆祝。[7]

两个国王的战争，争夺至高地位的斗争，争取独立的斗争，宗教战争——没有一种描述能够道尽1689—1691年爱尔兰所面临问题的复杂性。从某种意义上说，这场战争是所有这些因素的结合，但并非所有参与斗争的人，甚至并非同一战线的人，都持有相同的观点。詹姆斯二世虽然是天主教徒，但他主要不是为宗教而战，而是为他的三个王国的王位而战。他不希望爱尔兰独立，因为他的目标是重新获得权位，从而将爱尔兰作为英格兰的属地来统治，他担心给爱尔兰天主教的利益提供太多让步，恐怕会进一步疏远他的英格兰和苏格兰新教臣民。在爱尔兰国内，天主教徒和新教徒之间并没有直接的分歧。1689年未遂的天主教革命主要是由老英格兰人发起的，这些人在17世纪四五十年代失去的土地在复辟时期并没有得到恢复。爱尔兰盖尔人几乎没有从王朝复辟中受益，而新教土地所有者，即那些在复辟后重新获得土地或购买新地产的人，认为他们只会在一场试图打破《平定法》的革命中受损。此外，一些新教徒站在詹姆斯二世一边，要么是出于对合法国王的忠诚，要么是希望提供一条阻力最小的途径。当然，从一个重要的意义上说，这场斗争是关于宗教的，或者说是敌对的宗教团体之间的斗争。然而，总有比宗教更重要的问题：经济和政治控制的问题，独立还是作为殖民依赖的问题，宪制的妥当性问题，以及由激进扩张主义的法国构成的国际威胁的问题。

然而，1689—1691 年间爱尔兰的事态发展，促使人们对爱尔兰问题的性质有了一种简化的认识，其本质被视为天主教徒和新教徒之间的宗派分歧。伴随着这种更加明显的两极分化观点而来的是越来越强硬的态度，尤其是来自英格兰新教方面。从这个意义上讲，《墨丘利的改革》的作者是正确的：这场斗争确实基本上是"天主教与新教之间"的斗争，然而在现实中，爱尔兰问题一直比这复杂得多。

1688/1689 年冬天秩序的崩溃

1688 年，爱尔兰对詹姆斯二世的支持仍然最为强烈。2 月，许多地方都在庆祝国王的登基纪念日（2 月 6 日）和王后怀孕的消息（2 月 19 日在都柏林，一周后在其他地方）。[8] 根据一篇充满敌意的报道，爱尔兰人普遍相信王后"已怀一子"，并将他们的信心归功于"他们无可指摘的教会的祈祷，他们每天都为此向上帝祈祷"。[9] 当年夏天，王后生下一个儿子，据报道，"这一喜讯给整个王国带来了普遍的喜悦"，詹姆斯对此情况也感到满意。[10] 新近被清洗过的都柏林市政法人花了 50 英镑买来红葡萄酒庆祝王子的诞生，7 月 1 日是官方感恩日，全城都燃起了篝火、敲响了钟声，"人人都表现出欢乐与满足"。[11] 据说，利默里克市长"举行了盛大的庆祝活动，提供了三大桶葡萄酒供民众享用"。[12] 喜出望外的天主教徒彻夜庆祝，并强迫英格兰人"下床"喝酒庆祝"国王的敌人拜倒在地"。[13]

大多数新教徒自然没有那么热情，但是他们的抗议也很低调。1688 年 1 月，当王后怀孕的消息传来时，都柏林的基督教堂和圣殿教堂的门上贴了一些诽谤国王、王后和太后的标语。[14] 有迹象表明，都柏林庆祝王子诞生的活动可能并不尽如人意：例如，蒂康奈尔任命的市长让基督教堂的官员们都戴上了手足枷，因为"他认为他们没有让钟声响得足够欢快"。[15] 那年秋天（可能是 10 月 23 日），一位苏格兰血统的牧师在都柏林的"一个公开场合做了一次不恭的布道"，结果遭到了谨慎的教士的斥责。这位大胆的牧师回答说："大人，我们苏格兰有句谚语——连放屁的声音都害怕的人永远经受不住雷声。"[16] 米斯郡的一些新教徒试图在 10 月 23 日纪念爱尔兰反叛纪念日，却被当地的天主教徒设法扑灭了篝火。[17]

詹姆斯对自己在爱尔兰的地位感到十分安全，因此在 9 月底命令蒂康奈尔派遣一个警卫营、两个步兵团和一个龙骑兵团——总共2820 人——帮助对付奥兰治的威廉入侵英格兰的行动。[18] 面对威廉的威胁，爱尔兰的大多数天主教徒仍然坚定地支持詹姆斯，他们举行了一些斋戒活动，祈求上帝保佑国王战胜敌人。据都柏林的一位新教徒说，"他们在弥撒堂举行的仪式"包括正式诅咒威廉的肖像，然后将其切成碎片，对着每一块碎片咒骂和吐痰，最后将其焚烧。[19] 戈尔韦镇在 12 月初举行了一场公开的反对威廉的集会示威活动。当地一位新教徒多年来一直在自家大门外摆放着一尊雕像，这尊雕像是他从一艘在港口沉没的荷兰老船的船尾上救出来的，后来被称为奥兰治亲王的标志。现在，一群人在该镇一位治安官的带领下，抢走了雕像，"在镇上的一个公开地方烧了一部分，又在另一个最公开的地方烧了一部分，并喝酒诅咒奥兰治亲王"。市政法人的几名领导成员和许多当地乡绅都见证了这一事件，附近蒂厄姆镇的副镇长康纳也在场，并建议剪掉他的头发烧掉，"因为它们是橙色（Orange，同'奥兰治'）的"。（他的儿子设法劝阻他不要采取这种极端的行动。）其中的一处篝火里有一个焦油桶，里面的一些东西溅到了燃烧着的雕像上；康纳看到这一幕时，"拔出剑，冲向他，喊道：看，我已经杀了一个婊子的儿子，他心脏的血都流出来了"。[20]

由于手下超过三分之一的军队都驻扎在英格兰，蒂康奈尔开始招募和训练新兵。据报道，在很短的时间内，他就有9000名步兵和3000名骑兵。[21]继詹姆斯于12月出逃并随后从英格兰王位"退位"后，蒂康奈尔加快了军队的组建，因此到1689年2月初，他已经有了一支接近4.5万人的军队，其中绝大多数是天主教徒。[22]天主教平民也被鼓励武装自己，以备军队调到其他地方作战之时，可以保护国家不受新教徒的攻击。这些人被称为"半长矛兵"，根据他们所持的武器命名。有几份报告证实，天主教神父禁止他们的堂区居民来参加弥撒，除非"配备一把剑刃长约40厘米的短剑和一支大的半长矛"。到了1月初，据说所有的爱尔兰人都全副武装，"所有人身上都带着刺刀或类似的武器"。[23]

根据新教的消息，天主教神父开始告诉他们的信徒，蒂康奈尔将"把他们从征服者的奴役中解放出来"，给爱尔兰带来"自由和独立"。[24]当然，信件开始流传，声称天主教徒正在策划另一场大屠杀，类似1641年的屠杀。其中一封信注明日期为"1688年11月14日，伦敦"（尽管邮戳为都柏林），据传是由一个叫"罗里·麦克弗林"的人写给基尔肯尼的副记录法官的，信中说天主教徒已经打败了英格兰的"狂热军队"，并将"在不久的将来割断那些狂热的爱尔兰船员的喉咙"。[25]另一封日期为12月3日，是写给芒特—亚历山大伯爵的，信中警告说，"所有爱尔兰人"都已立誓，在12月9日星期日这天袭击新教徒，"男女老少"，格杀勿论。蒂康奈尔连忙发布公告，承诺保护新教徒，并将散布虚假警报定为犯罪行为，敦促新教神职人员向其堂区居民保证，他们不会受到任何暴力行为的伤害。然而，这并没有减轻人们的焦虑。[26] 写给芒特－亚历山大的信件于 7 日星期五到达都柏林，次日，数千人放弃家园，"连斗篷都来不及披"，赶往港口的船只，希望在暴行发生之前逃离该国。在王国的一些地方，当预谋屠杀的消息于 9 日星期日传来时，人们正在教堂里，引发的恐慌在意料之中：在争先恐后地冲出教堂的时候，有的人被踩在了脚下，而有的人干脆跳窗逃生。7 日，当安特里姆伯爵指挥一支新组建的但尚未穿着正式制服的天主教兵团抵达德里，以接替芒乔伊子爵被召回都柏林的新教兵团，当地居民自然担心会发生最坏的情况。当市民领袖们不愿违抗国王的权威，考虑该采取何种行动时，13 名学徒决定自己关闭大门，拉起桥梁，让军队无法进入，并夺取了军械库。16 日，附近恩尼斯基林的新教徒也采取了同样的行动，拒绝接纳两个步兵连。[27]

1688 年与 1689 年之交的冬天，许多新教徒决定逃离爱尔兰，大量涌入兰开夏、柴郡、布里斯托尔、北威尔士和南威尔士，德文和马恩岛。还有的则前往北部的新教据点，特别是恩尼斯基林和德里。[28] 那些留在原地的人发现自己受到了天主教邻居或天主教军队的摆布。虽然我们必须谨慎对待这些报道，但毫无疑问，新组建的部队存在严重的纪律问题。蒂康奈尔没收了新教地主和三一学院的租金，但他还是没有足够的财力养活这么多的人；他希望军官们能回报对他们的任命，在最初的几个月里养活这些士兵，但他们微薄的财力很快就耗尽了，军队被迫依靠免费食宿，以及从农村获得的一切来生活。[29] 包括都柏林、利默里克、戈尔韦、德罗赫达、伯尔和阿斯隆在内的许多城镇都发出了"强烈的抱怨"，说士兵们"从可怜的新教徒嘴里抢走了肉"。在农村，军队不仅掠夺牲畜或粮食以维持生计，还洗劫新教徒的屋舍。[30] 2 月 2 日，蒂康奈尔发布公告谴责这种掠夺行为，但实际上他也无能为力。[31] 那些逃离爱尔兰的人带来了"频繁的抢劫和谋杀"的消息，说这类事件"全国各地每天都有发生"。2 月初的报告称，仅在科克，就有"超过 1 万头牛"从新教徒手中被夺走。[32] 几周后，一位都柏林记者报道了在凯里有 3000 头牛被盗，"在一些牧羊郡，方圆不到 30 英里的范围内有超过 4000 只羊被盗"；[33] 到了 4 月的第三周，据称，"在凯里，没有一个英格兰人""剩下的钱超过 6 便士"。[34] 驻爱尔兰詹姆斯党宫廷的法国大使达沃伯爵估计，在短短六周时间里，总共有 5 万头牛和 30 万头羊被宰杀。[35]

　　袭击新教徒的牛，可能有宗教仪式的因素。一位小册子作者称，爱尔兰人"在召集一个正式的陪审团以异端罪对他进行审判之前，不会杀死一头牛或一头羊"。例如，在戈尔韦郡的黑德福德，士兵们会抓住属于当地新教徒的肥羊，任命一名法官和陪审团，并将羊一只只地放在他们驻扎的堂区教堂的讲坛上，用力拉扯每只可怜的动物，直到它开始呜咽，然后他们会大叫"打倒宣扬异端教义的恶棍"。如果士兵们发现"没有烙印的爱尔兰小牛"被错误地抓住了，他们会立即将它们放掉，并对那些带它们来的人进行控告和罚款。而被打上烙印的牲畜，"属于遵循英格兰畜牧方式的人"，会"被判为异端，并立即遭宰杀"。[36]

　　伦敦的媒体报道称，如果新教农民进行抵抗，士兵们只会杀死他们。[37] 天主教平民还利用法律和秩序的普遍崩溃，加入对新教徒的攻击中，以解决一些旧账；甚至有人指控天主教神父积极鼓励他们的堂区居民"掠夺新教徒"。[38] 对于新教徒的叙述，我们可能不能全信。然而，盖尔语文人大卫·奥布鲁阿代尔的诗歌开始呈现出一种高调的激进。1689 年 2 月 26 日，他写道，"我的朋友们，我们永远也不要忘记在教堂唱诗班，感谢上帝 / 我们看到他们［新教徒］自受苦以来，悲伤与日俱增"。他补充道："我们对他们这样的老骗子心软，并非真正的仁慈 / 让这样的人活着，只会带来麻烦。"[39]5 月中旬从阿尔斯特逃到马恩岛的新教徒讲述了爱尔兰人如何在 5 月初的唐郡屠杀了大约 500 名新教徒，男女老少都不放过。一位曾访问过马恩岛的船长声称，他"看到几个新教徒的鼻子被爱尔兰人割掉了"，其中 3 人已经死亡，他还听说"几个妇女的乳房被爱尔兰人割了下来"，一名挺着大肚子的英格兰妇女被七名爱尔兰龙骑兵轮奸。[40]

爱尔兰各地的新教徒自然倾向于寻求奥兰治的威廉的帮助，特别是 1688 年 9 月他的宣言明确表示他的意图是确保"新教和不列颠人在那里的利益"。[41]到了 11 月底，阿尔斯特省的新教不从国教牧师和知名乡绅决定派一名代表前往求见威廉，代表"爱尔兰新教徒的危险和恐惧"，并敦促他"采取一些迅速有效的措施来保护和救济他们"。[42]12 月 26 日，威廉收到了一份以爱尔兰长老会名义发出的声明，承诺"爱尔兰所有的长老会成员都将为殿下服务，以实现其宣言的目的"。[43]与此同时，留在爱尔兰的新教徒开始武装自卫。如我们已经看到的，北方的德里和恩尼斯基林率先起来反对蒂康奈尔的人，他们在 12 月拒绝了他的军队。1689 年 1 月初，来自北方各郡的新教徒（人数超过 6 万）组成了一个武装协会来捍卫他们的宗教、"古老的政府"（他们认为古老的政府"依赖于英格兰"）和"法律与自由"；反对蒂康奈尔和天主教徒的非法行为；承诺他们也会保护天主教徒，但坚持只有那些"符合国家法律的人"才能被允许携带武器。[44]每个郡都有本地的抵抗中心。希尔斯伯勒位于阿尔斯特东部的唐郡，这里的工作由芒特－亚历山大伯爵领导；在东北部的安特里姆郡，则由马塞林勋爵领导。在西北部，斯莱戈郡的新教徒发表了一份声明，表示他们决心"遵守国法和新教"，并且将"与英格兰联合，坚持其政府和自由议会"。[45]这些活动大部分明显都是向着威廉的。位于多尼戈尔郡的巴利香农城堡宣布"支持奥兰治亲王和新教"。[46]当英格兰议会投票决定詹姆斯国王退位，让威廉和玛丽坐上空缺的王位的消息传到德里和恩尼斯基林时，两地都因地制宜地举行了宣布新君主的仪式，仪式以"欢乐和庄严"的方式进行。[47]

南部的新教徒也开始组织自卫。1688 年 12 月的第二个星期，科克郡班登镇的新教徒驱逐了天主教龙骑兵，然后关闭了城门。[48]新年伊始，芒斯特省的新教贵族和乡绅们发表了一份声明，为他们的行为辩护，指出自詹姆斯登基以来，"本王国的法律"遭到了违反，"新教几乎被颠覆"，"天主教势力对新教徒又是盗窃又是施暴"，让他们受到了"丧失我们的宗教、法律、生命、自由和财产"的威胁。他们继而解释说，他们"一致决定"以武力排斥"武力"，并"相互支持，平定攻击我们的宗教、法律、生命、自由和财产的一切力量"。[49]1 月底，凯里郡基尔马里的 180 名新教徒撤到肯马河基洛文岛的一个临时驻地，宣布他们决定联合起来保卫他们的"生命和宗教，对抗新教教会的敌人"，直到他们被纳入"奥兰治亲王殿下的麾下"。[50]伦敦也有一个强大的游说团体，代表着爱尔兰的新教利益，其中既包括长期在外的土地所有者，也包括那些因最近的事态发展而逃离的人。12 月 21 日，一大群"在爱尔兰拥有地产和影响力"的贵族和乡绅向威廉讲述了新教徒面临的"巨大危险"，并恳求亲王给予救助。[51]月底和新年伊始，类似的献词接踵而至。4 月底，爱尔兰的新教主教向上议院请愿，以"公开他们遭受的苦难"。[52]

然而，爱尔兰的命运不仅同那些与该王国有利益关系的新教徒有关，而且被视为整个不列颠的关切，苏格兰人和英格兰人也有利害关系。1 月的第二周，苏格兰贵族担心他们在阿尔斯特的同胞的困境，起草了一份致威廉的信，要求他派遣军队到爱尔兰，将其归到"英格兰政府的管辖之下"。[53]2 月初，苏格兰枢密院决定从斯特灵城堡的弹药库中向德里的新教徒运送大量火枪和火药，以供他们防御。[54]英格兰人，尤其是那些更支持辉格党的人，也施加了压力，要求威廉为爱尔兰的新教利益采取行动。12 月 26 日，伦敦的临时政府向亲王致辞，保证支持他为使他们"摆脱天主教和奴役的痛苦"所做的努力，并希望他"特别照顾爱尔兰"。[55]1 月 29 日在下议院，辉格党律师波勒克斯芬、梅纳德、特雷比和萨默斯反对就威廉和玛丽获得英格兰王位应附加哪些条件进行辩论，因为这"必然会占用大量时间，爱尔兰可能因此而毁灭"。[56]2 月 2 日，伦敦和威斯敏斯特的市民和居民向上议院请愿，敦促威廉和玛丽"尽快登上王位"，同时请求"将爱尔兰从水深火热中拯救出来"。[57] 对威廉来说，保护爱尔兰的"新教和英格兰人的利益"仍然是一个高度优先事项，他在 12 月底向伦敦的临时政府以及向 1 月 22 日召开的非常议会都明确表示了这一点。[58]

然而，威廉无权迅速采取军事行动；得等到他在英格兰的地位确立下来，而且议会投票决定向军队提供补给。蒂康奈尔本人似乎有两种想法：他是应该坚持到詹姆斯从法国带援军到来，还是趁现在还有机会，与威廉达成协议更为明智？威廉试图与蒂康奈尔展开谈判，他派理查德·汉密尔顿——英格兰军队中的一名爱尔兰天主教军官，在革命时被捕——带着条件前去。而蒂康奈尔则派芒乔伊子爵前往法国，请求詹姆斯准许他与威廉会面，并解释说，如果国王陛下需要，他可以毁掉这个王国，"使之变成一堆垃圾"，但"不可能保存它和利用它"。然而，这似乎是一个将芒乔伊赶出爱尔兰的策略——蒂康奈尔还派财税法庭首席法官赖斯前往巴黎，并带去一个秘密信息，称芒乔伊是叛徒，而其他的爱尔兰人将继续效忠于詹姆斯，并将为他而奋战。[59] 确实，蒂康奈尔很快就明确表示他不会投降。在 1 月的第三个周末，他公开宣布，如果英格兰人入侵，他将召集所有 16—60 岁的爱尔兰人武装起来，让他们攻击新教徒。许多惊慌失措的都柏林人匆忙乘船前往英格兰；在霍利黑德，新来的难民说他们"得到了明确的忠告，天主教徒都准备好了实施他们的野蛮计划"，只要他们得到"命令"。[60]1 月 25 日，蒂康奈尔发布了一项反对武装结社的公告，命令武装集会的人解散，否则将以叛国罪论处；一个月后，他命令都柏林的所有新教徒立即交出他们的武器和弹药，并召集所有可用的马（他说，拒绝的人"必须承担士兵混乱可能带给他们不良后果的风险"），并于 3 月 1 日下令在全国各地没收武器和马匹。[61] 班登和基尔马里的抵抗中心陷落了；由于地方偏远，也没有希望立即从威廉那里得到救济，新教徒们决定投降，并与派来镇压他们的天主教部队达成最惠条件。[62] 只有北方继续公然反抗詹姆斯党政权。2 月 22 日，最近被英格兰非常议会拥戴为英格兰和爱尔兰国王和女王的威廉和玛丽发表了一项声明，表示会向爱尔兰境内放下武器的人提供充分赔偿，并承诺罗马天主教徒有私下信仰宗教的自由，但规定继续使用武器的人将被定罪为叛国者。[63] 3 月 7 日，蒂康奈尔发表回应，宣布反对阿尔斯特和斯莱戈的反叛武装组织，并派理查德·汉密尔顿率领约 2500 人的部队去打击叛军。[64] 这就是宣战。

1689 年未遂的天主教革命

詹姆斯在爱尔兰的支持者们热切地期待着他的到来。几次关于詹姆斯登陆的虚假情报，都让都柏林等地敲响了钟声、燃起了篝火，[65] 之后，詹姆斯终于在 3 月 12 日抵达爱尔兰，在金塞尔登陆，据说，他在那里受到了"盛大的欢迎"。[66] 詹姆斯是自 1399 年理查二世以来首位访问爱尔兰的英格兰国王——当然，他是在失去英格兰王位后才这么做的。（具有讽刺意味的是，1399 年也是理查被迫退位的一年，同样地，面对外敌入侵，他不战而退。）詹姆斯从金塞尔缓慢地前往爱尔兰首都。据一个爱尔兰人的说法，"一路上"，无论男女老幼，"各个阶层的人"都"带着坚定的忠诚、深切的敬意和温柔的爱意来迎接他，仿佛他是来自天堂的天使一样"，因此从金塞尔到都柏林的百里路程"宛如一个大市集"。[67] 当詹姆斯于 15 日到达科克时，来自新教的社论写道，"爱尔兰人"用"他们粗鲁和野蛮的方式"迎接他，人们"吹着风笛，载歌载舞，把他们的斗篷扔在他的马蹄下，用甘蓝短缩茎做成花环，脸上写满了高兴"。[68]3月22日，在基尔肯尼，奥索里的名义主教墨菲博士向他致辞，承诺"所有爱尔兰领导人"将致力于恢复詹姆斯二世"自己的王位"。

值得一提的是，爱尔兰人认为詹姆斯是英格兰国王，但他们声称对詹姆斯怀有特殊的感情，因为他的苏格兰血统继承自爱尔兰国王的嫡系后裔。"从来没有一个英格兰国王对这个国家如此仁慈，"致辞写道："这个国家从未对一位英格兰君主如此仁慈。"墨菲向詹姆斯保证，尽管"其他英格兰君主"命令"我们赤诚效忠，但我们对陛下利益所做的努力是民族倾向的结果，是血缘驱使的产物"。[69]詹姆斯于24日棕枝主日抵达都柏林时，那里举行了最盛大的招待会。詹姆斯骑马从城中穿过，所有人都在欢呼"上帝保佑国王"：治安法官、贵族、乡绅和法官多不胜数；士兵们排列在街道两旁；邻近的建筑物装饰着挂毯；在专门搭建的舞台上有露天表演；修士们高歌；"扮成牡蛎、家禽和草药的妇女"穿着白衣，载歌载舞，并在街上撒满鲜花；风笛手演奏着《当国王再次享受自己》；当地居民用公款支付的酒来敬酒。"一个疯狂的苏格兰人"唐突地"冲出人群"，把一顶帽子扔到詹姆斯头上，用法语喊道，"祝国王永寿无疆"。[70]

在复辟被放逐的国王这一问题上，爱尔兰的天主教徒们有理由再三考虑。一位爱尔兰詹姆斯党人"悲伤地回忆起"他们是如何被查理二世"压迫"的，这本应让爱尔兰的天主教贵族为"后来的英格兰国王，特别是他们的压迫者的直接继承人和弟弟的不幸"而高兴，"这位弟弟在他们被压迫时的表现也好不到哪里去"，"他占有了好几个爱尔兰天主教徒的地产"。但是，这位作者继续说，天主教徒把对"合法君主"的忠诚视为一种宗教义务。正是"自诩改革者的英格兰人"才"容易叛乱"，他们先后废黜了三位国王（1649年的查理一世、父亲去世时的查理二世和 1689 年的詹姆斯二世）。因此，让"爱尔兰成为一个强大的国家，以制衡英格兰人民"才符合国王的利益，同时，他还点明了爱尔兰天主教徒希望得到的回报：归还"他们古老的地产"；一个独立的爱尔兰议会，能够在没有英格兰批准的情况下颁布法律；司法独立，这样案件可以"无需向英格兰法庭上诉"就能裁决；商人有"完全的自由"进出口，"无需在英格兰港口停靠"；天主教自治，意思是"国家和战争的主要职位"应该授予"本地的天主教徒"，应该组建天主教常备军和民兵；以及在爱尔兰重建罗马天主教会。[71]

　　如果认为詹姆斯没有爱尔兰新教徒的支持，那就错了。许多新教徒，尤其是国教徒，虽然不支持蒂康奈尔的议程，但让他们放弃对合法国王的忠诚，他们会感到不安。1688 年 11 月 20 日，一位匿名记者致函克拉伦登，请求这位前总督（他本人将成为一名詹姆斯党人）帮助"拯救一个王国"，他在信中说，"成千上万的人从未向罗马的邪神屈膝，但他们知道如何忠于国王"。[72]到次年 3 月，形势确实发生了变化，许多新教徒要么逃亡，要么因为被残酷对待而不再效忠，要么接受英格兰非常议会的判决，即詹姆斯已经退位，威廉和玛丽现在是合法的君主，但爱尔兰仍有一些新教徒欢迎詹姆斯的到来，他们认为詹姆斯的出现将有助于恢复法律和秩序。例如，芒斯特的博伊尔庄园的管家提供了买啤酒和点篝火的钱，以便佃户们可以庆祝詹姆斯来到金塞尔。[73]一份新教大版报纸称，先王于 3 月 24 日抵达都柏林，"给了我们一些希望，愤怒的蒂康奈尔将收敛他的残忍行为"；[74]詹姆斯的确在第二天发布了一份公告，禁止掠夺，并为所有臣民提供保护。[75]詹姆斯抵达都柏林后不久，米斯郡的多平主教和都柏林的神职人员在都柏林城堡迎候詹姆斯，承诺他们将"按照教会的原则继续保持忠诚"。[76]相当多的新教国教徒与詹姆斯一起对抗威廉三世；根据威廉在爱尔兰军队中的一名士兵的说法，在博因河战役中与詹姆斯一起作战的七千骑兵中，有五千是英格兰新教徒！[77]一些从蒂康奈尔对市政法人的攻击中受益的新教不从国教者，尤其是公谊会教徒，与詹姆斯结盟。[78]

不过，有证据表明天主教徒大多支持詹姆斯，不应导致我们认为所有天主教徒都如此。奥凯利称，虽然他们是天主教的狂热支持者，而且热切地想让詹姆斯复位，但他们都非常清楚，詹姆斯"和他的兄长一样，没有表现出维护当地人的世袭权利、恢复他们地产的意愿"。[79]许多爱尔兰天主教徒可能更认同蒂康奈尔，至少在这个时候是如此，因为众所周知，他渴望挑战土地解决方案；事实上，1月份，英格兰的新教徒中有人猜测，据说是爱尔兰先王后裔的蒂康奈尔可能会篡夺王位。[80]不过，那些自复辟以来设法保住了自己的地产或购买了新地产的天主教徒不愿拿自己的财产去冒险。他们的主要发言人利默里克伯爵曾试图说服蒂康奈尔在詹姆斯抵达爱尔兰之前与威廉达成协议，劝告他说"眼下他们拥有的比他们愿意失去的多得多"，并认为"不值得冒着失去地产的危险，跟那些一无所有且为了获得地产不择手段的人站在同一阵线"。[81]利默里克和天主教新利益集团最终确实为詹姆斯而战，但是当局势开始对他们不利时，他们也是第一批寻求妥协的人。詹姆斯有动力在爱尔兰的天主教徒和新教徒之间架起桥梁，主要是因为他的目标是重新确立自己在不列颠三个王国的王位。然而，还有一些与国王关系密切的人建议他完全投靠天主教徒。据称，在一次颇为公开的咖啡馆谈话中，与詹姆斯一起从法国来的爱尔兰贵族布里塔斯勋爵告诉当地一位新教牧师，詹姆斯不能信任他的新教臣民。詹姆斯的目的是"通过天主教徒的武器和法国的援助来夺回王位"。因此，作为"一个绝对征服者"，他将"摆脱叛逆的新教徒束缚他的枷锁"，并可能"为所欲为"。[82]

1689年5月7日，詹姆斯召集爱尔兰议会在都柏林举行会议，会议期间，爱尔兰詹姆斯党人内部的紧张关系变得很明显。由于市政法人现在由天主教徒主导，郡长由蒂康奈尔亲自挑选，詹姆斯和他的代总督能够很好地确保选出他们想要的那种议会。蒂康奈尔在寄出选举令状时会附信推荐他选择的候选人；据说，郡长们接到指示，要提醒天主教而不是新教自由地产保有人注意这次选举。并非说，新教徒，特别是北方的新教徒，热衷于参与选举，且暗示性地承认，在英格兰非常议会将爱尔兰王位授予威廉和玛丽之后，詹姆斯有权利在爱尔兰召集议会。多尼戈尔、弗马纳和伦敦德里等郡，以及主要在阿尔斯特的一些自治市，都拒绝回归议会。结果，下议院人数大幅减少，比全部名额少了 70 个席位，变成了天主教徒占绝大多数，只有 6 名新教徒选入。然而，从姓氏来看，超过三分之二的人是老英格兰人；爱尔兰盖尔人绝对是少数。上议院本应由新教徒主导。然而，在拥有上院席位的 69 位世俗贵族中，只有少数人留在了爱尔兰，而詹姆斯则开始授封新的头衔，修改法律，以促进天主教的势力发展。尽管新教作家批评詹姆斯的这种做法，但应该指出的是，苏格兰人在 1689 年的苏格兰三级会议上允许被剥夺权利的贵族获得席位，当时这些贵族的过失罪名还没有被推翻。当时关于上议院有多少议员的说法存在分歧。其中一份名单列出了 41 名在 5 月 7 日出席的世俗议员，但其中肯定包括一些缺席者和一些议会开幕不久后就离开的人；其他的说法将这一数字定在 30 到 32 之间，可能指的是持续出席的世俗议员的人数。在这些人中，只有 5 名是新教徒（可能还有 2 到 3 名新教贵族曾短暂出席过）；其余的都是天主教徒，其中大部分都是老英格兰人，只有少数爱尔兰盖尔人贵族。值得注意的是，詹姆斯认为上议院的神职议员应该是国教会的主教，而非天主教会的名义主教。王国只剩下 7 位主教，其中 3 位因年老或疾病不得不离开，而科克、利默里克、米斯郡和奥索里的主教确实出席了议会。[83]

　　我们可能想知道为什么詹姆斯选择在这个时候召开议会。与其被冗长的议会程序分心，不如集中精力镇压阿尔斯特，不是更好吗？然而，答案似乎很简单。詹姆斯在英格兰和苏格兰因宣扬天主教和专制政府而遭废黜；在爱尔兰，他不能让人觉得他做了同样的事。这就是为什么詹姆斯在抵达都柏林后的第二天就发布公告召集议会；他在爱尔兰采取的任何举措，即使只是为了打仗而筹钱，都必须得到议会的批准，而不仅仅是基于国王的权威。这也是为什么詹姆斯小心翼翼地不让自己表现得是在促进天主教徒的利益；相反，他一再强调他赞成宗教宽容。在他到达都柏林的第二天，他又发布了另一个公告，宣布从此以后，他在爱尔兰的所有臣民都应该"享有宗教自由"。[84] 在 5 月 7 日对议会的开幕致辞中，詹姆斯再次以信仰自由为中心主题。"我一直主张信仰自由，"他坚持说："我所给予的这种信仰自由，让我在国内外的敌人都很畏惧；尤其是当他们看到我决心在我所有的领土上通过法律确立这种自由时，他们就开始与我为敌。"他进一步强调，他"反对侵犯任何人的财产"，并承诺他将同意"为了国家的整体利益、贸易的改善和救济因近来的《平定法》而受到伤害的人所制定的良好和健康的法律"。[85]1689 年 5 月 18 日，詹姆斯在他的都柏林王宫发表了一份声明，其中指出，自抵达爱尔兰以来，他"主要关心的是满足我们的新教臣民的想法，即捍卫他们的宗教、特权和财产，这和对恢复我们的权利的关心同样重要"。[86]

都柏林议会通过的第一项措施是一项立法，承认詹姆斯对其"王位"的"公正的和最不容置疑的权利"，并直接谴责了英格兰的光荣革命。该法一开始就抱怨詹姆斯在英格兰的叛国臣民是如何"首先迫使［他］从白厅撤离"的——当时他并非自愿逃离，即使是第一次失败的逃跑也并非出于自愿——当他被带回到伦敦时，他被"外国人看守着"，他们"迫使"他"去罗切斯特"，在那里他"一直受到限制"，直到上帝保佑他才得以逃到法国。该法继续表示，威廉"可

恶的"篡夺行为，与对查理一世的"野蛮谋杀"不相上下，这是"违
反上帝、自然和国家法律"的；事实上，大多数促成此事的人都曾
"发誓，无论以什么借口拿起武器反对［詹姆斯二世］都是不合法
的"。接着，该法重述了世袭权利不可侵犯、君权神授以及君主制不
可抗拒的经典理论。詹姆斯"根据与生俱来的、合法的、毋庸置疑
的继承权"继承了他兄弟查理二世的王位，詹姆斯"获得王位的权利"
是"固有的，是血脉传承，仅来自上帝，国王由上帝统治，而不是
来自［他的］人民，也不是出于美德或者所谓的契约"。上议院、下
议院、议会和人民都不能胁迫"这个王国的国王的人身"，臣民对国
王的忠诚是"不可改变的"，不能"被我们或我们的后代放弃"；该
法继续表示，而且这种忠诚应归于国王的"自然人，王权无法与之
分离"——从而明确谴责了（英格兰革命时明确表达的）詹姆斯二
世可能咎由自取，解除自己的王位的理论。该法进一步强调，所有
军事力量的指挥权都只属于国王，议会和人民都不得"合法地……
征兵发动针对国王及其子嗣和合法继承人的进攻性或防御性战争"。
简言之，

> 陛下这个王国或任何王国的臣民，以任何借口，通过暴力或
> 武力对抗陛下或我们合法的世袭国王，或撤回对陛下、您的继承
> 人和合法继任者的效忠，都是完全非法的；对于我们合法的世袭
> 国王滥用权力的情况（如果有这样的情况发生），必须由作为万王
> 之王和万君之君的上帝来单独裁决。

这段话中的保王主义思想完全是中规中矩的；甚至可以说，以斯图
亚特晚期的标准来看，它是相当温和的，因为它没有包含王权专制
主义的话语，而这种话语在查理二世统治时期，是托利党捍卫君主
制政府的重要手段。话中的重新表述指出了在英格兰和苏格兰推翻

詹姆斯二世的法律的激进主义；难怪该法指责"这些已故叛徒"采取了"不惜一切的反君主原则"。[87]

都柏林议会的立法规划最终远远超出了詹姆斯的期望，却没有达到许多爱尔兰天主教徒的期望。议会还通过了一项关于信教自由的宽容法令。该法令开篇便评论道，"因宗教而迫害人民"，不仅无助于"促进基督教信仰或虔诚"，实际上只会引起"陛下臣民之间的仇恨和分裂，并阻止陌生人与他们一起生活，从而极大地阻碍了贸易、和平以及这个王国的福祉"。因此，它规定"所有人，包括信奉基督教的人"都应享有"信教自由，可以充分自由地以各自宗教的方式和形式进行礼拜"，可以自由地与各自宗教的牧师和导师"在教堂、礼拜堂、私人住宅或其他场所"会面和集会，只要他们的"宣扬、教导或者行为，没有违背他们的效忠，或违背陛下治下的和平"，而且所有此类会面和集会"始终在某个开放或公共场所举行，所有人均可自由出入"。该法还废除了最高权威宣誓和詹姆斯时期的效忠誓言，以及所有其他与信仰自由不符的法律。[88]

然而，《礼拜仪式统一法》被留在了法典中：就像他在苏格兰和英格兰的议程一样，詹姆斯的意图是在不破坏新教体制的情况下，消除刑罚法的障碍。天主教徒希望他们的教会完全恢复到宗教改革前的状态。在议会召开之际，天主教主教和神职人员在都柏林举行了一次大会，向国王发表了一份讲话，要求废除所有的刑罚法，特别是《礼拜仪式统一法》，并要求恢复天主教神职人员的"圣职和教堂，让他们充分行使其教会管辖权"。[89]下议院为信教自由起草了一份更激进的法案，该法案将取消"国王在教会中的至高地位"，并废除"针对天主教徒的刑罚法"；律师们表示，这将"像亨利七世时代一样合法地解决天主教的问题"。然而，詹姆斯表示反对，不仅因为他知道这会进一步疏远他在苏格兰和英格兰的新教臣民，还因为它剥夺了他作为教会领袖的地位，"削弱了他的特权"。他坚称，他不想摧

毁新教体制，而只是想"取消对自由的惩罚"。[90]尽管如此，爱尔兰
议会还是通过了一项立法，规定今后天主教徒不必向新教牧师缴纳
什一税；这些钱应该归属于他们自己的神职人员。[91]

　　1689年议会中最具争议的问题是土地解决方案。大多数天主教
徒希望废除《平定法》和《解释法》。御前大臣菲顿认为这些法律是
"邪恶的，就像在地狱中孵化出来的"，并表示它们应该被"刽子手
烧掉"。新教贵族和主教反对废除，一些自复辟以来购买土地的天主
教徒也反对。[92]首席大法官基廷是剩下的新教法官之一，他代表《平
定法》下的购买者向国王请愿，声称拟议的废除方案将摧毁"王国
中所有的新教徒"，驱逐"蒸蒸日上的天主教购买者"，摧毁"贸易
和商业"，并且"绝对会摧毁陛下的财政收入，每个臣民的收入也都
会缩水"。米斯郡主教多平坚称，如果国王违背不废除这两部法律的
诺言，也就"意味着毁掉了这么多无辜的忠诚人士"，这么做一定有
损国王的声誉。不仅是新教徒，还有自复辟以来合法获得土地的天
主教徒都将遭受损失。多平继续说，此外，无论从政治还是从财政
上讲，在这个关头废除法律毫无意义。新的土地所有者将没钱交税，
而旧的土地所有者将"饥寒交迫"，短时间内也无法交税。废除这两
部法律也会毁掉国王"在失去的王国中的利益"，因为英格兰和苏格
兰的新教徒一旦发现他们在爱尔兰的同胞是如何被利用的，就不会
希望看到他恢复王位；会"在贸易上毁掉王国"；会摧毁"公众信
仰和国家信用"，如果议会立法被证明缺乏保障，将没有人敢依赖它；
"当内战在全国肆虐，我们担心来自国外的入侵"时，就会变得很麻
烦——试图"在我们得到战利品之前分赃"是没有意义的。[93]

　　支持废除的人强调土地解决方案的不公正。许多无辜者的要求
从来没有被听取过；其他人被错误地宣布为叛乱分子，因为他们在
叛乱地区拥有土地；甚至那些被判无罪的人也很少收回他们的地产，
因为所有可以用来补偿现有所有者的土地都被奥蒙德、安格尔西、

奥雷里和库特等权贵吞并了。(当然，詹姆斯二世本人也可能是其中之一。)虽然现在的购买者有权利,但这是"在前所有者之后"的权利,因此前所有者优先。[94]至于那些在复辟之后购买土地的人,他们应该认识到《平定法》是"最不公正的,而且没有真正的法律依据";"买者自慎之"(caveat emptor)原则迫使买方只购买卖方的真正财产。然而,大多数人承认,需要对那些善意购买土地的人给予某种补偿。[95]

毫无疑问,詹姆斯想保留《平定法》和《解释法》。[96]然而,他清楚地知道,如果他不同意废除,"整个国家都会抛弃他"。[97]他尤其担心,如果他不屈服,议会将不会投票表决急需的税收。最后,他同意通过一项法令,赋予1641年的土地所有者或其继承人收回其财产的权利,并成立了一个特别的索赔法庭来确定个人的权利。那些反叛詹姆斯的人的土地也将被没收,以补偿"新利益"的购买者。[98]正如一位新教评论员所说,该法"将《平定法》彻底粉碎"。[99]这一措施以一项针对新教徒的《褫夺法权法》为支持,后者列出了2470名被宣布为叛国者的人,如果他们在某一日期前不再次效忠于詹姆斯,将受到处决和没收其财产的惩罚。[100]因此,议会给予了詹姆斯一笔急需的补贴,每月2万英镑,为期13个月,实际上比詹姆斯最初要求的金额高出约5000英镑。[101]

土地解决方案的废除,意味着否定了新教对爱尔兰叛乱的解释。因此,不出所料,都柏林议会废除了每年10月23日举行纪念的法令,理由是它使爱尔兰"国王陛下的臣民之间发生巨大的冲突、争吵和仇恨"。[102]议会还通过了多种措施,旨在打破英格兰新教阶层的优势地位,确保爱尔兰从英格兰获得更大的独立。"一项解除本王国当地人所有无行为能力的法令"规定,"本王国所有具有爱尔兰血统的当地人"都应"能够从事本王国内的一切工作,以及在种植园和其他地方购买土地"。因此,所有关于"因爱尔兰血统或其他以姓名、血统或宗教为由而使本王国中自然出生的臣民丧失行为能力"的法律，"特此废止，并完全无效"。[103] 一项宣示性立法确认"国王陛下的爱尔兰王国"过去是且一直以来都是"与国王陛下的英格兰王国截然不同的王国"，并且"由于该王国人民从未向英格兰举行的任何一届议会派遣成员"，除非"由爱尔兰议会制定为法律"，否则英格兰议会已通过或即将通过的所有立法都不应"在爱尔兰具有约束力"。[104] 该法还禁止爱尔兰法院向英格兰王座法庭上诉。米斯郡主教在上议院反对这项措施，认为它"有损国王和王国；剥夺了国王的特权，剥夺了臣民亲自向国王申诉的自由"。[105] 詹姆斯党人所著的《詹姆斯二世传》一书后来评论道，要不是詹姆斯意识到他不能"厌恶那些本来喜爱他的臣民"，他绝不会同意"对他的特权进行如此缩减"。[106] 不过，詹姆斯成功阻止了《波伊宁斯法》的废除，爱尔兰人视其为"他们臣服于英格兰的最大标志和手段"。[107] 另一方面，《航海法》遭到搁置，并通过了一些法令，允许爱尔兰与殖民地直接贸易，并禁止从英格兰、苏格兰或威尔士进口煤炭。法国人希望在爱尔兰获得英格兰人先前享有的有利经济地位，但詹姆斯仍然以英格兰国王的身份，阻止了一项允许法国垄断爱尔兰原毛出口的法案，并坚持要求修改另一项允许法国臣民入籍的法案，使之适用于所有国家。[108]

总而言之，1689 年的立法如果生效，将构成一场真正的革命，将政治、宗教和经济权力转移给一个新的统治阶级。英格兰对爱尔兰的帝国统治将被摧毁，英格兰新教阶层的优势地位将被推翻。《平定法》的废除将导致爱尔兰土地所有权的巨变；威廉·金毫不夸张地指出，"王国三分之二的新教徒通过该法拥有他们的地产"，而其他许多人则因为《褫夺法权法》而被剥夺他们的地产。[109] 然而，与此同时，这是一场主要有利于老英格兰人的革命。《平定法》的废除并没有对那些在 1641 年之前被剥夺土地所有权的人（主要是盖尔人）做出具体规定。尤其是阿尔斯特的盖尔人，他们在蒂龙伯爵叛乱（1593—1603）后失去了自己的地产，他们的处境从未得到解决，尽管他们可能希望通过牺牲北方支持威廉的新教徒的利益，重新获得一些土地。在某种程度上，都柏林议会的立法举措相当于一次大胆的尝试，要求爱尔兰从英格兰独立出来，但爱尔兰仍然会留在英格兰征服者的手中，尽管这些征服者是在宗教改革之前来到爱尔兰的。对于许多爱尔兰天主教徒（无论是老英格兰人还是盖尔人）来说，1689 年的立法都不够深入。奥凯利对詹姆斯未能被说服废除伊丽莎白女王时代制定的反对罗马天主教信仰的不敬的法律而感到遗憾，因为后者担心这会疏远他"一直在向其示好"的英格兰臣民。[110]正如达沃所说，詹姆斯一直"偏心英格兰人，不会做可能惹恼他们的事"。[111]讽刺的是，詹姆斯的所作所为已经"激怒了英格兰人"。

　　然而，1689 年爱尔兰的天主教革命只是一场纸上谈兵。虽然理论上规定了信教自由，并采取了一些措施来没收拒绝向詹姆斯屈服的新教徒的财产，但暂时没有设立任何索赔法庭来监督将财产转回给 1641 年的土地所有者。这场革命能否在爱尔兰生效，将取决于战争的结果。

两个国王的战争和利默里克条约

　　詹姆斯党人在爱尔兰的战争血腥而漫长。[112]这是一场国际战争。威廉不仅雇用了英格兰人，还雇用了苏格兰人、英裔爱尔兰人、荷兰人、德意志人、丹麦人，甚至还有法国人（胡格诺派）的军队。虽然詹姆斯党军队的主力是爱尔兰天主教徒，但也有一些英格兰和法国军官，而且在 1690 年的战役中，还有一支由法国人、德意志人和瓦隆人组成的相当规模的队伍。[113]詹姆斯党人的初步胜利使詹姆斯重新控制了北方的大部分地区，只有德里和恩尼斯基林除外。对德里的围攻尤其著名。尽管困难重重，还面临着严重的物资匮乏，但德里经受住了长达 105 天的围城。驻军营内食物短缺，人们被迫以狗、猫、老鼠和马肉为生。[114]1689 年 7 月初，詹姆斯党指挥官罗森将军为了诱降，孤注一掷地下令围捕 30 英里范围内的所有新教徒，男女老少都不放过，然后把他们带到城墙前，让他们住无居所，食不果腹。那些在城内的人面临着严峻的选择，要么去帮助他们的新教徒朋友和亲戚——让他们加入驻军，而这将给日益减少的食物供应增加负担——要么看着他们在城门口饿死。威廉·金声称，有4000 到 7000 人赤裸着被带到城墙前，其中包括"老态龙钟的人"，"给孩子喂奶的奶妈"，"怀着孩子的妇女"和"一些正在分娩的女人"，尽管他的数字可能有点夸张。作为回应，驻军在城墙上竖起了绞刑架，并威胁说，如果不允许城外的新教徒回家，他们将绞死詹姆斯党人的俘虏。詹姆斯对罗森违反他为阿尔斯特的新教徒提供的保护条款感到愤怒，并命令他的将军退让。[115]1689 年 7 月 28 日，在珀斯少将的指挥下，威廉的部队终于收复该城；詹姆斯的军队于 31 日解除围城并离开。围城造成的破坏极其大：1691 年 3 月，当金作为新任命的主教前往德里时，他"发现那里几乎一片荒凉"，几乎"所有的乡村房屋和住所都被烧毁了"；在"动乱"之前，教区里有"大约 25 万头牛"，而围城之后，只剩下约 300 头；46 万匹马中，只剩下 2 匹"跛了的"，只剩下 7 只羊，2 头猪，没有家禽。[116]1705年下议院委员会的一份报告估计，围城期间"1.2 万人死于刀剑或饥荒"。[117]

　　1690 年 6 月，威廉三世亲自领兵，并于 7 月 1 日在德罗赫达城外的博因河战役中，对詹姆斯的军队取得了决定性的胜利。考虑到威廉的军队有 3.6 万人，且主要是骁勇善战之士，而詹姆斯的军队只有 2.5 万人，结果似乎已成定局。然而，也有运气和误判的成分。威廉本人在战斗前一天也差点丧命：6 月 30 日，他在侦察渡河点时，敌人向他开火，一颗子弹击中他的右肩，子弹"穿破了他的外套和衬衫，让他面如死灰"。正如一位新教徒目击者所说，如果威廉阵亡，这无疑将是"对他的军队和王国的致命一击"。第二天的实际交战，与其说是威廉的胜利，不如说是詹姆斯的失利。当威廉的一支小分队成功地在罗斯纳里渡过博因河，到达詹姆斯军队的营地西侧时，詹姆斯错误地猜测威廉的其余部队会跟随，于是派遣他的大部分部队去切断他们的路。这为威廉的主力部队开辟了条件，他们可以越过大河，在奥尔德布里奇（意为"老桥"）以东的地方迎战耗损严重的詹姆斯军右翼。面对在河湾遭遇夹击的危险，詹姆斯的军队选择了撤退，在一片混乱中扔掉武器和装备。当詹姆斯看到手下的人屈服时，他急忙赶往都柏林，在与枢密院紧急召开的会议上，他宣布，由于他的军队不可靠，并且"卑鄙地逃离战场，把战利品留给了敌人"，他"再也没有决心领导爱尔兰军队"，而是决定"为自己谋出路，他们也应该如此"。[118] 第二天，詹姆斯前往沃特福德港的邓坎农，从那里乘船前往法国（途经金塞尔），"让他可怜的爱尔兰人去战斗，或者为他做他们想做的事"。詹姆斯党人撤退到利默里克，威廉于 5 日控制了都柏林。[119]

博因河的实际战斗有限，损失也小：詹姆斯方面大概损失 1000 人，威廉方面的折损大约为 500 人。然而，虽然詹姆斯的逃亡和威廉占领都柏林具有至关重要的意义，但威廉没能切断詹姆斯军队的撤退，因此错过了立即结束战争的机会。错失良机之后，又出现大逆转，威廉未能在 8 月攻克利默里克。在那之后，威廉本人回到英格兰，威廉的军队在约翰·丘吉尔（现在的马尔伯勒伯爵）的指挥下，于 9 月底和 10 月初占领科克和金塞尔，在爱尔兰的冲突没有最终结束的情况下，战斗季节结束了。那些重回新教徒控制下的地区恢复了原状。因此，在1690年7月詹姆斯党政府从都柏林撤出后，1687年被蒂康奈尔换掉的11名市政官承担起了"恢复治安并行使职权"的责任，他们请求威廉批准他们的行动，并授权他们选举其他成员来填补市政府的空缺，而威廉批准了。10月，恢复的市政法人通过了一项剥夺天主教自由民权利的法令。[120] 当沃特福德在7月陷落时，威廉就"应［被取代的］新教市政官的申请"恢复了以往的市政法人。[121] 同样，约尔和金塞尔分别于1690年8月和10月恢复了旧有的市政法人。[122]

詹姆斯出逃后，詹姆斯党人在继续战争是否明智的问题上产生了分歧。蒂康奈尔认为是时候向英格兰屈服，以尽可能争取最好的条件了。根据奥凯利的说法，那些自复辟以来购买土地的天主教徒，他们的购买行为却因都柏林议会废除《平定法》而遭到破坏，他们是最渴望与威廉达成协议的人，因为他们知道威廉不会让废除继续生效。[123] 旧天主教土地所有者，连同爱尔兰盖尔人，倾向于继续斗争；爱尔兰人担心英格兰人想要把他们"根绝"。还有一些人讨论爱尔兰是否应该与英格兰彻底决裂，"加入能够保护他们的天主教王权，而不是屈从于大不列颠新教王国的革命"。一些盖尔人希望看到王国"落入古爱尔兰人之手"，据称这是由一个叫巴尔德里克·奥唐奈的人提出的，他试图在士兵中获得广泛的追随者，最终意图在詹姆斯不知情或未同意的情况下与不列颠达成和平。[124] 因此，战争又拖了一年，蒂康奈尔重新投身于此，直到1691年7月12日，在奥赫里姆战役这场"爱尔兰历史上最灾难性的战役"中，詹姆斯党人的抵抗被有效地击溃。[125] 多达7000名爱尔兰士兵被杀，450人被俘；威廉方面的伤亡人数约为2000人。威廉军队中的一位丹麦牧师描述了战斗后的"可怕景象"："许多人和马被刺穿，既不能逃跑，也不能休息，有时试图站起来"，却又突然倒下，"被他们身体的重量压得喘不过气来"；"其他四肢残缺、痛苦不堪的人"会哀求着"用刀剑赐他们痛快",却被他们的征服者拒绝;还有一些人"威胁的语气中喷涌着血腥气"。"尸横遍野,血流满地,浸湿了战场,"牧师继续说,"几乎每走一步都会滑倒。"[126]

此时,威廉决心结束爱尔兰的战争,以便将精力和财力集中在欧洲大陆的战役上。他授权他的战地指挥官金克尔男爵,如果詹姆斯党人愿意投降,他可以向他们提供有利条件。7 月 21 日,詹姆斯党人在戈尔韦的飞地投降了,作为回报,他们获得了一份相当慷慨的投降条约,根据该条约,驻军和镇民的财产都得到了保证。蒂康奈尔在中风后于 8 月 14 日去世,这对爱尔兰人的士气造成了致命打击。10 月 3 日,詹姆斯党人在爱尔兰的实际领袖卢肯伯爵帕特里克·萨斯菲尔德交出利默里克,战争最终结束。到战争结束时,约有 2.5万人战死沙场。另有数千人死于疾病。[127]

在利默里克的投降谈判中,詹姆斯党人提出了一些条款,这些条款将认可他们在詹姆斯二世统治期间取得的成果,并且实际上将他们恢复到 1688 年的状态。具体言之,他们要求获得全额赔偿,恢复所有爱尔兰天主教徒在革命前拥有的地产,完全的礼拜自由,以及天主教徒成为市政法人成员、自由贸易、担任军事和民事职务的权利。[128] 这些建议被断然拒绝;新教谈判代表希望恢复查理二世统治时期的状态。

最终达成的条约包括 13 项民事条款和 29 项军事条款。第一项民事条款规定,"本王国的罗马天主教徒""在信奉宗教时享有符合爱尔兰法律的特权或者查理二世统治时期享有的特权"。当然,这种"特权"是非常有限的,天主教徒享有的信仰自由是受到默许的,而非法律规定的权利。不过,同一条款还承诺,一旦威廉和玛丽的事务允许他们在爱尔兰召开议会,他们将设法为罗马天主教徒"争取进一步的安全保障,使他们免受因其宗教而引起的干扰"。第二项条款承诺,利默里克的居民,或爱尔兰人的其他驻军,以及利默里克、

克莱尔、凯里、科克和梅奥（詹姆斯党控制下的其余地区）的现役
士兵，"以及所有受其保护的人"，[129] 如果向威廉和玛丽屈服，并宣
誓效忠英格兰《权利宣言》，他们将恢复"根据查理二世统治时期有
效的法律和法规"享有的"地产，以及权利、头衔、利益、特权和
豁免"。另一项条款指出，来自利默里克市或克莱尔郡或凯里郡的任
何其他城镇的商人，如果在 1689 年 2 月威廉和玛丽被宣布为国王和
女王之后，一直身居海外且没有参加任何反叛，然后在八个月内回国，
也将享受第二项条款的好处。随后的条款规定了对战争期间所犯罪
行的赔偿，并坚持，向政府顺从的天主教徒的唯一誓言应该是 1689
年的忠诚和效忠誓言；换句话说，他们再也不会因为拒绝承认王权
至高无上而受到惩罚。军事条款则允许"所有人，无任何例外"，只
要愿意，都可以"自由地"带着家人和家庭财产离开爱尔兰，前往
除英格兰和苏格兰以外的任何国家。士兵们要选择是留下来还是去
法国，去法国的话将由英格兰人出资运送。[130]

效忠争议

　　爱尔兰没有像英格兰和苏格兰那样的革命解决方案。尽管在利
默里克投降后签订了一项和平条约，并且随后在 1692—1697 年间
达成了威廉派的解决方案，但没有相当于英格兰《权利宣言》或苏
格兰《权利宣言书》的文件，甚至没有任何单独的宪制裁定，即认
为爱尔兰的王位是空缺的。不需要单独在爱尔兰废黜詹姆斯，因为
正如英格兰上议院在 1689 年 2 月 6 日确认的，爱尔兰"是英格兰的
附属国"。[131] 因此，2 月 13 日的《权利宣言》宣布威廉和玛丽为"英
格兰、法国和爱尔兰的国王和女王"，而他们在 1689 年 4 月 11 日的
加冕典礼上正式获得这一头衔。[132] 然而，还有一个棘手的问题，那

就是如何证明从效忠詹姆斯转向效忠威廉是正当的。在爱尔兰，詹姆斯显然是被武力推翻的；不能说他抛弃了王国，使王位空缺。爱尔兰的新教徒如何将他们反对詹姆斯的立场合理化？

　　理论上，当英格兰的非常议会宣布威廉和玛丽为新君主时，爱尔兰臣民的忠诚自动从詹姆斯转移到威廉和玛丽身上。新教国教牧师安德鲁·汉密尔顿在为恩尼斯基林人的行为辩护的小册子中写道，"英格兰非常议会投票决定将上任国王詹姆斯的逃离定为退位，并将空缺的王位交给他们的现任国王"，当这一消息传来时，我们认为自己有义务"从这时起，基于这些理由，把自己当作他们的臣民，我们的忠诚在上任国王詹姆斯自愿逃离时已经转移，就好像他已经自然死亡一样"。这一理论使信奉不抵抗和消极服从的新教徒得以解释"我们如何成为陛下的臣民，而又不违背我们以前的忠诚"（正如汉密尔顿在他对威廉和玛丽的献词中所说）。[133]

　　当威廉亲临爱尔兰领导战争时，爱尔兰的大多数新教徒将他视为他们的合法国王，认为他是来将他们从天主教的暴政中解救出来的。1690 年 6 月 14 日星期六，威廉进入贝尔法斯特时，听到了"上帝保佑国王，上帝保佑我们的新教国王，上帝保佑威廉国王"的呼喊声。新教徒们向他献词，敦促他"征服属于你的东西，把可怜的爱尔兰纳入幸福的英格兰王国"。当晚，街上"到处是篝火和焰火"，不到三个小时，威廉到来的消息传开，新教徒掌控的"每个地方"都"燃起了熊熊的篝火，以至于整个国家仿佛陷入了一片火海"。那些没有参加庆祝活动的人受到了威廉派的迫害。在利斯本，当著名的公谊会传教士乔治·格雷格森没有燃起篝火时，"士兵们打碎了他家所有的窗户，推倒了他房子周围的栅栏"，并从后院抓起他的"手推车、铲子、镐、桶、沥青和焦油桶"，"在他的家门前把它们堆成一处巨大的篝火"。[134] 然而，北方的长老会有他们自己的议程。6 月 16 日星期一，贝尔法斯特长老会的牧师们向威廉致了贺词，表示希望威廉能利用他的影响力为他们争取"宗教自由"，这反过来又会鼓励"我们现在在苏格兰的人回来"，"而且会被证明是一种特殊的方式，可以使这个省更充分地拥有受陛下政府喜爱的新教徒，并成为抵御爱尔兰天主教的堡垒"。[135]

1690—1691 年，爱尔兰逐渐从詹姆斯党的控制下"解救"出来，新教地区也举行了类似的庆祝活动。当都柏林的新教徒得知博因河战役的胜利后，他们在街道上奔跑，欢呼雀跃，"互相致意和拥抱，并为这次奇妙的解救而祝福上帝"。[136] 威廉本人于 7 月 5 日凯旋进入都柏林时，一位新教消息人士称，迎接他的是"一个被解救的民族可能表现出的喜气洋洋"。[137] 在秋天的胜利之后，新教徒们更是欢欣鼓舞。[138]

然而，事情并非如此简单。爱尔兰的新教徒于 1688 年 12 月首次拿起武器，远在英格兰非常议会宣布詹姆斯退位之前，甚至早于詹姆斯第一次试图逃离英格兰之前，更不用说第二次成功逃往法国了。此外，当詹姆斯亲自来到爱尔兰捍卫自己的王位时，退位论就很难站得住脚了。正如后来詹姆斯党人著的传记所说："'退位'一说根本说不通，只是他们在英格兰进行反人伦的叛乱的唯一可怜的借口，在爱尔兰没有丝毫借口，而按照我们时代的议会逻辑，除非国王来到一个他从未去过的国家，亲自治理一个他迄今由一位副手治理的王国，否则必须视为对这个王国的抛弃。"[139] 当然，长老会教徒并不觉得受到 1680 年代阐述的不抵抗和消极服从教义的约束；事实上，他们的神职人员公开劝说信徒拿起武器捍卫自己的宗教。但是国教会的新教徒呢？他们是否像一位长老会辩护者所说的，"被迫在长老会关于统治和臣服的公正措施的观点中寻求庇护"——他们之前曾认为这种观点是在煽动叛乱——以捍卫他们在"这场伟大而幸福的革命"中的行动？[140] 还是说，他们设法阐明了另一种理论来证明他们行为的正当性，而这种理论与他们的教会关于不抵抗的教义是一致的？

首先，必须再次强调的是，国教会的许多新教徒没有进行武装抵抗。大批的人逃离了该国。在留下来的人中，很多人从未主动对詹姆斯不忠。一位都柏林的新教记者在 1689 年 1 月底评论道，"军队中的新教徒已全部投降，决心不反抗他们的宗教和国王"，并补充说，"我们似乎希望军队在英格兰也这样做，而不是做逃兵"。[141] 一些人继续为他们眼中的合法国王效劳，无论是在他的政府还是在军队中；当威廉派的解救到来时，他们可以用"天意"来证明其合理性。这是米斯郡主教安东尼·多平的立场。1683 年 7 月，多平在都柏林的基督教堂布道，声称消极服从和不抵抗原则是"英格兰国教会的一贯主张"，并得到了 1666 年爱尔兰《礼拜仪式统一法》的支持，那些为抵抗天主教的洪水猛兽而辩护的人并非教会成员，而是从罗马、苏格兰或日内瓦借鉴了他们的原则。[142] 在革命时期，多平选择留在爱尔兰，甚至在 1689 年的詹姆斯党议会中占有一席之地，正如我们所看到的，他反对大多数亲天主教的倡议。1690 年 7 月，当威廉在都柏林发表讲话时，他很快就投靠了威廉，并在 7 月 7 日率领新教神职人员代表团感谢威廉将他们"从天主教的压迫和暴政中"解救出来，并发表了一篇演讲，称赞"上帝让我们得救"，而威廉是"上帝实现这一切的如意的工具"。[143]1690 年 10 月 26 日，多平在都柏林圣帕特里克教堂的一次布道中说，"一个国家或一个民族屈服于外国的权力，是全能的上帝和天意的杰作"，"有这样的时候，即一个如此被征服的民族有义务服从征服者的权力，尽管他们效忠于以前的君主"。即便如此，多平的天意观也夹杂着对臣服的谨慎看法，允许臣民放弃对无法保护他们的君主的忠诚，选择另一位主人："臣民的忠诚是建立在君主能够保护他们的基础上，无人必须服从一个既不能，也不会保护他们的生命和财富的君主。"[144]

然而，对于那些更积极抵抗的人来说，天意的解释就不那么有效了。典型的情况是，国教会的新教徒认为他们的行为是防御性的，因此并没有积极反抗。汉密尔顿在回顾了"爱尔兰天主教武装暴徒"的"残暴掠夺"和"光天化日之下的公开抢劫"后，认为新教徒拿起武器是为了"捍卫［他们的］法律，反对那些在国王离开后将以武力统治的人，尽管法律规定那些人不能担任任何公职，而且他们声称他们将违背所有现行的法律"。[145] 另一位作者认为，是"自我保护"促使阿尔斯特的新教徒"联合起来并拿起武器"："英格兰人民和爱尔兰新教徒的情况在几个方面有所不同"，"那些在英格兰企图颠覆宗教和现行法律的人，并没有打算血腥地残害同胞的生命"，"他们也没有假装拥有其大部分的地产"。[146] 1688 年与 1689 年之交的冬天成立的各种协会的宣言，同样表明新教徒是为了自卫，以应对他们的生命、自由和宗教受到的直接威胁。例如，基尔马尔人说，他们故意不把自己编入兵团，是因为没有人委托他们这样做，他们不想成为率先拔剑的人；他们只是把自己置于一种"防御姿态"。同样，安特里姆的新教贵族和乡绅们宣称，"如果我们被迫拿起武器，这将违背我们的意愿，所以只能是防御性的"。[147]

　　1691 年，爱德华·魏腾霍尔在一本小册子中，深入研究了爱尔兰新教徒为何这时可以不再宣誓效忠詹姆斯二世。作为在剑桥和牛津接受过教育的英格兰人，魏腾霍尔于 1672 年移居都柏林，1679年成为科克和罗斯主教。魏腾霍尔的观点是多方面的，他承认在革命危机的不同阶段，不同类型的人可能会有不同的理由。他声称，詹姆斯要求爱尔兰新教徒遵守誓言是非法的；上帝和詹姆斯使得他们不可能这样做；此外，爱尔兰的新教徒也正式解除了他们的誓言。詹姆斯要求爱尔兰新教徒遵守誓言是非法的，是因为他试图"将三个王国的王权和尊严置于外国君王的权力之下"，而"臣民这样做"就是叛国：因此，爱尔兰新教徒无法履行他们在效忠誓言中的承诺，即"'协助和保卫这样一位国王'，因为通过这种协助，我们就构成了叛国罪"。"根据上帝的法律，新教人民协助和捍卫詹姆斯二世行使和拥有自行创造和行使的王权也是非法的"，因为这"不仅会破坏他们自己的地产，还会破坏他们的新教徒同胞的地产、自由和生命，更重要的是，破坏他们的共同宗教"。"我们的誓言"不能"强迫我们成为帮凶，帮忙砍掉无辜的新教上议员的头颅，或者吊死这些新教下议员；或者解除新教徒的武装，推翻他们的权力，武装并提升天主教徒，从而摧毁我们自己、邻居和宗教"。魏腾霍尔接近于主张契约论，他承认，与其说詹姆斯使效忠誓言变得非法，不如说他"使对他的宣誓失效"更为准确，因为宣誓的人应该向"一个依法执政、保护其臣民和他们的权利的国王"宣誓。[148]

魏腾霍尔说，新教徒也不可能遵守效忠詹姆斯的誓言。根据誓言的条款，臣民应该保卫和协助国王，但新教徒无法履行这一职责，因为詹姆斯已经解除了他们的武装。此外，上帝让新教徒在"道德上不可能"遵守誓言，因为他现在"把我们置于第二个征服者威廉的权力之下"，后者"有权利通过征服使我们效忠于他"。此外，宣誓要求国王的臣民保卫所有授予国王的管辖权、优先权和权威，但詹姆斯让他的爱尔兰臣民无法在维持忠诚的同时维护他的特权，因为他同意了一项法令（在 1689 年的爱尔兰议会上），将爱尔兰王国与英格兰国王分离了开来。然而，即使爱尔兰新教徒在不合法和不可能的事情上不再服从詹姆斯，"国王和王后及其子女的人身安全"仍是"最神圣不可侵犯的"。"我们谁也不会，"魏腾霍尔坚持说："企图侵害他们神圣的人身，或同意任何这类的企图。"[149]

魏腾霍尔随后声称，爱尔兰新教徒的效忠誓言已被解除。首先，1689 年的爱尔兰议会废除了詹姆斯时期的效忠誓言，而这是爱尔兰新教徒唯一宣过的誓。魏腾霍尔讽刺地说，这是"他们为我们做的唯一贡献，我们不应该，但的确要带着感谢地承认这一点，并把它记录下来让子孙后代知道"。詹姆斯禁止新教徒持有武器也相当于解除他们的誓言，因为誓言要求他们使用武器保卫他。在博因河战役之后，詹姆斯告诉他的士兵"为自己而战"，这显然是指所有的爱尔兰人，这是国王解除新教徒效忠的又一个例子。英格兰和爱尔兰的《礼拜仪式统一法》（1662年和1666年）都规定了反对拿起武器抵抗国王或由国王委任的人的誓言，对此魏腾霍尔抗议说，对天主教徒的委任是违反法律的，因而是无效的；新教徒有理由起来反抗蒂康奈尔和所有假装受到国王委托的天主教徒。如果是詹姆斯本人选择领导这些人，这并没有使这些官员变得更加合法，而只会使詹姆斯"不再是一个合法的国王"——更不用说詹姆斯国王"已经解除了自己的国王身份"；因为国王一旦解除臣民的效忠当然就不再是国王了。[150]

到目前为止，魏腾霍尔的论理主要是世俗层面的。然而，在谈到圣经是否教导说所有的誓言都是不可侵犯的这一问题时，他转向了从宗教层面证明抛弃詹姆斯的正当性，鉴于新教徒坚持认为出于宗教原因的抵抗是非法的，在这样做时必须小心谨慎。魏腾霍尔宣称，"我没有被命令过，通过忠于任何誓言，来诅咒我的灵魂"，而"这个誓言所要求的忠诚，与救赎我们的常见手段不一致；也就是说，与享有和信奉真正的宗教不一致。但如果不能公开信奉真正的宗教，人们就无法正常地、普遍地获得救赎"。不能期待一个人"对效忠于他的国王的誓言保持不变，以至于不惜放弃救赎的手段，也就是放弃上帝和基督教信仰"。[151]

魏腾霍尔的分析意味着爱尔兰的新教徒可能在多个不同的时间点停止效忠詹姆斯二世：詹姆斯在蒂康奈尔领导下的爱尔兰政府首次开始非法行动时（1687—1688）；奥兰治的威廉成功完成对英格兰的征服时（那是什么时候？12月11日；2月13日；4月11日？）；爱尔兰议会废除效忠誓言时（1689年夏天）；博因河战役后（1690年7月1日）；甚至可能早在1685年夏天，当詹姆斯第一次开始解除爱尔兰新教徒的武装。魏腾霍尔更倾向于 1689 年 2 月底 3 月初，蒂康奈尔下令解除爱尔兰新教徒武装的时候。然而，有趣的是，魏腾霍尔仍然固执地认为，他所说的一切都符合不抵抗和消极服从的信条。首先，许多人确实是被动地受苦。其次，这是一个有"界限和实践季节"的信条：有时，抵抗可能是"必要的和合法的"，比如当你的对手已经向你宣战。在这个关键时刻袖手旁观无动于衷，无异于劝说三国的新教徒"任人宰割"。然而，上帝把他们从那些想要毁灭他们的人手中解救出来，"把我们可怜的受压迫的新教臣民置于新教君王的统治下"，新教徒可以自由地接受他的保护。威廉和玛丽是征服者；上帝并没有赋予新教徒"积极的角色来提升这些君王的权力"，而就像魏腾霍尔所谓的，"只是一个消极的角色"。[152]

由爱尔兰新教国教会提出的关于爱尔兰新教徒为何可以自由放弃对詹姆斯的效忠的最广泛的研究来自威廉·金，他是都柏林圣帕特里克教堂的教长，后来成为德里的主教和都柏林的大主教，在 1691 年著有《上任国王詹姆斯统治下的爱尔兰新教徒状况》。和多平一样，金此前也坚持不抵抗主义。1685 年 3 月，基尔莫尔和阿达的主教威廉·谢里丹在金位于都柏林的教堂发表了一篇布道，在布道的前言中，金写道，"我们教会中的任何人都不可能不放弃宗教信仰而变得不忠诚"。[153] 然而，接下来几年的经历，包括 1689 年被詹姆斯党政权监禁的经历，似乎让金确信，他对詹姆斯二世的忠诚可以在不放弃宗教信仰的情况下停止。[154] 然而，和国教会的大多数神职人员一样，他的第一反应是寻求一种天意论的解释。1690 年 11 月 16 日，在圣帕特里克教堂为纪念威廉在爱尔兰战役的成功而举行的官方感恩日布道中，他认为，这场革命是"奇迹般的天意"的结果——他列举了 18 项天意的例证。他总结道，我们应该"承认我们得到解救全是因为上帝"；的确，"上帝在他的旨意下如此安排了这件事，以至于我们并没有参与其中"。他承认詹姆斯二世在爱尔兰的企图遭到了德里和恩尼斯基林居民的"意外反对"，但一旦考虑到"提出该反对的地方和人士"以及"他们会采取行动本身是一个奇迹，更何况他们会取得成功"，那么这就很明显了，"全能的上帝按照他的天意，把他们带到这个紧要关头来，并以一种不同寻常的方式激发他们的决心，要在他们的弱小中显示他的力量"。[155]

正如金的这本小册子的副标题解释的，他的目的是细致地证明爱尔兰新教徒对詹姆斯二世的"姿态"（Carriage）是正确的，并表明"他们绝对有必要努力摆脱他的政府，服从他们现在的陛下"。金一开篇就坚持这种观点，即"那些极力主张消极服从原则的人认为，如果一个国王为了他更爱的另一部分臣民［在这里，指天主教徒］而打算铲除一个民族或作为主要部分的臣民［指新教徒］，那么，人们可以通过武力来阻止他"。金表示，在这种情况下，君王"将被判定为放弃他企图在违背正义和法律的情况下摧毁的那些人的政府"，而他的"臣民可以抛弃他们的君王，拒绝他的政府和服务，并寻求保护"。[156] 因此，"在某些极端情况下"，抵抗是合理的：在金看来，当屈服于暴政比战争对公益的危害更大，"人们可以合法地抵抗和保卫自己，哪怕是通过战争，因为此时战争也仅是次要的伤害"。[157] 他还为威廉的干预辩护——"一位君王在另一位君王和他的臣民之间进行干涉可能是合法的，因为他可能与该国人民和政府有利益关系，而为了捍卫这种利益，他可以合法地关切，并防止它们被战争摧毁"，并且"如果一个君王对一国人民的摧毁只是摧毁其邻国人民的前奏，那么这种干预也是合法的"。[158]

金在小册子的其余部分详细记录了"詹姆斯国王如何企图摧毁和彻底粉碎新教宗教、臣民的自由和财产，特别是英格兰人在爱尔兰的利益，并改变政府的结构和组织"，从而为新教徒放弃对詹姆斯的效忠辩护。在讨论效忠宣誓和最高权威宣誓时，金宣称"这两项宣誓是我们向作为这些王国的最高统治者的国王所做的"，而不是向"试图摧毁我们"的国王所做的，这样的国王等于"已从政府中退位"，并使人民从誓言中解脱出来。[159]金的思想中隐含着一种政府契约论。他在讨论詹姆斯如何违反法律，利用特免权提拔天主教徒担任官职时，几乎明确地表达了这一点。金宣称，"这些王国中的每一项法律实际上都是国王和人民之间的契约。他们在经过协商之后同意了一项规则，他将根据该规则进行统治，而他们有义务根据该规则服从统治"。每个人都同意，"在突发和不可预见的紧急情况下，没有什么法律是不可以废除的"，但是，"以虚假的借口妄称有必要废除那些公共契约，是一件最邪恶也是最危险的事情"。詹姆斯二世在使用特免权时显然不能以必要性为由，因为很多新教徒"非常愿意为了王国的利益而服务于他"。然而，詹姆斯知道新教徒不会协助他"摧毁王国的法律、自由和宗教"的计划，所以如果詹姆斯有必要雇用不符合法律规定的人，"这是一种犯罪的必要"。金问道，"如果他认为，这样的必要性可以使他不必遵守加冕誓言——依法治国——并且有理由免除那些为其臣民的安全而制定的法律，那么他为什么不允许臣民享有同样的自由，他们必然有必要避免毁灭，因而应该有充分的理由放弃对他的服从，尽管他们曾宣誓效忠"。[160]

然而，说到这儿，金最终还是回到天意的角度来看待这场革命。他说，"我们的自由、财产、生命和宗教"受到的威胁是如此之大，以至于"我们无法看到其他的前景或可能性来避免这场毁灭，但现任陛下为我们出面干预，就像他对英格兰所做的：这是我们做梦也想不到的天意"。很明显，威廉"是上帝派来解救我们和新教事业的"。事实上，我们"并没有采取武力手段来纠正我们自己，直到上帝的旨意显现在这些国家中，他为我们派来救星，并把王冠戴在他们尊贵的头上"。[161]

在单纯的爱尔兰背景下，金的叙述似乎从英格兰新教的角度合理地解释了为什么爱尔兰的新教徒向威廉和玛丽效忠是合法的。然而，从英格兰的角度来看，金的论点似乎就不那么连贯了，正如爱尔兰国教会拒绝向政府宣誓的牧师、詹姆斯党论战家查尔斯·莱斯利在他对金的长篇回应中清楚表明的。莱斯利表示，如果金的基本前提是真的，"即如果一个国王为了他更爱的另一部分人民而打算毁灭人民的主要部分，他确实从他打算毁灭的臣民的政府中退位"，那么可以得出一个推论，即"苏格兰的主教制派"应该摆脱"对威廉国王政府的所有义务"。此外，尽管金声称詹姆斯在爱尔兰的计划是推翻国教，但在苏格兰，威廉确实推翻了"依法建立"的教会。苏格兰长老会可能会试图证明他们在教会中的革命解决方案是合理的，他们会说这符合大多数人的愿望。莱斯利指出，按照这种逻辑，詹姆斯党可以辩称"在爱尔兰树立天主教，就像在苏格兰树立长老会"。[162] 在谈到金的退位学说时，莱斯利断言，"不仅英格兰的天主教徒、苏格兰的主教制派和爱尔兰现在的天主教徒，可以在他们愿意的时候，为他们拿起武器反对现政府进行辩护"，而且"1641 年的爱尔兰天主教徒，也可以根据该作者的学说，为他们反对国王查理一世的叛乱辩护，甚至世界上所有曾经发生过的叛乱都可以拿这种学说辩护"，它们尤其给了"宗教异见者充分的自由，让他们拿起武器反对政府"。[163] 莱斯利还质疑威廉"成为英格兰国王就拥有爱尔兰国王的头衔，因为爱尔兰只是英格兰王国的附属国"的观点。如果英格兰政府因"退位"而解散，并回到所谓的"原始契约"或"人类为自己的利益而建立政府的第一权利"，那么"英格兰通过征服爱尔兰而获得的统治权也解除了，爱尔兰和英格兰一样拥有所谓的原始自由，可以选择自己喜欢的政府和统治者"。[164] 莱斯利的回应精彩地表明，1688—1691 年间，不列颠的革命没有一致的理由；威廉获得斯图亚特三国不同王位的权利，只能通过不同的、有时相互矛盾的革命原则来证明。

　　爱尔兰人拒绝接受爱尔兰必须追随英格兰承认或否认英格兰国王的观念。正如一名爱尔兰的詹姆斯党人所言，"英格兰人在这里的行为，对爱尔兰来说不构成规则"，爱尔兰是"一个不同的王国"和"一个不同的国家"，有着"不同的法律"和"自己的议会"。爱尔兰"从来没有承认自己的国王是人民选出来的，国王应是通过出生继承的；也不承认自己的国王因任何理由被人民推翻"。"当合法的英格兰国王去世时，"作者继续说道："爱尔兰立即承认下一个血统继承人是英格兰和爱尔兰的国王，无论他是天主教徒还是新教徒，无论英格兰人民是否同意。"这一论点暗示着，1688—1689年英格兰革命导致以王权为纽带的三国联合自动解体：

> 英格兰没有了合法的国王，在爱尔兰的权利就不比法国和西班牙多，也不比爱尔兰在英格兰的权利多；因此，这三个国家，即英格兰、苏格兰和爱尔兰，都相互独立，但都依赖于国王。如果王室血统灭绝，这三个国家中的每一个都可以选择一个不同的政府。

　　因此，对爱尔兰人来说，他们在1689—1691年被一个篡位者征服了，这个篡位者永远无法合法地要求爱尔兰人民效忠于他。正如同一位作者在写到利默里克的投降时所说的，"爱尔兰天主教国家"被"置于篡位政府的沉重枷锁之下"。[165]

战争遗留问题

　　战争留下了惨痛的后果。它导致了态度的强硬和仇恨的加剧，同时也助长了一种倾向，即以更两极分化的方式看待爱尔兰问题。

我们已经看到，爱尔兰问题从来不仅仅是宗教问题。其核心是一系列相互关联的紧张和怨恨，所有这些都与宗教问题盘根错节地纠缠在一起，但它们本身并不是宗教问题：对英格兰帝国控制爱尔兰的怨恨；对获得政治权力、经济机会、合法权利和特权的关注；以及最重要的，土地问题。

1689—1691 年的战争虽然涉及宗教，但并不是宗教战争。詹姆斯本人并不是为宗教而战，而是为他的王国而战，他准备允许所有忠于他的教派享有信教自由。天主教徒也不仅是为他们的信仰而战，还为了重新控制他们的国家和土地。另一方面，威廉派认为自己的斗争对象是天主教和专制政府的国际威胁，及其以詹姆斯二世的形式在英格兰、苏格兰和爱尔兰三个王国内部的表现。然而，从 1689 年开始，这场斗争逐渐被视为相互竞争的信仰之间的斗争——新教徒和天主教徒，或者（相当于）英格兰人/不列颠人和爱尔兰人之间的斗争。这与人们——无论是爱尔兰人还是整个不列颠的人民——如何经历这场战争有关。

新教徒对战争的讨论往往不单纯从宗教的角度切入，而是有着广泛的关切。[166] 其中一个主要的关切是国家安全。芒斯特的新教徒理查德·考克斯爵士著有一部当时很有名的爱尔兰当代史，他在其中指出，任何一个人，只要知道"爱尔兰的位置、港口、富饶和其他优势"，都会承认，如果爱尔兰"落入敌人之手,英格兰将无法繁荣,甚至可能难以生存"。爱尔兰处于"贸易线上"，因此英格兰的控制对于保证英格兰航运的安全至关重要，而如果允许爱尔兰人出口他们自己的羊毛，这将"很快毁掉英格兰的服装制造业"。考克斯认为，正是出于这些原因，威廉需要重新征服爱尔兰，使其"与英格兰王国政府不可分割地结合在一起"。[167] 然而，这不仅关系到英格兰的安全，也关系到整个欧洲的安全。正如威廉·金所说的，"如果我们考虑欧洲的状况、法国的日益强大，以及上任国王在法国的利益"，很明显詹姆斯二世的措施"对整个欧洲来说肯定是致命的",不仅仅是"对新教的利益"(必须承认荷兰最有可能被毁灭),而且是对天主教欧洲,这就是为什么反对路易十四的国际联盟包括天主教和新教统治者,甚至教皇。金坚持认为,"对詹姆斯国王所做的一切",不应被视为"他们现在的国王陛下或英格兰人民的单独行为,而是整个欧洲的行为"。[168]

因此,新教小册子的作者们将这场斗争描述为反对欧洲主要超级大国法国的国际野心的斗争。一位作者说,法国人并不是为了"救济可怜的爱尔兰人",而是为了自己的国家安全;路易十四在"财富上"对詹姆斯二世的支配力量是如此之大,以至于詹姆斯的行动都是受法国大臣指示的,他"只是作为一个傀儡……为最信奉基督教的国王的政治辩护"。[169]另一个作者在 1689 年 5 月写道,"爱尔兰现在已成为法国的一个省;曾经的英格兰、苏格兰、法国和爱尔兰国王,现在只是法国国王的副手"。[170]那年春天逃离爱尔兰的新教徒的报告证实,"爱尔兰的一切都是由法国大使管理,就好像爱尔兰属于法国国王,而詹姆斯国王是他的手下一样"。[171]这种宣传是如此有力,以至于路易十四认为有必要否认他打算"通过武力使爱尔兰王国成为法国的一个附属省",并坚称他的唯一目标是恢复詹姆斯二世的"合法王位"。[172]

新教人士一再指出,爱尔兰境内的新教徒受到了法国人的虐待。1689 年 4 月 14 日,都柏林的一位日记作者记录了在爱尔兰南部海岸的帕西奇登陆的"一些法国人"如何污损当地的教堂,焚烧座位,撕毁《圣经》(把书页戴在他们的帽子里),并"想杀死牧师"。[173]另一些报告则抱怨法国的"无礼"行为,从恐吓、强奸到盗窃和谋杀。[174]法国士兵(1690 年在爱尔兰有六个法国步兵团)[175]的行为无比恶劣,以至于 5 月 5 日以法语发布了一则公告,禁止他们随意拿取东西(否则以死论处),禁止扰乱任何新教教堂或宗教集会(否则以严刑论处）[176]。然而，新教徒也试图代表天主教爱尔兰人对法国联盟表示不满。1689 年 6 月，一封来自都柏林的信讲到"当地人如何非常怀疑"法国人，并抱怨自己"被卖给了法国人"。"让法国军官代替培养士兵的爱尔兰军官"尤其是引起不满的一个原因，据称，"许多普通士兵因此做了逃兵"。[177]这些小册子讲述了"法国人和爱尔兰人之间经常发生争吵"，以及有地位和理智的爱尔兰人如何开始希望自己重新回到英格兰政府的统治之下。[178]1690 年春，当詹姆斯打算利用法国军队作为他的私人卫队时，约有 17 名爱尔兰天主教军官威胁要辞去职务：据英格兰报道，"因为他们承认，他们宁愿服从英格兰人，也不愿沦为法国人的奴隶"。[179]

　　与对法国的恐惧密切相关的，是对暴政的担忧。据称，詹姆斯在英格兰和爱尔兰的行动表明，他的目标是彻底颠覆政府，建立"专制而暴虐的权力"。[180]人们对詹姆斯认为有必要征收的紧急税尤其不满，这些税被视为"专制权力的体现"，比查理一世征收的造舰税更糟糕。[181]经济上的不满更为普遍。不仅新教徒失去了他们的地产或者他们的贸易遭到了破坏，而且由于詹姆斯和他的法国盟友的政策，整个王国都陷入了贫困；国家被内战破坏，货币贬值，以及为了给詹姆斯党人的战争提供资金而引入铜币，进一步削弱了经济。[182]一篇特别关注詹姆斯经济掠夺的小册子乐观地写道，"人们普遍认为他的压迫和暴政会在短时间内让爱尔兰人厌倦他"。[183]

　　对安全、法国、暴政或爱尔兰人民的经济福祉的担忧，皆与宗教上的焦虑有关。人们认为所有这些方面的威胁都来自天主教，尽管新教辩论者坚持认为爱尔兰天主教徒和新教徒一样有理由感到担忧。新教作家即使在专门讨论天主教问题的时候，也以一种明确的方式表明，天主教的威胁不能单纯从宗教的角度来看待。天主教是对君主的政治主权的一种威胁，哪怕是对詹姆斯二世这样的天主教君主。金说，"神父们告诉我们，他们将拥有我们的教堂和什一税，国王与他们无关"。1690 年初，一位天主教神父在都柏林基督教堂为詹姆斯布道时，甚至宣称"国王在世俗事务上应征求神职人员的意见，神职人员在王国中既有世俗权利，也有属灵的权利；但国王与属灵事务的管理无关，在这方面必须服从教会的命令"。[184] 当詹姆斯试图让新教徒托马斯·索斯韦尔爵士免于遵守《褫夺法权法》的规定时，天主教总检察长理查德·内格尔爵士告诉国王，他不能这么做。一位新教小册子作者总结道："他在英格兰被奉承得自以为拥有绝对和无限的权力来免除既定的法律，在爱尔兰却不被允许根据国际法，利用主权权力固有的特权来赦免某一臣民的罪行。"[185]

因此，新教徒很清楚地意识到，1689—1691 年的冲突所涉及的问题远不止宗教。然而，一场战争的经历——这场战争中的主角大部分是按照宗教信仰划分的——促使新教徒得出这样的结论：爱尔兰问题的本质是爱尔兰天主教徒和英格兰新教徒之间的斗争，爱尔兰人如此怀恨在心的主要原因是他们的宗教原则。在战争期间和战争结束后，我们从新教人士那里听到的主要抱怨是，新教徒受到天主教敌人的迫害。据称，出于诸多原因，信教自由的承诺没有兑现。许多新教徒，包括平信徒和神职人员，被关进了监狱，而天主教神职人员夺取了好几家教堂的职位。[186] 威廉·金本人也曾在街上遭到天主教军队的袭击，他的教堂礼拜遭到多次中断，他记录了"几名低级神职人员在公路上被殴打和虐待"或"拦截"，甚至"中了枪伤"。有些人"被打得几乎断气"；有些人的房子被纵火了。[187] 一些新教教堂被天主教神父占领，另一些被天主教军队占领（借口是新教徒将武器藏在教堂里），还有一些被天主教暴徒损坏，他们会打破窗户，推翻座椅，把讲坛、圣餐台和栏杆往下摔，偷走他们能带走的任何东西。在一些教堂里，为了讽刺新教的礼拜方式，"他们在讲坛上挂了一只黑羊，把《圣经》的某些部分放在它前面"。尽管詹姆斯于1689 年 12 月 13 日发布公告，谴责占领新教教堂违反了《信教自由令》，但事实证明，该公告难以执行。[188] 当都柏林圣帕特里克教堂的教长利斯伯恩博士在该公告发布后试图恢复布道时，他被"神父们"从讲坛上"拉了下来"，并被"从背上扯下法衣"，而肇事者为他们的行为辩护，告诉詹姆斯，如果他对"国家中的异端表现出丝毫的支持，他永远别指望他的军队能得到祝福"。[189] 詹姆斯担心，如果不采取措施阻止他在爱尔兰的天主教支持者的这种"轻率的热心"行为，他将没有颜面回到英格兰："如果他们看到君命被公然违反，谁还会相信君命呢？"[190] 关于战争期间对新教徒犯下的暴行，还有数不胜数的报道。新教徒被迫免费提供食宿，他们的货物和财产遭到掠夺，未经审判就被监禁，物质匮乏，甚至被饿死。正如日记作者的记述所证明的，有关这种处境的消息很快就传到了英格兰。[191] 在爱尔兰针对新教徒的战争暴行中最令人不安的故事，当然发生在德里被围困期间。

　　新教作家倾向于模糊爱尔兰天主教徒和新教徒内部不同利益群体之间的区别，而选择简单地将他们一分为二：新教的"我们"与天主教的"他们"。考克斯在他的《爱尔兰的英格兰国教会》的前言中，充分理解了本土爱尔兰人和最初征服爱尔兰的老英格兰人在历史上的紧张关系，以及直至 16 世纪，"老英格兰人和老爱尔兰人"是如何反复地"因旧有的、不可磨灭的民族仇恨而分裂"。他还认识到，自宗教改革以来建立的新的英格兰利益在主教制派和新教不从国教者之间存在分歧。他说，但新教徒之间的这些差异，现在"在爱尔兰很少被注意到"。此外，随着时间的推移，老英格兰人已经被当地的爱尔兰人同化了——"他们不仅在不知不觉中接受了爱尔兰的习俗、习惯和礼仪，还取了爱尔兰人的名字"，而且自宗教改革以来，他们被共同的天主教信仰进一步捆绑在一起。考克斯回顾了 17 世纪的经历，并提出了 1689 年革命时这些差异是如何存在的问题，他得出的结论是，"以前，老英格兰人每次在民族矛盾中都鼎力支持英格兰,但他们现在是如此糊涂和堕落,不仅加入爱尔兰人的行列,而且自称为当地人,以区别于新英格兰人;他们(目前)和原始的爱尔兰人一样,对新英格兰人恨之入骨"。他接着补充说,天主教徒从来没有像现在这样对新教徒感到愤怒。[192]

新教徒用 1641 年爱尔兰叛乱的背景来诠释 1689—1691 年间发生的事情。尽管爱尔兰议会宣布 10 月 23 日的纪念活动为非法,但英格兰的流亡新教徒团体仍在纪念这一天。例如,1689 年,蒂厄姆大主教约翰·维西在伦敦的波教堂进行了感恩布道,同时一些新教不从国教牧师也"非常严肃"地庆祝这一天,其中包括丹尼尔·威廉姆斯,他在 1687 年 9 月逃离都柏林,向主要由来自爱尔兰的新教难民组成的听众布道。[193]第二年,基拉拉主教理查德·特尼森在伦敦圣海伦教堂向爱尔兰新教徒布道。[194]一旦新教徒重新控制了爱尔兰,关于 10 月 23 日的布道又在爱尔兰大地上复现——最著名的是1692 年由爱德华·魏腾霍尔在都柏林基督教堂向新召开的爱尔兰议会的成员发表的布道,该布道随后经修订付梓。[195]

虽然重点有所不同,但这些布道往往有着类似的主题。很多人都讲到了 1641 年爱尔兰人对新教徒犯下的恐怖行为,并经常直接引用约翰·坦普尔 1646 年发表的名著《爱尔兰叛乱史》中的例子。威廉姆斯宣称,"二十万新教徒"被血腥的爱尔兰叛军消灭:一些人被屠杀、淹死或活活烧死;还有一些人被剥光了衣服,"在饥寒交迫中死去"。[196]特尼森谈到爱尔兰天主教徒"将基督徒砍成碎片","一步一步来,务必要让他们感受到自己生命的流逝"。[197]维西谈到了烧死、淹死、活埋,"剖开孕妇的大肚子,把婴儿拿去喂狗;强迫妻子杀死丈夫,儿子杀死母亲,然后杀死儿子"。[198]魏腾霍尔断言,如果不是有那么多新教徒逃离,爱尔兰人还会在 1689—1691 年再次犯下类似的暴行。但即使这样,他们仍然罪恶累累。新教徒被剥夺了"防御性武器"、"庇护或安全设施"以及"生活必需品";被无故监禁,甚至被正式判处死刑；而"更糟糕的是那些被赶到德里城墙前的孤苦无依的人，只有上帝知道他们有多少人丧生"。此外，天主教神职人员向他们的会众发出了与1641年相同的"血腥指示"，要求他们"忍痛暂停弥撒"，武装自己，"掠夺并阻止所有新教徒"，"掠夺并焚烧"他们无法占为己有的东西，并建议他们不要杀害新教徒，"而是让他们冻死饿死"。[199] 同样，特尼森也谈到，"当我们和平、友好、亲切地与他们为邻时，整个王国又武装起来，夺取了我们的房屋，掠夺了我们的财产，还把我们流放"。[200]

通过与1641年进行比较，这些新教徒可以让爱尔兰天主教的不满失去合法性。特尼森断言，"我们所能给予他们的恩惠和善意都被证明是无效的。因为上一次叛乱不正是在他们享有他们的产业、能自由地信教的时候发生的吗？在他们还能成为议会议员和市政法人的官员，他们的律师还能在我们的法庭里执业，他们还拥有他们可以合理期望的特权的时候"。[201] 谈到1641年，威廉姆斯声称，爱尔兰的天主教徒"在享受与英格兰人一样的宗教和民事豁免权的时候，犯下了这些恶行；他们绝不是被什么原因激怒的"，而维西同样觉得爱尔兰的天主教徒是"一个无事生非的教派"，他们"与新教徒享有同等的法律的好处，平等地分享立法权和司法权；律师界里也满是持有他们那种信仰的人"，并"（通过《信教自由令》）让他们的宗教信仰得到宽容，而且可以行使他们的教会管辖权"。然而，这样的优待并不能"阻止他们如此野蛮的企图"。为什么？维西总结道，"无他，只有他们的宗教"才能激发他们"如此残忍"。[202] 同样，魏腾霍尔和特尼森都指责爱尔兰的天主教神职人员煽动他们的会众反对新教徒。提到1641年，特尼森指控天主教神职人员"十分错谬地告诉人民，他们是一个自由国家，不依赖英格兰，应该努力恢复他们的古老权利"；而实际上，爱尔兰不是一个自由的国家，因为"几百年前它就被征服了"。然而，即使"英格兰对该王国的所有权是如此明确、古老和公正",他们还是在 1567—1641 年"不到八十年的时间里公开反抗了五次";当然,1689 年的今天不过是昨日重现。[203]

那么,新教徒得出了什么结论?鉴于这些都是感恩布道,赞美上帝的救赎,这些传教士自然会敦促新教徒忏悔自己的罪行。同时,他们认为,给予爱尔兰天主教徒的所有让步显然都是毫无意义的。"他们对我们有一种天然的厌恶和反感,"特尼森断言,"而且毫无疑问,他们决心要永远与我们为敌,一旦他们得了势,我们就得料到他们会给我们带来多大的灾难。"[204] 魏腾霍尔说,尽管天主教徒在战争中被击败了,但被削弱的只是他们的力量,"而不是他们的恶意",他们的普通信徒继续告诉我们,"他们还会有报仇的一天"。他敦促爱尔兰的新教徒相信上帝会将他们从爱尔兰天主教徒的手中解救出来,同时他也警告他们要小心不要违背这种信任,并为爱尔兰的天主教徒和新教徒之间的未来关系提出了一种阴暗的"我们对他们"的二分法:"那些与他们混在一起犯罪的人肯定会成为和他们一起复仇的人;那些在社会上与他们混在一起交往的人将很快与他们一起犯罪;那些与他们有血缘关系的人,因此也是在社会上与他们最亲密的人,最终将不可避免地与他们一起犯罪。"新教徒不应该相信爱尔兰天主教徒:魏腾霍尔坚称,作为虔诚的基督徒,我们应该对他们保持信任,"但我们不应该愚蠢到相信他们会永远对我们保持信任"。魏腾霍尔悲观地总结道,如果有人问,根据福音定律(law of the Gospel),"爱尔兰民族的主体"是否有资格获得宽恕,那么应该记住的是,"上帝不会宽恕不知悔改的人"。[205]

得出这种结论的不仅仅是新教神职人员。1689 年,一位新教小册子作者承认,他"曾经对许多爱尔兰天主教徒怀有仁慈和好感";他知道"罗马教会奉行血腥而可恶的原则",但他"愿意相信,那些可怜的普通信徒可能不会接受这些原则的教导"。"可是现在",他表示,他有"确切的证据表明,他们的品格坏到不能再坏,这一点他们不可能被冤枉。他们从母亲的乳汁中吸食了这种罗马毒药，并被很快教导憎恨和厌恶英格兰人和新教徒，就像教导他们主祷文一样"。因此，他"永远不会被说服去相信真正的道德和天主教是一致的，相信一个诚实的人可以是一个彻底的天主教徒"。[206]

很难衡量居住在爱尔兰或返回爱尔兰的新教徒在多大程度上认同他们的神职人员或新教辩论家所表达的观点。信奉新教的詹姆斯党人查尔斯·莱斯利声称，在新教徒人数较多的爱尔兰北部，在战争期间，新教徒把爱尔兰天主教徒称为"血腥的狗、毫无人性的谋杀犯、割喉者，等等"，"铭记 1641 年"是"他们通常打招呼的用语"。[207]爱尔兰境内的许多新教徒认为《利默里克条约》的条款过于慷慨。根据伯内特的说法，条约中的让步对"一些英格兰人来说是不小的痛苦，他们希望这场战争能以彻底摧毁爱尔兰的利益而结束"。[208]威廉派牧师乔治·斯托里记录道，爱尔兰的"很多人"认为"天意似乎已经放弃爱尔兰人，如果忽视了这一契机，不让他们今后永远失去危及英格兰利益的能力，那么，英格兰在弱化爱尔兰的过程中所付出的一切费用和鲜血"将"毫无意义"。但斯托里不同意，他认为"爱尔兰人"仍然是基督徒，"尽管"在许多重要方面受到误导和妄用，"他们对自己的国家有自然权利"，他们中的许多人"从未因任何叛乱而丧失这种权利"。对于斯托里来说，任何以血为基础的政策都非"上帝的律法所允许"，新教徒应该"注意不要玷污和破坏基督教仁爱的纽带以及人道主义社会的纽带"；"纯粹因为别人不能像我们一样思考就将其毁灭是不合理的"。然而，他的抗议暗示有许多爱尔兰新教徒持有他所谴责的观点。[209]

然而，当地的局势总是比新教辩论家描述的更为复杂。魏腾霍尔反对与爱尔兰天主教徒混在一起的言论表明，对于那些不得不在爱尔兰生活和谋生的新教徒来说，与他们的天主教邻居没有商业往来实际上是多么困难。魏腾霍尔痛苦地抱怨道："直到今天，我们中的许多人对爱尔兰人的影响和追求,远远超过对我们自己的同胞。"[210]
在爱尔兰的新教社群中,国教徒和不从国教者之间也存在着很大的
分歧。在德里被围困期间,各教派之间暂时休战,主教制派上午在
大教堂举行仪式,长老会下午在大教堂举行仪式。然而,几乎战争
一结束,紧张局势就开始重新出现。关于德里之围的那些相互矛盾
的描述,揭示了英格兰国教徒和苏格兰长老会教徒之间持久的仇恨。
一位长老会作者哀叹道,"令人遗憾的是,在围城期间被搁置的派别
之分,很快就会重新出现在这些由它不幸地引起的论述中"。[211] 此外,
还有英格兰和爱尔兰之间帝国关系的性质问题,(正如我们所见)在
查理二世和詹姆斯二世统治时期,这一直是爱尔兰新教徒和天主教
徒关注的问题。换言之,威廉胜利的直接后果——恢复原状——让
许多困扰爱尔兰复辟时期新教徒的问题得不到解决。

最后,让我们考虑一下爱尔兰天主教徒的困境,莱斯利在他对
金的长篇回应中详细记录了这一点。他们在战争中也经历了巨大的
苦难。莱斯利断言,新教徒控制的北部地区的人们生活在"对新教
徒的极度恐惧中",他们"通常不敢睡在家里,而是躺在野外,以免
受到袭击"。[212] 每次胜利后,新教徒都会迅速对当地天主教居民进
行报复。莱斯利写道:"有许多无害的当地穷人,每天在田间劳作时
被杀死,或从床上拽起来吊死,或当作民兵立即被枪毙。"他认为这
是"政府最可怕的丑闻"。[213] 随着新教部队逐渐重新控制爱尔兰,许
多当地居民逃离(或被迫逃离),穿过香农河,进入詹姆斯党人控制
的地区。在回应金对詹姆斯党人围攻德里的策略的批评时(莱斯利
竭力指出詹姆斯二世本人曾反对过这一策略),莱斯利问道:"让一
个郡或一个省的人挨饿,难道不比让一个城市的人挨饿更野蛮吗?
把爱尔兰男女老少都挤到香农河上,难道不是故意让他们陷入饥荒
吗?"这样做当然产生了这种效果,因为"他们中的许多人"都死
于饥饿。[214] 一名爱尔兰詹姆斯党人抱怨道,在博因河战役后,"敌人"

洗劫了逃亡者的房屋，"抢走了他们留下的牲畜，并夺取了他们的庄园和农场"。[215] 与詹姆斯的军队一样，威廉的军队也饱受军饷短缺之苦，他们对待平民的态度也很残忍，而且有时在区分敌友方面不够谨慎。[216] 1690 年 11 月底，罗杰·莫里斯听到了"对我们在爱尔兰的军队的巨大抱怨，说他们和詹姆斯国王的军队一样给人带来了沉重的负担，他们不仅掠夺天主教徒，还掠夺新教徒"。[217] 1691 年 2 月，战争还没有结束，一位都柏林新教徒哀叹爱尔兰的悲惨状况，抱怨人们如何被"我们自己的军队和爱尔兰民兵"联合掠夺，"沦为乞丐"。[218]

爱尔兰天主教徒的苦难并没有随着战争的结束而结束。根据《利默里克条约》的条款，约有 1.6 万名詹姆斯党士兵选择离开爱尔兰，再也见不到他们的祖国——这一大批人的离去在历史上被称为"大雁逃亡"。[219] 一些妇女和儿童确实陪同士兵去了法国。然而，在上船的过程中，由于惯例是让男人先上船，家庭往往会分离。在一起可怕的事件中，一些妇女看到丈夫已经登上船，便试图抓住返回接军官的船，但她们要么被拖走或抓空溺水而死，要么"被砍掉手指，就这样在丈夫或亲人面前死去"。[220] 奥凯利的叙述证实，虽然丈夫们得到保证可以护送他们的妻子和孩子到安全的地方，但是"当最能干的男人上了船后，妇女和孩子被留在岸上，挨饿受冻，没有任何供给，在冰天雪地里居无定所"。那些选择留下来的人也没有好到哪里去，因为他们的"未来只有蔑视和贫穷、锁链和监禁，以及，简言之，一个被征服的民族从不共戴天的敌人的力量和恶意那里可以合理期待的所有痛苦"。[221]

许多爱尔兰天主教徒觉得被他们的国王背叛了，他们认为（这种看法不无道理）詹姆斯更感兴趣的是重夺英格兰王位和安抚英格兰的新教舆论，而不是帮助解决他们的不满。正如莱斯利所言，"爱尔兰天主教徒普遍把他们的不幸归咎于詹姆斯国王，因为他不愿遵循他们的措施，而且如此倾向于支持新教徒"；"虽然詹姆斯是罗马天主教徒"，但他"太像一个英格兰人，无法推进他们的事业"。[222]詹姆斯的爱尔兰军队称他为"Séamus an chaca"——詹姆屎——因为他在博因河战败后逃到了法国。[223]据说——虽然未得到当时的资料证实——詹姆斯在博因河战役之后对蒂康奈尔夫人说，"夫人，你的同胞们跑得好"，她回答说，"不如陛下好，因为我看您已经赢得了比赛"。[224]奥凯利对爱尔兰军队领袖，尤其是蒂康奈尔和萨斯菲尔德，对待爱尔兰人的方式尤为不满，他认为这两人背叛了这项事业。另一位爱尔兰詹姆斯党人更同情蒂康奈尔，但也同样认为詹姆斯"对新教徒的过分纵容破坏了他在爱尔兰的事业"，并指责"他的一些顾问缺乏头脑和忠诚"以及"军队中一些高级指挥官的无知或背叛"。[225]

　　然而，也不应夸大爱尔兰天主教徒对斯图亚特事业的幻灭程度。爱尔兰的詹姆斯党人认为1691年的投降并非永久性的解决方案，而只是一场欧洲普遍冲突中的局部休战。因此，随着英格兰依然陷入与法国的战争，在接下来的几十年里，他们继续对法国支持斯图亚特王朝复辟抱有希望。爱尔兰的诗人们可能会指责詹姆斯二世拥有"一只英格兰鞋和一只爱尔兰鞋"，并"造成了整个爱尔兰的苦难"；但他们也意识到，"虽然詹姆斯很糟糕，没有他会更糟糕"。更为一般地来看，詹姆斯党人的战争结束后，针对爱尔兰天主教人口的报复性立法意味着大量爱尔兰天主教徒仍然致力于詹姆斯党的事业。在1708年的入侵恐慌和1715年的詹姆斯党人叛乱期间，爱尔兰之所以保持沉默，更多的是因为缺乏领导和爱尔兰在战略上的不重要，而不是因为爱尔兰对流亡的斯图亚特王朝缺乏同情。[226]

　　上述评论突出了詹姆斯党人内部存在的分歧：詹姆斯二世、老英格兰人和爱尔兰盖尔人都有自己的议程。然而，复辟时期的斗争（在詹姆斯二世统治时期和1689—1691年战争期间达到高潮）同时也帮助爱尔兰天主教徒形成了更强烈的认同感，促进了"新教徒是敌人"的观点。一个爱尔兰詹姆斯党人说，1689 年"恢复爱尔兰天主教徒的土地"的决定是为了"最终给这个民族带来期盼了四十年的正义"；他称"爱尔兰天主教徒为爱尔兰民族，因为这里的新教徒被视为入侵者和新来者"。尽管这位作者强调爱尔兰天主教徒和英格兰新教徒之间的争论有其政治和经济根源，但他还是倾向于将问题的根源归结为宗教差异。因此，他写到德里的新教徒如何"因国王的宗教信仰而憎恨他，因奥兰治的信仰与国王的相反而喜欢他"。他断言，"英格兰人民自从陷入异端以来，就成了一个容易因宗教堕落而反叛的民族"。英格兰是一个"没有信仰、不惧怕上帝的民族"，而爱尔兰天主教徒则表现出诚实，给予每个人他应得的：凯撒的归该撒，上帝的归上帝，其他臣民的归其他臣民，不侵害他们的土地或物品。这位作者坚持，那些在《利默里克条约》签订之后应征加入威廉军队的爱尔兰士兵，"因为支持敌人而成为国家的敌人"，并且"背叛了他们的宗教事业，助长了异端的气焰"。[227] 简言之，这场斗争被视为敌对宗教之间的斗争。正如一位都柏林日记作者所言，早在 1689 年 1 月，"新教徒和天主教徒"就已经成了"争论的话题"。[228] 理查德·考克斯爵士在 1692 年的《爱尔兰的英格兰国教会》一书的前言中提到了爱尔兰政治中的宗教分歧，他认为"这一重大关切"已经"使其他所有的分歧都不再谈及，以至于在今天，我们不知道民族的分歧，只了解天主教徒和新教徒的观点"。[229]

革命、后果和不列颠的重建

（1691—1720）

一个令人唾弃的人？ 詹姆斯二世及其垮台

詹姆斯二世并非生而为王，亦并非死在王位上。1690 年 7 月从博因河战役中逃离后，他在巴黎郊外的圣日耳曼昂莱度过了余生。尽管圣日耳曼昂莱的流亡宫廷成为詹姆斯党人的密谋中心，但詹姆斯本人似乎并不急于重夺王位。他沉浸在祈祷和虔诚的生活中，相信自己的不幸是上帝对他不悦的表示——当然不是因为他提倡天主教，而是因为他年轻时的罪过，当时他与复辟时期的宫廷中一些最风流的浪子一起贪欢逐乐。詹姆斯在流亡期间写的一篇祈祷文以这样一句话开头："想到自己多么频繁地忤逆仁慈善良的上帝，并且多年来一直生活在恶习之中，我就无法不厌恶和痛恨自己。"他相信，赎罪的唯一方法是"肉体的折磨"，在生命的最后那些年，詹姆斯开始鞭打自己，并在大腿上戴了一条铁链，"上面有小小的尖头，会刺穿他的皮肤"。由于过火（正如他在生活中的其他方面），神父不得不介入他的告解，以减轻他"在这方面的热情"。把握好尺度似乎永远都不是詹姆斯的强项。

詹姆斯大约过了十一年的流亡生活。1701 年 2 月下旬，他中风了，导致他在一段时间内身体部分瘫痪，尽管后来他确实开始出现康复的迹象。8 月，他再次病倒，抱怨胃疼并"不时地吐血"，这是胃溃疡的明显迹象。22 日，他在做弥撒时昏倒了，两天后再次昏倒，这次吐了"大量的血"。尽管世纪之交的医生们对他的治疗让他吃尽苦头（包括起水疱和可怕的"金鸡纳粉"或称耶稣会士粉——从金鸡纳树的树皮中提取），詹姆斯还是设法坚持了几个星期。9 月 4 日，他的病情急剧恶化，"持续抽搐或双手颤抖"。第二天下午 3 点左右，他离开了人世，还有一个多月就是他的六十八岁生日。[1]

一段耻辱的生涯就这样耻辱地收场。我们对詹姆斯二世的垮台思考得越多，就越觉得它不寻常。1685 年詹姆斯初登王位时既有权势又受欢迎。辉格党的挑战已被遏制，激进主义似乎已成强弩之末，阿盖尔和蒙茅斯的叛乱被迅速而轻松地镇压下去就证明了这一点。詹姆斯的绝大多数臣民，包括那些掌权者，都相信他们的国王是依据神权统治的，是绝对的。然而，詹姆斯最终遭到了那些信奉不抵抗原则的人的抵制，那些坚信国王不会犯错的人也觉得他做错了。事实上，被追究责任的正是国王，而他的一些大臣却继续掌握着权力——这里我们可以想到约翰·达尔林普尔爵士，特别是苏格兰的塔巴特，以及英格兰的桑德兰（他在短暂的流亡后返回，成为威廉三世时期关键的政治管理者之一）。这是一个错误的方向。1693 年，公谊会詹姆斯党人查尔伍德·劳顿抱怨道，"那句令人钦佩的格言，即英格兰国王不会犯错"本应意味着国王的行为"包含在他的大臣身上"，如果这些大臣成了"我们国家的麻烦制造者"，那么他们"应受到惩罚"。然而，"这场革命"导致了"那些说服詹姆斯国王采取我们认为是错误步骤的行动的人"继续任职，他们"本应受到惩罚，而不是［国王］自己被废黜"。[2]对于詹姆斯来说，造成这种局面是一项相当了不起的成就。

　　毫无疑问，对詹姆斯的评价在很长的一段时间里都不会有结论。他到底想达到什么目的？他是一个自负的偏执狂，想要不惜一切代价推广天主教，拒绝倾听任何质疑他的人的意见吗？他是一个践踏绝大多数臣民意志（至少在英格兰和苏格兰是这样）的暴君，把他的三个王国带到绝对君主制的道路，并颠覆了法治？他是否只是天真，甚或可能只是愚蠢，无法理解近代早期英格兰政治权力的现实，以及有些事情是统治者永远无法逃避的——无论在理论上多么绝对？还是说，他是一位善意甚至开明的统治者（也许是一位走在时代前面的开明专制的君主），只是试图做他认为对他的臣民最好的事情？

　　人们的意见仍然会存在分歧，因为我们有可能从詹姆斯的性格中发现一些吸引人的特质，认同詹姆斯宣称的一些目标（或者至少是他为追求这些目标而提出的合理化解释），甚至可能会为这个人感到遗憾。詹姆斯党人所著的《詹姆斯二世传》在很大程度上是基于詹姆斯自己的回忆，不可避免地会对詹姆斯追求的目标做出积极的美化。它声称詹姆斯

> 　　对臣民的喜爱、关怀和温柔，是一位真正的人民之父应有的：他鼓励并增加了国家的贸易，免除了人民的赋税，资助了人民的贷款，使他们成为一个富裕、幸福、更强大的民族，这些都是世间不曾有过的福泽。

正如《詹姆斯二世传》阐述的，詹姆斯"不喜专制权力"，如果他在使用"法律赋予他的权力"时不那么谨慎，他就不会首先落入敌人之手。据说，詹姆斯的两大目标是确保他的臣民不受苦，并让他们能够"在别人挥霍财富和鲜血的时候增加自己的财富"——因此，他的动机不仅是"允许信教自由"，而且是拒绝加入"反法联盟"，

以便通过保持中立，"他可以将欧洲的大部分贸易吸引到他的臣民手中"。[3] 以现代的标准，我们可能会认为，这些都是令人钦佩的雄心。

那么，光荣革命让詹姆斯的臣民避免了什么？是一个执意扩大自己权力的天主教绝对主义者，还是一个善意而坚定的宽容主义者，为了追求他认为正确的东西而不惜牺牲自己的王位？这个问题需要以三个王国的视角来阐明。

让我们从詹姆斯对宗教宽容的承诺开始。当他寻求为他的同教中人争取更大的宗教自由时，詹姆斯一再抗议说，他一直认为信仰"不应该受到约束"或"在纯粹的宗教问题上强迫人们"（来自他在英格兰颁布的《信教自由令》中的措辞）。问题是，我们是否可以从表面上接受这样的吹嘘。当然，作为一个因皈依天主教而使自己的生活极其艰难的人，詹姆斯一定和其他人一样清楚，个人的信仰是不能强迫的。毫无疑问，詹姆斯设法说服了自己相信，正如 1687 年 3 月 18 日他在写给奥兰治的威廉的信中所说的，他一直"反对因为信仰而迫害任何人"。[4] 此外，政府一直宣称，对新教不从国教者设置障碍，是因为他们是政治颠覆者，而不是因为他们信奉错误的宗教，损害了自己的灵魂。换言之，刑罚法是为了应对政治威胁而设计的，而不是为了打击异端。因此，许多复辟时期宗教不宽容的拥护者可以诚实地宣称，人们在单纯的宗教问题上并没有被强迫。詹姆斯的立场是，作为一个天主教国王，他没有理由怀疑天主教徒的忠诚，因此他们理应免受刑罚法的惩罚——正如那些他确信其忠诚度的新教不从国教者一样。考虑到这是詹姆斯对自身处境的合理化解释，他所说的"反对因为信仰而迫害任何人"无疑是真诚的。

然而，事实是，詹姆斯过去曾极力主张对三个王国的新教不从国教者实施刑罚法；他似乎认为，从定义上讲，大多数新教不从国教者都是政治颠覆分子（他尤其不喜欢长老会），并于 1680 年代初在苏格兰以及托利党反扑期间在英格兰支持过一项残酷的迫害政策。

罗切斯特和彼得伯勒的主教们对签署致谢信以支持詹姆斯的第一份《信教自由令》心存顾虑，他们告诉桑德兰："他们只会记得国王曾多么激烈地宣布反对宽容，并说他决不会被任何建议诱惑而接受宽容。"桑德兰回答说："虽然他们无法选择不记住这句话，但他们可以选择是否重复这句话，因为其他人以及国王都出于新的动机而改变了主意。"[5] 甚至詹姆斯在开始试图拉拢苏格兰和英格兰的不从国教者时，也表现出犹豫，似乎流露出他对信仰自由这一普遍原则的深深不安。詹姆斯对胡格诺派难民的态度有些矛盾，而且他对路易十四在法国镇压新教异端的行为所表现出的愤怒，当然没有达到我们对一个热心的宽容主义者的期待。1686 年下半年，当詹姆斯在英格兰即将实施宽容政策时，他仍然准备继续迫害那些没有申请救济的新教不从国教者，明确表示他希望不从国教者知道，他们获得的所有利益都是承蒙国王的恩典，而不是因为拥有信仰自由的自然权利。然而，正是在苏格兰，詹姆斯背叛了他对宽容的信念。1687 年 2 月，他最初的苏格兰《信教自由令》并没有给予长老会教徒跟天主教徒甚至公谊会教徒同等的自由，直到不这样做的政治代价变得明显时，詹姆斯才勉强同意让步。有些人可能会很快指出，詹姆斯之所以犹豫不决，是因为他害怕苏格兰长老会是政治颠覆者。这就解释了为什么要禁止野外秘密集会，该禁令同样适用于长老会和天主教徒，并保留在 1687 年 7 月修订的《宽容法》中；然而，这并不能解释为什么詹姆斯最初禁止长老会温和派教徒在专门建造的礼拜场所举行集会（这是他给予天主教徒和公谊会教徒的特权）。此外，"政治颠覆者"这个理由与新教徒为针对天主教徒的刑事立法提出的理由是一样的，而詹姆斯本人非常渴望废除这些立法。詹姆斯可以摆脱这种特殊的偏见，却发现自己更难摆脱斯图亚特王朝对苏格兰长老会（即使是温和派）的传统偏见，这一事实很有启发性。詹姆斯所宣称的宗教宽容信念，是对他出于政治和个人原因想要推行的政策的合理化，尽管他无疑相信自己的这一信念很真诚。

现在让我们来谈谈詹姆斯是不是一个绝对主义者的问题。有人说詹姆斯"无意破坏英格兰宪制"，"他对法律和特权的解释是正确的"。[6]然而，我们必须记住，查理二世时期，特别是在托利党反扑时期的保王派宣传，一再坚持英格兰国王是绝对的，而在边境以北，苏格兰议会甚至通过立法，确认苏格兰国王的绝对权力。说詹姆斯无意破坏宪制，即使是真的，也很难让詹姆斯摆脱绝对主义的指控。可以说，詹姆斯登基时并没有雄心要在三个王国建立一种与他哥哥统治下截然不同的宪制。因此，他意识到与议会合作的必要性，英格兰和苏格兰都是如此，而对刑罚法的永久性豁免需要得到议会的批准。但与此同时，詹姆斯准备充分利用君主制的权力，他当然相信托利党反扑时期的言论，即国王是一位君权神授的统治者，不与人民分享主权，也不可反抗。此外，他意识到君主制在苏格兰的宪制地位与在英格兰的不同。正如劳德代尔曾告诉查理二世，"在可怜的老苏格兰，从来没有哪个国王像您这样专制"，[7]梅尔福特也曾告诉詹姆斯，"对这些人不必太客气"，苏格兰国王凌驾于法律之上。[8]1686年，当詹姆斯未能说服他的苏格兰议会批准天主教宽容政策时（这令他大吃一惊，因为他似乎认为苏格兰议会的存在只是为了听命于国王），他以自己的特权批准了，坚持他一直可以这样做。他在1687年2月颁布的苏格兰《信教自由令》，是基于国王的绝对权威，要求官员宣誓"毫无保留地"服从。毫无疑问，詹姆斯在苏格兰是一个绝对主义者；有人可能会进一步指出，他确实试图在苏格兰推行专横的君主制，因为一个必须毫无保留地服从并因此无法控制的君主制肯定是专横的。詹姆斯可能会继续希望议会支持他在苏格兰的宽容政策，但他还是打算在边境以北召集另一届议会之前操纵选举；他对自治市自由的攻击，是凭借自己的特权进行的，而不是像1680年代初查理二世在英格兰，或詹姆斯本人在英格兰和爱尔兰那样，诉诸权利开示令状的法律程序。即使在爱尔兰，只要有机会，詹姆斯也会采取专横的行动。因此，正如威廉·金所说，他颁布特免让天主教徒任职的政策，不像在英格兰那样具有"法律的色彩或形式"。[9]

在英格兰，詹姆斯的行为总是带有法律色彩。当他想给予天主教徒刑罚法豁免时，他要确保法官们会同意他的做法。当他想要成立一个教会委员会（以惩戒顽抗的牧师）或发布一项声明，暂停所有针对天主教徒和新教不从国教者的刑罚法，他同样是按照他认为合适的最佳法律建议行事。然而，他确实亲自任命了法官，操纵了司法机构，并且咨询了那些会给他想要的答案的法律专家。因此，他当然会相信他对法律和特权的解释是正确的。这并不等于说他的解释是正确的，或者说詹姆斯没有以专制的方式行事。它所表明的不过是，詹姆斯意识到，与对待苏格兰臣民的措施相比，对待英格兰臣民的措施确实需要更加谨慎一些，而且他需要钻制度的空子，即使他想要颠覆它。

我们还需要认识到，詹姆斯试图利用君主的宪制权力在苏格兰比在英格兰更强这一事实向英格兰人施压，以使其要求得到满足。简言之，詹姆斯打不列颠牌的目的是希望巩固他在三个王国的王权，他对此非常清楚。他试图先在苏格兰采取强制措施，为他在英格兰实现的目标铺平道路。因此，当詹姆斯的英格兰臣民们看到绝对主义和专制政府在边境以北愈演愈烈时，他们相信不久的将来同样的事情也会发生在英格兰，也就不足为奇了。此外，詹姆斯铁了心要在他的三个王国帮助他的同教中人，以至于他准备拒绝所有的批评。如果有人挡着他的路，他就会绕过他们。当议会挑战他的意志，他就解散了议会；他解雇了那些对他的所作所为表示怀疑的人；而那些他有理由相信会支持他的政治和宗教议程的人，他会给他们安排政治职务。简言之，他着手使王室的权力独立于任何外部制约，无论是来自议会、枢密院或中央司法机构的，还是来自地方的郡最高军事长官及其副手、治安法官——当然，甚至来自教会机构的。他试图压制人民在政治上的声音；他试图（虽然最终失败了）阻止人们走上街头表达不同的政见；他建立了一支庞大的常备军，可以在国内作为警察部队使用。实际上，他确实试图在他的三个王国建立天主教绝对君主制。我们也不应该天真地认为，詹姆斯是出于对崇高理想的善意追求，无意中成了一名专制主义者。他很清楚，即使不是为了颠覆制度而钻制度的空子，他也在把它推向极限，1688年秋面对威廉的入侵，他走回头路的速度和程度证明了这一点。他知道自己做得太过分了。他认识到自己颠覆了他的大多数臣民所理解的传统宪制；但他认为，由于教会关于不抵抗的传统教义，他能够逃脱惩罚。他错了，那将是他的毁灭。从这个意义上说，光荣革命无疑将英格兰、苏格兰和爱尔兰从天主教绝对主义中拯救了出来，或者用当时的说法，将三个王国从天主教专制政府中拯救了出来。

詹姆斯的失败在很大程度上揭示了三个王国政治权力的现实。由于臣民拒绝与他合作，詹姆斯被迫处于一种越来越绝对主义的立场，而且行动也越来越专断。查理二世在其最后几年使君主制变得强大，部分原因是他吸引了公众舆论，并让接受受托利党－国教会意识形态的人在地方掌权，而这种意识形态的核心是，国王虽然是绝对的，但必须依法治国，这样，即使是天主教继任者也会维护现有的教会和国家法律体系。事实上，在1685年登上王位时，詹姆斯本人曾经一再承诺他将保护现有的教会和国家建制。当他未能信守诺言时，三个王国中的许多人开始离弃国王，而这些人曾经在斯图亚特王朝面临辉格党的威胁时支持过王室。他们可能没有积极抵抗，但他们拖拖拉拉、拒绝执行詹姆斯的命令，甚至继续执行已经被詹姆斯中止的法律。结果，在奥兰治的威廉入侵之前，詹姆斯的政权已经开始从内部瓦解。毫无疑问，是威廉的入侵最终推翻了詹姆斯

的君主制。但是，如果认为光荣革命是由上层和外部带来的，或者
说它首先且主要是一场外国入侵，那将是一种误导。威廉的入侵本
身是基于这样一个前提：詹姆斯的政权已经开始从内部崩塌；其实
在威廉踏上英格兰的土地之前，詹姆斯就已经被臣民逼得走起了回
头路——也就是说，某种"革命"已经发生。因此，光荣革命同样
是发生自内部和下层。

　　17 世纪末困扰英国政体的问题的根源，可以追溯到 1660 年
君主制的复辟。尽管查理二世的回归受到了人们广泛的欢迎，但
仍然存在着深刻的政治、宗教和经济紧张关系，而事实证明这些
紧张关系是无法解决的，它们在三个王国中都制造和固化了严重的
分裂，使得复辟政权在 1670 年代末陷入了危机，在许多人看来，
"1641 年确实又回来了"。然而，在查理二世统治的最后几年，他想
出了一种有效的方法来解决这些问题，不仅毫发无损，还大大增强
了君主制的权力。詹姆斯采取的策略，使得所有未解决的紧张关系
再次凸显，并且在这一过程中引发了新的不满情绪，从而迅速将斯
图亚特混合君主制重新推入危机之中。光荣革命是解决这些问题的
又一次尝试。每个王国的解决方案大不相同。

　　1688—1689 年发生了三场不同的革命。在英格兰，詹姆斯成功
地疏远了托利党和辉格党、国教徒和不从国教者，政治共识得以维系，
1689 年的最初几个月达成的革命解决方案在法律上是保守的。《权
利宣言》声称，它所做的不过是确认和维护古老的权利和自由，从
本质上说，这也是事实。更广泛的改革已经提上议程，其中一些已
经在 28 项诉冤要点中列出，但它们没有被纳入《权利宣言》，而且
在短期内，在王位移交给威廉和玛丽之后，只有少数几项得到实施。
不过，这并不是要贬低《权利宣言》的重要性。它对斯图亚特王朝
晚期王室和议会之间的一些争议做出了最终裁决，并坚决支持议会
对法律的解读；从这个意义上说，它确实限制了王室的权力，也保

障了议会在法律上的主权。但是，除了 1689 年 4 月通过的有限的宗教宽容措施，以及 1689 年 12 月《权利法案》中关于未来天主教徒都不得继承英格兰王位的限制性条款之外，英格兰的革命解决方案并未寻求根本性地重塑复辟政体。此外，在英格兰，事实证明大多数群体都能适应 1689 年的解决方案。这并不是说托利党和辉格党、国教徒和不从国教者的看法都是一样的。尽管如此，1689 年取得的成就足够温和和模糊，不同的人可以根据自己的政治和宗教观点，以不同的方式来解释这场革命。其结果是，大多数人能够与革命后的政权和平相处，很少有人被逼成詹姆斯党人。

苏格兰的情况则大不相同。在这里，共识没有得到维持。主教制派要么被逐出了苏格兰三级会议，要么选择缺席，结果是苏格兰三级会议被辉格党和长老会主导，他们继而达成了一个高度偏袒的解决方案。因此，苏格兰人在其《权利宣言书》中，宣布苏格兰国王在斯图亚特王朝晚期拥有的某些权力为非法，哪怕这些权力已得到了议会立法的确认。他们还承诺对王权进一步改革，部分是通过在《权利宣言书》——而不是在《诉冤条款》（相当于英格兰的《诉冤要点》）——中呼吁废除主教制，并以威廉和玛丽接受《权利宣言书》和《诉冤条款》作为提供王位的前提。其结果是对边境以北的教会和国家的复辟政体进行了比在英格兰更为彻底的重构：苏格兰国王被剥夺了重要的特权；苏格兰议会通过废除议会立法委员会变得更加独立于行政干预；主教制被推翻，取而代之的是长老会的教会政府体系。在苏格兰有明显的胜者和败者，败者是主教制派。因此，1689 年后重建共识是不可能的，许多落败的人被迫投入詹姆斯党人的怀抱。

爱尔兰的情况又有所不同。这里的大部分人口——包括老英格兰人和爱尔兰盖尔人血统的天主教徒，以及少数新教徒——仍然效忠于詹姆斯二世。詹姆斯二世认为，要想在法国的支持下开展军事行动，以夺回他在苏格兰和英格兰的王位，可以把爱尔兰作为完美的起点。结果是威廉和詹姆斯之间的血腥战争持续到 1691 年。1689年春，詹姆斯的都柏林议会颁布了一项法律，如果詹姆斯党在军事上获胜，这项法律将相当于一场彻底的革命，它要求废除复辟时期的土地解决方案，推翻新教阶层的优势地位，恢复天主教徒的政治和经济权力，并摧毁英格兰对爱尔兰的帝国统治。当然，詹姆斯党并没有赢得这场战争，威廉派在军事上的胜利挫败了天主教革命的企图，同时还达成了一项和平协议，试图恢复到查理二世统治时期的局面。就像在苏格兰一样，在爱尔兰也有明显的赢家和输家——在爱尔兰，输家是大多数的天主教徒。然而，詹姆斯二世统治时期的动乱，以及 1689—1691 年战争的经历，使新教徒对天主教徒的态度更加强硬。虽然爱尔兰的问题从本质上讲从来都不是宗教问题，而是一系列相互影响的政治、宪制和经济问题，这些问题往往会沿着宗教的路线进行分解，但 1689 年之后，问题的本质越来越明显地被视为宗教问题，特别是在爱尔兰的新教徒那里——也就是说，天主教徒之所以不可信任，乃因为他们是天主教徒。因此，爱尔兰革命深远地影响着人们对爱尔兰问题性质的认识，而我们很快将看到，这将对未来几十年里威廉派在爱尔兰的胜利产生重大影响。

仅仅因为英格兰革命在法律上是保守的，并不意味着它就是平稳的。1688 年的最后几个月发生了广泛的暴力骚乱，全国各地的人群袭击了弥撒堂、当地的天主教徒以及执行詹姆斯不受欢迎的政策的人。民众可能是在抗议詹姆斯二世治下的人和措施，而非要求建立新秩序，并（以英格兰民众由来已久的方式）捍卫自己的权利和自由，反对当权者的非法行为。但这并没有使他们不那么可怕。与此同时，贵族和乡绅的武装团伙及其佃户骑马横穿北部、中部、东安格利亚和威尔士的大部分地区，强行解除天主教徒的武装，接管国王的驻军，并宣称自己的权威高于国王政府的权威。大家都清楚地看到，詹姆斯已经失去了对王国的控制。当时的人对民众暴力的程度感到震惊和恐惧，詹姆斯本人也是如此——部分是出于这个原因，他决定将妻儿送往法国，自己随后跟上。这种暴力本身就应该让我们怀疑，与 17 世纪中叶的革命相比，将光荣革命视为一场温热而温驯的事件，是否正确。假设 1688 年的民众暴力程度低于1641—1642 年的程度，至少是成问题的。"一六八八年"不只是由上层暗中策划的宫廷政变。这是一场混乱、暴力的事件，发生了政府的彻底解体，造成了当时许多人认为近乎无政府状态的局面。

　　苏格兰也发生了相当多的群体暴力事件。其中一些类似于英格兰发生的集体暴力，如袭击天主教礼拜堂和当地天主教贵族的住宅。然而，边境以北还有一种更激进的民众抗议，即西南部的长老会民众利用国王政府垮台的机会，强行将当地的主教制派牧师赶出堂区，试图推行自己的宗教解决方案。这种民众活动对革命的最终结局产生了相当大的影响，因为苏格兰三级会议——其组成受到了来到爱丁堡的长老会成员的恐吓行为的影响——实际上认可了 1688 年与1689 年之交的冬天实施的强行驱逐。当然，没有人会认为爱尔兰的革命是温驯的。1688—1689 年革命"光荣"和"不流血"的流行形象，只是由于人们故意将爱尔兰排除在外（有人可能会补充说，或许还因为对苏格兰的关注不够）才得以维持多年。无论人们如何评价光荣革命——保守的还是激进的，恢复性的还是创新性的——它肯定不是不流血的。

　　以三个王国的路径研究斯图亚特王朝晚期政治动荡的好处之一是，它为我们提供了比较的视角。例如，通过与苏格兰取得的成就进行比较，我们能够更全面地了解 1688—1689 年英格兰到底取得了什么（以及没有取得什么）。尽管晚近的历史学家在孤立地研究英格兰时，努力赋予光荣革命更多的辉格党色彩，因此也就使之显得更激进，但 1689 年英格兰革命的解决方案与边境以北的相比，显得没那么多辉格党色彩或那么激进，当然也比不上爱尔兰的天主教徒通过 1689 年都柏林议会颁布的立法所取得的革命性。然而，采取三个王国路径的理由并不仅仅是将历史进行比较能获得好处。的确，斯图亚特王朝晚期需要讲述独立的民族历史；这三个王国也有各自独立的革命，其根源（很大程度上）在于各自独特的民族历史。然而，还需要讲述一个不列颠故事；如果认识不到困扰着斯图亚特王朝晚期的问题和危机是与斯图亚特王朝统治着多个王国这一事实密切相关，就无法完全理解这些问题和危机——以及复辟君主如何能够或无法解决这些问题和危机。

革命的影响

到目前为止，我们对光荣革命带来的王朝更替以及随之而来的政治和宗教解决方案的叙述，已经涵盖了 1689 年的英格兰、1690 年的苏格兰和 1691 年的爱尔兰。然而，我们不能就此打住。每个革命解决方案的影响（implication），不仅在每个王国内部，而且对三个王国之间关系的性质，都产生了重大的反响（repercussion）。因此，革命反过来又在英格兰、苏格兰和爱尔兰引发了进一步的巨变，而它们必须被视为同一的、各自的革命解决方案的一部分。它们还催生了作为第四场革命的"不列颠"革命，这场革命不仅对三个王国各自产生了影响，而且对整个多王国的继承也产生了影响，在这一过程中，继承权发生了变化，并导致了不列颠国家的建立。

英格兰

历史学家早就认识到，在威廉三世统治期间（1689—1702），英格兰政体发生了进一步的重大变化；这些变化的影响如此深远，以至于有一位学者声称，真正的英格兰革命不是发生在 17 世纪中叶或 1688—1689 年间，而是发生在 1690 年代。[10] 不过，对于这些变化是光荣革命的结果，还是随后英格兰卷入的反法战争（九年战争，或 1689—1697 年奥格斯堡联盟战争）的结果，论者意见不一。从许多方面来看，这是一种错误的二分法，因为战争是革命的直接、预期结果。威廉入侵英格兰的目的是让英格兰加入他的欧洲反法联盟，许多英格兰人发起或支持光荣革命的原因正是他们希望英格兰的外交政策发生这样的变革。[11]

　　正如时人所知的，这场战争代价高昂，需要对国家财政进行重大重组，而这反过来又会对宪制造成影响。在詹姆斯二世时期，王室的年收入从未超过 300 万英镑，但到 1696 年，仅军费开支就达到了 810 万英镑，在接下来的十年里，战争开支达到了 1020 万英镑的峰值。为了帮助支付部分开支，一个新的公共信贷体系建立起来，包括发行长期有券公债，而这反过来导致了 1692—1693 年国债的诞生和 1694 年英格兰银行的创建。由于这些贷款的利息必须由议会的税收拨款来保证，国债确保了定期召开议会的必要性。到 1712 年，通过长期有券公债，已经筹集了近 1600 万英镑。然而，并非所有的战争成本都能通过贷款来支付；事实上，最初只有很小的一部分是这样的。其余部分必须由议会的税收拨款来弥补，包括关税和货物税等间接税，以及英格兰第一个高收益的直接税——土地税（1693 年开始征收）。英格兰政府也放弃了以往的普通收入和特别收入之间的区别。1690 年的财政结算被故意设计得不足以让国王正常生活，这一点在 1697 年九年战争结束后恢复和平时就很明显了。1698 年，《王室年费法》正式承认了这一现实：国王现在会得到一份王室年费——估计每年收入 70 万英镑（未经议会同意，不得动用任何盈余），以满足其家庭和政府的开支，而所有陆军和海军支出，即使在和平时期，都由议会负责。[12] 简言之，是 1690 年代的财政革命，而不是《权利宣言》，确保了光荣革命后议会的定期召开。

1690 年代的某些财政变革是一些人所预期的，这些人支持 1688—1689 年的王朝更迭并欢迎由此引发的外交政策革命。建立国家银行的呼声早在 1650 年代就已出现，并在 1680 年代后半期再次得到支持，这些支持者反对詹姆斯二世的外交政策及其对政治经济学的特殊理解。[13] 然而，战争的其他后果也带来了一些不容易预见到的宪制方面的影响。其中之一是内阁制政府的出现，为的是应对 1690 年代威廉频繁率军前往欧洲大陆的情况。在安妮女王统治时期（1702—1714）对抗法国的第二阶段——1702—1713 年的西班牙王位继承战争——女王的健康状况不佳，对公共事务的掌控有限，导致了一位以财政大臣为身份的首相的出现（从这个意义上说，乔治一世时期的罗伯特·沃波尔的职位，已为安妮时期的戈多尔芬伯爵和牛津伯爵所预示），并由国务大臣们负责外交政策的制定。[14] 更一般地说，战争见证了行政政府机制的重大转变：行政人员的大量增加，新的政府部门的设立，政府的专业化和科学化。[15]

战争也使议会得以确保进一步的政治改革。因此，1694 年，对资金的需求迫使威廉同意了《三年会期法》，该法规定议会不仅必须每三年开会一次，而且任期不能超过三年，[16] 从而解决了《诉冤要点》提出的要求，即"保持"议会的"频繁召开"和"防止同一议会持续太久"。1696 年，暗杀威廉的阴谋流产后，公谊会教徒在法庭上作证时（除刑事案件外）可以只需确认而不用发誓，以照顾公谊会教徒在宣誓方面的顾虑，这使得宽容程度进一步提升。[17] 然而，具有讽刺意味的是，1688—1689 年的王朝更迭没有解决的主要问题是新教继承问题。威廉无法生育，而他的妻妹无法生育比她更长寿的孩子，这就需要进一步立法来解决王位继承问题，也即 1701 年的《王位继承法》，而这反过来又为解决 1689 年《诉冤要点》提出的不

满提供了另一个机会。《王位继承法》规定,如果威廉和安妮没有子嗣,
继承权将传给汉诺威选帝侯夫人索菲娅公主及其继承人,而这为乔
治一世于 1714 年最终继位铺平了道路。它还要求所有未来的君主都
应该是英格兰国教会的成员,并规定法官应该在行为良好的情况下
任职（1714 年生效）,并且王室赦免不再作为下议院弹劾的抗辩理
由。[18] 平心而论,《王位继承法》在一定程度上是对威廉统治下政治
发展的一种反应,而不仅仅是对 1689 年某些改革议程的姗姗来迟的
尝试：有关君主宗教信仰的限制性条款（不仅反映了对汉诺威路德
宗的担忧,也反映了对威廉的加尔文宗的担忧）和其他限制性条款,
阻止了未来的君主在未经议会同意的情况下离开不列颠群岛（1716
年废除）,禁止官吏或领养老金者成为议员（1707 年废除）。尽管如此,
就 1701 年《王位继承法》旨在处理 1688—1689 年王朝更迭导致的
继承问题而言,至少在一定程度上,它必须被视作光荣革命的影响,
因此也是革命解决方案的一部分。

作为光荣革命的结果,威廉和安妮统治期间进行的改革和创新
的积累效应,以及光荣革命不可避免地带来的外交革命,大大有助
于在英格兰建立新型君主制。英格兰君主制变得有限化、官僚化和
议会化。它不再是查理二世或詹姆斯二世时期的那种个人君主制。
然而,在许多方面,由于财政军事国家的建立,以及随之而来的利
用国家经济财富为君主——现在的"国王（或女王）会同议会"——
服务,这种君主制拥有更多的实权。在这个意义上,光荣革命——
尽管《权利宣言》在法律上是保守的——给英格兰国家带来了革命
性的转变。

苏格兰

让我们来看看苏格兰。1689 年,苏格兰和英格兰发生了两场

截然不同的革命，这一事实改变了英格兰与苏格兰关系的性质。自1603年王位合并以来，斯图亚特王朝在教会事务方面一直奉行趋同政策（目的是使两个王国的教会更紧密地联系在一起），并试图通过王室控制苏格兰议会颁布立法的能力，即通过议会立法委员会，保持对苏格兰事务的严格控制。然而，随着光荣革命的爆发，教会趋同政策被抛弃，议会立法委员会的废除增加了苏格兰议会的独立性，这就需要发展出新的政治管理形式，以确保苏格兰支持（或至少接受）伦敦发起的政策。问题是，英格兰制定的政策——从伦敦的角度来看，对王权利益至关重要——并不总是被苏格兰人视为最符合他们的利益。革命将英格兰的主权交给了国王会同议会，这一事实加剧了问题的严重性。苏格兰人向来不喜欢被一位缺席的国王颐指气使，但至少他们承认自己应该效忠这位国王；而现在，他们痛恨国王会同英格兰上下两院协调行使的新主权，这实际上意味着由国王的英格兰政府部门来决定苏格兰的政策。换言之，苏格兰和英格兰各自的革命加剧了两国之间的紧张关系，并不可避免地对两国关系进行了某种重新定义。[19]

光荣革命后不久，英格兰新政权在处理苏格兰事务时表现出特别的漠不关心，两国之间的紧张关系也随之出现。1692年，威廉平定高地的企图演变成一场灾难性的悲剧，格伦科发生了可怕的惨案，起因是格伦科的麦克唐纳不小心错过了向威廉宣誓效忠的最后期限，晚了五天。虽然大部分族人都逃了出来，只有38人在峡谷中被屠杀，但即使在这个时代，这一行径的残暴程度也令人震惊，它对苏格兰高地的詹姆斯党起到了最重要的促进作用。[20]当然，在东北沿海平原占统治地位的主教制派由于1689—1690年间达成的褫夺法权解决方案而被疏远了。然而，威廉也让那些欢迎或接受革命的低地苏格兰人感到不安，因为他显然决心挫败苏格兰人的错觉，后者认为他们在1689年赢得了更大的政治独立。威廉将他的苏格兰国务大臣留在了伦敦，并无视苏格兰《权利宣言书》中关于频繁举行议会的要求，让苏格兰的非常议会连续举行了九届会议。威廉的外交政策是以英格兰和荷兰的利益为出发点的，很少考虑苏格兰人的关切。苏格兰与法国的贸易在九年战争中受到严重打击，而当时苏格兰的经济正遭受重创，尽管苏格兰人做出了种种牺牲，他们在 1697 年的和平条约中，却没有得到任何好处。此外，英格兰人通过严格执行《航海法》竭尽全力阻止苏格兰商人与英格兰殖民地进行非法贸易，并在 1690 年代末协助挫败了苏格兰人在巴拿马的达连半岛建立自己的殖民地的企图，导致 15.3 万英镑（超过 180 万苏格兰镑）的资本损失，而这可能是这个国家流动资产的四分之一。[21] 平心而论，达连计划的失败不仅仅是英格兰人的责任（西班牙的反对和苏格兰人的管理不善也必须考虑在内），而 1690 年代困扰苏格兰的一系列糟糕收成（由恶劣的天气、贫瘠的土壤和过时的封建经济共同造成）也不能归咎于英格兰人。然而，许多苏格兰人开始认为，该世纪最后十年困扰他们国家的种种弊病，都是威廉和他的大臣们以及两国共主的政治关系性质造成的。

进入新世纪后，情况似乎只是每况愈下。1702 年国王去世后，威廉的大臣们未能在 20 天内（根据 1696 年一项法律的要求）召集新议会，而是等待了 90 天，以便英格兰枢密院有时间向法国宣战，而不会遭到苏格兰议会的反对。但 18 世纪初最大的问题是继承问题。英格兰的《王位继承法》并不适用于苏格兰，但它不可避免地对后者产生了巨大影响，很可以理解苏格兰人对英格兰人没有征求他们的意见会感到不快。此外，英格兰人贸然地在该法中加入了一些确实适用于苏格兰的条款，比如禁止未来的君主"未经议会同意离开英格兰、苏格兰和爱尔兰的领土"。这似乎意味着苏格兰人将受到英格兰达成的王朝解决方案的约束，甚至英格兰议会有权利为苏格兰立法。这项措施在 1703 年的苏格兰议会引起了轩然大波。正如索尔顿的安德鲁·弗莱彻问到的，当英格兰提名王位的继任者时："他们曾经要求过我们的同意吗？他们是否曾希望上任国王促成苏格兰议会开会，以获得我们的建议和同意？这不是摆明告诉我们，我们应当听从他们的决定吗？"[22] 在一些人看来，苏格兰似乎要沦落成和爱尔兰一样的附属国。正如一份在苏格兰下议员间流传的匿名文件问到的，"我想知道我们的情况与最可悲的爱尔兰议会有何不同"。[23]

苏格兰的回应是加大赌注：如果有必要，他们将单干。因此，1703 年 8 月 13 日，苏格兰议会通过了一项《安全法》，规定若安妮死后无嗣，苏格兰议会应提名苏格兰王位的继承人，这个继承人应既是新教徒，也是苏格兰王室成员，但不能与英格兰指定的继承人相同，除非"政府制定和颁布的条件能确保苏格兰的荣誉和主权"，"议会的自由、召开频率和权力"，以及"国家的宗教、自由和贸易不受英格兰或任何外国影响"。起初，英格兰的大臣们拒绝让驻苏格兰的王室高级专员御准该法，但对资金的需要迫使他们让步，1704 年这项措施成为法律。[24]

在英格兰人看来，摆脱这一僵局的唯一办法，就是两个王国签订合并条约。如果说苏格兰人完全反对与英格兰建立某种形式的合并，那就错了。如我们所见，特威代尔和达尔林普尔父子等政治温和派早在 1689 年就推动了两国的政治合并，随着 1690 年代的到来，更多的苏格兰人热衷于将合并作为解决苏格兰经济弊病的可能办法。即使是那些强烈反对最终在 1707 年形成的法人合并（incorporating union）的人，也愿意接受其他类型的合并，比如联邦。但 1689 年和 1702—1703 年提出的合并提案都无疾而终，主要是因为当时的英格兰不感兴趣。相比之下，1706 年的合并谈判之所以取得成果，是因为英格兰人当时下定决心要这样做。1705 年，英格兰议会以带挑衅性的《侨民法》回应苏格兰的《安全法》，威胁说，除非汉诺威的继承权得到承认，或者在圣诞节前签署一项合并条约，否则苏格兰人在英格兰的身份就是外国人，并且苏格兰不得向英格兰出口。[25] 通过政治管理和行贿相结合——以及应该说，愿意在某些问题上做出让步，以缓解公众对可能的经济和宗教影响的焦虑——英格兰王国政府设法说服苏格兰议会同意与英格兰合并的条约，并最终于 1707 年 1 月 16 日以 110 票对 69 票批准了该条约。[26] 该法案随后迅速在英格兰两院通过，先是在 1707 年 3 月 1 日以 274 票对 116 票在下议院获得通过，之后于 1707 年 5 月 1 日生效。[27]

　　根据该条约的条款，英格兰和苏格兰"以大不列颠的名义合并为一个王国"。苏格兰议会被废除，新的不列颠议会成立，苏格兰有权向新议会派出 16 名经选举产生的上议员和 45 名下议员。然而，这个新的机构本质上只是英格兰议会的延伸：议会继续在威斯敏斯特召开，苏格兰选区必须重新划分，以便将下议员人数从 157 人减少到 45 人，但英格兰的代表制却没有任何改变。因此，英格兰和威尔士继续向议会派出 513 名下议员。这种差距的理由是英格兰和威尔士的征税能力高于苏格兰的征税能力，二者的比率是 38 比 1；按照这种逻辑，苏格兰应该得到的下议员名额不超过 14 名，所以可以说苏格兰还赚了。但二者的人口比率为 5 比 1；基于人口统计标准的比例代表制，苏格兰应该有 103 名下议员。该条约还建立了经济联合——两国之间的自由贸易、统一的货币、统一的财政制度和统一的度量衡体系——但苏格兰将获得一笔被称为等价物（Equivalent）的款项，以抵消未来对迅速膨胀的英格兰国债的负债。然而，每个国家都将保留自己的私法、法院和司法体系，以及各自的教会体制——为了缓解长老会的焦虑，1706 年 11 月 12 日，苏格兰议会通过了一项保障长老会体制安全的法律，而且该法被宣布为该条约的组成部分。英格兰议会通过了一项类似的法律，以确保英格兰国教会的合法地位，两项法律都附属于《合并法》，并于 1707 年获得通过。[28]

　　《合并条约》在苏格兰一点也不受欢迎。苏格兰社会的大多数阶层都有理由对条款感到不满。詹姆斯党人和主教制派教徒自然讨厌跟汉诺威的继承权和长老会教会体制扯上关系。乡村派政客们则遗憾于失去进一步政治改革的机会，而苏格兰生活中的一些最糟糕的特征，如可继承的司法权，倒是被保留了下来。激进派则哀叹苏格兰失去了独立的地位，也失去了保障苏格兰人民权利和自由的机会。他们正确地预测到，苏格兰人民的权利和自由很难成为新的不列颠议会的首要事项。长老会则担心与一个更强大的主教制国家合并，在这个国家中，他们的敌人——主教——在上议院占有席位。单单是接受一个统一的议会，似乎就意味着对主教制的承认，因此对强硬的长老会教徒来说，这违反了圣约。而更为普遍的情况是，人们担心合并会给边境以北的主教制带来宽容，或者更糟糕的，苏格兰会重新引入主教制。[29] 就连自治市的商业和贸易利益集团也根本没有满腔期待，他们担心更高的税收水平和来自英格兰的竞争。期待着从合并中获得真正经济利益的，似乎主要是从事谷物和黑牛出口的地主们。大约 116 个地方（15 个郡、22 个自治市、9 个城镇、3 个长老会辖区和 67 个堂区）致函苏格兰议会反对拟议的合并，这些函件收集了超过 2000 个签名。此外，还有来自长老会全会委员会、御准自治市会议，以及“南部和西部各郡”的卡梅伦派面向“全国”发出的信函。1706 年的最后几个月，爱丁堡、格拉斯哥和西南部也发生了骚乱，发起这些骚乱的不仅有詹姆斯党人，还有卡梅伦派。甚至有传言说高地的詹姆斯党人和心怀不满的长老会教徒会联手起义，尽管这些计划最终无果而终。[30] 最终，大多数主流长老会教徒的反对意见受到了保护长老会建制的法律的压制，这反过来又引起了爱尔兰和英格兰高教会利益集团的担忧，他们怕合并可能会助长异见，并破坏各自王国的教会建制。[31]

　　总的来说，英格兰和爱尔兰的大多数新教徒都欢迎合并。然而，在苏格兰，它留下了分裂的问题，并使詹姆斯党人和主教制派教徒接过了苏格兰民族主义的衣钵。合并至少给主教制派教徒带来了某种程度的宽容。1712 年，托利党主导的不列颠议会通过了一项法律，允许主教制派会众集会和礼拜，前提是他们使用苏格兰礼拜仪式；然而，这并没有影响到拒绝向政府宣誓效忠者，他们继续使用 1637 年的苏格兰祈祷书。因此，具有讽刺意味的是，《宽容法》引起了主教制派教徒之间的冲突。同年，议会通过一项法律，恢复了 1690 年被废除的圣职推荐，但大多数会众仍然保留了否决圣职推荐人提名的权利，将这一问题留待长老会解决。[32]

爱尔兰

现在让我们来看看爱尔兰。1691 年 10 月的《利默里克条约》远非爱尔兰革命解决方案的终点。爱尔兰和英格兰都有很多新教徒认为该和约对战败的詹姆斯党人太有利了，这些新教徒想让爱尔兰人为他们的叛乱付出代价。然而，战争也改变了爱尔兰新教优势阶层与母国之间关系的性质。国王需要钱来支付战争费用，这给了爱尔兰议会更多的政治筹码，也给了它机会来挑战爱尔兰从属于英格兰的性质。这是一个英格兰人不能坐视不管的挑战，导致了英格兰和爱尔兰帝国关系的重新定义。[33]

英格兰的新教徒希望没收爱尔兰的地产，进而通过这种由来已久的方式，来支付平息爱尔兰战争的成本。[34] 爱尔兰并没有针对天主教徒的《褫夺法权法》，也没有像 1689 年都柏林议会通过的那种针对新教徒的法律。相反，威廉的政权选择以叛国罪起诉詹姆斯党人，最终判处取缔和没收财产（没有执行死刑）。一些重要的爱尔兰詹姆斯党人在英格兰被起诉；从 1690 年秋天起，随着博因河战役的胜利以及詹姆斯党军队撤退到香农河后方，叛国罪审判开始在当时由威廉派控制的爱尔兰各郡进行。爱尔兰还宣布剥夺在国外犯下叛国罪的爱尔兰詹姆斯党人的法权。总共有近 4000 人受到这种待遇，他们并非全是天主教地主（1688 年约有 1300 人），因为其中许多是没有继承权的非长子、商人和工匠。总共有 457 处庄园受到影响，超过 100 万爱尔兰英亩（约合 170 万法定英亩）的土地被宣布没收。

然而，没收的总数受到了《戈尔韦条款》和《利默里克条约》的限制，两者作为投降诱饵，不仅允诺詹姆斯党军官，而且允诺詹姆斯党控制下的郡和驻军及"所有受其保护的人"保留他们的土地，只要他们宣誓效忠威廉和玛丽。事实上，"所有受其保护的人"这一条款在送交伦敦批准的副本中被省略了，但威廉坚称这只是一个笔误，并在 1692 年 2 月签署条约之前重新放进去。尽管爱尔兰议会在 1697 年批准《利默里克条约》时再次省略了"被省略的条款"，[35] 但这似乎对该条约提出的索赔处理方式几乎没有影响。因此，许多爱尔兰的詹姆斯党人通过要求获得这些条款的好处，从而避免了被没收地产。在接下来的几年里，王室发布的赦免令则拯救了其他一些人。然而，被没收的土地很少被用来支付拖欠军队的款项。相反，威廉试图将其作为一种赞助的形式来奖赏王室宠臣和国王的忠诚仆人，并继续向一些人提供大量的资助，其中有几个是外国人。这引起了英格兰议会的愤怒，他们利用国王急需用钱的心理，迫使他在 1700 年同意一项《恢复法》，该法授权 13 名托管人审理被没收土地的索赔并出售剩余财产。在这一过程中，只有少数人能够收回他们的地产。威廉派没收土地的综合效果是，天主教徒拥有的有利可图的土地比例从 1688 年的 22% 降至 1703 年的 14%。这样的损失比爱尔兰叛乱和克伦威尔上台之间的损失要小得多，1650 年代末，这一比例从 60% 降至 9%；甚至比爱尔兰叛乱与复辟之间的损失还要小：在查理二世统治时期，天主教徒只拥有 1641 年所拥有土地的三分之一。然而，这还没完。爱尔兰天主教徒拥有和继承土地的能力也受到新刑罚法的影响。

《利默里克条约》第一条规定，爱尔兰的天主教徒在信奉其宗教方面应享有与查理二世统治时期相同的特权。然而，有许多新教徒，尤其是在爱尔兰的，也包括英格兰的新教徒，开始相信，防止爱尔兰未来发生叛乱的唯一方法就是进一步限制天主教徒信教。结果，1690 年代和 18 世纪早期相继颁布了一系列大幅限制天主教徒权利和宗教自由的措施。[36] 刑罚法零零散散地出现：如果说它们构成了一部系统的法典，那就有误导性了。此外，爱尔兰没有一个中央决策机构，而且由于 1494 年《波伊宁斯法》的规定，爱尔兰议会颁布的所有法律必须得到英格兰枢密院的批准，爱尔兰的政策不可避免地倾向于反映各种不同利益集团（爱尔兰议会议员、爱尔兰总督、英格兰枢密院，当然还有伦敦的国王及其大臣）的相互作用，这些利益集团可能朝不同的方向发展。[37] 然而，如果说刑罚法完全是随意出现的，那同样具有误导性。它们确实代表了爱尔兰海两岸的新教徒的决心，在爱尔兰又一次天主教叛乱之后，他们试图为统治爱尔兰的新教精英提供一个安全的王国，至少一些通过的措施反映了国王、英格兰议会和爱尔兰议会一致制定的明确的新教政策。[38]

1691 年，英格兰议会采取了一项重要的初步措施，通过了一项法律，要求爱尔兰的所有官员和爱尔兰议会成员按照英格兰《权利宣言》的规定进行新的效忠宣誓和最高权威宣誓，并签署一项反对圣餐变体论的声明。[39] 此后，爱尔兰议会的成员将仅限于新教徒。这一点至关重要，因为威廉需要在爱尔兰增加财政收入，爱尔兰议会在光荣革命后成为比以往任何时候都重要得多的政治力量。自 1666 年以来，爱尔兰没有议会（不包括 1689 年詹姆斯的议会）；从 1692 年开始，爱尔兰议会定期举行会议，在形塑革命解决方案之于爱尔兰人民的意义方面，发挥了关键作用。

1692 年议会做的第一件事就是通过了一项《承认法》，确认威廉和玛丽"对爱尔兰的王冠拥有毋庸置疑的权利",爱尔兰王国被并入英格兰的皇冠（imperial crown）。[40] 这只是确认了 1689 年英格兰议会决定的王冠交接。然而,此外,下议员们对《利默里克条约》对天主教徒的宽容表示愤怒,并对政府处理没收财产的方式表示担忧。因此,他们否决了枢密院起草的许多法案,包括一项财政法案,理由是"为筹集资金的法案起草要点"是下议院的专有权利,并威胁要审查涉嫌腐败的官员。这一次,时任爱尔兰总督西德尼子爵决定迅速结束会议,并谴责下议院的行为;议会于次年解散。[41]

　　然而,西德尼的继任者、在 1695—1696 年担任代总督的亨利·卡佩尔勋爵这位极其仇视天主教的人士,却更愿意安抚在爱尔兰下议院占据主导地位的新教贵族的偏见。1695 年,新一届议会通过了两项刑罚法;一项是对任何将孩子送往国外的神学院、隐修院、女隐修院或天主教大学或学院接受教育的人处以 200 英镑罚款,另一项是解除教皇党人的武装,禁止他们拥有价值超过 5 英镑的马（但英格兰枢密院加入了一项条款,实际上豁免了那些受《利默里克条约》保护的人）。第二项法律是一项合情理的安全措施,它是在天主教叛乱之后,以及与天主教法国的大陆战争持续期间采取的;战后土匪活动的增加也让新教徒感到震惊,而法国海盗在爱尔兰海岸的行动加剧了他们的恐惧。第一项措施表面上也是出于安全考虑:该法声称,那些在国外接受教育的人放弃了对"本国国王和女王"的忠诚,"以及对本国国教和法律的热爱","投身于外国利益",回国后总是成为"许多危险叛乱的行动者和推动者",而且经常公开造反。该法还禁止爱尔兰的天主教徒教授或指导年轻人学习:理由是,默许天主教学校的存在是许多"本国本地人"仍然"不了解真正的宗教原则",不"遵守本国的法律法规",不使用"英格兰习惯或语言"的主要原因。[42] 因此,这项措施不仅针对天主教信仰,也打击了爱尔兰性。

　　1697 年,爱尔兰议会通过一项法律,驱逐天主教主教、耶稣会士、修道士以及其他行使教会管辖权的天主教徒，理由同样是这些人负责推动和实施了"这个王国近来的叛乱"。[43]同年，爱尔兰议会在最终批准《利默里克条约》时，省略了两条涉及天主教徒宗教权利的关键条款——第一条，给予爱尔兰天主教徒与查理二世时期相同的宗教自由；第九条，除效忠宣誓外，爱尔兰天主教徒不需要宣誓——从而消除了颁布进一步刑罚法的障碍。[44]随后出台了一项防止新教徒与天主教徒结婚的措施——理由是这种通婚导致皈依天主教，导致"对新教徒利益的极大损害"——该措施基本上是为了防止新教徒的土地或财富因通婚而落入天主教徒手中。[45]1698年，爱尔兰议会通过了一项法律，禁止天主教徒进入律师行业（1707年，该法进行了修订，加重了处罚力度）。[46]由于天主教徒已经被禁止担任王国政府的公职，除了教会之外，他们现在唯一可以从事的职业就是医学。

　　针对天主教徒的立法在安妮女王时期得到了加强和扩展。1703年的一项法律禁止天主教神职人员在1704年1月1日之后进入该国；从理论上讲，爱尔兰没有主教来按立新的教士，也不允许从国外来接替，因此教士的供应实际上应该已经枯竭。这样做的表面动机同样是安全：该法认为天主教主教、耶稣会士和修道士"以天主教世俗教士的身份伪装，（从而规避1697年《驱逐法》的规定）进入该国，意图煽动女王陛下的天主教臣民叛乱"；这似乎是一项临时的战时措施，最初的有效期只有14年。[47]1704年的一项法律针对的是天主教地主，旨在防止天主教的进一步发展：它取缔了天主教徒的长子继承权，认为天主教徒的财产必须在所有男性继承人中分配，除非长子皈依新教；它还禁止天主教徒购买土地或租用土地超过31年。[48]同年的《罗马教廷神职人员登记法》要求堂区神父在交通不便的情况下，为他们的良好表现缴纳保证金（约有1089人这样做了），并禁止他们保留副神父和离开自己的郡。它还向那些皈依爱尔兰教会的教士提供每年20英镑的养老金。[49]然而，为了应对前一年詹姆斯党入侵的恐慌，1709 年通过了一项法律，规定这些教士必须宣誓放弃成为伪装者（否则将面临驱逐），而驱逐天主教世俗教士的 1703 年法永久有效；同时，它将皈依教会的教士的养老金标准提高到每年 30 英镑。[50]

　　因此，在不列颠君主政体与信奉天主教的法国仍处于战争状态的时候，反天主教立法背后的推动力是对革命解决方案安全的担忧。18 世纪初，随着安妮唯一幸存的孩子格洛斯特公爵去世（1700 年）、与法国再次爆发战争（1702 年）以及路易十四在詹姆斯二世去世后声明支持詹姆斯·弗朗西斯·爱德华·斯图亚特（头衔应该为詹姆斯三世），继承问题再次出现，而且在安妮统治期间，英格兰托利党对汉诺威王朝继承权的承诺开始引起怀疑，这些都加剧了人们的担忧。然而，随着 1714 年乔治一世的即位和 1715 年詹姆斯党人在英格兰和苏格兰的阴谋失败，天主教问题不再是核心问题。1719 年，针对大量天主教神职人员非法入境的报道，爱尔兰下议院提出了一项法案，建议在未登记的教士脸上打上烙印——爱尔兰枢密院建议将阉割作为替代方案——并增加对天主教徒土地交易的限制，但这项措施被爱尔兰上议院拒绝。汉诺威王朝继位后，唯一增加的重大法律限制是 1728 年的一项法律，禁止天主教徒在议会选举中投票，但天主教徒已经被排除在市政法人之外（因此无论如何只能在少数市镇选举中投票），而且由于 1704 年的《天主教法》颁布后，符合自由地产保有资格的天主教徒人数不断减少，这一措施的影响并没有人们想象的那么大。

　　如果严格执行，刑罚法的累积效应可能是巨大的。在相关立法通过后不久，针对天主教神职人员的运动确实保持了一定的势头。1697 年《驱逐法》颁布后，大约有 400 名修道士被驱逐出境；其他人则被迫躲藏了起来。[51] 但爱尔兰的新教当局很快就发现，他们既没有能力和意愿，也没有耐力来确保刑罚法的严格执行。1709

年，一个重大的转折点似乎出现了，也即《宣誓放弃伪装法》的颁布：只有 33 名神职人员服从，但该措施基本上是一纸空文，只要天主教神职人员登记在册，并且待在自己的郡中，他们就不会受到骚扰。此外，天主教的宗教仪式实际上没有受禁，也没有新教机构通过持续传教的努力来改变广大民众的信仰。到乔治二世统治时期（1727—1760），如果不是更早的话，爱尔兰的新教徒已经接受了他们仍将是少数派的事实。事实上，信奉新教的地主和商人，更愿意让一个卑贱的、弱势的阶级从事很多新教徒认为有失他们身份的低薪工作；他们也不希望在法律、民政管理、军队或教会等奖励性工作岗位上的竞争加剧，而大量天主教徒改信新教将不可避免地带来这种竞争。[52] 但是，对于社会等级较高的天主教徒来说，刑罚法的负担确实特别沉重，许多天主教徒感到了遵守刑罚法的压力。1703—1789 年间，大约有 5500 名天主教徒登记皈依爱尔兰教会，其中大多数是专业人士或地主。这种皈依的结果意味着天主教徒拥有的土地的总比例急剧下降：从 1703 年的 14% 降至 1779 年的 5%（如果亚瑟·杨恩经常引用的估计可靠的话）。[53]

　　然而，正在固化的新教优势阶层将成为爱尔兰教会中的支配力量。主导爱尔兰议会的新教地主主要是高教会派教徒，他们对新教不从国教者的威胁，尤其是阿尔斯特的苏格兰长老会的威胁，表现出与对天主教一样的担忧。苏格兰长老会和爱尔兰北部的教会人士之间的关系一直不太好，尽管在 1689—1690 年面对詹姆斯党的威胁时，双方的分歧曾一度被搁置在一边，但很快又重新出现。[54] 几乎就在德里的围城战刚结束，两派就开始为谁的功劳最大而争吵。随着战争的结束，长老会希望他们为新教事业的牺牲能够获得某种形式的法律宽容。并不是说爱尔兰的长老会教徒遭受了像苏格兰甚至英格兰的长老会教徒那样的苦难。影响他们的主要法律是 1560 年伊丽莎白时期的《君主至上法》，该法强制人们必须到堂区教堂做礼拜，以及 1666 年的《礼拜仪式统一法》，该法要求所有牧师都必须由主教任命，所有神职人员和学校教师必须签署一份反对圣约的声明；但这些措施很少对长老会教徒实施。在一些地方，新教不从国教者偶尔也会受到迫害；然而，复辟后达成的默契似乎是，不从国教者将被允许不受干扰地举行自己的宗教仪式，只要他们不寻求扩大会众。

问题是，1690 年代，苏格兰长老会在爱尔兰的人数急剧增加，这要归功于苏格兰人的到来，他们试图逃离本国的经济混乱（除了少数天主教高地人，大多数人都是长老会教徒）。关于移民的规模，我们没有准确的统计数据，根据当时的人估计，在威廉和安妮统治时期，有 5 万到 8 万个苏格兰家庭进入阿尔斯特。我们所知道的是，1689 年阿尔斯特有 86 位长老会牧师，而到 1702 年则有130 多位。[55] 此外，1691 年的英格兰议会立法为爱尔兰规定了新的誓言，废除了旧的伊丽莎白时代的最高权威宣誓，许多苏格兰长老会教徒认为这一誓言令人反感，因为它使君主成为教会的领袖，取而代之的誓言省略了这一措辞，从而为长老会成员担任公职打开了大门。由于这些事态的发展，在阿尔斯特的许多地方（特别是安特里姆郡和伦敦德里郡），苏格兰长老会的人数大大超过了国教新教徒；他们主要从事商业和制造业，控制了贝尔法斯特、德里、卡里克弗格斯和科尔雷恩等地的市政法人，因此能够利用手中的力量把长老会成员选入议会。随着苏格兰革命已经导致主教制被推翻，爱尔兰议会中的新教地主和爱尔兰国教的神职人员开始担心爱尔兰的国教体制也会受到类似的威胁，因此拒绝给予长老会正式的宽容，除非引入一项忠诚宣誓法将他们排除在公职之外。1692 年和 1695 年的宽容提案被爱尔兰枢密院和爱尔兰议会否决；甚至有人呼吁更严格地执行已经颁布的法律。两大宗教利益集团之间爆发了激烈的口水战，教会成员和长老会成员在地方上的关系急剧恶化：教会成员称长老会成员拒绝缴纳什一税，并侮辱他们的神职人员；反过来，长老会教徒也受到了骚扰，他们被禁止举办自己的婚礼和葬礼，被迫担任堂区俗人执事，却不允许雇用副手。

威廉的政权并没有试图增加对长老会的剥夺；它不仅继续实行"国王捐赠"（regium donum）制度，每年向爱尔兰长老会牧师发放皇家养老金，且将标准增加到 1200 英镑，还顶住了爱尔兰主教要求政府允许对不从国教者更加严格地执法的压力。然而，在安妮的统治下，情况发生了变化。在安妮统治初期主导着王国政府的英格兰高教会派托利党人，越来越担心教会会受到不从国教者的威胁。因此，1704 年，英格兰枢密院决定在当年的《天主教法》中加入一项条款，要求爱尔兰的所有官员参加圣礼宣誓，这一举措受到爱尔兰议会的欢迎，据说"组成下议院的高教会派人数是英格兰的三分之二"。[56] 长老会成员逐渐被驱逐出阿尔斯特的市政法人。[57] 在安妮统治的最后几年里，爱尔兰不从国教者的处境更加糟糕，高教会派托利党人再次占据上风：1714 年，"国王捐赠"被暂停，甚至有计划将当年的英格兰《分裂法》引入爱尔兰。1714 年 10 月乔治一世登基后，事态有所缓和。"国王捐赠"得到恢复和增加，而且在 1719 年，受到英格兰辉格党新政府的压力，爱尔兰议会通过了一项有限的《宽容法》。新教不从国教者可以免于遵守 1560 年和 1666 年的《礼拜仪式统一法》，前提是他们进行效忠宣誓和最高权威宣誓，宣誓放弃成为伪装者，并声明反对圣餐变体论（公谊会教徒被允许只需确认而无需宣誓）。该法承认他们有权利举行自己的宗教集会，前提是他们获得许可且敞开大门。它还免除了不从国教牧师在陪审团和堂区或选区任职的义务，并允许不从国教者在当选堂区职位后雇用副手（尽管明确规定他们不得免除什一税或其他堂区费用）。尽管如此，圣礼宣誓仍被保留下来，直到 1780 年才取消。[58]

光荣革命后政治环境的转变，也对爱尔兰和英格兰之间关系的性质产生了影响。长期以来，爱尔兰的宪制地位一直摇摆不定。自 12 世纪后期亨利二世统治时期起，英格兰王室就征服了这个国家——几个世纪以来，英格兰镇压了爱尔兰的多次叛乱，或者说数次将爱尔兰重新征服——尽管如此，它仍然拥有自己的议会，自 1541 年以来一直是一个独立的王国。然而，《波伊宁斯法》要求爱尔兰议会的立法必须得到英格兰的批准，而在某些情况下，英格兰议会似乎有权利为爱尔兰立法。因此，在某种意义上，爱尔兰既是一个王国，又是一个殖民地；既不是一个完全独立的王国，但也不是一个在帝国统治下被征服的领土。[59] 然而，爱尔兰的新教优势阶层往往对英格兰政府监管爱尔兰事务的企图感到不满，尤其是当这种企图旨在确保爱尔兰的利益从属于英格兰利益时；当英格兰干涉爱尔兰是为了保护新教在爱尔兰的利益不受天主教的威胁时，他们就不太可能生气了。爱尔兰的宪制理论家通常选择把爱尔兰视为英格兰的姐妹王国，与其效忠于同一个君主——其权力延伸到其所有领土——但不效忠于英格兰议会，因为爱尔兰有自己的自治议会。[60] 这一宪制关系概念的问题在于，英格兰的光荣革命改变了人们对主权归属的看法：主权不再为君主独有，而是君主会同议会所有。至少就英格兰人而言，国王对其领地的权力现在属于国王（或女王）、英格兰上议院和下议院。爱尔兰的政策逐渐不再由国王决定而是由国王的大臣们决定，大臣们控制着爱尔兰总督和爱尔兰行政部门其他职位的任命，甚至控制着负责监督爱尔兰立法的英格兰枢密院成员的任命。爱尔兰的政治精英们对这样的事态发展自然非常不满。

正如我们所见，1692 年的议会已经出现了紧张的迹象，当时爱尔兰下议院拒绝批准英格兰枢密院提出的法案。但到了该世纪末，英格兰议会推动了一项立法（1697 年首次提出，1699 年通过），禁止爱尔兰羊毛制品出口，以保护英格兰羊毛纺织业的利益。[61] 1698 年爱尔兰议会开会时，该提案引起了轩然大波，促使代表着三一学院的下议员威廉·莫利纽克斯发表了《爱尔兰受英格兰议会立法约束的案例》，以捍卫爱尔兰的立法独立。莫利纽克斯否认王室对爱尔兰的所有权是基于亨利二世的征服或者任何继叛乱之后的征服；相反，他认为是"爱尔兰所有的教会政府和民事政府""主动而自愿地服从"亨利二世，而作为回报，亨利二世"不仅将英格兰的法律和教会管辖权在爱尔兰确立下来，而且允许爱尔兰作为一个独立于英格兰的王国享有召开议会的自由"。英格兰议会迅速谴责莫利纽克斯的书，如果他没有在当年晚些时候去世，英格兰议会可能会对他采取进一步的行动。[62]

然而，尽管莫利纽克斯经常被视为爱尔兰新教爱国主义的思想之父，这种爱国主义在 18 世纪七八十年代取得了丰硕的成果，但莫利纽克斯主要的不满，与其说是针对爱尔兰的主权受到侵犯，还不如说是因为政府未经同意便擅自执政。事实上，莫利纽克斯远非爱尔兰独立的拥护者，他甚至认为爱尔兰的新教徒会欣然接受与英格兰的议会合并，尽管他承认这是"我们几乎无法想象的幸福"。[63] 而随着英格兰和苏格兰的合并在 18 世纪初被提上政治议程，爱尔兰的许多新教徒也开始热衷于合并的想法——理由是这不仅能让他们在威斯敏斯特有代表权，还能促进他们的繁荣，并提供更多的安全。爱尔兰议会曾三次（1703 年、1707 年和 1709 年）呼吁合并，英格兰人认为这对他们没有好处，因而不了了之。[64]

不仅爱尔兰与英格兰合并的想法没有实现，而且苏格兰与英格兰合并的现实也对爱尔兰产生了有害的影响。随着苏格兰独立的消失，英格兰人将爱尔兰视为其第一个殖民地的倾向大大加强，新的不列颠政府越来越倾向于任命英格兰人在爱尔兰担任民事和教会职务，而非任命在爱尔兰出生的新教徒。1719 年，爱尔兰议会最后一次试图维护自己的政治独立，在一场关于一处地产拥有权的诉讼（夏洛克诉安斯利案）中，不列颠上议院在上诉中推翻了爱尔兰上议院最初做出的裁决。爱尔兰上议院向乔治一世提出强烈抗议，主张其在爱尔兰的管辖权，谴责不列颠上议院侵犯乔治作为爱尔兰国王的主权。不列颠议会于 1720 年做出回应，通过了《公告法》，主张不列颠议会有权利为爱尔兰立法，并剥夺爱尔兰上议院的上诉管辖权。[65]从此以后，爱尔兰的从属地位就板上钉钉了。它当然不是英格兰的姊妹王国。事实上，一些历史学家认为 1691—1720 年标志着爱尔兰从王国最终沦为殖民地。[66]

不列颠革命：意义及历史遗产

　　最后，让我们来考虑一下 17 世纪晚期革命的更大意义。历史学家一直让我们习惯于认为，如果 17 世纪的英格兰发生了革命，那么它发生在该世纪的中叶。即使是那些修正主义历史学家——他们在 20 世纪七八十年代试图说服我们，没有通往内战的大道，斯图亚特早期的英格兰是一个最没有革命性的地方——也仍然相信，在 17 世纪四五十年代最终发生的不仅是一场革命，而且实际上正是"那场革命"(the Revolution)，是"对不列颠群岛后来的历史产生深远影响"的地震事件。[67]如果说有什么区别，那就是斯图亚特早期史学研究新近采取的不列颠转向（Britannic shift）有助于挽救 17 世纪中期危机的革命资格，因为如果我们不再局限于英格兰，而是把不列颠和爱尔兰作为一个整体来看待，那么，苏格兰人对 1637 年新祈祷书的抵抗引发的一系列事件无疑带有革命色彩。相比之下，正如导论中所指出的，光荣革命通常被视为仅仅是一场余震，一次清理行动，而不是"大地震本身"。[68]

　　不过，这样淡化光荣革命的意义是否正确？我们来做一个思想试验，这也许有助于塑造我们对这个问题的思考。设想一下，有一个带温和辉格党倾向的英格兰人死于 1630 年代末，然后在五十年后（在奥兰治的威廉入侵之前）奇迹般地从坟墓中复活：他是否会得出结论，在这段时间内发生了一场重大革命？他会发现，1680 年代与 1630 年代一样，斯图亚特王朝的君主们在位时会尽可能在没有议会的情况下统治，他们寻求建立凌驾于法律之上的君主特权，并诉诸君权神授和不抵抗的观念，以合法化他们的统治——他甚至会在 1680 年代的媒体上看到他早年所熟悉但更为明目张胆的王权绝对主义理论。他也会看到 1680 年代天主教和专制政府对新教和英格兰政治自由的威胁，跟内战前几年民众抱怨的情况类似；不同的是，1685 年后，实际上有一位天主教君主在位，并拥有一支庞大的常备军，从而使这一威胁看起来比 1630 年代更真实。同样，苏格兰在 1680 年代的处境可能比五十年前更糟。虽然在詹姆斯六世／一世时期（1567—1625）主教制得以复兴，而长老制已被削弱（1630 年代，许多苏格兰人认为对苏格兰传统崇拜方式的攻击令人震惊），但当时并没有针对长老会教徒的刑罚法。然而，五十年后，他会看到主教制地位上升，长老会教徒遭受残酷迫害，有些人甚至在战场上被国王的军队射杀。至于爱尔兰，他肯定会注意到，到他复活的时候，天主教徒实际拥有的土地比例发生了重大变化——仅为五十年前的三分之一。然而，他也会看到天主教徒开始收复一些失去的土地，并且目睹詹姆斯二世领导下的民事和军事管理机构发生戏剧性的天主教化，爱尔兰被交到一位天主教代总督手中，复辟时期的土地解决方案即将被推翻。在三个王国中，他会看到法治和自治市的市政法人所受到的威胁。如果在这五十年间发生了革命，他很可能想知道这场革命到底取得了什么成就，以及新教徒的政治和宗教自由是如何得到保障的。

　　现在设想一个具有类似政治倾向的人，在威廉入侵的几个月前去世，三十年后从坟墓中复活（让我们把时间定在 1720 年，也即

本书讨论的截止年份）。他会马上注意到巨大的差异。他将看到一位
有限的君主，领导着一个不列颠国家和独立的爱尔兰王国，君主的
特权在法律之下，与议会共享主权，议会现在可以保证定期召开会
议——尽管是每七年而不是每三年举行一次大选（1716 年通过《七
年会期法》之后）。新教在这三个国家都很安全；边境以北的长老会
得到了保障；天主教和专制政府的威胁最终消失了。很明显，1720
年的世界与 1680 年代的世界截然不同。他不禁得出结论，在此期间
发生了一些事情，使不列颠政体发生了根本性的转变。

　　本书的一个主要结论是，这种根本性的转变在很大程度上是由
17 世纪末的革命带来的。这并不是要否认 17 世纪中叶动乱的革命
资格；正如我在其他地方论证的，要想了解斯图亚特王朝晚期的政
治发展，重要的是要认识到 17 世纪中叶危机的革命性——它如何改
变了不列颠动态的性质，并改变了政治结构（特别是在公众舆论作
为政治力量日益重要的情况下）。[69] 然而，这并不是说斯图亚特王朝
最后的一百年只有一场旷日持久的革命。从 1680 年代到 1720 年代
发生的转变与 17 世纪四五十年代发生的几乎没有关系。17 世纪中
叶的革命失败了，它留下了一些有待解决的问题，但乔治一世统治
时期不列颠群岛出现的政体类型很难归功于它。改变不列颠政体的，
使汉诺威王朝的政治遗产与斯图亚特王朝如此不同的，不是 17 世纪
中期的革命，而是我们通常称之为光荣革命的 17 世纪晚期的事件。

　　当然，这种转变不能完全归因于光荣革命。我们必须承认，在
帮助重构英格兰、苏格兰和爱尔兰既有的政治和宗教建制类型方
面，1690 年代和 18 世纪初的新发展也发挥了重要作用。然而，这
不应导致我们忽视 1688—1689 年事件的重要性。威廉入侵带来的
王朝更替在这三个王国引发了三场独立的革命，这些革命本身就是
每个王国的重大变革性事件，而且它们反过来又产生了影响——许
多影响是那些帮助实现王朝更替的人所预料到的——这些影响必

须在未来的几年内得到解决，因此应该被视为革命解决方案的一部分。这些革命还影响了三个王国之间关系的性质，在这一过程中引发了所谓的第四场不列颠革命，对苏格兰和爱尔兰（以及它们各自与英格兰的关系）在更广泛的不列颠政体中的地位产生了根本性的影响。我们很难说1688—1689年事件的制造者有意要达到1707年或1720年的结果。然而，不列颠政体之所以发展到1720年的地步，与1680年代的革命有很大的直接和间接的关系。

这样看来，这个论点可能听起来过于辉格主义。但是，我并不打算以胜利主义者的口吻结束。正如本书承认的，17世纪晚期的革命有得有失。在英格兰和爱尔兰，肯定会有成千上万的人怀疑革命是否为他们所珍视的自由做了什么：不说爱尔兰的天主教多数派（以及英格兰和苏格兰的天主教少数派）和苏格兰的主教制派教徒（至少可以说是一个相当大的少数派），不说三个王国中许多发现自己的税收负担要更为沉重的人，即使是苏格兰和爱尔兰的所谓胜利者，也会发现自己的政治自治受到了伦敦方面的威胁。光荣革命也许将不列颠和爱尔兰从天主教和专制政府手中解救出来，并击退了我们在1680年代看到的王权绝对主义趋势，但它也加速了不列颠多国共主的君主制内部既有的中央集权趋势。[70] 苏格兰失去了政治独立，虽然苏格兰人在威斯敏斯特议会中有代表，但他们要想将国家问题提上新成立的不列颠议会议程，机会很有限。在这方面，爱尔兰的情况要好一些，因为它保留了自己的议会，虽然1720年的《公告法》确认了威斯敏斯特议会为爱尔兰立法的能力，但它通常只在私人事务上运用这一权力。[71] 尽管如此，爱尔兰的新教优势阶层不满英格兰人（现在是不列颠人）对待他们的方式，这导致了18世纪爱尔兰独特的新教民族主义的兴起。此外，爱尔兰议会几乎不代表爱尔兰人民。革命的效果是，爱尔兰成为只占其人口10%的新教优势利益集团的安全之地。甚至新教不从国教者也被排除在公职之外。最后，必须指出的是，1688—1689 年革命造成、遗留或加剧的许多问题已经伴随我们存在了三个多世纪。苏格兰人直到 1999 年才重新赢得了举行自己议会的权利。北爱尔兰的宗教冲突仍然如 17 世纪晚期的斗争那般。

光荣革命确实是一场革命。更准确地说，1688—1689 年的王朝危机分别催生了英格兰、苏格兰、爱尔兰和不列颠的革命，这些革命给不列颠群岛带来了重大改变，这在很大程度上解释了为什么 18 世纪出现的政体与 17 世纪盛行（且在早先未遂的革命中幸存下来）的政体大不相同。我们这么说只是承认事实，并非为结果喝彩。按照历史惯例，我们把 1688—1689 年发生的事情称为光荣革命，如果坚持不使用这个术语的全称，那就太无礼了，但与此同时，我们要明白，当时那些创造了这个术语的人，在给他们认可的事件贴标签时，加入了自己的价值判断。我们可以承认所发生的事件确实具有革命性意义，但不必赞同他们的这种价值判断。17 世纪晚期的不列颠革命对一些人来说是光荣的，对另一些人来说则不尽然，但无论如何，革命造成了巨大的变革性影响。它们改变了三个王国的历史进程，留下了持久的遗产，其影响至今仍留在我们心中。

詹姆斯二世，由一位不知名的艺术家创作，约 1690 年（英国国家肖像馆）

对天主教阴谋的恐惧强有力地塑造了 17 世纪英格兰的新教认同，而这种恐惧部分植根于历史之中。这幅 1621 年的版画描绘了英格兰在天意的保佑下，从 1588 年西班牙无敌舰队的入侵和 1605 年火药阴谋中解脱出来。1689 年，这幅版画经修饰后重新印行，以庆祝英格兰最近的"解脱"。图片来源：大英博物馆

这幅 1685 年的木刻版画描绘了国王的军队在塞奇莫尔击败蒙茅斯的叛军。图片来源：加利福尼亚亨利·E. 亨廷顿图书馆

TESTIS OVAT

Titus Oates, *Anagr.* Testis Ovat.

Testis ovat falsæ fruitur dum Crimine linguæ,
  Et referens Sceleris præmia Testis ovat.
Testis ovat, plorent liceat tria Regna, doloris
  Author quam Sicco lumine Testis ovat.
Testis ovat, quòd Iberna perit, ruit Anglia, vires
  Quòd minuit proprias Scotia, Testis ovat.
Testis ovat lætus magnos disjungere Fratres,
  Et pulso è Patria Castore Testis ovat.
Testis ovat nocui dum pæna plectitur insons;
  Ebrius innocuo Sanguine Testis ovat.
Testis ovat; falsæ sed qualis ovatio linguæ;
  Qui quod iniquus, ovat, quam male Testis ovat.

Thus rendred.

Paid for his Crimes the Perjur'd Witness swears,
  And shews what for rewards his false Tongue dares
Swears till three Kingdoms mourn; whilst o'er the prize
Our Witness triumphs with relentless Eyes.
Swears on till *Ireland* perish, *England* fall,
And *Scotland* in one common Funeral.
Swears still, dreadless of Hell, nor fearing Heaven,
Till the great *TORK* be from his Countrey driven.
Wrong'd Innocence by Perjur'd Witness dies,
Who drunk with guiltless Bloud still swears and lies.
Then since our Witness has this hardned face,
Let the false Wretch the Pillory disgrace.

London, Printed for *J. Hindmarsh,* at the *Golden-Ball* over against the *Royal Exchange.* 1685.

教皇党阴谋的告密者泰特斯·奥茨在詹姆斯二世统治初期被定为犯有两项伪证罪，被判处两次公开鞭笞刑、终身监禁，以及每年一定量的颈手枷刑。《权利宣言》认为这样的惩罚过分且异常，予以了谴责。图片来源：大英博物馆

詹姆斯在爱尔兰的得力助手蒂康奈尔伯爵理查德·塔尔博特。作为国王的长期支持者，他是爱尔兰天主教利益的拥护者，对复辟时期的土地解决方案怀有敌意。该画像由弗朗索瓦·德特罗伊所作，或归到他的名下。图片来源：英国国家肖像馆

请愿反对詹姆斯 1688 年第二份《信教自由令》的七位主教。他们以煽动性诽谤的罪名遭到审判，但被伦敦陪审团判为无罪。他们的反对标志着詹姆斯政权开始走向终结。图片来源：大英博物馆

为纪念 1688—1689 年革命而制作的扑克牌。方块 2、方块 3 和方块 10 描绘了 1688 年底对伦敦天主教礼拜堂的攻击。方块 J 展示了一次完全是虚构的场景，天主教神职人员唱着弥撒曲，误以为法国已经登陆，支持詹姆斯摇摇欲坠的政权。图片来源：伦敦市政厅图书馆

这幅荷兰画作描绘了荷兰舰队于 1688 年秋天的起航，"新教之风"将沿着英吉利海峡，把这支舰队往托贝的方向吹。图片来源：AKG Images

一首带插图的谣曲，庆祝詹姆斯于 1688 年 12 月 16 日回到首都，在他首次逃亡失败之后。即使到了最后阶段，一些新教徒仍然希望不必推翻国王，便可伸雪自己的诉冤。图片来源：牛津大学图书馆

当时的一幅版画，描绘了詹姆斯的御前大臣乔治·杰弗里斯的被捕。1688 年 12 月 12 日，杰弗里斯作为法官在沃平主持了"血腥的巡回审判"。图片来源：大英博物馆

Father Petre's Lamentation; OR, His New-Years-Gift To the DEVIL.

1689 年的一份带插画的单面印刷大张纸，庆祝耶稣会士、枢密院顾问爱德华·彼得神父的失势。彼得对国王的影响力之大，以至于当时的很多人认为他是 1687—1688 年间的"第一大臣"。图片来源：大英图书馆

奥兰治的威廉将在两天后，也即12月18日，以胜利者之姿进入伦敦。而这时詹姆斯不得不再次逃离首都。图片来源：伦敦市政厅图书馆

该图以讽喻的手法描绘了奥兰治的威廉如何将英格兰从"法国的暴政和天主教的压迫"下解救出来。橘子［指奥兰治］从位于中央的树上掉下来，砸倒了右侧的杰弗里斯，而左侧詹姆斯二世头顶的王冠也摇摇欲坠。王后不得不带着她的幼子逃跑，而路易十四正在杀害他的新教臣民。注意右侧最上方的那只天眼。图片来源：布里奇曼艺术图书馆

1689 年一本小册子的头版，庆祝威廉和玛丽于 1689 年 4 月 11 日的加冕。图片来源：大英图书馆

The *Irish Rebellion.*

One hundred drown'd in a River.

Boys forced to kill the Proteſtants.

来自 1689 年一本新教宣传小册子里的插图，旨在让人回想起 1641 年爱尔兰叛乱期间传说的爱尔兰天主教徒对新教徒犯下的暴行。图片来源：大英图书馆

这幅荷兰画作描绘了 1690 年 7 月 1 日博因河战役中威廉的风采。骑着白马的威廉在北爱尔兰已成为其标志性的形象，但实际上他很可能骑的是一匹棕马。骑白马的话会让他太显眼，很容易成为敌方的攻击目标。图片来源：AKG Images

注释

注：所有引用的作品都是在伦敦出版的，另有标注的除外。

缩略表

APS	*The Acts of the Parliaments of Scotland*, ed. Thomas Thomson and Cosmo Innes (12 vols., Edinburgh, 1814–75)
BIHR	*Bulletin of the Institute of Historical Research*
BL	British Library
Bodl.	Bodleian Library, Oxford
Bulstrode Newsletters	Newsletters of Richard Bulstrode, 1667–89, from the Harry Ransome Humanities Research Center at the University of Texas at Austin (Marlborough, 2002)
Cal. Anc. Rec. Dub.	*Calendar of the Ancient Records of Dublin, in the Possession of the Municipal Corporation of that City*, ed. John T. Gilbert (16 vols., Dublin, 1889–1913)
CClarSP	*Calendar of Clarendon State Papers Preserved in the Bodleian Library*, ed. F. J. Routledge (5 vols., Oxford, 1872–1932)
CJ	*Journals of the House of Commons*
Clar. Corr.	*The Correspondence of Henry Hyde, Earl of Clarendon and of His Brother Laurence Hyde, Earl of Rochester; With the Diary of Lord Clarendon from 1687 to 1690, Containing Minute Particulars of the Events Attending the Revolution*, ed. Samuel Weller Singer (2 vols., 1828)
CLRO	Corporation of London Record Office

Cox, *Hibernia Anglicana . . . Second Part*	Sir Richard Cox, *Hibernia Anglicana: Or, The History of Ireland from the Conquest thereof by the English, to this Present Time . . . In Two Parts* (2nd edn, 1692)
CSPD	*Calendar of State Papers Domestic*
CUL	Cambridge University Library
Dalrymple, *Memoirs*	Sir John Dalrymple, *Memoirs of Great Britain and Ireland; From the Dissolution of the Last Parliament of Charles II till the Capture of the French and Spanish Fleets at Vigo. A New Edition, in Three Volumes; With the Appendices Complete* (1790)
Ellis Corr.	*Letters Written During the Years 1686–88 to John Ellis*, ed. George Agar Ellis (2 vols., 1829)
EUL	Edinburgh University Library
Evelyn, *Diary*	*The Diary of John Evelyn*, ed. E. S. De Beer (6 vols., Oxford, 1955)
Fountainhall, *Decisions*	Sir John Lauder of Fountainhall, *The Decisions of the Lords of Council and Session from June 6th, 1678, to July 30th*, 1713 (2 vols., Edinburgh, 1759–61)
Fountainhall, *Hist. Not.*	Sir John Lauder of Fountainhall, *Historical Notices of Scotish [sic] Affairs*, ed. David Laing (2 vols., Edinburgh, 1848)
Fountainhall, *Hist. Obs.*	Sir John Lauder of Fountainhall, *Historical Observes of Memorable Occurrents in Church and State from October 1680 to April 1686*, ed. David Laing and A. Urquhart (Edinburgh, 1840)
FSL	Folger Shakespeare Library, Washington, D.C.
Hatt. Corr.	*Correspondence of the Hatton Family, 1601–1704. Being Chiefly Letters Addressed to Christopher, First Viscount Hatton*, ed. E. M. Thompson (2 vols., 1873)
Henning, *House of Commons*	Basil Duke Henning, ed., *The House of Commons, 1660–1690* (3 vols., 1983)
HMC	*Historical Manuscripts Commission*
Hunt. Lib.	Huntington Library, San Marino, Calif. LC Library of Congress, Washington, D.C.
Letters to Sancroft	*A Collection of Letters Addressed by Prelates and Individuals of High Rank in Scotland and by Two Bishops of Sodor and Man to Sancroft Archbishop of Canterbury*, ed. William Nelson Clarke

(Edinburgh, 1848)

Leven and Melville Papers	*Leven and Melville Papers. Letters and State Papers Chiefly Addressed to George Earl of Melville, Secretary of State for Scotland 1689–1691. From the Originals in the Possession of the Earl of Leven and Melville*, ed. William Leslie Melville (Edinburgh, 1843)
Life of James II	*The Life of James II*, ed. J. S. Clarke (2 vols., 1816)
LJ	*Journals of the House of Lords*
LMA	London Metropolitan Archives (formerly Greater London Record Office)
Lond. Gaz.	*London Gazette*
Lond. Int.	*The London Intelligence*
Lond. Merc.	*London Mercury or Moderate Intelligencer*
Luttrell	Narcissus Luttrell, *A Brief Historical Relation of State Affairs from September, 1678, to April, 1714* (6 vols., Oxford, 1857)
Melvilles and Leslies	*The Melvilles Earls of Melville and the Leslies Earls of Leven*, ed. Sir William Fraser (3 vols., Edinburgh, 1890)
Merc. Ref.	*Mercurius Reformatus*
Morrice	Dr Williams's Library, London: Roger Morrice, Entr'ing Books P, Q, R
NA	National Archives (formerly Public Record Office)
NAS	National Archives of Scotland (formerly Scottish Record Office)
NLI	National Library of Ireland
NLS	National Library of Scotland
Orange Gaz.	*Orange Gazette*
Oxford DNB	*Oxford Dictionary of National Biography* (Oxford, 2004)
Parl. Hist.	*The Parliamentary History of England from the earli- est Period to the Year 1803*, ed. William Cobbett (36 vols., 1806–20)
Petty–Southwell Corr.	*The Petty–Southwell Correspondence 1676–1687*, edited from the Bowood Papers by the Marquis of Lansdowne (1928, reprinted New York, 1967)
POAS	*Poems on Affairs of State*, ed. Geoffrey de Forest Lord, et al. (7 vols., New Haven, Conn., 1963–75)
Pub. Occ.	*Publick Occurrences*
Reresby, *Memoirs*	*Memoirs of Sir John Reresby*, ed. Andrew Browning (Glasgow, 1936, 2nd edn with a new preface and notes, Mary K. Geiter and W. A. Speck, 1991)

RO   Record Office

RPCS   *The Register of the Privy Council of Scotland. Third Series*, 1661–
              1691, ed. P. H. Brown, et al. (16 vols., Edinburgh, 1908–70)

RSCHS   *Records of the Scottish Church History Society*

SR   *The Statutes of the Realm*, ed. A. Luders, T. E. Tomlins and J. France
              (12 vols., 1810–28)

ST   *State Trials*, ed. T. B. Howell (33 vols., 1809–26)

Steele   Robert Steele, *A Bibliography of Royal Proclamations of the Tudor
              and Stuart Sovereigns and of others Published under Authority 1485–
              1714* (3 vols. in 2, New York, 1967)

TCD   Trinity College, Dublin

Univ. Int. *Universal Intelligence*

Wodrow, *Sufferings*   Robert Wodrow, *History of the Sufferings of the
              Church of Scotland, from the Restauration to the Revolution* (2 vols.,
              Edinburgh, 1721–2)

Wood, *Life and*   Anthony Wood, *Life and Times, 1632–1695*, ed.
  Times   A. Clark (5 vols., Oxford, 1891–1900)

WYAS   West Yorkshire Archives Service, Sheepscar, Leeds

序言

1. 'The People, the Law and the Constitution in Scotland and England: A Comparative Approach to The Glorious Revolution', *Journal of British Studies*, 38 (1999), pp.28-58.

2. '*Reluctant Revolutionaries*? The Scots and the *Revolution of 1688-9*', in Howard Nenner, ed., *Politics and the Political Imagination in Later Stuart Britain: Essays Presented to Lois Green Schwoerer* (University of Rochester Press, 1997), pp. 97-117.

3. 'Incompatible Revolutions? The Established Church and the Revolutions of 1688-89 in Ireland, England and Scotland', in Allan I. Macinnes and Jane Ohlmeyer, eds., *The Stuart Kingdoms in the Seventeenth Century* (Four Courts Press, Dublin, 2002), pp. 204-25.

导论

1. Steele, I, no. 3866, II, no. 991, and III, no. 2715.

2. *Ellis Corr.*, II, 52; *HMC, 5th Report*, pp. 378–9.

3. Andrew Barclay, 'Mary [of Modena] (1658–1718)', *Oxford DNB*.

4. *Life of James II*, II, 161.

5. Dalrymple, *Memoirs*, II, 'Part I. Continued. Appendix to Book V', pp. 107–10 (quote on p.

107).

6. Henri and Barbara van der Zee, *1688: Revolution in the Family* (1988),p. 118.

7. [John Whittel], *An Exact Diary of the Late Expedition* (1689), p. 34. 对威廉横渡的叙述，见 Thomas Babington Macaulay, *The History of England from the Accession of James the Second*, ed. Sir Charles Firth (6 vols., 1913–15), III, 1118–26; Stephen B. Baxter, *William III* (1966), pp. 237–8; van der Zee, *Revolution in the Family*, ch. 12。

8. 'A Hue and Cry' (1688), in *POAS*, V, 23.

9. Evelyn, *Diary*, IV, 624; Gilbert Burnet, *History of His Own Time: From the Restoration of King Charles the Second to the Treaty of Peace at Utrecht, in the Reign of Queen Anne* (1850), p. 523; *Clar. Corr.*, II, 249.

10. Burnet, *History of His Own Time*, p. 114.

11. *Painted Ladies; Women at the Court of Charles II*, ed. Catharine MacLeod and Julia Marciari Alexander (2001), p. 203.

12. *HMC, Dartmouth*, I, 36.

13. Cited in van der Zee, *Revolution in the Family*, p. 22.

14. William Bradford Gardner, 'The Later Years of John Maitland, Second Earl and First Duke of Lauderdale', *Journal of Modern History*, 20 (1948), 121–2.

15. Macaulay, *History of England*, II, 663, 670, 781.

16. George Macaulay Trevelyan, *The English Revolution 1688–1689*(1938), pp. 63, 64, 69.

17. F. C. Turner, *James II* (1948), p. 234.

18. J. R. Jones, *The Revolution of 1688 in England* (1972), pp. 17, 53. See also J. R. Jones, 'James II's Revolution: Royal Policies, 1686–92', in Jonathan I. Israel, ed., *The Anglo-Dutch Moment: Essays on the Glorious Revolution and its World Impact* (Cambridge, 1991), pp. 47–71.

19. John Miller, *James II: A Study in Kingship* (Hove, 1978, 3rd edn 2000), pp. 126, 128, 240–1. Cf. John Miller, *The Glorious Revolution* (1983), p. vii.

20. W. A. Speck, *James II: Profiles in Power* (2002), p. 149.

21. Trevelyan, *English Revolution*, p. 64.

22. Jonathan Israel, 'General Introduction' to his *Anglo-Dutch Moment*, p. 5.

23. Cf. Jeremy Black, *A System of Ambition? British Foreign Policy 1660–1793* (1991), p. 135.

24. Geoffrey Holmes, *The Making of a Great Power: Late Stuart and Early Georgian Britain, 1660–1722* (Harlow, 1993), p. 178.

25. *The Diary of Adam de la Pryme*, ed. Charles Jackson, Surtees Society, 54 (1870), p. 14.

26. House of Lords, *Parliamentary Debates (Hansard)*, 5th series, vol. 472 (17 Mar. 1986), p. 796 (speech of Lord Hailsham); Steven Pincus, 'The Making of a Great Power? Universal Monarchy, Political Economy, and the Transformation of English Political

Culture', *The European Legacy*, 5 (2000), 541. See also Jonathan Scott, *England's Troubles: Seventeenth- Century English Political Stability in European Context* (Cambridge, 2000).

27. J. C. D. Clark, *English Society 1688–1832* (Cambridge, 1985).

28. Macaulay, *History of England*, III, 1306, 1310, 1312; Trevelyan, *English Revolution*, p. 11.

29. Jennifer Carter, 'The Revolution and the Constitution', in Geoffrey Holmes, ed., *Britain after the Glorious Revolution, 1689–1714* (1969), pp. 39–58; J. R. Western, *Monarchy and Revolution* (1972); J. P. Kenyon, *Revolution Principles: The Politics of Party 1689–1720* (Cambridge, 1977); Mark Goldie, 'The Roots of True Whiggism 1688–94', *History of Political Thought*, 1 (1980), 195–236; J. R. Jones, 'The Revolution in Context', in J. R. Jones, ed., *Liberty Secured? Britain Before and After 1688* (Stanford, 1992), pp. 11–52; John Miller, 'Crown, Parliament, and People', in Jones, ed., *Liberty Secured?*, pp. 53–87; Tim Harris, *Politics under the Later Stuarts* (1993), ch. 5.

30. Lois G. Schwoerer, *The Declaration of Rights, 1689* (Baltimore, 1981); W. A. Speck, *Reluctant Revolutionaries* (Oxford, 1988).

31. Ian B. Cowan, 'The Reluctant Revolutionaries: Scotland in 1688', in Eveline Cruickshanks, ed., *By Force or By Default? The Revolution of 1688–1689* (Edinburgh, 1989), pp. 65–81; Gordon Donaldson, *Scotland: James V to James VII* (Edinburgh, 1965), p. 383; Rosalind Mitchinson, *Lordship to Patronage: Scotland, 1603–1745* (1983), p. 116.

32. J. G. Simms, *Jacobite Ireland, 1685–91* (1969) 是研究爱尔兰革命的最好的著作。

33. Derek Hirst, *England in Conflict, 1603–1660* (1999), p. 255.

34. Tim Harris, *Restoration: Charles II and His Kingdoms, 1660–85* (2005).

35. Jones, *Revolution of 1688*, p. 13; David H. Hosford, *Nottingham, the Nobles and the North: Aspects of the Revolution of 1688* (Hamden, Conn., 1976).

36. See Harris, *Restoration*, pp. 22–3, 26, 对特许权进行了讨论。

37. Mark Goldie, 'The Unacknowledged Republic: Officeholding in Early Modern England', in Tim Harris, ed., *The Politics of the Excluded*, c. *1500–1850* (Basingstoke, 2001), pp. 153–94 (esp. pp. 161–2).

38. See Harris, *Restoration*, pp. 67, 194–6.

39. Ibid., pp. 28–9.

40. Ibid., pp. 59, 91, 114.

41. Ibid., p. 29.

42. Ibid., p. 94.

43. Ronald Hutton, *Charles II: King of England, Scotland, and Ireland* (Oxford, 1989), p. 357.

44. J. R. Jones, *Charles II: Royal Politician* (1987), p. 162.

45. Black, *System of Ambition?*, p. 135; Jonathan Israel, 'General Introduction', p. 5; Robert Beddard, ed., *The Revolutions of 1688* (Oxford, 1988), p. 97; Richard Braverman, *Plots and Counterplots: Sexual Politics and the Body Politic in English Literature, 1660–1730* (Cambridge, 1993), pp. 8, 97.

46. Harris, *Restoration*, p. 25.

47. *Parl. Hist.*, IV, cols. 1116, 1118.

48. Harris, *Restoration*, pp. 345–56.

49. Ibid., pp. 390–5, 403–5.

50. Ibid., pp. 242–4.

51. Western, *Monarchy and Revolution*, p. 1; V. F. Snow, 'The Concept of Revolution in Seventeenth-Century England', *Historical Journal*, 5 (1962), pp. 167–74.

52. *The State Prodigal His Returne* [1689] , pp. 1, 3.

53. See Harris, *Restoration*, pp. 32–6.

54. W. A. Maguire, ed., *Kings in Conflict: The Revolutionary War in Ireland and its Aftermath 1689–1750* (Belfast, 1990), p. 3.

第一章　法定继承人继位

1. BL, Add. MSS 41,803, fols. 122, 126, 128, 134, 158, 175; F. C. Turner, *James II* (1948), p. 243; George Hilton Jones, *Charles Middleton: The Life and Times of a Restoration Politician* (Chicago, 1967), p. 77.

2. *HMC, Ormonde*, N.S. VII, 331; *Clar. Corr.*, I, 110.

3. *An Account of What His Majesty Said at His First Coming to Council* (1684 [/5]); *Lond. Gaz.*, no. 2006 (5–9 Feb. 1684 [/5]); *HMC, Egmont*, II, 147–8.

4. *Life of James II*, II, 4; Fountainhall, *Hist. Obs.*, p. 147.

5. Roger L'Estrange, *The Observator in Dialogue* (3 vols., 1684–7), III, no. 1 (11 Feb. 1684 [/5]).

6. Benjamin Camfield, *A Sermon Preach'd . . . at Leicester, February the 10th 1684/5* (1685), p. 20.

7. WYAS, MX/R/35/22.

8. Hunt. Lib., STT 2436, Isaac Tyrwhitt to [Sir Richard Temple?] , 10 Feb. 1684 [/5] .

9. BL, MS Stowe 746, fol. 94.

10. Hunt. Lib., STT 728, Bridgwater to Mr Meedon, 7 Feb. 1684 [/5] ; Steele, I, nos. 3764, 3772.

11. A. F. Havighurst, 'James II and the Twelve Men in Scarlet', *Law Quarterly Review*, 69 (1953), 524.

12. Morrice, Q, 44.

13. *Lond. Gaz.*, nos. 2009 (16–19 Feb. 1684 [/5]) and 2010 (19–23 Feb. 1684 [/5]); Evelyn, *Diary*, IV, 416–17; Turner, *James II*, pp. 248–52, 366, 384; Steele, III, nos. 2584, 2585.

14. Turner, *James II*, p. 256.

15. *Lond. Gaz.*, 2013 (2–5 Mar. 1684 [/5]); Fountainhall, *Hist. Obs.*, p. 157; *HMC, Ormonde*, N. S. VII, 335; Luttrell, I, 335.

16. Fountainhall, *Decisions*, I, 339; James King Hewison, *The Covenanters* (2 vols., Glasgow, 1908), II, 463.

17. *Life of James II*, II, 16; Steele, I, no. 3775.

18. Luttrell, I, 329, 330; Evelyn, *Diary*, IV, 417, 419; *HMC, Ormonde*, N. S. VII, 322, 324; Havighurst, 'James II and the Twelve Men in Scarlet', p. 526.

19. Fountainhall, *Hist. Obs.*, p. 153.

20. Luttrell, I, 332, 337; Fountainhall, *Hist. Obs.*, p. 151; Evelyn, *Diary*, IV, 416, 419; Charles James Fox, *A History of the Early Part of the Reign of James II* (1808), app. pp. lxvi-lxvii; Turner, *James II*, pp. 246–8.

21. *HMC, Ormonde*, N. S. VII, 317, 320; *Letters to Sancroft*, p. 77; Fountainhall, *Hist. Obs.*, p. 149.

22. Camfield, *Sermon Preach'd . . . at Leicester*, p. 20.

23. Erasmus Warren, *Religious Loyalty; Or, Old Allegiance to the New King* (1685), epistle dedicatory.

24. Hunt. Lib., HA 656, Sir Henry Beaumont to Huntingdon, 14 Feb. 1684 [/5] ; NA, SP 31/1, no. 27. 更多的例子，见 BL, Add. MSS 41,803, fols. 138, 148, 152; Camfield, *Sermon Preach'd . . . at Leicester*, epistle dedicatory。

25. *Lond. Gaz.*, nos. 2009 (16–19 Feb. 1684 [/5]) and 2025 (13–16 Apr. 1685); *HMC, Ormonde*, N.S. VII, 318, 325; *HMC, Laing*, I, 427; Luttrell, I, 330; Hunt. Lib., HA 15861, Thomas Stanhope to Sir Arthur Rawdon, 11 Feb. 1684 [/5] ; Fountainhall, *Decisions*, I, 339; NLI, MS 2993, p. 55; TCD, MS 1178, fol. 18.

26. This insight comes from David Waldstreicher, 'Rites of Rebellion, Rites of Assent: Celebrations, Print Culture and the Origins of American Nationalism', *Journal of American History*, 82 (1995), 37–61.

27. Dorset RO, DC/LR/N23/3, fol. 32. Cf. Berks. RO, H/FAc1, fol. 81 and microfilm T/F41, fol. 261.

28. See, for example, *Lond. Gaz.*, nos. 2008 (12–16 Feb. 1684 [/5]), 2012 (26 Feb.–2 Mar. 1684 [/5]) and 2028 (23–27 Apr. 1685); BL, Add. MSS 41,803, fol. 138.

29. *Ireland's Lamentation* (1689), p. 7.

30. R. A. Houston, *Social Change in the Age of Enlightenment: Edinburgh, 1660–1760*

(Oxford, 1994), p. 52.

31. Fountainhall, *Hist. Obs.*, p. 148.

32. NLI, MS 1793, proclamation no. 40 reverse. Cf. Cox, *Hibernia Anglicana . . . Second Part*, 'Transactions since 1653', p. 16, 回顾性地声称，当詹姆斯在都柏林被宣布为国王时，"人们的表情是如此沮丧，且充满担忧，仿佛他们当天（如同许多人一样）就已经预见到了接下来的统治时期的不幸"。

33. Hunt. Lib., HA 15862, Thomas Stanhope to Sir Arthur Rawdon, 21 Feb. 1684 [/5] ; TCD, MS 1178, fols. 18, 20.

34. *Lond. Gaz.*, no. 2028 (23–27 Apr. 1685); Morrice, P, 458.

35. *Lond. Gaz.*, nos. 2028–2033 (23–27 Apr. to 11–14 May 1685). For addi- tional celebrations at Leicester, York and Durham, see Hunt. Lib., HA 8417, Thomas Ludlam to Huntingdon, 25 Apr. 1685; WYAS, MX/R/35/4, George Butler to Sir John Reresby, 27 Apr. 1685; Margaret Smillie Child, 'Prelude to Revolution: The Structure of Politics in County Durham, 1678–88', unpub. Ph.D. thesis, University of Maryland (1972), pp. 98–9.

36. LC, MSS 18,124, IX, fol. 195.

37. *RPCS, 1685–6*, p. 281; *HMC, Ormonde*, N.S. VII, 340; *Council Books of the Corporation of Waterford 1662–1700*, ed. Seamus Pender (Dublin, 1964), pp. 254–5; *The Council Book of the Corporation of Youghall, from 1610 . . . to 1800*, ed. Richard Caulfield (Guildford, 1878), pp. 366–7.

38. East Sussex RO, Rye 1/17, p. 113; Berks. RO, W/FVc 28 (Mr Jell's account in the year 1685).

39. *Lond. Gaz.*, nos. 2024 (9–13 Apr. 1685) and 2035 (18–21 May 1685).

40. Ibid., nos. 2014 (5–9 Mar. 1684 [/5]) and 2020 (26–30 Mar. 1685).

41. Ibid., no. 2018 (19–23 Mar. 1684 [/5]).

42. *HMC, Ormonde*, N.S. VII, 322.

43. *Lond. Gaz.*, no. 2015 (9–12 Mar. 1684 [/5]).

44. *The Life of John Sharp, D.D. Lord Archbishop of York*, ed. Thomas Newsome (2 vols., 1825), I, 63–4.

45. *Lond. Gaz.*, nos. 2016 (12–16 Mar. 1684 [/5]) and 2020 (26–30 Mar. 1685).

46. Ibid., no. 2012 (26 Feb.–2 Mar. 1684 [/5]).

47. Ibid., nos. 2008 (12–16 Feb. 1684 [/5]), 2012 (26 Feb.–2 Mar. 1684 [/5]), 2014 (5–9 Mar. 1684 [/5]) and 2019 (23–26 Mar. 1685).

48. Ibid., nos. 2016 (12–16 Mar. 1684 [/5]), 2019 (23–26 Mar. 1685) and 2022 (2–6 Apr. 1685).

49. Dorset RO, DC/LR/A3/1, Addresses Book, p. 7; *Lond. Gaz.*, no. 2015 (9–12 Mar. 1684 [/5]); Henning, *House of Commons*, I, 217.

50．*Lond. Gaz.*, nos. 2020 (26–30 Mar. 1685) and 2027 (20–23 Apr. 1685).

51．Dorset RO, D/FSI, Box 238, bundle 22, Dean of Sarum to Sir Stephen Fox 'about his Addresse', 12 Aug. 1685. 关于地址，见 *Lond. Gaz.*, no. 2022 (2–6 Apr. 1685)。

52．Hunt. Lib., HA 8408, Thomas Ludlam to Huntingdon, 14 Feb. 1684［/5］；Hunt. Lib., HA 656, Sir Henry Beaumont to Huntingdon, 14 Feb. 1684［/5］．

53．Reresby, *Memoirs*, pp. 359, 360; *Lond. Gaz.*, no. 2027 (20–23 Apr. 1685).

54．BL, Add. MSS 41,803, fol. 138.

55．*HMC, Ormonde*, N.S., VII, 329–30.

56．*Lond. Gaz.*, nos. 2014 (5–9 Mar. 1684［/5］), 2018 (19–23 Mar. 1684［/5］) and 2025 (13–16 Apr. 1685).

57．Ibid., nos. 2013 (2–5 Mar. 1684［/5］) and 2014 (5–9 Mar. 1684［/5］).

58．Ibid., no. 2018 (19–23 Mar. 1684［/5］); Hunt. Lib., EL 8435, 'The State of the Burrough of Aylesbury'［1685］; Henning, *House of Commons*, I, 139.

59．*Lond. Gaz.*, no. 2013 (2–5 Mar. 1684［/5］).

60．Ibid., nos. 2013 (2–5 Mar. 1684［/5］), 2020 (26–30 Mar. 1685) and 2030 (30 Apr.–4 May 1685).

61．*Cal. Anc. Rec. Dub.*, V, 356–7; *Council Books of Waterford*, p. 252; NLI, MS 2993, p. 56.

62．［William King］, *The State of the Protestants of Ireland under the Late King James's Government* (1691), p. 183.

63．BL, MS Lansdowne 1152A, fol. 404.

64．Henning, *House of Commons*, I, 40, 47; Tim Harris, *Politics under the Later Stuarts* (1993), p. 120.

65．Evelyn, *Diary*, IV, 419; *Merc. Ref.*, I, no. 12 (24 July 1689).

66．*CSPD, 1685*, p. 21 (no. 94); R. H. George, 'Parliamentary Elections and Electioneering in 1685', *Transactions of the Royal Historical Society*, 4th series, 29 (1936), pp. 169–72; Victor Stater, *Noble Government: The Stuart Lord Lieutenancy and the Transformation of English Politics* (Athens, Ga., 1994), pp. 156–7; G. W. Keeton, *Lord Chancellor Jeffreys and the Stuart Cause* (1965), pp. 248–51; W. A. Speck, *Reluctant Revolutionaries* (Oxford, 1988), pp. 44–5; J. P. Kenyon, *Robert Spencer, Second Earl of Sunderland 1641–1702* (1958), pp. 114–15.

67．Henning, *House of Commons*, I, 271–2.

68．Luttrell, I, 341.

69．Henning, *House of Commons*, I, 272; George, 'Parliamentary Elections', pp. 176–8.

70．Hunt. Lib., HA 1248, Lawrence Carter to Huntingdon, 14 Mar. 1684［/5］; Hunt. Lib., HA 4, Sir Edward Abney to Huntingdon, 21 Mar. 1684［/5］．

71．Hunt. Lib., HA 7744, Gervase Jaquis to Huntingdon, 28 Mar. 1685; Hunt. Lib., HA

1250, Lawrence Carter to Huntingdon, 28 Mar. 1685; Hunt. Lib., HA 8416, Thomas Ludlam to Huntingdon, 30 Mar. 1685.

72. Henning, *House of Commons*, I, 152; *Victoria County History, Chester*, II, 118; L'Estrange, *Observator*, III, no. 25 (4 Apr. 1685).

73. L'Estrange, *Observator*, III, no. 25 (4 Apr. 1685).

74. Henning, *House of Commons*, I, 351, 388; Wood, *Life and Times*, III, 137; Fountainhall, *Hist. Obs.*, p. 157; BL, Add. MSS 34,508, fol. 11（报道称示威活动在泰恩河畔纽卡斯尔举行）; BL, MS Althorp C2, 23 Mar. 1684/5, John Wilmington to Halifax。

75. Tim Harris, *Restoration: Charles II and His Kingdoms, 1660–85* (2005), pp. 162, 200.

76. Henning, *House of Commons*, I, 65, 66, 106.

77. Warren, *Religious Loyalty*, quotes on pp. 5, 14–15, 21, 23, 24, 26–7.

78. John Curtois, *A Discourse Shewing That Kings when Dead are Lamented* (1685), quotes from subtitle and pp. 11–12, 19.

79. James Canaries, *A Sermon Preach'd at Selkirk Upon the 29th of May, 1685* (Edinburgh, 1685); [Edward Wetenhall] , *Hexapla Jacobaea* (1686); Philp O'Regan, *Archbishop William King of Dublin (1650–1729) and the Constitution in Church and State* (Dublin, 2000), pp. 19–20.

80. Curtois, *Discourse*, p. 10.

81. Canaries, *Sermon . . . Upon the 29th of May, 1685*, pp. 19–22.

82. James Ellesby, *The Doctrine of Passive Obedience* (1685), preface, pp. 2, 19. 埃勒斯比声称，这篇布道首次发表还是在几年前，而且是在查理二世去世前付印的。序言的日期是 1684 [/5] 年 2 月 9 日。

83. Francis Turner, *A Sermon Preached before their Majesties K. James II and Q. Mary, at their Coronation* (1685), pp. 24, 25–6.

84. Canaries, *Sermon . . . Upon the 29th of May, 1685*, pp. 11–12, 14–15.

85. William Sherlock, *A Sermon Preached . . . Before the Honourable House of Commons* (1685), pp. 26–7, 30, 31–2.

86. BL, Add MSS 41,803, fol. 163.

87. Hunt. Lib., HA 8410, Ludlam to Huntingdon, 18 Feb. 1684 [/5] ; Hunt. Lib., HA 8411, Ludlam to Lawrence Carter, 21 Feb. 1684 [/5] ; Hunt. Lib., HA 8412, Ludlam to Huntingdon, 21 Feb. 1684 [/5] .

88. East Sussex RO, QR/E/225/118, 132.

89. NA, SP 31/1, no. 52A.

90. Centre for Kentish Studies, Q/SB/17/1.

91. WYAS, MX/R/30/2, John Peables to Reresby, 19 Feb. 1684 [/5] .

92. CLRO, Sessions File, April 1685, indictment of Thomas Smith.

93. Bodl., MS Ballard 12, fol. 9.

94. CLRO, Sessions File, April 1685, indictment of Christopher Smitten.

95. CLRO, Sessions File, July 1685, rec. 99.

96. *Portsmouth Record Series: Borough Sessions Papers, 1653–1688*, ed. M. J. Hoad (Chichester, 1971), p. 129.

97. Curtois, *Discourse*, epistle dedicatory. 这篇布道最初发表于 2 月 8 日（查理二世去世后的星期日），在柯托伊斯自己的布兰斯顿堂区教堂。

98. CLRO, Sessions File, Feb. 1685, recognizance 4; CLRO, Sessions File, Apr. 1685, indictment of John Paine.

99. NA, SP 31/1, no. 19.

100. NA, SP 31/1, no. 29.

101. *Depositions from the Castle of York*, Surtees Society, 40 (1861), p. 276, note.

102. LMA, MJ/SR/1682, Oyer and Terminer, indictment of Deborah Hawkins.

103. Somerset RO, QR/W/174, nos. 54, 114.

104. Fountainhall, *Hist. Obs.*, p. 157. 这一时间其他支持蒙茅斯的观点，见 Robin Clifton, *The Last Popular Rebellion: The Western Rising of 1685* (1984), p. 157。

105. West Sussex RO, QR/W/174, no. 115.

106. LC, MSS 18,124, IX, fol. 204; *Lyme Letters 1660–1760*, ed. Lady Newton (1925), p. 132; Fountainhall, *Hist. Obs.*, p. 164.

107. Fountainhall, *Decisions*, I, 345.

108. *RPCS, 1685–6*, pp. 50–2, 554–5.

109. Fountainhall, *Decisions*, I, 355.

第二章 遭遇激烈挑战

1. *Melvilles and Leslies*, II, 101.

2. Fountainhall, *Decisions*, I, 342; *Life of James II*, II, 13–14.

3. *APS*, VIII, 455; *Lond. Gaz.*, no. 2031 (4–7 May 1685); *Life of James II*, II, 10.

4. 关于议会立法委员会的讨论，见 Tim Harris, *Restoration: Charles II and His Kingdoms, 1660–85* (2005), pp. 24–5。

5. Fountainhall, *Decisions*, I, 356; *RPCS, 1685–6*, p. 281.

6. *Lond. Gaz.*, no. 2031 (4–7 May 1685).

7. *APS*, VII, 455.

8. *Lond. Gaz.*, no. 2031 (4–7 May 1685).

9. *APS*, VIII, 459–60.

10. Ibid., pp. 463–71.

11. Ibid., pp. 459–61; [Gilbert Rule], *A Vindication of the Church of Scotland. Being an Answer To a Paper, Intituled, Some Questions concern- ing Episcopal and Presbyterial*

Government in Scotland (1691), pp. 26–7.

12. *APS*, VIII, 471, 486–7.

13. [Alexander Shields] , *The Hind Let Loose* (Edinburgh, 1687), p. 202.

14. NLS, MS 14,407, fol. 106.

15. *Life of James II*, II, 13.

16. Sir George Mackenzie, *A Vindication of the Government of Scotland, During the Reign of Charles II* (1691), p. 23.

17. *Lond. Gaz*, no. 2036 (21–25 May 1685); *SR*, VI (1819), I; *Parl. Hist.*, IV, cols. 1351–4; *LJ*, XIV, 21; C. D. Chandaman, 'The Financial Settlement in the Parliament of 1685', in Harry Hearder and H. R. Loyn, eds., *British Government and Administration: Studies Presented to S. B. Chrimes* (Cardiff, 1974), pp. 144–54; C. D. Chandaman, *The English Public Revenue 1660–1688* (Oxford, 1975).

18. *SR*, VI, 20; Lois G. Schwoerer, 'Liberty of the Press and Public Opinion: 1660–1695', in J. R. Jones, ed., *Liberty Secured? Britain Before and After 1688* (Stanford, 1992), p. 221.

19. Morrice, P, 468.

20. Cited in F. C. Turner, *James II* (1948), pp. 270–1; Charles James Fox, *A History of the Early Part of the Reign of James II* (1808), Appendix, pp. xc, xciii; Morrice, P, 462; Evelyn, *Diary,* IV, 444.

21. *Parl. Hist.*, IV, cols. 1357–8; Morrice, P, 463–4.

22. Harris, *Restoration*, pp. 312, 351–2, 364–5; David Stevenson, 'Campbell, Archibald, Ninth Earl of Argyll (1629–1685)', *Oxford DNB*.

23. Tim Harris, 'Scott [Crofts] , James, Duke of Monmouth and First Duke of Buccleuch (1649–1685)', *Oxford DNB*.

24. *Melvilles and Leslies*, II, 101.

25. Peter Earle, *Monmouth's Rebels* (1977), pp. 97, 195; Richard L. Greaves, *Secrets of the Kingdom: British Radicals from the Popish Plot to the Revolution of 1688–89* (Stanford, 1992), pp. 283, 292.

26. Wodrow, *Sufferings*, II, 530; Greaves, *Secrets*, p. 278; Robin Clifton, *The Last Popular Rebellion: The Western Uprising of 1685* (1984), p. 152.

27. *RPCS, 1685–6*, pp. 307–20; Fountainhall, *Hist. Obs.*, p. 167,

28. Fountainhall, *Hist. Obs.*, pp. 165, 176; *HMC, Athole*, pp. 16, 18, 19, 20; Greaves, *Secrets*, pp. 281–2.

29. Greaves, *Secrets*, p. 65; I. B. Cowan, *The Scottish Covenanters 1660–88* (1976), p. 98.

30. *Letters to Sancroft*, p. 83.

31. *RPCS, 1685–6*, pp. 29–31; Fountainhall, *Hist. Obs.*, pp. 165–7; Fountainhall, *Decisions*, I, 364; Steele, III, nos. 2619, 2624.

32. Fountainhall, *Hist. Obs.*, p. 177.

33. *The Declaration and Apology of the Protestant People . . . now in Arms within the Kingdom of Scotland* (Edinburgh, 1685). This tract also contains *The Declaration of Archibald Earl of Argyle.*

34. EUL, Laing III, 350; [Shields] , *The Hind Let Loose*, pp. 149–50; Fountainhall, *Hist. Obs.*, p. 167; Wodrow, *Sufferings*, II, 631; James King Hewison, *The Covenanters* (2 vols., Glasgow, 1908), II, 486.

35. [Thomas Morer], *An Account of the Present Persecution of the Church in Scotland* (1690), p. 8; [Alexander Monro] , *The History of Scotch- Presbytery* (1692), p. 45.

36. Clifton, *Last Popular Rebellion*, p. 153; Greaves, *Secrets*, pp. 288–9.

37. Morrice, P, 475, 489. Cf. Fountainhall, *Hist. Obs.*, pp. 202, 203, 223.

38. Clifton, *Last Popular Rebellion*, pp. 193, 246; Robert Dunning, *The Monmouth Rebellion* (Stanbridge, Dorset, 1984), p. 39.

39. R. W. Hoyle, *The Pilgrimage of Grace and the Politics of the 1530s* (Oxford, 2001), p. 293.

40. Morrice, P, 475.

41. 这一描述以 Morrice, P, 475; Clifton, *Last Popular Rebellion*, ch. 7; Dunning, *Monmouth Rebellion*, pp. 39–46; David G. Chandler, *Sedgemoor, 1685* (1985) 为基础。

42. Clifton, *Last Popular Rebellion*, ch. 9; Earle, *Monmouth's Rebels*, appen- dix.

43. Morrice, P, 472, 501.

44. J. G. Muddiman, ed., *The Martyrology. The Bloody Assizes* (Edinburgh,1929), p. 46; Maurice Ashley, *John Wildman, Plotter and Postmaster* (1947), p. 257; *HMC, 5th Report*, p. 374; Henning, *House of Commons*, III, 598; Earle, *Monmouth's Rebels*, p. 14; Robin Clifton, 'Trenchard, Sir John (1649–1695)' and Richard L. Greaves, 'Wildman, Sir John (1622/3–1693)', both in *Oxford DNB.*

45. *Depositions from the Castle of York*, Surtees Society, 40 (1861), pp. 273–5.

46. *Portsmouth Borough Records: Borough Sessions Papers, 1653–1688*, ed. M. J. Hoad (Chichester, 1971), pp. 124, 130.

47. East Sussex RO, QR/E/227/56.

48. LMA, WJ/SR/1670, gaol calendar.

49. CLRO, Sessions File, July 1685, rec. 51.

50. Melinda S. Zook, *Radical Whigs and Conspiratorial Politics in Late Stuart England* (University Park, Pa., 1999), pp. 130–7.

51. *The Declaration of James, Duke of Monmouth* (1685), pp. 1–4.

52. Ibid., pp. 4–7.

53. East Sussex RO, QR/EW/226/48.

54. 'Monmouth's Proclamation from Taunton on 20 June, 1685', in J. N. P. Watson, *Captain-General and Rebel Chief: The Life of James, Duke of Monmouth* (1979), p. 278;

Fountainhall, *Hist. Obs.*, pp. 202–3.

55. East Sussex RO, MS ASH 933, p. 21.

56. Fountainhall, *Hist. Obs.*, p. 201.

57. WYAS, MX/R/41/23, John Thompson, Lord Mayor of York, 11 Jul. 1685. 莱斯特郡阿什比德拉祖什举行了类似的庆祝活动，见 Hunt. Lib., HA 7747, Gervase Jaquis to Huntingdon, 11 Jul. 1685。

58. Roger L'Estrange, *The Observator in Dialogue* (3 vols., 1684–7), III, no. 58 (13 July 1685).

59. BL, Add. MSS, 41,804, fol. 11.

60. 一个经典的例子是托马斯·朗（Thomas Long）于 1685 年 7 月 26 日在埃克塞特圣彼得教堂的布道，*The Unreasonableness of Rebellion* (1685)。

61. Hunt. Lib., HA 7749, Jaquis to Huntingdon, 18 Jul. 1685; Hunt. Lib., HA 7752, same to same, 28 Jul. 1685.

62. *RPCS, 1685–6*, pp. 100–1; Fountainhall, *Decisions*, I, 367.

63. *RPCS, 1685–6*, p. 327; Wodrow, *Sufferings*, II, 540–5; Fountainhall, *Hist. Not.*, II, 652–3.

64. Fountainhall, *Hist. Obs.*, pp. 196–7.

65. *The Last Words of Coll. Richard Rumbold* [1685], pp. 2–3; Fountainhall, *Decisions*, I, 365; Fountainhall, *Hist. Obs.*, p. 223; Wodrow, *Sufferings*, II, 551–2. For Rumbold's trial, see *ST*, XI, cols. 873–88.

66. *RPCS, 1685–6*, pp. 77, 83, 329–31; Fountainhall, *Decisions*, I, 367.

67. Wodrow, *Sufferings*, II, 548–9; John Willcock, *A Scots Earl in Covenanting Times: Being Life and Times of Archibald, 9th Earl of Argyll (1629–1685)* (Edinburgh, 1907), pp. 424–5.

68. 除非另有说明，接下来的论述以 Clifton, *Last Popular Rebellion*, ch. 8; Greaves, *Secrets*, pp. 248–50, 291–5; Zook, *Radical Whigs*, pp. 137–42 为依据。

69. Evelyn, *Diary*, IV, 456; *HMC, Egmont*, II, 160–1; Fountainhall, *Hist. Obs.*, pp. 205–6.

70. Morrice, P, 484; BL, MS Althorp C2, Reresby to Halifax, 22 May 1686.

71. Morrice, P, 487; *Mrs Elizabeth Gaunt's Last Speech* [1685]; Melinda Zook, 'Gaunt, Elizabeth (d. 1685)', *Oxford DNB*. 对莱尔、冈特、科尼什、贝特曼的审判，见 *ST*, XI, cols. 297–480。

72. *Depositions from the Castle of York*, p. 276.

73. Luttrell, I, 356; Edmund Calamy, *An Historical Account of My Own Life* (2 vols., 1830), I, 138.

74. Dorset RO, DL/LR/AS/1, p. 20.

75. BL, Add. MS 41,804, fol. 88.

76. *Depositions from the Castle of York*, p. 283.

77. Hunt. Lib., HA 10466, John Reresby to Huntingdon, 19 Mar. 1686 [/7] .

78. BL, Add. MS 41, 804, fol. 280; *Depositions from the Castle of York*, p. 284.

79. Bodl., MS Tanner 29, fols. 63–4.

80. A. H. Dood, *Studies in Stuart Wales* (Cardiff, 1952), p. 230.

81. *Pub. Occ.*, no. 21 (10 Jul. 1688).

82. BL, Add. MS 41,804, fols. 136–7, 158; *Ellis Corr.*, I, 87–8; Earle, *Monmouth's Rebels*, p. 153.

83. BL, Add. MS 41,804, fols. 168–9, 194, 257–63.

84. Morrice, P, 631–2, 636–7; *Ellis Corr.*, I, 177.

85. Bulstrode Newsletters, Reel 3, 7 Dec. 1685; BL, Add. MSS 72,482, fol. 67; BL, Add. MSS 72,595, fols. 39, 49, 51; Wood, *Life and Times*, III, 173; Steele, I, no. 3828.

86. BL, Add. MS 41,804, fols. 296–307; Somerset RO, Q/SR/169, nos. 1–12; Somerset RO, Q/SP/315, recognizances 49–61; Somerset RO, Q/SI/210, indictments 5, 6.

87. Morrice, P, 478.

88. Charles Allestree, *A Sermon Preach'd at Oxford . . . the 26th of July 1685* (1685), pp. 16, 18.

89. *Lond. Gaz.*, no. 2071 (21–24 Sep. 1685).

90. Luttrell, I, 358; LC, MSS 18,124, IX, fol. 256.

91. Morrice, P, 483; Luttrell, I, 359, 361; Bodl., MS Tanner 31, fols. 215, 217; Wood, *Life and Times*, III, 166; *Lond. Gaz.*, no. 2080 (22–26 Oct. 1685); *The Proceedings on the King's Commission of the Peace . . . at Justice- Hall in the Old-Bayly, The 9th, 10th and 11th of December 1685* (1685?), p. 2; Berks. RO, W/FVc/28 (Mr Jell's account in the year 1685); John T. Evans, *Seventeenth-Century Norwich* (Oxford, 1979), p. 306; Ronald Hutton, *The Rise and Fall of Merry England: The Ritual Year, 1400–1700* (Oxford, 1994), p. 254.

92. Morrice, P, 490, 492; Luttrell, I, 362; Evelyn, *Diary*, IV, 487; LMA, MJ/SR/1678, rec. 34.

93. Hutton, *Merry England*, p. 256.

94. *Lond. Gaz.*, no. 2084 (5–9 Nov. 1685).

95. CLRO, Sessions File, Dec. 1685, indictment of Elizabeth Beard.

96. John Childs, *The Army, James II, and the Glorious Revolution* (Manchester, 1980), pp. 1–2.

97. Berks. RO, A/JQd, informations of Thomas Tomlins and William Middleton.

98. Hunt. Lib., HA 2404, John Eames to Huntingdon, 23 Jul. 1685; Hunt. Lib., HA 2405, the same to the same, 25 Jul. 1685; Hunt. Lib., HA 9378, Charles Morgan to Huntingdon, 27 Jul. 1685.

99. BL, Add. MS 41,804, fols. 48, 99.

100. *Lond. Gaz.*, no. 2063 (24–27 Aug. 1685); Luttrell, I, 356–7; Steele, I, no. 3815.

101. Fountainhall, *Hist. Obs.*, pp. 222–3; Gilbert Burnet, *History of His Own Time: From the Restoration of King Charles the Second to the Treaty of Peace at Utrecht, in the Reign of Queen Anne* (1850), pp. 418, 419; *Clar. Corr.*, I, 149.

102. *LJ*, XIV, 73–4. 本届议会的辩论情况见 *Parl. Hist.*, IV, cols. 1367–88; Anchitell Grey, *Debates of the House of Commons from the Year 1667 to the Year 1694* (10 vols., 1763), VIII, 353–72; Bodl., Eng. Hist. d. 210, 'Debates in the House of Commons Relating to the Militia 1685', pp. 1–9; Morrice, P, 492–9; *The Several Debates of the House of Commons Pro and Contra Relating to the Establishment of the Militia* (1689)。Grey, *Debates* 和 *Parl. Hist.* 都弄错了辩论中一些发言者的身份。正确的名字出现在博德利安图书馆的辩论手稿中。莫里斯的记录不够完整，但证实了博德利安手稿中的身份确认。

103. *Parl. Hist.*, IV, col. 1371; *LJ*, XIV, 74.

104. *Parl. Hist.*, IV, cols. 1373, 1374, 1378–9, 1385–6; Henning, *House of Commons*, II, 100–1.

105. *Parl. Hist.*, IV, cols. 1379–82. For the correct identification of Wyndham and Christie, see Bodl., Eng. Hist. d. 210, pp. 50–3.

106. *Parl. Hist.*, IV, cols. 1386–7; *LJ*, XIV, 88; Fountainhall, *Hist. Obs.*, pp. 228–9, 230; *The Autobiography of Sir John Bramston*, ed. P. Braybrooke, Camden Society, old series, 32 (1845), pp. 216–17; Leics. RO, DG7 P.P. 75; *The Life and Letters of Sir George Savile, Bart., first Marquis of Halifax*, ed. H. C. Foxcroft (2 vols., 1898), I, 458–9; Thomas Babington Macaulay, *The History of England from the Accession of James the Second*, ed. Sir Charles Firth (6 vols., 1913–15), II, 690–4.

107. NLS, MS 1384, fol. 21; Wood, *Life and Times*, III, 172; Morrice, P, 505.

108. Fountainhall, *Hist. Obs.*, p. 232.

109. *HMC, Egmont*, II, 168; Fountainhall, *Hist. Obs.*, p. 229.

第三章 "不幸的爱尔兰岛"

1. Bodl., MS Clarendon 88, fol. 88.

2. *A Short View of the Methods Made Use of in Ireland for the Subversion and Destruction of the Protestant Religion and Interest in that Kingdom*(1689), p. 2.

3. *A Faithful History of the Northern Affairs of Ireland* (1690), p. 3.

4. Piers Wauchope, 'Talbot, Richard, First Earl of Tyrconnell and Jacobite Duke of Tyrconnell (1630–1691)', *Oxford DNB*; Thomas Babington Macaulay, *The History of England from the Accession of James the Second*, ed. Sir Charles Firth (6 vols., 1913–15), II, 708; Gilbert Burnet, *History of His Own Time: From the Restoration of King Charles*

the Second to the Treaty of Peace at Utrecht, in the Reign of Queen Anne (1850), p. 120; John Miller, 'The Earl of Tyrconnel and James II's Irish Policy, 1685–1688', *Historical Journal*, 20 (1977), 803–25; John Miller, 'Thomas Sheridan (1646–1712) and his Narrative', *Irish History Studies*, 20 (1976–7), 105–28; James Maguire, 'James II and Ireland, 1685–90', in W. A. Maguire, ed., *Kings in Conflict: The Revolutionary War in Ireland and its Aftermath 1689–1750* (Belfast, 1990), pp. 45–57. 关于 1685—1688 年詹姆斯二世治下爱尔兰政治发展的基本描述，见 J. G. Simms, *Jacobite Ireland, 1685–91* (1969), ch. 2。

5．BL, Lansdowne 1152A, fols. 312–17 (quote fol. 314).

6．Ibid., fol. 145.

7．BL, Add. MSS 32,095, fol. 224; *HMC, Stuart*, VI, 4; Simms, *Jacobite Ireland*, pp. 19–22; John Miller, *James II: A Study in Kingship* (Hove, 1978, 3rd edn 2000), pp. 148–9, 216–17.

8．BL, MS Lansdowne 1152A, fol. 396; *Clar. Corr.*, I, 300–1.

9．BL, Add. MSS 21,484, fol. 66.

10．*HMC, Egmont*, II, 155, 157.

11．*CClarSP*, V, 670.

12．Charles O'Kelly, *Macariae Excidium, Or, The Destruction of Cypress; Being a Secret History of the War of the Revolution in Ireland*, ed. John Cornelius O'Callaghan (Dublin, 1850), p. 15.

13．[William King]，*The State of the Protestants of Ireland under the Late King James's Government* (1691), p. 18.

14．*Petty–Southwell Corr.*, p. 140.

15．*HMC, Ormonde*, N.S. VII, 368.

16．*Clar. Corr.*, I, 233–7 (quote on p. 236).

17．Tim Harris, *Restoration: Charles II and His Kingdoms, 1660–85* (2005), p. 94.

18．*Clar. Corr.*, I, 188, 197, 211, 224, 231–2, 233–7, 239, 266–7, 272; BL, MS Lansdowne 1152A, fol. 393. 关于 1685 年后为爱尔兰天主教贵族申诉的请愿书，特别是关于其土地的请愿书，见 NLI, MS 1453。

19．*HMC, Ormonde*, N.S. VII, 398; *Petty–Southwell Corr.*, pp. 149–50; *HMC, Egmont*, II, 161–2; *CClarSP*, V, 657.

20．*Clar. Corr.*, I, 308–9.

21．Bodl., MS Clarendon 88, fols. 131, 133v, 135v.

22．BL, Add. MSS 72,881, fols. 58–66.

23．*HMC, Ormonde*, N.S. VII, 372, 376; *HMC, Egmont*, II, 162, 167; [King]，*State of the Protestants of Ireland*, p. 144; *Clar. Corr.*, II, 25.

24．*HMC, Ormonde*, N.S. VIII, 343.

25. *Council Books of the Corporation of Waterford 1662–1700*, ed. Seamus Pender (Dublin, 1964), p. 258; *The Council Book of the Corporation of Youghall, from 1610 . . . to 1800*, ed. Richard Caulfield (Guildford, 1878), p. 368; Steele, II, no. 956; Raymond Gillespie, 'James II and the Irish Protestants', *Irish History Studies*, 28 (1992), 127.

26. BL, Lansdowne 1152A, fols. 338–44; Simms, *Jacobite Ireland*, p. 21.

27. *HMC, Ormonde*, N.S. VIII, 343; *HMC, Ormonde*, II, 364; Steele, II, no. 952.

28. *HMC, Ormonde*, N.S. VII, 343, 345, 356, 377, 380, 390, 399, 401–2; Cox, *Hibernia Anglicana... Second Part*, 'Letter', pp. 16–17.

29. Bodl., MS Clarendon 88, fol. 186; *Clar. Corr.* I, 222–3; Cox, *Hibernia Anglicana . . . Second Part*, 'Letter', p. 17.

30. *Clar. Corr.*, I, 226–7, 268.

31. *HMC, Egmont*, II, 158.

32. *HMC, Ormonde*, NS, VII, 365–7, 371, 373–4, 378, 380–1, 387, 394, 399.

33. *Clar. Corr.*, I, 189–90.

34. Bodl., MS Clarendon 88, fols. 86–8.

35. *HMC, Ormonde*, II, 364, 365–6, *HMC, Ormonde*, N.S. VII, 391; *HMC, Ormonde*, N.S. VIII, 343; Steele, II, nos. 947, 958; BL, Lansdowne 1152A, fol. 350; *HMC, Egmont*, II, 154.

36. *HMC, Egmont*, II, 157; T. C. Barnard, 'Athlone, 1685; Limerick, 1710: Religious Riots or Charivaris', *Studia Hibernica*, 27 (1993), 66–7.

37. *HMC, Ormonde*, N.S., VII, 349, 391.

38. *Clar. Corr.*, I, 215–16, 217, 230; *HMC, Ormonde*, N.S., VII, 376, 398, 400; *A Full and Impartial Account of all the Secret Consults* (1689), p. 56; *CClarSP*, V, 657, 670–1; *HMC, Egmont*, II, 162, 170, 179; *HMC, Ormonde*, II, 367–8; Steele, II, nos. 959, 963.

39. *Clar. Corr.*, I, 293–4; *HMC, Egmont*, II, 169.

40. Dalrymple, *Memoirs*, I, 'Part I', pp. 62, 130.

41. *HMC, Egmont*, II, 152; *HMC, Ormonde*, N.S. VII, 430, 433, 434–5, 444; *Life of James II*, II, 60; *HMC, Stuart*, VI, 5, 6, 16–17; *Clar. Corr.*, I, 262–3, 264, 281, 339, 393, 433, 470–1, 475, 536; *HMC, Ormonde*, I, 419–35; *Ireland's Lamentation* (1689), pp. 9, 13; 'Sir Paul Rycaut's Memoranda and Letters from Ireland 1686–1687', ed. Patrick Melvin, *Analecta Hibernia*, 27 (1972), 123–83, pp. 144–5, 149, 155; Bodl., MS Clarendon 88, fol. 224; *Short View of the Methods*, p. 3; *Full and Impartial Account of all the Secret Consults*, pp. 56–7; *HMC, Stuart*, VI, 21; Morrice, Q, 248; Miller, 'Tyrconnel', pp. 817–18; John Childs, *The Army, James II, and the Glorious Revolution* (Manchester, 1980), ch. 3 (I have followed Miller's figures rather than those given by Childs on p. 61).

42. *Clar. Corr.*, I, 276–7, 342–3, 346, 356–7, 361–2; 'Rycaut's Memoranda and Letters',

pp. 141, 147; Morrice, P, 528; *HMC, Ormonde*, N.S. VII, 416.

43. *Clar. Corr.*, I, 399–400; *HMC, Ormonde*, N.S. VII, 423; *HMC, Ormonde*, N.S. VIII, 345; 'Rycaut's Memoranda and Letters', pp. 147–8.

44. *Clar. Corr.*, I, 246, 284–8, 441–2; *HMC, Egmont*, II, 177–8.

45. *Clar. Corr.*, I, 461–2, 472, II, 20; *Full and Impartial Account of all the Secret Consults*, p. 77; 'Rycaut's Memoranda and Letters', p. 153; Bodl., MS Clarendon 88, fol. 298; *Council Book of Youghall*, p. 372; *The Council Book of the Corporation of Kinsale, from 1652 to 1800*, ed. Richard Caulfield (Guildford, 1879), p. 169; *Council Books of Waterford*, pp. 267, 269, 271.

46. Bodl., MS Clarendon 88, fol. 302v; *HMC, Ormonde*, NS, VII, 460; *HMC, Ormonde*, N.S. VIII, 347.

47. BL, MS Lansdowne 1152A, fols. 335, 365; Childs, *The Army, James II, and the Glorious Revolution*, p. 62; Simms, *Jacobite Ireland*, p. 20.

48. *Clar. Corr.*, I, 300.

49. BL, MS Lansdowne 1152A, fol. 415; *Clar. Corr.*, I, 362.

50. *Clar. Corr.*, I, 462.

51. For example: *Cal. Anc. Rec. Dub.*, V, xliii–xliv, 164, 219, 391–5, 401–6; *Council Book of Youghall*, p. 326; *Council Books of Waterford*, pp. 7, 17–18, 34–5, 174; *Council Book of Kinsale*, p. 157.

52. Morrice, P, 544.

53. *Clar. Corr.*, I, 461–2; *Cal. Anc. Rec. Dub.*, V, 389–91.

54. [King] , *State of the Protestants of Ireland*, pp. 70, 71. Cf. *Clar. Corr.*, I, 363, 399.

55. *HMC, Ormonde*, N.S. VII, 434, 443.

56. *A Vindication of the Present Government of Ireland* (1688), p. 6.

57. *Clar. Corr.*, I, 339, 461–2; *Full and Impartial Account of all the Secret Consults*, p. 77.

58. *Clar. Corr.*, I, 313, 335, 355, 395, II, 47; BL, Lansdowne 1152A, fols. 403, 407; O'Kelly, *Macariae Excidium*, p. 308 (note 91); *CSPD, 1686–7*, pp. 148 (no. 614), 374 (no. 1492); Simms, *Jacobite Ireland*, pp. 27–8.

59. *Clar. Corr.*, I, 365, 387–8; Morrice, P, 544, 564.

60. *Ireland's Lamentation*, p. 8.

61. CUL, Add. 1, fol. 72; [King], *State of the Protestants of Ireland*, pp. 194–5; *Clar. Corr.*, I, 407–8; Andrew Hamilton, *A True Relation of the Actions of the Inniskilling-Men* (1690), p. iii.

62. *Clar. Corr.*, I, 258, 282, II, 61.

63. 'Rycaut's Memoranda and Letters', p. 157.

64. [King] , *State of the Protestants of Ireland*, p. 303.

65. *Clar. Corr.*, II, 67, 124–5; O'Kelly, *Macariae Excidium*, passim.

66. *Clar. Corr.*, I, 357; Hamilton, *Inniskilling-Men*, p. ii. Cf. [King] , *State of the Protestants of Ireland*, p. 20.

67. *Clar. Corr.*, I, 296; Hunt. Lib., HA 14663, Edmond Ellis to Sir Arthur Rawdon, 13 Mar. 1685 [/6] .

68. *HMC, Ormonde*, N.S. VII, 428, 435, 471; 'Rycaut's Memoranda and Letters', pp. 155, 157.

69. Bodl., MS Clarendon 89, fol. 12.

70. Luttrell, I, 386; Morrice, P, 529; *HMC, Ormonde*, N.S. VII, 417; Hunt. Lib., HA 15895, Thomas Stanhope to Rawdon, 12 Jul. 1686; Morrice, P, 560.

71. *Clar. Corr.*, I, 415.

72. *Petty–Southwell Corr.*, p. 234.

73. Miller, 'Tyrconnel', p. 815, fn. 40.

74. *Clar. Corr.*, I, 380, 526–7; *HMC, Ormonde*, N.S. VII, 428, 439, 441–2.

75. Bodl., MS Clarendon 88, fols. 188–92; *Clar. Corr.*, I, 190; Barnard, 'Athlone, 1685; Limerick, 1710', pp. 61–71.

76. 'Rycaut's Memoranda and Letters', p. 152.

77. *Clar. Corr.*, I, 479; *HMC, Ormonde*, N.S. VIII, 346; 'Rycaut's Memoranda and Letters', p. 155.

78. Morrice, P, 578.

79. *Clar. Corr.*, II, 53–4, 55, 57–8; *HMC, Ormonde*, N.S. VII, 421, VIII, 346; 'Rycaut's Memoranda and Letters', p. 175.

80. [King] , *State of the Protestants of Ireland*, p. 121. See also ibid., p. 55.

81. Morrice, Q, 231.

82. Steele, II, no. 971; *Lond. Gaz.*, no. 2222 (3–7 Mar. 1686 [/7]).

83. BL, Add. MSS 72,595, fol. 104; Morrice, Q, 129; BL, Add. MSS 41,804, fol. 279; *HMC, Ormonde*, N.S. VIII, 350.

84. *Clar. Corr.*, II, 73–8, 81–3, 105–6, 145; 'Rycaut's Memoranda and Letters', pp. 175, 178.

85. BL, Add. MS, 72,888, fol. 64v; *Clar. Corr.*, II, 134–5.

86. *Lond. Gaz.*, no. 2216 (10–14 Feb. 1686 [/7]); *Clar. Corr.*, II, 150–1; *HMC, Ormonde*, N.S. VIII, 348.

87. *Lond. Gaz.*, no. 2219 (21–24 Feb. 1686 [/7]).

88. Albertus Warren, *A Panegyrick to His Excellency Richard Earl of Tirconnell* (Dublin, 1686).

89. *HMC, Ormonde*, N.S. VIII, 348; Morrice, Q, 70; *Clar. Corr.*, II, 146–7.

90. *Lond. Gaz.*, no. 2222 (3–7 Mar. 1686 [/7]); *HMC, Ormonde*, II, 371; Steele, II, no. 969; *HMC, Ormonde*, N.S. VII, 484.

91．TCD, MS 1181, p. 7.

92．*POAS*, IV, 309–12.

93．Bulstrode Newsletters, Reel 3, 25 Feb. 1686/7.

94．T. C. Barnard, 'Conclusion. Settling and Unsettling Ireland: The Cromwellian and Williamite Revolutions', in Jane Ohlmeyer, ed., *Ireland from Independence to Occupation 1641–1660* (Cambridge, 1995), p. 279.

95．*The Poems of David Ó Bruadair*, ed. and trans. Rev. John C. Mac Erlean (3 vols., 1910–17), III, 89.

96．*HMC, Stuart*, VI, 18, 20, 22–3; *Ireland's Lamentation*, pp. 11, 14; [King] , *State of the Protestants of Ireland*, pp. 75, 313; *Petty Papers. Some Unpublished Writings of Sir William Petty*, ed. Marquis of Lansdowne (2 vols., 1927), I, 70; J. G. Simms, 'The War of the Two Kings, 1685–91', in T. W. Moody, F. X. Martin, F. J. Byrne and Art Cosgrove, eds., *A New History of Ireland* (9 vols., Oxford, 1976–84), III, 480; Simms, *Jacobite Ireland*, p. 33.

97．*Clar. Corr.*, I, 391; *HMC, Egmont*, II, 185.

98．*Full and Impartial Account of all the Secret Consults*, pp. 97–9, 129; *Petty Papers*, I, 71.

99．CUL, Add. 1, fol. 74.

100．[King] , *State of the Protestants of Ireland*, p. 118.

101．*Short View of the Methods*, p. 5. See also [King] , *State of the Protestants of Ireland*, pp. 119, 146; Bodl., MS Clarendon 89, fol. 175; *Petty–Southwell Corr.*, pp. 257–8, 268–9, 272, 279; *Full and Impartial Account of all the Secret Consults*, pp. 97–9.

102．Bodl., MS Clarendon 89, fol. 102.

103．*HMC, Stuart*, VI, 21.

104．*HMC, Ormonde*, N.S. VIII, 349.

105．*Clar. Corr.*, II, 145–6; *CSPD, 1686–7*, p. 384 (no. 1542); *HMC, Ormonde*, N.S. VIII, 350, 351; *Ireland's Lamentation*, p. 12.

106．*CSPD, 1686–7*, p. 421 (no. 1748); *CSPD, 1687–9*, p. 14 (no. 74).

107．[King] , *State of the Protestants of Ireland*, p. 123.

108．*HMC, Stuart*, VI, 26–7; *HMC, Ormonde*, N.S. VIII, 350; *CSPD, 1686–7*, p. 384 (no. 1542); [King] , *State of the Protestants of Ireland*, p. 184; Simms, 'The War of the Two Kings', pp. 482–3; Simms, *Jacobite Ireland*, pp. 42–3; *CSPD, 1687–9*, p. 130 (nos. 674–5).

109．Éamonn Ó Ciardha, *Ireland and the Jacobite Cause 1685–1766* (Dublin, 2002), pp. 77–8.

110．*Poems of David Ó Bruadair*, III, 87, 89.

111．*HMC, Ormonde*, N.S. VII, 491; Bodl., MS Clarendon 89, fol. 104.

112．*Short View of the Methods*, p. 6; *Full and Impartial Account of all the Secret Consults*, pp. 130–2; [King] , *State of the Protestants of Ireland*, pp. 197–8, 204.

113. Bodl., MS Clarendon 89, fol. 110.

114. Ibid., fol. 148.

115. *Clar. Corr.*, I, 375, 414, 423–4; Bodl., MS Clarendon 88, fols. 284–7.

116. *Clar. Corr.*, I, 447.

117. *HMC, Ormonde*, N.S. VII, 446, 448, 450, 456–7.

118. *HMC, Ormonde*, N.S. VII, 464–70; *A Jacobite Narrative of the War in Ireland*, ed. J. T. Gilbert (Dublin, 1982, rev. edn with an introduction by J. G. Simms, Shannon, 1971), pp. 193–201.

119. *Clar. Corr.*, II, 142.

120. *Petty–Southwell Corr.*, p. 267.

121. NLI, MS 670, quotes on pp. 8, 21; BL, Add. MSS 72,885, fols. 58–72.

122. BL, Add. MSS 72,885, fols. 26–9 (quotes on fols. 26v, 27v, 28).

123. *Petty–Southwell Corr.*, p. 275.

124. *HMC, Stuart*, VI, 14.

125. *CClarSP*, V, 673; *Full and Impartial Account of all the Secret Consults*, pp. 77–8, 80.

126. *Life of James II*, II, 96.

127. *Ireland's Lamentation*, p. 13; *Short View of the Methods*, p. 9.

128. Bodl., MS Clarendon 89, fol. 98.

129. *Cal. Anc. Rec. Dub.*, V, xlv, 406, 422–6, 434–7; *CClarSP*, V, 678; Morrice, Q, 108; BL, Add. MSS 41,804, fol. 278; BL, Add. MSS 72,595, fols. 119, 121; Bulstrode Newsletters, Reel 3, 1 Apr. 1687; Luttrell, I, 420; *Full and Impartial Account of all the Secret Consults*, pp. 79–86; [King], *State of the Protestants of Ireland*, pp. 322–3; *Life of James II*, II, 97; Jacqueline Hill, *From Patriots to Unionists: Dublin Civic Patriots and Irish Protestant Patriotism, 1660–1840* (Oxford, 1997), pp. 59–61.

130. *Full and Impartial Account of all the Secret Consults*, p. 89; [King], *State of the Protestants of Ireland*, p. 81.

131. *Ireland's Lamentation*, pp. 13, 15; *Cal. Anc. Rec. Dub.*, V, xlviii; *HMC, Ormonde*, N.S. VIII, 351; *Council Book of Youghall*, p. 371; [King], *State of the Protestants of Ireland*, p. 204; Cox, *Hibernia Anglicana... Second Part*, 'Letter', p. 18; Simms, *Jacobite Ireland*, pp. 35–6; Phil Kilroy, *Protestant Dissent and Controversy in Ireland, 1660–1714* (Cork, 1994), p. 242; *Full and Impartial Account of all the Secret Consults*, p. 90.

132. [King], *State of the Protestants of Ireland*, p. 81.

133. *HMC, Stuart*, VI, 26.

134. *Life of James II*, II, 98; *HMC, Ormonde*, II, 375–6; Steele, II, nos. 980, 982.

135. *HMC, Stuart*, VI, 27–8.

136. BL, Add. MSS 32,095, fols. 259–60; *Full and Impartial Account of all the Secret Consults*, pp. 114–15, 119–20; *HMC, Stuart*, VI, 31, 42; Simms, *Jacobite Ireland*, pp.

39–42.

137. TCD, MS 1181, p. 7; *An Apology for the Protestants of Ireland* (1689), p. 5; *Faithful History of the Northern Affairs*, p. 5; *Clar. Corr.*, II, 138; Morrice, Q, 58, 61; *Ireland's Lamentation*, p. 10; *Petty–Southwell Corr.*, p. 251.

138. *HMC, Stuart*, VI, 21. Cf. [King] , *State of the Protestants of Ireland*, p. 81; Bodl., MS Clarendon 89, fol. 12.

139. Morrice, Q, 61, 70.

140. Gillespie, 'Irish Protestants', pp. 129–30.

141. *HMC, Stuart*, VI, 27.

142. Ibid., p. 21.

143. *Full and Impartial Account of all the Secret Consults*, pp. 91–2.

144. *Petty–Southwell Corr.*, pp. 274, 280; Bodl., MS Clarendon 89, fols. 59–60, 65.

145. Bodl., MS Clarendon 89, fol. 117v; TCD, 888/1, fol. 143. Cf. All Souls' Library, Oxford, MS 257, no. 79: yields from customs and excise for the Michaelmas quarters of 1686 and 1687.

146. *Petty Papers*, I, 71; [King] , *State of the Protestants of Ireland*, p. 86.

147. *Faithful History of the Northern Affairs*, p. 5; Bodl., MS Clarendon 89, fol. 65; L. M. Cullen, 'Economic Trends, 1660–91', in Moody, et al., eds., *New History of Ireland*, III, 404–5.

148. TCD, MS 1181, p. 18.

149. Gillespie, 'Irish Protestants', p. 129.

150. Bodl., MS Clarendon 89, fol. 12; Morrice, Q, 70; *Clar. Corr.*, II, 137.

151. *HMC, Ormonde*, N.S. VIII, 351; BL, Add. MSS 28,876, fol. 38; BL, Add. MSS 72,596, fol. 15; Morrice, Q, 207.

152. *HMC, Ormonde*, II, 376; Steele, II, no. 983.

153. *Full and Impartial Account of all the Secret Consults*, p. 69.

154. CUL, Add. MS 1, fols. 77v–78.

155. 'Rycaut's Memoranda and Letters', p. 157.

156. O'Kelly, *Macariae Excidium*, p. 145.

157. *Jacobite Narrative*, p. viii.

158. *Vindication of the Present Government of Ireland*, quotes on pp. 1, 3, 12.

159. *A Letter from a Gentleman in Ireland, To His Friend, in London* (1688), pp. 2–4.

160. Bodl., MS Clarendon 89, fols. 168, 169, 173.

第四章　詹姆斯七世治下的苏格兰

1. NLS, Wod. Oct. XXIX, fol. 309. For the dating, see Fountainhall, *Hist. Not.*, II, 794.

2. Fountainhall, *Hist. Not.*, II, 738; A. I. Macinnes, 'Catholic Recusancy and the Penal Laws, 1603–1707', *RSCHS*, 23 (1987), 27–63.

3. Dalrymple, *Memoirs*, II, 'Part I. Continued. Appendix to Book V', p. 176.

4. 唯一重要的学术论文是 Kathleen Mary Colquhoun, '"Issue of the Late Civill Wars" : James, Duke of York and the Government of Scotland 1679–1689', Ph.D. dissertation, University of Illinois at Urbana- Champaign (1993)。最近的简要概述见 W. A. Speck, *James II: Profiles in Power* (2002), ch. 5。

5. Ian B. Cowan, 'The Reluctant Revolutionaries: Scotland in 1688', in Eveline Cruickshanks, ed., *By Force or By Default? The Revolution of 1688–1689* (Edinburgh, 1989), p. 65.

6. Michael Lynch, *Scotland: A New History* (1992), p. 297.

7. Fountainhall, *Hist. Obs.*, p. 217.

8. See, for example: *RPCS, 1685–6*, pp. 114, 206–7, 209, 229, 364, 492–6, 501–2, 507–9; *RPCS, 1686*, pp. 367–70, 376–8, 404–8; *RPCS, 1686–9*, p. 101.

9. Wodrow, *Sufferings*, II, 585.

10. *Life of James II*, II, 41.

11. James II, *A Proclamation, For an Anniversary Thanksgiving, in Commemoration of his Majesty's Happy Birthday* (1685); Fountainhall, *Decisions*, I, 369–70; *RPCS, 1685–6*, pp. 166, 183; Steele, III, no. 2658; *Lond. Gaz.*, no. 2080 (22–26 Oct. 1685); Luttrell, I, 361; Keith M. Brown, 'The Vanishing Emperor: British Kingship and its Decline, 1603–1707', in Roger A. Mason, ed., *Scots and Britons: Scottish Political Thought and the Union of 1603* (Cambridge, 1994), p. 69; C. A. Whatley, 'Royal Day, People's Day: The Monarch's Birthday in Scotland, *c.* 1660–1860', in Norman MacDougall and Roger A. Mason, eds., *People and Power in Scotland* (Edinburgh, 1992), p. 173.

12. Fountainhall, *Hist. Not.*, II, 672.

13. *ST*, XI, col. 1166, note; Fountainhall, *Hist. Not.*, II, 644; *RPCS, 1685–6*, pp. 48–9; Paul Hopkins, *Glencoe and the End of the Highland War* (Edinburgh, 1986), p. 97.

14. F. C. Turner, *James II* (1948), pp. 369–71.

15. Charles W. J. Withers, 'Sibbald, Sir Robert (1641–1722)', *Oxford DNB*.

16. Fountainhall, *Hist. Not.*, II, 688; *HMC, Laing*, I, 444.

17. Fountainhall, *Decisions*, I, 374.

18. Morrice, P, 516; *APS*, II, 535, III, 36; *HMC, Laing*, I, 443; Colquhoun, '"Issue of the Late Civill Wars" ', pp. 323–4; Fountainhall, *Hist. Obs.*, pp. 240–1.

19. Fountainhall, *Decisions*, I, 371; *ST*, XI, col. 1167, note.

20. Fountainhall, *Decisions*, I, 398.

21. Ibid., p. 412.

22. James Canaries, *Rome's Additions to Christianity* (Edinburgh, 1686), sig. b1.

23. Ibid., pp. 19–20.

24. Ibid., quotes on sigs. A5, a.

25. Fountainhall, *Decisions*, I, 404; James Canaries, *A Sermon Preached at Edinburgh . . . upon the 30th of January, 1689* (Edinburgh, 1689), p. 70.

26. Fountainhall, *Hist. Obs.*, pp. 243–4; Morrice, P, 525; Fountainhall, *Decisions*, I, 399; *ST*, XI, col. 1013; Luttrell, I, 372; Withers, 'Sibbald'; R. A. Houston, *Social Change in the Age of Enlightenment: Edinburgh, 1660–1760* (Oxford, 1994), p. 305.

27. *ST*, XI, cols. 1013–14; *RPCS, 1686*, p. 7.

28. *ST*, XI, cols. 1020–3; *RPCS, 1686*, p. 12.

29. *ST*, XI, cols. 1014–15; Fountainhall, *Decisions*, I, 399; Fountainhall, *Hist. Obs.*, p. 244.

30. *ST*, XI, cols. 1017–24; Fountainhall, *Decisions*, I, 399, 406, 407; *RPCS, 1685–6*, pp. 544–5; *RPCS, 1686*, pp. 13, 68, 69, 97, 160, 228, 229.

31. Fountainhall, *Decisions*, I, 403–4.

32. Ibid., p. 408; John Miller, *James II: A Study in Kingship* (Hove, 1978, 3rd edn 2000), p. 213.

33. Fountainhall, *Hist. Obs.*, p. 234.

34. Morrice, P, 526.

35. Fountainhall, *Hist. Not.*, II, 712, 736.

36. NLS, Yester MSS 7026, fols. 38, 60; Fountainhall, *Hist. Not.*, II, 715.

37. *HMC, 9th Report*, II, 251; Fountainhall, *Hist. Not.*, II, 714; Bulstrode Newsletters, Reel 3, 9 Apr. 1686; Thomas Babington Macaulay, *The History of England from the Accession of James the Second*, ed. Sir Charles Firth (6 vols., 1913–15), II, 774–5; Miller, *James II*, p. 215.

38. *HMC, Hamilton*, p. 172.

39. Fountainhall, *Decisions*, I, 413.

40. *HMC, 9th Report*, II, 251.

41. Wodrow, *Sufferings*, II, 594.

42. Thomas Burnet, *Theses Philosophicae* (Aberdeen, 1686); Fountainhall, *Decisions*, I, 415–16.

43. 'Reasons for Abrogating the Penal Statutes', in Wodrow, *Sufferings*, II, app. no. 118, pp. 163–7 (quotes on pp. 164, 166). For the attribution to L'Estrange, see Wodrow, *Sufferings*, II, 595.

44. Fountainhall, *Decisions*, I, 416. These tracts included: Thomas Cartwright, *A Sermon Preached upon the Anniversary . . . of the Happy Inauguration of . . . King James II* (1686); *Popery Anatomis'd* (1686); J. C., *A Net for the Fishers of Men* (1686); [John Gother] , *A Papist Misrepresented and Represented* (1685).

45. 'Reasons for Abrogating the Penal Statutes', p. 167.

46. Quoted in Colqhuoun, ' "Issue of the Late Civill Wars" ', p. 349.

47. Wodrow, *Sufferings*, II, 594.

48. Fountainhall, *Decisions*, I, 413; *RPCS, 1686*, pp. 194, 204.

49. BL, Add. MSS 28,938, fols. 196–202, reprinted in Wodrow, *Sufferings*, II, app. no. 117, pp. 161–3.

50. 'An Answer to a Paper writ for abrogating the penal Statutes', in Wodrow, *Sufferings*, II, app. no. 119, pp. 168–73 (quote on p. 172).

51. 'A Letter from the Heritors of the Shires of . . . to their Commissioners to the Parliament', in Wodrow, *Sufferings*, II, app. no. 120, pp. 173–7 (quotes on pp. 173, 175).

52. Wodrow, *Sufferings*, II, 590; *HMC, Hamilton*, p. 172.

53. *Ellis Corr.*, I, 46–7; T. F. Henderson, 'Stewart, Alexander, Fifth Earl of Moray (*bap.* 1634, *d.* 1701)', revised by A. J. Mann, *Oxford DNB*.

54. James II, *His Majesties Most Gracious Letter to the Parliament of Scotland* (Edinburgh, 1686), quote on p. 2; *APS*, VIII, 579–80.

55. Fountainhall, *Hist. Not.*, II, 719.

56. Morrice, P, 538–9.

57. James II, *Most Gracious Letter to the Parliament of Scotland*, p. 4; *APS*, VIII, 581; Fountainhall, *Hist. Not.*, II, 721; *The Flemings in Oxford, Being Documents Selected from the Rydal Papers in Illustration of the Lives and Ways of Oxford Men 1650–1700*, ed. John Richard Magrath (3 vols., Oxford, 1904–24), II, 158–9.

58. Morrice, P, 546–7; Luttrell, I, 378, 381; *HMC, Hamilton*, p. 173; *HMC, Earl of Mar*, pp. 218–19; *CSPD, 1686–7*, pp. 151–2 (nos. 619, 620).

59. *Life of James II*, II, 68.

60. Bulstrode Newsletters, Reel 3, 11 Apr. 1686.

61. Morrice, P, 536.

62. Fountainhall, *Decisions*, I, 416.

63. Fountainhall, *Decisions*, I, 415; *HMC, Hamilton*, p. 173; Morrice, P, 541, 546.

64. Wodrow, *Sufferings*, II, app. no. 116, pp. 160–1; *HMC, Laing*, I, 446–7.

65. FSL, V. b. 287, no. 18. Cf. BL, Add. MSS 72,595, fol. 85.

66. Morrice, P, 534, 536, 537; *HMC, Hamilton*, p. 173; Fountainhall, *Decisions*, I, 415.

67. Fountainhall, *Hist. Not.*, II, 718.

68. Wodrow, *Sufferings*, II, 593, and app. no. 120, p. 176; Fountainhall, *Decisions*, I, 418–19; Robert S. Rait, *The Parliaments of Scotland* (Glasgow, 1924), pp. 91–2.

69. Fountainhall, *Hist. Not.*, II, 666, 719; *HMC, Laing*, I. 442; *RPCS, 1685–6*, pp. 188, 193–4; Wodrow, *Sufferings*, II, 575–6.

70. Fountainhall, *Hist. Not.*, II, 724, 735.

71. Ibid., pp. 734–5.

72. Ibid., pp. 723, 729; Fountainhall, *Decisions*, I, 416; *RPCS, 1686*, pp. viii, ix, xxi, 221, 228, 237, 238; Wodrow, *Sufferings*, II, 605; Morrice, P, 541, 585, 590.

73. *RPCS, 1686*, pp. ix, xxi, 275; Fountainhall, *Hist. Not.*, II, 737, 740.

74. Dalrymple, *Memoirs*, II, 'Part I. Continued. Appendix to Books III and IV', pp. 109–10.

75. Wodrow, *Sufferings*, II, 598–9; *RPCS, 1686*, p. 435.

76. *RPCS, 1686*, pp. xii, 425, 454; Fountainhall, *Hist. Not.*, II, 740–1, 748, 750; Wodrow, *Sufferings*, II, 598.

77. Hunt. Lib., STT 903; Hunt. Lib., HA 1182; NLS, Yester MSS 7035, fol. 64; *RPCS, 1686*, pp. 454–5; Fountainhall, *Decisions*, I, 424; *Culloden Papers: Comprising an Extensive and Interesting Correspondence from the Year 1625 to 1748* (1815), p. 334.

78. BL, Add. MSS 28,850, fols. 123–4; Fountainhall, *Decisions*, I, 441.

79. Wodrow, *Sufferings*, II, 598; Fountainhall, *Hist. Not.*, II, 759, 762; *RPCS, 1686*, pp. xiii, 511, 524.

80. Fountainhall, *Decisions*, I, 429. For the internal inconsistency of the Test and Episcopalian opposition to it, see Tim Harris, *Restoration: Charles II and His Kingdoms, 1660–85* (2005), pp. 347–56.

81. *RPCS, 1686–9*, p. xxvii; Fountainhall, *Hist. Not.*, II, 768.

82. Fountainhall, *Hist. Not.*, II, 775.

83. Ibid., pp. 772, 783. 当约翰爵士于 2 月 17 日就任新职时，特免令已经没有必要，因为詹姆斯已于 2 月 12 日颁布《信教自由令》，中止执行所有的刑罚法。

84. Fountainhall, *Decisions*, I, 432, 451, 466, 502; Fountainhall, *Hist. Not.*, II, 814; *RPCS, 1686–9*, p. xviii; Wodrow, *Sufferings*, II, 643–4, and app. no. 142, p. 200; Matthew Glozier, 'The Earl of Melfort, the Court Catholic Party and the Foundation of the Order of the Thistle, 1687', *Scottish Historical Review*, 69 (2000), 233–8.

85. *RPCS, 1686–9*, p. xxxv; John Miller, *Popery and Politics in England, 1660–1688* (Cambridge, 1973), p. 242.

86. Fountainhall, *Hist. Not.*, II, 772, 773, 794, 823, 856–7, 867; *HMC, Stuart*, I, 30.

87. Wodrow, *Sufferings*, II, app. no. 124, p. 181; Fountainhall, *Decisions*, I, 420, 425.

88. Fountainhall, *Hist. Not.*, II, 773.

89. *RPCS, 1686–9*, p. xvii.

90. Fountainhall, *Decisions*, I, 472–3, 475, 482, 496; *RPCS, 1661–4*, p. 90; *RPCS, 1669–72*, pp. 425, 596, 598; Clare Jackson, *Restoration Scotland, 1660–1690* (Woodbridge, 2003), pp. 41, 43; William Cowan, 'The Holyrood Press, 1686–1688', *Edinburgh Bibliographical Society Transactions*, 6 (1904), 83–100; Alastair J. Mann, *The Scottish Book Trade 1500–1720* (East Linton, 2000), ch. 6.

91. James VII, *By the King. A Proclamation* (Edinburgh, 1687); Steele, III, no. 2684; Wodrow, *Sufferings*, II, app. no. 187.

92. Wodrow, *Sufferings*, II, 616.

93. [Gilbert Burnet] , *Some Reflections On His Majestie's Proclamation of the 12th of February 1686/7 for a Toleration in Scotland* [Amsterdam?, 1687] , pp. 1, 5.

94. The point was made by [William King] , *The State of the Protestants of Ireland under the Late King James's Government* (1691), pp. 20–1.

95. [Robert Ferguson] , *A Representation of the Threatning Dangers* [Edinburgh?, 1687] , pp. 28–9.

96. *RPCS, 1686–9*, p. 124.

97. Fountainhall, *Decisions*, I, 449–50; Fountainhall, *Hist. Not.*, II, 789; *HMC, Hamilton*, p. 174; *HMC, Earl of Mar*, p. 219; Wodrow, *Sufferings*, II, 616.

98. Luttrell, I, 398, 399; Morrice, Q, 94; *HMC, Earl of Mar*, p. 219; [Thomas Morer] , *An Account of the Present Persecution of the Church in Scotland* (1690), pp. 9–10; [Alexander Shields] , *The Hind Let Loose* (Edinburgh, 1687), pp. 152–3; Wodrow, *Sufferings*, II, 608, 612.

99. *RPCS, 1686–9*, p. 138; Steele, III, no. 2689.

100. *RPCS, 1686–9*, pp. xvii, 156–8; Steele, III, no. 2693.

101. Wodrow, *Sufferings*, II, 618.

102. Ibid., p. 625; [John Sage] , *The Case of the Present Afflicted Clergy in Scotland Truly Represented* (1690), pp. 3–4; [Morer] , *Account of the Present Persecution*, p. 11.

103. [Morer] , *Account of the Present Persecution*, p. 12.

104. I. B. Cowan, *The Scottish Covenanters 1660–88* (1976), p. 134.

105. Fountainhall, *Decisions*, I, 458, 473, 507, 513; Wodrow, *Sufferings*, II, 614; [Shields] , *Hind Let Loose*, pp. 156–7; Steele, III, nos. 2695, 2696.

106. Fountainhall, *Decisions*, I, 495; Wodrow, *Sufferings*, II, 630–8.

107. Wodrow, *Sufferings*, II, 618, and apps. nos. 135 and 136, pp. 195–6; NAS, RH 13/20, pp. 143–4, 150–2; [Sage], *Case of the Present Afflicted Clergy*, pp. 78–80; [Alexander Monro] , *The History of Scotch-Presbytery* (1692), pp. 49–50.

108. NAS, RH 13/20, p. 320, 'Presbyterian Loyaltie'.

109. NLS, Wod. Qu. XXXVIII, fol. 112.

110. James Renwick, *The Testimony of Some Persecuted Presbyterian Ministers* (1688), p. 7.

111. [George Mackenzie, Viscount Tarbat, and Sir George Mackenzie of Rosehaugh] , *A Memorial for His Highness the Prince of Orange in Relation to the Affairs of Scotland* (1689), pp. 6. Cf. [Alexander Monro] , *A Letter to a Friend* (1692), p. 5.

112. Wodrow, *Sufferings*, II, 623.

113. [Gilbert Rule] , *A Vindication of the Church of Scotland; Being an Answer to Five Pamphlets* (1691), pp. 5, 16, 19 and Part II, p. 7. Cf. [Gilbert Rule] , *A Vindication of the Church of Scotland. Being an Answer To a Paper, Intituled, Some Questions*

Concerning Episcopal and Presbyterial Government in Scotland (1691), pp. 31–2; Wodrow, Sufferings, II, 620.

114. Fountainhall, Decisions, I, 474; RPCS, 1686–9, p. xix; Wodrow, Sufferings, II, 626–7.

115. Fountainhall, Decisions, I, 503; Wodrow, Sufferings, II, 638.

116. Wodrow, Sufferings, I, 613–14, 620–4; CSPD, 1687–9, p. 44 (no. 211); Fountainhall, Hist. Not., II, 819; Gordon Donaldson, Scotland: James V to James VII (Edinburgh, 1965), pp. 382–3; Cowan, Scottish Covenanters, p. 131.

117. Fountainhall, Decisions, I, 453, 456–7.

118. RPCS, 1686–9, pp. 227–30 (quote on p. 229); Steele, III, no. 2711.

119. Colin Lindsay, 3rd Earl of Balcarres, An Account of the Affairs of Scotland, Relating to the Revolution of 1688 (1714), pp. 10–12.

120. Fountainhall, Decisions, I, 503; Letters to Sancroft, p. 87.

121. Balcarres, Account, pp. 7–9.

122. CSPD, 1687–9, pp. 35–6, 68 (nos. 181, 333).

123. Morrice, Q, 219.

124. Fountainhall, Decisions, I, 513. For the Magdalen College affair, see pp. 226–9.

125. Wodrow, Sufferings, II, 638–9; Magnus Linklater and Christian Hesketh, For King and Conscience: John Graham of Claverhouse, Viscount Dundee (1648–1689) (1989), p. 142.

126. HMC, Laing, I, 447; Fountainhall, Decisions, I, 424, 425, 431, 442, 445; RPCS, 1686, pp. 454, 491–2, 542–4, 552–3; RPCS, 1686–9, pp. xiv, xv, 39, 42–3; Morrice, Q, 39; Donaldson, Scotland: James V to James VII, pp. 281–2.

127. RPCS, 1686–9, pp. xvii–xxvi; Fountainhall, Decisions, I, 473, 486.

128. Rait, Parliaments of Scotland, p. 306; Fountainhall, Hist. Not., II, 806.

129. FSL, V.b. 287, no. 54.

130. Dalrymple, Memoirs, II, 'Part I. Continued. Appendix to Book V', pp. 90, 99–101; Balcarres, Account, p. 15.

131. Macinnes, 'Catholic Recusancy', pp. 35, 56–7.

132. HMC, Stuart, I, 30.

133. Cited in Turner, James II, pp. 377–8.

134. Fountainhall, Hist. Not., II, 855.

第五章　英格兰的天主教绝对主义

1. Life of James II, II, 278, 609–10, 612.

2. John Miller, James II: A Study in Kingship (Hove, 1978, 3rd edn 2000); J. R. Jones, The Revolution of 1688 in England (1972); Jeremy Black, A System of Ambition? British

Foreign Policy 1660–1793 (1991), pp. 24–8; W. A. Speck, *James II: Profiles in Power* (2000).

3．[Gilbert Burnet]，*Some Reflections on His Majestie's Proclamation of the 12th of February 1686/7 for a Toleration in Scotland* [Amsterdam?, 1687]，p. 5; [Gilbert Burnet]，*The Ill Effects of Animosities among Protestants in England Detected* (1688), p. 14.

4．*Clar. Corr.*, I, 198.

5．Morrice, Q, 167.

6．Beinecke Library, Yale University, Osborn MSS 2, box 4, folder 76, p. 69.

7．Black, *System of Ambition*, pp. 25–7; Speck, *James II*, p. 121; Jones, *Revolution of 1688*, pp. 177–9.

8．Luttrell, I, 346, 371; Morrice, P, 540, 587. 关于公众对詹姆斯亲法倾向的普遍担忧，见 Steven Pincus, '"To Protect English Liberties"：The English Nationalist Revolution of 1688–1689', in Tony Claydon and Ian McBride, eds., *Protestantism and National Identity: Britain and Ireland* c.*1650*–c.*1850* (Cambridge, 1998), pp. 75–104。

9．Morrice, P, 484, 575, Q, 20. Cf. Evelyn, *Diary*, IV, 484–6, 490, 498.

10．BL, MS Althorp C4, Sir William Coventry to Halifax, 4 May 1686; Morrice, P, 537, 546, 588–9.

11．Dalrymple, *Memoirs*, II, 'Part I. Continued. Appendix to Books III and IV', p. 109.

12．Bulstrode Newsletters, Reel 3, 8 Mar. 1685/6; Steele, I, no. 3826 (for the brief).

13．*Lond. Gaz.*, no. 2136 (6–10 May 1686); Morrice, P, 533–5; Evelyn, *Diary*, IV, 510–11, 515; *CSPD, 1686–7*, p. 130 (no. 533); BL, Add. MSS 72,595, fol. 76; Bulstrode Newsletters, Reel 3, 7 May 1686. 这本书是 Jean Claude's *Les Plaintes des Protestants Cruellement Opprimés dans le Royaume de France*, 由圣保罗教士雷纳先生翻译和删节，出版时名为 *An Account of the Persecutions and Oppressions of the Protestants in France* (1686)。

14．*CSPD, 1686–7*, pp. 149–50 (no. 619).

15．Robin D. Gwynn, 'James II in the Light of his Treatment of Huguenot Refugees in England 1685–1686', *English Historical Review*, 92 (1977), 820–33. See also Matthew Glozier, *The Huguenot Soldiers of William of Orange and the Glorious Revolution of 1688* (Brighton, 2002), ch. 5.

16．*CSPD, 1686–7*, p. 151 (no. 619); Morrice, P, 623, 625; *The Autobiography of Sir John Bramston*, ed. P. Braybrooke, Camden Society, old series, 32 (1845), pp. 245–6, 276; John Childs, *The Army, James II, and the Glorious Revolution* (Manchester, 1980), ch. 4 (esp. pp. 92–4).

17．Luttrell, I, 370; *CSPD, 1686–7*, p. 40 (no. 163).

18．Morrice, Q, 109–10; BL, Add. MSS 72,595, fol. 106.

19. Bulstrode Newsletters, Reel 3, 27 Jun. 1687.

20. Morrice, P, 517.

21. Hunt. Lib., HA 7770, Gervase Jaquis to Huntingdon, 9 Nov. 1686.

22. Morrice, Q, 29.

23. WYAS, MX/R/42/27, 40, 47, 54; WYAS, MX/R/43/29; WYAS, MX/R/44/26, 49, 57; Reresby, *Memoirs*, pp. 409–11, 415–16; *CSPD, 1686–7*, pp. 17 (no. 76), 19 (no. 87); *Depositions from the Castle of York*, Surtees Society, 40 (1861), pp. 278–82; W. A. Speck, *Reluctant Revolutionaries* (Oxford, 1988), p. 155.

24. Samuel Johnson, 'Several Reasons for the Establishment of a Standing Army, and Dissolving the Militia' and 'A Humble and Hearty Address to all English Protestants in this Present Army' (1686), in [Samuel Johnson] , *A Second Five Years' Struggle Against Popery and Tyranny* (1689), pp. 86–7, 110–11; Wood, *Life and Times*, III, 182; Morrice, Q, 9–10, 12–14, 20, 22, 27–8; Hugh Speke, *The Secret History of the Happy Revolution of 1688* (1715), pp. 14–16.

25. Childs, *The Army, James II, and the Glorious Revolution*, pp. 22, 30.

26. *ST*, XI, cols. 1165–1199 (esp. cols. 1193–4, 1196–7, 1199). 爱德华·赫伯特爵士 (Sir Edward Herbert) 在 *A Short Account of the Authorities in Law, Upon Which Judgement Was Given in Sir Edw. Hales His Case* (1688) 中阐述了他的判决。关于法令，见 *SR*, II, 326–43。

27. Lois G. Schwoerer, *The Declaration of Rights, 1689* (Baltimore, 1981), p. 63; Paul Birdsall, '"Non Obstante" : A Study of the Dispensing Power of English Kings', in *Essays in Honor of Charles Howard McIlwain* (Cambridge, Mass., 1936), pp. 37–76; Sir William Searle Holdsworth, *A History of English Law* (17 vols., 1922–72), VI, 225; E. F. Churchill, 'The Dispensing Power and the Defence of the Realm', *Law Quarterly Review*, 37 (1921), 412–41; Carolyn A. Edie, 'Tactics and Strategies: Parliament's Attack upon the Royal Dispensing Power 1597–1689', *American Journal of Legal History*, 29 (1985), 231.

28. Morrice, P, 505, 507, 526, 528, 545, 555; Evelyn, *Diary*, IV, 514; Bulstrode Newsletters, Reel 3, 16 and 26 Apr. 1686; J. R. Tanner, *English Constitutional Conflicts of the Seventeenth Century, 1603–1689* (Cambridge, 1928), p. 291; Lionel K. J. Glassey, *Politics and the Appointment of Justices of the Peace 1675–1720* (Oxford, 1979), p. 69. 米尔顿这一次似乎是依据《忠诚宣誓法》获得了任职资格，但 1687 年 4 月 16 日转任皇家民事法庭时，他需要获得特免：Bulstrode Newsletters, Reel 3, 26 Apr. 1686; Gordon Campbell, 'Milton, Sir Christopher (1615–1693)', *Oxford DNB*; Edward Foss, *The Judges of England* (9 vols., 1848–64), VII, 285–8。

29. *POAS*, IV, 93.

30. Morrice, P, 555, 588, 614; Luttrell, I, 384.

31. Morrice, P, 559, Q, 219.

32. John Miller, *Popery and Politics in England, 1660–1688* (Cambridge, 1973), pp. 198–201.

33. Gilbert Burnet, *History of His Own Time: From the Restoration of King Charles the Second to the Treaty of Peace at Utrecht, in the Reign of Queen Anne* (1850), pp. 429, 464, 465; Miller, *James II*, pp. 148–53; Glassey, *Politics*, pp. 69–70; F. C. Turner, *James II* (1948), p. 323.

34. Luttrell, I, 332, 367; Wood, *Life and Times*, III, 172.

35. *Calendar of Treasury Books, 1660–1718* (32 vols., 1904–57), VIII, 176, 204, 454–6, 610–11.

36. Morrice, Q, 532; Miller, *Popery and Politics*, pp. 242–6.

37. *Ellis Corr.*, I, 23.

38. Luttrell, I, 371; Morrice, P, 527, 529, 562, 589–90; BL, Add. 34,508, fol. 104.

39. *CSPD, 1686–7*, pp. 13 (no. 58), 54 (no. 221), 290 (no. 1084); Evelyn, *Diary*, IV, 489; Wood, *Life and Times*, III, 131; Jones, *Revolution of 1688*, pp. 87–91.

40. Wood, *Life and Times*, III, 214; Miller, *Popery and Politics*, pp. 239–40; J. D. Davies, *Gentlemen and Tarpaulins: The Officers and Men of the Restoration Navy* (Oxford, 1991), pp. 202–3.

41. *Life of James II*, II, 80; Morrice, Q, 71; WYAS, MX/R/49/8; BL, Althorp MS, C2, Sir John Reresby to the Marquis of Halifax [*c.* May 1687] .

42. Burnet, *History of His Own Time*, pp. 429–30; Richard Kidder, *Life*, ed. A. E. Robinson (1924), p. 37; *Ellis Corr.*, I, 3; [Robert Ferguson] , *A Representation of the Threatning Dangers* [Edinburgh?, 1687] , p. 46. Cf. Edmund Calamy, *An Abridgment of Mr Baxter's History of His Life and Times* (2 vols., 1713), I, 373, note; Wood, *Life and Times*, III, 224; Edward Gee, *The Catalogue of All Discourses Published against Popery* (1689).

43. [John Northleigh] , *Parliamentum Pacificum* (1688), p. 31.

44. *CSPD, 1686–7*, pp. 56–8 (nos. 227, 228).

45. Morrice, P, 588.

46. BL, Add., 34,508, fols. 110–11; BL, Add. 4182, fol. 66; BL, Add. MSS 72,595, fol. 66; Bulstrode Newsletters, Reel 3, 19 and 26 Apr. 1686; *Ellis Corr.*, I, 83–4, 111, 118; Luttrell, I, 375; Morrice, P, 530–2, 623; Fountainhall, *Hist. Obs.*, pp. 246–7; Tim Harris, 'London Crowds and the Revolution of 1688', in Eveline Cruickshanks, ed., *By Force or By Default? The Revolution of 1688–1689* (Edinburgh, 1989), pp. 47–8.

47. BL, Add. MSS 41,804, fols. 160, 170; BL, Add. MSS 34,508, fol. 116; Bulstrode Newsletters, Reel 3, 31 May 1686; Todd Galitz, 'The Challenge of Stability: Religion, Politics, and Social Order in Worcestershire, 1660 to 1720', unpub. Ph.D. dissertation,

Brown University (1997), p. 5.

48. BL, Add. MSS 34,508, fol. 113; Morrice, P, 531, 538, 544, 545, 548, 549, 655; Morrice, Q, 15–16, 51; FSL, Newdigate Newsletters, L.c. 1654, 1 May 1686; Luttrell, I, 379, 380, 389; Bulstrode Newsletters, Reel 3, 30 Apr. 1686.

49. BL, Add. MSS 34,508, fols. 117–18; Bulstrode Newsletters, Reel 3, 17 May 1686.

50. J. R. Western, *Monarchy and Revolution* (1972), p. 198.

51. Morrice, P, 556–7; Luttrell, I, 381; *Life of James II*, II, 91.

52. *CSPD, 1686–7*, p. 202 (no. 788); J. R. Bloxam, ed., *Magdalen College and James II* (Oxford, 1886), pp. 1–2; Wood, *Life and Times*, III, 193–4; Hunt. Lib., Hastings Religious Box 2, no. 5.

53. *SR*, IV, 352.

54. *SR*, V, 315–16.

55. Schwoerer, *Declaration of Rights*, pp. 65–6; Speck, *Reluctant Revolutionaries*, p. 151; David Ogg, *England in the Reigns of James II and William III* (Oxford, 1955), pp. 176–8.

56. Morrice, P, 593–4. Cf. [Henry Care], *The Legality of the Court Held by His Majesties Ecclesiastical Commissioners Defended* (1688), pp. 10–11.

57. *Life of James II*, II, 89.

58. Bulstrode Newsletters, Reel 3, 16 Jul. 1686; *Ellis Corr.*, I, 161; *ST*, XI, col. 1157; [Care], *Legality of the Court . . . Defended*, pp. 10–11.

59. *SR*, V, 113.

60. BL, Egerton MSS 2543, fol. 257; *ST*, XI, col. 1160.

61. East Sussex RO, ASH 931, p. 50.

62. BL, Add. MSS 41,804, fols. 207, 209.

63. Sir Robert Atkyns, 'A Discourse Concerning the Ecclesiastical Jurisdiction in the Realm of England: Occasioned by the Late Commission in Ecclesiastical Causes', in *ST*, XI, cols. 1148–1155. See also: [Edward Stillingfleet], *A Discourse Concerning the Illegality of the Late Ecclesiastical Commission* (1689), which was written during James's reign; EUL, La. I. 333, pp. 1–16, 'A MS treatise on the Court of High Commission'.

64. Steele, I, no. 3828.

65. Michael R. Watts, *The Dissenters: From the Reformation to the French Revolution* (Oxford, 1978), p. 257.

66. Fountainhall, *Hist. Obs.*, p. 246; Luttrell, I, 378; *Calendar of Treasury Books*, VIII, 429–34; W. C. Braithwaite, *The Second Period of Quakerism* (Cambridge, 1961), p. 125; Morrice, P, 529, 530, 536, 543, 554, 563, 568–9, 572, 573–4, 578, 584, 615–18, Q, 15; Wood, *Life and Times*, III, 190–1; Douglas R. Lacey, *Dissent and Parliamentary*

Politics in England, 1661–1689 (New Brunswick, N.J., 1969), pp. 176–9; Craig W. Horle, *The Quakers and the English Legal System, 1660–1688* (Philadelphia, 1988), p. 93; Miller, *James II*, p. 156; Miller, *Popery and Politics*, pp. 210–11.

67. Hunt. Lib., HA 10141, John Penford et al. to Huntingdon, 18 Oct. 1686.

68. Morrice, Q, 71.

69. Mark Goldie, 'James II and the Dissenters Revenge: The Commission of Enquiry of 1688', *Historical Research*, 66 (1993), 58–9; Luttrell, I, 387.

70. *Lond. Gaz.*, nos. 2167–9 (23–26 Aug. to 30 Aug.–2 Sep. 1686); Berks. RO, R/AC1/1/17, p. 11; *Life of James II*, II, 71.

71. Morrice, P, 618–19.

72. Evelyn, *Diary*, IV, 526; Luttrell, I, 386; *Lond. Gaz.*, nos. 2182–4 (14–18 Oct. to 21–25 Oct. 1686); Morrice, P, 633; Wood, *Life and Times*, III, 198.

73. BL, Add. MSS 34, 508, fol. 136; Morrice, P, 658–9.

74. *The Diary of Adam de la Pryme*, ed. Charles Jackson, Surtees Society, 54 (1870), p. 10; Ronald Hutton, *The Rise and Fall of Merry England: The Ritual Year, 1400–1700* (Oxford, 1994), p. 256.

75. Morrice, Q, 73.

76. CLRO, Shelf 552, MS Box 3, no. 5; Morrice, Q, 9; Luttrell, I, 388; BL, Add. MSS 34,508, fol. 135; *Ellis Corr.*, I, 180–1; LMA, WJ/SR/1696, indict- ment of Richard Butler.

77. Beinecke Library, Yale University, Osborn MSS 2, box 4, folder 76, p. 69.

78. *Clar. Corr.*, II, 116–17.

79. Miller, *Popery and Politics*, app. III, pp. 269–72; Glassey, *Politics*, pp. 70–5; Victor Stater, *Noble Government: The Stuart Lord Lieutenancy and the Transformation of English Politics* (Athens, Ga., 1994), p. 164.

80. Morrice, Q, 55, 133; Hunt. Lib., HA 14806, G. Gowin to Rawdon, 30 Mar. 1687; Evelyn, *Diary*, IV, 540–1; Miller, *James II*, pp. 163–4; J. P. Kenyon, *Robert Spencer, Second Earl of Sunderland 1641–1702* (1958), pp. 147–8.

81. Morrice, P, 618; Wood, *Life and Times*, III, 246; Roger L'Estrange, *The Observator in Dialogue* (3 vols., 1684–7), III, no. 232 (4 Dec. 1686). Cf. Luttrell, I, 395.

82. *Lond. Gaz.*, no. 2226 (17–21 Mar. 1686 [/7]); Morrice, Q, 85–6.

83. J. P. Kenyon, *The Stuart Constitution 1603–1688* (Cambridge, 1966), doc. 115.

84. Speck, *Reluctant Revolutionaries*, pp. 150–1; Schwoerer, *Declaration of Rights*, pp. 62–4; Miller, *James II*, p. 165.

85. Herbert, *Short Account*, pp. 6–7.

86. See Tim Harris, *Restoration: Charles II and His Kingdoms, 1660–85* (2005), pp. 63–4.

87. *An Answer to . . . The Judgement and Doctrine of the Clergy of the Church of England*

(1687), pp. 19–20.

88. [Ferguson], *Representation of the Threatning Dangers*, pp. 24–5.

89. [Gilbert Burnet], *A Letter, Containing some Reflections on His Majesties Declaration for Liberty of Conscience* (1687), p. 4; [Burnet], *Ill Effects*, p. 22.

90. Lois G. Schwoerer, *The Ingenious Mr. Henry Care, Restoration Publicist* (Baltimore, 2001), ch. 7; Mary Geiter, *William Penn* (Harlow, 2000), ch. 4.

91. L'Estrange, *Observator*, III, no. 232 (4 Dec. 1686).

92. Morrice, Q, 43; L'Estrange, *Observator*, III, preface p. 8.

93. *The Judgment and Doctrine of the Clergy of the Church of England, Concerning . . . Dispensing with the Penall Laws* (1687), esp. pp. 5, 9–12, 24, 31–3, 41.

94. [William Penn], *A Third Letter From a Gentleman in the Country, To His Friends in London, Upon the Subject of the Penal Laws and Tests* (1687), pp. 4–5.

95. 'A Poem Occasioned by His Majesty's Gracious Resolution Declared . . . For Liberty of Conscience' (1687), in *POAS*, IV, 103–4.

96. *Indulgence to Tender Consciences Shown to be Most Reasonable and Christian* (1687). Cf. A.N., *A Letter from a Gentleman in the City, to a Gentleman in the Country, About the Odiousness of Persecution* (1687), p. 29.

97. [Penn], *A Third Letter . . . Upon the Subject of the Penal Laws and Tests*, pp. 6, 9, 14. Cf. Sir George Pudsey, *The Speech of Sir George Pudsey Kt . . . To the King, Upon His Majesty's Coming to Oxford, Sept. 3 1687* (1687); [Care], *Legality of the Court . . . Defended*, pp. 31–2.

98. E.g. *Judgment and Doctrine*, p. 36.

99. Morrice, Q, 132; H[enry] C[are], *Animadversions on . . . A Letter to a Dissenter* (1687), pp. 21–5.

100. *Lond. Gaz.*, no. 2246 (26–30 May 1687); Morrice, Q, 140; BL, Add. MSS 72,595, fol. 150.

101. BL, Althorp C2, Sir John Reresby to Halifax [ND, *c.* May 1687]. Cf. Reresby, *Memoirs*, p. 452.

102. Hunt. Lib., HA 14806, G. Gowin to Sir Arthur Rawdon, 30 Mar. 1687.

103. Watts, *Dissenters*, p. 258.

104. Bodl., MS Tanner 29, fols. 8, 10.

105. Morrice, Q, 97; *HMC, Egmont*, II, 189.

106. Cited in Geraint H. Jenkins, *The Foundations of Modern Wales: Wales 1642–1780* (Oxford, 1987), p. 145.

107. 该计算依据的是《伦敦公报》公布的地址。

108. *Lond. Gaz.*, no. 2234 (14–18 Aug. 1687).

109. Morrice, Q, 114, 137; *Ellis Corr.*, I, 274; *Petty–Southwell Corr.*, p. 280; *Lond. Gaz.*,

nos. 2238 (28 Apr.–2 May 1687) and 2245 (23–26 May 1687).

110. Morrice, Q, 112, 115; *The Works of George Savile Marquis of Halifax*, ed. Mark M. Brown (3 vols., Oxford, 1989), I, 80–1.

111. BL, Add. MSS 34,510, fol. 28v.

112. *Lond. Gaz.*, no. 2304 (15–19 Dec. 1687).

113. Ibid., no. 2254 (23–27 Jun. 1687).

114. Ibid., no. 2242 (12–16 May 1687).

115. Ibid., nos. 2248 (2–6 Jun. 1687) and 2274 (1–5 Sep. 1687).

116. Morrice, Q, 132, 149.

117. *The Diary of Dr Thomas Cartwright, Bishop of Chester*, ed. Rev. Joseph Hunter, Camden Society, old series, 22 (1843), pp. 47–8, 51; Morrice, Q, 107, 114, 118, 127, 138.

118. Bodl. MS Tanner 29, fol. 13; All Souls Library, Oxford, MS 264, fol. 98; [Roger L'Estrange] , *A Reply to the Reasons of the Oxford-Clergy against Addressing* (1687); BL, Add. MSS 72,595, fol. 119; Wood, *Life and Times*, III, 220; Morrice, Q, 141–2.

119. Morrice, Q, 137; *Diary of Dr. Thomas Cartwright*, p. 57.

120. *Lond. Gaz.*, no. 2320 (9–13 Feb. 1688).

121. *An Address of Thanks on Behalf of the Church of England to Mris James* (1687), p. 1.

122. *Lond. Gaz.*, no. 2250 (9–13 Jun. 1687).

123. Morrice, Q, 120.

124. Ibid., pp. 101–2.

125. *Lond. Gaz.*, no. 2271 (22–25 Aug. 1688).

126. Ibid., nos. 2252 (16–19 Jun. 1687) and 2254 (23–27 Jun. 1687).

127. WYAS, MS/R/47/41, John Rokesby to Reresby, 4 Jul. 1687; BL, Althorp C2, Sir John Reresby to Halifax, 6 Jul. 1687; Reresby, *Memoirs*, pp. 461–2.

128. Morrice, Q, 138.

129. Luttrell, I, 405.

130. Hunt. Lib., HA 1162, Charles Byerley to Huntingdon, 19 Oct. 1687; Hunt. Lib., HA 13676, Sir Nathan Wright to Huntingdon, 19 Oct. 1687; Paul D. Halliday, *Dismembering the Body Politic: Partisan Politics in England's Towns, 1650–1730* (Cambridge, 1998), p. 242.

131. *Lond. Gaz.*, no. 2285 (10–13 Oct. 1687); *Ellis Corr.*, I, 334–5; Henning, *House of Commons*, I, 314.

132. *Lond. Gaz.*, no. 2313 (16–19 Jan. 1688); Halliday, *Dismembering the Body Politic*, pp. 244–5.

133. *Lond. Gaz.*, no. 2339 (16–19 Apr. 1688).

134. Ibid., no. 2348 (17–21 May 1688).

135. Ibid., nos. 2276 (8–12 Sep. 1687) and 2335 (2–5 Apr. 1688); *Victoria County History, Oxon*, X, 75; Henning, *House of Commons*, I, 358.

136. *Lond. Gaz.*, nos. 2347 (14–17 May 1688) and 2348 (17–21 May 1688); Henning, *House of Commons*, I, 213, 487; Luttrell, I, 405.

137. *Lond. Gaz.*, nos. 2252 (16–20 Jun. 1687) and 2312 (12–16 Jan. 1687 [/8]); Henning, *House of Commons*, I, 388.

138. 药剂师、面包师、理发师—外科医生、布匠、厨师、皮匠、刀匠、制酒师、手套商、金匠、缝纫用品商、细木匠、呢绒布商、兼售布料的裁缝、油漆工、水管工、剥皮工、文具商和纺织工。

139. *Lond. Gaz.*, no. 2284 (6–10 Oct. 1687).

140. Miller, *James II*, p. 169.

141. Morrice, Q, 49.

142. *CSPD, 1686–7*, p. 86 (no. 342).

143. *The Flemings in Oxford, Being Documents Selected from the Rydal Papers in Illustration of the Lives and Ways of Oxford Men 1650–1700*, ed. John Richard Magrath (3 vols., Oxford, 1904–24), II, 176–7, 186; Wood, *Life and Times*, III, 197–8, 200–2; Miller, *James II*, 169.

144. Morrice, Q, 45, 54, 79, 127; Wood, *Life and Times*, III, 214–15; *CSPD, 1686–7*, pp. 333 (no. 1304), 375 (no. 1497); *CSPD, 1687–8*, p. 22 (no. 112).

145. Morrice, Q, 79, 95, 104, 111–12, 122–3, 130; BL, Add. MSS 32,095, fol. 238; Bulstrode Newsletters, Reel 3, 29 Apr. and 9 May 1687; East Sussex RO, ASH 932, p. 75.

146. Bloxam, ed., *Magdalen College*, pp. 12–34; Hunt. Lib., STT 1540 and 1541 (F. Overton to Sir Richard Temple, 23 Jun. and 2 Aug. 1687).

147. Bloxam, ed., *Magdalen College*, pp. 57, 79.

148. Ibid., passim (quotes on pp. 88, 91).

149. [Henry Care] , *A Vindication of the Proceedings of His Majestie's Ecclesiastical Commissioners* (1688), pp. 36–58.

150. Herbert, *Short Account*, p. 29. 新近对莫德林学院事件的学术分析，见 R. A. Beddard, 'James II and the Catholic Challenge', in Nicholas Tyacke, ed., *The History of the University of Oxford. Vol. IV. Seventeenth-Century Oxford* (Oxford, 1997), pp. 940–50。

151. Wood, *Life and Times*, III, 196, 213, 254, 257, 261–2, 264, 273–4.

152. Steele, I, no. 3845.

153. *Lond. Gaz.*, nos. 2270–2276 (18–22 Aug. to 8–12 Sep. 1687). See also Luttrell, I, 411–12; *Ellis Corr.*, 336–7; Hunt. Lib., HA 1580, Thomas Condon to Earl of Huntingdon, 6 Aug. 1687; NLS, MS 14407, fol. 111.

154. Coventry City Archives, BA/H/C/17/2, fols. 342–4; BL, Add. MSS 72,596, fol. 1.

155. Wood, *Life and Times*, III, 226–32 (quote on p. 230); BL, Add. MSS 72,595, fols. 150, 152v. Morrice, P, 618–19 讲述了一个类似的故事：1686 年 8 月在索尔兹伯里，国王随行人员中有一位骑马的绅士被一头獒犬袭击。

156. *Life of James II*, II, 140.

157. Evelyn, *Diary*, IV, 560, n.1. In *The Works of Halifax*, I, 89, fn. 2, Brown puts the figure at 17.

158. *CSPD, 1687–9*, p. 67 (no. 330); Dalrymple, *Memoirs*, II, 'Part I. Continued. Appendix to Book V', p. 84.

159. Miller, *James II*, p. 178; Stater, *Noble Government*, pp. 166–71; Sir George Duckett, ed., *Penal Laws and Test Act* (2 vols., 1872–3).

160. Hunt. Lib., HA 10699, Samuel Sanders to Huntingdon, 19 Dec. 1687.

161. Cited in Turner, *James II*, p. 331.

162. Glassey, *Politics*, pp. 82–7; Miller, *Popery and Politics*, p. 272.

163. Mark Knights, 'A City Revolution: The Remodelling of the London Livery Companies in the 1680s', *English Historical Review*, 112 (1997), 1158–62.

164. This section draws on Halliday, *Dismembering the Body Politic*, ch. 7.

165. Western, *Monarchy and Revolution*, pp. 222–4.

166. *CSPD, 1687–9*, p. 300 (no. 1627).

167. Childs, *The Army, James II, and the Glorious Revolution*, pp. 110–11.

168. West Sussex RO, MF 1145, Chichester City Minute Book, 1685–1737, p. 28.

169. BL, Add. MSS 72,596, fols. 15, 16v; J. R. Jones, 'James II's Whig Collaborators', *Historical Journal*, 3 (1960), 65–73; Goldie, 'James II and the Dissenters' Revenge', pp. 53–4; Knights, 'London Livery Companies', p. 1165.

第六章　只能根据法律积极服从

1. Morrice, P, 659.

2. *POAS*, IV, 221.

3. Jeremy Black, *A System of Ambition? British Foreign Policy 1660–1793* (1991), p. 135; Jonathan Israel, 'General Introduction', in Israel, ed., *The Anglo-Dutch Moment: Essays on the Glorious Revolution and its World Impact* (Cambridge, 1991), p. 5; Robert Beddard, 'The Unexpected Whig Revolution of 1688', in Beddard, ed., *The Revolution of 1688* (Oxford, 1988), p. 97; Geoffrey Holmes, *The Making of a Great Power: Late Stuart and Early Georgian Britain, 1660–1722* (Harlow, 1993), p. 178.

4. Elinor James, *My Lord, I Thought it My Bound Duty* (1687).

5. 例如，可参见，J [onathan] C [lapham] , *Obedience to Magistrates Recommended* (1683),

p. 13。

6. *An Answer to a late Pamphlet, Intituled The Judgment and Doctrine of the Clergy* (1687), pp. 14, 29–30. 夏洛克 (Sherlock) 的小册子是 *The Case of Resistance* (1684)。

7. *An Address of Thanks On Behalf of the Church of England to Mris James* (1687), p. 2.

8. *A New Test of Church of England's Loyalty* (1687), pp. 3, 5, 8.

9. [Thomas Cartwright] , *An Answer of a Minister of the Church of England* (1687), pp. 31–2.

10. *The New Test of the Church of England's Loyalty, Examined* (1687), pp. 1–2.

11. Gilbert Burnet, 'An Answer to a Paper Printed with Allowance, Entitled, A New Test of the Church of England's Loyalty', in his *Six Papers* (1687), pp. 31–2, 35, 38–9.

12. [Samuel Johnson] , *The Tryal and Examination of a Late Libel, intituled, A New Test of the Church of England's Loyalty* (1687), quotes on pp. 2, 3, 6.

13. [William Penn] , *A Letter from a Gentleman in the Country, To His Friend in London, Upon the Subject of the Penal Laws and Tests* (1687), pp. 5–6. See also [William Penn] , *A Second Letter from a Gentleman in the Country, To his Friends in London, Upon the Subject of the Penal Laws and Tests* (1687), pp. 6, 9.

14. *A Letter in Answer to a City Friend Shewing How Agreeable Liberty of Conscience Is to the Church of England* (1687), pp. 1–2. Cf. *Address of Thanks . . . to Mris James*, pp. 1–2.

15. Bodl., MS Tanner 29, fol. 9.

16. Morrice, Q, 120.

17. Ibid., p. 116.

18. *Pub. Occ.*, nos. 4 (13 Mar. 1687 [/8]), 6 (27 Mar. 1688), 7 (3 Apr. 1688), and 9 (17 Apr. 1688).

19. Morrice, Q, 116.

20. [Gilbert Burnet] , *The Ill Effects of Animosities among Protestants in England Detected* (1688), quotes on pp. 19, 20, 22.

21. Ibid., pp. 10–11, 16–17.

22. Ibid., p. 20.

23. [Gilbert Burnet] , *A Letter, Containing some Reflections on His Majesties Declaration for Liberty of Conscience* (1687), p. 6; Burnet, 'An Answer to. . . a New Test', p. 33.

24. *Some Reflections on a Discourse, Called, Good Advice to the Church of England* (1687?), in *State Tracts – Farther Collection* (1692), p. 366.

25. [Robert Ferguson] , *A Representation of the Threatning Dangers* [Edinburgh?, 1687] , pp. 32, 36, 37, 44, 47.

26. Ibid., p. 13.

27. Ibid., pp. 29–30.

28. FSL, V. b. 287, fol. 32, Sir James Fraser to Sir Robert Southall, 8 Sep. 1687; Mark M.

Brown, 'Introduction', *The Works of George Savile Marquis of Halifax*, ed. Mark M. Brown (3 vols., Oxford, 1989), I, 81.

29. H［enry］C［are］, *Animadversions on . . . A Letter to a Dissenter* (1687), p. 7.

30. Halifax, *A Letter to a Dissenter, Upon Occasion of His Majesties Late Gracious Declaration of Indulgence* (1687), in *The Works of Halifax*, I, 250–64 (quotes on pp. 251–2, 256–7).

31. Ibid., pp. 259, 262–4.

32. Mark Goldie, 'The Revolution of 1689 and the Structure of Political Argument', *Bulletin of Research in the Humanities*, 83 (1980), 480.

33. John Miller, *The Glorious Revolution* (1983), p. 103.

34. *A Letter to a Friend. In Answer to a Letter to a Dissenter* (1687), p. 1.

35. T［homas］G［odden］, *A Letter in Answer to Two Main Questions of the First Letter to a Dissenter* (1687), pp. 18–19.

36. ［William Penn］, *Remarks upon a Pamphlet Stiled, a Letter to a Dissenter, etc. In another Letter to the same Dissenter* (1687), p. 7.

37. C［are］, *Animadversions*, pp. 7, 10, 17, 31–3.

38. *The Works of Halifax*, I, 90–111, 讨论了关于"同等的保障"的争论。

39. C［are］, *Animadversions*, pp. 36–7.

40. J. R. Western, *Monarchy and Revolution* (1972), p. 228; *The Works of Halifax*, I, 92.

41. C［are］, *Animadversions*, p. 6.

42. Morrice, Q, 227, 232.

43. John Miller, *James II: A Study in Kingship* (Hove, 1978, 3rd edn 2000), p. 177; J. R. Jones, *The Revolution of 1688 in England* (1972), p. 227; Morrice, Q, 234.

44. Gaspar Fagel, *A Letter . . . Giving an Account of the Prince and Princess of Orange's Thoughts Concerning the Repeal of the Test and the Penal Laws* (Amsterdam, 1688).

45. BL, Add. MSS 72,596, fol. 32v.

46. BL, Add. MSS 34,502, fol. 96.

47. Steele, I, no. 3855.

48. E.g. Berks. RO, N/AC1/1, fol. 99; Hunt. Lib., HA 12521, Arthur Stanhope to Huntingdon, 30 Jan. 1687［/8］.

49. *Clar. Corr.*, II, 156.

50. Dalrymple, *Memoirs*, II, 'Part I. Continued. Appendix to Book V', p. 92.

51. Wood, *Life and Times*, III, 254–5.

52. BL, Add. MSS 72,596, fol. 32.

53. Hunt. Lib., HA 7783, Gervase Jaquis to Huntingdon, 7 Feb. 1687［/8］; Wood, *Life and Times*, III, 256.

54. *Clar. Corr.*, II, 160.

55. Steele, I, nos. 3864, 3865.

56. Morrice, Q, 255–7. Cf. *Life of James II*, II, 152–3.

57. *ST*, XII, col. 239; Bulstrode Newsletters, Reel 4, 22 and 27 May 1688; Morrice, Q, 259–60.

58. Morrice, Q, 261.

59. Gilbert Burnet, *History of His Own Time: From the Restoration of King Charles the Second to the Treaty of Peace at Utrecht, in the Reign of Queen Anne* (1850), p. 468.

60. BL, Add. MS 34,512, fol. 82; *Clar. Corr.*, II, 172–3; [William Sherlock] , *A Letter from a Clergy-Man in the City, To his Friend in the Country, Containing his Reasons For not Reading the Declaration* (1688), p. 8; Burnet, *History of His Own Time*, p. 468; *ST*, XII, cols. 432–3, note; Bulstrode Newsletters, Reel 4, 21 and 28 May 1688.

61. Morrice, Q, 261.

62. Wood, *Life and Times*, III, 267.

63. Luttrell, I, 440; Bulstrode Newsletters, Reel 4, 18 Jun. 1688.

64. Luttrell, I, 451; Bulstrode Newsletters, Reel 4, 16 Jul. 1688; *Lond. Gaz.*, no. 2374 (16–20 Aug. 1688); *Life of James II*, II, 167.

65. Herbert Croft, *A Short Discourse Concerning the Reading of His Majesties Late Declaration in the Churches* (1688), quotes on pp. 6–7.

66. [Poulton] , *An Answer to a Letter From a Clergyman in the City, to his Friend in the Country, Containing his Reason for not Reading the Declaration* (1688), p. 3.

67. BL Add. 11,268, fols. 89–93, 'A Country-Clergie-Man's Answer to the Reasons of the City Clergie-man for not Reading the Declaration'.

68. 'The Clerical Cabal' (1688), in *POAS*, IV, 220–1.

69. *An Answer to the City Minister's Letter, from a Country Friend* (Oxford?, 1688), pp. 2, 3.

70. [Sherlock] , *Letter from a Clergy-Man in the City*, pp. 2–3, 5, 6.

71. BL, Add. MS 34,512, fol. 83; Bulstrode Newsletters, Reel 4, 27 May 1688.

72. Morrice, Q, 269; Douglas R. Lacey, *Dissent and Parliamentary Politics in England, 1661–1689* (New Brunswick, N.J., 1969), pp. 210–12.

73. West Sussex RO, MF 1145, Chichester City Minute Book 1685–1735, pp. 33, 36.

74. 这些感谢信可以在《伦敦公报》上查到。这一总数不包括来自托特尼斯和斯卡伯勒的，这两地的感谢信是在 4 月 28 日起草的，但显然是（新近遭到清洗的市政法人）对前一年的《信教自由令》的迟来的响应。

75. Morrice, Q, 267–8; FSL, V.b.287, fol. 70, Sir James Fraser to Sir Robert Southwell, 9 Jun. 1688; *Lond. Gaz.*, no. 2354, (7–11 Jun. 1688); Burnet, *History of His Own Time*, pp. 468–9; *Clar. Corr.*, II, 175; *HMC, Portland*, III, 410; *Hatt. Corr.*, II, 81; *Memoirs of Thomas Earl of Ailesbury*, ed. W. E. Buckley (1890), p. 170.

76. FSL, V.b.287, fol. 72, Fraser to Southwell, 16 Jun. 1688; Bulstrode Newsletters, Reel 4,

15 Jun. 1688; *ST*, XII, cols. 189–277; Morrice, Q, 271–3.

77. *Clar. Corr.*, II, 177; Morrice, Q, 280; Luttrell, I, 445; *The Autobiography of Sir John Bramston*, ed. P. Braybrooke, Camden Society, old series, 32 (1845), p. 390; BL, Add. MS 34,487, fol. 7; BL, Add. MSS, 34,510, fols. 126v, 129v–30, 133–5; BL, Add. MSS, 34,515, fol. 82v; Burnet, *History of His Own Time*, p. 469; CLRO, Sessions Papers, 1688; *Pub. Occ.*, no. 19 (26 Jun. 1688).

78. Bulstrode Newsletters, Reel 4, 18 Jun. 1688.

79. BL, Add. MSS 34,510, fol. 138; BL, Add. MSS 34,512, fol. 89; Morrice, Q, 280.

80. *ST*, XII, cols. 277–431 (quotes on cols. 279, 339, 357, 361, 363–4, 367–9, 370–1, 397, 425–6).

81. *ST*, XII, col. 399.

82. *ST*, XII, cols. 426–7; FSL, V.b.287, fol. 76, Fraser to Southwell, 3 Jul. 1688.

83. BL, Add. MSS 34,487, fol. 9; BL, Add. MSS 34,510, fols. 138–9; BL, Add. MSS 34,515, fol. 88; *HMC, Portland*, III, 414; *Ellis Corr.*, II, 5, 11–12; Bramston, *Autobiography*, pp. 310–11; *Clar. Corr.*, II, 179; Bulstrode Newsletters, Reel 4, 29 Jun. 1688; Reresby, *Memoirs*, p. 501; *Pub. Occ.*, no. 20 (3 Jul. 1688); Burnet, *History of His Own Time*, pp. 469–70; Ailesbury, *Memoirs*, p. 170; *The Rawdon Papers*, ed. Rev. Edward Berwick (1819), p. 291; A. C. Edwards, ed., *English History from Essex Sources, 1550–1750* (Chelmsford, 1952), pp. 106–7.

84. Hunt. Lib., HA 3992, John Gery to the Earl of Huntingdon, 5 Jul. 1688; Hunt. Lib., STT 391, W [illiam] C [haplyn] to Sir Richard Temple, 5 Jul. 1688; Luttrell, I, 449; Thomas Babington Macaulay, *The History of England from the Accession of James the Second*, ed. Sir Charles Firth (6 vols., 1913–15), II, 1035; Laurence Echard, *The History of England* (3 vols., 1707–18), III, 874; Wood, *Life and Times*, III, 271–2; D. R. Hainsworth, *Stewards, Lords and People: The Estate Steward and his World in Later Stuart England* (Cambridge, 1992), p. 150.

85. BL, Add. MSS 34,487, fol. 9; Burnet, *History of His Own Time*, p. 470.

86. Reresby, *Memoirs*, p. 500; Luttrell, I, 452.

87. Dalrymple, *Memoirs*, II, 'Part I. Continued. Appendix to Book V', p. 116.

88. Edwards, *Essex Sources*, p. 107; BL, Add. MSS 34,487, fol. 9.

89. Bodl., MS Tanner 28, fol. 113; Macaulay, *History*, II, 1018.

90. *Catalogue of Prints and Drawings in the British Museum*, ed. F. G. Stephens and M. Dorothy George (11 vols., 1870–1954), I, no. 1169.

91. *Life of James II*, II, 168.

92. Bulstrode Newsletters, Reel 3, 13 and 16 Jul. 1688; CLRO, Sessions File, July 1688.

93. BL, Add. MSS 34,487, fol. 11; *Ellis Corr.*, II, 108–9.

94. Bulstrode Newsletters, Reel 4, 2, 6, 9, 13 and 30 Jul. 1688; *Lond. Gaz.*, nos. 2364 (12–16

　　　Jul. 1688) and 2375 (20–23 Aug. 1688); Morrice, Q, 281–2; *ST*, XII, col. 434.

95．Hunt. Lib., STT 1843, Thomas Sprat, Bishop of Rochester, to the Ecclesiastical Commissioners, 16 Aug. 1688; BL, Add. MSS 28,876, fol. 146; All Souls Library, Oxford, MSS 257, no. 65; *Ellis Corr.*, II, 137.

96．Steele, I, no. 3866.

97．BL, Add. MSS 27,448, fols. 342, 344, 349; *Lond. Gaz.*, nos. 2355 (11–14 Jun. 1688), 2356 (14–18 Jun. 1688) and 2357 (18–21 Jun. 1688).

98．Bulstrode Newsletters, Reel 4, 11 Jun. 1688.

99．Wood, *Life and Times*, III, 268, 270–2.

100．Luttrell, I, 443, 445–6; *Pub. Occ.*, no. 17 (19 Jun. 1688); BL, Add. MSS 34,515, fol. 82v; Hunt. Lib., HA 666, Sir Henry Beaumont to Huntingdon, 13 Jun. 1688; Hunt. Lib., HA 665, Beaumont to Huntingdon, 1 Jul. 1688; Hunt. Lib., HA 12979, George Vernon to Huntingdon, 1 Jul. 1688; Hunt. Lib., HA 33, J. Adderley to Huntingdon, 2 Jul. 1688; Hunt. Lib., HA 3992, John Gery to Huntingdon, 5 Jul. 1688; Echard, *History of England*, III, 862, 868. The addresses were published in the *London Gazette*.

101．*Pub. Occ.*, no. 22 (17 Jul. 1688); Morrice, Q, 284; *HMC, 5th Report*, p. 378–9; *Ellis Corr.*, II, 52; Luttrell, I, 451.

102．Dalrymple, *Memoirs*, II, 'Part I. Continued. Appendix to Book V', p. 175.

103．*The Sham Prince Expos'd* (1688).

104．关于暖锅的传闻，见 J. P. Kenyon, 'The Birth of the Old Pretender', *History Today*, 13 (1963), 418–26; Rachel Weil, *Political Passions: Gender, the Family and Political Argument in England 1680–1714* (Manchester, 1999), ch. 3。为了驳斥暖锅这种荒诞的说法，詹姆斯公布了 70 多名目睹王子出生的人的证词：*Depositions taken the 22d of October, 1688, Before the Privy-Council and Peers of England, Relating to the Birth of the (Then) Prince of Wales* [Edinburgh, 1688]；FSL, Newdigate Newsletters, L.c. 1932 (23 Oct. 1688)。

105．Dalrymple, *Memoirs*, II, 'Part I. Continued. Appendix to Book V', pp. 107–10.

第七章　逃亡

1．Morrice, Q, 207.

2．Jonathan I. Israel, 'The Dutch Role in the Glorious Revolution', in Israel, ed., *The Anglo-Dutch Moment: Essays on the Glorious Revolution and its World Impact* (Cambridge, 1991), pp. 105–62; Jonathan Scott, *England's Troubles: Seventeenth-Century English Political Stability in European Context* (Cambridge, 2000), chs. 9, 20; Simon Groenveld, '"J'équippe une flotte trés considérable"：The Dutch Side of the Glorious Revolution', in Robert Beddard, ed., *The Revolutions of 1688* (Oxford, 1988), pp. 213–45.

3. Israel, 'Dutch Role', p. 106; Jonathan Israel and Geoffrey Parker, 'Of Providence and Protestant Winds', in Israel, ed., *Anglo-Dutch Moment*, p. 337; John Childs, *The Army, James II, and the Glorious Revolution* (Manchester, 1980), pp. 174–6, 184; Stephen Saunders Webb, *Lord Churchill's Coup: The Anglo-American Empire and the Glorious Revolution Considered* (New York, 1998), pp. 141, 337 (note 43); W. A. Speck, *James II: Profiles in Power* (2002), p. 76.

4. *CSPD, 1687–9*, p. 270 (no. 1472).

5. *Lond. Gaz.*, nos. 2376 (23–27 Aug. 1688) and 2384 (20–24 Sep. 1688);Luttrell, I, 462; John Miller, *James II: A Study in Kingship* (Hove, 1978, 3rd edn 2000), pp. 196–7; J. R. Jones, *The Revolution of 1688 in England* (1972), pp. 150–1.

6. *Lond. Gaz.*, no. 2386 (27 Sep.–1 Oct. 1688); *RPCS, 1686–9*, p. xxv;Morrice, Q, 296; Childs, *The Army, James II, and the Glorious Revolution*,p. 180; Steele, I, no. 3876; Hunt. Lib., HA 7164, James II to Huntingdon, 22 Sep. 1688; *CSPD, 1687–9*, pp. 279–86; *The Earl of Sunderland's Letter to a Friend* (1689); J. P. Kenyon, *Robert Spencer, Second Earl of Sunderland 1641–1702* (1958), p. 215; *Ellis Corr.*, II, 209–10, 219; Steele, I, no. 3873.

7. *Lond. Gaz.*, no. 2386 (27 Sep.–1 Oct. 1688); *Ellis Corr.*, II, 226–7;Morrice, Q, 298.

8. *Lond. Gaz.*, no. 2387 (1–4 Oct. 1688).

9. Bodl., MS Tanner 28, fol. 187v; EUL, La. II. 89, fols. 304–6 (no. 192).

10. Morrice, Q, 303.

11. *CSPD, 1687–9*, pp. 309 (no. 1677), 320 (no. 1732), 321 (no. 1740); *Lond. Gaz.*, nos. 2388 (4–8 Oct. 1688) and 2391 (15–18 Oct. 1688); Luttrell, I, 465; NLS, MS 7011, fol. 74; J. R. Bloxam, ed., *Magdalen College and James II* (Oxford, 1886), pp. 252–65; Wood, *Life and Times*, III, 279–80; Steele, I, no. 3881; Paul D. Halliday, *Dismembering the Body Politic: Partisan Politics in England's Towns, 1650–1730* (Cambridge, 1998), pp. 257–9; Lionel K. J. Glassey, *Politics and the Appointment of Justices of the Peace 1675–1720* (Oxford, 1979), pp. 94–7.

12. BL, Add. MS 63,057B, fol. 130; Gilbert Burnet, *History of His Own Time: From the Restoration of King Charles the Second to the Treaty of the Peace at Utrecht, in the Reign of Queen Anne* (1850), p. 495; Lois G. Schwoerer, *The Declaration of Rights, 1689* (Baltimore, 1981), pp. 109–11.

13. *The Declaration of His Highnes William Henry . . . Prince of Orange, etc. Of the Reasons Inducing him to Appear in Armes in the Kingdome of England* (The Hague, 1688).

14. Morrice, Q, 324.

15. *Lond. Gaz.*, nos. 2387 (1–4 Oct. 1688), 2389 (8–11 Oct. 1688) and 2390 (11–15 Oct. 1688); Luttrell, I, 467–8; *Ellis Corr.*, II, 233.

16. Somerset RO, DD/SAS/C/795, 'Pr. Of Orange, 1688'; Matthew Prior, 'The Orange', in *POAS*, IV, 308.

17. Steven Pincus, 'The Making of a Great Power? Universal Monarchy, Political Economy, and the Transformation of English Political Culture', *The European Legacy*, 5 (2000), 539.

18. J. D. Davies, *Gentlemen and Tarpaulins: The Officers and Men of the Restoration Navy* (Oxford, 1991), pp. 205–17.

19. David H. Hosford, *Nottingham, the Nobles and the North: Aspects of the Revolution of 1688* (Hamden, Conn., 1976), pp. 30–43.

20. Robert Beddard, *A Kingdom Without a King: The Journal of the Provisional Government in the Revolution of 1688* (Oxford, 1988), p. 21.

21. Jeremy Black, *A System of Ambition? British Foreign Policy 1660–1793* (1991), p. 135.

22. *Lond. Gaz.*, nos. 2398 (8–12 Nov. 1688) and 2399 (12–15 Nov. 1688); [John Whittel] , *An Exact Diary of the Late Expedition* (1689), p. 46; *A True and Exact Relation of the Prince of Orange His Publick Entrance into Exeter* [1688]; Eveline Cruickshanks, 'The Revolution and the Localities: Examples of Loyalty to James II', in Cruickshanks, ed., *By Force or By Default? The Revolution of 1688–1689* (Edinburgh, 1989), p. 30; Jones, *Revolution of 1688*, p. 294.

23. [Whittel] , *Exact Diary*, p. 48.

24. Burnet, *History of His Own Time*, p. 502; Beddard, *Kingdom Without a King*, pp. 21–2.

25. *Ellis Corr.*, II, 294–6; *Lond. Gaz.*, no. 2399 (12–15 Nov. 1688); Morrice, Q, 317, 321; David Hosford, 'Lovelace, John, Third Baron of Lovelace (*c.* 1640–1693)', *Oxford DNB*.

26. Morrice, Q, 322; [Whittel] , *Exact Diary*, p. 51; Childs, *The Army, James II, and the Glorious Revolution*, p. 186.

27. *Lond. Gaz.*, no. 2402 (19–22 Nov. 1688).

28. Ibid., no. 2400 (15–17 Nov. 1688); Hunt. Lib., HA 12452, J. Smithsby to Huntingdon, 27 Nov. 1688; Morrice, Q, 317–18, 327; Childs, *The Army, James II, and the Glorious Revolution*, chs. 6 and 7 (esp. pp. 159, 186–7, 190).

29. *POAS*, IV, 309–14; Burnet, *History of His Own Time*, p.502; Mrs Manley, *A True Relation of the Several Facts and Circumstances of the Intended Riot and Tumult on Queen Elizabeth's Birthday* (3rd edn, 1712), p. 5.

30. Wood, *Life and Times*, III, 284; Hosford, *Nottingham, Nobles and the North*, ch. 6; Morrice, Q, 326, 331, 337; Laurence Echard, *The History of England* (3 vols., 1707–18), III, 928; W. A. Speck, *Reluctant Revolutionaries* (Oxford, 1988), pp. 226–30; Reresby, *Memoirs*, p. 536; *Great News from Salisbury, The Sixth of December, 1688* [1688] .

31. *To the King's Most Excellent Majesty, the Humble Petition of the Lords Spiritual and*

Temporal (1688); Luttrell, I, 476; Steele, I, no. 3901.

32. Speck, *Reluctant Revolutionaries*, p. 232; Luttrell, I, 475, 480; *Ellis Corr.*, II, 333.

33. Hunt. Lib., HA 4801, Countess of Huntingdon to Huntingdon, 3 Dec. 1688. Cf. Hunt. Lib., HA 4808, same to the same, 7 Dec. 1688.

34. *Lord Del_r's Speech* [1688?].

35. *The Declaration of the Nobility, Gentry, and Commonalty at the Rendezvous at Nottingham, Nov. 22 1688* [1688].

36. Martin Greig, 'Burnet, Gilbert (1643–1715)', *Oxford DNB*.

37. [Gilbert Burnet], *An Enquiry into the Measures of Submission to the Supream Authority* (1688, Wing B5808 edn), pp. 1, 2, 4.

38. Ibid., pp. 5, 6.

39. Tim Harris, *Restoration: Charles II and His Kingdoms, 1660–85* (2005), pp. 58, 72, 75–6, 78, 175–9; Mark Goldie, 'Danby, the Bishops and the Whigs', in Tim Harris, Paul Seaward and Mark Goldie, eds., *The Politics of Religion in Restoration England* (1990), pp. 75–105.

40. [Thomas Osborne, Earl of Danby], *The Thoughts of a Private Person; About the Justice of the Gentlemen's Undertaking at York. Nov. 1688* (1689), pp. 1–2, 3, 4, 5, 7.

41. Ibid., pp. 8, 9, 10, 11, 12, 17, 22.

42. Reresby, *Memoirs*, pp. 497–8; WYAS, MX/R/50/84–5, MX/R/53/1, 4, 6, MX/R/54/1–5; Luttrell, I, 434; Wood, *Life and Times*, III, 257; *Pub. Occ.*, no. 4 (13 Mar. 1687 [/8]).

43. BL, Add. MSS 34,512, fol. 108v; BL, Add. MSS, 38,175, fol. 140; Evelyn, *Diary*, IV, 599; Luttrell, I, 465. 关于 1688 年下半年反天主教暴力的一般性研究，见 William L. Sachse, 'The Mob and the Revolution of 1688', *Journal of British Studies*, 4 (1964), 23–40; Robert Beddard, 'Anti-Popery and the London Mob of 1688', *History Today*, 38, no. 7 (July 1988), 36–9; Tim Harris, 'London Crowds and the Revolution of 1688', in Cruickshanks, ed., *By Force or By Default?*, pp. 44–64; John Miller, 'The Militia and the Army in the Reign of James II', *Historical Journal*, 16 (1973), 659–79。

44. Luttrell, I, 467; *Ellis Corr.*, II, 240; *Hatt. Corr.*, II, 95.

45. *HMC, Le Fleming*, pp. 216–17; *HMC, 5th Report*, p. 379.

46. Morrice, Q, 310; Luttrell, I, 472; *HMC, 14th Report*, IX, 448; *Ellis Corr.*, II, 269; Evelyn, *Diary*, IV, 602.

47. Morrice, Q, 311; *HMC, Le Fleming*, p. 218.

48. Luttrell, I, 474, 475; *Ellis Corr.*, II, 291–2; BL, Add. MSS 34,487, fol. 35; Morrice, Q, 317; Evelyn, *Diary*, IV, 607; *Hatt. Corr.*, II, 99–100; CLRO, Lieutenancy Court Minute Books 1685–88, 13 Nov. 1688; *The Autobiography of Sir John Bramston*, ed. P. Braybrooke, Camden Society, old series, 32 (1845), p. 332; FSL, Newdigate Newsletters, L.c. 1934 (13 Nov. 1688).

49. BL, Add. MSS 34,510, fols. 177v, 179v–80; Luttrell, I, 477.

50. Luttrell, I, 468.

51. *CSPD, 1687–9*, p. 348 (no. 1915).

52. BL, Add. MSS 34,510, fol. 159v; *CSPD, 1687–9*, p. 316 (no. 1715).

53. Hunt. Lib., STT 48, Mr Andrews and others to Dear Sir, 1 Nov. 1688; Wood, *Life and Times*, III, 281.

54. Wood, *Life and Times*, III, 285; Morrice, Q, 337; Reresby, *Memoirs*, p. 531; FSL, Newdigate Newsletters, L.c. 1944 (6 Dec. 1688).

55. *HMC, Le Fleming*, p. 226; Bodl., MS Ballard 45, fol. 20.

56. Wood, *Life and Times*, III, 286–7.

57. Morrice, Q, 338; Luttrell, I, 482–4; Bodl., MS Tanner 28, fol. 283; *Univ. Int.*, no. 1 (11 Dec. 1688); *Great News from Nottingham, The Fifth of December, 1688* [1688] ; FSL, Newdigate Newsletters, L.c. 1944 (6 Dec. 1688).

58. [Hugh Speke] , *By His Highness William Henry, Prince of Orange, a Third Declaration* (1688); Hugh Speke, *The Secret History of the Happy Revolution, in 1688* (1715), pp. 32, 34–40; Edmund Bohun, *The History of the Desertion* (1689), pp. 87–8; John Oldmixon, *The History of England during the Reign of the Royal House of Stuart* (1730), p. 759.

59. Burnet, *History of His Own Time*, p. 503; Morrice, Q, 341.

60. Evelyn, *Diary*, IV, 609.

61. Speke, *Secret History*, pp. 43–4.

62. BL, Add. MSS 72,596, fol. 45; Hunt. Lib., HA 12452, Smithsby to Huntingdon, 27 Nov. 1688; Morrice, Q, 329; *Lond. Gaz.*, no. 2406 (29 Nov.–3 Dec. 1688); Steele, I, no. 3909; *CSPD, 1687–9*, p. 361 (no. 1987).

63. Morrice, Q, 325, 345; FSL, Newdigate Newsletters, L.c. 1939 (24 Nov. 1688) and 1946 (11 Dec. 1688); [Whittel] , *Exact Diary*, p. 69; *An Account of Last Sunday's Engagement Between His Majesty's, and the Prince of Orange's Forces, in the Road between Reading and Maidenhead* (1688); Henri and Barbara van der Zee, *1688: Revolution in the Family* (1988), pp. 179, 187–8.

64. [Whittel] , *Exact Diary*, pp. 64–6; Beddard, *Kingdom Without a King*, pp. 25–9.

65. Andrew Barclay, 'Mary [of Modena] (1658–1718)', *Oxford DNB*.

66. *HMC, 14th Report*, IX, 451; *HMC, Dartmouth*, I, 226; Luttrell, I, 485; BL, Add. MSS 32,095, fol. 297; Reresby, *Memoirs*, pp. 536–7; Jones, *Revolution of 1688*, p. 305.

67. *Lond. Gaz.*, no. 2409 (10–13 Dec. 1688); *Univ. Int.*, no. 1 (11 Dec. 1688).

68. BL, Add. MSS 34,487, fols. 50–1; BL, Add. MSS 34,510, fols. 197–9; *Ellis Corr.*, II, 345–52; Bramston, *Autobiography*, pp. 339–40; Reresby, *Memoirs*, 537; *HMC, 5th Report*, p. 379; *HMC, Dartmouth*, I, 229–33; *HMC, Le Fleming*, p. 228; *HMC, 14th*

Report, IX, 452; *HMC, Portland*, III, 420; Luttrell, I, 486; *Univ. Int.*, nos. 1 (11 Dec. 1688) and 2 (11–15 Dec. 1688); *English Currant*, no. 2 (12–14 Dec. 1688); *London Courant*, no. 2 (12–15 Dec. 1688); *Lond. Gaz.*, no. 2409 (10–13 Dec. 1688); *Lond. Merc.*, nos. 1 (15 Dec. 1688) and 2 (15–18 Dec. 1688); Morrice, Q, 350–2; FSL, Newdigate Newsletters, L.c. 1947 (13 Dec. 1688); Evelyn, *Diary*, IV, 610; Hunt. Lib., HA 1226, Thomas Carleton to Huntingdon, 13 Dec. 1688; Hunt. Lib., HA 4806, Countess of Huntingdon to Huntingdon, 15 Dec. 1688; A. C. Edwards, ed., *English History from Essex Sources, 1550–1750* (Chelmsford, 1952), pp. 110–11; *A Full Account of the Apprehending of the Lord Chancellor in Wapping* (1688); Echard, *History*, III, 932.

69. *Univ. Int.*, nos. 3 (15–18 Dec. 1688), 4 (18–22 Dec. 1688), 5 (22–26 Dec. 1688) and 7 (31 Dec.–3 Jan. 1688 [/9]); *Lond. Merc.*, nos. 4 (22–24 Dec. 1688) and 5 (24–27 Dec. 1688); Morrice, Q, 389; FSL, Newdigate Newsletters, L.c. 1955 (1 Jan. 1688 [/9]) Geraint H. Jenkins, *The Foundations of Modern Wales: Wales 1642–1780* (Oxford, 1987), p. 147.

70. *Lond. Merc.*, no. 1 (15 Dec. 1688); *Univ. Int.*, no. 3 (15–18 Dec. 1688); Morrice, Q, 362; *HMC, 5th Report*, p. 324; *Memoirs of Thomas Earl of Ailesbury*, ed. W. E. Buckley (1890), pp. 200, 203, 205, 206; Luttrell, I, 487; *Ellis Corr.*, II, 356–7; Bohun, *History of the Desertion*, pp. 99, 103; Oldmixon, *History*, p. 761. For a general account, see G. H. Jones, 'The Irish Fright of 1688: Real Violence and Imagined Massacre', *BIHR*, 55 (1982), 148–52; P. G. Melvin, 'The Irish Army and the Revolution of 1688', *The Irish Sword*, 9 (1969–70), 298–9, 302–7.

71. *Lond. Merc.*, nos. 2 (15–18 Dec. 1688), 3 (18–22 Dec. 1688), 5 (24–27 Dec. 1688) and 7 (31 Dec. 1688–3 Jan. 1688 [/9]); *Univ. Int.*, no. 5 (22–26 Dec. 1688); Hunt. Lib., HA 1043, [Theophilus Brookes] to Huntingdon, 19 Dec. 1688; Morrice, Q, 359, 389; *HMC, Portland*, III, 421; BL, Add. MSS 34,487, fol. 50; Echard, *History*, III, 933; Jenkins, *Foundations of Modern Wales*, p. 147.

72. Bramston, *Autobiography*, p. 340; *A Dialogue between Dick and Tom* (1689), p. 8.

73. Beddard, 'Anti-Popery and the London Mob', quote on p. 36; Sachse, 'Mob and the Revolution', esp. pp. 26, 35.

74. Morrice, Q, 310; *Ellis Corr.*, II, 351; *Univ. Int.*, no. 2 (11–15 Dec. 1688).

75. Oldmixon, *History*, p. 757; Burnet, *History of His Own Time*, pp. 503, 505.

76. Luttrell, I, 477; Morrice, Q, 323.

77. Bodl., MS Ballard 45, fol. 20.

78. Thomas Babington Macaulay, *The History of England from the Accession of James the Second*, ed. Sir Charles Firth (6 vols., 1913–15), III, 1178. Cf. [Charles Leslie] , *An Answer to a Book, Intituled, The State of the Protestants in Ireland* (1692), sig. b 2v.

79. BL, Add. MSS 32,095, fols. 302–11; Hunt. Lib., HA 1226, Thomas Carleton to Huntingdon, 13 Dec. 1688; Wood, *Life and Times*, III, 288; *Hatt. Corr.*, II, 123; Ailesbury, *Memoirs*, p. 208; Bramston, *Autobiography*, p. 338; Reresby, *Memoirs*, p. 539; Burnet, *History of His Own Time*, p. 505; 'Récit du Départ du Roi Jacques II D'Angleterre, Ecrit de sa main', in Sir James Mackintosh, *History of the Revolution in England in 1688* (1834), p. 706.

80. BL, Add. MSS 4182, fol. 71; *Clar. Corr.*, II, 230; Ailesbury, *Memoirs*, pp. 214–15; Reresby, *Memoirs*, p. 540; Wood, *Life and Times*, III, 289; *Life of James II*, II, 262; Burnet, *History of His Own Time*, p. 506; 'Récit du Départ du Roi Jacques II', p. 707; *HMC, Dartmouth*, I, 236; *HMC, Le Fleming*, p. 230; *Ellis Corr.*, II, 362–3; *Univ. Int.*, no. 3 (15–18 Dec. 1688); *Lond. Merc.*, no. 2 (15–18 Dec. 1688); *London Courant*, no. 3 (15–18 Dec. 1688); Echard, *History*, III, 934–5.

81. Bramston, *Autobiography*, p. 340; FSL, Newdigate Newsletters, L.c. 1949 (18 Dec. 1688); Oldmixon, *History*, p. 762; Bohun, *History of the Desertion*, p. 100; Edmund Bohun, *Diary and Autobiography*, ed. S. Wilton Rix (Beccles, 1853), p. 82; *A Poem on His Majesties Return to Whitehall* (1688); *Lond. Gaz.*, no. 2410 (13–17 Dec. 1688).

82. *Life of James II*, II, 263–78 (quotes on pp. 263, 267, 274); James II, *His Majestie's Reasons for Withdrawing Himself from Rochester* (1688); Ailesbury, *Memoirs*, p. 218; *Univ. Int.*, nos. 4 (18–22 Dec. 1688) and 5 (22–26 Dec. 1688); *Lond. Merc.*, no. 7 (31 Dec. 1688–7 Jan. 1688 [/9]); *HMC, Hamilton*, p. 175; *Ellis Corr.*, II, 372–3; Wood, *Life and Times*, III, 289–91; Beddard, *Kingdom Without a King*, pp. 63–4.

83. Hunt. Lib., HA 1227, Thomas Carleton to Huntingdon, 18 Dec. 1688; Hunt. Lib., HA 4807, Countess of Huntingdon to Huntingdon, 18 Dec. 1688; BL, Add. MSS 20,716, fol. 5; FSL, Newdigate Newsletters, L.c. 1950 (20 Dec. 1688); *Clar. Corr.*, II, 231; Luttrell, I, 489; *Lond. Merc.*, no. 3 (18–22 Dec. 1688); *English Currant*, no. 3 (14–19 Dec. 1688); *Univ. Int.*, no. 4 (18–22 Dec. 1688); Morrice, Q, 378; [Whittel] , *Exact Diary*, p. 71; Burnet, *History of His Own Time*, p. 508; *Ellis Corr.*, II, 369; Reresby, *Memoirs*, p. 541; *The Rawdon Papers*, ed. Rev. Edward Berwick (1819), p. 292; Oldmixon, *History*, p. 763; Echard, *History*, III, 938–40; BL, Evelyn Papers, JE A2, fol. 54.

84. Morrice, Q, 383; *Lond. Merc.*, no. 4 (22–24 Dec. 1688).

85. BL, Evelyn Papers, JE A2, fols. 54v–5v.

第八章　史上最伟大的革命

1. Lucille Pinkham, *William III and the Respectable Revolution* (Cambridge, Mass., 1954); Stuart E. Prall, *The Bloodless Revolution: England, 1688* (Garden City, N.Y., 1972); Jennifer Carter, 'The Revolution and the Constitution', in Geoffrey Holmes, ed., *Britain*

after the Glorious Revolution, 1689–1714 (1969), pp. 39–58; J. R. Western, *Monarchy and Revolution* (1972); J. P. Kenyon, *Revolution Principles: The Politics of Party, 1689–1720* (Cambridge, 1977); Howard Nenner, 'Constitutional Uncertainty and the Declaration of Rights', in Barbara Malament, ed., *After the Reformation: Essays in Honor of J. H. Hexter* (Philadelphia, 1980), pp. 291–308; Robert J. Frankle, 'The Formulation of the Declaration of Rights', *Historical Journal*, 17 (1974), 265–79.

2. John Morrill, 'The Sensible Revolution', in Jonathan I. Israel, ed., *The Anglo-Dutch Moment: Essays on the Glorious Revolution and its World Impact* (Cambridge, 1991), p. 103.

3. R. A. Beddard, 'The Unexpected Whig Revolution of 1688', Beddard, ed., *The Revolutions of 1688* (Oxford, 1988), esp. pp. 94–7.

4. Lois G. Schwoerer, *The Declaration of Rights, 1689* (Baltimore, 1981), quote on p. 248.

5. W. A. Speck, *Reluctant Revolutionaries* (Oxford, 1988), pp. 141, 162. Cf. Geoffrey Holmes, *The Making of a Great Power: Late Stuart and Early Georgian Britain, 1660–1722* (Harlow, 1993), p. 217.

6. Steven Pincus, 'The Making of a Great Power? Universal Monarchy, Political Economy, and the Transformation of English Political Culture', *The European Legacy*, 5 (2000), 532. See also Steven Pincus, *The First Modern Revolution* (forthcoming).

7. Robert Beddard, *A Kingdom Without a King: The Journal of the Provisional Government in the Revolution of 1688* (Oxford, 1988), pp. 36–41, 49–51, 57–60.

8. *Lond. Gaz.*, no. 2414 (27–31 Dec. 1688); Morrice, Q, 378, 382; Gilbert Burnet, *History of His Own Time: From the Restoration of King Charles the Second to the Treaty of Peace at Utrecht, in the Reign of Queen Anne* (1850), p. 509; *Clar. Corr.*, II, 225; Henry Horwitz, *Revolution Politicks: The Career of Daniel Finch, Second Earl of Nottingham* (Cambridge, 1968), pp. 68–9; Schwoerer, *Declaration of Rights*, pp. 133–4; Beddard, *Kingdom Without a King*, pp. 63–5; Beddard, 'Unexpected Whig Revolution', pp. 38–40.

9. J. H. Plumb, 'The Elections to the Convention Parliament of 1689', *Cambridge Historical Journal*, 5 (1937), 235–54; Henry Horwitz, 'Parliament and the Glorious Revolution', *BIHR*, 47 (1974), 36–52; Schwoerer, *Declaration of Rights*, pp. 150–2; Speck, *Reluctant Revolutionaries*, pp. 92–4; Henning, *House of Commons*, I, 106–7.

10. Morrice, Q, 436; Anchitell Grey, *Debates of the House of Commons from the Year 1667 to the Year 1694* (10 vols., 1763), IX, 2; *CJ*, X, 9; *LJ*, XIV, 101.

11. *Life of James II*, II, 292.

12. Schwoerer, *Declaration of Rights*, p. 156; Mark Goldie, 'The Revolution of 1689 and the Structure of Political Argument', *Bulletin of Research in the Humanities*, 83 (1980), 478.

13. *Life of James II*, II, 292–3; Luttrell, I, 497. Cf. Burnet, *History of His Own Time*, pp.

512–13.

14. *The Anatomy of an Arbitrary Prince* (1689).

15. ［Gilbert Burnet］, *An Enquiry into the Measures of Submission to the Supream Authority* (1688, Wing B5808 edn), p. 6.

16. ［Robert Ferguson］, *A Brief Justification of the Prince of Orange's Descent into England, and of the Kingdom's Late Recourse to Arms* (1689), quotes on pp. 9, 15, 17–18, 19.

17. *Four Questions Debated* (1689). Cf. *Reasons Humbly Offer'd, For Placing His Highness the Prince of Orange, Singly in the Throne During his Life*, in *The Eighth Collection of Papers Relating to the Present Juncture of Affairs in England* ［1689］, pp. 17–18.

18. ［Ferguson］, *Brief Justification of the Prince of Orange's Descent into England*, quotes on pp. 23–4, 31–2, 34, 37.

19. Mark Goldie, 'The Roots of True Whiggism 1688–94', *History of Political Thought*, 1 (1980), 195–236; Schwoerer, *Declaration of Rights*, ch. 8. 施沃勒错误地将罗伯特·弗格森归入这一行列，后者在 1689 年初还在抨击共和国，认为没有必要进一步限制王权。

20. [John Humfrey], *Advice Before it be too Late: Or, A Breviate for the Convention* [1689].

21. ［John Wildman］, *Some Remarks upon Government, and Particularly upon the Establishment of the English Monarchy Relating to this Present Juncture* (1689), p. 27.

22. *A Plain and Familiar Discourse concerning Government* ［1688］, p. 2.

23. *Now Is the Time* (1689). Also published as *A Modest Proposal to the Present Convention*, in *The Sixth Collection of Papers Relating to the Present Juncture of Affairs in England* (1689), pp. 17–18.

24. ［Wildman］, *Some Remarks upon Government*, quotes on pp. 5, 19, 21–3, 27–8.

25. ［Humfrey］, *Advice*, p. 4.

26. *A Letter to a Friend, Advising in this Extraordinary Juncture, How to Free the Nation from Slavery for Ever* (1689), p. 1.

27. Morrice, Q, 400, 406, 422, 424, 427, 430–1, 433.

28. *A Speech to His Royal Highness the Prince of Orange, by a True Protestant of the Church of England* (1689).

29. William Sherlock, *A Letter to a Member of the Convention* (1689), pp. 1–3.

30. *LJ*, XIV, 101; *CJ*, X, 11; Grey, *Debates*, IX, 3–5; *Parl. Hist.*, V, cols. 31–5; Steele, I, no. 3953.

31. All Souls, Oxford, MS 251, fol. 154.

32. 关于这场辩论的各种描述，见 Grey, *Debates*, IX, 6–25; *Parl. Hist.*, V, cols. 36–50 (which follows Grey); Lois G. Schwoerer, 'A Jornall of the Convention at Westminster begun the 22 of January 1688/9', *BIHR*, 49 (1976), 242–63; John Somers, 'Notes of

what passed in the Convention upon the Day the question was moved in the House of Commons concerning the Abdication of King James II, the 28th January 1688–9', in *Miscellaneous State Papers, from 1501 to 1726*, ed. P. Yorke, 2nd Earl of Hardwicke (2 vols., 1778), II, 401–12。将 Schwoerer, 'Jornall' 和 Grey, *Debates* 结合起来，可以更好地重构这场辩论。格雷列出的发言顺序是错误的。施沃勒提供的发言顺序似乎是正确的，而且对一些发言的描述要更为全面，但对于另外的发言，该编者只是总结了一下内容，对于这些发言，最好是遵循格雷的说法。

33. Grey, *Debates*, IX, 7–9, 21.
34. Schwoerer, 'Jornall', pp. 250–1. Cf. Grey, *Debates*, IX, 19–20.
35. Schwoerer, 'Jornall', p. 255. Cf. Grey, *Debates*, IX, 24.
36. Schwoerer, 'Jornall', pp. 256, 259; Grey, *Debates*, IX, 12, 17.
37. Schwoerer, 'Jornall', pp. 252–3. Cf. Grey, *Debates*, IX, 21–3.
38. Grey, *Debates*, IX, 18, 24; Schwoerer, 'Jornall', pp. 257, 259.
39. Grey, *Debates*, IX, 11; Schwoerer, 'Jornall', p. 258
40. Grey, *Debates*, IX, 12, 15, 23; Schwoerer, 'Jornall', pp. 255, 256, 258.
41. Grey, *Debates*, IX, 25; Schwoerer, 'Jornall', p. 261; *CJ*, X, 14, 15. 投反对票的三人是范肖勋爵（他希望推迟表决）、康伯里子爵和爱德华·西摩尔。
42. Morrice, Q, 446–7, 450; *LJ*, XIV, 110; *Parl. Hist.*, V, cols. 58–9; Eveline Cruickshanks, David Hayton and Clyve Jones, 'Divisions in the House of Lords on the Transfer of the Crown and Other Issues, 1689–94', in Clyve Jones and David Lewis Jones, eds., *Peers, Politics and Power: The House of Lords, 1603–1911* (1986), p. 82.
43. Morrice, Q, 445, 451–2; *LJ*, 111–12.
44. BL, Add. MSS 15,949, fol. 13; Morrice, Q, 445.
45. Reresby, *Memoirs*, p. 547; Luttrell, I, 499; Morrice, Q, 450.
46. Morrice, Q, 453–4; Reresby, *Memoirs*, pp. 548–9; Luttrell, I, 499–500; John Oldmixon, *The History of England during the Reign of the Royal House of Stuart* (1730), p. 771; *Clar. Corr.*, II, 258; *Lond. Int.*, no. 7 (2–5 Feb. 1688 [/9]); *Lond. Merc.*, no. 10 (10 Jan.–6 Feb. 1688 [/9]); Grey, *Debates*, IX, 45; Schwoerer, *Declaration of Rights*, p. 211.
47. *CJ*, X, 18–19; *LJ*, XIV, 115–17; BL, Add. MSS 15,949, fol. 16; Morrice, Q, 456; Grey, *Debates*, IX, 49–50.
48. *CJ*, X, 20; Grey, *Debates*, IX, 53–65 (quotes on pp. 55, 56).
49. *Parl. Hist.*, V, cols. 66–108 (quotes on cols. 68, 69, 70, 72); *LJ*, XIV, 118–19; Morrice, Q, 459–60, 462; West Sussex RO, Shillinglee Archives, no. 482, Robert Chaplin to Sir Edward Turner, 9 Feb. 1684 [/5] ; Burnet, *History of His Own Time*, pp. 518–19.
50. Grey, *Debates*, IX, 29–30.
51. Schwoerer, *Declaration of Rights*, p. 186.

52. Grey, *Debates*, IX, 30–4; Morrice, Q, 447–8.

53. *CJ*, X, 15; Grey, *Debates*, IX, 33, 35, 37, 48.

54. *The Publick Grievances of the Nation, Adjudged Necessary, by the Honorable House of Commons, To be Redressed* (1689); Schwoerer, *Declaration of Rights*, Appendix 2, pp. 299–300.

55. Grey, *Debates*, IX, 33, 51; *CJ*, X, 19; Schwoerer, *Declaration of Rights*, pp. 220–1.

56. Morrice, Q, 459–61; Speck, *Reluctant Revolutionaries*, p. 110.

57. *CJ*, X, 21–9; Grey, *Debates*, IX, 70–83.

58. Steele, I, nos. 3957–61

59. Schwoerer, *Declaration of Rights*, Appendix 1, pp. 295–8.

60. *HMC, 7th Report*, p. 759; *HMC, House of Lords, 1689–1690*, p. 29; *CJ*, X, 25.

61. William Cavendish, Duke of Devonshire, *Reasons for His Majestie's Passing the Bill of Exclusion* (1681), p. 5.

62. Tim Harris, *Politics under the Later Stuarts* (1993), pp. 69–70.

63. See Tim Harris, *Restoration: Charles II and His Kingdoms, 1660–85* (2005), pp. 63–4.

64. *CJ*, X, 26; *HMC, 7th Report*, p. 759; *HMC, House of Lords, 1689–1690*, p. 29.

65. Sir Edward Herbert, *A Short Account of the Authorities in Law, Upon Which Judgement Was Given in Sir Edw. Hales His Case* (1688), quotes on pp. 13, 16, 27, 28, 34.

66. Ibid., p. 29. 见本书第 215 页。

67. *A Letter to a Gentleman at Brussels, Containing an Account of the Causes of the People's Revolt from the Crown* (1689), p. 15.

68. W [illiam] A [twood] , *The Lord Chief Justice Herbert's Account Examin'd* (1689), esp. pp. 9, 11–13, 26–8, 31, 50–1, 62, 67, 70–2. Cf. Sir Robert Atkyns, 'Enquiry into the Power of Dispensing with Penal Statutes' [1688] , in *ST*, XI, cols. 1200–51.

69. Herbert, *Short Account*, pp. 4, 35, 37.

70. *Ellis Corr.*, II, 227. 詹姆斯是 9 月 28 日在与主教们的一次会议上说这番话的。

71. BL, Egerton MSS 2543, fol. 257. 见本书第 191—194 页。

72. Joyce Lee Malcom, *To Keep and Bear Arms: The Origins of an Anglo- American Right* (Cambridge, Mass., 1994), p. 40.

73. CJ, X, 25; *LJ*, XIV, 122.

74. See John Miller, 'Crown, Parliament and People', in J. R. Jones, ed., *Liberty Secured? Britain Before and After 1688* (Stanford, 1992), pp. 81–2.

75. Malcolm, *To Keep and Bear Arms*, pp. 121–2.

76. Lois G. Schwoerer, 'To Hold and Bear Arms: The English Perspective', *Chicago-Kent Law Review*, 76 (2000), 27–60.

77. Morrice, P, 385, 430, 472, 477, 501, 526, 543. See Harris, *Restoration*, pp. 179, 314, and above p. 82.

78. Harris, *Restoration*, pp. 142, 179, 185, 296, 315, 316.

79. *ST*, IX, cols. 585–94; J. M. Beattie, *Crime and the Courts in England 1660–1800* (Princeton, 1986), p. 378.

80. Speck, *Reluctant Revolutionaries*, p. 148; Schwoerer, *Declaration of Rights*, pp. 96–7; David Ogg, *England in the Reign of Charles II* (Oxford, 1934), p. 431; John Miller, *James II: A Study in Kingship* (Hove, 1978, 3rd edn 2000), p. 142.

81. Schwoerer, *Declaration of Rights*, ch. 15; Speck, *Reluctant Revolutionaries*, pp. 113–14.

82. *CJ*, X, 29–30; *LJ*, XIV, 127; Grey, *Debates*, IX, 83–4.

83. *LJ*, XIV, 132; *CJ*, X, 34; Grey, *Debates*, IX, 84–106, *SR*, VI, 23–4.

84. *SR*, VI, 61–2; Morrice, Q, 489; *HMC, Athole*, p. 36; Grey, *Debates*, IX, 128–9; *CJ*, X, 42.

85. *SR*, VI, 56–7; Lois G. Schwoerer, 'The Coronation of William and Mary, April 11, 1689', in Schwoerer, ed., *The Revolution of 1688–1689: Changing Perspectives* (Cambridge, 1992), pp. 107–30 (esp. pp. 123–5, 128–9).

86. *LJ*, XIV, 191; *SR*, VI, 57–60.

87. *CJ*, X, 42.

88. *SR*, VI, 142–5; Schwoerer, *Declaration of Rights*, ch. 16.

89. NLS, MS 7011, fol. 149.

90. *SR*, VI, 74–6; Horwitz, *Revolution Politicks*, pp. 87–93.

91. BL, Add. MSS 4236, fols. 19–20.

92. *The State Prodigal His Returne* [1689] , p. 3.

93. CUL, Sel 3, 237, no. 143.

94. *LJ*, XIV, 148; Morrice, Q, 507; Tony Claydon, *William III and the Godly Revolution* (Cambridge, 1996), p. 152; Henry Horwitz, *Parliament, Policy and Politics in the Reign of William III* (Manchester, 1977), p. 22.

95. W. C. Braithwaite, *The Second Period of Quakerism* (Cambridge, 1961), pp. 155, 181.

96. Western, *Monarchy and Revolution*, pp. 334–44, 352–3; Paul D. Halliday, *Dismembering the Body Politic: Partisan Politics in England's Towns, 1650–1730* (Cambridge, 1998), pp. 268–76.

97. *Parl. Hist.*, V, cols. 560, 561; Clayton Roberts, 'The Constitutional Significance of the Financial Settlement of 1690', *Historical Journal*, 20 (1977), 59–76 (figures on p. 63); E. A. Reitan, 'From Revenue to Civil List, 1689–1702: The Revolution Settlement and the "Mixed and Balanced" Constitution', *Historical Journal*, 13 (1970), 571–88.

98. [John Somers] , *In Vindication of the Proceedings of the Late Parliament of England* (1689), pp. 13–14.

99. *Lond. Gaz.*, no. 2427 (11–14 Feb. 1688 [/9]); Morrice, Q, 467; Luttrell, I, 501; Reresby, *Memoirs*, p. 554; Laurence Echard, *The History of England* (3 vols., 1707–18),

III, 978, 981.

100. *HMC, Portland*, III, 429; D. R. Hainsworth, *Stewards, Lords and People: The Estate Steward and his World in Later Stuart England* (Cambridge, 1992), p. 124; Hunt. Lib., STT, 413, W [illiam] C [haplyn] to Sir Richard Temple, 17 Feb. 1688 [/9] ; Luttrell, I, 503, 505, 507, 514; Berks. RO, N/AC1/1/1/fol. 103; *Lond. Gaz.*, nos. 2429–34 (18–21 Feb. to 7–11 Mar. 1688 [/9]).

101. Luttrell, I, 520–1, 522.

102. *News from Bath* (1689); *The Loyalty and Glory of the City of Bath* (1689).

103. *HMC, Portland*, III, 429.

104. See, for example, Berks. RO, H/Fac1, fols. 95–6 (Abingdon?), N/AC1/1/1/, fol. 112 (Newbury), W/FVc/28 (Wallingford).

105. Grey, *Debates*, IX, 110, 112.

106. Ibid., IX, 131.

107. Morrice, Q, 476.

108. Luttrell, I, 540.

109. Echard, *History*, III, 981.

110. Morrice, Q, 487.

111. CLRO, Sessions File, Jul. 1689, inds. of George Smith and Joseph Sheere, and gaol calendar.

112. Luttrell, I, 606–7.

113. *The Proceedings on the King and Queens Commissions of the Peace, and Oyer and Terminer, and Gaol Delivery of Newgate, held for the City of London, and County of Middlesex, at Justice-Hall in the Old Baily* (15–16 Jan. 1690 [/1]).

114. Goldie, 'Revolution of 1689'.

115. Ibid., pp. 489–90.

116. BL, Add. MSS 32,095, fol. 325.

117. William E. Burns, 'Sherlock, William (1639/40–1707)', *Oxford DNB*.

118. [Charles Leslie] , *An Answer to a Book, Intituled, The State of the Protestants in Ireland* (1692), p. 123.

119. Goldie, 'Revolution of 1689', p. 490.

120. Samuel Jeake, *An Astrological Diary of the Seventeenth Century*, ed. Michael Hunter and Annabel Gregory (Oxford, 1988), p. 195.

121. Hunt. Lib., STT, Literature (9), [Sir Richard Temple] , 'The False Patriot Unmasked; Or, A Short History of the Whigs' [*c.* 1690] , quote on p. 10.

122. *Four Questions Debated*, quote on p. 10. 该小册子发表于 1689 年 2 月 6 日之前，因此不在戈尔迪 (Goldie) 的清单之中。

123. Goldie, 'Revolution of 1689', p. 490.

124. Goldie, 'Revolution of 1689', pp. 488–9, 490; Mark Goldie, 'Edmund Bohun and *Ius Gentium* in the Revolution Debate, 1689–1693', *Historical Journal*, 20 (1977), 569–86. 关于伯内特对革命正当性的辩护，见 Claydon, *William III and the Godly Revolution*。

125. *Merc. Ref.*, I, no. 11 (17 Jul. 1689).

126. *Life of James II*, II, 317; Gilbert Burnet, *A Pastoral Letter Writ by the. . . Bishop of Sarum, to the Clergy of his Diocess* (1689).

127. Mark Goldie, 'Edmund Bohun'.

128. Harris, *Politics under the Later Stuarts*, ch. 8.

第九章　苏格兰的光荣革命

1. NLS, Wod. MSS Qu. XXXVIII, fol. 115.

2. Ian B. Cowan, 'The Reluctant Revolutionaries: Scotland in 1688', in Eveline Cruickshanks, ed., *By Force or By Default? The Revolution of 1688–1689* (Edinburgh, 1989), pp. 65–81.

3. Gordon Donaldson, *Scotland: James V to James VII* (Edinburgh, 1965), p. 383.

4. Rosalind Mitchinson, *Lordship to Patronage: Scotland, 1603–1745*(1983), p. 116.

5. Bruce Lenman, 'The Poverty of Political Theory in the Scottish Revolution of 1688–1690', in Lois G. Schwoerer, ed., *The Revolution of 1688–1689: Changing Perspectives* (Cambridge, 1992), pp. 244–5, 249; Kathleen Mary Colquhoun, '"Issue of the Late Civill Wars" : James, Duke of York and the Government of Scotland 1679–1689', Ph.D. dissertation, University of Illinios at Urbana-Champaign (1993), p. 21.

6. *Lond. Gaz.*, nos. 2358 (21–25 Jun. 1688) and 2366 (19–23 Jul. 1688).

7. *CSPD, 1687–9*, p. 389 (no. 2128); Fountainhall, *Hist. Not.*, II, 869–70.

8. Colin Lindsay, 3rd Earl of Balcarres, *An Account of the Affairs of Scotland, Relating to the Revolution of 1688* (1714), pp. 12–13.

9. *Leven and Melville Papers*, pp. xvi–xvii; Morrice, Q, 367; Fountainhall, *Decisions*, I, 511; Maurice Ashley, *The Glorious Revolution of 1688* [1966] , p. 212; Dalrymple, *Memoirs*, II, 'Part I. Continued. Book V', pp. 21–2; Richard L. Greaves, *Secrets of the Kingdom: British Radicals from the Popish Plot to the Revolution of 1688–89* (Stanford, 1992), pp. 323–4; Magnus Linklater and Christian Hesketh, *For King and Conscience: John Graham of Claverhouse, Viscount Dundee (1648–1689)* (1989), pp. 147–8; Robert Beddard, *A Kingdom Without a King: The Journal of the Provisional Government in the Revolution of 1688* (Oxford, 1988), p. 21.

10. William III, *The Declaration of His Highnes William Henry . . . Prince of Orange, etc. Of the Reasons Inducing him to Appear in Armes in the Kingdome of England* (The

Hague, 1688), pp. 5, 8.

11. [Thomas Morer], *An Account of the Present Persecution of the Church in Scotland* (1690), p. 14.

12. William III, *The Declaration of His Highness William . . . Prince of Orange, etc. of the Reasons Inducing Him, To Appear in Armes for Preserving of the Protestant Religion, and for Restoring the Laws and Liberties of the Ancient Kingdome of Scotland* (The Hague, 1688).

13. Luttrell, I, 466, 474; Wodrow, *Sufferings*, II, 646; *A Letter from the Archbishops and Bishops* (Edinburgh, 1688).

14. *RPCS, 1686–9*, pp. xxv, li, 328; *Lond. Gaz.*, nos. 2388 (4–8 Oct. 1688) and 2392 (18–22 Oct. 1688); *Melvilles and Leslies*, III, 192.

15. *Lond. Gaz.*, no. 2401 (17–19 Nov. 1688).

16. *RPCS, 1686–9*, p. 346.

17. *CSPD, 1687–9*, pp. 388–9 (no. 2128).

18. NLS, Wod. MSS Qu. XXXVIII, fols. 112v–114v.

19. Balcarres, *Account*, pp. 30–1; Andrew Lang, *Sir George Mackenzie, King's Advocate, of Rosehaugh, His Life and Times 1636(?)–1691* (1909), p. 296.

20. Balcarres, *Account*, pp. 36–7; *RPCS, 1686–9*, p. liv; *Life of James II*, II, 336, 338.

21. *Five Letters from a Gentleman in Scotland to His Friend in London* (1689), p. 2.

22. *Melvilles and Leslies*, III, 193.

23. Dalrymple, *Memoirs*, II, Part I, Book V, p. 21, and Book VI, p. 210; Reresby, *Memoirs*, p. 536; Morrice, Q, 368–9, 395.

24. Luttrell, I, 469.

25. Wodrow, *Sufferings*, II, 649.

26. *Five Letters*, p. 1; R. A. Houston, *Social Change in the Age of Enlightenment: Edinburgh, 1660–1760* (Oxford, 1994), p. 306.

27. Balcarres, *Account*, pp. 34–5, 38–9; NLS, MS 7026, fol. 81; *Five Letters*, p. 1; Wodrow, *Sufferings*, II, 650; *Melvilles and Leslies*, II, 102.

28. NLS, MS 7026, fol. 89; *Five Letters*, p. 3; *Lond. Merc.*, no. 6 (27–31 Dec. 1688); Morrice, Q, 403, 417; Balcarres, *Account*, pp. 44–7; *Melvilles and Leslies*, III, 193.

29. NLS, MS 7026, fols. 81v–2, 87; Balcarres, *Account*, pp. 39–43; Luttrell, I, 488; BL, Add. MSS 28,850, fol. 93; *Lond. Merc.*, no. 3 (18–22 Dec. 1688); *Univ. Int.*, no. 4 (18–22 Dec. 1688); *Melvilles and Leslies*, II, 102–3; Robert Chambers, *Domestic Annals of Scotland. Volume III: From the Revolution to the Rebellion of 1745* (Edinburgh, 1861), p. 12; L.L., *Scotland Against Popery* (1689); *Five Letters*, pp. 1–4; [Morer] , *Account of the Present Persecution*, p. 15; [Alexander Monro] , *An Apology for the Clergy of Scotland* (1693), p. 8; Wodrow, *Sufferings*, II, 650–1; *Life of James II*, II, 338; [Charles

Leslie］, *An Answer to a Book, Intituled, The State of the Protestants in Ireland* (1692), sig. b 2; Gilbert Burnet, *History of His Own Time: From the Restoration of King Charles the Second to the Treaty of Peace at Utrecht, in the Reign of Queen Anne* (1850), p. 510; Houston, *Social Change*, pp. 306–8.

30. Robert Chambers, *Domestic Annals of Scotland. Volume II: From the Reformation to the Revolution* (2nd edn, Edinburgh, 1849), pp. 499–501; *HMC, Laing*, I, 460–2.

31. NLS, Wod. MSS Qu. XXXVIII, fol. 119v.

32. *Five Letters*, p. 4; ［Monro］, *Apology for the Clergy of Scotland*, p. 8.

33. NLS, Wod. MSS Qu. XXXVIII, fol. 115; *Lond. Merc.*, no. 6 (27–31 Dec. 1688); *Five Letters*, p. 4; NLS, MS 7026, fols. 89, 90; Morrice, Q, 403; ［Morer］, *Account of the Present Persecution*, p. 15; ［Leslie］, *Answer*, sig. b 2.

34. ［Robert Reid］, *The Account of the Popes Procession at Aberdeene, The 11th of January, 1689* (［Aberdeen］, 1689).

35. Morrice, Q, 432.

36. NLS, Wod. MSS Qu. XXVIII, fol. 115; Chambers, *Domestic Annals, Volume II*, p. 499.

37. *Five Letters*, pp. 1–2.

38. *Univ. Int.*, no. 4 (18–22 Dec. 1688); Luttrell, I, 488.

39. NLS, Wod. MSS Qu. XXXVIII, fol. 119; NLS, MS 7026, fol. 98; *Five Letters*, p. 4; Wodrow, *Sufferings*, II, 649. 然而，一些会社分子后来在他们的全会上抱怨博伊德的举措，因为威廉的宣言并未提及"宗教改革在圣约上的工作"。

40. ［Reid］, *Account of the Popes Procession*, pp. 2, 4.

41. ［John Sage］, *The Case of the Present Afflicted Clergy in Scotland Truly Represented* (1690), pp. 5–6; ［George Mackenzie, Viscount Tarbat, and Sir George Mackenzie of Rosehaugh］, *A Memorial for His Highness the Prince of Orange in Relation to the Affairs of Scotland* (1689), p. 20; *The Present State and Condition of the Clergy, and Church of Scotland* (1689), pp. 1–2; ［Leslie］, *Answer*, sig. b 2; Burnet, *History of His Own Time*, p. 510.

42. ［Sage］, *Case of the Present Afflicted Clergy*, 'First Collection', pp. 4, 39–40, 42.

43. BL, Add. MSS 28,850, fol. 124.

44. NLS, Wod. MSS Qu. XXXVIII, fols. 116–17, 119r–v, 121v. Cf. ［Sage］, *Case of the Present Afflicted Clergy*, p. 5.

45. NLS, MS 7035, fol. 86; ［Sage］, *Case of the Present Afflicted Clergy*, 'First Collection', pp. 45–6.

46. *APS*, VIII, 486–7.

47. ［Sage］, *Case of the Present Afflicted Clergy*, 'First Collection', p. 1.

48. NLS, MS 7026, fol. 119.

49. ［Gilbert Rule］, *A Vindication of the Church of Scotland; Being an Answer to Five*

Pamphlets (1691), p. 22. Cf. [Monro]，*Apology for the Clergy of Scotland*, p. 10, 否定了鲁尔的论证逻辑，断言"空位期在世袭君主制中是不可能发生的；因为国王永远不死"。

50. [Sage]，*Case of the Present Afflicted Clergy*, 'First Collection', pp. 33–4.

51. NLS, Wod. MSS Oct. XXX, fol. 62v.

52. *HMC, Laing*, I, 468; [Sage]，*Case of the Present Afflicted Clergy*, p. 6; [Morer]，*Account of the Present Persecution*, p. 41; [Leslie]．*Answer*, sig. c.

53. William III, *His Highness the Prince of Orange his Speech to the Scots Lords and Gentlemen, with their Address and His Highness his Answer* (1689); Earl of Arran, *A Speech made . . . to the Scotch Nobility and Gentry. . . , on the Eight of January 1689* ([Edinburgh?], 1689); *CSPD, 1687–89*, p. 392 (no. 2141); Dalrymple, *Memoirs*, II, 'Part I. Continued. Book VII', pp. 265–7.

54. P. W. J. Riley, *King William and the Scottish Politicians* (Edinburgh, 1979), esp. ch 1.

55. *Five Letters*, p. 4.

56. Morrice, Q, 491.

57. Bruce P. Lenman, 'The Scottish Nobility and the Revolution of 1688–1690', in Robert Beddard, ed., *The Revolutions of 1688* (Oxford, 1988).

58. NAS, RH 13/20, pp. 146–50; Wodrow, *Sufferings*, II, 651–2 and apps. nos. 152 and 153, pp. 207–12; NLS, MS 7026, fol. 95; NLS, MS 7035, fol. 167; [Tarbat and Mackenzie]，*Memorial*, pp. 17, 19; Morrice, Q, 440, 471–2, 492; Luttrell, I, 503.

59. *Great News from the Convention in Scotland, Giving a Further Account of Their Proceedings and Occurrences* (1689).

60. EUL, La. III. 350, no. 245; NLS, Wod. MSS Qu. XXXVIII, fols. 124v, 128.

61. *Letters to Sancroft*, pp. 91–5, 102–3, 105.

62. Ian B. Cowan, 'Church and State Reformed? The Revolution of 1688–9 in Scotland', in Jonathan I. Israel, ed., *The Anglo-Dutch Moment: Essays on the Glorious Revolution and its World Impact* (Cambridge, 1991), p. 175; Clare Jackson, *Restoration Scotland, 1660–1690* (Woodbridge, 2003), p. 212.

63. Morrice, Q, 486, 492.

64. [Tarbat and Mackenzie]，*Memorial*, p. 5.

65. Morrice, Q, 426.

66. *Leven and Melville Papers*, pp. 12, 125–7.

67. Lenman, 'Scottish Nobility and the Revolution', p. 146.

68. James Canaries, *A Sermon Preached at Edinburgh . . . upon the 30th of January, 1689* (Edinburgh 1689), pp. 1, 6–16.

69. Ibid., pp. 22, 38, 39, 40.

70. Ibid., pp. 55, 60, 61.

71. Ibid., pp. 70, 79.

72. Ibid., p. 66.

73. *Melvilles and Leslies*, III, 193.

74. Lionel K. J. Glassey, 'William II and the Settlement of Religion in Scotland, 1688–90', *RSCHS*, 23 (1989), 317–29.

75. NLS, MS 7026, fols. 77, 115–16, 134. Cf. NLS, MS 7011, fols. 151, 171. 关于特威代尔及其合并方案的一般性讨论，见 Riley, *King William*, pp. 49–53。

76. NLS, MS 7026, fol. 94a.

77. NLS, MS 7026, fol. 95. Cf. ibid., fol. 134.

78. Riley, *King William*, p. 53.

79. [Tarbat and Mackenzie], *Memorial*, pp. 7–8.

80. William III, *A Letter . . . to the Estates of the Kingdom of Scotland, at their Meeting at Edinburgh* (Edinburgh, 1689).

81. William III, *Speech to the Scots Lords and Gentlemen*, p. 2.

82. NLS, Wod. MSS Qu. XXXVIII, fols. 122v–123v.

83. [William Strachan], *Some Remarks upon . . . An Answer to the Scots Presbyterian Eloquence* (1694), p. 33; [Morer], *Account of the Present Persecution*, p. 23.

84. NLS, Wod. MSS Oct. XXX, fol. 59v.

85. NAS, PA 7/12, p. 228 (no. 50[1]); Balcarres, *Account*, pp. 60–2; Morrice, Q, 509; *An Account of the Proceedings of the Estates of Scotland* (1689), p. 1; [Morer], *Account of the Present Persecution*, p. 3; Dalrymple, *Memoirs*, II, 'Part I. Continued. Book VIII', pp. 301–2; Robert S. Rait, *The Parliaments of Scotland* (Glasgow, 1924), p. 95.

86. *APS*, IX, 8–10; NAS, PA 7/12, p. 232 (no. 50[3]); *Lond. Gaz.*, no. 2438 (21–25 Mar. 1689).

87. NLS, Wod. MSS Qu. XXXVIII, fol. 127; NLS, MS 7026, fol. 158; Morrice, Q, 509, 510; *APS*, IX, 11–12, 23, 33–4; *Account of the Proceedings of the Estates*, pp. 18, 21; [Sage], *Case of the Present Afflicted Clergy*, 'Fourth Collection', pp. 90–1; Balcarres, *Account*, pp. 24, 31; [Leslie], *Answer*, sig b v; Dalrymple, *Memoirs*, II, Part 1. Continued. Book VIII', p. 306; Lang, *Mackenzie*, pp. 298–9; Chambers, *Domestic Annals, Volume III*, pp. 5–6.

88. *APS*, IX, 3–5.

89. *Leven and Melville Papers*, p. 125; Rait, *Parliaments of Scotland*, pp. 95–6.

90. *APS*, IX, 6–22.

91. *Account of the Proceedings of the Estates*, pp. 14, 16.

92. *Culloden Papers: Comprising an Extensive and Interesting Correspondence from the Year 1625 to 1748* (1815), pp. 317–18; NLS, MS 7035, fol. 157; NLS, MS 7026, fol. 209; Balcarres, *Account*, pp. 76–7; *APS*, IX, 60; *Account of the Proceedings of the*

Estates, pp. 46, 51, 52; Riley, *King William*, p. 53.

93． Arran, *Speech . . . to the Scots Nobility; Life of James II*, II, 345–6.

94． *A Short Historical Account Concerning the Succession to the Crown of Scotland* (1689). Cf. *Salus Populi Suprema Lex* （[Edinburgh?]，1689), pp. 4–5.

95． *APS*, IX, 33–4.

96． Lenman, 'Poverty of Political Theory', p. 255.

97． Balcarres, *Account*, p. 82.

98． Dalrymple, *Memoirs*, II, 'Part I. Continued, Book VIII', p. 308.

99． *Leven and Melville Papers*, p. 9.

100． Balcarres, *Account*, p. 82.

101． [Robert Ferguson]，*The Late Proceedings and Votes of the Parliament of Scotland* (Glasgow, 1689), p. 25.

102． NLS, Wod. MSS Oct. XXX, fol. 68.

103． NLS, Wod. MSS Qu. XXXVIII, fol. 131v.

104． *Account of the Proceedings of the Estates*, p. 26; *Lond. Gaz.*, no. 2443 (8–11 Apr. 1689). 大多数历史学家错误地沿用 Balcarres, *Account*, p. 83 的说法，认为只有 5 个反对的声音。NAS, PA 7/12, p. 251, 当代的三级会议会议记录只是简略地声明，表决结果为"多数通过"。

105． Balcarres, *Account*, p. 83. 但有趣的是，阿瑟尔曾是 24 人大委员会的成员，而该委员会于 4 月 1 日批准了宣布王位空缺的理由：*Account of the Proceedings of the Estates*, pp. 19, 24。

106． *APS*, IX, 34; *Lond. Gaz.*, no. 2443 (8–11 Apr. 1689).

107． 所有《权利宣言书》的引文，来自 *APS*, IX, 37–40。

108． John R. Young, 'The Scottish Parliament and the Covenanting Heritage of Constitutional Reform', in Allan I. Macinnes and Jane Ohlmeyer, eds., *The Stuart Kingdoms in the Seventeenth Century* (Dublin, 2002), pp. 226–50.

109． *APS*, III, 23; *APS*, VIII, 238.

110． Sir George Mackenzie, *Jus Regium* (2nd edn, 1684), pp. 184–6.

111． Fountainhall, *Decisions*, I, 339.

112． *APS*, II, 535, III, 36, 545; *APS*, VII, 26.

113． Ibid., VII, 554.

114． *APS*, VIII, 243–5; *HMC, Laing*, I, 443.

115． [Robert Ferguson], *A Representation of the Threatning Dangers* [Edinburgh?, 1687], p. 28.

116． See Tim Harris, *Restoration: Charles II and His Kingdoms, 1660–85* (2005), pp. 125–7.

117． *APS*, VII, 13, 480.

118. Harris, *Restoration*, pp. 350, 365–7.

119. Ibid., p. 347.

120. *APS*, VIII, 461.

121. BL, Add. MSS 63,057B, fol. 64v.

122. [Alexander Shields] , *The Hind Let Loose* (Edinburgh, 1687), p. 97; *To His Grace, His Majesties High Commissioner, and to the Right Honourable the Estates of Parliament. The Humble Address of the Presbyterian Ministers, and Professors of the Church of Scotland* (Edinburgh, 1689), p. 1.

123. Rait, *Parliaments of Scotland*, pp. 98, 302.

124. Harris, *Restoration*, p. 346.

125. I owe this point to Lionel Glassey.

126. *APS*, V, 303.

127. *APS*, V, 298–9.

128. Burnet, *History of His Own Time*, p. 538; NLS, MS 7026, fols. 173, 190.

129. *APS*, IX, 45; *An Account of the Affairs of Scotland* (1690), esp. pp. 12, 14, 16, 18.

130. *APS*, IX, 48–9.

131. *APS*, IX, 40–1, 43–4; *Lond. Gaz.*, no. 2445 (15–18 Apr. 1689); Luttrell, I, 522.

132. *Account of the Affairs of Scotland*, p. 29.

133. NLS, Wod. MSS Oct. XXX, fol. 60; *Account of the Proceedings of the Estates*, pp. 85–9; *Lond. Gaz.*, no. 2453 (13–16 May 1689); *HMC, Hamilton*, pp. 181–2; Luttrell, I, 533; *Culloden Papers*, pp. 320–1; *APS*, IX, app. p. 133; Morrice, Q, 555; *Account of the Affairs of Scotland*, p. 2. 4 月 24 日，将三级会议转变为议会的请求得到同意： *APS*, IX, 61。

134. *Leven and Melville Papers*, pp. xvii, 23–4, 29, 81; *Melvilles and Leslies*, II, 32.

135. William III, *His Majestie's Gracious Letter To the Meeting of the Estates of His Ancient Kingdom of Scotland* (1689); *Account of the Affairs of Scotland*, pp. 1–27. Cf. *HMC, Hamilton*, p. 176.

136. *APS*, IX, 98.

137. *APS*, IX, 104, and app. pp. 129, 130, 135.

138. *Account of the Affairs of Scotland*, pp. 6, 29.

139. Glassey, 'William II and the Settlement of Religion'.

140. *APS*, IX, app. pp. 128, 130–1, 137, 138; *Leven and Melville Papers*, pp. xviii, 143; *Melvilles and Leslies*, II, 108–11.

141. *Leven and Melville Papers*, pp. 414–15; *Melvilles and Leslies*, III, 201–5; *The Speech Of His Grace the Earl of Melvill, His Majesties High- Commissioner to the Parliament of Scotland, Edinburgh, April 15, 1690* (1690); *APS*, IX, app. p. 38.

142. *APS*, IX, 111, 113, 133–4, 196–7; Young, 'Scottish Parliament and Constitutional

Reform', pp. 234–9.

143. *Account of the Affairs of Scotland*, p. 3; Colin Kidd, *Subverting Scotland's Past: Scottish Whig Historians and the Creation of an Anglo- British Identity, 1689–c.1830* (Cambridge, 1993), p. 52; Young, 'Scottish Parliament and Constitutional Reform'.

144. *Leven and Melville Papers*, p. 32.

145. Jackson, *Restoration Scotland*, ch. 8.

146. *RPCS, 1686–9*, p. 431; NLS, MS 14407, fol. 131; *Leven and Melville Papers*, pp. 57–8; *An Account of the Besieging the Castle of Edinburgh* (1689).

147. 关于叛乱，见 Andrew Murray Scott, *Bonnie Dundee: John Graham of Claverhouse* (Edinburgh, 2000), chs. 5–8。

148. *RPCS, 1686–9*, p. 441.

149. *Life of James II*, II, 431.

150. *Leven and Melville Papers*, pp. 27, 32, 52, 92; Dalrymple, *Memoirs*, II, 'Part II. Book II', p. 71; Colin Kidd, 'Mackenzie, George, First Earl of Cromarty (1630–1714)', *Oxford DNB*.

151. NLS, MS 14407, fol. 142.

152. Chambers, *Domestic Annals, Volume III*, pp. 8–9; NLS, Wod. MSS Qu. XXXVIII, fols. 132–45.

153. *RPCS, 1686–9*, pp. 471, 486–7.

154. Paul Hopkins, *Glencoe and the End of the Highland War* (Edinburgh, 1986), chs. 4–6; Keith M. Brown, *Kingdom or Province? Scotland and the Regal Union, 1603–1715* (1992), pp. 170–1.

155. Burnet, *History of His Own Time*, p. 538.

156. 关于蒙哥马利的詹姆斯党阴谋，见 James Halliday, 'The Club and the Revolution in Scotland 1689–90', *Scottish Historical Review*, 45 (1966), 143–59; Riley, *King William*, pp. 30–1, 39–41; Mark Goldie, 'The Roots of True Whiggism 1688–94', *History of Political Thought*, 1 (1980), 228–9; Hopkins, *Glencoe*, pp. 208–9, 211, 219–21, 273–4, 312, 367。

157. [Alexander Monro] , *A Letter to a Friend* (1692), p. 27.

158. *HMC, Athole*, p. 38; Balcarres, *Account*, pp. 116–50, passim; *Life of James II*, II, 425–8; *Leven and Melville Papers*, pp. xx–xxi; *Melvilles and Leslies*, III, 220–2.

159. [James Montgomerie] , *Great Britain's Just Complaint* (1692), quote on p. 30.

160. *APS*, IX, 43, 134; *Lond. Gaz.*, no. 2446 (18–22 Apr. 1689).

161. *RPCS, 1689*, pp. xvii–xxi, 19–20, 77–8; Luttrell, I, 574; *Leven and Melville Papers*, pp. 239–40; Cowan, 'Church and State Reformed?', p. 176.

162. *RPCS, 1689*, pp. 31, 369–70, 425; *Leven and Melville Papers*, p. 319.

163. *RPCS, 1689*, p. 305.

164. Ibid., pp. 447–9.

165. Ibid., pp. 372–7.

166. Tristram Clarke, 'Williamite Episcopalians and the Glorious Revolution', *RSCHS*, 24 (1990), 33–51; Tristram Clarke, 'The Scottish Episcopalians 1688–1720', unpub. Ph.D. thesis, University of Edinburgh (1987).

167. *HMC, Hamilton*, p. 194; *HMC, Laing*, I, 468–9; [Sage] , *Case of the Present Afflicted Clergy*, pp. 10–12, 15; Clarke, 'Williamite Episcopalians', p. 40; R. Buick Knox, 'Establishment and Toleration during the Reigns of William, Mary and Anne', *RSCHS*, 23 (1989), 343.

168. *RPCS, 1689*, pp. 294–7.

169. *Melvilles and Leslies*, II, 46.

170. Clarke, 'Williamite Episcopalians'; Buick Knox, 'Establishment and Toleration', p. 347; Brown, *Kingdom or Province?*, pp. 174–5.

171. Chambers, *Domestic Annals, Volume III*, p. 7.

172. J. A. Inglis, 'The Last Episcopalian Minister of Moneydie', *Scottish Historical Review*, 13 (1916), 232–3; Glassey, 'William II and the Settlement of Religion', p. 329.

173. *Leven and Melville Papers*, p. xxx; Buick Knox, 'Establishment and Toleration', p. 347; Clarke, 'Williamite Episcopalians', p. 36.

174. BL, MS Egerton 2651, fol. 203.

175. [Morer] , *Account of the Present Persecution*, 'To the Reader'.

176. [Leslie] , *Answer*, sig. c 2.

177. See in particular: *Present State and Condition of the Clergy and Church of Scotland*; [Morer] , *Account of the Present Persecution*; [Sage] , *Case of the Present Afflicted Clergy*; [Strachan] , *Some Remarks*; [Monro] , *Letter to a Friend*.

178. *Present State and Condition of the Clergy, and Church of Scotland*, p. 2; *A Brief and True Account of the Sufferings of the Church of Scotland* (1690), p. 23.

179. [Morer] , *Account of the Present Persecution*, pp. 2, 58; [Strachan] , *Some Remarks*, p. 34.

180. [Tarbat and Mackenzie] , *Memorial*, p. 22. See also Sir George Mackenzie, *A Vindication of the Government of Scotland, During the Reign of Charles II* (1691).

181. [Morer] , *Account of the Present Persecution*, p. 49. Cf. [Monro] , *Apology for the Clergy of Scotland*, esp. pp. 11, 85; [Strachan] , *Some Remarks*, pp. 23–5.

182. [Alexander Monro] , *The History of Scotch-Presbytery* (1692), sig. A4.

183. [Morer] , *Account of the Present Persecution*, p. 9.

184. [Tarbat and Mackenzie] , *Memorial*, pp. 26, 30.

185. [Strachan] , *Some Remarks*, pp. 54–5.

186. Ibid., p. 62. See also: [Monro] , *Apology for the Clergy of Scotland*, p. 28; [Alexander

Monro］, *The Spirit of Calumny and Slander* (1693), pp. 61–3.

187．［Gilbert Crockatt and John Munro］, *The Scotch Presbyterian Eloquence; Or, The Foolishness of their Teaching Discovered* (1692, 2nd edn 1693), quotes on pp. 4, 5, 15.

188．*Leven and Melville Papers*, p. 337.

189．［Monro］, *Letter to a Friend*, pp. 8–9; ［Crockatt and Munro］, *Scotch Presbyterian Eloquence*, p. 101.

190．［Morer］, *Account of the Present Persecution*, p. 61.

191．［Sage］, *Case of the Present Afflicted Clergy*, p. 106.

192．NLS, Wod. MSS Oct. XXX, fol. 62.

193．*Leven and Melville Papers*, p. 336.

194．［Strachan］, *Some Remarks*, pp. 48–9.

195．［Gilbert Rule］, *A Vindication of the Church of Scotland. Being an Answer To a Paper, Intituled, Some Questions concerning Episcopal and Presbyterial Government in Scotland* (1691), p. 35.

196．［Gilbert Rule］, *A Vindication of the Church of Scotland; Being an Answer to Five Pamphlets* (1691), p. 5.

197．*Leven and Melville Papers*, pp. 376–7.

198．*Brief and True Account of the Sufferings of the Church of Scotland*, p. 24. Cf. *Merc. Ref.*, II, no. 13 (5 Mar. 1690).

199．［Rule］, *Vindication . . . Being an Answer To . . . Some Questions*, pp. 21, 32–5.

200．［Monro］, *Letter to a Friend*, p. 26.

第十章　爱尔兰的"悲惨革命"

1．Charles O'Kelly, *Macariae Excidium, Or, The Destruction of Cypress; Being a Secret History of the War of the Revolution in Ireland*, ed. John Cornelius O'Callaghan (Dublin, 1850), p. 158.

2．Ibid., p. 364 (note 144).

3．Edward Wetenhall, *A Sermon Setting Forth the Duties of the Irish Protestants* (Dublin, 1692), p. 21.

4．*A Jacobite Narrative of the War in Ireland*, ed. J. T. Gilbert (Dublin, 1892, revised edn, with an introduction by J. G. Simms, Shannon, 1971), p. 127; Harman Murtagh, 'The War in Ireland, 1689–91', in W. A. Maguire, ed., *Kings in Conflict: The Revolutionary War in Ireland and its Aftermath 1689–1750* (Belfast, 1990), p. 61.

5．O'Kelly, *Macariae Excidium*, passim.

6．*Merc. Ref.*, II, no. 29 (25 Jun. 1690).

7．Peter Berresford Ellis, *The Boyne Water: The Battle of the Boyne, 1690* (Belfast and St

Paul, Minn., 1989), p. xi; Ian McBride, *The Siege of Derry in Ulster Protestant Mythology* (Dublin, 1997).

8. *HMC, Ormonde*, II, 377; Steele, II, no. 986; *Council Books of the Corporation of Waterford 1662–1700*, ed. Seamus Pender (Dublin, 1964), p. 281; *The Council Book of the Corporation of Youghall, from 1610 . . . to 1800*, ed. Richard Caulfield (Guildford, 1878), p. 378; *Cal. Anc. Rec. Dub.*, V, 475.

9. *A Full and Impartial Account of all the Secret Consults* (1689), pp. 127–8.

10. NLI, MS 37, pp. 39–41.

11. *Cal. Anc. Rec. Dub.*, V, 482–3; *Lond. Gaz.*, no. 2363 (9–12 Jul. 1688).

12. *The Poems of David Ó Bruadair*, ed. and trans. Rev. John C. Mac Erlean (3 vols., 1910–17), III, 113.

13. *Full and Impartial Account of all the Secret Consults*, p. 44.

14. Wood, *Life and Times*, III, 255.

15. [William King] , *The State of the Protestants of Ireland under the Late King James's Government* (1691), p. 91.

16. BL, MS Stowe 746, fol. 106.

17. *HMC, Ormonde*, N.S. VIII, 354.

18. *CSPD, 1687–9*, p. 283 (no. 1552).

19. *HMC, Ormonde*, N.S. VIII, 355; John Childs, *The Army, James II, and the Glorious Revolution* (Manchester, 1980), p. 4.

20. *A Short View of the Methods Made Use of in Ireland for the Subversion and Destruction of the Protestant Religion and Interest in that Kingdom* (1689), pp. 9–10.

21. Morrice, Q, 386–7, 394.

22. Murtagh, 'War in Ireland', p. 62. Cf. BL, Egerton 917, fol. 91; *Lond. Merc.*, no. 10 (10 Jan.–6 Feb. 1688 [/9]); *Orange Gaz.*, no. 14 (19–22 Feb. 1688 [/9]); *Jacobite Narrative*, p. 38; *Journal of the Proceedings of the Parliament in Ireland* (1689), p. 11.

23. *HMC, Ormonde*, N.S. VIII, 359; *Short View of the Methods*, p. 16; BL, Egerton 917, fol. 91; BL, Add. MSS 28,876, fol. 186; *Orange Gaz.*, no. 14 (19–22 Feb. 1688 [/9]); Wetenhall, *Sermon Setting Forth the Duties*, p. 15. 对半长矛兵的一般性讨论，见 Éamonn Ó Ciardha, *Ireland and the Jacobite Cause 1685–1766* (Dublin, 2002), pp. 68–76。

24. *An Account of a Late Horrid and Bloody Massacre in Ireland* (1689), pp. 1–2.

25. *HMC, Ormonde*, N.S. VIII, 355.

26. *HMC, Ormonde*, II, 388–9; Steele, II, no. 1004; TCD, 1995–2008/61; Hunt. Lib., HA 15788, Order to all High and Petty Constables and Other Subjects, 7 Dec. 1688.

27. *HMC, Ormonde*, N.S. VIII, 355–7; *Jacobite Narrative*, pp. 40–1; [King] , *State of the Protestants of Ireland*, pp. 102–3, 345, 348; *Full and Impartial Account of the Secret*

Consults, pp. 137–8, 140; [George Philips]，*An Apology for the Protestants of Ireland* (1689), pp. 10–13; Andrew Hamilton, *A True Relation of the Actions of the Inniskilling-Men* (1690), pp. 1–3; Cox, *Hibernica Anglicana . . . Second Part*, p. 19; G [eorge] P [hilips]，*The Second Apology for the Protestants of Ireland* (1690), p. 5; *The Rawdon Papers*, ed. Rev. Edward Berwick (1819), p. 294; George Walker, *A True Account of the Siege of London-Derry* (2nd edn, 1689), pp. 11–12; John Mackenzie, *A Narrative of the Siege of London-Derry* (1690), pp. 1–5.

28. Morrice, Q, 362, 467; *An Account of the Present, Miserable, State of Affairs in Ireland* (1689); *Full and Impartial Account of all the Secret Consults*, p. 143; *Lond. Merc.*, no. 3 (18–22 Dec. 1688); *Orange Gaz.*, no. 11 (8–12 Feb. 1688 [/9]).

29. *Lond. Merc.*, no. 4 (22–24 Dec. 1688); *Lond. Int.*, no. 4 (22–24 Jan. 1688 [/9]); *Orange Gaz.*, no. 7 (21–26 Jan. 1688 [/9]); Morrice, Q, 423; Diarmuid Murtagh and Harman Murtagh, 'The Irish Jacobite Army 1689–91', *The Irish Sword*, 18, no. 70 (Winter, 1990), 33.

30. *Short View of the Methods*, p. 21; *HMC, Ormonde*, N.S. VIII, 359; Luttrell, I, 504; *The Present Dangerous Condition of the Protestants in Ireland* (1689); *Full and Impartial Account of all the Secret Consults*, pp. 144–5; [King]，*State of the Protestants of Ireland*, p. 91.

31. Steele, II, no. 1010; *HMC, Ormonde*, II, 392.

32. *Orange Gaz.*, no. 14 (19–22 Feb. 1688 [/9]); BL, Add. MSS 34,773, fol. 6.

33. BL, Egerton 917, fol. 100.

34. *HMC, Egmont*, II, 190. Cf. Cox, *Hibernica Anglicana . . . Second Part*, 'Transactions since 1653', pp. 19–20.

35. Richard Doherty, *The Williamite War in Ireland 1688–1691* (Dublin, 1998), p. 37.

36. *Short View of the Methods*, pp. 18–19. M. Perceval-Maxwell, *The Outbreak of the Irish Rebellion of 1641* (Montreal, 1994), pp. 232–3, 提及 1641 年爱尔兰叛乱期间出现过对按照英格兰方式畜养的牲畜的审判。

37. *Lond. Merc.*, no. 11 (6–11 Feb. 1688 [/9]).

38. *Full And Impartial Account of all the Secret Consults*, pp. 140–2; *Short View of the Methods*, p. 16.

39. *Poems of David Ó Bruadair*, III, 117, 119.

40. Leics. RO, DG7, HMC Vol. II, p. 209/2.

41. William III, *The Declaration of his Highnes William Henry . . . Prince of Orange, etc. Of the Reasons Inducing him to Appear in Armes in the Kingdome of England* (The Hague, 1688), p. 8.

42. J [oseph] Boyse, *A Vindication of the Reverend Mr Alexander Osborn* (1690), p. 11.

43. Morrice, Q, 403.

44. *Orange Gaz.*, nos. 6 (17–21 Jan. 1688 [/9]) and 7 (21–26 Jan. 1688 [/9]); Luttrell, I, 498. Cf. Hamilton, *Inniskilling-Men*, pp. vi–vii.

45. *A Faithful History of the Northern Affairs of Ireland* (1690); *Lond. Int.*, no. 5 (24–29 Jan. 1688 [/9]); Mícheál Ó Duígeannáin, ed., 'Three Seventeenth-Century Connacht Documents', *Journal of the Galway Archaeological and Historical Society*, 17 (1936–7), 147–61; J. G. Simms, *War and Politics in Ireland, 1649–1730*, ed. D. W. Hayton and Gerard O'Brien (1986), p. 169.

46. *Orange Gaz.*, no. 3 (3–7 Jan. 1688 [/9]).

47. Hamilton, *Inniskilling-Men*, p. 8; *Orange Gaz.*, no. 17 (1–5 Mar. 1688 [/9]); *Jacobite Narrative*, p. 41.

48. *HMC, Ormonde*, N.S. VIII, 357; *Jacobite Narrative*, p. 42.

49. *The Declaration of the Protestant Nobility and Gentry of . . . Munster* (1689).

50. [Richard Orpen] , *An Exact Relation of the Persecution, Roberies and Losses, Sustained by the Protestants of Killmare* (1689), p. 11.

51. *Lond. Merc.*, no. 4 (22–24 Dec. 1688); Luttrell, I, 490.

52. Luttrell, I, 493, 495; Morrice, Q, 472, 544.

53. Morrice, Q, 420.

54. NLS, MS 7026, fols. 127, 129; *Orange Gaz.*, no. 14 (19–22 Feb. 1688 [/9]).

55. Robert Beddard, *A Kingdom Without a King: The Journal of the Provisional Government in the Revolution of 1688* (Oxford, 1988), p. 166.

56. Morrice, Q, 447.

57. *Lond. Int.*, no. 7 (2–5 Feb. 1688 [/9]); *Lond. Merc.*, no. 10 (10 Jan.–6 Feb. 1688 [/9]); Morrice, Q, 454.

58. Beddard, *Kingdom Without a King*, p. 168; *Parl. Hist.*, V, col. 32.

59. TCD 1995–2008/65; BL, Add. MSS 28,876, fol. 164; J. G. Simms, *Jacobite Ireland, 1685–91* (1969), pp. 50–2; Doherty, *Williamite War*, pp. 35–6.

60. [Philips] , *Apology for the Protestants of Ireland*, p. 9; BL, Add. MSS 28,876, fols. 172, 180; CUL, Add. 1, fol. 82.

61. *HMC, Ormonde*, II, 390–5; Steele, II, nos. 1009, 1017, 1018.

62. [Orpen] , *Exact Relation*, pp. 19–23; *Jacobite Narrative*, p. 42.

63. Steele, II, no. 1013.

64. *HMC, Ormonde*, II, 395–6; Steele, II, no. 1020; Doherty, *Williamite War*, p. 37.

65. *HMC, Ormonde*, N.S. VIII, 360; *Orange Gaz.*, no. 18 (5–9 Mar. 1688 [/9]); *Short View of the Methods*, p. 26; *Full and Impartial Account of all the Secret Consults*, p. 148.

66. *Life of James II*, II, 327; *Ireland's Lamentation* (1689), p. 26.

67. *Jacobite Narrative*, p. 46.

68. *A Full and True Account of the Landing and Reception of the Late King James at Kinsale* (1689), p. 2.

69. *HMC, Ormonde*, N.S. VIII, 362, 389–91.

70. *Life of James II*, II, 330; *Ireland's Lamentation*, pp. 26–7; *Cal. Anc. Rec. Dub.*, V, 497; *Jacobite Narrative*, p. 47.

71. *Jacobite Narrative*, pp. 36–7, 39–40.

72. *CClarSP*, V, 684.

73. Raymond Gillespie, 'James II and the Irish Protestants', *Irish History Studies*, 28 (1992), 131.

74. *Account of the Present, Miserable, State of Affairs* (1689). Cf. *The Anatomy of an Arbitrary Prince* (1689), p. 2.

75. Steele, II, no. 1023.

76. [Charles Leslie], *An Answer to a Book, Intituled, The State of the Protestants in Ireland* (1692), app. no. 8, pp. 28–9.

77. Morrice, R, 194.

78. BL, Egerton 917, fol. 107.

79. O'Kelly, *Macariae Excidium*, p. 18.

80. NLS, MS 7026, fol. 108.

81. *Orange Gaz.*, no. 17 (1–5 Mar. 1688 [/9]); *Short View of the Methods*, pp. 12–13.

82. *Two Letters Discovering the Designs of the Late King James in Ireland* (1689), pp. 1–2; *Anatomy of an Arbitrary Prince*, p. 2; *Short View of the Methods*, p. 27.

83. [King], *State of the Protestants of Ireland*, pp. 149–53, and apps. 20 and 21, pp. 369–77; *A Journal of the Proceedings of the Pretended Parliament in Dublin* (1689); J. G. Simms, 'The Jacobite Parliament of 1689', in Simms, *War and Politics*, pp. 66–9 and app. A, pp. 83–8; Simms, *Jacobite Ireland*, pp. 74–5; Francis G. James, *Lords of the Ascendancy: The Irish House of Lords and its Members, 1600–1800* (Dublin, 1995), pp. 48–50, 193 (note 35). 关于在苏格兰三级会议上获得席位的被剥夺权利的贵族，具体见本书第 361—362 页。

84. *HMC, Ormonde*, II, 396–8; Steele, II, nos. 1026, 1029.

85. Thomas Davis, *The Patriot Parliament of 1689: With its Statutes, Votes and Proceedings*, ed. Sir Charles Gavan Duffy (3rd edn, 1893), pp. 40–2; Hunt. Lib., EL 9882; *HMC, Ormonde*, N.S. VIII, 391–2; *Life of James II*, II, 355; [Leslie], *Answer*, app. no. 1, pp. 1–2.

86. *Life of James II*, II, 363.

87. *Anno V. Jacobi II Regis. A Collection of Acts Passed by the Irish Parliament of the 7th May 1689* (1689), pp. 1–5.

88. Ibid., pp. 6–8.

89. Patrick Russell, *An Address Given in to the Late King by the Titular Archbishop of Dublin* (1690), quotes on pp. 6, 8.

90. *Journal of the Proceedings of the Pretended Parliament*, p. 2; *The Journal of the Proceedings of the Parliament in Ireland* (1689), p. 19; *A True Account of the Whole Proceedings of the Parliament in Ireland* (1689), p. 4.

91. *Collection of Acts Passed by the Irish Parliament*, pp. 47–8; Davis, *Patriot Parliament*, p. 51.

92. BL, MS Egerton 917, fol. 108; *Journal of the Proceedings of the Pretended Parliament*, p. 2.

93. [King], *State of the Protestants of Ireland*, apps. nos. 22 and 23, pp. 377–98 (quotes on pp. 383, 387, 392, 393, 394, 395, 396); *HMC, Ormonde*, N.S. VIII, 392–401; *Life of James II*, II, 356–8.

94. *Life of James II*, II, 359–60.

95. [King], *State of the Protestants of Ireland*, app. no. 17, p. 370; *Jacobite Narrative*, pp. 60–1.

96. [Leslie], *Answer*, p. 102.

97. *Life of James II*, II, 360.

98. *Collection of Acts Passed by the Irish Parliament*, pp. 9–36; Davis, *Patriot Parliament*, pp. 73–124.

99. BL, MS Egerton 917, fol. 105.

100. [King], *State of the Protestants of Ireland*, app. pp. 241–98; Davis, *Patriot Parliament*, pp. 125–36.

101. *At the Parliament begun at Dublin the seventh Day of May, Anno Domini 1689 . . . An Act of Supply for His Majesty for The Support of His Army* [Dublin, 1689]; Davis, *Patriot Parliament*, pp. 49–50; Morrice, Q, 561.

102. *Collection of Acts Passed by the Irish Parliament*, p. 40; Davis, *Patriot Parliament*, p. 51.

103. *Collection of Acts Passed by the Irish Parliament*, pp. 37–8.

104. Ibid., pp. 41–5; Davis, *Patriot Parliament*, pp. 43–8.

105. *Journal of the Proceedings of the Parliament in Ireland*, p. 5.

106. *Life of James II*, II, 361.

107. [King], *State of the Protestants of Ireland*, p. 153.

108. *Négociations de M. le Comte d'Avaux en Irelande*, with an introduction by James Hogan (Dublin, 1934), p. 226; Davis, *Patriot Parliament*, pp. 52–4, 55–62; Simms, *Jacobite Ireland*, pp. 92–3.

109. [King], *State of the Protestants of Ireland*, pp. 154–7.

110. O'Kelly, *Macariae Excidium*, p. 34.

111. D'Avaux, *Négociations*, p. 255.

112. 关于这场战争的有用的一般性描述，见 Simms, *Jacobite Ireland*; Doherty, *Williamite War*; Murtagh, 'War in Ireland'。

113. Murtagh and Murtagh, 'Irish Jacobite Army', pp. 32–48; Kenneth Ferguson, 'The Organisation of William's Army in Ireland, 1689–92', *The Irish Sword*, 18, no. 70 (Winter, 1990), 62–79.

114. *HMC, Hamilton*, p. 189; *Melvilles and Leslies*, II, 143; Walker, *True Account*, p. 34.

115. [King], *State of the Protestants*, p. 173 and app. no. 28, pp. 399–400; *HMC, Hamilton*, p. 185; *Jacobite Narrative*, pp. 79–80; Walker, *True Account*, pp. 34–7; Mackenzie, *Narrative*, pp. 42–3; Simms, *Jacobite Ireland*, pp. 107–8.

116. C. S. King, *A Great Archbishop of Dublin: William King, His Autobiography . . . and . . . Correspondence* (1906), p. 32.

117. O'Kelly, *Macariae Excidium*, p. 320 (note 105).

118. *HMC, Ormonde*, N. S. VIII, 401–2.

119. *Mémoires du Maréchal de Berwick* (2 vols., Paris, 1780), I, 69–73; Morrice, R, 167–8; George Story, *A Continuation of the Impartial History of the Wars of Ireland* (1693), pp. 20–6.

120. *Cal. Anc. Rec. Dub.*, V, lviii–lix, 509, 634–5; *To The King's . . . Humble Address of Mayor of Dublin* (1690); Jacqueline Hill, *From Patriots to Unionists: Dublin Civic Patriots and Irish Protestant Patriotism, 1660–1840* (Oxford, 1997), pp. 62, 68.

121. *Council Books of Waterford*, pp. 282–3.

122. *Council Book of Youghall*, p. 379; *The Council Book of the Corporation of Kinsale, from 1652 to 1800*, ed. Richard Caulfield (Guildford, 1879), pp. 190–1.

123. O'Kelly, *Macariae Excidium*, pp. 71, 106–7, 114, 145–6; *Jacobite Narrative*, pp. 110–11.

124. O'Kelly, *Macariae Excidium*, pp. 92, 385–6 (note 170).

125. Simms, *Jacobite Ireland*, p. 227.

126. Murtagh, 'War in Ireland', pp. 88–9; John Jordan, 'The Battle of Aughrim: Two Danish Sources', *Journal of the Galway Archaeological and Historical Society*, 26 (1954–5), 6–7.

127. W. A. Maguire, ed., *Kings in Conflict: The Revolutionary War in Ireland and its Aftermath 1689–1750* (Belfast, 1990), p. 3.

128. Story, *Continuation of the Impartial History*, pp. 230–1.

129. "以及所有受其保护的人"是著名的缺失条款，在 1692 年送回供威廉批准的条约正式版本中被省略了。见本书第 464—465 页。

130. The Treaty of Limerick can be found in *Jacobite Narrative*, pp. 298–308.

131. Morrice, Q, 461.

132. Lois G. Schwoerer, *The Declaration of Rights, 1689* (Baltimore, 1981), p. 297.

133. Hamilton, *Inniskilling-Men*, pp. viii, 8.

134. *An Exact Account of His Majesty's Progress from His First Landing in Ireland* (1690); Leics. RO, DG7 HMC II, p. 298/1.

135. *The Address Presented to the King at Belfast* (1690).

136. O'Kelly, *Macariae Excidium*, p. 365 (note 145).

137. *A Journal of the King's March from Hilsburgh to . . . Dublin* (1690).

138. *A Full and True Relation of the Taking of Cork* (1690).

139. *Life of James II*, II, 466.

140. Boyse, *Vindication of the Reverend Mr Alexander Osborn*, pp. 8–9.

141. CUL, Add. 1, fol. 82v.

142. TCD, MS 1688/1, pp. 61–93 (quotes on pp. 70, 76–7).

143. Anthony Dopping, *Speech . . . When the Clergy Waited Upon His Majesty at His Camp nigh Dublin, July 7 1690* (1690).

144. TCD, MS 1688/1, pp. 414, 422–3.

145. Hamilton, *Inniskilling-Men*, pp. v–vi.

146. *Some Reflections on a Pamphlet Entituled, A Faithful History of the Northern-Affairs of Ireland* (Dublin, 1691), pp. 8, 10.

147. [Orpen] , *Exact Relation*, pp. 18–19; Mackenzie, *Narrative*, p. 51.

148. [Edward Wetenhall] , *The Case of the Irish Protestants* (1691), pp. 3–5.

149. Ibid., pp 6, 8–9, 10.

150. Ibid., pp. 11–14.

151. Ibid., pp. 17–18.

152. Ibid., pp. 18, 22–5.

153. William Sheridan, *Catholick Religion Asserted by St. Paul, and Maintained in the Church of England* (1686), preface, sig. A4; [Leslie] , *Answer*, p. 117.

154. Patrick Kelly, 'Ireland and the Glorious Revolution: From Kingdom to Colony', in Robert Beddard, ed., *The Revolutions of 1688* (Oxford, 1988), p. 178; King, *Great Archbishop*, pp. 21–7.

155. William King, *Europe's Deliverance from France and Slavery* (Dublin, 1691), pp. 13, 18–19, 21.

156. [King] , *State of the Protestants of Ireland*, pp. 1–2, 3.

157. Ibid., pp. 4–5.

158. Ibid., p. 6.

159. Ibid., pp. 9–10.

160. Ibid., pp. 67, 69–71.

161. Ibid., pp. 225–6.

162. [Leslie], *Answer*, 'To the Reader', sigs. d–dᵛ.

163. Ibid., p. 46.

164. Ibid., p. 47.

165. *Jacobite Narrative*, pp. 171, 183–4.

166. Tony Claydon, *William III and the Godly Revolution* (Cambridge, 1996), pp. 140–2.

167. Cox, *Hibernia Anglicana . . . Second Part*, sig. A3v.

168. [King], *State of the Protestants of Ireland*, p. 7.

169. *A True Relation of a Horrid and Barbarous Murder* (1689), pp. 1–2.

170. *The Present Condition of London-Derry* (1689), p. 2.

171. NLI, MS 8651, Charles Thompson to Henry Gascoigne, Chester, 9 Apr. 1689.

172. EUL, La. III. 350, no. 289.

173. *HMC, Ormonde*, N.S. VIII, 363.

174. BL, MS Egerton 917, fol. 105; *An Account of the Transactions of the Late King James* (1690), p. 62; *A Full and Particular Account of the Seizing and Imprisonment of the Duke of Tyrconnel* (1690), p. 2.

175. Murtagh and Murtagh, 'Irish Jacobite Army', p. 33.

176. *HMC, Ormonde*, N.S. VIII, 381–2.

177. *Journal of the Proceedings of the Parliament in Ireland*, p. 17. Cf. *HMC, Ormonde*, N.S. VIII, 366.

178. *A List of All the Irish Army in Ireland under the Late King James* (1690); *Present Condition of London-Derry*, p. 2.

179. *A Letter to a Friend, Concerning the Present State of the Army in Ireland* (1690).

180. *Four Questions Debated* (1689), pp. 4–5.

181. *Account of the Transactions of the Late King James*, p. 22.

182. Ibid., pp. 10–13, 16–19; *Merc. Ref.*, II, no. 8 (29 Jan. 1690); *The Present State of Affairs in Ireland* (1690), p. 2; *The Last Paper of Advice from Ireland* (1690); [King], *State of the Protestants of Ireland*, pp. 133–41; Morrice, Q, 589. 关于詹姆斯党人对爱尔兰经济问题以及铜币利弊的讨论，见 O'Kelly, *Macariae Excidium*, pp. 98–101; *Jacobite Narrative*, p. 54; *Life of James II*, II, 370, 386–7. 现代的讨论，见 Robert Heslip, 'Brass Money', in Maguire, ed., *Kings in Conflict*, pp. 122–35。

183. *Full and Particular Account of the Seizing . . . of Tyrconnel*.

184. [King], *State of the Protestants of Ireland*, p. 16.

185. *Account of the Transactions of the Late King James*, p. 4.

186. Luttrell, I. 566.

187. [King], *State of the Protestants of Ireland*, pp. 217–19; *Last Paper of Advice from Ireland*, p. 2; TCD, 1995–2008/70.

188. [King], *State of the Protestants of Ireland*, pp. 208–13 (quote on p. 208); *HMC,*

Ormonde, N.S. VIII, 369, 374–5; Steele, II, no. 1084; *HMC, Ormonde*, II, 418–19.

189. *An Account of the Late Action and Defeat* (1690).

190. NLI, MS Joly 27, p. 15.

191. Luttrell, I, 592, 609; Morrice, R, 19; *HMC, Ormonde*, N.S. VIII, 373.

192. Cox, *Hibernia Anglicana . . . Second Part*, sigs. c–c2.

193. Morrice, Q, 626; John Vesey, *A Sermon Preach'd to the Protestants of Ireland in and about the City of London* (1689); Daniel Williams, *The Protestants' Deliverance from the Irish Rebellion* (1690).

194. Richard Tenison, *A Sermon Preach'd to the Protestants of Ireland* (1691).

195. Wetenhall, *Sermon Setting Forth the Duties*.

196. Williams, *Protestants' Deliverance*, pp. 9–10.

197. Tenison, *Sermon Preach'd to the Protestants of Ireland*, p. 20.

198. Vesey, *Sermon Preach'd to the Protestants of Ireland*, p. 29.

199. Wetenhall, *Sermon Setting Forth the Duties*, pp. 13, 15–16.

200. Tenison, *Sermon Preach'd to the Protestants of Ireland*, p. 25.

201. Ibid., pp. 24–5.

202. Williams, *Protestants' Deliverance*, p.10; Vesey, *Sermon Preach'd to the Protestants of Ireland*, pp. 28–30.

203. Tenison, *Sermon Preach'd to the Protestants of Ireland*, pp. 14, 16.

204. Ibid., p. 25.

205. Wetenhall, *Sermon Setting Forth the Duties*, pp. 16, 18–19.

206. *Short View of the Methods*, pp. 19–20.

207. [Leslie] , *Answer*, p. 85.

208. Gilbert Burnet, *History of His Own Time: From the Restoration of King Charles the Second to the Treaty of Peace at Utrecht, in the Reign of Queen Anne* (1850), p. 572.

209. Story, *Continuation of the Impartial History*, pp. 273–5.

210. Wetenhall, *Sermon Setting Forth the Duties*, p. 18.

211. Boyse, *Vindication of the Reverend Mr Alexander Osborn*, p. 27; Simms, *Jacobite Ireland*, pp. 100–1; McBride, *Siege of Derry*, pp. 20–32.

212. [Leslie] , *Answer*, p. 84.

213. Ibid., p. 164.

214. Ibid., p. 185.

215. *Jacobite Narrative*, p. 104.

216. TCD, MS 1180, p. 131.

217. Morrice, R, 221.

218. CUL, Add. 1, fol. 87v.

219. Murtagh and Murtagh, 'Irish Jacobite Army', p. 32.

220. Story, *Continuation of the Impartial History*, p. 292.

221. O'Kelly, *Macariae Excidium*, pp. 156–7.

222. Ibid., p. 311 (note 93).

223. Ó Ciardha, *Ireland and the Jacobite Cause*, p. 83.

224. Simms, *Jacobite Ireland*, p. 153 (note 69).

225. O'Kelly, *Macariae Excidium*, pp. 96–7; *Jacobite Narrative*, pp. 50, 63. Cf. John Gerard Barry, 'The Groans of Ireland', *The Irish Sword*, 2, no. 6 (Summer, 1955), 133.

226. Ó Ciardha, *Ireland and the Jacobite Cause*, pp. 83, 86; S. J. Connolly, *Religion, Law and Power: The Making of Protestant Ireland, 1660–1760* (Oxford, 1992), pp. 233–45. 至于报复性的立法，参见本书第 465—469 页。

227. *Jacobite Narrative*, pp. 54–5, 80, 184, 188–9.

228. *HMC, Ormonde*, N.S. VIII, 359.

229. Cox, *Hibernica Anglicana . . . Second Part*, sig. c2.

结论　革命、后果和不列颠的重建（1691—1720）

1. *Life of James II*, II, 585–6, 591–9; John Miller, *James II: A Study in Kingship* (Hove, 1978, 3rd edn 2000), pp. 234, 239–40. 至于新近对詹姆斯的天主教信仰究竟有多虔诚的重估，见 Geoffrey Scott, 'The Court as a Centre of Catholicism', in Edward Corp (with contributions by Edward Gregg, Howard Erskine-Hill and Geoffrey Scott), *A Court in Exile: The Stuarts in France, 1689–1718* (Cambridge, 2004), pp. 235–56。

2. [Charlwood Lawton]，*The Jacobite Principles Vindicated* (1693), pp. 8–9.

3. *Life of James II*, II, 278, 608–9.

4. Dalrymple, *Memoirs*, II, 'Part I. Continued. Appendix to Book V', p. 53.

5. *The Diary of Dr. Thomas Cartwright, Bishop of Chester*, ed. Rev. Joseph Hunter, Camden Society, old series, 22 (1843), p. 48.

6. Miller, *James II*, p. 240.

7. *APS*, VII, 554–5; NLS, Wod. MSS Qu. XXXVIII, fol. 2; Gilbert Burnet, *History of His Own Time: From the Restoration of King Charles the Second to the Treaty of Peace at Utrecht, in the Reign of Queen Anne* (1850), p. 192; *Lauderdale Papers*, ed. Osmund Airy, Camden Society, new series (3 vols., 1884–5), II, 164.

8. *HMC, Laing*, I, 443.

9. [William King]，*The State of the Protestants of Ireland under the Late King James's Government* (1691), p. 71.

10. Angus McInnes, 'When was the English Revolution?', *History*, 117 (1982), 377–92.

11. Steven Pincus, 'The Making of a Great Power? Universal Monarchy, Political Economy, and the Transformation of English Political Culture', *The European Legacy*, 5 (2000),

pp. 533–4; Steven Pincus, ' "To Protect English Liberties" : The English Nationalist Revolution of 1688–1689', in Tony Claydon and Ian McBride, eds., *Protestantism and National Identity: Britain and Ireland*, c.*1650*–c.*1850* (Cambridge, 1998), pp. 75–104.

12. D. W. Jones, *War and Economy in the Age of William III and Marlborough* (1988), pp. 29, 70–1; E. A. Reitan, 'From Revenue to Civil List, 1689–1702: The Revolution Settlement and the "Mixed and Balanced" Constitution', *Historical Journal*, 13 (1970), 571–88; Wilfrid Prest, *Albion Ascendant: English History 1660–1815* (Oxford, 1998), pp. 83–5; Geoffrey Holmes, *The Making of a Great Power: Late Stuart and Early Georgian Britain, 1660–1722* (Harlow, 1993), ch. 17; P. G. M. Dickson, *The Financial Revolution in England: A Study in the Development of Public Credit, 1688–1756* (1967); John Brewer, *The Sinews of Power: War, Money and the English State, 1688–1787* (New York, 1989), ch. 4.

13. Pincus, 'The Making of a Great Power?', pp. 535–41.

14. Holmes, *The Making of a Great Power*, p. 224.

15. Ibid., ch. 16.

16. *SR*, VI, 510.

17. *SR*, VII, 152; W. C. Braithwaite, *The Second Period of Quakerism* (Cambridge, 1961), pp. 183–4.

18. *SR*, VII, 636–8.

19. 有用的概述，也是接下来的论述特别受惠的文献有 William Ferguson, *Scotland 1689 to the Present* (1968), chs. 1–2; William Ferguson, *Scotland's Relations with England: A Survey to 1707* (Edinburgh, 1977), chs. 9–14; Jim Smyth, *The Making of the United Kingdom, 1660–1800* (Harlow, 2001), ch. 5; P. W. J. Riley, *The Union of England and Scotland: A Study in Anglo-Scottish Politics of the Eighteenth Century* (Manchester, 1978); Christopher A. Whatley, *Bought and Sold for English Gold? Explaining the Union of 1707* (2nd edn, East Linton, 2001)。至于更广阔的背景，见 Brian P. Levack, *The Formation of the British State: England, Scotland, and the Union of 1603–1707* (Oxford, 1987)。

20. Paul Hopkins, *Glencoe and the End of the Highland War* (Edinburgh, 1986), esp. ch. 10.

21. Christopher A. Whatley, *Scottish Society, 1707–1830* (Manchester, 2000), p. 38.

22. Andrew Fletcher, 'Speech by a Member of the Parliament Which Began at Edinburgh the 6th of May, 1703', in *Political Works*, ed. John Robertson (Cambridge, 1997), p. 147.

23. George Ridpath, *Proceedings of the Scottish Parliament* (Edinburgh, 1704), pp. 304–6.

24. *APS*, XI, 74, 136–7.

25. *SR*, VIII, 349–50.

26. *APS*, XI, 404–6.

27. From Ferguson, *Scotland 1689 to the Present*, pp. 52–3; Riley, *Union of England and*

Scotland, p. 303.

28．*APS*, XI, 406–14; *SR*, VIII, 566–77.

29．Riley, *Union of England and Scotland*, pp. 224–5.

30．Karin Bowie, 'Public Opinion, Popular Politics and the Union of 1707', *Scottish Historical Review*, 82 (2003), 226–60 (figs. on pp. 229 (and note 13), 251); John R. Young, 'The Parliamentary Incorporating Union of 1707: Political Management, Anti-Unionism and Foreign Policy', in T. M. Devine and J. R. Young, eds., *Eighteenth-Century Scotland: New Perspectives* (East Linton, 1999), pp. 24–52; Whatley, *Bought and Sold for English Gold?*, pp. 59–60, 75–8; Ferguson, *Scotland's Relations with England*, pp. 267–9; David Hayton, 'Constitutional Experiments and Political Expediency, 1689–1725', in Steven G. Ellis and Sarah Barber, eds., *Conquest and Union: Fashioning a British State, 1485–1725* (1995), pp. 288–9.

31．Smyth, *The Making of the United Kingdom*, p. 99; Tim Harris, *Politics under the Later Stuarts* (1993), pp. 153–4; Jeffrey Stephen, 'The Kirk and the Union, 1706–07: A Reappraisal', *RSCHS*, 31 (2002), 68–96.

32．Ferguson, *Scotland 1689 to the Present*, pp. 110–11.

33．Patrick Kelly, 'Ireland and the Glorious Revolution: From Kingdom to Colony', in Robert Beddard, ed., *The Revolutions of 1688* (Oxford, 1988), p. 189.

34．这一部分以 J. G. Simms, *Williamite Confiscation in Ireland 1690–1703* [1956]；W. A. Maguire, 'The Land Settlement', in Maguire, ed., *Kings in Conflict: The Revolutionary War in Ireland and its Aftermath 1689–1750* (Belfast, 1990), pp. 139–56 为依据。

35．*The Statutes at Large, Passed in the Parliaments held in Ireland . . . A.D. 1310 to . . . A.D. 1800* (21 vols., Dublin, 1786–1804), III, 343–8.

36．权威的研究是 S. J. Connolly, *Religion, Law and Power: The Making of Protestant Ireland, 1660–1760* (Oxford, 1992)。概述亦可见于 J. Connolly, 'The Penal Laws', in Maguire, ed., *Kings in Conflict*, pp. 157–72; Thomas Bartlett, *The Fall and Rise of the Irish Nation: The Catholic Question 1690–1830* (Savage, Md., 1992), ch. 2; J. C. Beckett, *The Making of Modern Ireland 1603–1923* (1966), ch. 8; R. F. Foster, *Modern Ireland, 1600–1972* (1988), pp. 153–8; J. G. Simms, 'The Establishment of Protestant Ascendancy, 1691–1714', in T. W. Moody, F. X. Martin, F. J. Byrne and Art Cosgrove, eds., *A New History of Ireland* (9 vols., Oxford, 1976–84), V, ch. 1; Marcus Tanner, *Ireland's Holy Wars: The Struggle for a Nation's Soul, 1500–2000* (New Haven, Conn. and London, 2001), pp. 162–5。我的论述主要依据这些文献。

37．Bartlett, *Fall and Rise*, pp. 20–1; Connolly, 'Penal Laws', p. 166; J. G. Simms, 'The Making of a Penal Law (2 Anne c. 6) 1703–4' and 'The Bishops' Banishment Act of 1697', both in Simms, *War and Politics in Ireland, 1649–1730*, ed. D. W. Hayton and Gerard O'Brien (1986), pp. 235–49, 263–76.

38. Charles Ivar McGrath, 'Securing the Protestant Interest: The Origins and Purpose of the Penal Laws of 1695', *Irish History Studies*, 30 (1996), 25–46. 还有一种更极端的观点认为，刑罚法的目的是通过社会工程（social engineering），在一两代人的时间里把爱尔兰转变成一个新教国家，参见 R. E. Burns, 'The Irish Popery Laws: A Study in Eighteenth- Century Legislation and Behaviour', *Review of Politics*, 24 (1962), 485–508。关于史学争辩的轮廓，有助益的讨论参见 S. J. Connolly, 'Religion and Liberty', *Irish Economic and Social History*, 10 (1983), 73–9。

39. *SR*, VI, 254–7.

40. *Statutes at Large . . . Ireland*, III, 241–3.

41. James I. McGuire, 'The Irish Parliament of 1692', in Thomas Bartlett and D. W. Hayton, eds., *Penal Era and Golden Age: Essays in Irish History, 1690–1800* (1979), pp.1–31; Simms, 'Establishment of Protestant Ascendancy', p. 2.

42. *Statutes at Large . . . Ireland*, III, 254–67 (quotes on pp. 254, 259).

43. Ibid., pp. 339–43 (quote on p. 339).

44. Ibid., pp. 343–8.

45. Ibid., pp. 349–53.

46. Ibid., pp. 512–14, IV, 121–5.

47. Ibid., IV, 5–6 (quote on p. 5).

48. Ibid., pp. 12–31.

49. Ibid., pp. 31–7.

50. Ibid., pp. 190–216.

51. Connolly, 'Religion and Liberty', p. 77.

52. Bartlett, *Fall and Rise*, pp. 28–9.

53. Connolly, 'Penal Laws', pp. 169–71, 193 (note 15).

54. 随后的论述以 J. C. Beckett, *Protestant Dissent in Ireland, 1687–1780* (1948), chs. 1–7; David Hayton, ed., *Ireland after the Glorious Revolution* (Belfast, 1986), pp. 6–10, 17–25; Phil Kilroy, *Protestant Dissent and Controversy in Ireland, 1660–1714* (Cork, 1994), pp. 188–98 为依据。

55. Simms, 'Protestant Ascendancy', in Moody et al., eds., *New History of Ireland*, IV, 23; J. L. McCracken, 'The Social Structure and Social Life, 1714–60', in Moody et al., eds., *New History of Ireland*, IV, 39; L. M. Cullen, 'Economic Development, 1691–1750', in Moody et al., eds., *New History of Ireland*, IV, 134; Hayton, *Ireland after the Glorious Revolution*, p. 7.

56. Beckett, *Protestant Dissent*, p. 46; J. S. Reid, *A History of the Presbyterian Church in Ireland*, ed. W. D. Killen (3 vols., Belfast, 1867), II, 527.

57. Beckett, *Protestant Dissent*, pp. 48–9.

58. *Statutes at Large . . . Ireland*, IV, 508–16.

59. Tim Harris, *Restoration: Charles II and His Kingdoms, 1660–85* (2005), pp. 25–6.

60. Smyth, *The Making of the United Kingdom*, p. 88; Aiden Clarke, 'Colonial Attitudes in Ireland, 1640–1660', *Proceedings of the Royal Irish Academy*, 90 C, no. 11 (1990), 357–75.

61. H. F. Kearney, 'The Political Background to English Mercantilism, 1695–1700', *Economic History Review*, 2nd ser. 11 (1959), 484–96; Patrick Kelly, 'The Irish Woollen Export Prohibition Act of 1699: Kearney re- visited', *Irish Economic and Social History*, 7 (1980), 22–44.

62. William Molyneux, *The Case of Ireland's Being Bound by Acts of Parliament in England Stated* (Dublin, 1698), pp. 12–13, 29; Kelly, 'Ireland and the Glorious Revolution', pp. 186–7; Patrick Kelly, 'Recasting a Tradition: William Molyneux and the Sources of *The Case of Ireland . . . Stated* (1698)', in Jane H. Ohlmeyer, ed., *Political Thought in Seventeenth- Century Ireland* (Cambridge, 2000), pp. 83–106; Jim Smyth, '"Like Amphibious Animals" : Irish Protestants, Ancient Britons, 1691–1707', *Historical Journal*, 36 (1993), 785–97: J.G. Simms, *William Molyneux of Dublin 1656–1698*, ed. P. H. Kelly (Naas, 1982), pp. 111–13; Jacqueline Hill, 'Ireland without Union: Molyneux and his Legacy', in John Robertson, ed., *A Union for Empire: Political Thought and the British Union of 1707* (Cambridge, 1995), pp. 271–96.

63. Molyneux, *Case*, pp. 97–8.

64. Jacqueline Hill, *From Patriots to Unionists: Dublin Civic Patriots and Irish Protestant Patriotism, 1660–1840* (Oxford, 1997), p. 11; *English Historical Documents 1660–1714*, ed. Andrew Browning (1953), pp. 780–1; Smyth, '"Amphibious Animals" ', pp. 792–7; Smyth, *The Making of the United Kingdom*, pp. 99–102; James Kelly, 'The Origins of the Act of Union: An Examination of Unionist Opinion in Britain and Ireland, 1650–1800', *Irish History Studies*, 25 (1986–7), 236–63. See also [Henry Maxwell] , *An Essay upon an Union with England* (Dublin, 1704).

65. *SR*, XIV, 204–5; Kelly, 'Ireland and the Glorious Revolution', pp. 188–9; J.L. McCracken, 'The Rise of Colonial Nationalism, 1714–60', in Moody et al., eds., *New History of Ireland*, V, 110–11.

66. Kelly, 'Ireland and the Glorious Revolution'. Cf. Connolly, *Religion, Law and Power*, pp. 105–14, who challenges the helpfulness of labelling Ireland a colony.

67. J. S. Morrill, *The Nature of the English Revolution* (1993), pp. 1, 17.

68. Lawrence Stone, 'The Results of the English Revolutions of the Seventeenth Century', in J. G. A. Pocock, ed., *Three British Revolutions: 1641, 1688, 1776* (Princeton, N.J., 1980), p. 24.

69. Tim Harris, 'The Legacy of the English Civil War: Rethinking the Revolution', *The European Legacy*, 5 (2000), 501–14.

70. 该观点的详细阐述，见 AIan McBride, '"The Common Name of Irishman"：Protestantism and Patriotism in Eighteenth-Century Ireland', in Tony Claydon and Ian McBride, eds., *Protestantism and National Identity: Britain and Ireland* c.*1650*–c.*1850* (Cambridge, 1998), pp. 242–3。

71. Hayton, 'Constitutional Experiments', p. 303; Connolly, *Religion, Law and Power*, pp. 108–9; Hill, 'Ireland without Union', pp. 289–90; J. C. Beckett, *Confrontations: Studies in Irish History* (1972), pp. 124–5.

望 MOUNTAIN
登自己的山

主　　编｜谭宇墨凡
特约编辑｜李　珂

营销总监｜闵　婕
营销编辑｜狄洋意　许芸茹

版权联络｜rights@chihpub.com.cn
品牌合作｜minjie@chihpub.com.cn

野望 SPRING
MOUNTAIN 望

Room 216, 2nd Floor, Building 1, Yard 31,
Guangqu Road, Chaoyang, Beijing, China